Advertising in the Digital Age

디지털 시대의 광고학 신론

김병희 · 마정미 · 김봉철 · 김영찬 · 유현재 · 유승엽 · 최세정 · 송기인
소현진 · 유승철 · 남고은 · 김여정 · 한규훈 · 정윤재 · 윤태일 · 정승혜 공저

학지사

디 지 털 시 대 의 광 고 학 신 론

개론이 아닌
'신론'인 이유

    디지털 미디어가 광고의 생태계를 바꾸고 있다. 미디어 플랫폼에 따라 광고산업의 구조가 재편되고 있는 것이다. 정보통신기술(ICT)은 플랫폼의 다각화를 유도하면서 광고산업에도 결정적인 영향을 미치고 있다. 미디어 기술이 발달함에 따라 마케팅 커뮤니케이션의 패러다임도 진화를 거듭했고, 광고와 테크놀로지가 결합된 '광고 기술(ad tech)'은 광고 형태와 기법에 획기적인 변화를 가져왔다. 광고업계에서 빅데이터, 인공지능, 사물인터넷이라는 제4차 산업혁명의 핵심 기술을 바탕으로 데이터 기반의 마케팅 커뮤니케이션 활동을 전개하고 있다.

    이런 상황에서 최적의 타기팅을 가능하게 하는 광고 기술을 활용해 광고 효율성을 높이는 문제가 갈수록 중요해지고 있다. 전통 미디어와 새로운 미디어가 충돌과 융합을 거듭하고, 소비자 행동은 더욱 복잡해졌다. 광고 메시지를 수동적으로 받아들이던 소비자들은 이제 능동적으로 광고를 수용하는 동시에 광고를 직접 만들어 소비하는 생비자(生費者, prosumer)의 역할을 자처한다. 광고의 본질도 '널리 알리는 목적'에서 '폭넓게 모이게 하는 목적'으로 변하고 있고, 광고 환경의 변화에 따라 광고의 개념과 범위도 달라지고 있다.

광고 환경을 둘러싼 패러다임 변화에서 주목할 만한 현상은 모든 영역의 경계가 무너지면서 혼종(hybrid) 전략이 보편화됐다는 사실이다. 미디어 간의 경계, 광고와 다른 영역 간의 경계, 광고와 홍보(PR) 그리고 콘텐츠가 서로 섞이고 융합되는 현상도 보편화됐다. 기획 업무나 창작 업무 같은 광고인들의 전문 영역이나 업무 프로세스에 있어서도 경계가 확연히 구분되지 않고 있다. 광고 집행 기술이 발전하면서 자연스럽게 광고 창작 방법도 변화를 거듭하고, 콘텐츠의 융합에 따라 수많은 브랜디드 콘텐츠가 등장하고 있다.

그동안 여러 종류의 광고학 개론서가 나왔다. 모든 책은 나름의 목적에 따라 집필된 것이리라. 따라서 개론서마다 나름대로의 가치가 있었고 광고학을 전공하는 학생들에게 그동안 많은 도움이 됐던 것도 사실이다. 그러나 디지털 미디어 시대의 광고 현상을 충분히 반영하지 못하거나 기존의 4대 매체 환경에서의 광고 지식만을 아직도 소개하는 책도 있어서 아쉬움이 많았다. 가르치는 교수 입장에서도 배우는 학생들 입장에서도 안타까운 현실이었다. 디지털 시대에 접어들어 광고 생태계가 훨씬 더 복잡해진 상황에서 기존의 광고학 개론서만으로는 디지털 시대의 광고 현상을 두루 설명하기 어렵다.

이런 문제의식을 바탕으로 감히 '신론(新論)'이라는 제목의 책을 써서 세상에 내보낸다. '개론'이 아닌 '신론'이라 이름 붙인 이유는 기존의 교과서와는 전혀 다른 정보를 전달하고 새로운 논의를 전개해 보겠다는 야심에 찬 의지의 표현이었다. 고(故) 이기백 교수의 『한국사신론(韓國史新論)』(일조각, 1967)은 신론이라는 이름의 교과서를 대표한다. 이 책은 한국사의 자생적 발전을 애써 부정한 식민사관의 허구성을 체계적으로 비판하고 민족주의 사관의 한계점도 성공적으로 극복한 베스트셀러다. 초판이 나온 이후 개정판(1976), 신수정판(1990), 한글판(1999)이 계속 출판됐고, 지금도 팔리고 있는 스테디셀러이기도 하다. 명확한 역사 인식을 바탕으로 쓰였다는 점에서도 이 책은 훌륭하지만, 보편주의 관점에서 한국사에 접근했다는 사실이 더 중요하다.

디지털 시대의 광고와 마케팅 커뮤니케이션 활동에 관심을 가진 사람이라면 누구나 급변하는 광고 환경 때문에 고민에 빠질 수밖에 없다. 우리가 광고학 교과서를 쓰면서 개론이 아닌 신론이라는 제목을 군이 고집한 데는 기존의 교과서들이 지닌 한계를 넘어서자는 의욕도 있었지만, 한국 광고의 특수성에 국한되지 않고 세계적인 보편주의 관점에서 한국

광고를 바라보자는 뜻이 강했다. 이런 의욕과 문제의식을 바탕으로 16명이 뜻을 모아 집필한 『디지털 시대의 광고학신론』을 이제 세상에 내보낸다. 모두 16개의 장으로 구성된 이 책의 내용은 다음과 같다.

먼저, '광고의 개념과 산업'에 대해 살펴본 제1부에서는 광고의 정의와 유형, 광고의 역사와 변천, 광고산업의 구조와 특성에 대해 설명하였다.

제1장 '광고의 정의와 유형'(김병희)에서는 광고의 본질이 '널리 알리는 목적'에서 '폭넓게 모이게 하는 목적'으로 변하고 광고의 개념과 범위가 달라지고 있는 상황 변화에 주목했다. 디지털 미디어가 광고의 생태계를 바꾸고 있고 소비자 행동은 갈수록 복잡해지고 있으며, 동영상은 소셜 미디어를 만나 광고와 마케팅 커뮤니케이션의 지형도를 바꿔 놓았다. 이 장에서는 광고 환경이 급변하는 상황에 주목해 기존의 광고 개념을 넘어 디지털 시대의 광고 현상을 설명할 수 있는 광고의 새로운 정의와 유형을 모색하고 미래 광고에 대한 전망을 제시했다.

제2장 '광고의 역사와 변천'(마정미)에서는 학문의 기초는 역사의 이해에서부터 시작된다는 전제하에, 서양 광고사와 한국 광고사를 통시적으로 검토했다. 광고사는 고대의 벽보나 치적을 새긴 공적비에서부터 시작돼 중세와 근대를 지나 자본주의 발달에 발맞춰 현대적 의미의 광고가 등장했고, 인공지능 광고나 디지털 광고에 이르기까지 인류의 역사와 함께 발전해 왔다. 이 장에서는 서양의 광고 역사와 한국의 광고 발달사를 통해 광고의 발자취를 주요 사건 중심으로 거시적 맥락에서 고찰하는 과정에서 미래에 가치 기반을 둔 역사의 이해를 강조했다.

제3장 '광고산업의 구조와 특성'(김봉철)에서는 광고가 미디어산업을 육성하는 데 기여하고, 경제적 차원에서 대량 생산과 대량 판매를 가능하게 하는 마케팅의 수단이라는 점을 특히 강조했다. 이 장에서는 광고산업이 정보산업 혹은 서비스산업으로도 인식돼 타 산업과의 상호 의존성이 높고 국민 경제에 미치는 파급 효과도 강력하다는 현실에도 주목했다. 광고산업의 구성 주체인 광고주, 광고회사, 광고매체, 미디어렙, 광고협력기관, 광고통제기관의 기능을 검토하고, 디지털 시대에 광고산업이 풀어 가야 할 현실적인 해결 과제에 대해 논의했다.

다음으로, '광고의 기반과 환경'에 대해 살펴본 제2부에서는 뉴노멀 시대의 마케팅 전략, 광고와 커뮤니케이션, 광고와 소비자 심리, 신유형 광고와 커머스에 대해 알아보았다.

제4장 '뉴노멀 시대의 마케팅 전략'(김영찬)에서는 아무리 훌륭한 제품과 서비스라 하더라도 시장이 없다면, 고객을 파악하기 힘들다면, 차별적 가치를 창출하지 못한다면, 아쉬움만 남기고 아무도 기억하지 못하는 제품과 서비스로 남게 된다는 문제점을 환기했다. 이 장에서는 마케팅에 대한 기존의 개념을 설명한 다음, 소비자의 가치 지향점이 바뀌고 가격 경쟁력이 무의미해진 뉴노멀 시대에 주목했다. 제품과 서비스에 대한 기존의 기준과 가치를 철저히 바꿔 '인식의 싸움'에서 승리할 것을 권고하며 뉴노멀 시대에 필요한 마케팅 전략을 안내했다.

제5장 '광고와 커뮤니케이션'(유현재)에서는 광고의 출발점인 커뮤니케이션에 대한 학술적 정의와 커뮤니케이션의 종류에 대한 고전적 접근, 커뮤니케이션 영역에서 차지하는 광고의 위상에 주목했다. 이 장에서는 전략 커뮤니케이션의 일종인 광고의 자리매김을 시도하고, 광고의 고전적 모델을 현대적 맥락에서 활용할 방안도 논의했다. 광고의 실체적 의미와 기능을 되돌아보는 계기를 제공하는 이 장에서는 갈수록 분화되고 발전하는 광고의 새로운 모습을 전망하는 동시에 이러한 상황에 능동적으로 대비하는 데 필요한 광고인들의 역할도 짚어 보았다.

제6장 '광고와 소비자 심리'(유승엽)에서는 디지털 시대의 소비자들이 많은 광고에 노출돼 메시지 자극에 영향을 받는 상황에서 소비자 행동을 파악하는 심리학적 방법을 소개했다. 소비자 행동의 심리적 기제를 이해하면 광고의 본질에 더 가까이 다가갈 수 있다. 이 장에서는 소비자의 정보처리 과정과 의사 결정 과정을 살펴보고, 각 단계에 필요한 심리학의 개념을 소개함으로써 광고 메시지와 관련된 소비자 행동의 심리적 기제를 이해하도록 했다. 더욱이 적절한 광고 캠페인 사례를 통해 소비자 행동에 대해 깊이 있게 이해할 수 있는 기틀을 제시했다.

제7장 '신유형 광고와 커머스'(최세정)에서는 모바일 광고가 발달하고 있지만 광고의 회피 추세도 늘고 있는 상황에서, 콘텐츠 마케팅, 네이티브 광고, 브랜드 저널리즘, 브랜디드 콘텐츠 같은 콘텐츠와 광고의 융합 현상이 급부상했다고 광고 현장을 진단하며 신유형 광고의 가능성에 주목했다. 나아가 미디어 커머스의 진화, 인플루언서 커머스, 라이브 커머

스 같은 커머스와 광고의 융합 현상이 광고의 영역을 확장시킬 것으로 전망했다. 광고는 죽었다는 주장에 반론을 제기하며, 광고는 죽지 않고 다만 계속 진화할 뿐이라는 통찰이 이 장의 핵심 내용이다.

이어서 '광고 기획의 세계'에 대해 살펴본 제3부에서는 광고 기획 과정과 실행, 광고 전략 모델과 애드 브리프 작성, 광고와 브랜드 캠페인에 대해 안내하였다.

제8장 '광고 기획 과정과 실행'(송기인)에서는 광고 기획이 어떤 과정과 절차를 거쳐 이루어지는지 구체적인 맥락에서 설명했다. 이 장에서는 커뮤니케이션 광고 기획, 광고 기획 팩트북 만들기, 커뮤니케이션 상황 분석, 커뮤니케이션의 문제점과 기회 요인의 발견, 커뮤니케이션 전략, 크리에이티브 전략, 미디어 전략, 디지털 광고 전략 등 광고 기획에 필요한 실행 요소를 두루 검토했다. 광고 실무에 진출할 예비 광고인들은 광고 기획 과정을 심층적으로 이해하고 광고 집행의 현실을 구체적으로 확인함으로써 광고 실무에 더 가까이 다가갈 수 있다.

제9장 '광고 전략 모델과 애드 브리프 작성'(소현진)에서는 광고 목표를 달성하는 데 적용되는 광고 전략 모델에 대해 살펴보았다. 광고 전략 모델은 광고 기획자의 주관적 통찰이 아닌 최적의 대안 모색의 틀을 제공함으로써 광고 전략을 체계적으로 수립하는 데 도움이 된다. 이 장에서는 사치앤사치의 '브리프' 모델을 비롯해 여러 광고회사에서 개발한 광고 전략 모델을 소개했다. 모든 브랜드의 광고 전략 수립에 공통으로 적용되는 모델이 존재하지 않는 상황에서 필요한 것을 선택하기를 권고하며, 애드 브리프 작성법에 대해서도 상세히 설명했다.

제10장 '광고와 브랜드 캠페인'(유승철)에서는 마케팅 커뮤니케이션 방법 중에서 광고가 브랜드 캠페인의 핵심 도구라는 전제하에, 역동적으로 전개되는 브랜드 캠페인 과정에서 고려해야 할 여러 가지 쟁점을 살펴보았다. 브랜드 캠페인은 역동적인 환경 변화에 맞춰 기획되고 집행되며, 캠페인의 성패에 따라 브랜드의 성공 여부도 결정된다. 이 장에서는 디지털 미디어 환경에서 브랜드 캠페인을 성공적으로 수행함으로써 마케팅 목표를 달성할 수 있는 방안을 제시하고, 브랜드 캠페인의 기획자들에게 필요한 실무적인 업무 역량에 대해 소개했다.

또한 '광고 창작의 세계'에 대해 살펴본 제4부에서는 광고 창작 과정과 크리에이티브 전략, 광고 카피라이팅과 메시지 구성, 광고 디자인과 영상 콘텐츠 제작의 생생한 면모를 톺아보았다.

제11장 '광고 창작 과정과 크리에이티브 전략'(남고은)에서는 소비자에게 주의를 집중하게 하는 힘의 원천이 광고 크리에이티브의 기능이라는 전제하에, 좋은 광고의 필수 요소인 콘셉트와 역량 및 전략에 대해 살펴보았다. 광고 크리에이티브의 기능 중에서 제품을 파는 기능과 시대와 소비자의 흐름을 읽어 내는 창의적 역량이 가장 중요하다. 이 장에서는 좋은 광고를 만드는 데 필요한 크리에이티브 전략을 두루 소개함으로써 소비자의 마음속에 브랜드 자산을 각인시킬 창의적인 광고를 만들 수 있는 다양한 해법을 광고 실무의 맥락에서 제시했다.

제12장 '광고 카피라이팅과 메시지 구성'(김여정)에서는 광고와 관련한 직업 중에 일반인에게 가장 널리 알려진 카피라이터와 카피라이팅의 세계를 살펴보았다. 이 장에서는 카피, 카피라이팅, 카피라이터의 개념을 설명하고, 좋은 카피의 평가 기준, 광고 업무의 프로세스, 카피라이팅의 업무 범위, 포지셔닝 전략, 카피의 구성 요소, 카피라이팅의 기술 같은 카피라이팅에 필요한 다양한 정보를 소개했다. 광고와 관련된 직업 중에서 일반인에게 가장 널리 알려진 직종이 카피라이터라는 점에서 카피라이터를 꿈꾸는 사람들에게 특히 도움이 될 것이다.

제13장 '광고 디자인과 영상 콘텐츠 제작'(한규훈)에서는 미디어와 마케팅 환경의 변화에 따라 광고 크리에이티브의 여건이 달라진 상황에 주목했다. 소셜 소비자들이 마케팅의 새로운 자원으로 부상함에 따라, 소비자의 마음을 어떻게 효과적으로 움직이게 할 것인지가 중요한 관건으로 떠올랐다. 이 장에서는 광고 크리에이티브의 접근법이 달라진 상황에서 패러다임의 변화에 적합한 광고 크리에이티브의 핵심 원리와 가이드라인을 제시했다. 나아가 디지털 시대에 각광받는 콘텐츠 유형으로 떠오른 바이럴 영상의 제작 기법에 대해서도 설명했다.

마지막으로, '광고 효과의 모색'에 대해 살펴본 제5부에서는 매체별 특성과 미디어 플래닝, 광고 조사와 데이터 분석, 광고와 사회 그리고 광고 규제에 대해 두루 논의하였다.

제14장 '매체별 특성과 미디어 플래닝'(정윤재)에서는 광고가 효과를 발휘하려면 '무엇을 이야기할까'를 결정하는 크리에이티브 전략과 '어떤 매체를 어떻게 이용할까'를 결정하는 매체 전략이 뒷받침돼야 한다는 사실을 환기했다. 이 장에서는 매체를 통해 달성하고자 하는 매체의 목표를 세우고, 매체의 특성을 반영해 특정 매체를 선정한 다음, 선정된 매체들의 조합인 미디어 믹스를 다양한 미디어 스케줄링에 적용해, 최적의 메시지를 비용 효율성을 고려해 적시에 노출해야, 광고 효과를 기대할 수 있다는 매체 기획의 과학적인 세계로 안내했다.

제15장 '광고 조사와 데이터 분석'(윤태일)에서는 광고 환경이 급격히 디지털화하면서 조사 분석이 더 중요해졌지만 동시에 더 어려워지기도 했다는 점에 주목했다. 이 장에서는 조사 분석이 중요하다는 사실을 알면서도 잘 수행하지 않는 이유와 조사 분석에서의 고려 사항 등 조사의 여러 층위를 다각도로 논의했다. 이어서 조사 분석에 필요한 자료를 1차 데이터와 2차 데이터, 정성적 데이터와 정량적 데이터, 그리고 빅데이터로 구분해 설명하고, 광고 캠페인의 개발 및 효과 평가 단계에서 데이터 분석 결과가 어떻게 활용되고 있는지 검토했다.

제16장 '광고와 사회 그리고 광고 규제'(정승혜)에서는 광고가 본질적 기능을 수행하고 사회에 선한 영향을 미칠 때 광고의 진정한 가치가 발휘된다는 광고의 사회적 책임에 대해 논의했다. 이 장에서는 광고와 사회와 관련하여 광고와 스테레오타입, 광고 속 스테레오타입의 유형, 스테레오타입에 대한 도전의 문제를 검토했다. 광고 윤리와 규제와 관련해서는 허위 광고와 기만 광고 같은 광고 메시지 문제, 어린이 대상 광고의 문제점, 주류 및 담배 광고 같은 광고 쟁점, 스테레오타입에 따른 광고 규제 같은 광고의 사회적 영향력에 대해 논의했다.

한국광고학회에서 기획했던 『광고지성총서』 10권 출판에 이어, 또다시 학지사의 신세를 지게 됐다. 출판 여건이 어려운데도 이 책을 기꺼이 출판해 주신 학지사의 김진환 사장님과 최임배 부사장님, 그리고 원고를 검토해 더 좋은 책으로 만들어 준 편집부의 김순호 이사님과 김준범 부장님께도 고맙다는 인사를 전한다. 그리고 바쁜 와중에도 이 책의 집필에 참여해 주신 열여섯 분의 필자님들과도 출판의 기쁨을 함께 나누고 싶다. 기획에서부터 원고 마감에 이르기까지 결코 충분하지 않은 시간이었지만, 필자들께서는 꼭 필요한 알짜 지식만을 엄선해 공들여 원고를 써 주셨다. 진심으로 감사하다는 인사만으로는 고마운 마음을 다 전할 수 없다.

　신론(新論)이란 새로운 주장이나 새로운 논의를 뜻하지만, 사회과학의 모든 분야가 그렇듯이 하늘 아래 새로운 것이란 없다. 기존의 지식을 바탕으로 새로운 논의를 전개할 뿐이다. 따라서 이 책에서도 기존의 광고학 개론서에 있는 내용도 당연히 있을 수밖에 없다. 그렇지만 디지털 시대의 광고 현상을 충실히 반영했기에 새로운 논의라고 감히 주장할 수 있으리라. 『디지털 시대의 광고학신론』이 모름지기 광고학 개론서의 정본이 되기를 기대하며, 광고 환경이 바뀔 때마다 계속 수정·보완할 것을 약속드린다. 초판에 이어 개정판과 신수정판이 계속 발간돼 역사학계의 『한국사신론』 같은 책으로 성장하기를 바란다. 이 책이 독자들에게 디지털 시대의 광고에 대한 통찰력을 제공하는 광고 공부의 마중물이 되기를 기대한다.

2021년 2월
필자들을 대신하여 김병희

차례

제II부 •
광고의 기반과 환경

제IV부 •
광고 창작의 세계

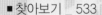

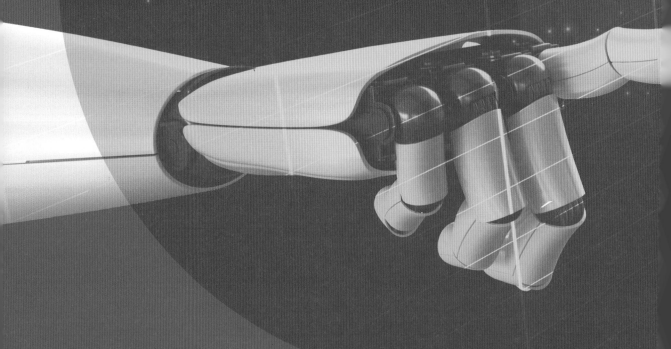

광고의 개념과 산업

제I부 디지털 시대의 광고학신론

제1장

광고의 정의와 유형*

광고란 무엇일까? 물론 상품이나 브랜드를 널리 알리고 판매를 유도하기 위한 마케팅 커뮤니케이션의 수단이다. 이것만으로 디지털 시대의 광고 현상을 모두 설명할 수 있을까? 광고는 '사회를 비추는 거울(mirror of society)'이나 '변화의 매개물(agent of change)'로 작용하기도 한다. 네크워크 기술은 미디어 환경을 바꿨고 미디어 환경의 변화는 광고와 PR의 생태계를 바꿨다. 광고의 기능도 '미디어를 통한 메시지의 전달'이라는 전통적인 관점에서 '콘텐츠를 매개로 플랫폼에서의 만남'이라는 새로운 관점으로 변했다.

광고의 본질이 '널리 알리는 목적'에서 '폭넓게 모이게 하는 목적'으로 변하고, 전통 미디어와 새로운 미디어가 충돌하고 융합되며 광고의 개념과 범위도 달라지고 있다. 소비자 행동 역시 갈수록 복잡해지고, 디지털 미디어가 광고의 생태계를 바꾸고 있다. 동영상은 소셜 미디어를 만나 광고와 마케팅 커뮤니케이션의 지형도를 바꾸며 날개를 달았다. 이처럼 광고 환경이 급변하는 상황에서 기존의 광고 개념을 넘어 광고의 정의와 유형을 새롭게 검토할 필요가 있다. 이 장에서는 광고의 정의가 어떻게 달라져 왔는지 알아보고, 광고의 유형을 어떻게 분류할 것인지 살펴본다.

---

* 김병희(서원대학교 광고홍보학과 교수)

1. 광고산업의 변화

1) 마케팅 커뮤니케이션 패러다임의 진화

미국마케팅학회가 1963년에 제시한 광고의 정의는 오랫동안 타당성과 정통성을 인정받아 왔다(미국마케팅학회: AMA, 1963, 2021). 그러나 전통적인 광고의 정의가 디지털 미디어 시대의 광고 현상을 설명하지 못한다며, 광고의 개념을 다시 정의해야 한다는 주장이 계속돼 왔다. 온라인 광고, 양방향 TV 광고, 소셜 미디어(SNS) 광고처럼 소비자와의 상호작용이 중요해진 상황에서 광고주의 명시성, 비용의 지불 여부, 비대인적 제시 같은 요인이 오늘날의 미디어 환경과 맞지 않는다는 비판이 대표적이다(김병희, 2013; 김현정, 2020; 이시훈, 2007). 광고의 개념이 바뀌지 않았는데도 가구별로 맞춤형 타기팅이 가능한 어드레서블 TV(Addressable TV) 광고까지 가능해졌다.

도대체 광고란 무엇인가? 광고의 개념 재정립에 영향을 미치는 핵심 동인은 급변하는 미디어 기술이었다. 정보통신기술(ICT)을 바탕으로 자동화와 지능화를 추구하는 제4차 산업혁명 시대에 마케팅 패러다임은 '하이테크와 하이터치의 융복합 마케팅(마켓 4.0)'으로 진화를 거듭하고 있다. 빅데이터, 인공지능(AI), 사물인터넷(IoT) 같은 제4차 산업혁명의 핵심 기술을 바탕으로 사물의 지능화를 실현하는 초연결 네트워크 사회가 실현되고 있다.

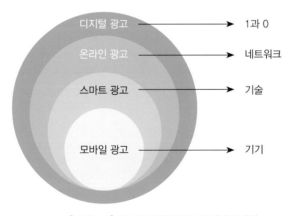

[그림 1-1] 디지털 시대의 광고의 개념과 범위

미디어 기술을 움직이는 핵심은 디지털이다. 광고계에서도 모바일 광고, 스마트 광고, 온라인 광고, 디지털 광고 같은 용어가 복잡하게 섞여 쓰이고 있는데, 각 용어의 의미를 정확히 이해할 필요가 있다. 모바일은 기기의 특성을, 스마트는 기술적 특성을, 온라인은 네트워크의 특성을, 디지털은 1과 0이라는 이진수 숫자열의 특성을 나타낸다. 네트워크를 기반으로 하는 온라인 광고는 모바일 광고와 스마트 광고를 포괄하지만, 디지털 광고의 하위 개념에 속한다. 이제는 모든 광고가 디지털화돼 광고 서버를 통해 N스크린 광고를 실시간으로 조정할 수 있고, 하나의 매체에서도 여러 스크린에 다양한 광고를 송출할 수도 있다. [그림 1-1]에서 디지털 시대의 광고의 개념과 범위를 확인할 수 있다.

미디어 기술이 발달함에 따라 마케팅 커뮤니케이션의 패러다임도 진화를 거듭했다. 마케팅 커뮤니케이션의 패러다임이 진화하고 발전해 온 과정을 〈표 1-1〉에서 확인할 수 있다. 광고업계에서는 빅데이터, 인공지능, 사물인터넷이라는 제4차 산업혁명의 핵심 기술을 바탕으로 사실과 데이터에 근거하는 '데이터 주도(data-driven)' 혹은 데이터 기반의 마케팅 커뮤니케이션 활동을 전개하고 있다. 데이터가 주도하는 마케팅 커뮤니케이션 활동은 두 가지 방향에서 진화를 거듭하고 있다(김유나, 2020).

●표 1-1● **마케팅 커뮤니케이션의 패러다임 진화**

	1세대	2세대	3세대	4세대
	아날로그 시대	디지털 1.0 시대	디지털 2.0 시대	디지털 3.0 시대
패러다임	자극-반응 패러다임	교환 패러다임	관계 패러다임	연결 패러다임
핵심 기술	전파 방송	인터넷	소셜 네트워킹	모바일, 인공지능
미디어 특성	단일 미디어	멀티미디어	크로스 미디어	트랜스 미디어
네트워크 특성	방송	상호작용	공유, 개방, 참여	초(hyper)연결
커뮤니케이션 특성	일방향 소통	양방향 소통	사회적 소통	개인 맞춤형 소통
마케팅 특성	대량 마케팅	통합 마케팅	관여 마케팅	체험 마케팅

첫째, 구매와 소비의 이분화 추세이다. 빅데이터는 소비자의 행동 동선(動線)에 따라 '구매 관점의 데이터'와 '소비 관점의 데이터'로 구분할 수 있다. 소셜, 검색, 결제, 로그, 통신, 리뷰, 이미지, 날씨, 교통, 위치 데이터에 이르기까지 빅데이터가 다양해진 상황에서,

마케터는 소비자 행동을 세세하게 파악할 수 있는 맥락 데이터를 모두 수집할 수 있게 됐다. 마케팅 커뮤니케이션 활동이 펼쳐지는 장소는 웹사이트와 앱사이트이다. 빅데이터 분석 방법만 알면 소비자 행동에서 구매의 맥락과 소비의 맥락을 손쉽게 파악할 수 있게 됐다. 구매의 맥락이란 검색, 쇼핑, 로그, 구매 데이터를 바탕으로 소비자의 여정(consumer journey)을 파악하는 일이다. 소비의 맥락이란 소셜, 리뷰, 앱, 유튜브 데이터를 바탕으로 소비자의 라이프스타일을 파악하는 일이다. 여기에 공공 데이터의 분석 내용을 추가해 환경의 맥락까지 고려한다면 소비자의 생활 동선과 상황 정보까지 전방위에서 관리할 수 있는 데이터 플랫폼이 완성된다.

둘째, 개인화 마케팅과 브랜드 마케팅의 추세이다. 먼저, 개인화 마케팅은 온라인이나 모바일 쇼핑몰의 고객 행동 패턴(로그)을 분석해 구매 가능성이 소비자 개개인의 특성을 분석해, 최적화된 메시지를 전달하는 맞춤형의 마케팅 기법이다. 프로그래매틱 광고(programmatic advertising)나 퍼포먼스 마케팅(performance marketing)은 알고리즘에 따라 진행된다. 광고업계에서는 웹, 앱, 소셜 미디어를 비롯한 온라인과 오프라인 채널을 모두 활용해 퍼포먼스 마케팅을 시도함으로써 이용자를 확보한다. 퍼포먼스 마케팅은 전통 마케팅에서 부족한 부분을 보완함으로써 기대하는 소비자 행동을 보다 정교하게 설계한다. 프로그래매틱 광고는 디지털 광고의 임프레션(impression)을 실시간으로 분석해 광고를 자동으로 배치하는데, 소비자에게 더 나은 광고 경험을 제공한다. 광고업계에서는 퍼포먼스 마케팅이나 프로그래매틱 광고를 통해 클릭, 다운로드, 결제 같은 소비자 행동을 구체적으로 유도함으로써 효율을 극대화한다.

또한 브랜드 마케팅의 추세도 보편화됐다. '구매'에서 '소비'로, '소유'에서 '공유'로 가치가 이동하는 시대에 소비자의 라이프스타일을 파악하는 일이 한층 중요해졌다. 광고인들은 소비자의 소득과 경제력은 어떠한지, 소비자들이 어떠한 경험을 쌓아 왔고, 어떠한 욕구에 더 민감하게 반응하는지, 어떠한 환경에서 누구와 함께 지내며 어떤 일을 선호하는지, 어떠한 가치관을 추구하며 살아가는지 분석한다. 소비자의 일상생활을 파악해 더 구체적인 광고 메시지를 도출하려고 한다. 이때 브랜드의 혜택(benefit)을 중시할 것인지, 브랜드의 서비스 경험(experience)을 중시할 것인지, 브랜드 생산 기업의 철학을 중시할 것인지에 따라 브랜드 정체성도 달라진다(김유나, 2020). 성공적인 브랜드 마케팅은 빅데이터를 분석해 마케팅 전략을 수립하고 광고 캠페인을 실행해야 비로소 가능해진다. 광고 활동도 개인화 마케팅과 브랜드 마케팅의 맥락을 고려해 구체적이고 현실적으로 전개해야 비로소 효과를 발휘한다.

마케팅 커뮤니케이션 환경도 이전과 전혀 다른 양상으로 변모하고 있다. 모바일 미디어가 보편화되자 PC 기반의 온라인 쇼핑 위주의 전자상거래 시장은 모바일 상거래 시장으로 확장되고 국경도 사라졌다. 누구나 안방에서 세계 곳곳의 매장에 접속해 상품을 구매하는 시대가 됐다. 쇼핑 채널이 다양해지고 새로운 구매 형태가 등장함에 따라, 언제 어디서나 접속이 가능한 O2O 서비스 플랫폼이 새로운 상거래 모델로 등장했다. 오투오(O2O)는 온라인에서 오프라인으로(Online-to-Offline) 혹은 오프라인에서 온라인으로(Offline-to-Online)의 축약어로, 온라인과 오프라인의 서비스를 서로 연결시켜 소비자의 구매 활동을 도와주는 새로운 서비스 플랫폼이다. 스마트폰이 보편화돼 언제 어디에서나 구매할 수 있는 스마트 쇼핑이 가능해져, O2O 서비스 플랫폼이 발전하는 결정적 계기로 작용했다.

한편, 온라인 쇼핑의 풍부한 정보를 물리적 매장의 장점과 연결해 소비자에게 통합적 경험을 제공하는 옴니 채널(Omnichannel)이 등장해 유통의 개념을 바꿨다. 옴니 채널은 PC, 모바일, 오프라인 매장, TV, 직접우편(DM), 카탈로그 등 모든 쇼핑 채널을 통해 고객의 경험이 끊어지지 않고 집중되게 한다. 인터넷, 모바일, 카탈로그, 오프라인 매장 등 여러 채널을 유기적으로 결합해 소비자의 경험을 극대화하는 것이 옴니 채널 전략의 핵심이다. 옴니 채널은 싱글 채널, 멀티 채널, 크로스 채널이라는 기존의 유통 채널을 거쳐 진화했다. 온·오프라인의 경계를 허물고 소비자에게 놀라운 쇼핑 경험을 제공한다. 멀티 채널이 여러 채널별로 개별 매출을 높이는 데 집중했다면, 옴니 채널은 독립 채널들을 연결해 상호 보완 관계를 지향한다. 따라서 소비자들은 옴니 채널에서 시간과 장소에 구애받지 않고 채널을 비교하며 쇼핑의 즐거움을 누릴 수 있고, 기업은 일관된 메시지를 다양한 접점에 내보내며 소비자의 쇼핑 만족도를 높인다. 이 밖에도 제조사가 오픈마켓이 아닌 자사의 몰(mall)을 키워 직접 상품 판매에 나서는 소비자 직거래(Direct To Consumer: D2C) 시장도 커졌다. D2C는 제조사가 상품을 만들고 유통업체가 판매하던 기존의 유통 질서를 완전히 무너뜨렸다. 제조사들은 애플리케이션을 한번 터치하면 즉시 자사의 몰에 접속할 수 있는 모바일 쇼핑 환경을 활성화했다.

2) 광고산업의 환경 변화

정보통신기술(ICT)은 플랫폼의 다각화를 유도하면서 광고산업에도 결정적인 영향을 미치고 있다. QR코드, 사물인터넷, 증강현실, 가상현실, 비콘 같은 위치 기반 서비스, 홀로그램, 드론을 활용한 광고 등은 광고와 테크놀로지가 결합된 '광고 기술(ad tech)'이라는 개념을 탄생시키며, 광고 형태와 기법에 획기적인 변화를 가져왔다. 광고 분야에서 주목받는 기술은 가상현실(VR), 증강현실(AR), 혼합현실(MR) 기술이 대표적이다. 세 가지 기술은 소비자가 직접 겪어 보고 느끼게 하는 경험 마케팅에 적용되는데, 광고 분야에도 폭넓게 활용되고 있다.

빅데이터를 활용해 광고주, 광고매체, 광고 타깃을 연결하고 정확한 시기에 정확한 소비자에게 정확한 메시지를 전달하는 기술은 프로그래매틱(programmatic) 광고가 대표적이다. 이 광고는 광고주, 광고회사, 수요자 플랫폼, 광고 트래픽 거래소, 공급자 플랫폼이라는 경로를 거쳐 매체사와의 거래가 이루어진다. 그 과정에서 광고 주체들은 수시로 상호작용을 하게 된다. 수요자 플랫폼(Demand Side Platform: DSP)은 광고주가 광고 트래픽 거래소(Ad Exchange)에서 막대한 물량의 지면을 효과적으로 선택해 구매할 수 있는 디지털 미디어의 구매 플랫폼이다. 이 플랫폼에서는 광고주 입장에서 효과적인 광고 인벤토리를 편리하게 구매할 수 있도록 실시간 경매(RTB)의 기능을 제공하고 다양한 데이터를 제공한다.

개인 맞춤형 광고도 급성장했다. 개인 맞춤형 광고는 이용자의 온라인 검색 기록과 브라우징 정보를 종합한 개인 정보를 일정 기간 수집해서 만든 행동 프로파일을 바탕으로 개인별로 최적화시킨 광고 기법이다. 개인 맞춤형 광고에서는 같은 인구통계적 특성을 지닌 소비자일지라도 각자의 취향과 관심사에 맞춰 광고 메시지를 제공한다. 예컨대, 미국의 홀루(Hulu), 페이스북, 구글, 아마존, 영국의 애드스마트(AdSmart), 네이버와 카카오에서도 맞춤형 광고를 다양하게 시도하고 있다. 개인 맞춤형 광고를 노출하려면 웹이나 디지털 매체에서 정보를 확보할 수 있는 다양한 입력 정보가 필요하다. 소비자의 로그인 정보를 바탕으로 개인의 소비 행태를 추적할 수 있어야 개인 맞춤형 광고가 가능하기 때문이다.

더불어 OTT(Over The Top) 서비스의 광고도 급성장했다. 보통 '온라인 동영상 제공 서비스'로 번역되는 OTT는 디지털 콘텐츠를 텔레비전이나 유사한 장치로 보내는 데 사용되는 모든 장치나 서비스이다. 전파나 케이블 없이 동영상을 보내는 스트리밍 서비스가 시작되자, 시청자들은 셋톱박스가 없어도 다양한 동영상 콘텐츠를 저가에 즐길 수 있게 됐다. 온라인 동영상 제공 서비스 플랫폼에서 노출되는 OTT 광고는 텔레비전 광고와 유사한 측면도 있지만, OTT 플랫폼의 스트리밍 미디어를 통해 광고가 노출된다는 점이 결정적인 차이다. OTT 플랫폼에서는 광고의 길이를 자유롭게 늘려 삽입할 수 있고, 가구별 특성에 알맞게 맞춤형 메시지를 전달할 수 있고, 프로그래매틱 광고 거래도 할 수 있다. 이 밖에도 인터넷을 연결할 수 있는 장치가 있다면 기존의 인터넷 광고와 모바일 광고 형식을 그대로 적용할 수 있다.

모바일 디바이스에서 모든 것이 연결되는 트랜스 미디어 환경이 조성되자 다중 채널 네트워크(Multi-Channel Networks: MCNs)도 활성화됐다. 다중 채널 네트워크란 전통 미디어에서의 콘텐츠 제작과는 달리 디지털 시대의 개인 창작자가 작가, 연기자, 프로듀서, 마케팅 기획자 같은 여러 역할을 수행하는 상황에서 개인의 창작 과정을 지원하면서 손수 창작물의 체계화와 상업화를 지향하는 서비스이다(Gardner & Lehnert, 2016). 따라서 소비자와의 양방향 소통이 가능해졌고, 유튜버(YouTuber)가 올린 독특한 콘텐츠가 유튜브에서 인기를 끌면서 광고의 기회도 늘어났다. 마케팅 커뮤니케이션 활동에서도 다중 채널 네트워크를 넘나들며 소비자의 관심을 유도하는 광고 전략이 중요해질 수밖에 없으니, 다중 채널 네트워크는 광고 영역에 새로운 기회를 제공하고 있다.

소비자들은 메시지 형태에 관계없이 자신이 흥미를 느끼는 메시지에 능동적으로 접촉하며 자신만의 욕구를 충족한다. 능동적 소비자나 적극적 공중은 광고산업과 PR산업의 패러다임을 바꾸는 데 결정적으로 기여했다. 능동적 소비자나 적극적 공중이 있었기에 소셜 미디어(SNS)나 1인 미디어도 급격히 성장했다. SNS와 1인 미디어의 성장은 광고산업과 PR산업은 물론 정치, 경제, 사회, 문화를 바꾸는 데 결정적인 영향을 미쳤다. 소셜 미디어와 1인 미디어 환경에서 개인들은 생비자(Prosumer, 생산자+소비자)로서 광고나 PR 캠페인에 참여하기 시작했다.

더욱이 광고나 PR 메시지는 브랜드 콘텐츠라는 성격을 띠게 됐다. 전통적인 광고가 메시지를 강제 노출하는 형식이었다면, 네이티브 광고나 브랜드 저널리즘에서는 광고 메시지와 PR 메시지의 경계가 무너지면서 서로 섞이며 융합되는 형태로 바뀌기 시작했다. 전통 미디어 환경에서는 미디어 콘텐츠(방송 프로그램이나 기사)와 브랜드 메시지(광고나 PR)가 분리됐지만, 디지털 3.0 시대에는 미디어 콘텐츠에 브랜드 메시지를 연계하는 간접 광고나 가상 광고가 보편화됐다. 네이티브 광고나 브랜드 저널리즘처럼 콘텐츠와 광고와 PR 메시지가 버무려진 혼종 콘텐츠가 다수 등장했다. 따라서 광고와 PR의 경계도 당연히 모호해질 수밖에 없게 됐다.

이런 현상을 대표하는 장르가 브랜디드 콘텐츠(branded contents)이다. 기업에서는 콘텐츠와 광고를 물리적으로 결합시키는 데서 나아가 기사나 프로그램 같은 콘텐츠를 직접 제작해 브랜드 메시지를 전달하며 그 영역을 확장시켜 왔다. 광고가 프로그램 콘텐츠에 섞여 나오는 프로그램 내 광고(Commercial in Program: CIP)도 상용화됐다. 소비자들은 양방향 데이터 방송 환경에서 자신이 원하는 광고나 광고량을 선택할 수 있는 양방향 광고도 체험하게 됐다. 디지털 방송에서 양방향 서비스를 시작하자 소비자들은 풍부한 선택권과 편리한 접근권을 보장받았다. 앞으로는 소비자들이 능동적으로 받아들이는 '전달되는 광고(passed-on advertising)'가 중요해질 수밖에 없으니, 광고의 개념과 기능은 더 복잡해지고 다양해질 수밖에 없다.

특히 광고와 홍보(PR)의 경계가 무너지고 있는 환경 변화도 주목할 만한 현상이다. 광고와 홍보는 분명 목적과 성격이 다른 전략 커뮤니케이션(strategic communication)의 일종이지만, 영역을 구분하는 것보다 급변하는 기업의 문제를 해결하는 광고와 PR 활동이 더 중요하다. 따라서 융합의 시대에 광고와 PR을 애써 구분할 필요는 없고, 콘텐츠를 어떻게 구성해서 소비자나 공중이 그 콘텐츠를 어떻게 경험하게 할 것인지가 중요하다(김운한, 김현정, 2018). 앞으로 기업의 전략 커뮤니케이션 활동에서는 오직 콘텐츠끼리의 경쟁만 필요하기 때문에, 광고와 홍보(PR)를 애써 구분하지 말고 마케팅 커뮤니케이션 활동에 필요한 상호 보완적인 수단으로 관계를 설정해야 한다.

2. 광고의 어원과 광고 개념의 변화

1) 광고의 어원과 광고의 정의들

일찍이 1655년에 『메르쿠리우스 폴리티쿠스(Mercurius Politicus)』라는 뉴스북(오늘날의 신문 같은 뉴스 전달 매체)에 책 출판을 알리며 애드버타이즈먼트(advertisement)라는 말을 썼는데, 이때 처음으로 '광고'라는 말이 등장했다. 그 후 영국의 대표적 간행물에는 광고가 많이 실렸고 '애드버타이즈먼트'라는 단어도 자주 쓰였다. 1710년 에디슨이 편집한 『태틀러(The Tatler)』지에서는 광고 특집을 기획해 광고에 관한 논문을 여러 편 게재했고 광고의 정의도 내렸다. 그 무렵까지 모든 정보를 가리키는 뜻으로 광고라는 말을 썼으나, 『태틀러』지에서는 '광고'를 비즈니스 알림(business announcement)의 의미로만 한정시켜야 한다고 명시했다(Wikipedia, 2021).

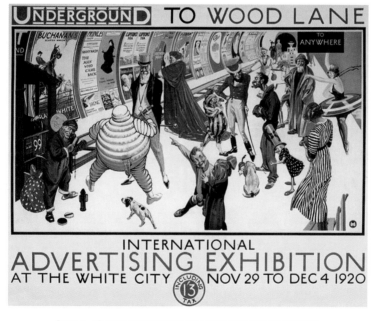

[그림 1-2] 런던 지하전철회사 광고 '국제 광고 전시회' 편(1920)

광고는 1900년대 초반에 국제 광고 전시회가 열릴 정도로 인기를 끌었다. 런던 지하철의 교통 광고인 '국제 광고 전시회' 편(1920)은 마치 광고의 풍경화 같다([그림 1-2] 참조). 가로 1270×세로1016mm 규격의 광고에서 "우드레인 역으로 가는 지하철(Underground to Wood Lane)"이라는 헤드라인을 썼다. 국제 광고 전시회가 1920년 11월 29일부터 12월 4일까지 런던의 화이트시티에서 열린다며 전시회를 참관하라고 권고했다. 비주얼 부분에는 1920년대에 인기 있던 미쉐린타이어의 캐릭터 비벤덤(Bibendum), 조니워커의 캐릭터 스트라이딩 맨(Striding man), 음반과 축음기 브랜드의 캐릭터 니퍼(Nipper) 등 여러 엠블럼이나 캐릭터가 지하철 플랫폼에서 수다를 떨고 있다. 사회문화적 측면에서 볼 때 1900년대 초반에 벌써 국제 광고 전시회까지 열렸을 정도로 광고를 중시했다는 사실을 엿볼 수 있다.

광고(advertising)의 어원은 라틴어의 'adverter'인데, 이는 "돌아보게 하다", "주의를 돌리다"라는 뜻이다. 독일어의 광고(Die Reklame)와 불어의 광고(Reclame)라는 단어는 "부르짖다"라는 의미의 라틴어 어원 'Clamo'에서 나왔는데, "반복해 부르짖다"라는 뜻이었다. 광고의 어원을 종합하면 광고란 "반복해 부르짖음으로써 주의를 끌게 하는 것"이다. 세계 광고사의 초창기에 광고인을 광호인(廣呼人, crier)이라고 불렀는데 이 역시 광고의 어원을 충실히 반영한 것이었고, 우리말에서 광고의 의미도 라틴어의 어원과 비슷한 뜻이다(송용섭, 리대룡, 1996, pp. 41-59).

●표 1-2● 광고의 정의들

연구자	광고의 정의
John E. Kennedy (1894)	광고란 인쇄된 판매술이다.
Advertising Age (1932)	광고는 광고주의 이익을 높이기 위한 아이디어, 서비스, 제품에 관한 정보의 전달이다.
미국마케팅학회 (AMA, 1963)	광고란 명시된 광고주가 유료로 아이디어와 제품 및 서비스를 비대인적으로 제시하고 촉진하는 일체의 형태이다.
Tillman & Kirkpatrick (1972)	광고란 매스컴을 통해 전달하고 원하는 바를 이루기 위해 설득하는 것을 목적으로 하는 유료의 상업적 촉진 형태이다.
미국 광고 회사협회 (AAAA, 1976)	광고란 소비대중에게 자사 제품의 판매나 서비스의 이용을 궁극적인 목표로 삼고, 이에 필요한 정보를 미디어를 통해 유료로 전달하는 모든 활동이다.

Wright (1977)	광고란 대중매체를 통한 통제된 명시적 정보 및 설득이다.
Dunn & Barban (1986)	광고란 광고 메시지 속에 어떤 형태로든 명시된 기업이나 비영리 조직 또는 개인이 다양한 미디어를 통해 특정 집단의 수용자에게 정보를 제공하거나 설득하고자 하는 유료의 비대인적 커뮤니케이션이다.
Bovee & Arens (1989)	광고란 확인 가능한 광고주가 대가를 지불하고 다양한 매체를 통해 제품, 서비스, 아이디어에 관한 정보를 전달하기 위한 설득적·비대인적 커뮤니케이션이다.
Pride & Ferrell (1989)	광고란 대중매체를 통해 표적 청중에게 전달하기 위한 조직이나 제품에 관한 유료의 비대인적 커뮤니케이션의 형태이다.
Wells & Burnett (1989)	광고란 명시된 광고주가 대중매체를 이용해 청중을 설득하거나 영향력을 행사하려고 하는 유료의 비대인적 커뮤니케이션의 한 형태이다.
Russel & Lane (1990)	광고란 명시된 광고주가 대중매체를 이용해 전달하는 유료의 메시지이다.
리대룡(1990)	광고란 인증된 스폰서가 유료적이고 비대인적인 매스 커뮤니케이션 수단을 통해 제품이나 서비스를 판매하는 것이다.
Nylen (1993)	광고란 특정 제품, 서비스, 신념, 행동에 관한 정보를 제공하거나 사람들을 설득할 목적으로 대중매체에 대가를 지불하고 싣는 메시지이다.
한국광고학회 (1994)	광고란 광고주가 청중을 설득하거나 영향력을 미치기 위해 대중매체를 이용하는 유료의 비대면적 의사 전달 형태이다.
차배근(1995)	광고란 커뮤니케이션의 한 형태로서 소비자나 고객 또는 일반대중에게 제품이나 서비스에 대한 정보를 제공해 광고주가 의도하는 방향으로 영향을 미치기 위한 커뮤니케이션이며, 광고주와 소비자 간의 커뮤니케이션의 행위이다.
Arens (1999)	광고란 확인 가능한 광고주(스폰서)가 다양한 미디어를 통해 제품이나 서비스 또는 아이디어에 관해 통상적으로 비용을 지불하고, 대개는 사실상 설득적인 정보를 제시하는 비대인적 커뮤니케이션이다.
Wells, Burnett, & Moriarty (1999)	광고란 알려진 광고주가 수용자를 설득하거나 영향을 미치고자 대중매체를 이용하는 유료 형태의 비대인적 커뮤니케이션이다.
Advertising Age (1999)	광고란 판매, 이용, 투표, 승인에 영향을 미치기 위해 광고주의 비용으로 사람, 제품, 서비스, 운동 등에 대해 인쇄하거나 쓰거나 말하거나 그려서 제시하는 것이다.
김봉현, 김태용, 박현수, 신강균 (2011)	광고란 명시된 스폰서로부터 대중매체를 통해 수용자를 설득하거나 영향을 미칠 목적으로 전달되는 비대인적 커뮤니케이션이다.
김병희(2013)	광고란 광고 주체가 수용자를 설득하는 데 영향을 미치기 위해 매체를 활용해 아이디어와 제품 및 서비스 내용을 전달하는 단계별 커뮤니케이션 활동이다.

• 출처: 김병희(2013, 2017); 김봉현, 김태용, 박현수, 신강균(2011)을 바탕으로 재구성.

광고산업의 전문 분야 종사자나 광고 연구자들이 광고 활동의 어떤 측면을 강조하느냐에 따라, 광고학계의 연구자들이 마케팅과 커뮤니케이션 중 어떤 관점을 지지하느냐에 따라, 각양각색으로 광고를 정의해 왔다. 〈표 1-2〉에서 제시한 광고의 정의들은 광고를 '마케팅의 도구'로 보는 관점과 '커뮤니케이션의 수단'으로 보는 관점, 그리고 두 관점을 통합하려는 관점으로 대별할 수 있다(김병희, 2013/2017).

2) 마케팅 관점에서의 정의

지난 1963년에 미국마케팅학회의 광고정의위원회는 광고의 개념을 다음과 같이 정의했다. 즉, "광고란 명시된 광고주가 유료로 아이디어와 제품 및 서비스를 비대인적으로 제시하고 촉진하는 일체의 형태이다(Advertising is any paid of nonpersonal presentation and promotion of ideas, goods, services by an identified sponsor)". 광고에 대한 이 정의는 그동안 광고학계와 광고업계에서 포괄적인 동의를 얻었는데, 이 정의는 마케팅 관점에서의 광고의 개념을 대표해 왔다. 여기에서 제시된 광고의 정의는 다음과 같은 네 가지 특성을 지닌다.

유료의 형태(paid form)로 노출된다는 것이다. 광고주는 돈을 내고 여러 미디어의 지면(space)이나 시간(time) 또는 사이버 공간(cyber space)에 광고 메시지를 노출한다. 이런 의미에서 광고는 돈을 지불하지 않고 제품이나 서비스에 대한 정보를 보내는 퍼블리시티(publicity)와는 다르다.

비대인적으로 제시(nonpersonal presentation)된다는 것이다. 매체별로 약간의 차이는 있지만 대부분의 광고는 다수의 소비자나 대중에게 자사의 제품이나 서비스에 대한 정보를 제공한다. 따라서 광고는 소비자들과 직접 접촉하는 면대면(face-to-face)의 대인 판매와는 달리 다수를 대상으로 하기 때문에 비대인적(非對人的)으로 제시된다.

아이디어와 제품 및 서비스(ideas, goods, and services)를 전달한다는 것이다. 광고의 대상에는 어떤 기업의 제품만이 아니라 은행이나 항공사의 서비스도 포함된다. 기업 PR 광고나 공공 광고처럼 어떤 철학이나 정책을 전달하려는 목적으로 광고를 하기 때문에 광고의 대상에는 제품, 서비스, 아이디어가 포함된다.

명시적 광고주(identified sponsor)가 있어야 한다는 것이다. 광고는 광고주의 마케팅 목표나 광고 목표를 달성하기 위해 제품이나 서비스나 아이디어에 관한 정보를 전달한다. 따라서 거의 모든 광고물에는 광고를 하는 주체가 반드시 명시되어야 한다.

여기에서 특히 주목할 대목은 PR(public relations)과 선전(propaganda)은 '유료의(paid)'와 '명시적(identified)'이라는 두 가지 측면에서 광고와 구별했다는 사실이다. 즉, PR과 선전은 광고와는 달리 유료의 비용을 지불하지 않아도 가능하며, PR과 선전을 하는 주체를 명시하지 않아도 된다는 뜻이다. 이 밖에도 공공 광고의 경우에는 매체사에 비용을 지불하지 않고 무료로 광고를 한다.

3) 커뮤니케이션 관점에서의 정의

반면에 커뮤니케이션 관점을 지지해 온 학자들은 광고를 판매자와 수요자 사이의 커뮤니케이션 연결(communication link)을 가능하게 해 주는 매개체로 보았다. 라이트(Wright, 1977)는 광고란 "대중매체를 통한 통제된 명시적 정보 및 설득"이라고 설명했다. 웰스와 버넷 및 모리아티(Wells, Burnett, & Moriarty, 1999)는 광고란 "알려진 광고주가 수용자를 설득하거나 영향을 미치고자 대중매체를 이용하는 유료 형태의 비대인적 커뮤니케이션 (Advertising is paid nonpersonal communication from an identified sponsor using mass media to persuade or influence an audience)"이라고 했다. 이런 정의는 커뮤니케이션 관점에서의 광고의 개념을 대표해 왔다.

커뮤니케이션의 관점을 지지하는 학자들은 광고에 대해 정의할 때 '정보'와 '설득'이라는 두 가지 단어가 반드시 포함되어야 한다면서, 미국마케팅학회에서 제시했던 광고의 정의를 비판했다(Wright, 1977). 즉, 미국마케팅학회에서 내린 광고의 정의가 마케팅 연구자들에게는 유용할지 몰라도, 광고 실무계에 커뮤니케이션 기술로서의 광고의 개념을 설명하기에는 미흡한 점이 많다는 이유 때문이었다. 이 관점을 지지해 온 학자들은 광고의 정의에 다음과 같은 네 가지 기본 요인이 포함되어야 한다고 강조했다.

정보(information)와 설득(persuasion)이 포함되어야 한다는 것이다. 광고란 명시된 광고주가 매스미디어를 통해 불특정 다수의 소비자에게 제품 정보를 전달해 판매를 촉진하는 설득 커뮤니케이션이기 때문에, 광고란 소비자들에게 정보를 전달하거나 설득하기 위한 커뮤니케이션 활동이라는 특성을 지녀야 한다는 뜻이다.

통제적(controlled) 특성을 지니고 있다는 것이다. 여기에서 '통제적'이라는 형용사에는 광고 메시지의 내용이나 광고의 규격이 광고주에 의해 통제되고, 경우에 따라서 광고 심의 과정을 거쳐 규제를 받는다는 뜻이 담겨 있다. '통제적'이라는 수식어 때문에, 광고가 다른 커뮤니케이션 형태인 대인 판매(personal selling)나 퍼블리시티(publicity)와 구별된다는 의미다.

명시적(identifiable) 특성을 지녀야 한다는 것이다. 이는 광고 주체를 확인할 수 있거나 광고 주체가 분명해야 한다는 뜻으로, '명시적'으로 제시되어야 한다는 특성을 지니기 때문에 광고를 PR이나 선전과는 다른 개념으로 인식해야 한다는 뜻이다.

대중매체(mass media)를 통해 광고 메시지가 전달되어야 한다는 것이다. 광고 메시지는 반드시 대중매체를 통해 목표 고객에게 도달되어야 한다는 뜻으로, 광고가 매스 커뮤니케이션의 영역에 속한다는 특성을 나타낸다. 이 특성은 광고를 대인 판매와 구별 짓는 요인이다.

4) 통합적 관점에서의 정의

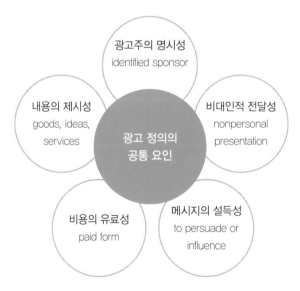

[그림 1-3] 광고의 정의에 필요한 5가지 요인

• 출처: 김병희(2013b), p. 36.

미디어 환경 변화를 고려해 마케팅적 관점과 커뮤니케이션적 관점을 통합하려는 시도들도 있었다. 던과 바번(Dunn & Barban, 1986)은 두 관점을 통합해 광고란 "광고 메시지 속에 어떤 형태로든 명시된 기업이나 비영리 조직 또는 개인이 다양한 미디어를 통해 특정 집단의 수용자에게 정보를 제공하거나 설득하고자 하는 유료의 비대인적 커뮤니케이션"이라고 정의했다. 이 정의에서는 이윤을 추구하는 기업에서만 광고를 한다는 기존의 관념을 넘어 비영리 조직의 사회문화적 커뮤니케이션도 광고의 정의에 포함되어야 한다며 광고의 개념을 새롭게 제시했다. 이에 따라 광고 주체가 기업은 물론 정부 기관, 대학, 교회 같은 비영리 단체나 개인에 이르기까지 확대됐고, 정치 광고나 공공 광고도 광고의 범위에 포함됐다.

이상에서 설명한 광고의 정의를 디지털 시대의 미디어 환경의 변화와 소비자 행동의 변화에 비춰 보면 수정할 필요성이 제기된다. 명시된 광고주, 유료의 형태, 설득과 영향, 그리고 비대인적 전달이라는 기존의 광고 개념으로는 디지털 시대의 광고 현상을 두루 설명하기 어렵다. 현대 광고는 콘텐츠의 특성을 가졌기 때문에 광고의 정의를 새롭게 내려야 한다는 주장도 제기됐다(이시훈, 2007). 세 가지 관점을 종합하면, 명시된 광고주라는 내용이 들어가야 하지만 현대 광고에서는 광고주가 명시되지 않은 광고 형태도 있고, 비대인적으로 제시된다는 내용이 들어가야 하지만 대인적으로 제시되는 광고 형태도 있고, 유료의 형태라는 내용이 들어가야 하지만 공익 광고처럼 무료로 하는 광고 형태도 있다. 또한 소비자 설득에 영향을 미친다는 목적이 들어가야 하지만 소비자의 정보 탐색 과정에서 각 단계별로 영향을 미친다는 의미도 반영되어야 하며, 제품과 서비스의 내용도 들어가야 하지만 제품과 서비스 내용을 표현하지 않으면서 소비자와의 관계성을 지향하는 광고도 증가하고 있다.

여러 쟁점을 요약하면 광고 개념의 변화를 다음과 같이 정리할 수 있다. '광고주의 명시성'은 '광고 주체의 (비)명시성'으로, '비대인적 전달성'은 '(비)대인적 전달성'으로, '메시지의 설득성'은 '메시지의 (단계별) 설득성'으로, '비용의 유료성'은 '비용의 (무)유료성'으로, '내용의 제시성'은 '내용의 제시성(관계성)'으로 광고의 개념을 바꿔야 한다는 것이다. 일련의 연구를 통해 광고란 "광고 주체가 수용자를 설득하는 데 영향을 미치기 위해 매체를 활용해 아이디어와 제품 및 서비스 내용을 전달하는 단계별 커뮤니케이션 활동"(김병희,

2013/2017)이라는 광고의 새로운 정의가 도출되기도 했다.

이 정의에서는 '광고주(sponsor, advertiser)'를 '광고 주체(advertising subject)'로 바꿨다. '광고주'라는 단어에는 광고주가 '갑'이고 광고회사가 '을'이라는 뉘앙스가 강하지만, '광고 주체'라는 표현에는 그런 뉘앙스가 줄어들고 광고를 관리하고 제작하는 누구라도 광고의 주인이라는 의미가 담기기 때문이었다. 결국, '명시된 광고주'(미국마케팅학회, 1963)라는 말에 비해 더 포괄적인 개념인 '광고 주체'가 현대의 광고 생태계를 설명하는 타당한 표현이다. 이 정의는 나름대로 의의가 있지만, 그럼에도 불구하고 디지털 시대의 광고 현상을 여전히 완벽하게 설명하지 못한 한계가 있다.

3. 광고의 유형

여러 가지 분류 기준에 따라 광고의 유형을 다양하게 구분할 수 있다. 세상에는 그만큼 많은 광고가 있다는 뜻이기도 하다. 광고학계에서 일반적으로 통용되는 광고의 유형을 종합해서 분석한 결과, 분류 기준에 따라 광고의 유형을 8가지로 구분할 수 있었다.

1) 광고의 목적에 따른 분류

광고의 목적에 따라 상품 광고 대 비상품 광고(기업 광고), 상업 광고 대 비영리 광고(정부 광고, 공익 광고, 정치 광고 등), 일차 수요 광고 대 선택 수요 광고, 직접 행동 광고 대 간접 행동 광고(이미지 광고)로 구분할 수 있다. 어떤 상품이나 브랜드의 특성이나 혜택을 알리는 상품 광고는 상업 광고를 대표하며, 즉각적인 판매 촉진을 목표로 하지만 직접 반응을 기대하기보다 브랜드 인지도나 선호도를 높이기 위한 간접 반응을 유발하는 광고도 있다. 광고 주체가 어느 곳이라도 영리를 목적으로 하지 않는 모든 광고는 비영리 광고(non-profit ad)이다.

2) 광고의 주체에 따른 분류

광고의 주체에 따라 제조업자 광고, 소매업자 광고, 협동 광고(공동 광고)로 구분할 수 있다. 소매업자 광고는 어떤 상품을 자기 상점에서 구매하도록 소비자를 유인하기 위해 제작하며, 신문에 삽입된 전단지를 주로 활용한다. 소매업자 광고가 한 도시 전체에 노출될 때는 블록 광고(block ad)라고도 한다. 협동 광고(cooperative ad)는 두 곳 이상의 광고주가 서로의 소비자를 대상으로 공동으로 광고하는 경우를 뜻한다. 예를 들어, 피자 업체와 청량음료 업체가 공동으로 기획해서 함께 실시하는 판매 촉진 광고가 대표적이다.

3) 광고의 소구 방법에 따른 분류

광고의 소구 방법에 따라 정보 제공형 광고 대 감정 전이형 광고, 경성판매 광고(hard sell ad) 대 연성판매 광고(soft sell ad)로 구분할 수 있다. 정보 제공형 광고(informational ad)는 자사의 브랜드를 선택하라는 합리적인 이유나 객관적 근거를 제시함으로써, 소비자에게 상품에 대한 지식과 정보를 제공하기 위해 이성적 소구(rational appeal) 방법으로 설득하는 광고다. 이에 비해 감정 전이형 광고(transformational ad)는 브랜드에 대한 긍정적인 느낌이나 이미지를 향상하기 위해 감성적 소구(emotional appeal) 방법으로 설득하는 광고이다.

4) 광고의 접속 방법에 따른 분류

광고의 접속 방법에 따라 오프라인 광고와 온라인 광고로 구분할 수 있다. 오프라인 광고는 텔레비전 광고, 라디오 광고, 신문 광고, 잡지 광고 같은 기존의 4대 매체와 OOH 광고, 판매 촉진 광고, 협찬 광고가 해당된다. 그런 광고 중에서도 OOH 광고의 일종인 디지털 사이지 광고나 디지털 신문 광고처럼 디지털 미디어에 노출되는 광고들은 오프라인 광고가 아니다. 온라인(디지털) 광고에는 미국양방향광고협회(IAB)에서 제시한 모바일 디스플레이(mobile display) 광고, 모바일 동영상(mobile video) 광고, 오디오(audio) 광고, 모바일 활성화(mobile activation) 광고, 브랜디드 앱(branded apps) 광고, 위치 기반(location-based) 광고 같은 6가지 유형이 해당된다(IAB, 2012).

5) 광고하는 지역에 따른 분류

광고 지역에 따라 전국 광고, 지역 광고, 국제 광고로 구분할 수 있다. 전국 광고는 전국의 소비자를 대상으로 대규모로 전개하는 광고이고, 지역 광고는 전국이 아닌 특정한 지역의 소비자를 대상으로 노출하는 광고이다. 국제 광고(international ad)는 어떤 나라에서 만든 상품을 다른 나라에 판매할 목적으로 제작한 광고로, 기업이 해외의 소구 대상(기업, 정부, 단체, 유통기구 등)에게 제품과 서비스에 대한 정보를 전달하고 설득하여 태도를 변화시키거나 수요를 창출함으로써, 궁극적으로 매출의 증대를 추구하는 국제 커뮤니케이션 활동이다.

6) 광고의 대상에 따른 분류

광고의 대상에 따라 소비자 광고와 비즈니스 광고(B2B)로 구분할 수 있다. 소비자 광고(consumer ad)는 기업에서 상품이나 서비스를 일반 소비자에게 판매하기 위해 노출하는 광고로, 대중매체에 노출되는 대부분이 소비자 광고다. 소비자 광고는 광고 내용에 따라 상품 광고와 기업 광고로 구분할 수 있다. B2B(Business-to-Business) 광고는 소비자를 대상으로 하지 않으며 산업 광고, 기업 간 광고, 농업 광고, 전문가 광고 등이 있다. 예를 들어, 자동차회사를 대상으로 전개하는 타이어 생산회사의 광고가 대표적인 B2B 광고이다.

7) 광고의 노출 매체에 따른 분류

광고가 노출되는 매체에 따라 텔레비전 광고, 라디오 광고, 신문 광고, 잡지 광고, 온라인(디지털) 광고, 옥외 광고, 판매 촉진 광고, 협찬 광고라는 8가지 유형으로 구분할 수 있다. 텔레비전 광고에는 TV 광고[지상파 TV, 지상파 데이터 TV, IPTV(어드레서블 TV), 디지털위성방송(DSR), 디지털멀티미디어방송(DMB)]와 케이블 TV 광고(종합편성 채널, 기타 케이블 TV)가 있다. 그리고 라디오 광고, 신문 광고와 인터넷 신문 광고, 잡지 광고와 인터넷 잡지 광

고가 있다. 온라인 광고에는 유선 인터넷, 모바일, 소셜 미디어 광고가 있고, OOH(Out of
Home) 광고에는 전통적인 옥외 매체, 디지털 사이니지(Digital Signage), 교통 광고, 극장 광
고가 있다. 판매 촉진(Sales Promotion) 영역에는 직접우편광고물(DM), 구매 시점 광고물
(POP), 전시, 이벤트가 있고, 협찬 영역에는 제품 배치(PPL) 등이 있다(김병희, 2013). 8가지
유형에 속하는 세부적인 미디어 광고 내용은 〈표 1−3〉과 같다.

●표 1−3● **노출 미디어에 따른 광고의 유형**

광고의 유형		세부적인 미디어 광고
텔레비전 광고	TV	지상파 TV
		지상파 데이터 TV
		IPTV(어드레서블 TV)
		디지털위성방송(DSR)
		디지털멀티미디어방송(DMB)
	케이블 TV	종합편성 채널
		기타 케이블 TV
라디오 광고		라디오
신문 광고		신문
		인터넷 신문
잡지 광고		잡지
		인터넷 잡지
온라인 광고		유선 인터넷
		모바일
		소셜 미디어
OOH 광고		전통적인 옥외 매체
		디지털 사이니지
		교통
		극장
판매 촉진 광고		직접우편광고물(DM)
		구매 시점 광고물(POP)
		전시
		이벤트
협찬 광고		제품 배치(PPL) 간접 광고

8) 광고의 수용 형식에 따른 분류

광고 콘텐츠의 수용 형식에 따라 동영상 광고, 이미지 광고, 텍스트 광고로 구분할 수 있다. 이미지 광고는 주로 그림으로만 제시되는 노출형(Display) 광고이며, 텍스트 광고는 그림이 아닌 문자 위주로 제시되는 광고다. 온라인 동영상 광고는 온라인이나 모바일로 제공되는 동영상 광고를 비롯해 유튜브나 페이스북에서 임의로 제작한 동영상 광고도 있고, PPL이나 브랜디드 콘텐츠의 일환으로 진행하는 네이티브 동영상 광고도 있다. 미국양방향광고협회(Interactive Advertising Bureau: IAB)에서는 광고가 실리는 콘텐츠의 유형에 따라, 〈표 1-4〉와 같이 인스트림 동영상 광고, 배너 기반의 동영상 광고, 텍스트 기반의 동영상 광고, 독립 콘텐츠 연계 동영상 광고로 분류했다(IAB, 2016).

첫째, 인스트림 동영상 광고(in-stream video ads)는 가장 보편적인 유형으로, 동영상 광고라고 하면 보통 인스트림 광고를 뜻한다. 동영상 광고 게시 템플릿(VAST)의 규격에 따라, 여러 광고 서버로부터 동일한 형태의 광고 정보를 전달받아 동영상 플레이어가 높은 해상도, 빠른 속도감, 뛰어난 성능을 발휘할 수 있도록 광고를 구동한다. 인스트림 동영상 기반의 광고에는 선형 광고, 비선형 광고, 동반 광고, 깍지 광고 같은 4가지 종류가 있다.

선형 동영상 광고(linear video ads)는 영상 콘텐츠가 나오는 시간대에 광고가 차례로 배치돼 영상과 광고가 번갈아 가며 하나씩만 재생되는 형식이다. 광고의 노출 위치(시점)에 따라 영상이 시작되기 전에 나오는 프리롤(pre-roll) 광고, 영상을 중간에 멈추고 나오는 미드롤(mid-roll) 광고, 영상이 끝난 다음에 나오는 포스트롤(post-roll) 광고가 있다. 셋 중에서 프리롤 광고가 가장 널리 활용되는데, 강제 노출이 가능하고 콘텐츠의 시청을 크게 방해하지 않기 때문이다.

비선형 동영상 광고(non-linear video ads)는 영상 콘텐츠가 나오는 동안에 광고가 재생돼 영상과 광고를 동시에 볼 수 있는 형식이다. 콘텐츠 아래쪽에 오버레이(overlay) 형식으로 10~20초 동안 이미지나 텍스트 배너 형태로 등장하는 광고가 보편적이며, 함께 실행되는 영상의 재생을 광고가 방해하지 않는다. 이용자가 광고 보기를 선택하면 영상이 멈추고 광고의 확장 버전이 재생되는 비선형 광고는 화면을 많이 차지하지 않고, 광고와 양방향 상호작용을 할 수 있다.

•표 1-4• 온라인 동영상 광고의 유형

광고의 유형		게시되는 광고물	광고의 종류	광고의 노출 위치	개념 설명
인스트림 동영상 광고	선형 동영상	동영상	동영상	프리롤	영상 콘텐츠가 시작되기 전에 나오는 광고
				미드롤	영상 콘텐츠를 중간에 멈추고 나오는 광고
				포스트롤	영상 콘텐츠가 끝난 다음에 나오는 광고
	비선형 동영상	동영상	텍스트, 배너,* 동영상	콘텐츠 재생중	영상 콘텐츠가 재생되는 동안 하단 위치 등에 나오는 광고
				오버레이	영상에 마우스 커서를 올리면 영상 일부를 가리며 나오는 반투명 광고
				콘텐츠 안	영상 콘텐츠 안에 포함돼 있는 광고로 PPL에 자주 활용됨
	동반 광고	동영상	텍스트, 배너,* 동영상	동영상 주변	동영상 광고가 나오는 화면의 바깥쪽에 함께 나오는 같은 광고주의 광고로 마우스 커서를 올리면 펼쳐짐
	끼지 광고	동영상	동영상	프리롤	영상 콘텐츠가 시작되기 전에 나오는 광고
				미드롤	영상 콘텐츠를 중간에 멈추고 나오는 광고
				포스트롤	영상 콘텐츠가 끝난 다음에 나오는 광고
배너 기반의 동영상 광고		배너	동영상	웹페이지	광고 배너를 클릭하거나 배너 주변에 마우스 커서를 대면 나오는 광고
텍스트 기반의 동영상 광고		텍스트	동영상	웹페이지	텍스트의 브랜드 관련 내용에 마우스 커서를 대면 저절로 나오는 광고
독립 콘텐츠 연계 동영상 광고		동영상	동영상	모바일, 웹페이지	드라마, 음악, 게임, 웹툰, UCC 같은 독립 콘텐츠에 브랜드 메시지를 연계하는 영상으로 네이티브 광고나 브랜디드 콘텐츠가 해당됨

• 출처: IAB(2016)의 자료를 재구성함(김병희, 2021).

* 텍스트와 배너도 정지 화면이 아닌 애니메이션과 동영상 형태로 제시될 수 있어 동영상 광고에 포함시켰음.

동반 광고(companion ads)는 선형 혹은 비선형 동영상 광고가 나오는 동안 화면 바깥쪽에 두 개 이상의 광고가 동시에 재생되는 형식이다. 본 광고가 나오는 동안 다른 공간에서 텍스트 광고, 배너 광고, 동영상 광고가 함께 나오거나, 같은 광고주의 광고가 동시에 나오는 경우가 많다. 광고 실무계에서는 '캠페인 광고'나 '병행 배치'로 부르지만 동반 광고가 옳은 표현이다. 동영상 광고를 비롯해 최대 6개의 디스플레이 광고 소재를 포함할 수 있어 판촉 활동에 두루 활용된다.

　깍지 광고(ad pods)는 콩깍지에 콩이 나란히 들어 있듯 선형 광고가 2개 이상 붙어 있는 세트 광고다. 프리롤, 미드롤, 포스트롤 광고를 모두 노출할 수 있고, 동영상 플레이어와 동영상 광고의 구동 목록(VMAP)이 필요하다. 동영상 플레이어가 광고 서버에 구동 목록을 요청하면(요청), 광고 서버에서 구동 목록과 광고 게시 템플릿(VAST)을 전송하고(응답), 동영상 플레이어는 지침대로 시점에 맞춰 광고를 재생하며(재생), 광고 서버에서 광고 정보를 추적하면(추적) 광고가 노출된다.

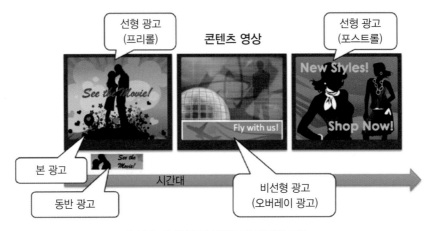

[그림 1-4] 인스트림 동영상 광고의 세부 유형

[그림 1-5] 인스트림 동영상 광고에서 깍지 광고의 배치 순서

　둘째, 배너 기반의 동영상 광고(in-banner video ads)는 인스트림 동영상 광고와 달리 웹페이지에 있는 디스플레이 배너 광고 슬롯에 포함된 GIF 파일이나 동영상으로 음성 없이 재생된다. 동영상을 구동하려면 영상 플레이어가 필요하지만, 배너 기반의 동영상 광고를 재생할 때는 플레이어가 없어도 된다. 배너 기반의 동영상 광고에는 소재를 클릭하면 재생되는 유형, 음성 없이 자동으로 재생되는 유형, 광고 주변에 마우스를 대면 저절로 재생

되는 배회(hover) 유형이 있다(Bagnall, 2019). 배너 기반의 광고는 최대 세 줄로 설명하는 텍스트와 동영상 스크린샷의 이미지로 구성하는 광고가 가장 보편적으로 활용되고 있다.

셋째, 텍스트 기반의 동영상 광고(in-text video ads)는 이용자가 텍스트 내용의 특정 부분을 탐색하다 브랜드와 관련되는 내용에 마우스 커서를 대면 저절로 재생되는 광고다. 텍스트 내에 링크로 표시되기 때문에 이용자가 텍스트를 스크롤하면 저절로 광고가 뜨며, 동영상이 재생되도록 이용자가 선택할 수도 있다. 이용자가 화면 표시의 범위를 상하좌우로 이동하는 스크롤 행위를 계속하면 광고가 잠시 멈추기도 한다. 전체 화면에서 텍스트가 50% 이상을 차지하면 동영상 광고가 중지되지만, 시선을 끌기 쉽고 풍부한 경험을 제공한다는 장점이 있다. 처음에 음성 없이 재생돼도 마우스를 클릭해서 소리까지 들을 수도 있다.

넷째, 독립 콘텐츠 연계 동영상 광고는 드라마, 음악, 게임, 웹툰, UCC 같은 독자적인 콘텐츠에 브랜드 메시지를 연계하는 광고인데, 독립된 위치에서 구동되므로 콘텐츠의 흐름을 방해하지는 않는다. 네이티브 광고(native advertising), 브랜디드 콘텐츠(branded contents), 브랜디드 엔터테인먼트(branded entertainment)가 대표 사례이며, 콘텐츠에 브랜드 메시지를 실어 보낸다. 동영상 플레이어에 표시되는 스폰서나 게임이 뜨는 동안에 나오는 게임 내 동영상 광고도 있다. 원래의 콘텐츠와 브랜드를 연계시키는 독립 콘텐츠는 플랫폼으로부터 독립된 형태를 띠는 것이 보통이지만 광고와 콘텐츠의 중간 속성을 띠는 형태도 있다.

4. 디지털 시대에 적합한 광고의 정의

디지털 시대의 광고 현상을 포괄적으로 설명하려면 광고를 어떻게 정의할 수 있을까? 미디어 환경이 디지털 기반으로 정착한 상황에서 광고의 새로운 정의를 모색할 때는 몇 가지 전제를 고려해야 한다. 즉, 거의 모든 매체가 디지털화되고, 광고 서버를 통한 N스크린 광고 송출이 가능해지며, 광고 플랫폼을 통한 광고의 유통이 가능해지고, 유무선 구분 없이 동일한 접속 환경이 구현됐다는 전제이다. 하나의 매체에서 여러 스크린으로 다양한 광고 형식을 송출할 수도 있다. 광고, PR, 콘텐츠의 경계가 무너지고 애매해지는 혼종

(hybrid) 전략이 보편화됐다는 사실도 중요하다.

결국 스크린 크기나 송출 방식 또는 광고 형식 중에서 어떤 관점에서 광고를 보느냐에 따라 광고의 개념을 정립하는 방향이 달라진다고 하겠다([그림 1-6] 참조). 즉, 소비자와의 접점에서 스크린의 크기가 어느 정도 되느냐에 따라(스마트폰에서 전광판까지), 소비자들이 광고에 대해 어떻게 행동하느냐에 따라(노출형 및 검색형), 소비자가 광고 콘텐츠를 수용하는 형식이 무엇이냐에 따라(텍스트, 이미지, 동영상), 광고를 보는 관점도 달라진다는 뜻이다.

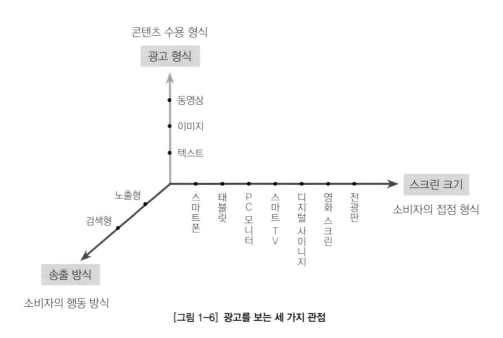

[그림 1-6] 광고를 보는 세 가지 관점

디지털 시대에 가장 주목받는 광고 영역인 온라인 광고만 해도 [그림 1-7]에 제시한 네 가지 방향에서 어떤 관점을 강조하느냐에 따라, 온라인 광고의 체계나 범위는 물론 광고의 정의가 달라질 수 있다. 소비자가 보는 광고 콘텐츠의 형식이 무엇인지, 소비자들이 광고에 어떻게 반응하는지, 소비자와 광고의 접점인 스크린의 크기나 형태가 어떠한지, 광고비를 산정하는 과금(課金) 체계는 무엇인지에 따라, 온라인 광고의 개념과 범위가 달라질 수 있다(김병희, 2021).

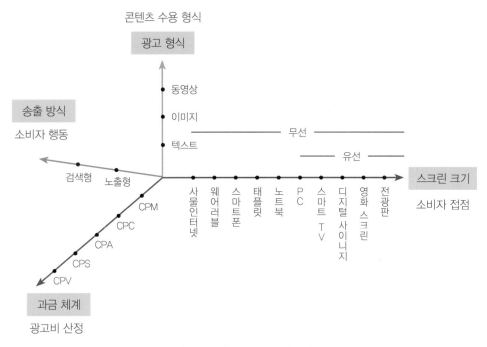

[그림 1-7] 온라인 광고의 체계

먼저, 소비자들이 보는 콘텐츠 형식에 따라 온라인 광고를 텍스트 광고, 이미지 광고, 동영상 광고로 분류할 수 있다. 소비자들이 광고에 어떻게 반응하느냐에 따라서도 온라인 광고를 노출형과 검색형으로 분류할 수 있다. 노출형 광고는 일방향으로 이용자에게 정보를 전달하는 광고인데, 미디어렙 광고, 매체 자체의 판매 광고, 애드네트워크 광고 등이 있다. 검색형 광고는 이용자가 직접 입력한 키워드에 대한 광고로, 검색 광고 플랫폼에서 판매하는 여러 형태의 광고 상품들이다. 다음으로, 스크린의 크기와 형태에 따라 사물인터넷(IoT), 웨어러블, 스마트폰, 태블릿, 노트북, PC, 스마트 TV, 디지털 사이니지, 영화 스크린, 전광판 광고로 분류할 수 있다. 마지막으로, 과금 체계에 따라 온라인 광고를 CPM, CPC, CPA, CPS, CPV 광고로 분류할 수 있다([그림 1-7] 참조).

그중에서 1,000명에게 광고를 노출하는 데 사용된 비용을 의미하는 CPM(Cost Per Mille, 광고 단가÷광고 노출 횟수×1,000) 방식이나, 광고를 클릭한 횟수당 비용을 의미하는 CPC(Cost Per Click, 비용÷클릭) 방식이 가장 널리 쓰이고 있다. 광고주가 특정 웹 페이지에 정보를 제공했을 때, 방문자가 접속해 회원가입이나 이벤트에 참여했을 때 과금하는

CPA(Cost Per Action, 비용÷실행) 방식도 있다. 방문자가 접속해 상품이나 브랜드를 구매했을 때 구매 금액에 따라 약정한 광고비를 지불하는 CPS(Cost Per Sale, 비용÷판매) 방식과, 방문자가 접속해 광고 동영상을 실제로 시청했을 때만 과금하는 CPV(Cost Per View, 비용÷실시청) 방식은 광고의 실효적 효과를 중시하는 과금 체계다.

디지털 시대에는 시장 환경이나 소비자 행동의 패턴이 180도 달라졌다. 미디어 플랫폼이 중요해졌고 브랜드 콘텐츠의 개념이 보편화됐다. 광고의 정의를 커뮤니케이션 위주로만 정립하기보다 포괄적인 차원에서 다시 검토해야 한다. 광고의 개념을 마케팅 커뮤니케이션과 브랜드 커뮤니케이션의 과정에서 인식해야 한다며 '마케팅 광고'에 주목하는 관점도 등장했다(강소영, 2020). 소비자에게 물리적 혜택을 제공하고 심리적 만족감을 경험하게 하려면 광고의 정의에 마케팅의 기능을 반영해야 한다는 뜻이다. 따라서 디지털 시대에 적합한 광고의 정의를 모색할 때는 마케팅과 커뮤니케이션 기능을 동시에 고려할 필요가 있겠다.

앞으로 광고는 콘텐츠의 형태로 소비되며 소비자와의 양방향 소통을 지향할 수밖에 없다. 변화의 중심에는 스마트 미디어와 인공지능 같은 첨단 기술이 존재한다. 이제, 광고의 정의에서는 광고의 영역에만 국한하는 협소한 시각을 버리고 기술과 한계를 넘어 새로운 광고를 찾아내는 폭넓은 시각이 필요하다(김현정, 2020). 예컨대, 인공지능 광고, OTT 광고, 가상현실(VR) 광고, 증강현실(AR) 광고, 융합현실(MR) 광고, 디지털 사이니지 같은 여러 분야로 광고의 영역을 확장시키고, 위치 기반 서비스(Location Based Service: LBS)나 근거리 무선 통신(Near Field Communication: NFC) 같은 기술과 연계해야 한다는 뜻이다.

더욱이 광고, 홍보(PR), 콘텐츠가 서로 섞이고 융합되는 현상도 보편화됐다. 예를 들어, 네이티브 광고(native advertising)는 기존의 기사형 광고와 협찬 기사가 진화한 것으로 브랜드 저널리즘의 일종이다. 브랜드 저널리즘(brand journalism)이란 언론에서 기사를 작성해 확산하듯, 마케팅 활동을 위해 브랜드 스토리를 생산하고 유통하는 것이다. 네이티브 광고는 후원사나 협찬사를 명시하기 때문에 광고가 분명하지만, 광고 주체를 명시하더라도 소비자들은 네이티브 광고를 언론 기사로 오인할 수 있다. 네이티브 광고와 브랜드 저널리즘은 광고와 홍보(PR)가 혼재된 영역이다.

미디어 플랫폼에 따라 산업 구조가 재편되는 현상에 알맞게 광고업계와 PR업계에서는 브랜디드 콘텐츠를 생산하는 데 많은 노력을 기울이고 있다(김운한, 김현정, 2018). 플랫폼과 디바이스에 적합한 브랜디드 콘텐츠를 생산하고, 상업적 콘텐츠와 비상업적 콘텐츠를 뒤섞은 변형된 콘텐츠를 미디어 간에 확산하려는 시도가 계속되고 있다. 디지털 기술이 발달하자 손가락 콘텐츠(finger contents)도 늘어났다. 바이럴 영상, 카드 뉴스, 모션그래픽, 웹툰 같은 디지털 콘텐츠는 콘텐츠산업의 새로운 지평을 열고 있다. 이런 콘텐츠들은 시공간의 제약을 넘어 상호작용성, 비동시성, 정보의 무한성을 극대화하며 광고와 PR 산업에 융합과 협업(collaboration)을 유인하고 있다. 광고 영역에서 융합 미디어를 활용해 콘텐츠를 소비하는 융합 전략이 필요한 이유이기도 하다.

이상을 종합하면 광고가 마케팅 커뮤니케이션의 기능을 선도해 왔기 때문에, 광고의 영역과 기능이 더 포괄적이고 홍보(PR)는 광고를 보조하는 수단이라는 기존의 관점은 수정되어야 한다는 결론에 도달하게 된다. 현대의 마케팅 커뮤니케이션 활동에서는 광고든 PR이든 각 영역이 따로따로 운영되지 않고 경계선도 모호해졌다. 광고가 소비자를 대상으로 한다면 PR은 공중을 대상으로 한다는 차이 외에는 광고와 PR 모두가 전략 커뮤니케이션의 일종이다.

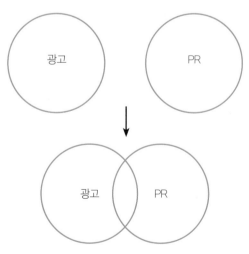

[그림 1-8] 광고와 PR의 관계 변화

광고와 PR의 관계 변화에 대해 설명한 [그림 1-8]에서 알 수 있듯이, 광고와 PR은 상호 독립적인 관계에서 상호 지향적인 관계로 변하고 있다. 메시지의 주체(정부, 기업, 공공, 개인 등)의 입장에서는 PR 캠페인을 전개하는 과정에서 광고를 함께 활용할 수도 있고, 광고 캠페인을 전개하면서 PR 활동을 동시에 수행할 수도 있다. 기업이나 정부의 입장에서는 목적과 필요에 따라 광고나 PR을 선택적으로 활용할 뿐이다. 따라서 광고 개념을 재정의할 때는 광고와 PR의 동반 관계성(companion relationship)을 반드시 고려해야 한다. 이상의 논의를 종합해 디지털 시대에 적합한 광고의 새로운 정의를 다음과 같이 재정립할 수 있다.

> "광고란 광고 주체가 미디어(플랫폼)를 통해 제품이나 브랜드 콘텐츠 메시지를 소비자에게 전달하거나 상호작용함으로써 소비자 행동에 영향을 미치기 위한 전략적 마케팅 커뮤니케이션 활동이며, 필요에 따라 홍보(PR) 활동과 함께 실행된다."

이상에서 제시한 광고의 새로운 정의는 디지털 시대의 미디어 환경과 소비자 행동 변화를 환기했고, 기존의 정의에서 제외시킨 마케팅의 중요성을 고려했으며, 홍보(PR) 활동과의 동반 관계를 적극적으로 반영한 것이다. 디지털 시대의 광고 생태계를 포괄적으로 설명할 수 있는 광고의 정의를 제시하려고 했지만, 그럼에도 불구하고 한계점도 있을 것이다. 광고에 대한 보다 다양한 관점이나 스펙트럼을 모두 고려해야 하는데 누락된 부분도 있을 것이다.

예를 들어, 예술(art)과 광고(advertising)의 합성어인 아트버타이징(Artvertising)은 광고에 예술 기법을 결합시켜 예술의 광고화와 광고의 예술화를 시도하는 예술 주입(art infusion)의 한 형태이다. 또한 드론(drone)과 광고(advertising)의 합성어인 드론버타이징(Dronevertising)은 드론을 활용한 광고이다. 광고의 정의에서 이런 맥락을 반영하지 못했을 수 있다. 하루건너 속출하는 새로운 콘텐츠들이 모두 광고로 보이는 상황에서, 그런 현상을 광고의 새로운 정의와 광고의 유형에 어떻게 반영해야 객관적 타당성을 얻을 수 있을 것인지, 광고를 공부하는 모두가 고민해야 할 과제이다.

 **참고문헌**

강소영(2020). 광고의 개념과 중요성. 나준희, 강소영, 김상훈, 안대천, 이혜진, 이재록, 최영균, 강한나, 김정현, 김영찬, 안종배 공저, 광고와 마케팅의 새로운 세계: 한국광고학회 광고지성총서5(pp. 17-46). 서울: 학지사.

김병희(2013). 광고의 새로운 정의와 범위: 혼합 연구 방법의 적용. 광고학연구, 24(2), pp. 225-254.

김병희(2017). 광고의 정의. 김병희, 김찬석, 김효규, 이유나, 이희복, 최세정 공저, 100개의 키워드로 읽는 광고와 PR(pp. 16-25). 경기: 한울엠플러스.

김병희(2021). 디지털 시대의 광고 마케팅 기상도. 서울: 학지사.

김봉현, 김태용, 박현수, 신강균(2011). 광고학개론. 서울: 한경사.

김운한, 김현정(2018). 다음 시대의 광고와 PR. 김병희 외 공저, 디지털 융합 시대 광고와 PR의 이론과 실제(pp. 425-445). 서울: 학지사.

김유나(2020). 빅데이터와 광고. 김현정, 최익성, 김미경, 김유나, 박현, 김신엽, 김지윤, 유인하, 이성미, 신일기, 오창일 공저, 스마트 광고 기술을 넘어서: 한국광고학회 광고지성총서8(pp. 111-141). 서울: 학지사.

김현정(2020). 변화하는 광고. 김현정, 최익성, 김미경, 김유나, 박현, 김신엽, 김지윤, 유인하, 이성미, 신일기, 오창일 공저, 스마트 광고 기술을 넘어서: 한국광고학회 광고지성총서8(pp. 17-51). 서울: 학지사.

미국마케팅학회(AMA, 1963, 2021). American Marketing Association https://www.ama.org/

송용섭, 리대룡(1996). 현대 광고론. 서울: 무역경영사.

이시훈(2007). 광고의 개념 재정립과 이론화: 상호작용 광고의 영향을 중심으로. 커뮤니케이션 이론, 3(2), pp. 153-188.

Bagnall, D. (2019. 10. 15.). "Video advertising: A guide to video ad types and formats." *OKO Ad management*. https://oko.uk/blog/video-ad-formats.

Dunn, S. W., & Barban, A. M. (1986). *Advertising: Its role in modern marketing*(6th ed.). Chicago, IL: Dryden Press.

Gardner, J., & Lehnert, K. (2016). "What's new about new media? How multi-channel network with content creators." *Business horizons, 59*(3), pp. 293-302.

IAB (2012. 2.). "Mobile buyer's guide."(2nd ed.) https://www.iab.com/wp-content/uploads/2015/08/Mobile_Buyers_Guide_2012revision-final-a.pdf

IAB (2016. 1. 8.). "Digital video in-stream ad format guidelines." https://www.iab.com/wp-content/uploads/2016/01/DVAFG_2015-01-08.pdf

Wells, W. D., Burnett, J., & Moriarty, S. E. (1999). *Advertising: Principles and practice*(5th ed.). Upper Saddle River, NJ: Prentice-Hall.

Wright, J. S. (1977). *Advertising*(4th ed.). New York: McGraw-Hill.

Wikipedia (2021). "Advertising." https://ko.wikipedia.org/wiki/%EA%B4%91%EA%B3%A0

제2장

광고의 역사와 변천*

역사학자 카(E. H. Carr)가 말한 것처럼, "역사란 과거와 현재의 끊임없는 대화이다". 역사는 과거를 그 자체로 보존하는 것이 아니라, 현재와 미래의 의미와 가치에 따라서 다시 해석되어야 한다. 역사란 과거가 어떻게 흘러서 현재로 왔고, 다시 어디로 흘러가는가에 대한 답을 찾기 위한 끊임없는 시도이다. 모든 학문의 기초는 그 역사의 이해에서 출발한다. 광고를 이해하기 위해서는 당연하게도 광고의 역사에서 출발해야 한다. 광고의 역사는 고대의 벽보나 치적을 새긴 공적비에서부터 중세, 근대를 지나 자본주의의 발달과 함께 현대적 의미의 광고가 등장하고, 현재의 인공지능 광고나 디지털 광고에 이르기까지 인류의 역사와 함께 발전해 왔다. 한국에 근대 광고가 도입된 것은 한국 근대의 시점으로 꼽히는 1876년 강화도조약 체결과 함께 서구 문물이 들어오기 시작할 무렵부터였다. 이 장에서는 광고와 관련된 서양과 한국의 주요한 사건과 광고를 통해 광고의 발전사를 살펴본다.

* 마정미(한남대학교 정치언론학과 교수)

1. 서양 광고의 역사

1) 광고의 기원과 고대 광고

커뮤니케이션의 역사는 인류의 역사와 함께한다. 네안데르탈인에서 호모 사피엔스 시대에 이르기까지 문자가 없던 원시 시대에서도 커뮤니케이션은 음성과 손짓, 몸짓으로 이루어졌을 것이고, 구두 언어가 발달하면서 정보는 말로 전해지기 시작했다. 고대의 광고와 PR의 태동 역시 말에서 비롯됐을 것이다. 인간은 자신의 커뮤니케이션을 보다 널리 확대시키기 위해 미디어를 활용해 왔다. 예컨대, 원시 시대의 북소리, 전쟁이나 위험을 알리는 봉화, 마을을 옮겨 다니며 소식을 알리는 음유시인, 우물가 빨래터, 심지어 물건을 파는 시장도 미디어의 영역으로 분류될 수 있다. 동굴 속의 그림과 같은 시각 기호는 원시 공동체가 발달하고 교환이 성행하면서 차츰 추상적인 기호, 문자로 발전해 갔다. 문자는 자연이나 사물의 형상을 간략하게 상징화하거나 그것을 오래 존속시키기 위한 필요에 의해 발생했다. 문자는 인간만이 가진 가장 위대한 발명품이다. 문자의 발전은 곧 이를 실어 나르는 매체의 발달로 이어지게 된다.

(1) 로제타 스톤과 오벨리스크

인간이 사용하기 시작한 최초의 문자는 B.C. 4000년대에서 B.C. 3000년대 초기로 추정되는 수메르(Sumer)인의 설형문자와 이집트인의 상형문자이다. 비옥한 메소포타미아 지역의 고대 도시국가들은 농업과 교역이 발달한 대도시였고, 그곳에는 당시 사람들이 문자를 사용하여 정보와 지식을 교류했음을 보여 주는 흔적이 남아 있다. 수메르와 이집트의 문명이 남긴 유적들을 살펴보면 당시의 문자 기록들은 이미 정치적인 선전의 수단으로 사용되었음을 알 수 있다. 수메르인들과 이집트인들이 세운 신전이나 비석, 기념비에는 당시의 많은 국왕이 자신의 업적을 기념하는 내용이 새겨져 있다. 현재 영국 박물관에 남아 있는 로제타 스톤은 이집트의 프롤레메우스 5세를 위하여 세운 송덕비로서 그의 권위를 사람들에게 널리 알리기 위한 것이었다. 이것은 그리스 문자, 이집트 상형문자, 콥트문자의 세 가지 말로 쓰여 있다. 또 기원전 500년에 제작된 것으로 추정되는 베히스툰 비명에는 다리우스 1세가 내란을 평정하고 페르시아 제국의 기초를 확립한 일이 페르시아어, 엘람어, 바빌로니아어의 세 나라 말로 쓰여 있다. 이런 치적비는 오벨리스크(Obelisk)라고 하는데, 국왕의 공덕이나 위력을 나타내기 위해서 거대한 석재에 갖가지 글이나 그림을 그려 과시하는 기념탑들이다.

[그림 2-1] 이집트 송덕비 로제타 스톤

한편, 각 국가의 국경을 표시하기 위한 경계선 표지판도 등장하는데, 이것은 공고판이나 표석의 시작이었다. 고대의 도시들은 국경을 표시하기 위해 주로 경계석을 둘러쌓았고 바빌로니아 왕이 손에 활을 들고 있는 모습이 새겨져 있는 경계석도 남아 있다.

(2) 파피루스에 남아 있는 이집트 광고

고대 메소포타미아에는 점토판 위에 설형문자를 새긴 책과 계약서들을 주고받았다는 흔적이 남아 있고, 이집트에서는 파피루스를 이용한 두루마기 책이 많이 등장했다. 문서로서 발견되는 것들은 주로 상업 문서들인데, 바빌로니아(Babylonia)나 앗시리아(Assyria)에서는 토지나 가옥을 임대하고 매매할 때 계약 내용을 새긴 점토판으로 만든 계약서를 가지고 그들이 거주하는 지방의 사제나 법률 종사자에게 찾아가 복사판을 만들어 한 부는 보관하고 각각 한 부씩 나누어 가졌다고 한다(공병훈, 2020).

[그림 2-2] 테베 파피루스 광고

한편, 알파벳의 기원이 되는 문자를 만들어 사용한 페니키아(Phoenicia)인들은 주로 지중해를 통한 해상 무역에 종사했으며, 이 과정을 통해 페니키아는 지중해 연안의 사이프러스, 코카서스, 사르디니아, 이베리아 반도뿐만 아니라 아프리카 서안과 동인도까지 식민지를 개척했다. 페니키아인의 상점은 물건을 사고파는 장소를 넘어서 지중해 연안의 각종 정보가 모이고 흩어지는 근거지의 역할도 했다.

이집트에서 파피루스는 종이 대용으로 가장 대중적으로 사용됐는데, 고대 도시 테베(Tebes)에서 파피루스에 적은 광고가 남아 있다. 영국 박물관에 보존되어 있는 이 광고는 기원전 1000년경 작성된 것으로 추정된다. "도망간 노예를 찾습니다"라는 이 문서에는 "남자 노예 샘. 그의 주인인 직조 기술자 하프의 집에서 도망. 테베의 선량한 시민들이여. 그를 찾아 주십시오. 그는 하라이인으로 키는 5피트 2인치, 붉은 얼굴색과 갈색 눈, 그가 있는 곳을 알려 주는 분에게 금화 반 개를 드립니다. 시민 여러분의 주문에 보답하기 위해 항상 최상의 천을 직물을 짜는 기술자 하프에게 그를 찾아 데리고 온 분께는 금화 한 냥을 드립니다"라고 적혀 있다(하루야마 유키오, 2007). 현상 공고이지만 그 내용 안에 자신의 상점을 알린 가장 오래된 광고라고 할 수 있다.

[그림 2-3] 에페소스의 매춘 광고

(3) 카르타고의 샌드위치 맨과 에페소스의 매춘 광고

샌드위치 맨(sandwich man)은 카르타고에서 시작됐다고 한다. 제임스 우드(James Playsted Wood)는 "카리선의 선주는 배가 항구에 도착하면 선원에게 배가 도착할 것과 배에 실린 상품의 내용을 적은 셔츠를 입혀 길거리를 돌아다니게 했다"라며 "카르타고가 페니키아인들의 주된 시장이었던 시대에는 각 상점마다 고객을 소리쳐 끌어들이는 호객인들이 있었다"(Wood, 1958)라고 했다.

카르타고(Carthago)는 현재 튀니지 일대인데, 페니키아인들이 카르타고와 지중해 그리고 지금의 스페인 남부 일대를 지배하고 있었다. 기원전 5세기 초반 카르타고는 서지중해 일대의 교역 중심지였고, 하드루메툼, 우티카, 케

르코우아네 등 옛 페니키아 식민지의 영토와 리비아의 해안지대를 정복, 현재 모로코부터 이집트의 해안지대에 이르기까지 영토를 확장했으며, 지중해 내의 사르데냐, 몰타, 발레아레스 제도, 시칠리아 서편에까지 위세를 떨쳤다. 한편, 에페소스(Ephesus)의 대리석에서 발견된 매춘 광고도 있다. 에페소스는 서부 소아시아의 에게해 연안에 위치한 곳으로, 고대 그리스의 아테네에 의해 기원전 7~6세기에 건립된 식민도시다. 이 대리석 광고는 기원전 1000년경에 제작된 것으로, 에페소스 유적지의 거리 중간쯤의 바닥에 새겨져 있다. 돌에는 발바닥 모양, 하트 모양, 동그라미, 여성 등 4개의 그림이 새겨져 있다. 발바닥 모양은 대단히 선명한데, 미성년자 식별을 위한 기준치였던 것으로 보인다.

2) 고대 그리스, 로마 광고

(1) 그리스, 로마의 고시인(告示人)

고대 그리스에서는 전쟁이 시작되면 소집 대상자를 광장이나 신전 경내, 극장 앞으로 집합하도록 했다. 고시인(告示人)들은 거리에서 외치고 다니거나 시장 한가운데 세워 놓은 벽보판을 써 붙이거나 나팔을 불어 알리기도 했다. 당시 대부분의 사람이 문자를 읽고 쓰지 못했으므로 고시인 또는 소리꾼을 통한 선전과 광고가 주를 이루었다.

로마에서는 이런 고시인을 프라에코(praeco)라고 불렀는데, 이 말은 '미리'라는 뜻이다. 로마에 대한 여러 역사 자료에서는 이들이 투표를 감시하는 선거 조합원, 피선거인의 이름을 부르는 사람, 경매장의 진행자, 법적인 판결문이나 원로원의 결정을 낭독하거나 경기장에서 우승자를 발표하는 등의 일을 수행했다고 한다. 광장에서 뉴스를 알리는 뉴스 크라이어도 로마에서는 중요한 역할을 수행했다고 한다.

시를 통한 칭송, 홍보도 눈에 띈다. 그리스의 시인 테르다디우스는 시를 통해 페르시아와 싸운 스파르타인에게 사기를 진작시켰다고 한다. 플라톤은 『국가론』에서 이상국가는 국가를 위해 충성할 줄 아는 국민을 만들어야 한다고 설파했다. 아리스토텔레스의 『수사학』은 논증을 통한 설득의 기술을 다룬 고전으로 광고와 홍보, 선전 등 설득 커뮤니케이션의 기원이다. 연설이나 웅변으로 사람들을 설득해야 하는 정치가, 법률가, 광고인들에게 『수사학』은 바이블과 같다. 선전의 기술은 로마에서 시작됐다. 황제가 문학가나 예술가의 후견인 역할을 하고 로마 최고의 시인 에르기리우스나 호라티우스는 관제 시인 역할을 수행해 자연스럽게 권력 집단이 정치적 목적을 달성하기 위해 지식인을 활용하는 선전의 기술을 활용한 것이다.

(2) 로마의 융성과 홍보 수단으로서의 주화

지중해를 중심으로 세계적인 규모의 국가로 성장한 로마는 교역의 규모도 국제적이었던 만큼 광고, PR의 맹아적 형태도 보여 준다. 폼페이를 비롯한 로마의 많은 유적에서는 선거 입후보자의 추천문과 검투 시합, 가옥 임대차, 도난품 등에 관한 내용들이 광고의 형태로 남아 있다. 또한 원로원의 회의 내용을 거리에 붙였다는 기록으로 미루어 볼 때 이미 벽보 형태 광고도 사용됐을 것으로 추측할 수 있다. 화폐 역시 당대 권력의 위세를 과시하고 알리는 광고의 역할을 톡톡히 했다. 황제의 얼굴을 담은 주화처럼 당시의 주화들에는 황제를 찬양하거나 전쟁의 승리를 기념하는 내용들이 자주 나타난다.

로마는 지중해 무역의 중심이자 문화와 정치의 중심이었던 만큼 거리에 노점이 많았던 것으로 보이는데, 흥미롭게도 같은 업종끼리 일정한 구역에 모여드는 패턴이 발견된다. 로마는 가도를 통해 제국을 관리했으며 가도(街道)의 허브 같은 지역에 도시가 형성됐다. 동업자들은 일정 구역에 모이기 시작했고 동업자의 거리와 시장, 박람회가 한 도시에 공존하던 풍습은 18세기 파리까지 계속됐다. 파리에는 미장이 거리, 소금 거리, 푸줏간 거리, 마구 거리, 금은 세공 거리, 닭 거리, 모피 거리, 유리 제품 거리 등 아직까지 거리의 이름의 업종과 관련되는 경우가 남아 있다. 동업자의 거리에는 환전상의 거리도 있는데 각 나라의 돈을 바꾸어 주고 대출 거래 흔적도 남아 있어 오늘날 금융 시장의 기원으로 볼 수 있다.

[그림 2-4] 네로 황제 주화

한편, 로마 시대의 술집에는 가게 앞에 관목의 가지를 묶은 다발을 내건 풍습이 있었는데, 이는 간판의 역사라고 할 수 있다. 문자를 읽을 수 있는 사람이 적었기 때문에 그림 간판이 선호됐다. 상품의 종류가 많아질수록 상점이 전문화되고 간판에 문자가 등장하기도 했다. 처음에는 형태가 단순했지만 점차 디자인 감각이 가미되어 아름다운 장식도 많았다. 여관

[그림 2-5] 거리 간판

은 어느 지역이나 그렇듯이 여러 계층의 여행자나 지방인들이 모였기 때문에 그리스도교인들을 위한 십자가 장식이나 이교도인들을 위한 태양과 달의 그림을 붙인 경우도 있었다.

3) 중세의 광고

(1) 교회와 프로파간다

암흑의 시대로 불리는 중세 시대에는 교회를 중심으로 대중을 위한 교화와 계몽, 설득의 수단이 발달했고 프로파간다(propaganda)라는 용어가 등장했다. 프로파간다는 휘묻이에 의한 식물의 번식이라는 의미로 쓰이던 라틴어에서 유래했다. 오늘날에는 선전 선동을 뜻하는 용어로 사용되지만 중세 시대에는 종교적인 계몽과 교화, 선전이나 광고의 수단으로 사용됐다.

이 시기에 깃발과 문장(coat of arms), 상품의 마크와 로고도 등장하기 시작했다. 중세 시대에는 광고나 선전의 수단으로 여러 가지 모양의 깃발이 사용됐는데, 왕족이나 귀족이나 기사들이 가문의 상징과 지위를 나타내는 표시로 깃발을 사용하기도 했다. 전쟁이나 개선 행진, 국가의 제례 제의식이나 축제 행렬, 국왕이나 왕비의 행차나 장례식 때 세력을 과시하기 위해 화려한 차림이나 보석으로 치장한 깃발을 휘날리며 민중들을 압도했다. 문장은 특수한 개인이나 가문, 지위 등을 나타내기 위한 상징으로 사물의 형태나 문자를 디자인한 것이다. 고대 시대부터 세계의 많은 도시, 국가, 민족에서 사용됐는데, 사자와 독수리, 늑대 같은 용맹한 동물을 형상화하거나 백합과 장미 같은 문장들도 등장하기 시작했다.

[그림 2-6] 영국 왕실의 문장

한편, 중세 시대의 조합들도 동업 조합을 상징하는 깃발을 제작하며 활용했는데, 당시 주요 조합은 생활필수품 조합, 건어물 조합, 모피 조합, 양품 조합, 금은 세공 조합, 환전상 조합 등이었다. 동업 조합 번성에 따라 이들은 조합의 직종을 표시하는 상징을 사용했는데, 이는 결국 상품을 대표하는 마크로 발전하게 된다. 상품에 마크를 넣는 것이 일반화되면서 이를 모방한 가짜 마크도 유행하여 이를 엄격한 법령으로 기득권자를 보호하는 등 상표권 보호노력도 보여 준다. 중세에는 런던이나 파리의 상점이 상점의 옥호와 상표를 아울러 표시했고, 글을 읽을 수 있는 사람이나 읽을 수 없는 사람이 다 같이 이해할 수 있도록 광고를 사용했다. 이 무렵에 종이를 써서 붙인 광고를 '시 쿠이스(Si quis)'라고 했다.

(2) 인쇄술의 발명과 인쇄 광고의 출현

근대적 의미의 책은 문자가 출현한 이후 종이의 대체품으로 파피루스와 양피지, 코덱스 등을 이용하여 제작됐다. 문자와 지식은 엘리트 계층, 즉 성직자들을 중심으로 전해졌기 때문에 대학의 출현과 학문의 발달은 교회를 중심으로 이루어질 수밖에 없었다.

성경의 무수한 버전이 정비되고 플라톤과 아리스토텔레스의 저작이 전해 내려오는 것은 책을 통해 가능했고, 이는 전문인 집단인 필경사들을 통한 필사 작업과 수작업으로 이루어졌다. 이러한 필사 작업과 수작업은 목판 인쇄와 금속 활자를 사용한 활판 인쇄와 인쇄기로 대체한 기술 혁신이 등장하면서 대량 생산 방식으로 전환됐다. 금속 활자는 혁명적인 발명품이었다. 1450년 독일에서 구텐베르크가 활자에서 인쇄 기계까지 인쇄의 전 공정을 완성했는데, 1456년에 금속활자로 인쇄한 성서는 『42행 성서』라고도 불린다.

중국과 한국에서 목판 인쇄술과 금속 활자 기술이 탄생했음에도 불구하고, 동양에서 전해진 금속 활자가 독일 구텐베르크의 에칭 기술과 만나면서 대량 인쇄가 가능해졌다. 금속 활자의 발명은 성경의 대량 인쇄를 통해 절대 권력이었던 가톨릭교회의 붕괴와 종교 개혁을 촉발시켰고, 이는 근대를 여는 계기가 됐다.

최초의 신문 광고로 알려진 것은 1591년에 독일의 뉴스 북에 게재됐던 서적 광고였다.

프랑스에서는 1591년의 뉴스 북에 게재된 서적의 광고가 현존한다. 영국에서 출판물에 게재된 광고로는 1625년의 것이 최초인데, 그 이전에도 이미 포스터가 꽤 널리 쓰였다. 영국에서 기호품류에 관한 광고가 이 무렵부터 모습을 나타냈고, 1625년에는 커피 광고, 1657년에는 초콜릿 광고, 1658년에는 차 광고 등이 모두 주간신문에 게재됐다. 미국 최초의 신문 광고는 1704년 보스턴에서 발행됐던 『뉴스 레터』에 게재된 것으로서, 1728년에는 뉴잉글랜드의 『위클리 저널』이 사상 처음으로 정기 광고를 실었다(공병훈, 2020).

[그림 2-7] 구텐베르크 42행 성서

4) 산업혁명과 근대 광고의 태동

(1) 산업혁명과 페니 프레스, 근대 광고

18세기 중엽에서 19세기까지 영국에서 시작된 산업혁명(industrial revolution)은 농업과 수공업에서 공업과 기계를 사용하는 제조업 위주의 경제로 전환시켜 자본주의 시대를 열었다. 18세기에 들어서 면직물에 대한 수요가 급증하자 제임스 와트(James Watt)가 증기기관을 개량해 대량 생산이 시작됐다. 산업혁명은 정치, 사회, 경제, 산업, 문화, 예술, 생활 등에 걸친 큰 변혁을 불러일으키게 됐다. 산업혁명은 도시화와 공업화를 이끌었고, 이에 따라 대중사회가 등장하고 대중매체가 발전하기 시작했다. 광고산업도 성장했다. 대량의 정보 및 시사 내용, 당대의 이슈를 전달하는 역할을 담당하는 매스 미디어(mass media)가 당시에는 신문이었고, 광고는 신문의 재정적 기반을 제공하는 재원이었기 때문이다.

미국에서는 1833년 벤자민 데이의 『뉴욕 선(New York Sun)』을 기점으로 신문이 대중화되며, 이는 종이 생산과 인쇄 그리고 전보 기술의 발명 등에 힘입어 싼 가격에 보통 사람들이 접할 수 있는 페니 프레스 시대를 열었다. 페니 프레스는 기자를 고용하여 뉴스를 취재하고 경찰, 스포츠, 종교, 금융 등 대중이 관심을 가질 만한 주제들을 다루었다. 신문의 보

급 방식도 처음에는 선불 구독료와 가두판
매를 통해 이루어졌으나 점차 재원을 구
독료가 아닌 광고료로 바꾸게 됐다. 매스
미디어 신문의 종류가 증가하자 광고주들
은 광고 업무를 대행할 광고대행업이 필요
하게 됐다. 광고대행사(광고회사)는 광고
를 기획, 제작하고 매체를 이용해 게재 또
는 방송하며, 요금 지불의 책임도 진다. 광
고대행사(광고회사)의 효시는 미국의 볼니
팔머(Volney Palmer)로서 1840년대에 보스

[그림 2-8] 어린이까지 노동자로 동원된 산업혁명 당시 공장

턴 · 뉴욕 · 필라델피아에 사무소를 두고, 주로 신문 · 잡지의 지면을 도매로 사서 광고주
들에게 쪼개 파는(소매) 이른바 스페이스 브로커였으며, 에이전시(agency)라는 용어를 처
음 사용했다(Fox, 2009).

당시에는 종합대행사의 면모를 갖추지는 못했지만, 이어 프랜시스 웨이랜드 에이어
(Francis Wayland Ayer)가 에이어앤선(Ayer & Son) 대행사를 설립하면서 공개계약제를 도
입했다. 수수료를 15%로 책정했고, 이는 지금의 종합 광고대행사의 활동의 원형이 됐다.
1880년대에서 1900년대까지 미국 기업들의 광고 예산은 4,000만 달러에서 9,600만 달러로
두 배 이상 증가했다. 대행사들은 이 시기에 지면을 중개하는 역할에서 벗어나 디자이너와
카피라이터 등을 고용하면서 시장 조사, 홍보 행사 등과 같은 서비스 영역을 확대했다.

광고 시장으로서 중요한 매체인 잡지의 출현도 이 시기에 등장했다. '매거진'이라
는 말이 보편적으로 사용되기 시작한 것은 1731년 영국에서 창간된 『젠틀맨스 매거진
(Gentleman's Magazine)』이라는 잡지에서 비롯됐다. 미국에서는 1890년대에 광범한 독자
층을 대상으로 하는 대중, 여성, 가정 잡지가 계속 출현했다. 대표적인 잡지 『레이디스 홈
저널(Ladies' Home Journal)』은 주로 여성들의 관심사를 다루었으며 발간 초기부터 광고 게
재에 적극적이었고, 소수의 엘리트층이 아니라 평범한 주부를 대상으로 요리, 육아, 패션,
가족생활 등의 일상 관심사를 다루었다.

(2) 특허 약품과 상품 미학, 백화점

초기 광고 상품들은 대개 '특허 약품(patent medicines)'들이었는데, 실제로는 대부분의 경우 특허도 없고 약효도 없는 것이었다. 알코올과 마약 성분을 통해 만들고 만병통치약을 표방한 특허 약품 광고들은 당시 광고에 대한 인식을 매우 부정적으로 만든 원인이었다.

19세기 후반에서 20세기 초반 제1차 세계대전에 이르는 시기는 기술적 진보와 시장 변화, 대중의 소비 지향적인 가치관이 본격적으로 형성되는 시기였다. 19세기 말 포장 혁명과 함께 등장한 상품 미학은 소비자 경제의 성장이 가져온 물질적 풍요와 만나 소비주의적 생활 방식을 확산시켰다. 19세기에서 20세기 초에 걸쳐 유통의 혁신을 가져온 결정적인 계기는 철도와 기타 운송 수단의 발달이었다. 대량 생산된 제품을 오랫동안 보관하고 먼 곳까지 유통시키는 데는 포장의 역할이 중요한 역할을 하는데, 포장은 제품의 이름과 정보는 물론 디자인적 구성을 통해 광고의 기능을 수행했다. 상품 디자인의 출발점이자 디자인과 광고의 결합이 본격화되는 상품 미학의 시대가 열린 것이다. 포장에 사용되는 캐릭터나 로고 등이 더욱 발전하고 이 과정에서는 최초의 매스미디어로 자리 잡은 신문과 잡지 광고, 전단지 광고 등이 중요한 역할을 수행했다.

광고는 대량 생산된 상품의 판매를 위해 사람들의 가치관을 바꾸기 시작했다. 가정에서 만들던 비누의 공장 생산이 시작되자 위생과 청결을 필수적인 항목으로 인식시키고, 치약이 상품화되면서 광고는 사람들에게 양치 방법을 교육시켰다. 질레트(Gillette)사는 면도하는 법을 팸플릿으로 만들어 남성의 일상으로 자리 잡게 만들었다. 또한 카메라, 망원경, 음반 등이 발명되고 상품화됐다. 에디슨의 전기와 자동차가 도입되고, 1908년 전기다리미, 1909년에 청소기와 식기 세척기 등이 발명됐다. 연이어 토스터기, 커피주전자, 전구 등이 등장했다. 우연치 않게 실패한 비누를 성공작으로 만든 아이보리 비누가 '물에 뜨는 비누(It Floats)'라는 슬로건과 '순도 99.44%(99 and 44/100 the percent Pure)'라는 슬로건으로 비누업계에 등장했고, 세계적인 P&G(Procter & Gamble)의 토대를 만들었다.

최초의 백화점은 파리에서 부시코(A. Boucicaut)에 의해 1852년 건립된 봉 마르세(Bon Marché)이다. 그는 정찰제를 도입하여 흥정 없이 상품을 제공하여 모든 손님이 같은 가격에 물건을 살 수 있게 했다. 유행하는 제품에 민감하게 반응하는 사람들의 열망을 이용하기 시작하여 중산층에 큰 영향을 끼쳤다. 백화점은 매우 중요한 광고주가 될 수 있었는데,

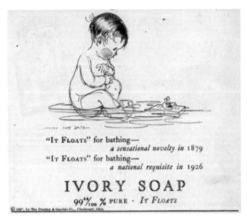

"IT FLOATS" for bathing—
a sensational novelty in 1879
"IT FLOATS" for bathing—
a national requisite in 1926

IVORY SOAP
99⁴⁴/₁₀₀ % PURE · IT FLOATS

[그림 2-9] 물에 뜨는 아이보리 비누 광고

백화점들은 신문에 광고하면서 납품업체나 제조업체에게 광고비를 일정 부분 부담하도록 요청하는 협력 광고를 기획하기도 했다. 미국에서는 1876년 5월에 존 워너메이커(John Wanamaker)가 백화점(department store)이라는 이름의 워너메이커 시스템을 시작했다. 워너메이커는 백화점의 기초를 만들었고 광고를 효과적인 매스 커뮤니케이션 수단으로 활용했다.

5) 현대 광고의 성장기

(1) 제1차 세계대전과 광고

유럽에서 발발한 제1차 세계대전은 1914년에서 1918년까지 4년 4개월간 지속된 역사상 최초로 세계 강국들이 모두 참가한 전쟁으로, 식민지 세력권의 확대를 둘러싼 대립에서 비롯된 제국주의 국가들 간의 전쟁이다. 전쟁은 유럽 대륙을 불태웠지만 미국의 경제는 전쟁 특수를 통해 더욱 성장했다.

1918년 전쟁이 끝나자 기업들도 전면 광고를 도입하는 등 과감한 투자를 시작했다. 제1차 세계대전은 승전국들에게 경제 발전의 기회를 제공했고, 미국도 전쟁을 통해 거대 산업 국가가 됐다. 생산성을 향상하기 위한 기업의 대대적인 노력으로 상품이 넘쳐 나고 노동자의 임금이 인상되고 여성의 사회적 진출이 증가하고 가계 소득이 늘어나면서 사회 전반에 소비 추구 분위기가 확산됐다. 여성이 경제력을 획득하면서 화장품, 실크, 스타킹 등 여성을 상대로 한 상품이 등장했고, 여성 흡연을 장려하는 담배 광고와 개인위생을 강조하는 상품들이 등장했다.

1920년대부터 광고는 제품의 특징을 알려 주는 범위를 넘어서서 소비에 대한 취향을 배양하고 특정 상품을 사회적으로 적절하게 사용하는 방식, 심리적 만족을 얻는 방법까지 안내했다. 젊은 여성이 가정에서 자신의 역할과 가족 구성원 간의 관계를 어떻게 설정할지, 구혼자와 남편과의 관계를 어떻게 유지해야 하는지, 아이들은 어떻게 양육해야 하는지, 로

선과 비누는 구체적으로 어떠한 역할을 해야 하는지 등을 알려 주었다. 전통이 해체된 상황, 삶에 대한 불안감이 상존하는 상황에서 광고는 근대적인 삶을 살아가는 지침서의 역할을 했다. 1910년경에는 더 많은 소비를 촉진시키기 위해 할부판매가 도입되었다. 자동차나 재봉틀, 가전제품, 모피 코트, 가구 등 같은 고가의 소비재가 대량 생산되면서 신용 구매가 권장되었다.

제1차 세계대전 이후 광고회사들은 더 과학화되고 전문화된 모습을 보여 주었고, 인간의 심리와 본성을 탐구하고 광고 효과를 측정하는 데 관심을 갖게 됐다. 이에 따라 마케팅 효과를 확인하기 위해 영앤루비컴(Young and Rubicam)은 조지 갤럽(George Horace Gallup)을 영입하여 마케팅 조사 부서를 신설하고 발전시켰다.

(2) 대공황과 제2차 세계대전

1920년대의 미국 경제는 호황을 이루었지만, 1929년 10월 주식 시장이 붕괴되면서 호경기는 막을 내렸다. 대공황(the Great Depression)은 1929년 10월 24일 뉴욕 주식 시장의 대폭락, 즉 검은 목요일에 의하여 촉발되어 전 세계로 확대된 경제 공황을 의미한다. 1929~1939년 무렵까지 미국과 유럽을 중심으로 전 세계 산업 지역에서 광범위하게 지속된 경기 침체로 인하여 기업들의 도산, 대량 실업, 디플레이션 등이 일어났다. 대공황 시기 광고주들은 캠페인 예산을 최대한 줄여 나갔으며 소비 지출도 크게 둔화되었다. 경제가 극도로 어려운 상황이라 소비자 심리도 극도로 위축되고 기업은 광고 예산을 삭감하여 광고는 12~15% 정도 매출이 감소했다.

제2차 세계대전에는 미국도 참전할 수밖에 없었는데, 1939년부터 1945년까지 유럽, 아시아, 북아프리카, 태평양 등지에서 독일, 이탈리아, 일본의 공격에 대항한 영국, 프랑스, 미국, 소련 등을 중심으로 한 연합군 사이에 세계 규모의 전쟁이 벌어졌다. 미국의 원자폭탄 투하 이후 8월 15일 일본 제국이 무조건 항복하면서 제2차 세계대전은 끝이 났다.

엄청난 인명 살상과 재산 피해를 낳은 제2차 세계대전이 끝나고 세계 정치, 경제, 사회, 문화 등 모든 영역에 변동이 나타났다. 전승국인 미국, 영국, 프랑스, 소련, 중국을 중심으로 1945년 10월 24일 국제연합이 창설됐으며, 전후 경제 질서의 회복을 위해 1944년 체결된 '브레튼우즈 협정'으로 달러가 세계의 기축 통화로 자리를 잡음으로써 미국 중심의 경제 체제가 성립했다.

(3) 자동차 광고

이때 할부 구매와 신용카드가 등장하면서 새로운 소비 환경이 출현했다. 더불어 자동차 산업의 활성화와 자동차의 대중화, 베이비붐과 텔레비전의 탄생도 이어졌다. 20세기에 등장한 최고의 소비 상품은 자동차이다. 최초의 자동차 광고는 홍보성 기사였으며 자동차 경주 대회를 열거나 홍보성을 띤 행사와 신문, 잡지를 통한 광고를 병행했다. 1899년경에 미국 전역에 8개의 자동차 생산 기업이 경쟁했으며, 1908년에 헨리 포드(Henry Ford)는 포디즘(Fordism)이라고 부르는 기계화된 생산 공정을 자동차 생산에 도입하여 T카를 제작하여 850달러의 가격에 출시했다. 포디즘 생산 방식은 세분화된 공정을 통해 노동자가 자기가 맡은 업무만 반복적으로 수행하는 컨베이어 벨트식 생산 방식이다. 자동차 수가 증가하자 운전자의 관심을 끌기 위한 옥외 광고가 등장하여 그 중요성이 커지고 타이어, 콜라, 밀크 등 자동차 여행에 필요한 부품과 먹을거리와 관련된 옥외 광고들이 등장했다. 옥외 광고는 점점 주요한 위치를 차지하여 1870년대까지 미국의 모든 상업 광고의 30%를 차지했다.

자동차업계는 제2차 세계대전 후 가장 큰 광고주로 급부상했다. 1920년대 광고는 자동차를 운송 수단에서 진일보시켜 소유자의 생활 방식을 암시하는 상품으로 만들었다. 부동의 1위를 유지한 포드사(Ford Motor Company)와 달리 제너럴 모터스사(General Motors Corporation)는 모든 계층을 대상으로 한 자동차에서 탈피해 다양한 사회경제적 지위를 가진 집단의 욕구와 생활 방식에 부응하는 제품의 차별화를 시도했다. 쉐보레(Chevrolet)는 "생애 처음으로 소유하는 자동차"로, 폰티악(Pontiac)과 올스모빌(Oldsmobile), 뷰익(Buick)은 "사회적인 성취를 이뤄 감에 따라 이웃들에게 향상된 사회적 지위를 단계적으로 보여 주는 자동차"로, 캐딜락은 "소수만이 소유할 수 있는 제품"으로 자동차를 계층화했다.

6) 소비 사회의 본격화와 광고 크리에이티브의 발전

(1) 라디오와 텔레비전의 탄생

제2차 세계대전 이후 경제적 성장과 소비 시장의 확대가 이루어지고 있던 미국에서 신문과 라디오를 광고매체로 활용할 수 있게 됨에 따라 소비와 광고는 진일보하게 됐다. 라디오의 등장은 공간의 구속력을 깨고 아주 먼 곳까지 빠른 시간에 정보를 전달하는 새로운 시대를 열었다. 구어 뉴스, 인쇄 뉴스, 신문, 잡지의 이동 속도를 라디오는 획기적으로 단축시키고 광범위하게 확산시켰다. 독일이 나치의 선전 수단으로 활용했던 라디오는 전 세계에 파급되어 가족 미디어로서 라디오의 중요성을 증가시켰다. 미국의 경우, 불황의 여파로 유일한 오락거리로서 사람들에게 각광받은 것이 라디오였다. 1937년경 미국 가정의 75%가 라디오를 보유하고 있었다. 1922년 뉴욕 라디오방송국 WEAF가 최초의 10분짜리 부동산회사 광고로 주택 구매를 권유했다. 광고 효과는 즉각 입증됐고 비누회사들이 광고주로 활약한 아침드라마를 숍 오페라(soap opera)라 부를 정도로 라디오는 효과적인 광고매체로서 각광받았다.

텔레비전의 출현 역시 광고의 발전에 기폭제가 됐다. 텔레비전은 1920년대 후반에 처음 등장하여 뉴스, 광고, 엔터테인먼트와 같은 정보를 전달했다. 세계 최초로 본방송을 개시한 것은 1936년 영국의 BBC였는데, 전쟁 중에는 중단됐으며 전후 실용화와 보급이 이루어졌다. 현대 사회에서 차지하는 텔레비전의 존재는 어떤 매체보다 강력했다. 매체 파워에 힘입어 텔레비전 광고 역시 파급력과 영향력에서 폭발적이었다.

1950년대 광고업계는 통합과 거대화가 이루어지면서 안정성과 영향력 강화를 위한 인수합병이 활발하게 일어났다. 광고 규모가 커지면서 단순히 광고물을 제작하는 데 그치지 않고 더 폭넓고 다양한 서비스, 즉 합병 효과 조사, 시장 분석, 포장 디자인, 홍보 대행 등을 하기 시작했다. 광고업계에서는 구체적인 통계 자료에 근거한 과학적인 정확성을 토대로 한 캠페인을 기획하고 마케팅을 벌이기 시작했다.

(2) 1960년대 광고 크리에이티브의 혁명기

1960년대는 영화산업이 비약적으로 발전하고 TV가 급격히 확산되던 시기였다. 전후

The man in the Hathaway shirt

[그림 2-10] 브랜드 이미지 광고 해서웨이 셔츠 광고 제안

Lemon.　　Think small.

[그림 2-11] 미국의 전설적인 광고 캠페인 폭스바겐

의 산업 발전과 소비 사회의 진전은 광고의 질적 성장도 가져왔다. 광고 크리에이티브(advertising creative)의 혁명기라 할 만큼 창의적인 광고인들이 등장하고 성공적인 광고 캠페인이 이루어졌다. 레오 버넷(Leo Burnett), 데이비드 오길비(David Ogilvy), 빌 번바크(Bill Bernbach) 등 광고철학의 소유자들에 의해 새로운 광고 설득 방식이 개발되고 1960년대에 꽃피기 시작하여 1970년대까지 이어지는 광고 혁명을 크리에이티브 혁명기라고 부른다. 소비 사회의 급진전에 따라 광고의 중요성이 대두됐고, 광고 시장의 팽창으로 도처에서 광고 이미지가 시선을 사로잡았다.

고유 판매 제안(USP) 전략을 제시한 로저 리브스(Rosser Reeves)는 1950년대에 가장 영향력 있는 광고인이었으며, 그가 설립한 테드 베이츠(Ted Bates)사는 아직까지 활동하고 있는 광고회사이다. 그는 범람하는 광고 메시지 속에서 소비자를 효과적으로 설득하는 방법으로서 'USP(unique selling proposition)' 개념을 제시했다. 제품 자체의 독특함이 아니라 주장의 독특함을 중시한 것이었다.

모든 제품에는 타고난 드라마가 숨어 있다. 그 드라마를 포착해 믿음이 가는 형태로 제시하는 것이라고 주장한 레오 버넷은 드라마의 발견, 사람들에게 친밀감을 주고 쉽게 공감대를 형성할 수 있는 민담 속 캐릭터나 상징물을 이용하여 친근한 인물을 창조하여 활용했다. 데이비드 오길비의 등장도 이 무렵이다. 런던에서 태어나 옥스퍼드에서 교육을 받은 오길비는 미국에 건너와 갤럽(Gallup)사에서 여론 조사 업무를 수행한 후 광고대행사 오길비앤매더(Ogilvy and Mather)를 설립했다. 오길비는 가장 훌륭한 광고는 감동을 주는 광고가 아니라 소비자가 그 제품을 구매하게 하는 광고라고 여겼다. 소비자는 제품을 사는 것이 아니라 이미지를 산다고 주장한 오길비는 세련된 지성미와 고급 이미지로 해서웨이 셔

츠와 롤스로이스의 광고 캠페인을 이끌었다. 러시아 출신 조지 랭겔 남작을 섭외하여 탄생한 해서웨이 셔츠 광고는 브랜드 이미지 광고의 효시로 꼽힌다. 카피와 디자인의 조화를 강조한 빌 번바크도 창의적인 광고인으로 꼽힌다. 번바크는 시각적 요소와 언어적 요소를 유기적으로 기발한 방식으로 통합하는 독특한 전략을 즐겨 사용하여 광고의 새로운 지평을 열었다. 그래픽 디자이너 폴 랜드(Paul Rand)와 광고 콘셉트를 개발하고 디자이너의 이미지를 참고하며 광고의 시각적 이미지 효과를 배가시켜 카피와 아트의 행복한 만남의 시대를 열었다. 폭스바겐(Volkswagen)과 렌터 카 기업 에이비스(Avis)의 유명한 광고 캠페인 이 그의 작품이다.

(3) 포지셔닝 시대

1970년대의 오일쇼크로 인해 불황기를 겪어야 했던 시기에 알 라이스(Al Ries)와 잭 트라우트(Jack Trout)는 포지셔닝 전략을 소개했다. 포지션(position)이란 제품이 소비자들에 의해 지각된 모습을 말하며, 소비자들의 마음속에 자사 제품의 바람직한 위치를 형성하기 위하여 제품 가치를 개발하고 커뮤니케이션하는 활동이다. 관건은 광고의 홍수 속에 살아가는 소비자들이 제품을 기억하게 하도록 하는 것이다. 광고인들은 제품 자체보다 소비자에게 이미 형성된 인식과 신념에 일치하는 단순하고 간결한 메시지를 제공해야 한다는 주장으로, 라이스와 트라우트는 효과적인 포지셔닝 전략으로 첫 번째 혹은 최초를 강조했다. 사람들은 최초나 1등을 기억하며 두 번째로 등장한 제품의 품질이 우수하더라도 기억하기 어렵다는 것이다.

이 시기 광고의 특징은 비교 광고의 성행과 여성에 대한 새로운 모습의 부각이다. 버거킹과 맥도날드, 코카콜라와 펩시는 제품의 본질적인 차별성이 없기 때문에 제품의 개성을 창조하는 광고를 위해 비교 광고를 활용했다. 이전까지 조역이며 장식적인 존재로 등장했던 여성이 1976년경에는 전문직 종사자로서 그려지기 시작했다. 쉬즈 찰리(She's Charlie)라는 광고는 섹시하지만 독립적인 여성을 모델로 표현해 전문직 여성을 그렸다. 여성 대상 제품도 화장품이나 장신구에서 벗어나 증권, 보험 상품, 자동차, 주택 등 남성이 구매를 결정하던 제품으로 확대되었다.

7) 글로벌 광고와 통합적 마케팅 커뮤니케이션 시대

[그림 2-12] 애플의 매킨토시 1984 광고

1980년대에 미국의 레이건 대통령이 신자유주의 노선을 도입하면서 미국 경제는 회복기에 접어들었다. 정치와 경제를 자유 시장 중심으로 재편하려는 신자유주의 노선은 기업에 대한 각종 규제를 완화하고 국제 투자를 장려하며 노동 시장의 유연화 등을 허용했다. 기업들은 인수합병을 통해 거대해지고 다국적 기반의 글로벌 기업으로 성장했다.

1980년대 광고의 특징은 국경이 주는 공간적 제약에서 벗어나 글로벌을 상대로 한 다국적 기업의 광고가 증가했다는 점이다. 세계화(世界化), 전 지구화(globalization)가 일어난 것이다. 다국적 기업은 신자유주의적 경제 질서에 힘입어 경제 영역에서 국가 규제를 반대하고 국가의 영향력을 축소하고자 했다. 시장 규제의 완화, 자본 시장의 자유화, 외국 자본의 국내 기업 인수합병 허용 등 서구 자본이 전 세계에 진출하는 계기가 됐다.

기업의 후원 활동도 새로운 면모를 가지게 됐으며 스포츠, 음악, 레저 활동 등 다양한 영역으로 확장됐다. 광고의 차별화를 위해 스타를 상품화하는 전략이 등장했다. 나이키(Nike)는 농구 선수 마이클 조던(Michael Jordan)을 상품화하여 에어 조던(Air Jordan)을 브랜드화하여 상품을 광고하기 시작했다. 1980년대 광고의 역사에 획을 그을 만한 광고는 애플의 매킨토시 광고이다. 조지 오웰의 『1984년』을 패러디한 광고로 스티브 잡스는 신비감을 더하기 위해 슈퍼볼 경기 전광판에 단 한 번의 광고를 내보냈는데, 100일 동안 매킨토시 5만 대 판매라는 예상을 뛰어넘어 7만 2천 대를 판매했고 광고의 역사를 만든 광고에 선정됐다.

8) 인터넷과 모바일, 디지털 광고의 시대

1990년대는 산업 자본주의에 기반을 둔 서구 경제가 정보 자본주의, 금융 자본주의로 이전하는 사회적 변혁기였다. 1990년대에 취임한 클린턴 대통령과 엘 고어 부통령은 정보고속도로를 천명하고 사회적 기반을 닦기 시작했다. 초고속 정보통신망은 디지털 다매체가 활성화되는 환경을 가져왔고 소비자의 취향과 욕구는 다양화됐으며, 이에 따라 시장도 세분화됐다. 1990년대부터 광고대행사들은 인쇄 광고, 다이렉트 마케팅, 각종 판촉 활동, 홍보, 인터넷, 양방향 텔레비전 등 전통적인 광고 미디어와 새롭게 등장한 디지털 미디어에 적응해야 했다. 인터넷을 비롯하여 DMB, WIBRO, IPTV, 스마트폰, 소셜 미디어 등 매년 새로운 미디어와 디바이스들이 등장하여 짧은 시간에 미디어는 융합(convergence), 진화하기 시작했고 소비자 역시 변화하기 시작했다. 미디어들 간의 융합, 미디어의 개인화, 미디어들의 이동성을 통해 프로슈머가 등장하기 시작했다. 광대역은 디지털 기술을 만나 모든 미디어를 디지털로 바꾸었고, 새로 등장한 모든 미디어는 광고매체로 변모하면서 전통적인 광고 시장을 위협하게 됐다. 새로운 미디어는 상호작용성과 개인화, 동시성과 비동시성을 지닌 멀티미디어로 이전의 미디어와 광고 소비의 문법을 바꾸어 놓았다.

2. 한국 광고의 역사

역사 기술에서 시대 구분은 매우 중요한 쟁점이다. 학자마다 견해의 차이가 있을 수 있고 시대를 가르는 구획에 따라 역사적 의미가 달라질 수 있기 때문이다. 따라서 근소한 차이를 감안하고 많은 연구자가 공통적으로 획을 그은 시점을 중심으로 시대 구분을 할 수밖에 없다. 역사학계에서는 대체로 한국의 개화가 시작된 1876년을 근대의 기점으로 본다. 한국에 근대 광고가 도입된 것은 1876년 강화도조약 체결과 함께 서구 문물이 들어오고 신문이 발행되기 시작한 때부터이다.

한국 최초의 근대 광고는 『한성주보』 1886년 2월 22일자 제4호에 게재된 세창양행 광고로 꼽힌다. 한국의 근대는 일제 강점기가 맞물리는 상황이므로 해방을 맞이한 1945년까지가 근대 광고 시기라고 할 수 있을 것이다. 크게 개항에서 1910년 한일 합병 때까지를 개화기, 근대 광고의 태동기라고 보고, 그 다음 일제강점기인 1910년부터 1945년까지를 근대 광고의 성장과 쇠퇴기라 할 수 있다. 36년간의 일제 강점기는 굴절된 식민지 근대화 시기이지만 근대 광고가 꽃핀 시기이기도 했다. 이 기간은 크게 세 시기로 분류할 수 있는데, 1910년부터 1920년까지를 일제 광고 도입기로, 1919년 3·1독립운동 이후 이른바 일제의 문화정치가 시작된 1920~1937년까지를 근대 광고 성장기로, 그리고 1937년 중일전쟁의 발발부터 1945년 일본의 패망까지를 근대 광고 쇠퇴기로 나눌 수 있다.

해방 이후는 다섯 개 시기로 나눌 수 있다. 첫째는 해방 이후 1968년까지로, 신문이 복간, 창간되고 민간 상업방송이 시작된 시기이다. 둘째는 1968년에서 1980년까지로, 경제개발에 힘입어 한국 광고가 급성장을 했으며 광고회사가 자리를 잡기 시작한 시기이다. 셋째는 1980년에서 1988년으로, 정치적 격동에 따라 언론이 통폐합되고 한국방송광고공사가 설립되었고 컬러 TV가 등장한 시기이다. 넷째는 88서울올림픽에서 1997년까지로, 언론 자유의 회복에 따라 언론사가 폭증하고 아울러 광고도 비약적인 성장을 하게 된 시기이다. 마지막은 1997년 이후부터 현재에 이르는 시대인데, IMF를 거쳐 광고회사가 재편되고 테크놀로지와 통신망의 발달로 미디어가 비약적으로 발전했다. 뉴미디어의 등장과 미디어 융합을 통해 매체와 광고사는 새로운 패러다임으로 접어들게 됐다.

1) 개화기(1886~1910년) 시대의 광고

(1) 근대 신문의 등장과 광고의 등장

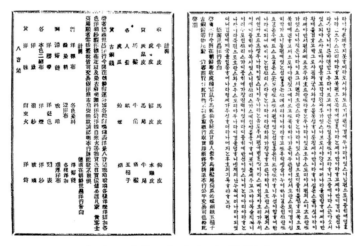

[그림 2-13] 한국 최초의 광고인 세창양행 광고

한국 광고사에서 처음 등장한 근대적 신문 광고는 1886년 『한성주보(漢城周報)』에 게재된 독일상사 세창양행(世昌洋行, Edward Meyer & Co.)의 광고를 꼽는다. 이 시기는 우리나라가 근대 문물을 받아들이면서 많은 신문과 잡지가 등장하는 근대 계몽기이기도 했다.

1896년 4월 7일 『독립신문』, 1898년 『제국신문(帝國新聞)』, 『황성신문(皇城新聞)』, 그리고 『매일신문』 등이 창간됐다. 1904년에는 영국인 배설이 창간한 『대한매일신보(大韓每日申報)』가 국영문으로 창간됐고, 이 밖에 『만세보(萬歲報)』와 일본인들이 발행하는 국문신문도 있었다. 신문 외에도 각종 학회가 발행하는 회보 잡지가 부쩍 늘어났고 한국 최초의 의학 전문지인 『중외의약신보(中外醫藥申報)』가 창간되기도 했다.

『독립신문』 초기에는 한국 광고주보다 미국과 일본 광고주가 많았으나 『대한매일신보』의 국한문판(國漢文版) 신문의 초기 지면을 보면 하루 발행 4면 가운데 3면과 4면이 광고이고, 또 1면에도 7단 가운데 2단이 광고였으므로 전체 신문 지면의 50%를 넘을 만큼 광고가 증가했다. 민족 계몽을 모토로 근대 계몽기에 급성장한 신문을 중심으로 근대 신문과 광고는 함께 발전하기 시작했다. 한국 근대 광고는 매우 짧은 기간에 놀랄 만한 성장을 이루었다. 이 시기의 특징으로는 우선 광고라는 용어와 개념, 광고의 정의, 필요성에 대한 인식, 다양한 업종의 광고, 광고대행사의 등장, 광고 카피나 디자인에 대한 인식 등이 나타났다는 것을 들 수 있다. 『한성주보』에서 고백(告白)이라고 했던 용어가 광고로 바뀌었고, 광고에 대한 속성과 광고의 활용이 어떠한 것인지 신문에서 논의되고 광고를 적극 권장하기도 했다. 무릇 광고라 하는 것은 증기 기관차의 증기와 같아서 산업을 이끄는 동력이라는 성찰이 이미 1905년 무렵에 등장했다. 광고의 업종도 다양해졌다. 개화기 초에는 학교나 학원, 출판, 책 등 신문명 관련 광고가 많았으나 차차 한국 약방의 의약품 광고가 부쩍 증가하게 됐다. 이 밖에도 상점, 모자, 수입한 소다와 담배, 구두, 사진관 등 갖가지 광고가 나타났다. 개화기 광고주 가운데 가장 많은 광

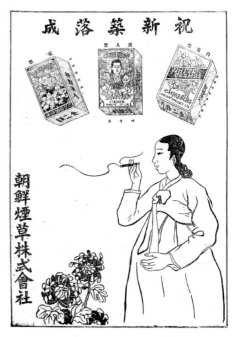

[그림 2-14] 조선연초주식회사 신축낙성 광고

고를 지속적으로 게재한 회사는 한국 최초의 광고주 독일 상사 세창양행이다. 세창양행은 한국 최초의 신문 광고주일 뿐 아니라 중국과 한국에서 독점권을 가진 무역회사였는데, 신문에 가장 많이 게재한 광고는 금계랍(金鷄蠟)이라는 말라리아 약이었다. 이는 당대의 위생 상태와 질병을 알 수 있는 단초이다(마정미, 2004).

(2) 근대 계몽과 위생

근대적 가치와 상품의 등장이 맞물려 서구 문명을 받아들이려는 열망으로 학교, 학원, 출판, 서적, 문방구 등 교육 관련 광고도 많았고, 위생 및 질병에 대한 관심으로 의약품 광고가 가장 많았다. 그 밖에도 식음료 담배, 기계, 상점, 분실 등 다양한 업종의 광고가 나왔다. 광고주는 한양상회(漢陽商會), 한미흥업주식회사(韓美興業株式會社), 옥호서림(玉虎書林) 등과 함께 출판사인 신문관(新文館), 제약회사인 화평당(和平堂), 제생당(濟生堂) 등이 있었다. 외국 광고주로서 국문 광고를 많이 한 회사는 세창양행과 더불어 전기와 전차 사업을 하던 한미전기회사가 두드러졌다. 그리고 소다 광고를 계속한 영국 부루너 모튼, 일본 회사 가운데는 역시 광고 의존도가 높은 담배회사로서 무라이(村井) 상점이 있었다.

또한 광고매체의 종류가 다양하게 등장했다. 신문 이외에도 잡지, 전선주, 상점 간판, 전단, 가두 행진, 전차 지붕 등 옥외 광고도 다양한 광고매체로 사용됐다. 광고 방법과 판매 기법 또한 다양해졌다. 우편 제도와 통신판매가 생겨서 지방에서 서울로 올라오지 않고서도 우편으로 물건을 살 수 있게 됐고 할인 판매와 경품 제공도 등장했다. 광고 크리에이티브 측면에서도 현격한 발전이 이루어졌다. 한문 또는 영문, 국문 활자만으로 만든 광고가 압도적이던 초기 광고에 일러스트레이션, 레이아웃, 헤드라인과 카피에 대한 의식이 생겼고 광고의 형식을 갖춘 광고들이 나타나기 시작했다. 제품명의 로고와 상표를 이용한 광고도 등장했으며 광고의 레이아웃 역시 다양한 크기와 위치를 보여 주었다. 광고 카피는 문어체에서 구어체로 바뀌어 갔다.

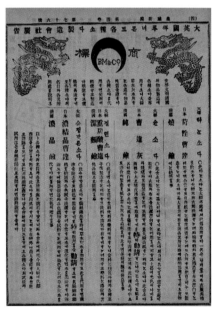

[그림 2-15] 부루너 모튼사 광고

　아직 일반적이지는 않았지만 광고대행업을 전담한 회사도 등장했다. 1910년에 처음으로 자사 광고를 내기 시작한 한성광고사는 광고를 모집해서 신문 부록으로 게재했다. 1906년 한국 최초의 통신과 광고대행업체로 창설된 일본전보통신사(서울 지사)가 광고대행업을 시작했다.

2) 일제강점기와 근대 광고 성장기

(1) 일본 광고 제도 도입기(1910~1920년)

　제1차 세계대전(1914~1918년)이 진행된 시기, 우리나라는 1910년 8월 30일 한일병합이 공포된 이후 1920년까지 일제 무단정치 시대였다. 일본은 1911년에 회사령을 발표하여 한국인의 기업 진출을 억제하고 식민지 분업을 통해 한국을 식량 공급지, 원료 공급지, 상품 판매 시장으로 삼고 식민지 수탈의 시대를 열었다. 1910년 수출 총액의 77.2%와 수입 총액의 63.7%를 일본이 차지하고 있었다. 수출입품의 구성을 보면 쌀을 비롯한 1차 산품(식량과 원료)이 주된 수출품이 되고, 2차 산품(완제품)이 주된 수입품이 됐다. 수입된 물건은 농축 우유, 청주, 맥주, 구두, 모자, 자전거, 각종 담배, 비누, 의약품 등이었다. 일본은 1910년 8월 30일 한일병합이 공포된 이후 민영신문을 모두 폐간했다. 1910년 5월 21일 『대한매일신보』를 매수하여 제호를 『매일신보』로 바꾸어 총독부의 국문판 기관지로 발행했으며, 그 후 『황성신문』, 대한협회의 기관지 성격을 지닌 『대한민보』, 『대한신문』에서 제호를 바꾼 『한양신문』 등도 폐간했다. 일본인 신문인 『대한일보』, 『조선일일신문』, 『조선일출신문』, 『경성신보』, 『동양일보』 등도 폐간했다. 한일병합 이후 총독부는 기관지로 창간한 『경성일보』와 영문지 『The Seoul Press』와 『매일신보』 등 세 개의 기관지만이 운영됐다(김민환, 2002). 이 시대의 광고업종별로 보면 약품 광고, 화장품, 식품 광고 등이 많았으며, 주요 광고 품목으로는 라이온

[그림 2-16] 조미료 회사 아지노모도 광고

치약, 인단, 아지노모도, 대학목약(大學目藥), 중장탕(中將湯) 및 각종 일본 맥주 광고가 『매일신보』에 게재됐다. 국내의 광고업종으로는 한약 계열의 의약품, 화평당, 조선매약, 모범약국, 서적 출판물 등이 주된 품목이었다(신인섭, 서범석, 1998).

아지노모도, 인단 광고는 신문의 전면 광고를 실시하기도 했는데, 외국의 전매특허, 왕가에서 사용 등의 광고 표현을 사용하기도 했으며, 일본 박사들의 조제법을 설명하면서 좋은 제품이라는 추천 형식의 광고 표현을 사용했다. 담배 광고도 상당히 많이 등장했는데, 여성이 모델로 등장한 것으로 봐서 당시 담배의 보급이 광범위했던 것으로 파악된다.

(2) 근대 광고의 성장기(1920~1937년)

1919년 3 · 1독립운동으로 인해 일본의 식민 정책은 무단정치에서 문화정치로 전환됐다. 1910년 한일합방 이후 20년까지의 통치 기간 10년이 일본에 의한 식민지 수탈의 기초를 마련하는 시기였다면, 1920년대에서 1945년까지는 더욱 교묘한 식민지배의 기간이었고, 일본을 통해 상륙한 서구 자본주의와 근대 문화가 이율배반적으로 공고하게 자리를 잡게 되는 시기였다. 이 시기, 새로운 문명과 소비문화의 중심지인 경성은 미쓰코시 백화점을 중심으로 모던걸과 모던보이들이 화려한 쇼윈도와 풍요로운 청춘을 노래하면서 도시 소비지로 성장했다.

[그림 2-17] 적옥 포트와인

1920년에서 1939년 사이에 조선에서의 광고는 일본에 강제된 자본주의 시장의 확대로 날로 성장하고 있었다. 3 · 1독립운동 이후 한국어 민간신문인 『조선일보』와 『동아일보』가 창간됐고, 그 후 1930년대에는 신문 면수가 1일(조/석간) 8면 발행에서 10면 또는 12면으로 늘었다. 아울러 광고 기법, 표현 등도 놀라운 발전을 보였다. 1930년대는 이른바 근대 광고의 전성기였다. 총수입에서 신문 광고비 수입 비율이 30% 선에서 45%쯤으로 늘어났다. 잡지의 발행도 활발했는데, 1920년에서 1929년 사이에 창간된 잡지가 168개, 1930년에서 1936년 사이에 창간된 수는 153개였다(신인섭, 1986).

　　이 시기에는 다양한 상품 광고가 등장했다. 광고의 대부분은 일본 상품들이었고, 광고의 종류는 약품, 조미료, 비누, 화장품 등 생활필수품이 대부분이었지만 당시의 생활 수준으로 봐서 수요자가 많지 않았으리라고 생각되는 자전거, 자동차, 유성기(축음기), 선크림 등의 광고도 등장했다. 특히 1930년대에는 일본에서의 수입 제품이 많아졌는데 농축 우유, 청주, 맥주, 구두, 모자, 자전거, 담배, 비누, 의약품 등이었으며, 책, 약품, 식품, 술, 기호품, 의류, 잡화, 기계류 등의 광고가 꾸준하면서도 활발했다. 당시 등장한 브랜드로는 라이온 치약, 인단(仁丹), 대학목약, 중장탕(中將湯), 기린(麒麟), 삿포로(サッポロ), 용각산(龍角散), 가오(花王) 비누, 포드(Ford) 자동차, 모리나가(森永), 아지노모도(味の素) 등의 일본 브랜드 상품 광고가 빈번하게 『매일신보』의 지면에 게재됐다.

[그림 2-18] 현대 신사의 일일 연합광고, 당대 유명 브랜드로 이루어진 하루

이 시기의 광고 표현은 매우 뛰어난 크리에이티브와 세련미를 보인다. 적옥 포트와인과 아지노모도의 광고는 빼어난 일러스트레이션을 보여 주고, 그 밖에 기사형 광고, 캠페인 광고, 우편 주문 광고, 섹스어필 광고 등 다양한 기법과 스타일의 광고가 눈에 띈다.

(3) 근대 광고의 쇠퇴기(1937~1945년)

[그림 2-19] 1940년대 중일전쟁 당시 전쟁 구호로 뒤덮인 광고

1937년 일본의 중국 침공에서 시작된 중일전쟁은 1941년 12월 드디어 미국과의 태평양 전쟁으로 확대됐다. 전쟁이 확대되면서, 물자 부족으로 인한 전시 통제를 이유로 광고량은 급속히 줄어들기 시작했다. 1940년에는 조선일보와 동아일보가 강제 폐간됐고, 다시 『매일신보』만이 유일한 한국어 일간지로 남았다. 신문은 면수와 광고량이 모두 줄어들어 1943년에는 『경성일보』가 조석간 6면, 『매일신보』가 역시 6면을 발행하기에 이르렀고, 1945년에는 『매일신보』도 1일 2면, 타블로이드판으로 제작하기에 이르렀다. 그 이후 광고는 급격히 쇠퇴하기 시작했다. 전쟁 물자 조달을 위해 조선의 물자는 모조리 차출당했으며 신문 광고에는 전쟁 구호와 전쟁 포스터 등이 사용됐다. 은단 광고조차 "축 남경함락"이라는 문구로 시작하여 "이 건강이 승리한 것이다!"라는 문구와 함께 건장한 군인들의 사진을 병치시켰고 아이들의 영양제 구명환 광고에도 군인들이 등장하는 등 당시 광고는 상품을 막론하고 군국주의를 표방한 광고 일색이었다(마정미, 2006).

3) 전후 시기와 현대 광고 태동기(1946~1968년)

(1) 전후 복구와 경제 발아기

[그림 2-20] 1950년대 광고 불모지대의 영화 광고

　광복으로 국권을 찾았고 우리말을 찾기는 했으나 이어진 남북 분단, 3년간의 한국전쟁은 산업 전반과 광고에도 치명적이었다. 해방 이후 많은 신문이 창간됐지만 사라지고 오늘날까지 내려오는 신문은 『서울신문(전 매일신보)』, 『조선일보』, 『동아일보』, 『경향신문』의 네 개 신문뿐이다. 정치적 격동기와 한국전쟁을 거치는 동안 이 신문들도 타블로이드판형에 2면, 4면 정도밖에는 발행하지 못했으며, 매체 환경과 경제 환경이 그렇다 보니 신문 광고도 풍요롭지 못했다. 1950년대는 한국 경제의 발아기로 새로운 기업이 등장하고 기업의 광고도 걸음마를 시작했다. 1953년에는 대한모방, 한국모방, 동양정밀, 대한제분, 제일제당, 태평양방직, 반도상사 등이, 1954년에는 동국제강, 애경유지, 제일모직, 동산유지 등이, 1955년에는 한국타이어, 태창방직, 한국유리공업, 시발자동차 등이 설립되었다.

　기업 활동이 거의 없고 소비재 광고도 당연히 없던 이 시기에 돋보였던 것은 정치 광고다. 이승만 정권의 집권 연장을 위한 선거 전략과 야당의 공세는 우리 정치 광고의 출발점이었다. 한국전쟁을 계기로 급성장한 군부는 쿠데타를 통해 정권을 장악했는데, 이때 탄생한 박정희 정권은 국가 주도형 경제 체제를 구축했다. 이런 경체 체제 속에서 독점적으로 성장한 럭키와 금성, 삼성과 현대 등 대표적인 기업이 드디어 국산 가전제품과 국산 자동차를 생산하게 됐다. 광고 역시 경제 활성화에 힘입어 도약하기 시작했다.

1950년대 이후는 다시 제약 광고의 시대라 할 수 있다. 1950년대 한국전쟁이 끝난 후 수입의약품의 판매 광고를 시작으로 점차 국산화로 이어지면서 국산 의약품의 광고로 전환됐다. 1959년 4월 15일 민간 상업방송인 부산문화방송이 창설되면서부터 제약업계는 신문 광고와 더불어 라디오 광고에도 대거 참여하여 의약품 광고의 비중이 크게 증가했다. 국내 제약산업의 발달이 전파매체의 등장에 힘입어 폭발적으로 성장한 의약품 광고는 1960년대 중반까지 우리나라 전체 광고비의 70%를 상회했다. 또한 1950년 초반부터 미국 수입 영화가 전성기를 맞이했다. 따라서 1950년대 당시 신문 광고를 지배하고 있던 것은 의약품, 수입 영화, 병원, 책과 출판물 광고 및 각종 공고라고 할 수 있다.

(2) 광고대행업의 기틀과 TV 광고의 등장

1954년 6월 9일에 창간된 『한국일보』는 한국 광고사에서 중요한 역할을 담당한 매체인데, 1960년까지 한국 광고에 직·간접으로 많은 영향을 끼쳤기 때문이다. 한국일보사의 광고국장인 윤동현은 '한국광고사'를 만들고 광고대행업을 시작해 국내 광고대행사의 기틀을 만들었으며, 광고 윤리강령 및 게재 기준을 만들었다. 윤동현을 주축으로 1960년 한국 최초의 광고 전문지인 『새 광고』도 발간됐다. 창간호는 1960년 9월에 발행됐으며, 광고의 개척 구실을 한 이 전문지는 10호를 낸 뒤 1961년 6월에 폐간됐다(신인섭 외, 1998).

1964년 7월 1일에는 합동통신사 내에 광고국이 신설되어 광고대행 업무를 개시했다. 1966년 3월에는 미, 일 합작 광고대행사인 맥캔 에릭슨 하쿠호도의 오시다 고지를 초빙해서 광고 업무 제휴를 협의했고, 1967년 1월 1일, 덴츠사와 3년 기간의 대행 계약을 맺었다. 1967년 3월에는 광고 기획실이라는 기구를 갖추고, 초대 실장에는 엄갑룡이 취임했다(합동통신사, 1975).

1956년 5월 12일에 우리나라 첫 민간 상업방송인 HLKG-TV방송국이 개국되면서 TV 광고가 처음 등장했는데, 국내 최초의 TV 광고는 영창산업의 '깨지지 않는 유니버설 레코드' 광고였다. 이때 등장한 TV 광고의 광고주로는 천도제약, 오레올시계, 수도피 아노, 제일모직, 동양전화사, 기쁜소리사, 하이파이사, 정금사, 미전사, 삼일금방, 유니버설레코드, 금성카라멜, 유한산업, 제일생명 등의 스파트 광고주와 OB맥주, 경전(현 한전), 크라운맥주, 내무부 등의 프로그램 광고주와 같이 극히 제한된 광고주가 있었다 (광고정보센터, 1996).

당시 광고계에서 TV 광고란 생소한 분야였기 때문에 대부
분의 광고는 조잡한 일러스트나 사진에 간단한 슬로건이 삽
입된 수준을 벗어날 수 없었다. 그나마 1959년 HLKZ-TV의
화재와 함께 TV 광고 또한 중단됐다. 그 후 한국에서 TV 광
고가 다시 재개된 것은 1963년 3월 1일 국영방송 KBS-TV가
광고방송을 시작하면서부터였다.

경제개발 5개년 계획으로 한국 경제가 눈부시게 성장하고
1960년대 초부터 여러 민간 상업방송이 등장하면서 광고에

[그림 2-21] 한국 최초의 TV 광고
유니버설 레코드

도 변화가 일어나기 시작했다. 경제 도약기인 1960년대에 정부는 경제개발 5개년 계획을
근간으로 본격적인 차관 도입, 수입 대체산업 육성, 그리고 수출 드라이브 정책 등을 적극
추진했다. 경제개발로 인한 비약적인 성장 속에서 점차 한국 현대 광고와 소비의 기틀도
다져지기 시작했다.

4) 현대 광고의 도입과 정착기(1968~1980년)

(1) 코카콜라와 만보사

1968년부터 1980년까지는 우리나라에 현대적 의미의 광고 개념이 정착되고 광고산업
이 급성장한 시기로 평가된다. 이 기간은 '한강의 기적'이라는 표현에서처럼 비약적인 경
제 성장이 이루어진 시기이기도 했다. 국민총생산은 경상가격 기준으로 1969년에는 1조
5,750억 원에서 1979년에는 31조 2,487억 원으로 늘어나 20배 가깝게 성장했다.

1960년대 말 광고대행업이 신종 산업으로 각광을 받기 시작했다. 이는 텔레비전 광고
덕분인데, TV 보급은 가구 대비 2%에서 80%로 폭증하면서 사치품에서 필수품이 됐고, TV
는 강력한 광고매체로 자리 잡기 시작했다. 100억 원도 안 되던 광고비가 2,186억 원으로
크게 증가했다. 광고회사가 주축이 되는 시대로 바뀌었으며, 광고 단체와 시장 조사 회사
가 생기고, TV 광고 감독이 등장했다. 매체사가 주최하는 광고상이 제정되고 일본의 ACC,
미국 CLIO 광고상이 소개됐다. 대학에는 광고전공학과가 생겼다. 1970년대에는 신문에
컬러 광고가 등장했다. 광고주, 매체, 광고회사의 3자가 광고산업을 구성하는 현대적 광고

시대로 정착한 시기였다(김병희, 2009).

한국 광고사에서 1968년은 역사적인 의미를 갖는다. 1968년, 다국적 기업 코카콜라가 한국 시장에 등장하고 1969년 1월에 설립된 광고회사 만보사(萬報社)에서 코카콜라 광고를 대행함으로써 우리나라 광고 표현의 수준과 광고산업 전반을 비약적으로 발전시키게 된다. 현대적 의미에서 최초의 광고회사라고 할 수 있는 합동통신사 광고기획실이 1967년에 설립된 이후, 1969년 동아일보와 OB그룹의 합작으로 만보사가 창립되었다. 1967년부터 1973년 사이에 우리나라의 광고 환경은 양적·질적인 측면에서 괄목할 만한 도약을 시작했고 1973년에서 1980년은 제일기획, 오리콤, 연합광고 같은 광고회사 3사의 과점 시기였다. 3개사의 과점 상태는 1980년대 초 대기업들이 계열 광고회사(in house agency) 형태로 광고회사를 설립하던 시기까지 계속됐다. 3대 광고회사의 1974년 취급액은 54억 원이었으며 1979년에 431억 원으로 늘어 8배나 성장했다. 이들이 전문 광고업의 기초를 다지는 견인차 역할을 함으로써 한국의 광고산업은 규모 면에서도 성장을 이루었으며 내용 면에서도 전문화되고 현대화됐다.

[그림 2-22] 코카콜라, 오직 그것뿐 광고

(2) 경제개발과 수출의 역군

1960년대부터 코카콜라, 펩시콜라, 칼텍스, 호남정유 같은 미국계 기업들은 최신 마케팅 개념을 국내에 적용했는데, 우리나라 광고회사가 독자적 기업으로 정착하는 데 기여했다. 주목할 만한 사실은 1970년에는 광고의 주도권이 서서히 제약업계에서 식품과 가전 상품 쪽으로 넘어갔다는 것이다. 백색 가전의 생산으로 인한 가전회사들의 대형 광고전과 미원(味元)과 미풍(味豊)으로 대표되는 조미료회사의 광고전이 우리나라 광고 표현을 향상 시키는 계기로 작용했다. 가전업계의 신제품 광고와 기술력 경쟁은 첨단산업 발전의 모태 가 됐으며 우리나라 광고 표현의 내용을 풍요롭게 했다.

1977년 들어 1인당 국민총생산이 1,000달러를 넘어서고 텔레비전의 보급이 늘어났으며 전 사회적으로 소비 풍조가 만연하기 시작했다. 이 시기의 광고주 현황을 보면 1970년대 에는 전자, 자동차, 각종 공산품과 더불어 식품, 유지류, 화장품 같은 일용품 광고가 광고 산업을 주도했다. 또한 1970년대에 삼성, 현대, 대우, 럭키금성, 해태, 롯데 같은 대기업에 서 이전의 상품 광고 스타일에서 벗어나 기업 이미지 제고 광고를 본격적으로 시작했다. 1977년 하반기부터 국제 광고에 대한 광고주의 관심이 증가했다.

당시 기억할 만한 광고 가운데 하나는 "오직 그것뿐!"을 표제로 내건 코카콜라 광고 (1969)였는데, 한국 광고의 현대화를 알리는 서곡이었다. 텔레비전을 보급하는 데 기여한 금성사 샛별 텔레비전 광고(1972) 등도 주목할 만했다. 당시 인구 정책을 보여 주는 대한가 족계획협회 광고(1975)에서는 "딸 아들 구별 말고 둘만 낳아 잘 기르자"는 슬로건이 대대적 인 사회 캠페인으로 진행됐다. 한편, 광고는 정치적인 맥락에서 자유로울 수 없었는데, 자 유언론실천선언으로 1974년 12월 16일부터 시작된 『동아일보』 광고 탄압 사건은 백지 광 고 사태를 불러왔다. 국산 자동차인 현대자동차의 포니 광고(1975)는 마이카(my car) 시대 를 열었다. 1977년 들어 농심 라면에서 내보낸 '형님 먼저 아우 먼저' 광고도 선풍적인 인 기를 끌었다.

5) 현대 광고산업의 확장과 체계화(1981~1987년)

수출 드라이브 정책과 기업 육성을 통한 경제개발을 주도한 박정희 대통령은 장기 집권 체제 유지를 위해 유신헌법과 긴급조치권을 발동하여 18년간 독재의 길을 걸었고, 결국 총격에 의한 사망으로 막을 내렸다. 그러자 당시 국군 보안사령부 사령관이던 전두환 육 군 소장은 같은 해 12월 12일 또다시 쿠데타를 통해 정권을 장악하였는데, 이것이 제5공화국의 탄생이었다. 신군부 정권 시절에 한국의 광고계에 직접적으로 큰 영향을 미치게 된 두 가지 사건이 일어났다. 1980년 11월 14일 한국신문협회와 한국방송협회의 임시 총회 결의에 따라 실시된 언론 통폐합과 1981년 1월 20일에 창립된 한국방송광고공사의 설립 이었다.

(1) 언론 통폐합과 한국방송광고공사 설립

1980년 11월 14일에 단행된 언론 통폐합의 근본적인 목적은 언론의 규제에 있었다. 당일 한국신문협회와 한국방송협회는 임시 총회를 열고 신문·통신의 통폐합과 방송의 공영화 조치를 결의하고 이를 발표했다. 언론 통폐합의 결과로 전국의 언론 기관 가운데 64개의 신문·방송·통신사 중에서 신문사 11개(중앙지 1, 경제지 2, 지방지 8), 방송사 27개(중앙 3, 지방 3, MBC 계열 21), 통신사 6개 등 44개 언론매체가 통폐합됐다. 이로써 국내 TV 방송은 KBS와 MBC 양사 체제의 공영방송이 주도하는 구조가 됐으며, 지방신문은 '1개 도 1개 지' 원칙으로 축소, 조정됐다. 통신사는 민간통신사인 주식회사 연합통신을 새로이 발족시키면서 다른 모든 통신사를 폐쇄 조치했다. 이러한 언론 통폐합은 광고산업에 다각도로 영향을 미쳤다. 무엇보다도 신문의 매체의 숫자가 급감함으로써 광고 지면이 대폭 감소될 수밖에 없었다.

한편, 특별법에 의해 1981년 1월에 설립된 한국방송광고공사는 광고업계나 매체, 학계, 광고 관련 전문 기관 또는 단체 등의 의견이나 상황, 현실 등과는 아무 관련 없이 정부 권력에 의해 일방적으로 설립된 것이었기 때문에 그 존립 자체에 대한 논쟁이 끊임없이 제기되어 왔다. 공사의 설립 이래로 공사는 지속적으로 한국의 언론과 광고산업에 지대한 영향을 미치고 있다. 특히 설립 초 광고회사 인증 제도를 도입하여 이후 1980년대 한국의 광고대행사와 다국적 광고회사 사이에 업무 협력 체결이 폭발적으로 증가하는 원인을 제공하기도 했다. 특별법의 14조 1항으로 인하여 방송사의 광고 영업 활동은 공사에 일임하게 됐고, 이로 인해 방송사는 광고 수입 가운데 20%를 공사에 수수료로 넘기게 됨에 따라 수입이 대폭 줄어들게 됐다.

(2) 광고대행사의 설립 본격화

이 시기는 한국에서 광고회사의 설립이 본격화되는 시기였다. 이전까지의 광고회사는 오리콤, 연합광고(전 MBC 애드컴), 제일기획, 그리고 나라기획 등이 전부였으나, 70년대 말에 이르러 진애드(1979), 대보기획(1979), 거손(1980), 서울광고(1980) 등의 광고회사가 설립되었다. 1980년에서 1987년 기간 동안에 한국방송광고공사가 설립된 후에 새로 생긴 광고회사는 한덕광고(1981), 해태기획(후에 코래드로 명칭 변경, 1981), 삼우(1981), 대홍기획(1982), 동방기획(1982), 삼희기획(후에 한컴으로 명칭 변경, 1983), 금강기획(1983), LG애드(1984) 등이다. 이들 가운데 상당수는 대기업에 의한 그룹 내 계열사의 신분으로 설립된 인하우스 에이전시들이었다. 코래드는 해태, 대홍은 롯데, 동방은 태평양화학, 삼희는 한국화약(현재의 한화그룹), 금강은 현대, 엘지는 럭키금성(GS와 분리 이전의 LG그룹)이 그 모체이다.

컬러 TV는 1980년대에 처음 등장했다. 컬러 TV의 등장은 광고 시장에도 획기적인 변화를 가져왔다. 다채로운 컬러 TV의 매력에 시청자들을 더 오랫동안 TV 화면 앞에 머무르게 했고, 자연스럽게 광고의 영향력도 커졌다. 컬러 광고는 조명, 디자인, 패션에 큰 영향을 미쳤고 광고회사들은 광고에 사진 · CM송 · 그래픽 · 카피 등을 활용, 다양한 시각적 표현을 할 수 있었다. 기업의 이미지 광고도 시작됐다. 1984년 5월 스승의 날에 선보인 쌍용의 기업 광고는 이제까지의 정형을 깬 새로운 기법으로 큰 반향을 일으켰다. "오늘은 속이 불편하구나"라는 헤드라인의 이 광고는 경제개발 시절 경험했던 궁핍한 시절의 아름다운 미담을 잔잔하게 펼쳐 나간 광고로 꼽히고 있다.

[그림 2-23] 쌍용기업 광고 "오늘은 속이 불편하구나"

6) 광고의 개방화와 국제화(1988년~현재)

(1) 88서울올림픽과 경제 성장

1987년 민주화 이후 「언론기본법」이 폐지되고 신문의 발행이 자유로워지면서 많은 신문이 새롭게 창간됐다. 6·29선언 이전 우리나라 신문은 32개에 불과했지만 5년만인 1992년에 117개로 늘어났고, 기존 과점 체제가 붕괴되면서 신문사의 경쟁이 치열했다. 발행의 자유가 주어졌지만 그만큼 경쟁이 심해진 것이다. 또한 1988년 서울올림픽은 해외여행 자유화와 시장 개방으로 이어졌고 경제 성장의 흐름을 탄 광고업계, 특히 신문 중심의 인쇄매체는 성장세를 이어갈 수 있었다.

이 시기 일간신문은 16면 발행으로 광고 면수가 30% 늘어났는데, 신문사가 발행 횟수와 면을 자율적으로 정하게 되면서 늘어난 지면은 신문의 자율 경쟁 시대를 열었다. 첨단 전자 제품이 신문 광고를 이용했으며, 대형 광고가 많이 등장하여 1면과 TV면에 컬러 광고가 등장하게 됐다고 했다. 결국 지면이 늘어나면서 자연스럽게 게재되는 광고량과 광고비의 증가는 광고 회사가 성장하는 토대를 마련했다. 신문사의 영업 측면에서도 본격적인 경쟁에 돌입하게 되는데, 증면 경쟁에서 시작된 신문사의 경쟁은 판매 촉진을 넘어서 과다 경쟁으로 확대됐다.

서울올림픽은 우리나라 사회와 문화, 경제를 비롯해 다양한 측면에서 개방과 성장을 가속화한 변곡점이었다. 88서울올림픽을 위한 기반 조성 과정에서 질서와 선진화를 강조한 공익 광고가 늘어나게 됐다. 올림픽을 주제로 한 공익 광고, 응원 광고, 축하 광고 등 양적으로 늘어났다. 공공 영역의 광고, 즉 공익 광고나 정부 광고, 공공 기관 광고의 기획력과 크리에이티브가 광고회사에 의해 제안되고 제작된 것은 개방과 성장기를 거치면서 본격화됐다고 할 수 있다. 국가 경쟁력, 경제 위기 극복, 에너지 절약 등과 같은 정부의 목소리가 주로 미디어에 실리게 됐다.

광고 모델이 다양화되어 교수, 만화가, 앵커 등이 등장했으며, 외국 모델로 주윤발, 왕조현, 소피 마르소, 캐니 로저스 등이 우리 광고에 캐스팅되기도 했다. 1991년 낙동강 페놀 오염 이후에는 환경 보호 메시지가 많았으며, 대기업의 기업 광고와 공익 광고에서 그린 마케팅 메시지가 등장했다. 그 밖에 소비자의 욕구를 라이프스타일 위주로 시각화한 광고 표현이 늘어났다.

당대의 유명한 광고는 가전제품의 대중화를 가져온 삼성전자의 "남편은 여자하기 나름이에요"와 에이스 침대의 "침대는 가구가 아닙니다. 과학입니다"인데, 인구에 회자되는 카피로 재미있는 일화를 많이 남겼다. 가전제품과 침대가 일상화되기 시작한 것처럼 성공적인 광고 캠페인이 우리의 일상과 생활을 바꾸게 됐다.

[그림 2-24] 침대의 중요성을 강조한 에이스 침대

(2) 광고 개방화와 국제화

광고산업의 본격적인 개방은 1987년 7월에 광고대행업이 외국인 투자 제한 업종에서 제외된 것에서 시작됐다. 이후 10월에는 광고대행업에 50% 미만까지 외국인 투자가 허용됐다. 그러나 외국 자본의 본격적인 진출은 1990년 1월에 99%까지 외국인 투자가 허용된 이후라 할 수 있다. 1991년 1월에 외국 광고회사의 자회사와 지사 설립이 가능해졌으며, 이후 옥외 광고업(1993년 7월), 광고 사진 촬영업(1994년 1월), 광고물 제작과 광고 영화(1995년 1월)까지 개방이 이뤄졌다(한국광고업협회, 2006).

그 당시 업무 협력 계약 체결을 통해 한국에 진출한 미국과 영국의 광고회사를 보면 McCann Erickson(오리콤), Ogilvy & Mather(코래드), JWT(나라기획), Grey(연합광고, 전 MBC 애드컴), Ted Bates(제일기획), SSC & B: Lintas(삼희기획, 현재의 한컴), DDB Needham(대홍기획), Saatchi & Saatchi(대홍기획), BBDO(LG애드), FCB(거손) 등으로 세계적인 주요 광고회사가 대부분 한국에 진출했음을 알 수 있다. 회사에 따라 다르지만 이들 가운데 상당수는 광고 시장이 개방된 이후인 1990년대 중반까지도 직접적인 투자보다는 업무 협력 계약을 유지하는 경향을 보였는데, 한국 시장에 대한 파악이 충분하지 않았던 것이 주된 이유였다. 이후 1991년에는 광고 시장을 완전 개방하게 됐다(신기혁, 2003).

광고 시장의 개방으로 인해 1990년대 광고 시장은 급격하게 성장하게 됐다. 광고주와 광고회사의 개방과 글로벌화는 광고산업 성장의 동인이 됐다. 또한 광고의 과학화와 조사 데이터의 질적 발전에 기여했다. 시청률 조사와 미디어 인덱스의 활용이 일반화됐으며, 효율과 효과를 추적하는 전략 모델, 마케팅 ROI 등이 이슈화됐고, 다양한 크리에이티브와 마케팅 조사 기법, 광고 효과 조사 방법 등이 발전했다. 이후 광고회사의 스펙트럼과 서비스는 더욱 다양화해졌다. 종합 광고회사, 지주회사, 미디어 전문 회사, 크리에이티브 부티크, 옥외 광고 전문 회사, 마케팅, 프로모션 전문 회사로 분화됐다(이희복, 2009).

(3) IT산업과 통신 사업, 디지털 광고의 등장

광고 개방화와 국제화로 일컬어지는 1988년부터 현재까지는 본격적으로 광고산업과 시장이 확산된 시기였다. 1995년부터 인터넷이 상용화되면서 IT(정보통신) 시대가 열리고 뉴미디어 시대가 본격화되었다. 매체는 물론 마케팅과 광고, 광고 표현까지도 급격한 변화를 겪게 됐다. 1997년 한국은 IMF를 맞으면서 광고 시장도 큰 타격을 받게 됐다. 당시 한국 광고 시장은 전년 대비 35%나 줄었다가 다시 회복했지만, 성장을 계속하던 광고 시장은 1990년대 말부터 저성장기로 접어들었다. IMF는 광고업계의 변곡점이 됐다. 광고업계는 다운사이징과 구조 조정이라는 혹독한 시련을 겪게 됐지만 시장이 한층 성장하는 계기가 되기도 했다. 선진국형 광고 시스템을 갖춰 광고 효과를 조금 더 과학적으로 분석하기 시작했고, 이전보다 소비자의 반응을 중요시하게 됐다. 실제로 광고 예산을 절감해 소극적 마케팅을 펼친 기업보다 적극적으로 투자한 기업이 소비자로부터 좋은 반응을 얻었다.

당시 IT, 통신산업과 새로운 영상 세대의 감성은 '스무 살의 자유, TTL'이라는 광고가 출현하는 배경이 되었는데, 이전의 광고 문법과는 다른 포스트모던한 광고의 등장을 알렸다. 기업의 이미지 광고도 달라졌다. 세계화, 세계 일류를 부르짖던 기업들이 환경 보전, 인간성 회복, 희망

[그림 2-25] **포스트모던 스타일의 광고 TTL 광고**

찾기 등 지속 가능한 개발을 추구하고 공중과 쌍
방향 커뮤니케이션하려는 진정한 의미의 기업
PR이 등장했다. 포스코의 "소리 없이 세상을 움
직입니다" 캠페인은 B2B 중심의 기초재 기업으
로 사회적 책임을 실천하며 공중과 끊임없이 커
뮤니케이션하는 모범적인 사례였는데, 기업의
사회적 책임(Corporate Social Responsibility: CSR)
이 주요 이슈로 부상한 것을 반영했다. 이미 30
년째 "우리 강산 푸르게 푸르게" 캠페인을 전개
하는 유한킴벌리도 사회적 대의명분 마케팅의
효율적인 사례로 꼽힌다. 새로운 감성의 소비자
들과 광고인들이 부상하면서 크리에이티브에
서도 급격한 변화가 일어났다. 금기시되던 모든
것이 깨지고 편견을 버린 새로운 광고 크리에이
티브들이 선을 보였다.

[그림 2-26] 포스코 기업 광고
"소리 없이 세상을 움직입니다"

　디지털 미디어 전환기와 시장 정체기의 특징은 광고 시장이 저성장하고 소비 시장이 양
극화됐다는 점이다. 타깃 미디어 활용이 늘어났으며 다접점 미디어 시대가 열렸다. 4대
매체는 정체됐으나 뉴미디어는 고성장기를 맞았다. DMB, IPTV, 모바일, OOH(옥외 광고)
등 다양한 미디어가 등장했고 정보통신과 금융, 디지털 가전, 건설 분양, 서비스 등의 업
종이 부상했다. 다접점, 다매체 마케팅 대응 논리가 강조됐으며 방송 통신 융합이 이루어
졌다. 스마트폰의 등장으로 광고 시장은 더욱 큰 전환점을 맞게 됐다. SNS(Social Network
Service)가 대표적인 커뮤니케이션 통로가 되면서 SNS 마케팅이 화두로 떠올랐다.

　온라인 광고의 부상도 활발해졌다. 초기 인터넷 광고는 신문의 돌출 광고 형태의 배너
광고, 하이퍼텍스트(hyper text)를 활용한 단순한 링크 형태의 정적 이미지였으나 플로팅
광고와 팝업 광고, 리치 미디어로 변모하기 시작했고 검색 광고와 인터랙티브 광고로 급속
도로 발전하기 시작했다. 인터랙티브 광고는 인터넷, 디지털 TV, 모바일, 옥외 광고 등으
로 확산되면서 쿠키 기술과 알고리즘을 활용한 온라인 맞춤형 광고와 접목되고 있다. SNS

가 활성화되면서 유튜브나 판도라 TV 등 MCN산업을 활성화시키고 있다. 프로그래매틱 광고나 어드레서블 TV 광고들도 등장하여 전통적 미디어의 광고를 상호 보완하거나 압도해 나가고 있다.

 참고문헌

공병훈(2020). 광고는 어떻게 세상을 유혹하는가. 서울: 팬덤북스.

김대환(2009). 광고의 성장과 쇠퇴기(1920~1945). 마정미, 신인섭, 서범석, 김대환, 신기혁, 김병희, 이희복 공저, 광고라 하는 것은: 1876-2008. 신문 광고와 사회 변화(pp. 123- 162). 서울: 커뮤니케이션북스.

김병희(2011). 한국 텔레비전 방송광고 50년의 흐름과 특성. 김병희, 김영희, 마동훈, 백미숙, 원용진, 윤상길, 최이숙, 한진만 공저, 한국 텔레비전 방송 50년(pp. 313-369). 서울: 커뮤니케이션북스.

마정미(2004). 광고로 읽는 한국 사회문화사. 서울: 개마고원.

마정미(2009). 정치적 격동기와 경제 성장기: 1945-1967. 마정미, 신인섭, 서범석, 김대환, 신기혁, 김병희, 이희복 공저, 광고라 하는 것은: 1876-2008. 신문 광고와 사회 변화(pp. 123-162). 서울: 커뮤니케이션북스.

서범석, 원용진, 정과리, 강태완, 마정미, 김동식(2006). 근대적 육체와 일상의 발견. 경희대학교 출판국.

신기혁(2009). 언론통폐합 한국방송광고공사 설립(1980~1988). 마정미, 신인섭, 서범석, 김대환, 신기혁, 김병희, 이희복 공저, 광고라 하는 것은: 1876-2008. 신문 광고와 사회 변화(pp. 123-162). 서울: 커뮤니케이션북스.

신인섭, 서범석(1986). 한국광고사. 서울: 나남출판.

양정혜(2018). 광고의 역사: 산업혁명에서 정보화 사회까지. 경기: 한울아카데미.

이희복(2009). 광고의 개방화, 국제화(1988~2008). 마정미, 신인섭, 서범석, 김대환, 신기혁, 김병희, 이희복 공저, 광고라 하는 것은: 1876-2008. 신문 광고와 사회 변화(pp. 123-162). 서울: 커뮤니케이션북스.

하루야마 유키오(春山行夫) (2007). 서양 광고문화사. (강승구, 김관규, 신용삼 공역). 서울: 한나래출판사.

Fox, S. (1997). *The mirror makers: A history of american advertising and its creators.* University of Illinois Press.

Haug, W. F. (1991). 상품 미학 비판. (김문환 역). 서울: 이론과 실천.

Ries, A, & Trout, J. (1989). 광고 포지셔닝. (김충기 역). 서울: 나남출판.

Twitchell, J. B. (2002). 욕망, 광고, 소비의 문화사 (*Twenty ads that shook the world: the century's most groundbreaking advertising and how it changed us all*). (김철호 역). 서울: 청년사.

Wood, J. P. (1958). *The story of advertising* (pp. viii + 512). New York: The Ronald Press.

제3장

광고산업의 구조와 특성*

광고는 기업 성장과 국가 경제 발전에 매우 중요하다. 광고는 미디어산업을 육성하는 데 중요한 역할을 할 뿐만 아니라, 경제적 차원에서는 대량 생산과 대량 판매를 가능하게 하는 마케팅 수단이다. 더욱이 광고는 다른 산업들과의 상호 의존성이 매우 높고, 국민 경제에 미치는 파급 효과도 매우 강력한 산업이다. 광고를 '정보산업'이나 '서비스산업'으로 인식하며, 국가 경쟁력 차원에서 적극적으로 육성하고 있는 것도 바로 이러한 이유 때문이다.

이 장에서는 광고산업이 어떻게 구성되어 있고, 각 구성 주체들이 어떠한 역할을 하고 있는지를 살펴본다. 보다 구체적으로, 산업으로서의 광고, 광고산업의 구성 기관(광고주, 광고회사, 광고매체, 미디어렙, 광고협력기관, 광고통제기관), 광고산업의 국제화, 디지털 시대의 광고산업이 나아갈 방향에 대해서 설명한다. 그동안 괄목할 만한 외적 성장을 해 온 우리나라 광고산업이 디지털 미디어 시대에 접어들면서 풀어야 할 새로운 당면 과제에 대해서도 짚어 본다.

---

* 김봉철(조선대학교 신문방송학과 교수)

1. 산업으로서의 광고

1) 광고의 산업적 위상

산업이란 사람에게 필요한 물건을 만들어 내거나, 생활에 필요한 서비스를 제공하는 모든 활동을 말한다. 즉, 사람들이 생활하기 위해 일하는 모든 것을 가리킨다. 사람들은 처음에는 자연에 있는 동물, 식물, 어패류 등을 통해 생활에 필요한 것들을 얻었고, 차츰 한곳에 머무르면서 동물을 기르거나 필요한 물건을 직접 손으로 만들면서 물물교환이 이루어졌다. 그러다가 18세기 산업혁명(industrial revolution)으로 농업과 수공업이 기계를 이용한 제조업으로 바뀌게 됐다. 이후 우리 사회와 경제는 운수업, 통신업, 건설업, 상업, 금융업, 서비스업 등 다양한 산업으로 분화되기 시작했다. 영국의 경제학자 콜린 클라크(Colin Grant Clark, 1940)는 이러한 산업의 발달을 제1차 산업, 제2차 산업, 제3차 산업으로 구분했다. 제1차 산업은 농업, 임업, 축산업 등으로, 땅을 이용해 농작물을 가꾸고 가축이나 동물을 길러내는 산업을 뜻한다. 제2차 산업은 제1차 산업에서 얻은 재료를 이용해 물건이나 에너지를 생산해 내는 산업으로, 공업, 광업, 건설업 등이 해당된다. 그리고 제3차 산업은 제1차와 제2차 산업에서 얻어진 물질들을 소비와 연결하는 유통업과 서비스 관련 산업으로, 전기, 가스 등 에너지, 운수 및 통신, 기타 서비스 업종 등이 이에 해당된다. 콜린 클라크는 경제가 발달할수록 제1차 산업에서 제2차 산업으로, 제2차 산업에서 제3차 산업으로 비중이 점차 옮겨 간다고 했다.

콜린 클라크의 산업 분류에 따르면, 광고는 서비스업으로 제3차 산업군에 속한다고 할 수 있다. 그러나 콜린 클라크가 산업을 제1차, 제2차, 제3차 산업으로 분류한 이후 경제는 더 급속도로 발달하여, 지금은 제4차, 제5차, 제6차 산업까지 거론되고 있는 실정이다. 최근에 많이 회자되고 있는 제4차 산업은 콜린 클라크가 말한 제3차 산업군 중에서도 지식집약적 산업을 지칭할 때 사용되는 용어이다. 그래서 제4차 산업을 지식산업이라고도 한다. 정보, 의료, 교육 서비스산업 등이 이에 해당된다. 뒤에 다시 설명하겠지만, 광고는 고도의 지식산업인 동시에 정보산업이다. 광고는 고도의 창의력이 요구되는 지식산업이며,

가장 최신 정보들을 활용해 서비스 상품을 만들어 내는 정보산업이다. 따라서 이제 광고는 제3차 산업을 넘어 제4차 산업군에 속하는 업종이라고 해도 큰 손색이 없을 것이다.

그러면 좀 더 구체적으로 광고가 산업 분류의 기능적 측면에서 어떻게 구분되는지를 살펴보자. 통계청에서는 모든 산업 활동을 그 유사성에 따라 대분류, 중분류, 소분류 등 체계적으로 분류하고 있는데 이를 「한국표준산업분류」라고 한다. 이 표준산업분류표에서 광고는 대분류 M(전문, 과학 및 기술 서비스업), 중분류 71(전문 서비스업)에 속하는 것으로 되어 있다. 그리고 소분류 713(광고업)은 광고업을 "고객을 대리하여 각종 광고매체에 대한 광고 기획 및 대행, 광고물 문안 · 도안 · 설계 등 작성 대리, 옥외 광고 대리, 대중 광고매체를 대리한 광고 권유 및 유인, 광고물 및 견본의 배부, 광고용 공간 및 시설 임대 등의 광고 관련 업무를 수행하는 산업 활동"으로 정의하고 있다. 광고업은 다시 광고대행업과 기타 광고업으로 나누어지고 있는데, 광고대행업은 광고회사, 기타 광고업은 옥외 광고, 미디어렙, 크리에이티브 부티크 등 광고 협력 산업들을 뜻한다.

광고산업은 다른 산업과는 달리 매우 복잡한 구조적 특성을 보인다. 광고산업은 단일 업종으로 구성되는 것이 아니라, 광고를 생산하고 분배하는 과정에서 서로 성격을 달리하는 산업들이 어우러진 복합 산업의 특성을 갖는다(Barton, 1970). 따라서 광고산업은 일반 산업과 달리 한계를 설정하기가 어렵고, 또한 다른 산업들과 그 경계를 명확하게 구분하기도 어렵다. 이러한 한계에도 불구하고 미국의 광고학자인 볼렌(Bolen, 1983)은 광고산업을 "광고라는 재화를 생산하여 분배 및 소비하는 과정에서 광고주, 광고대행사, 매체사 그리고 광고대행사와 수직적 거래 관계를 형성하는 광고물 제작업체들로 구성된 복합적인 산업이다"라고 정의하고 있다. 이 정의에 따르면, 광고산업은 자동차산업과 같이 특정 단일 업종으로 구성되는 것이 아니라, 광고를 생산하고 분배하고 소비하는 과정에 참여하는 다양한 업종이 모여 형성되는 복합적인 산업임을 이해할 수 있다.

따라서 표준산업분류표에서 소분류로 분류된 광고업은 광고산업을 구성하는 한 축에 불과하다고 하겠다. 사실 표준산업분류표의 분류 체계는 생산 위주의 산업 체계에 기반하고 있기 때문에, 광고와 같은 서비스 산업이면서 복합적인 산업 체계를 온전하게 반영하는 데는 한계가 있다고 하겠다(오세성, 2012).

2) 광고산업의 사회적 역할

광고산업은 다른 산업들을 지원하는 산업 관련 서비스업에 해당되며, 이는 편의상 제조업 지원 서비스산업이라고 할 수 있다. 이 같은 특성을 가진 광고산업은 자본주의 경제 사회에서 기업과 소비자를 연결시켜 주는 중요한 위치를 차지하고 있다. 오늘날 자본주의 경제는 대량 생산과 대량 판매, 대량 소비를 통한 잉여 가치를 창출하는 데 목적이 있다. 이를 위해 기업가들은 생산된 제품의 빠른 유통과 자본 순환을 위해 소비자들을 시장으로 적극적으로 끌어들이고자 하는데, 이때 중요한 수단으로 활용하는 것이 바로 광고이다. 즉, 광고를 통해 자본주의 경제 체제가 유지되고 경제 성장이 가속화된다고 할 수 있다. 그래서 일찍이 포터(Potter, 1954)도 대량 판매와 대량 소비를 목표로 운영되는 현재의 경제 제도와 광고를 연관시켜 '풍요로운 제도'라고 했다. 결국 광고산업은 자본주의 사회의 경제를 발전시키는 중요한 역할을 한다.

또한 광고산업은 대중매체의 중요한 수입원 역할을 담당하기도 한다. 대중매체는 일반 기업들과는 다르게 수입 구조가 이원화되어 있다. 하나는 대중매체에서 생산하는 내용을 수용자들에게 판매해서 수익을 창출한다. 텔레비전의 시청료나 신문 구독료가 대표적이다. 다른 하나는 확보된 수용자들을 광고주에게 판매한다. 즉, 텔레비전 프로그램이나 신문 지면에 광고를 실어 그 대가로 광고비를 받는 것이다. 그런데 대중매체들은 시청료나 구독료 같은 내용을 판매해서 얻는 수익보다 광고를 팔아서 얻는 수익이 훨씬 크다. 상업 방송의 경우, 전체 수익의 90% 이상이 광고 판매 수익으로 이루어지고 신문의 경우도 70% 이상이 광고 수익이다. 따라서 광고산업이 발달하지 못한다면 대중매체의 발달도 기대하기 어렵다.

광고산업의 또 다른 사회적 역할은 광고가 사회 · 문화적 도구로 큰 영향을 미친다는 점이다. 현대 사회에서 광고가 매우 영향력 있는 사회 · 문화 · 이데올로기적 제도로 작용한다는 데에 대해서 반론을 제기할 사람은 없을 것이다. 광고는 대중매체의 내용을 구성하고, 성 정체성(gender identity)을 형성하며, 부모와 자녀 사이의 관계를 매개하고, 인간의 욕구를 생성시킨다. 광고는 사람들의 라이프스타일을 변화시키기도 하고, 선거 전략에도 사용되며, 각종 공공 영역에서도 강력한 목소리를 낸다(Jhally, 1987). 그런데 광고에 대한 사회·문화적 접근은 한결같이 광고 혹은 광고산업의 부정적 기능과 역할에 주목한다. 그것은 바로 광고가 공공재적인 특성을 가진 산업이기 때문이다. 공공재적인 특성을 갖고 있기 때문에 광고는 항상 비판의 대상이 되고 있는 것이다(Albion & Farris, 1981).

지금까지 광고는 다른 산업들을 지원하는 보조적인 역할을 수행하는 사업으로 인식되어 왔다. 그러나 경제 사회가 고도화됨에 따라 광고산업 그 자체가 고부가가치를 창출하는 지식 집약적 산업으로 부각되고 있다. 미국 등 선진 자본주의 국가들이 광고를 하나의 '정보산업' 혹은 '서비스산업'으로 인식하고 있으며, 국가 경쟁력 차원에서 적극적으로 육성하고 있는 것도 바로 이러한 이유 때문이다. 실제적으로 한 나라의 광고비 규모와 광고가 전체 산업에서 차지하는 비중은 한 나라의 선진화 척도를 재는 바로미터 역할을 한다. 최근에는 정보통신 및 미디어 기술의 혁신으로 광고산업이 더 큰 변화와 성장을 하고 있다. 광고주의 제품을 마케팅해 주는 단순한 제조업 지원 서비스에서 고도로 발달된 정보산업으로 전환하고 있는 것이다.

3) 광고산업의 발달 과정

광고가 하나의 산업으로 성장하기 위해서는 여러 가지 요건이 충족되어야 하지만, 가장 기본적으로는 대량 생산과 대량 판매가 가능한 시장의 형성, 광고 메시지를 소비자들에게 전달해 줄 수 있는 광고매체의 발달, 그리고 광고를 기술적으로 만들 수 있는 광고회사의 탄생이 중요하다. 이 세 가지를 고려했을 때 광고가 하나의 산업적 구조를 갖추기 시작한 것은 19세기 말이라고 할 수 있다.

18세기 중엽 영국에서 시작된 산업혁명으로 대량 생산이 가능하게 되면서 기업들은 판매 촉진을 통한 소비 시장을 극대화시키기 위해 노력했다. 기업들은 대규모적이고 조직적인 판매 촉진 활동을 하게 됐는데, 그 도구로 활용된 것이 바로 광고이다. 또한 1400년대 중반 구텐베르크에 의해 인쇄술이 발명된 후 신문의 대량 생산이 가능해지게 됐다. 특히 1833년 페니 프레스(penny press)의 등장으로 신문은 정론지에서 대중지로 바뀌게 되고, 광고매체로서 중요한 역할을 하게 된다. 시장이 확대되고 광고매체가 증가하면서 광고의 수요가 증가하자 자연스럽게 광고를 전문적으로 다루는 광고회사도 등장하게 된다. 미국에서 최초의 광고회사는 1841년 미국의 필라델피아에서 팔머(Palmer)가 세운 지면판매대행업(publisher's agent)이다. 그러나 오늘날 관점에서 보면 팔머가 세운 지면판매대행업은 광고회사라기보다는 신문사의 광고 지면을 광고주에게 파는 미디어렙(Media Rep)이라고 보는 것이 타당하다.

이후 미국은 지속적인 경제 성장과 라디오, 텔레비전, 옥외 광고, 인터넷과 같은 대중매체의 발달, 그리고 오길비앤매더(Ogilvy & Mather), 영앤루비컴(Young & Rubicum), J. 월터 톰슨(J. Walter Thompson)과 같은 광고회사의 발달 등으로 세계 최대의 광고산업 국가로 성장하게 된다.

우리나라에서 맨 처음 근대적 광고가 시작된 것은 구한말인 1886년이다. 그러나 광고가 하나의 독립된 산업으로 인정받게 된 것은 1960년대 이후이다(김봉철, 2019). 1960년대 이전까지만 해도 우리나라는 경제가 발달하지 못해 광고를 할 만한 기업도 없었고, 광고매체도 발달하지 못했으며, 광고를 전문적으로 다룰 광고회사도 없었다. 따라서 광고가 하나의 산업으로 인정받기에는 시장 규모도 작았을 뿐더러 기반도 구축되지 않았다.

●표 3-1● 광고산업 규모 세계 10대 국가

순위	2016년		2019년	
	국가	광고비(억 달러)	국가	광고비(억 달러)
1	미국	190,835	미국	211,661
2	중국	80,141	중국	98,214
3	일본	37,066	일본	39,141
4	영국	26,156	영국	29,294
5	독일	22,085	독일	23,786
6	브라질	13,195	브라질	13,621
7	한국	11,561	한국	12,425
8	프랑스	11,383	호주	11,882
9	호주	10,996	프랑스	11,686
10	캐나다	9,141	인도네시아	10,690

• 출처: Media Marketing(2019).

그러나 1960년대 이후 경제가 발전하면서 규모가 큰 광고주도 생기게 됐고, 라디오, 텔레비전 같은 방송 광고매체도 등장했다. 합동통신사 광고기획실, 만보사와 같은 광고를 전문적으로 다루는 광고회사도 1960년대에 처음 등장했다. 1970년대에는 우리나라 경제의 성장과 함께 광고산업도 엄청난 성장을 했다. 1971년에 최초의 광고 관련 단체인 한국광고협의회가 창설되고, 제일기획, 오리콤, 연합광고 등 광고회사들이 생겨나면서 광고 활동의 중심이 광고회사로 옮겨지게 됐다. 1980년대 언론 통폐합과 한국방송광고공사의 설립, 1990년대 광고 시장 개방과 IMF, 2000년대의 다채널 다매체 시대 등을 거치면서 우리나라 광고산업은 질적 · 양적으로 눈부신 발전을 거듭해 오면서 세계 10위권 내의 광고산업 선진국 대열에 합류해 있다.

4) 광고산업 주체 간 거래 관계

앞에서 살펴본 것처럼 광고산업은 다양한 분야가 참여해 구성되는 복합산업의 성격을 갖고 있다. 그러나 그중에서 가장 중요한 주체는 광고주와 광고회사, 매체사 그리고 미디어렙이라고 할 수 있다. 물론 이 밖에도 여러 광고협력기관들과의 복잡한 거래 구조가 있지만, 이 장에서는 주요 주체 간의 관계에 대해서만 설명하도록 한다.

첫째, 광고주와 광고회사의 관계이다. 광고주와 광고회사의 관계는 광고주가 광고회사에 광고대행 업무를 의뢰하면서 시작된다. 광고주는 프레젠테이션 등을 통해 자사의 제품이나 서비스와 관련된 광고를 가장 잘 대행해 줄 광고회사를 선정하게 된다. 광고회사가 선정되면 광고주와 광고회사는 상호 간의 신뢰와 계약에 의해 광고 업무를 진행하며, 매체사와 특수 서비스 업체들의 협력을 바탕으로 다양한 광고 업무를 수행한다. 광고회사는 광고주에게 광고 제작 및 광고매체 집행 등 광고 전반에 대한 대행 서비스를 제공한다. 이 과정에서 광고주는 광고회사에 광고 제작 등 서비스를 제공받는 데 소요되는 비용을 지불한다. 이 비용은 광고물 등 서비스를 제공하는 데 실제 소용되는 비용에 기획료를 추가한 것이다. 이 기획료를 일반적으로 피(fee)라고 하는데, 피는 광고 제작물 비용의 17.65%가 일반적이다.

둘째, 광고회사와 매체사의 관계이다. 광고회사는 광고주의 의뢰를 받아 매체 집행을 대행해 준다. 즉, 광고주의 신문 광고나 텔레비전 광고를 광고회사가 대신해서 특정한 매체에 집행하게 된다. 그리고 광고주로부터 광고 요금을 받아서 대행 수수료를 제외한 나머지 금액을 매체사에 지불한다. 일반적으로 대행 수수료는 총 광고비의 15%이고, 이는 광고회사의 주 수입원이다.

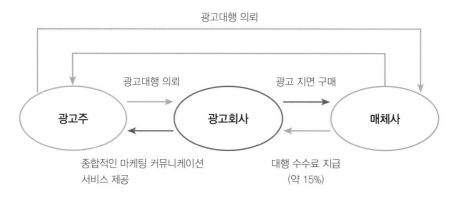

[그림 3-1] 인쇄 광고 거래 관계

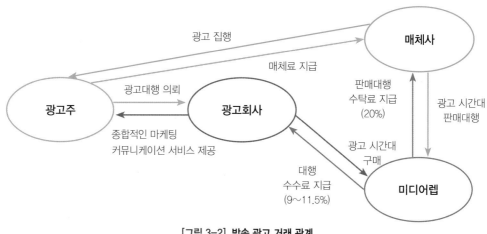

[그림 3-2] 방송 광고 거래 관계

그러나 이는 신문 등 인쇄 광고에 해당되고, 방송 광고인 경우 광고회사와 매체사 사이에 미디어렙이 끼어들기 때문에 거래 관계가 좀 더 복잡해진다. 현재 우리나라는 방송 광고의 경우 법률상 광고주나 광고회사가 직접 광고매체를 구매하지 못하고 반드시 미디어렙을 통해서만 구매하도록 되어 있다. 만약 광고주가 방송 매체에 광고할 필요성이 생기게 되면 광고회사에 의뢰하게 되고, 광고회사는 미디어렙을 통해 방송 매체의 광고 시간을 구매하게 된다. 광고주는 광고회사와 미디어렙을 거쳐 방송사에 광고비를 지급하게 되는데, 미디어렙은 방송사로부터 광고대행 수탁료로 전체 광고비의 20%를 받는다. 그중 9～11.5%를 다시 광고회사에 대행 수수료로 지급하고, 나머지 8.5～11% 정도를 미디어렙의 수익으로 한다. 인쇄 광고의 거래 과정과 방송 광고의 거래 과정을 그림으로 나타내면 [그림 3-1] 및 [그림 3-2]와 같다.

2. 광고산업의 구성 기관

앞에서 살펴봤듯이 광고산업은 여러 구성체가 상호작용을 하는 하나의 시스템을 이루고 있는 과정이다. 즉, 광고주와 광고회사, 매체사, 미디어렙 그리고 여러 광고협력기관과 통제기관들이 상호 협력하고 견제하면서 광고산업을 형성하고 있다. 그중에서도 광고산업을 이끄는 핵심은 광고주와 광고회사, 매체사이다. 그러나 최근에는 광고산업에서 미디어렙의 역할을 무시할 수 없다. 따라서 광고산업의 4대 주요 구성 기관은 광고주, 광고회사, 매체사, 미디어렙이다. 광고협력기관과 광고통제기관으로 나누어 광고산업에 영향을 미치는 구성 기관들을 살펴보자.

1) 광고주

광고주는 제품이나 서비스 판매에서 이익을 남길 목적으로 광고 활동을 담당하는 실질적인 광고산업의 주체다. 극단적으로 말해 광고회사나 매체사, 공급업자가 없어도 광고는 유지될 수 있으나 광고주가 없다면 광고산업 자체가 형성될 수 없다. 광고 활동에 소요되는 모든 비용을 부담하는 주체이기 때문이다. 광고주는 자신들의 상품 또는 서비스를 판매하기 위해 광고회사에 광고 기획과 제작을 의뢰하고 최종 광고물을 결정하는 당사자이다. 광고주는 광고에 쓰일 예산을 결정하고, 광고 메시지를 전달할 표적 소비자를 최종 결정한다.

일반적으로 광고주에는 자신의 광고를 담당할 광고회사를 결정하고, 광고회사에서 제

시하는 광고 전략과 매체 전략 등을 담고 있는 광고 계획안을 승인하기도 하는 내부 광고
팀이 있다. 이들 광고팀이 광고회사와 관련된 업무를 진행한다. 광고주 내부의 광고팀은
광고를 총괄하는 핵심 부서이기는 하지만, 기업 내부의 관련 사업 부서들과 협의해 광고
업무를 진행하는 경우가 많다. 예를 들면 제품 개발팀, 마케팅팀, 영업팀, 브랜드 관리팀
과 협의해 가면서 광고 업무를 수행한다. 또한 광고주 광고팀은 소비자 조사, 매체 집행,
POP, 온라인 등 다양한 소비자 커뮤니케이션 채널과 관련된 업무도 광고회사와 협의해 진
행한다.

　광고회사에서는 광고주를 클라이언트(client) 혹은 어카운트(account)라고 부르며, 매체
사인 방송사에서는 스폰서(sponsor)라고 부르기도 한다. 일반적으로 광고주는 소비자에게
제품이나 서비스를 판매하는 기업이 대표적이다. 그러나 개인, 사회단체, 정부 기관 등도
광고주가 될 수 있다.

(1) 광고주의 분류

　광고주는 다양한 기준에 의해 분류할 수 있다. 먼저 광고비 지출 규모에 따라 대형 광고
주, 중형 광고주, 소형 광고주 등으로 나눌 수 있다. 물론 얼마 이상을 광고비로 써야 대형
광고주인지 명확한 기준은 없다. 삼성전자, SK텔레콤, 현대자동차, LG전자, KT 등이 대형
광고주로 꼽히는데, 일반적으로 광고비가 상위 50위 내에 들면 대형 광고주라 할 수 있다.
대형 광고주는 위험을 줄이기 위해 하나의 광고회사에 광고를 의뢰하기보다는 품목별로
복수의 광고회사를 이용하는 경우가 많다. 가령, 삼성전자의 경우 스마트폰은 A 광고회사
에, 냉장고는 B 광고회사에, TV는 C 광고회사에 의뢰하는 형식이다. 중형 광고주나 소형
광고주는 TV보다 상대적으로 광고비가 저렴한 신문이나 라디오, 온라인, 옥외 광고 등을
주로 이용한다. 대형 광고주와는 다르게 하나의 특정 광고회사를 이용하거나 직접 광고를
제작하고 매체 집행을 하는 경우도 있다.

　광고주는 사업 영역, 즉 그들이 판매하는 제품 및 서비스가 무엇이냐에 따라 소비재 광
고주와 산업재 광고주로 구분할 수도 있다. 소비재 광고주란 자사 제품 및 서비스를 소비
자에게 판매하기 때문에 광고의 타깃도 소비자가 된다. TV, 라디오, 신문, 잡지, 옥외, POP
등 소비자들에게 접근 가능한 다양한 매체를 활용한다. 반면에 산업재 광고주는 주로 기

업을 대상으로 광고를 집행한다. 기업과 기업(Business to Business) 간의 거래이기 때문에 대중매체를 이용하기보다 트레이드 쇼(Trade show), 인적 판매, 전문지 등을 통해 광고를 한다.

광고주는 사업 지역에 따라 지역 광고주(regional advertisers), 전국 광고주(national advertisers), 다국적 광고주(multinational advertisers) 등으로 분류하기도 한다. 지역 광고주란 특정 지역에 주 사업 기반을 두고 해당 지역의 소비자와 매체 위주로 광고를 하는 광고주를 의미하며, 주로 중소형 광고주들이 이에 해당한다. 지역의 건설업체, 음식점 등이 이에 속하며, 주로 옥외 광고나 지역의 광고매체를 이용한다. 전국 광고주는 자사의 제품과 서비스를 전 지역에 걸쳐 제공할 수 있는 기업으로 자동차, 전자 등 주로 대형 광고주 혹은 중형 광고주들이다. 전국을 커버할 수 있는 TV나 신문 등을 광고매체로 활용한다. 다국적 광고주는 전 세계적으로 제품이나 서비스를 제공하는 기업으로, 코카콜라가 대표적이다. 다국적 광고주는 주로 다국적 광고회사를 이용하며, 광고 전략은 해당 지역의 문화에 초점을 맞춘 현지화 전략을 이용하거나 전 세계적으로 단일화된 메시지를 전달하는 표준화 전략을 사용한다.

(2) 우리나라 광고주의 변천

광고주를 보면 시대별로 경제적 변천사를 읽을 수 있다. 1960년대까지 우리나라의 대표적인 광고주들은 동아제약, 한일약품, 한독약품, 유한양행, 종근당, 영진약품, 일동제약, 한국화이자 등 제약업계였다(이수범, 2019). 1969년에는 우리나라 10대 광고주 중 제약사가 무려 8개를 차지했다. 1960년 당시 우리나라는 경제 발전의 초보 단계로 오늘날과 같은 생활필수품이나 가전, 자동차 산업 등이 발전하지 못했기 때문에 제약회사들이 가장 큰 광고주로 활약했던 것이다.

1970년대에 들어서는 화장품과 식음료품 등 소비재 광고주가 광고 시장을 장악했다. 1977년도에 우리나라에서 가장 광고비를 많이 쓴 광고주는 태평양화학이었고, 이어 해태제과, 대한항공, 한국화장품, 롯데제과 등이 뒤따랐다. 1970년대 들어 광고주들은 광고와 마케팅의 중요성을 인식하게 됐고, 이를 바탕으로 광고 활동을 적극적으로 추진하기에 이르렀다. 1980년대는 국민소득이 크게 증가하면서 컬러 TV의 등장, 86아시안게임과 88서울올림픽과 같은 메가 이벤트의 영향으로 국내 내수 시장이 괄목할 만한 성장을 이루었다. 1988년의 주요 광고주들을 보면, 태평양화학, 럭키, 제일제당, 롯데제과 등 1970년대 화장품, 식음료뿐만 아니라 삼성전자, 금성사 등 가전업체 등이 주요 광고주로 등장했다는 것이 특색이다.

1990년대부터는 유・무선 통신기술이 발전하면서 국내 산업은 전자 및 통신 관련 분야로 그 중심이 이동됐다. 이에 전자 및 통신 산업의 기업들이 높은 광고비를 지출하면서 우리나라의 주요 광고주로 등장했다. 1999년도의 우리나라 10대 광고주를 보면, 삼성전자, SK텔레콤, 기아자동차, 현대자동차, 대우자판 등 가전 및 자동차 분야의 광고주들이 주류를 이루고 있다. 2000년대에 들어서는 이동통신 서비스, 휴대전화 단말기 등 IT업종이 부상했다. 삼성전자, SK텔레콤, LG전자, KT 등이 2000년대 이후 대표적인 광고주로 우리나라 광고산업을 이끌고 있다.

•표 3-2• **시대별 10대 광고주**

순위	1969년	1977년	1988년	1999년	2008년	2019년
1	동아제약	태평양화학	태평양화학	삼성전자	삼성전자	삼성전자
2	한일약품	해태제과	럭키	SK텔레콤	SK텔레콤	현대자동차
3	한독약품	대한항공	삼성전자	기아자동차	LG전자	LG전자
4	유한양행	한국화장품	금성사	남양유업	KT프리텔	KT
5	종근당	롯데제과	제일제당	현대자동차	현대자동차	SK텔레콤
6	해태제과	금성사	롯데제과	LG화학	기아자동차	LGU플러스
7	영진약품	동아제약	대웅제약	대우자판	하이마트	기아자동차
8	일동제약	제일제당	농심	태평양	AIG손해보험	CM코리아
9	한국화이자	럭키	해태제과	매일유업	KT	P&G
10	락희화학	삼성전자	동서식품	현대증권	아모레퍼시픽	아모레퍼시픽

2) 광고회사

(1) 광고회사의 개념

광고회사란 광고주를 대신하여 광고주의 제품이나 서비스에 대한 광고물을 기획, 개발,

제작하는 업무에 종사하는 전문화된 사람들이 모인 독립적인 조직체이다. 광고대행사라고도 부른다. 그러나 오늘날에는 단순한 광고대행뿐 아니라 광고주의 토탈 마케팅 커뮤니케이션 활동을 지원해 주기 때문에 광고대행사보다 광고회사가 더 적합하다. 미국광고회사협회(American Association of Advertising Agencies, 4A's)는 "광고회사란 자사의 제품이나 서비스를 구매하여 줄 고객을 찾고 있는 광고주를 대신하여 광고물을 기획하고 개발, 제작하여 광고매체에 싣는 크리에이티브 및 영업을 하는 사람들로 구성되어 있는 독립적인 조직체"라고 정의하고 있다.

이 정의 가운데는 몇 가지 중요한 의미가 내포되어 있다. 첫째, 광고회사는 자사를 위해서 일하는 것이 아니라 광고주를 위해 일한다는 것이다. 둘째, 카피라이터나 크리에이터와 같이 창작을 하는 사람들과 광고회사라는 기업을 운영하는 사람들로 구성되어 있다는 것이다. 셋째, 광고주의 내부 조직이 아니라 독립된 기업체라는 것이다. 결국 광고회사는 광고주를 대신하여 광고를 기획, 제작하고 매체를 선정해 그 광고를 게재하고, 그 대가로 광고주로부터 대행 수수료를 받아 독립적으로 운영되는 조직체인 것이다. 그런데 최근 들어 광고회사는 광고주의 광고 활동 대행에만 머물러 있지 않고 마케팅이나 촉진 수단을 개발하는 데까지 그 영역을 넓혀 가고 있다.

광고주가 직접 광고를 하지 않고 광고회사를 이용하는 이유는 다음과 같다. 첫째, 광고회사가 뛰어난 커뮤니케이션 전문가 집단이기 때문이다. 광고회사는 광고주의 제품이나 서비스를 광고를 통해 소비자들에게 잘 전달시킬 수 있는 능력을 가진 커뮤니케이션 전문가 집단이다. 그러므로 대부분의 광고주는 이러한 커뮤니케이션 전문가 집단이 있는 광고회사를 선택한다. 둘째, 광고회사는 객관성을 확신할 수 있기 때문이다. 광고회사를 활용하게 되면 광고주가 독자적으로 할 때 발생되는 주관적 편견으로부터 벗어나 객관성과 독창성이 있는 광고를 만들 수 있다. 셋째, 광고회사로부터 마케팅 문제에 관한 다양한 정보 및 의견을 들을 수 있기 때문이다. 광고회사는 효과적인 광고 전략을 수립하기 위해 광고주의 가격, 유통, 포장, 제품, 판촉 활동 등 마케팅 전반에 대한 이해를 해야 한다. 그러므로 광고회사는 마케팅 전반에 대한 지식을 갖고 있으며, 이는 광고주의 마케팅에 큰 도움을 주게 된다. 넷째, 광고 전반에 대한 서비스를 받을 수 있기 때문이다. 광고주는 광고회사를 이용하게 되면 단순히 광고뿐만 아니라 PR, SP 등 통합적 마케팅 커뮤니케이션(IMC) 서비스를 받을 수 있다.

(2) 광고회사의 발달

세계 최초의 광고회사는 1841년 볼니 팔머(Volney Palmer)가 세운 지면판매대행업이다. 이어 1869년에 프랜시스 에이어(Francis Ayer)가 자기 아버지의 이름을 따서 N. W. Ayer & Sons라는 광고회사를 세웠으며, 조지 로웰(Geroge Rowell)도 새로운 형태의 광고회사를 세웠다. 팔머가 설립한 회사가 특정 신문의 지면만을 판매했다면, 조지 로웰은 여러 신문사로부터 지면을 도매가로 대량 구입하여 이를 소량으로 여러 광고주에게 분할 판매하는 형태로 바뀌었다. 그러나 앞에서도 말했지만, 이 당시 회사들은 광고주를 위해 일하기보다는 신문사를 위해 일했기 때문에 엄밀한 의미에서 광고회사라기보다 미디어렙에 가깝다.

1890년대에 이르러 미국의 산업이 대량 생산 체제로 돌입하고 대륙횡단철도가 가설됨으로써 시장이 더 확장되자 광고산업도 더욱 활기를 띠기 시작했다(Morison, 1962). 광고회사는 단순한 지면판매업에서 탈피하여 광고주가 필요로 하는 광고의 기술적 서비스까지 제공하게 됐다. 즉, 광고주들의 보다 효과적인 광고 활동을 위해 시장 조사를 하는가 하면, 매체 선정을 위한 조언을 하기도 하고, 또 광고 카피나 디자인을 직접 해 주기도 했다. 초기 신문사의 이익을 대변하는 입장에서 광고회사는 점차 광고주의 이익을 대변하는 방향으로 전환되어 갔다. 이후 광고회사는 시장 조사, 분석, 상품 계획, 브랜드 네이밍, 패키지 디자인에 이르기까지 영역을 확대해 가면서 광고산업의 중심축으로 자리매김하기 시작했다.

우리나라에 지금과 같은 의미의 광고회사가 맨 처음으로 나타난 것은 1957년에 한국일보 광고국장이 설립한 '한국광고사'다. '한국광고사'는 미국의 광고회사 시작이 그렇듯이 광고주를 위한 것이라기보다는 신문사의 광고 지면을 팔기 위한 미디어렙 성격이 강하다. 1967년에는 합동통신사 광고기획실로부터 출발한 '합동광고'가, 1969년에는 '만보사'가 설립되어 본격적인 광고회사의 면모를 갖추게 됐다. 이 외에도 몇몇 광고회사가 창설됐으나, 광고에 대한 인식 부족, 자본난, 인재 부족 등으로 오래 지속되지 못했다.

1970년대에 들어서면서 대기업들이 계열 광고회사를 만들기 시작했다. 1973년에 삼성그룹이 '제일기획'을, 1974년에 MBC가 '연합광고'를, 1979년에 두산이 '오리콤'을 창설했다. 이어 LG가 'LG애드'를, 현대가 '금강기획'을, 해태가 '코래드'를 만드는 등 계열 광고회사가 우리나라 광고산업의 중심축으로 떠올랐다.

1995년 1월 광고 시장이 개방된 이후에는 외국의 광고회사들이 국내에 진출해 합작 회사 형태의 다국적 광고회사들이 생겨났다. IMF 이후 외국의 다국적 광고회사들은 국내 광고회사의 지분을 인수하며 본격적으로 진출하여 우리나라 광고산업의 국제화 견인차 역할을 했다. 현재는 오길비앤매더 코리아(Ogilvy & Mather Korea), TBWA 코리아(TBWA Korea), 제이월터톰슨(JWT), 매켄애릭슨(McCann-Erickson), 하쿠호도 제일 등 외국의 거대한 광고회사들이 국내에 진출해 광고산업의 국제화가 이루어지고 있다.

(3) 광고회사의 종류

광고회사가 광고주의 광고 업무를 대행한다는 점에서는 동일하지만, 제공하는 서비스의 범위, 소속, 지리적 범위, 그리고 취급하는 업종에 따라 몇 가지로 분류된다. 제공하는 서비스의 범위에 따라 종합 광고회사와 전문 광고회사, 소속에 따라 인하우스에이전시(in-house agency)라고 하는 모기업 계열 광고회사와 독립 광고회사로 나눌 수 있다. 이 밖에 서비스 지역의 범위에 따라, 취급 업종에 따라 광고회사의 유형을 분류할 수 있다.

① 종합 광고회사와 전문 광고회사

종합 광고회사는 광고물의 기획 및 제작, 광고 관련 조사, 광고매체의 선정과 집행 등 광고 서비스 분야는 물론, PR, 이벤트, 판촉물 제작, 홍보용 팸플릿, 연차보고서, 박람회용 전시물 제작 및 사원 훈련용 교재 제작 등 비광고 서비스까지 모든 영역에서 광고주를 위해 일하는 광고회사를 말한다. 종합 광고회사는 이처럼 다양한 모든 서비스를 제공함으로써 광고주의 광고를 통한 커뮤니케이션 노력을 보다 통합적으로 다루어 효율성과 효과를 제고할 수 있다. 우리나라의 제일기획, 대홍기획, 이노션, TWBA 코리아, 오리콤, HS애드 등이 대표적인 종합 광고회사이다.

반면에 전문 광고회사는 광고 업무의 여러 분야 중에서 특정 분야나 특정 서비스만을 전문적으로 제공하는 회사이다. 가령, 인터넷 광고만을 전문적으로 다루는 인터넷 광고회사, 옥외 광고만을 전문적으로 다루는 옥외 광고회사, 교통 광고만을 전문적으로 다루는 교통 광고회사, 광고 크리에이티브 분야만을 전문적으로 다루는 크리에이티브 부티크(creative boutiques), 광고매체 구매만을 전문적으로 해 주는 매체 구매 서비스(media-buying service) 회사 등이 대표적인 예이다. 전문 광고회사는 종합 광고회사에 비해 규모가 작다. 그러나 특정 분야만을 다루기 때문에 전문성이 매우 높다.

② 계열 광고회사와 독립 광고회사

광고회사가 대기업 계열사인가 아닌가에 따라 계열 광고회사와 독립 광고회사로 구분된다. 계열 광고회사는 대기업의 계열사 형태인 광고회사로 인하우스에이전시라고도 한다. 삼성그룹 계열사인 제일기획, 현대/기아 자동차 계열사인 이노션, LG그룹 계열사인 HS애드, 롯데그룹 계열사인 대홍기획, 두산그룹 계열사인 오리콤 등이 대표적인 계열 광고회사들이다. 반면에 독립 광고회사는 광고주나 매체사에 종속되어 있지 않고 독자적으로 존속하는 광고회사이다. 우리나라의 계열 광고회사들은 대부분이 종합 광고회사로 규모가 큰 반면에, 독립 광고회사는 전문 광고회사들로 규모가 작다. 그러나 종합 광고회사 중에서도 기업에 속하지 않은 독립 광고회사가 있다. 우리나라 광고회사는 계열 광고회사가 주류를 이루고 있지만, 외국의 경우는 규모가 큰 종합 광고회사들도 대부분 독립 광고회사이다.

③ 서비스 지역 범위에 다른 분류

광고회사의 서비스 지역 범위에 따라서는 지방 광고회사, 전국 광고회사, 다국적 광고회사 등으로 나누어진다. 지방 광고회사란 특정 지방의 광고주만을 위해 특정 지역에서 광고 업무 활동을 수행하는 광고회사이다. 가령, 부산 지역의 광고주만을 위한 광고회사라든가, 광주 지역의 광고주만을 위한 광고회사 등이 대표적인 지방 광고회사라 할 수 있다. 반면에 전국 광고회사란 대개 중앙에 위치하며, 전국의 모든 광고주를 대상으로 하는 광고회사이다. 우리나라 대부분의 광고회사가 여기에 해당된다. 다국적 광고회사란 전 세계의 광고주들과 함께 일하는 광고회사로, 국제적인 네트워크를 갖고 해외 캠페인을 전개하는 광고회사이다.

④ 취급 업종에 따른 분류

취급 업종에 따라서 소매 광고회사, 산업광고회사, 의료 광고회사, 금융 광고회사 등 다양하게 분류된다. 미국의 경우는 취급 업종에 따른 전문적인 광고회사가 발달되어 있으나, 우리나라의 경우는 아직 취급 업종에 따른 특화된 광고회사가 활성화되어 있지는 않다. 즉, 소매상점들만을 위해 일하는 광고회사, 기술·사업·산업·과학 설비 등의 제조업자들만을 대상으로 하는 광고회사, 의료업만을 전문으로 하는 광고회사, 금융업만을 전문으로 하는 광고회사 등 취급 업종별로 전문화된 광고회사들이 점차 늘어 가는 추세이나, 아직까지 우리나라에서 활발히 발달하지는 못하고 있다.

(4) 광고회사의 조직 구성

오늘날 광고회사의 조직은 규모나 업무 내용 등에 따라 아주 다양하다. 주요 내용만 정리하자면, 우선 광고 영업 및 기획 부문이다. 새로운 광고주를 개발하고, 기존의 광고주를 잘 관리하는 부서이다. 이를 담당하는 사람을 AE(Account Executive)라고 부른다. AE는 광고주의 의향을 정확하게 파악해 광고 기획을 잘 수립하고, 이를 광고회사 내의 제작이나 매체 부서 등에 잘 전달해야 한다. 또한 광고회사가 기획하고 제작한 광고물을 광고주에게 전달하고 설명하는 역할도 한다.

매체 부문은 광고주를 대신해 매체 기획 및 집행을 하는 부서이다. 광고주의 광고 메시지가 많은 사람에게 잘 전달될 수 있도록 광고할 지면이나 시간을 확보하는 일을 한다. 또한 다양한 여러 매체를 어떻게 활용하는 것이 가장 효과적인지를 기획하여 AE를 통해 광고주에게 전달하는 것도 매체 담당의 역할이다.

크리에이티브 부문은 광고주가 사람들에게 전하고 싶다고 생각하는 것을 작품으로 만든다. 즉, 신문·잡지 광고나 TV·라디오의 커머셜, 또는 SP 등의 테마를 만들고 기획해서 광고물을 제작하는 것이다. 광고 계획의 입안 과정에서 이론적·과학적으로 정리된 광고주의 판매 촉진 의사를 소비자의 생활 감정으로 전환시키는 작업이라 할 수 있다. 이와 같은 크리에이티브 부문은 더욱 분업화되어 제작 과정의 전반을 지휘하는 크리에이티브 디렉터(creative director), 문안을 작성하는 카피라이터, 비주얼을 구성하고 레이아웃을 하는 아트 디렉터와 디자이너, 사진 촬영을 담당하는 포토그래퍼, 전파 광고의 CM 구성을 담당하는 CM 플래너 등이 있다.

마케팅 부문은 광고주의 광고 계획 입안 과정에 따라 이론적·과학적 배경을 구축하여 설득력 있는 광고 계획을 입안하기 위해 데이터의 분석과 가공을 한다. 효과적인 마케팅 작업을 위해서는 광고주의 과제를 어떻게 정확하게 포착, 문제점을 다각적으로 분석할까가 중요하다. 그러기 위해서는 항상 사회와 경제의 움직임, 유통 형태로부터 가게 앞의 상품 진열에 이르기까지 세상의 모든 상황에 흥미를 갖는 태도가 필요하다.

종합 광고회사의 기본 조직 구조는 앞의 설명과 같지만, 각 광고회사마다 전략적인 부분에 특화된 조직을 따로 두거나 디지털팀 또는 이벤트 프로모션에 특화된 조직을 별도로 운영하기도 한다. 특히 최근 디지털 광고가 급부상하면서 각 광고회사들은 디지털 광고산업 시대에 적응하기 위해 관련 조직을 강화하고 있다.

3) 광고매체

광고매체는 광고주의 광고 메시지가 담긴 광고물들을 소비자에게 전달하는 커뮤니케이션 채널을 의미한다. 간단히 말해서 광고주의 광고 메시지 전달자이다. 광고주의 메시지를 전달하는 매체는 제품이나 서비스를 제공하는 광고주와 그것을 구매하고자 하는 고객 사이를 연결시키는 결정적인 역할을 한다. 흔히 광고매체라고 할 경우 신문, 잡지, 라디오, 텔레비전과 같은 매스커뮤니케이션의 채널을 말하는 것이지만, 이 외에도 옥외 매체(교통, 빌보드, 전광판), 직접우편(DM), 케이블 텔레비전, 인터넷, 위성방송 등이 광고매체에 속한다.

광고매체는 과거와 달리 언제나 새로운 매체의 등장으로 더욱 다양화되어 가고 있으며, 미디어 기술의 발달로 더욱 세분화되어 가는 추세에 있다. 이러한 추세에 맞추어 광고매체는 다음과 같은 6가지의 주요 범주로 분류된다. 인쇄, 전파, 옥외, 직접우편, 뉴미디어 그리고 기타 매체이다.

(1) 인쇄 매체(print media)
인쇄 매체는 신문이나 잡지같이 상업적으로 발간되고 인쇄되는 매체를 말하며, 다양한 광고주에게 광고 지면을 판매한다. 인쇄 매체는 또한 전화번호부, 학교소식지, 연감과 같은 명부들과 스포츠 이벤트와 영화 상영에서 이용되는 프로그램들을 포함한다.

(2) 전파 매체(electric media)

전파 매체는 라디오와 텔레비전을 중심으로 하는 방송 매체이다. 우리나라의 방송 매체는 KBS, MBC, SBS 그리고 교육방송과 종교방송 등으로 구성되어 있다. 이들 방송 매체들은 각각의 필요한 네트워크를 통해 전파를 내보내고 있다.

(3) 옥외 매체(outdoor media)

옥외 매체의 주요 범주는 옥외 광고와 교통 광고이다. 빌보드, 전광판은 옥외 광고의 대표적 형태이며, 버스, 택시, 지하철 광고와 같은 교통 광고는 주위에 소매점이 위치하고 있을 때 공중에게 도달할 수 있는 효과적이고 저렴한 매체이다. 옥외 매체에는 또한 버스 정류장과 기차역의 포스터, 공항 터미널의 게시판, 경기장의 펜스 등도 포함된다.

(4) 직접우편(direct mail)

광고주가 대중매체를 이용하지 않고 잠재 고객에게 우편으로 직접 광고를 발송할 때 이를 "직접우편광고"라고 하고, 간단히 DM이라고도 한다. 이는 간단한 판매 우편일 수도 있고 소책자, 샘플 혹은 소비자의 반응을 유도하기 위한 장치가 들어 있는 복잡한 패키지일 수도 있다. 직접우편은 광고 노출당 비용으로 보면 비싼 매체이긴 하지만, 다른 광고주와 경쟁하지 않고 고객을 직접 표적으로 삼을 수 있으므로 효과적인 매체이기도 하다.

(5) 뉴미디어(new media)

전파 매체의 기술 발전과 정보고속도로의 출현은 케이블 TV, PC통신, 인터넷 등 새로운 매체 형태를 출현하게 했다. 뉴미디어 가운데 가장 먼저 광고매체로서 등장한 것이 케이블 TV이다. 인터넷·PC통신도 그 이용이 급격히 증가하고 있는 뉴미디어이다. 인터넷 매체는 표적 시장을 정하기가 쉽고 소비자의 선택성이 높으며, 즉각적 상호작용이 가능한 매체일 뿐만 아니라 시청각을 모두 사용할 수 있는 유연한 표현을 구사할 수 있고, 상대적으로 적은 혼잡 등으로 강한 소구력을 지닌 매체로 평가되고 있다.

다른 미디어의 이용 시간이 줄어들면서 사람들은 온라인에서 더 많은 시간을 보내게 됐다. 스마트폰 광고는 1/4~1/5 크기의 광고로 사용자의 이목을 집중시킬 수 있으며, 사용자들이 24시간 지니고 다닌다는 장점이 있다.

(6) 기타 매체

미디어와 관련된 과학기술의 발전은 비디오카세트, CD, DVD 등 다수의 새로운 광고 매체를 만들어 냈다. 컴퓨터는 또한 전화를 건 고객에게 고객을 담당하는 서비스 사원이 응답할 때까지 사전에 녹음된 판매 메시지를 전달할 수 있다. 기술의 진보가 계속됨에 따라 새로운 매체의 확산이 계속 증가하고 있다.

4) 미디어렙

미디어렙(media rep)은 매체를 뜻하는 미디어(media)와 대표자를 뜻하는 레프리젠터티브(representative)의 합성어이다. 방송사 등 매체사의 위탁을 받아 광고주에게 광고 시간이나 지면을 대신 판매해 주고 판매대행 수수료를 받는 회사이다. 광고회사가 광고주를 위해 존재하는 회사라면, 미디어렙은 매체사를 위해 존재하는 회사이다. 미디어렙은 매체사들이 광고 지면이나 광고 시간을 판매하는 데 소요되는 시간과 비용을 줄여 주고, 광고주나 광고회사의 미디어 구매를 용이하게 해 주고 효과적인 매체 집행을 도와준다.

미디어렙 제도는 미국에서 처음 시작됐다. 1888년에 엠마뉴엘 카츠(Emmanual Katz)가 뉴욕에 Special Advertising Agency를 설립한 것이 시초이며, 1930년에 라디오 광고 판매대행을 하면서 본격적으로 시작됐다. 유럽의 경우는 1928년에 프랑스의 IP사가 미디어렙 업무를 최초로 실시했다.

우리나라는 방송 매체의 경우 직접 광고를 판매하지 못하고, 미디어렙을 통해서만 판매하도록 법으로 규정되어 있다. 우리나라에서 미디어렙은 법적 허가를 받도록 되어 있는데, KBS와 MBC, 종교방송의 광고를 판매하는 한국방송광고진흥공사(코바코)와 SBS 및 지역민방의 광고를 판매하는 SBS M&C가 있다. 2011년 출범한 종합편성 채널들이 2012년부

터 본격적으로 광고방송을 시작하면서, 이들도 의무적으로 미디어렙을 통해 광고 영업을
해야 한다. 그래서 현재는 4개의 종합편성 채널들도 각각의 미디어렙을 운영하고 있다.

5) 광고협력기관

광고산업은 광고주와 광고회사, 매체사를 중심으로 그 활동이 주로 이루어지지만, 이들
의 활동은 다른 여러 광고 관련 기관으로부터 도움을 받는다. 광고산업의 활동을 도와주
는 이들 여러 기관들을 광고협력기관이라고 하며, 이들 기관은 광고 조성 기관, 특수 서비
스 집단 또는 공급업자라고도 한다.

광고협력기관은 주로 전문성이 요구되는 특수한 서비스를 제공해 질적 수준이 높은 광
고 업무가 수행될 수 있도록 광고 활동을 조성한다. 그 이유는 이들 특수 서비스 집단 혹
은 공급업자는 광고와 관련되어 있는 특수 업무를 전문화하여 그것을 수행해 줄 수 있는
능력이나 기술을 가지고 있기 때문이다. 광고협력기관은 너무 다양해 모두 언급할 수는
없지만, 중요한 협력 기관들로는 아트스튜디오(art studio)와 웹디자인하우스(web design
house), 프로덕션(production), 크리에이티브 부티크(creative boutique), 조사회사(research
companies) 등이 있다.

(1) 아트스튜디오와 웹디자인하우스

아트스튜디오(art studio)는 광고물을 위해 삽화와 일러스트레이션(illustration)을 고안하
고 제작한다. 즉, 광고물을 위한 최종 도안 작품을 제작한다. 일반적으로 3~4명으로 구성
되어 있는 작은 규모의 조직이나, 일부 아트스튜디오는 여러 명의 아트 디렉터, 그래픽 디
자이너, 레이아웃 아티스트, 제작 아티스트, 영업 사원들을 고용할 만큼 충분히 규모가 큰
경우도 있다.

아트스튜디오는 광고회사들과 광고주의 광고 담당자들에게 자사의 서비스를 이용하도
록 유도하고, 제작할 일을 스튜디오로 가져가 작업을 한 다음, 고객의 승인을 받기 위해 전
달해 주는 일을 한다. 최근에는 인터넷 웹사이트를 디자인해 주는 웹디자인하우스(web
design house)도 있다. 웹디자인하우스는 그래픽 디자인을 다룬다는 면에서 아트스튜디오

와 유사하지만, 컴퓨터 네트워크로 구현되는 월드와이드웹의 일반적 특성들이 디자인의 주된 요소가 된다는 점에서 별도의 디자인회사로 구분된다. 따라서 웹디자인하우스는 그래픽 디자인의 일반적 요소 외에도 컴퓨터 하드웨어 및 소프트웨어에 대한 이해가 요구된다. 에이치티엠엘(HTML), 자바(Java) 등 하이퍼텍스트를 생성하는 프로그래밍 언어가 저작 도구가 되기 때문이다.

(2) 프로덕션

광고회사로부터 외주를 받아 실제로 광고 제작을 실행하는 곳을 통칭해서 프로덕션(production)이라고 부른다. 인쇄 광고를 제작하기 위해서는 사진 촬영 스튜디오, 슬라이드 현상, 인화, 대여업체, 인쇄소, 인테리어 등을 전문으로 하는 회사의 지원을 받는다. 텔레비전 광고를 위해서는 촬영 및 녹음, CM음악 등을 전문으로 하는 회사나 프리랜서의 도움을 받아야 한다. 인쇄 광고를 제작하는 곳을 디자인 프로덕션, 텔레비전 광고를 만드는 곳을 CF 프로덕션이라고 한다.

(3) 크리에이티브 부티크

크리에이티브 부티크(creative boutique)는 광고 표현 및 제작 업무만을 전문적으로 수행하는 전문업체를 말한다. 크리에이티브 숍(creative shop)이라고도 한다. 이들은 제작 감독, 아트 디렉터, 카피라이터가 공동으로 작업을 하는데, 그 중심적인 일은 광고의 콘셉트를 개발하고 여타의 광고들과는 다른 특출한 광고 메시지를 제작하는 것이다.

크리에이티브 부티크는 흔히 광고주와 직거래를 하는 경우가 많아 대규모 광고회사와 종종 경합을 벌이기도 하며, 성공하는 경우도 높다. 그 이유는 크리에이티브 부티크의 인력 구성이 대부분 규모가 큰 광고회사에서 10년 이상의 경력을 가진 광고 전문인들로부터 구성되어 있어 효과적인 업무 수행 능력을 갖추고 있기 때문이다.

(4) 조사회사

조사는 광고 의사 결정 과정에서 가장 중요한 요소의 하나이다. 조사회사는 광고 의사 결정에 필요한 정보를 제공하는 기능을 한다. 필요한 정보란 대체로 소비자 욕구, 메시지의 평가, 소비자의 매체 행동, 최종 광고물의 평가 등과 관련된 정보이다.

광고에 관련된 의사를 결정하기 위해 광고주들은 고객의 태도, 잠재 시장의 규모, 제품에 대한 수용 가능성에 관심을 갖는다. 광고회사는 사용할 광고 접근법이 무엇인지, 가장 효과적인 광고 전달을 위한 콘셉트는 무엇인지, 과거의 캠페인은 얼마나 효과가 있었는지에 대해 알고 싶어 한다. 매체사는 소비자들의 시청 습관, 그들의 광고주와 고객이 희망하는 시장 등에 대해 관심을 갖는다.

조사회사들은 광고주, 광고회사, 매체사들의 이런 욕구를 충족시켜 주고 보다 객관적인 정보를 제공해 주기 위해 조사를 전문적으로 수행한다. 조사회사들은 규모와 전문 분야별로 다양하며, 그들은 심리학, 사회학, 마케팅 같은 분야의 분석가들뿐만 아니라 통계 전문가, 현장 면접 전문가, 컴퓨터 프로그래머 등의 인원으로 구성되어 있다.

6) 광고통제기관

광고통제기관은 직접적으로 광고산업에 참여하는 조직들은 아니지만, 이들의 업무나 정책들은 광고산업에 직간접적으로 영향을 미치기 때문에 중요하다. 광고 통제 기관으로는 문화체육관광부, 방송통신위원회, 방송통신심의위원회, 공정거래위원회 등 정부 및 공공 기관이 있다. 이들 기관들은 각종 법률이나 규정 등을 통해 광고산업을 육성하기도 하고 감시 및 관리 감독 업무도 하게 된다. 과거에는 한국방송광고진흥공사(KOBACO)도 미디어렙 역할을 하면서 동시에 광고를 통제하는 기능까지 했는데, 공민영 체제로 바뀌면서 현재는 광고산업의 육성 기능에 초점을 맞추고 있다. 이 밖에 광고자율심의기구 등 광고 심의 기관, 각종 소비자 단체 등도 광고 통제 기능을 담당하는 기관들이다.

3. 광고산업의 국제화

우리나라 광고산업이 국제화되기 시작한 것은 1960년대 말 코카콜라와 펩시콜라 등 외국 브랜드들이 국내 시장에 진출해 광고를 하면서부터이다. 이들 외국 브랜드들은 외국의 국제화된 광고 전략 및 크리에이티브 기술 등을 이용해 우리나라에서 광고 활동을 전개해 나갔다. 그러나 우리나라 광고산업이 본격적으로 국제화의 길을 걷게 된 것은 1980년대 말 광고산업의 시장 개방이다. 구한말 우리나라의 개항이 서구 열강의 압력에 굴복해 이루어졌듯이, 1980년대 말 광고산업의 시장 개방도 미국의 압력에 의해 이루어졌다. 1980년대 중반부터 미국은 다양한 경로를 통해 우리나라 광고산업의 시장 개방을 요구하기 시작했다. 1980년대 중반까지만 해도 우리나라 광고산업은 정부의 보호막 속에 성장해 왔다. 당시만 해도 우리나라는 서비스 관련 산업 시장을 외국에 개방하지 않았다.

그러나 1980년대 중반 이후 미국의 압력이 거세지자 우리나라는 미국과 몇 차례 실무 협상을 거친 후 광고산업의 시장 개방을 허용하게 됐다. 1987년 6월에 광고대행업을 투자 금지 업종에서 투자 제한 업종으로 변경하고, 10월부터 외국인의 50% 미만 투자를 허용했다. 그리고 1991년부터는 광고대행업에 대한 외국인 투자를 100% 허용하고, 1993년부터는 옥외 광고업, 광고물 작성업 등 광고산업 전반에 걸쳐 시장을 개방했다. 이때부터 외국의 다국적 광고회사들이 우리나라 광고 시장에서 활동하면서 우리나라 광고산업의 지형을 국제화시키기 시작했다.

또한 삼성, LG 등 국내 대기업이 세계 무대로 진출하면서 우리나라 광고회사의 국제화도 가속화됐다. 제일기획이나 LG애드(현 HS애드) 등 국내 광고회사들은 삼성전자나 LG전자의 세계 진출을 돕기 위해 세계 각국에 사무소를 설치하고, 해당 국가에서 자사 광고주의 마케팅과 광고 업무를 적극 지원하고 있다.

4. 디지털 시대의 광고산업

1) 디지털 시대의 도래

2000년대 들어 우리 사회의 큰 화두 중의 하나는 디지털 시대로의 전환이다. 디지털 기술의 발전에 따라 사회문화 전반에서 디지털화가 급속하게 이루어지고 있다. 미디어 분야도 예외는 아니다. 전통적인 매체인 텔레비전, 라디오, 신문, 잡지 등을 대체해서 인터넷, 모바일 등이 새로운 매체로 급부상했다. 이제 사람들은 텔레비전보다 스마트폰 등 모바일 매체를 더 많이 이용하고 있다. 디지털 시대 미디어산업의 가장 큰 변화는 미디어 융합(media convergence)이다. 미디어 융합이란 서로 다른 종류의 미디어가 하나로 통합되는 현상이다. 기존에는 신문, 통신, 방송 등이 개별적으로 존재하고 있었으나, 디지털 미디어 시대에는 전자통신기술의 진화로 이들이 하나로 통합되고 있다.

그 결과, 미디어 간 경계가 불투명해지는 시대가 됐으며, 전통 매체와 디지털 매체 간의 구분도 모호해지고 있다. 이미 전통 매체로 대표되던 텔레비전에 프로그래매틱 바잉(programmatic buying)의 한 형태인 어드레서블 TV(Addressable TV) 광고도 활성화됐다. 어드레서블 TV 광고는 전통 매체인 텔레비전의 속성과 디지털 미디어의 속성인 타기팅(Targeting)을 접목시킨 방법으로, IPTV 가구 단위로 타기팅해서 가구의 특징에 적합한 광고를 노출시킬 수 있다. 전통 매체로 상징되는 지상파 텔레비전의 디지털화가 빠르게 이루어지고 있음을 알 수 있다.

디지털 시대 미디어의 특성은 통합(integrity), 상호작용(interactivity), 상호 연결성(interconnectedness)이다. 디지털 미디어는 다양한 정보를 통합적으로 처리, 전송, 저장할 수 있다. 가령, 과거에는 문자 메시지는 주로 신문, 음성 메시지는 라디오, 영상 메시지는 텔레비전 등 서로 다른 플랫폼을 통해 정보를 받았다. 그러나 디지털 미디어로 대변되는 스마트폰으로 인해 문자, 음성, 영상 정보를 통합적으로 처리, 전송, 저장이 가능하게 됐다. 또한 텔레비전, 라디오, 신문 잡지 등 기존의 미디어들은 정보가 생산자에서 수용자에게 일방향적으로 전달됐다. 그러나 IPTV나 인터넷 등 디지털 미디어는 정보 생산자와 소비자가 동시에 정보를 주고받는 쌍방향적인 형태로 바뀌게 됐다. 즉, 상호작용이 가능한 시대가 됐다. 그리고 전통적인 미디어는 접근하는 데 시간과 공간의 제약이 컸다. 그러나 디지털 미디어는 집과 일터 등 한 장소에 국한되지 않고 언제 어디서나 연결이 가능하다.

디지털 미디어의 발달은 사회 구조는 물론 사람들의 일상생활과 생각까지도 바꾸어 놓았다. 사람들의 만남이나 대화도 온라인으로 이루어지고, 연말 카드나 선물까지도 온라인으로 대체됐다. 물건 구매도 온라인으로 이루어지고, 결혼이나 장례식장의 축의금과 조의금도 온라인으로 보내는 시대가 됐다. 이는 모두 디지털 기술이 가져온 사회 변화의 단편적인 모습이다.

2) 디지털 시대 광고산업의 변화

[그림 3-3] 농구장 4배 크기의 국내 최고 디지털 사이니지 광고

디지털 기술의 발전은 광고산업의 변화에도 큰 영향을 미쳤다. 디지털 기술의 발전이 광고산업 변화에 미친 영향을 살펴보면 다음과 같다. 우선, 광고매체의 변화이다. 디지털 시대 이전에는 텔레비전과 신문 등이 가장 대표적인 광고매체였다. 그러나 디지털 시대에 들어서면서 IPTV, 인터넷, 모바일 등 디지털 매체들이 주류 광고 매체로 떠오르기 시작했다. 디지털 광고산업의 문을 연 것은 인터넷이다. 그러나 지금은 모바일이 디지털 광고산업을 이끌어 가고 있다.

또한 차세대 플랫폼으로 부각되고 있는 인공지능 생태계가 빠르게 가시화되면서 개인의 사용 빅데이터에 기반한 맞춤형 플랫폼으로의 진화도 예상된다. 옥외 광고매체도 아날로그 형태의 대형 광고판(빌보드)이 LED, LCD 전광판이나 디스플레이 패널 등 디지털 사이니지 형태로 바뀌고 있다. 디지털 사이니지는 현재도 빠르게 기술적 진화를 거듭하고 있어 소비자 혹은 보행자와 실시간 쌍방 간 피드백도 가능하게 됐다.

이처럼 광고매체가 디지털 매체로 변화하면서 광고 시장도 점점 디지털 광고로 넘어가고 있다. 미국의 경우, 2011년에 전체 광고산업에서 디지털 광고가 차지하는 비중이 21%였으나 2020년에는 52%로 절반을 넘어섰다. 디지털 광고가 텔레비전, 신문, 잡지 등 전통적인 매체의 광고를 추월한 것이다. 미국의 디지털 광고는 구글, 페이스북, 아마존 등 3대 온라인 플랫폼이 3분의 2를 차지한다. 우리나라 경우도 미국과 비슷해서 2011년 디지털 광고가 전체 광고 시장에서 차지하는 비율이 21%에서 2020년에는 52%를 상회했다.

디지털 미디어의 등장으로 광고 제공 방식이 다원화되면서 광고도 디지털 미디어에 적합한 방식으로 변화해 광고의 생산, 유통, 소비에 일대 변화가 발생하고 있다. 광고산업은 제작 → 미디어 구매 → 광고 노출이라는 전통적인 가치사슬에서, 디지털 미디어 시대에 적합한 광고 상품 ↔ 광고 판매 ↔ 광고 소비가 상호 연계되는 새로운 가치사슬로 전환하고 있다. 새로운 디지털 광고는 양방향의 개인형, 맞춤형 광고의 특성을 띠고 있으며, 광고의 유통도 특정한 매체에 국한되지 않고, 국가의 단위도 초월하고 있다. 국내외 복합 플랫폼 사업자들은 다양한 서비스와 광고를 연계하는 전략을 추구하고 있다. 대표적으로 구글, 애플, 삼성과 같은 기업들은 자신들이 판매하는 기기와 서비스 그리고 플랫폼을 광고와 연계해 인터넷, 모바일, 방송 등의 영역으로 확장하고 있다.

디지털 시대를 맞이해 광고회사들도 빠르게 디지털 환경으로 바뀌고 있다. 기존 광고회사들은 디지털 광고 영역을 확장하고 있으며, 디지털 광고만을 전문적으로 다루는 디지털 광고회사도 생겨나게 됐다. 우리나라에서 가장 큰 광고회사인 제일기획의 경우 2010년 19%였던 디지털 사업 비중이 2013년 23%, 2016년 30%, 2019년 39%, 2020년 43%로 꾸준히 증가했다(매경이코노미 2086호).

우리나라 광고산업은 그동안 괄목할 만한 외적 성장을 해 왔지만 디지털 미디어 시대에 접어들면서 풀어야 할 새로운 당면 과제들이 생겼다. 디지털 미디어를 바탕으로 광고산업의 영역을 확장할 필요도 있겠지만, 이제 디지털 프라이버시 문제나 디지털 안전 문제에도 눈을 돌려야 한다. 디지털이 야기할 사회적 쟁점에 대해 충분히 논의하고 바람직한 방안을 도출한다면, 우리 광고산업은 더욱 확고한 기반 위에서 발전할 것이다(김병희, 2015).

 참고문헌

강미선(1999). 광고 시장의 글로벌화에 따른 다국적 광고회사의 시장 전략: 자원 의존 이론과 전략적 선택 개념을 중심으로. 언론과 사회, 25, pp. 174-209.

김병희(2015). 스마트 시대의 광고문화. 서울: 커뮤니케이션북스.

김병희, 한상필(2011). 기업 커뮤니케이션에서 소셜 미디어의 활용 가능성: 의제 설정과 소셜 프레즌스를 중심으로. 광고학연구, 22(4), pp. 91-113.

김봉철(2019). 광고 시장 개방과 다국적 광고회사. 김봉철, 이수범, 신인섭, 윤석태, 전영범, 최지혜, 김상준, 조재영, 조병량, 박원기 공저, 한국의 광고산업과 광고 제도(pp. 307-333). 서울: 학지사.

김봉현, 김태용, 박현수, 신강균(2011). 광고학개론. 서울: 한경사.

매경이코노미(2020. 11. 20). http://news.mk.co.kr/v2/economy/view.php?year=2020&no=1231089

심성욱, 전종우, 황장선, 고한준(2015). 광고학개론. 서울: 서울경제경영.

양영종, 한상필(2016). 뉴 광고의 이해. 서울: 경영연구원.

이명천, 김요한(2005). 광고학개론. 서울: 커뮤니케이션북스.

이수범(2019). 광고산업의 구조와 특성. 김봉철, 이수범, 신인섭, 윤석태, 전영범, 최지혜, 김상준, 조재영, 조병량, 박원기 공저, 한국의 광고산업과 광고 제도(pp. 17-38). 서울: 학지사.

황창규(1986). 한국 광고산업의 발전 배경에 관한 연구: 광복 이전의 한 · 일 비교를 중심으로. 성균관대 대학원 박사 학위 논문.

Albion, M. S. & Farris, P. W. (1995). 광고와 경제. (한상필 역). 서울: 나남출판.

Arens, W. F. (2006). 현대 광고론. (리대룡, 김봉현, 김태용 공역). 서울: 한경사.

Barton, R. (1970). *Handbook of advertising management*. New York: McGraw-Hill, Inc.

Bolen, W. H. (1983). *Advertising*, New York: John Wiley & Sons.

Jhally, S. (1996). 광고문화: 소비의 정치경제학. (윤선희 역). 서울: 한나래.

Media Marketing (2019). https://www.media-marketing.com/en/news/social-media-ads-to-hit-us50bn-in-2019/

Potter, D. (1954). *People of plenty: Economic abundance and the american character*. Chicago: The Univ. of Chicago Press.

디 지 털   시 대 의   광 고 학 신 론

광고의 기반과 환경

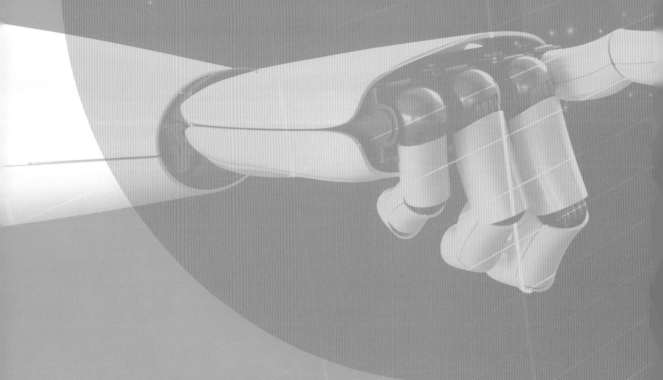

제II부 디지털 시대의 광고학신론

제4장

뉴노멀 시대의 마케팅 전략*

》

　　마케팅의 핵심은 시장과 고객이다. 아무리 훌륭한 제품과 서비스를 보유하고 있다고 하더라도 시장이 없다면, 고객이 누구인지 파악하기 힘들다면, 차별적인 가치를 창출하지 못한다면, 결국 "졌지만 잘 싸웠다"라는 표현처럼 아쉬움만 남고 아무도 기억하지 않는 제품과 서비스가 될 수 있기 때문이다. 특히 뉴노멀(New Normal) 시대에는 제품과 서비스에 대해 적용하던 과거의 기준과 가치관으로는 마케팅 전쟁에 대응하기 어렵다. 기존의 기준이나 가치관을 철저히 변화시켜야 한다.

　　소비자들이 지향하는 가치도 달라졌다. 현대의 소비자들은 단순히 품질만 우수한 제품을 선호하지 않고 자신에게 '의미' 있는 제품을 선호한다. 가격만으로 경쟁하던 시대는 끝나가고 있다. 소비자들을 설득해 자사의 제품이나 서비스가 '차별적인 가치'를 제공하고 있다는 사실을 소비자의 머릿속에 인식시켜야 한다. '인식의 싸움'에서 승리하지 못한다면 시장에서 결코 성공적인 회사로 성장하기 어렵다. 이 장에서는 기존의 마케팅 개념에 대한 이해를 바탕으로 뉴노멀 시대에 필요한 마케팅 전략에 대해 고찰한다.

---

* 김영찬(연세대학교 경영대학 교수)

1. 뉴노멀 시대의 마케팅 특성

21세기 디지털 시대가 도래하자 소비자들은 공통적으로 더 많은 선택의 폭과 풍부한 시장 정보를 제공받게 됐다. 소비자들은 더 이상 제조사나 판매사가 제공하는 정보에만 의존하지 않는다. 오히려 다양한 커뮤니케이션 수단의 발전으로 인해 객관적이고 다양한 정보가 재생산되고 전파되고 있는 실정이다. 따라서 변화하고 있는 시장 상황에 대한 정보를 지속적으로 수집하고, 소비자의 가치를 반영한 제품이나 서비스를 경쟁사보다 더 효율적이고 효과적으로 출시하는 마케팅 전략은 시장에서의 성패를 결정하는 중요한 요소로 등장하고 있다. 시장에서 확고한 성공을 거두기 위해서 기업은 정확한 지침을 제공하는 전략적 사고와 전략적 마케팅 계획의 도입이 절실히 필요함을 인식하게 됐다.

뉴노멀 시대를 맞이하여 우리가 겪고 있는 대표적인 현상 중의 하나는 제품의 수명 주기가 놀랍도록 짧아지고 있다는 것이다. 즉, 그만큼 시장의 변화 속도가 빠르고 소비자의 입맛도 예전보다 훨씬 까다롭다는 이야기다. 기업이 만든 제품이나 서비스가 여차하면 뒷북치기 십상이다. 시장과 소비자에 대한 이해가 부족한 마케팅 전략이나 이론은 실행에 옮겨 보지도 못하고 휴지통으로 사라질 수밖에 없다. 많은 기업은 소비자가 중요하고 시장이 중요하다고 말하면서도 실상은 '제품 중심적'이고 '기술 중심적'인 시각으로 경쟁하려고 한다. 하지만 소비자들은 자신의 니즈(needs)를 만족시키기 위해 과거보다 더 높은 수준의 가치를 요구하기 시작했다. 따라서 뉴노멀 시대에 기업은 소비자들의 욕구를 충족시키기 위해 새로운 가치를 창출해야 한다.

하나의 예를 살펴보자. 요사이 주변에서 흔히 볼 수 있는 '스타벅스' 커피 전문점을 생각해 보자. 이미 커피 전문점이라는 업종과 스타벅스를 모르는 사람은 없을 것이다. 우리가 주변에서 흔히 볼 수 있는 커피 전문점 업종의 시발점이 된 것은 스타벅스라고 하는 미국 회사이다. 스타벅스는 3명의 평범한 사람들에 의해 탄생했다. 이들은 경영학자도 아니고 전문 경영인도 아니었다. 국어 선생님, 문학가, 작가 등의 직업을 가진 사람들이 바로 '나는 좋은 원두의 커피를 먹고 싶어.'라고 하는 단순한 욕구를 갖고 시작된 회사이다. 오늘날 우리가 경험하고 있는 스타벅스의 명성에 비추어볼 때 출발은 어찌 보면 굉장히 평범했다고 볼 수 있다. 그러나 이미 스타벅스는 전 세계에 진출하고 있고, 우리나라 시장에서도 압도적으로 시장 점유율 1위를 차지하고 있는 엄청난 파워를 갖고 있다. 많은 사람이 이왕이면 스타벅스에서 커피를 마시고 싶다는 욕구를 갖고 있고, 소비자들의 이러한 욕구를 충족시키기 위해 스타벅스 회사 역시 지속적으로 노력하고 있다.

그럼 스타벅스가 어떻게 독보적인 경쟁 우위를 창출했는지 살펴보자. 스타벅스는 "Satisfying needs in superior fashion"이라고 하는 모토를 가지고 시작했다. 소비자들의 욕구를 가장 최적의 조건으로 충족시키기 위해 노력하겠다는 뜻을 내포하고 있다. 비즈니스의 기준을 우리 회사의 매출이 아닌 '고객 가치' 충족에 둔 것이다. 이것이 스타벅스가 주는 가장 큰 교훈이라고 할 수 있다. 스타벅스의 회장 하워드 슐츠가 고객 가치 충족을 위해 참고한 기준은 커피 맛이 아니라는 점에 주목해야 한다. 스타벅스는 커피를 넘어서 소비자에게 '제3의 공간'(the third place)이라는 새로운 개념을 제시했다. 집과 같은 제1의 장소, 일터와 같은 제2의 장소가 아닌 쉼과 휴식을 동시에 누릴 수 있고 새로운 유대 관계를 제공하는 제3의 장소 말이다. 미국 사람들은 대부분 직장과 집을 왔다 갔다 하는 일상생활을 가지고 있었고, 이는 집과 일터 외에는 특별히 시간을 보낼 장소가 마땅치 않다는 의미이기도 하다.

스타벅스는 소비자들의 이런 충족되지 않은 니즈를 간파하고 새로운 장소를 창출했다. '제3의 공간, The 3rd Place'라고 하는 슬로건을 내걸고, "여러분들은 커피도 마시면서, 친한 친구들도 만나고, 연인들도 만나고, 또는 개인적으로 책을 읽고 싶은 사람들은 책도 읽고, 인터넷도 하는 그런 여유로운 시간들을 우리 스타벅스에서 찾으세요"라고 제안했다. 이것이 바로 스타벅스 성공의 핵심 포인트이다. 사실 최고의 커피 맛은 중요하기도 하지만 소비자들의 입맛과 그 기준은 끊임없이 변해 가고 또 경쟁자들이 쉽게 따라잡을 수 있는 요소 중의 하나이고 기호 식품들에 대한 선호는 개인차도 크기도 하다. 바로 커피의 품질이 중요한 점은 아무리 강조해도 지나치지 않지만 단순히 '커피가 맛있는 집'이라는 점만 가지고는 지속적인 경쟁 우위를 확보하기 어렵다는 것이다.

하워드 슐츠 회장은 그의 저서 『Pour Your Heart Into It』를 통해서 이 점을 명확히 밝히고 있다. 스타벅스는 소비자에게 '제3의 공간'이 되고자 하며, 바로 "우리는 좋은 커피를 제공하기 위해서 최선의 노력을 다하겠지만 단순히 좋은 커피만을 제공하는 커피 전문점이 아니다. 바로 여러분들이 가지고 있는 중요한 가치인 '나의 시간을 여유롭게 보내고 싶다, 나의 시간을 동료들과, 나의 친구들과, 나의 연인과 같이 보내고 싶다'는 점을 채워 주고 싶다"라는 점을 강조했다. 그리고 이러한 스타벅스의 비즈니스 모델들은 많은 경쟁업체가 답습해 나가면서 현재의 커피 전문점의 트렌드를 만들어 갔다. 이처럼 스타벅스는 시장의 새로운 기준을 만들었다.

2. 뉴노멀 시대의 마케팅 전략과 전술

아무리 좋은 전략과 계획을 세웠다고 하더라도 말로만 그친다면 소비자들은 절대로 좋아하지 않는다. 최근의 마케팅 트렌드는 표적 고객을 선택한 후 우리가 줄 수 있는 우월한 가치를 전달해 주는 일련의 마케팅 프로세스를 수립하는 것이다. 말로만 그치는 것이 아니라 행동으로, 제품으로, 서비스로, 정보로, 경험으로, 다시 말해서 '시장 제공물(market offering)'이라는 형태를 통해서 고객들에게 가치를 전달하는 것이다. 따라서 마케팅 전술은 가치를 전달하기 위한 제품(product) 전략, 가격(price) 전략, 프로모션(promotion) 전략, 유통(place) 전략으로 구성되며, 이를 각 전략의 영어 앞 글자를 따서 4P 전략이라 부른다. 4P 전략은 각각의 전략이 서로 독립적으로 운영되는 것이 아니라 연관성이 매우 높으므로(예를 들어, 가격을 높게 책정하기 위해서는 제품도 고급스럽게 만들어야 하며, 이를 소비자에게 알리는 프로모션 및 커뮤니케이션 전략도 걸맞은 수준으로 만들어야 한다.) 다른 용어로 마케팅 믹스(marketing mix) 전략이라고도 한다.

즉, 전략을 수립한 후에는 관련된 마케팅 전술을 구체적이고 실현 가능한 수준으로 운영할 수 있어야 한다. 4P 전략을 운영할 때 광고와 커뮤니케이션 전략의 중요성은 점점 중요해지고 있다. 소비자들은 자신이 좋아하는 제품이나 서비스에 대해서는 각별한 관심과 애정을 지니고 있다. 앞 절에서 살펴본 스타벅스의 사례에서도 보았듯이 특정 브랜드가 지니고 있는 가치를 소비하는 소비자들이 시장에서 주류로 등장하면서 기업들은 자신의 브랜드 가치를 높이기 위한 광고 전략의 중요성을 인지해 가고 있다(최근의 브랜드 커뮤니케이션 전략의 특징 및 사례는 8절을 참고하기 바람).

마케팅에서 브랜드의 중요성은 아무리 강조해도 지나침이 없다. 바로 나무의 꽃과 같은 역할을 한다. 이런 브랜드의 경쟁력을 강화시켜 나가는 것이 바로 마케팅의 핵심 요소라고 해도 과언이 아니다. 하지만 뉴노멀 시대에 등장하고 있는 새로운 트렌드 중에 가장 두드러진 것이 바로 '감소하는 브랜드의 힘, 증가하는 브랜드의 변동성'이다. 높은 브랜드 파워를 가지고 있다고 하는 점은 기업들이 마케팅 전략을 구사하는 데 있어 매우 중요하지만, 동시에 브랜드 파워 지표는 굉장히 빠르게 변화한다는 점에 주목해야 한다. 과거 인터브랜드사의 세계 100대 브랜드 발표 자료에 따르면, 코카콜라는 20세기만 하더라도 부동의 1등을 유지했지만 21세기에는 더 이상 그렇지가 않다. 많은 IT 기업, 예를 들어 구글, 아마존, 애플, 마이크로소프트사와 같은 업체들이 번갈아 가면서 1등을 차지하고 있다. 따라서 뉴노멀 경제에서는 더 이상 영원한 1위가 없다. 소비자 가치를 창출한 회사, 소비자의 욕구를 충족시키기 위해 새로운 제품과 서비스를 만드는 데 성공한 기업이 1등이 된다. 따라서 기업들은 브랜드 파워를 강화시키기 위한 새로운 고객 가치 창출에 고심해야 한다.

둘째, 고객충성도가 약화된다는 것이다. 과거 소비자는 한정된 제품 선택의 폭 아래 오랫동안 하나의 브랜드를 유지하는 편이었다. 그러나 최근에는 그런 고객충성도가 점차 약화되고 있다. 오히려 소비자들은 다양한 종류의 제품과 서비스에서 어떤 것을 선택해야 하는가를 고민하는 시대가 됐다. 따라서 현대 마케팅 전략은 지금의 성공에 안주하는 것이 아니라, 지속적으로 고객을 만족시키고 충성 고객으로 이끌기 위해 새로운 고객 가치를 창출하기 위한 노력을 경주해야 한다.

셋째, 포지셔닝의 전략이 더욱 중요해진다. 예전에는 대부분의 소비자가 광고를 통해서 전달되는 기업의 메시지에 귀를 기울였다. 기업이 나에게 무슨 말을 해 주는지에 굉장히 관심을 기울였다면, 이제는 더 이상 이런 기업의 일방적 메시지에 현혹되지 않는다. 요즘 소비자는 실제로 '그 기업이 나에게 무엇을 해 줄 수 있는가? 나한테 보여 주고자 하는 것이 무엇인가?'에 관심을 가진다. 그렇기 때문에 이제는 '기업이 무슨 말을 하는가'에서 바로 '기업이 무엇을 할 수 있는가'가 중요하며, 제품과 서비스를 통해 실제적인 가치를 소비자들에게 전달하는 것이 마케팅 전략 변화의 핵심이 되고 있다. 이러한 현상들을 잘 설명하고 있는 책이 바로 『절대 가치』이고, 영어 원제는 『Absolute Value』이다. 이 책에서 저자는 약한 유대 관계, 소셜 미디어에서 커뮤니케이션의 중요성을 강조한다. 최근 소비자는 약한 유대 관계를 통해서 한결 더 많은 정보를 얻고 있다. 수많은 종류의 SNS, 유튜브 등을 통해 생면부지의 사람도 이제 가깝게 연결되는 세상에 살고 있다. 따라서 과거 가족, 친구, 지인 등에 비해 유대 관계는 약하지만 SNS, 유튜브를 통해 어쩌면 더 가깝게 더 자주 연결되는 사람들과 커뮤니케이션하고, 이를 통해 더 많고, 더 객관적인 정보를 얻는 시대가 됐다. 따라서 기업은 이러한 변화에 적극적으로 대응하고, 새로운 미디어와 채널상에서 제품 및 서비스가 잘 논의되고 전달될 수 있도록 하는 포지셔닝 전략을 고민해야 한다.

넷째, 기술력을 바탕으로 한 제품과 서비스가 지배하는 세상이 됐다. 혁신 제품들이 시장에 등장할 때 기업들은 우리의 혁신 제품들이 소비자들에게 기존 제품 대비 어떠한 새로운 가치를 창출하고 있는가에 대해 고민해야 한다. 단순히 '우리는 새로운 제품', '우리는 새로운 기술력을 탑재하고 있는 제품'이라고 하는 설명만으로는 부족하다. 기업이 제공하고 있는 새로운 기술력이 소비자들에게 어떤 강점과 가치를 제공해 주는지 명확하게 전달할 때 바로 그 제품의 가치가 높아진다. 시장에 혁신적인 제품을 내놓고 이를 소비자 눈높이에서 효과적으로 커뮤니케이션하는 민감한 대응이 바로 고객 가치 창출이라고 할 수 있다.

중국의 IT업체인 샤오미의 예를 살펴보자. 한때 샤오미는 카피캣 기업이라 불리면서 짝퉁 제품을 생산한다는 오명을 갖고 있었다. 그러나 이제는 샤오미만의 새로운 가치, 삼성, 애플과 같은 강자들과 다른 형태의 경쟁 우위를 창출하기 위한 노력을 기울여 가고 있다. 그리고 그런 새로운 가치들이 바로 기술의 발전과 접목되면서 디지털 시대에 중국 회사들의 경쟁력이 점점 강화되고 있다. 이렇듯 후발 주자에도 소비자들이 열광하는 이유는 이들이 바로 '절대 가치'를 갖고 있기 때문이다. 이런 절대 가치들을 통해서 후발 주자들은 선도 주자들이 갖지 못했던 새로운 기준을 시장에 제공하고, 그들만의 상대적인 경쟁 우위를 만들어 가고 있다.

다섯째, 미디어 쪽에서도 많은 변화가 일어나고 있다. 유튜브와 1인 미디어 등 전에 없던 새로운 채널이 속속 발달하고 있다. 신문, 텔레비전, 잡지, 라디오와 같은 전통적인 4대 매체를 벗어나 소비자들은 SNS, 유튜브, 인터넷 공간 등을 통해서 다양한 콘텐츠를 소비하고 즐기게 됐다. 특히 소비자들이 원하는 장소와 원하는 시간에 콘텐츠를 즐길 수 있다는 것이 큰 장점으로, 소비자들이 직접 선택해서 소비하는 소비자 주도 시대에 들어왔다고 볼 수 있다. 지금은 '초연결 사회'이다. 지구에서 현존하는 인구수보다 이제는 어딘가에 접속되어 있는 접속의 수가 훨씬 더 많은 세상이 됐다. 사람과 사람이 연결되어 있고, 사람과 기계가 연결되어 있다. 또한 기계와 기계가 연결되어서 스스로 의사 결정하는 AI 시대도 열리고 있다. 기술과 사람과 기계가 공존하는 시대로 점점 발달하고 있다. 이른바 제4차 산업혁명 시대로, 우리는 초연결 사회에서 바로 나의 욕구를 다양한 콘텐츠를 통해서 소비하고 정보를 얻고 그걸 통해서 나의 지식을 발전하는 세대가 되기 시작했다. 즉, 새로운 기술과 디지털 환경에 익숙한 새로운 소비자가 등장하고 있는 것이다. 이러한 새로운 소비자의 특징은 결국 우리가 새로운 마케팅과 광고 전략을 수립할 때 고민해야 하는 중요한 키워드라고 볼 수 있다. 연결되어 있다, 빨라야 된다, 즉각 전파한다, 자랑하기를 좋아한다, 재미를 추구한다, 공감성이 있어야 된다, 그리고 항상 변화한다. 바로 이런 새로운 소비자의 특성을 고려하여 기업들은 마케팅 전략의 핵심적인 가치로 발전시켜 나가야 한다. 결과적으로 현재의 시장 트렌드는 브랜드 파워와 대중 광고 중심 시장에서 소비자가 주도권을 가지고 있는 시장으로 변화하고 있다. 소비자들의 니즈와 원츠를 만족시키고 고객 가치를 창출하는 것이 바로 기업에서 중점적으로 고민해야 할 마케팅 커뮤니케이션 전략의 특성이 될 것이다.

3. 고객 가치 창출 마케팅 전략

마이클 르보레프(Michael LeBoeruf) 교수의 저서 『How to win customers and keep them for life』에 소개되어 있는 글귀를 살펴보자. 소비자들의 변화된 욕구에 관한 내용들이다.

"내게 옷을 팔려고 하지 마세요. 대신 세련된 외모와 멋진 스타일 그리고 나에게 하나의 새로운 행복을 주셨으면 좋겠습니다. 내게 보험 상품을 팔려고 하지 말아요. 대신 마음의 평화와 가족의 행복 그리고 안정된 미래를 팔아 주세요. 내게 책을 팔려고요? 아닙니다. 대신 즐거운 시간과 유익한 지식을 팔아 주세요. 내게 물건을 팔려고 하지 마세요. 대신에 자부심, 행복, 마음의 평화 등과 같은 가치를 팔아 주세요. 제발 내게 물건을 팔려고 하지 마세요."

이 내용은 어떤 걸 말하고 있을까? 이 글귀의 핵심은 소비자들은 절대로 물건을 사기를 원하는 것이 아니라는 사실이다. 소비자들이 책을 사는 이유, 소비자들이 보험 상품을 사는 이유는, 소비자들이 옷을 사는 이유는 바로 기능적인 이유에도 있겠지만, 그 기능적인 이유를 뛰어넘는 내가 추구하는 가치를 그 제품이나 서비스를 통해서 구매하기를 원한다는 진실이 숨겨져 있다. 그렇기 때문에 기업은 소비자들에게 제품이나 서비스 자체를 판매한다기보다 그것이 지닌 가치를 소비자들에게 전달하는 것이다. 따라서 기업은 제품과 서비스가 가지고 있는 가치를 어떻게 하면 소비자들에게 제대로 전달할 수 있을 것인가, 그리고 그런 가치를 통해서 소비자들이 추구하는 혜택을 어떻게 올바르게 제공할 것인가라는 관점을 더욱 더 고민하고 연구해야 한다.

시장은 변하고 기업의 경쟁은 점점 치열해지고 있다. 제품이 가지고 있는 기능적인 차이점들은 점점 그 차이점을 명확하게 구분하기가 힘들어지고 있다. 어떤 기업에서 A라고 하는 서비스를 제공하면 다른 기업에서도 상당히 유사한 제품과 서비스를 제공할 수 있는 기술적인 발전이 이루어지고 있고, 시장의 변화는 시시각각으로 펼쳐지고 있다. 따라서 제품의 기능적인 측면을 강조하고, 서비스의 어떤 특정한 혜택만을 강조해서는 시장에서 성공하기가 점점 힘들어지고 있다. 바로 소비자들이 추구하고 있는 '내가 이 제품과 서비스를 왜 구매해야만 할 것인가? 그리고 이런 제품과 서비스를 통해서 나는 어떤 해결점을 찾을 수 있을 것인가? 나는 어떤 가치를 누릴 수 있고 어떠한 니즈와 욕구를 충족시켜 나갈 수 있을 것인가?' 하는 점들을 충족시켜 주어야 한다.

그렇기 때문에 마케팅 전략의 가장 핵심적인 주제는 고객 지향적 가치에 대한 것이다. 기업은 '시장을 어떻게 주도적으로 만들어 갈 수 있을 것인가?'라는 능동적인 형태의 시장 지향적 마케팅 전략을 구사해야만 한다. 이러한 시장 주도적 마케팅 정의의 가장 큰 핵심은 바로 기업이 소비자를 위한 고객 가치를 창출한다는 것이다. 본 절의 서두에서 살펴본 글귀를 통해 다시 곱씹어 본다면, 결과적으로 소비자가 원하는 가치를 제공해 주고 동시에 소비자와 강한 유대 관계를 형성하기 위한 프로세스를 구축해 나가는 것이 바로 시장 주도적 마케팅 전략의 핵심이라고 할 수 있다. 마케팅 전략 프로세스는 이를 완성해 가는 단계이자 여정이라고 할 수 있다. 그리고 그 프로세스를 관통하는 핵심은 바로 고객 가치 창출이다.

기업이 시장을 주도한다는 의미는 기업이 능동적으로 고객 가치를 제안하고 창출해 간다는 것이다. 기업이 시장에서 중요한 영향력을 미치고 이런 영향력을 통해서 고객 가치들을 창출해 나가기 위해서는, 고객을 명확하게 구분하고 그 고객으로부터 명확한 가치를 이끌어 내는 것이 바로 마케팅 전략의 핵심적인 프로세스임을 의미한다. 이런 시장 주도적 마케팅 전략의 목표는 두 가지로 요약할 수 있는데, 첫째는 고객에게 경쟁사 대비 우월한 가치를 어떻게 전달할 것인가 하는 문제다. 그리고 이런 가치들을 바로 신규 고객을 통해서 어필하는 것이 중요하다. 마케팅에서 널리 통용되는 말 중의 하나가 바로 "우리의 기존 고객은 경쟁사의 신규 고객이 될 수 있다"라는 것이다. 이 말의 뜻은 기업이 지금 보유하고 있는 고객들을 경쟁사는 그들의 신규 고객으로 만들기 위해 고민하고 있다는 것이다. 그렇기 때문에 신규 고객을 창출하기 위해서는 경쟁사 대비 우리가 제공하는 제품과 서비스가 훨씬 더 우수한 가치를 제공하고 있다는 믿음을 고객들에게 제공하는 것이 중요하다.

둘째, 기업이 현재 유지하고 있는 기존 고객들에게는 지속적인 고객 만족 프로그램을 통해서 고객의 욕구와 니즈를 지속적으로 반영하는 제품 또는 서비스 개선이 이루어져야만 한다는 것이다. 만약 기존 고객은 이미 우리의 고객이기 때문에 별로 신경을 쓰지 않아도 된다고 생각한다면 큰 오산이다. 앞서 밝혔듯이 현재의 보유 고객이 언제든 경쟁 회사의 신규 고객이 될 수 있기 때문이다. 기존 고객이 우리 회사의 제품과 서비스에 만족하지 않는다면 그들은 언제든지 바로 경쟁사로 바로 넘어갈 수 있는 현상들이 시장에서는 지속적으로 발생되고 있다

이런 두 가지 목표를 만들어 가기 위해서 기업은 소비자들에게 시장 제공물을 지속적으로 제공해야만 한다. 현대 마케팅에서는 제품이나 서비스보다 시장 제공물이라는 표현을 즐겨 사용한다. 시장 제공물의 정의는 "제품, 서비스, 정보 또는 경험의 통합으로 이루어진 총체적인 결합물"로, 이런 결합물이 가지고 있는 목적은 바로 고객의 니즈와 욕구를 만족시키기 위한 것이기 때문이다. 따라서 시장 제공물은 단순한 제품이나 서비스가 아니라, 그 이상을 포괄하고 있는 정보와 다양하고 즐겁고 유익한 경험까지도 제공하는 것을 의미한다. 소비자들은 이러한 구매 활동을 통해서 기업이 제공하는 제품, 서비스, 정보 또는 경험이라고 하는 것들을 총체적으로 구매하는 것이다.

소비자는 단순히 옷만 사는 것이 아니라, 책만 사는 것이 아니라 또는 서비스만 사는 것이 아니다. 제품과 서비스를 합해서 또는 기업이 제공하는 다양한 정보들과 더불어, 구매할 당시의 경험이라든지, 충족하고자 하는 니즈를 만족시켜 줄 수 있는 다양한 체험을 사는 것이다. 이를 통해 소비자들은 만족감을 얻게 되고, 그것이 바로 소비자가 원하는 가치를 창출하는 과정이 된다. 따라서 마케팅 전략은 시장 제공물을 통해 고객 가치를 창출하기 위한 것이라 할 수 있다. 시장 주도적인 마케팅 전략을 구사하기 위해서는 이런 핵심을 기업들이 파악하고 있어야 한다.

결국 기업은 '소비자들이 원하고자 하는 니즈와 욕구가 무엇인가? 그리고 그런 니즈와 욕구를 충족시켜 주기 위해서 어떤 표적 고객을 찾아야만 되는 것이고, 표적 고객들에게 경쟁자와 차별화된, 또는 다른 기업이 제공하지 못하는 우리만의 고유한 브랜드 경험을 소비자들에게 어떻게 제공할 것인가?' 하는 것들을 하나의 계획을 세우고 프로세스로 만들어 나가는 것이 마케팅 프로세스 모델이라 할 수 있다. 그리고 이것이 현대 마케팅 전략의 핵심이다.

애플의 사례를 살펴보자. 애플의 창시자 스티브 잡스는 굉장히 많은 스토리를 가진 인물이고 어쩌면 약간 기인 스타일의 사람이다. 창업자의 성격, 스토리, 많은 미디어를 통해 제공된 이야기들 역시 애플이라는 기업의 정신을 설명하는 데 큰 역할을 했다고 볼 수 있다. 그 결과, 많은 사람은 애플의 성공 이유와 정신이 '혁신성'에 있다고 생각한다. 하지만 스티브 잡스의 생각은 조금 달랐다. 혁신성은 기업이 스스로 만들어 내는 것이 아니라 시장이 애플에 혁신성이 있다고 인지하고 인정해 주어야만 하는 것이라고 설명했다. 즉, 기업이 아무리 창의적이고 세상에 없던 제품을 시장에 내놓는다고 하더라도 그런 제품들이 현재 시장에 존재하고 있는 소비자들의 니즈나 원츠를 충족시켜 주지 못한다면 그것은 결국 나만을 위한 또는 자기만족을 위한 제품과 서비스일 뿐이고, 결과적으로 이러한 제품과 서비스는 시장에서 잘 팔리지 않게 된다는 것이다.

따라서 스티브 잡스의 성공 포인트는 제품의 기능적 혁신성 역시 중요하지만 이것만으로는 절대로 기업의 성공을 보장할 수 없다는 것이다. 시장에서 소비자들에게 어떻게 기업의 의도가 전달되고 인식되느냐 하는 혁신성의 시장적인 측면을 강조했다는 점이다. 시장 지향적이고 고객 친화적인 제품이기 때문에 여기에 열광하는 소비자들이 늘어나기 시작하고, 또 역시 그런 소비자들은 스티브 잡스가 제공하는 혁신이라는 모티브를 즐겨 사용하게 되어 일종의 팬덤이 형성된다. 일종의 광신도 말이다. 결국 애플에 열광하는 충성 고객층이 자발적으로 형성되기 시작한다. 이러한 충성 고객, 또는 팬덤이라고 하는 것은 기업이 만들고 싶다고 해서 만들어지는 것이 아니다.

결국 기업이 제공하는 가치를 얼마나 많은 사람이 공감하고 거기에 대해서 가치를 느끼고 있느냐 하는 자발적이고 자율적인 고객 집단이 형성되어야 한다는 것이다. 현재 전 세계에서 선풍적인 인기를 끌고 있는 K-POP의 대표주자 BTS도 마찬가지 현상으로 볼 수 있다. 세계의 많은 나라에서 소위 '아미(army)'라고 불리는 BTS의 열렬 팬층이 생겨나고 있다. 그들의 특성은 누가 인위적으로 조직을 만들거나 통제하는 사람이 있는 것이 아니라, 시장에서 자발적으로 생겨난 BTS의 팬 조직이라는 데 있다. BTS의 음악적 특성이나 메시지, 그들의 몸짓과 노래에 열광하는, 말 그대로 BTS라는 상품을 사랑하고 흠모하는 집단인 것이다. 바로 이 점이 BTS가 가지고 있는 위대한 자산이고 경쟁력이 될 수 있다.

이것은 기업이 아무리 혁신성을 강조한다고 해서 되는 것이 아니다. 바로 기업이 제공하고 있는 시장 제공물이 소비자들과의 공감대를 잘 만들어 주고 커뮤니케이션되어야 한다. 그리고 그런 것들을 전략적으로 잘 이끌어 갈 수 있는 마케팅 전략의 역할들이 제대로 수행될 때 비로소 한 기업의 시장 제공물이 성공적인 평가를 받게 된다. 결국 현대 시장에서 마케팅 전략의 가장 중요한 핵심은 판매 개념이 아니라, 바로 시장 지향적 개념으로 가는 것이다. 결국 우리가 만들어 낸 시장 제공물을 소비자들이 좋아해 주느냐, 가치 있다고 느끼느냐 하는 것은 완전히 다른 스토리가 된다. 따라서 기업은 이윤을 창출하는 것이 중요하긴 하지만, 그 이윤 창출이 될 수 있는 원인이 단순한 판매를 통해서 되는 것이 아니라는 점을 인식해야 한다. 바로 시장 제공물을 통해서 소비자가 만족을 느끼고 궁극적으로 새로운 가치를 느낄 때 그 기업은 시장에서 성공을 거둘 수 있게 된다. 그리고 이것이 바로 고객 지향적인 또는 시장 지향적 마케팅이다.

마케팅 전략의 기본 전제를 다시 생각해 보자. 첫째, 분명한 품질력을 가지고 있어야 한다. 둘째, 품질을 바탕으로 한 통합적 시장 제공물이 고객의 가치를 충족시켜야 한다. 셋째, 고객 가치는 충성 고객으로 이어져야 한다. 이는 시장에서 고객과의 좋은 관계를 바탕으로 한다. 즉, 구매하는 소비자들의 가치를 어떻게 향상시켜 갈 수 있을 것인가, 그들로 하여금 기업이 제공하는 시장 제공물이 가치가 있다는 것을 어떻게 느끼고 공감하게 만들어 줄 것인가를 끊임없이 고민해야 한다. 그래야 비로소 기업이 원하는 결과물인 고객과의 장기적인(long-term) 관계가 형성되기 시작한다.

4. 전략적 사고와 경쟁 우위 창출 마케팅 전략

전략의 출발에 대해서 한번 살펴보자. 전략은 두 가지 관점에서 살펴볼 수 있다. 첫째, 전략의 출발은 여기가 어딘지, 지금이 언제인가를 정확히 아는 것에서 출발한다. 전략도 하나의 계획이다. 결국 전략은 나의 관점만 가지고 생각하는 것이 아니라, 여러 사람의 관점에서 나를 살펴봤을 때 내가 현재 위치하고 있는 곳이 어딘지를 명확히 파악할 때 비로소 올바른 전략을 만들어 낼 수 있다. 이런 전략적인 틀은 마케팅의 관점에서도 상당히 중요하다. 그 이유 중에 하나는 시장이라고 하는 곳이 워낙 경쟁이 치열한 곳이고, 우리가 제공하고 있는 제품과 서비스가 항상 우위에 있다고 말하기 어렵기 때문이다.

소비자들의 입맛은 바뀌어 갈 수 있고 경쟁사의 경쟁 전략도 항상 변화되고 있다. 현재 우리가 어디에 위치하고 있고, 그리고 우리가 위치하고 있는 곳은 현재 어떤 상황인가라고 하는 지리적인 관점(또는 지리적인 감각)과 역사적인 감각을 항상 함께 갖고 있어야만 한다. 아무리 좋은 전략이라도, 올해 쓰면 통하겠지만 내년이나 과거에서 쓰면 실패할 수도 있다는 사실을 명확히 알고 있어야만 한다. 우리가 경쟁해야 할 시장 상황은 항상 바뀌고 있기 때문에, 설사 우리가 쓰고 있는 전략이 지금은 최상이라고 하더라도 이 최상의 전략이 내년에도, 내후년에도 동일하게 적용되리라는 보장은 없다. 결국 나를 알고 상대방(경쟁사)을 알고 나의 지리적인 감각과 역사적인 감각을 한 번씩 점검해 보는 것이 전략에 있어서의 성공 확률을 높일 수 있는 하나의 중요한 기준이 된다.

마케팅의 역사를 돌아보면 각 기업들이 지리 감각과 역사 감각을 잃어버렸을 때 실패하는 경우가 많았다. 한때는 잘 나가던 기업이 어느 순간에 역사의 흔적으로 사라질 때 결국 이런 감각을, 균형을 잃어버렸을 경우라는 점을 심심치 않게 보게 된다. 그렇기 때문에 전략이란 기본적으로는 우리가 항상 생각하듯이 제한된 자원을 효율적으로 사용하여 조직

의 성과를 극대화시키는 과정이다. 이러한 전략 수립은 기계가 아니라 사람이 하는 것이
므로 우리가 가져야 될 중요한 관점은 그 전략을 행하는 사고를 어떻게 가져야 될 것인가,
즉 전략적 사고(strategic thinking)를 어떤 관점에서, 어떤 감각을 가지고 하는가라고 하는
것이 결국 전략의 성공 확률을 높이는 데 중요한 것이 된다.

　따라서 전략적 사고를 할 때 소비자, 시장, 기술에 대한 통찰력을 지속적으로 활용하
여 경쟁 우위를 확보하는 과정이 중요하다. 여기서 핵심적인 것은 종합적인 사고방식을
갖는 것이다. 소비자 입장에서, 시장 관점에서 또는 아주 중요한 기술적 관점에서 통찰
력을 갖고 있을 때, 균형 감각을 갖고 있을 때 바로 기업의 시장 제공물에 대한 경쟁 우위
(competitive advantage)를 확보할 수 있다. 결국 마케팅 담당자의 전략적 사고가 중요하다.
의사 결정자가 이런 전략적 사고를 갖고 있을 때 비로소 시장에서 성공할 가능성이 더욱
높아진다. 결국 경쟁 우위를 가지고 있을 때 또는 전략적 사고를 잘 활용할 때 비로소 시장
에서 성공할 수 있는 마케팅 전략이 될 수 있다.

　모든 소비자가 우리 회사의 고객이 되면 가장 좋겠지만 현실적으로 그렇지 않기 때문에,
기업은 표적 고객이 어떤 사람들이고 그런 사람들에게 어떻게 경쟁 우위를 창출해 갈 것
인가라는 고민을 해야 한다. 경쟁 우위란 다른 경쟁자에 대비한 상대적 개념이다. 다른 경
쟁자들보다 우리 회사에서 제공하는 제공물을 통해서 훨씬 더 표적 고객의 니즈를 명확히
파악하고, 그들에게 더 많은 가치를 제공해 돌려주는 것이 바로 우리가 제공할 수 있는 경
쟁 우위를 창출하는 것이다. 그리고 이런 경쟁 우위에 있어서의 핵심적인 내용은 차별화
(differentiation)를 통해서 이루어 간다. 우리만 좋은 제품을 만드는 것이 아니라 우리의 경
쟁자도 좋은 제품을 만든다. 따라서 경쟁사에 대비해 특별한 우리만의 가치를 제공해야 한
다. 그리고 소비자가 그것을 긍정적으로 인식해 줄 때 비로소 바람직한 관계가 형성된다.

　그렇다면 기업들은 어떻게 차별화를 만들어 갈 수 있을까? 바로 포지셔닝 전략에 답이
있다. 기업들은 어떤 고객 가치를 창출하고, 이를 통해 경쟁사 대비 경쟁 우위를 어떻게 창
출할 수 있을 것인가라는 질문에 대해 항상 고민하고 답을 찾아 가야 한다. 무엇을 어떻게
차별화할 것인가라고 하는 그 무엇이라고 하는 관점에 대한 답을 고민하고 있어야 한다.
그리고 소비자 관점에서 살펴봤을 때 우리가 아무리 다르다고 주장해도 소비자가 "뭐가
다르죠? 나는 다른 점을 파악할 수 없겠는데요?"라고 한다면 아무 의미가 없다. 이는 표적

고객의 공감을 이끌어 내는 데 실패했다고 할 수 있기 때문이다.

그렇다면 우리의 차별화 전략은 성공할 수 있을까? 우리가 아무리 스스로 주장한다고 해서, 광고를 통해서, 여러 가지 채널을 통해서 무차별적으로 많은 양을 커뮤니케이션했다고 해서 해결되는 문제일까? 그건 아닐 것이다. 결국 소비자가 그렇게 생각하지 않았다면, 그렇게 인식하지 않았다면 우리의 경쟁 우위라고 하는 차별화는 하나의 미사여구에 불과할 뿐이다. 결국 중요한 것은 "Better is not enough. Be different", 즉 우수하다고 하는 것만 가지고는 충분하지 않다. 무언가는 차이 나게 만들어야 한다. 또는 실제로 소비자들이 차이가 있다고 느끼도록 만들어야 한다. 설사 우리가 똑같은 제품을 제공한다고 하더라도 소비자들이 '아, 이 회사의 제품은 뭔가 달라'라고 하는 생각을 갖도록 만들 수 있다면, 그것이야말로 성공적인 마케팅 전략이 된다. 이러한 차이를 만들어 내서 차별화하는 것으로 가치를 창조하려는 것, 이것이 경쟁 우위 창출의 핵심적인 마케팅 전략이 될 것이다.

5. 3C 마케팅 전략

어떻게 공감을 이끌어 낼 수 있을까? 우리의 표적 고객들이 어떻게 우리 회사 제품에 대해서 다르다고 인정할 수 있게 만들어 줄 것인가? 이것에 대한 답을 찾는 것은 기업의 단순한 노력이나 의지만 갖고 되는 것이 아니라, 시장과 소비자에 대한 철저한 분석과 인식을 바탕으로 새로운 비즈니스 모델을 만들어 갈 때 비로소 가능해질 수 있을 것이다. 시장은 변한다. 그리고 새로운 소비자층들이 지속적으로 시장에 등장하고 있다. 따라서 비즈니스 모델도 변하고 기술도 발전한다. 결과적으로 시장의 구도도 바뀌게 된다.

시장의 변화에 부응하면서 변화하는 소비자의 가치를 창출할 수 있는 세 가지의 중요한 마케팅 전략 키워드에 대해 주목할 필요가 있다. 첫째는 융복합(convergence)이다. 현대 시장의 흐름은 제품이나 서비스들이 점점 융복합되어 가고 있다는 것이다. 하나의 제품이 하나의 기능만을 수행하는 것이 아니라, 이제는 하나의 제품군에서 여러 가지 기능을 동시다발적으로 수행한다. 대표적 융복합 상품이 바로 스마트폰이다. 기본적인 기능은 전화기이지만 실제로 우리가 스마트폰을 음성전화로 사용하는 시간은 얼마 되지 않는다. 오히려 음성통화의 역할보다는 사진기, 검색기, 인터넷 탐색기, 메신저 또는 여러 가지 다양한 애플리케이션을 사용하는 용도로 활용하고 있다. 그러니까 스마트폰이라고 하는 것은 융복합 기계 또는 융복합 기능을 갖추고 있는 하나의 IT 제품이다. 따라서 소비자들에게 차별화와 경쟁 우위를 제공하기 위해서는, 첫 번째로 회사의 제품이나 서비스가 점점 융복합이라는 관점에서 어떻게 발전시켜 나갈 것인가를 고민하는 것이 상당히 중요하다.

두 번째는 협업(collaboration)이다. 우리 회사의 능력만 가지고, 1개 회사의 역량만 가지고 제품과 서비스를 공급하던 시대는 점점 지나가고 있다. 여러 회사들이 연합하여 각 회사가 가지고 있는 장점들이 서로 조합되면서 1+1이 2가 되는 것이 아니라, 1+1이 더 큰 영향력을 창출하는 시너지 효과를 발휘한다. 항공사의 예를 살펴보자. 우리나라 항공사들도 경쟁 회사인 외국 항공사와 공동 운항을 하고 있다. 예를 들어, 대한항공은 스카이팀이라는 국제항공사연합체에 가입하고 있다. 한국을 기반으로 아시아권은 대한항공이, 미국 시장은 델타항공사가, 유럽 시장은 에어프랑스가 주도하는 허브공항 시스템을 운영하고 있다. 바로 이런 것들이 어떻게 보면 '적과의 동침'이지만, 각 지역을 총괄하는 거점공항의 개념으로 항공사의 입장에서는 비용을 절감하고 보다 많은 고객을 확보할 수 있는 경쟁사들과 상호 협력하는 관계라고 볼 수 있다. 이런 협업을 통해서 시장이 더욱 커져 가고, 보다 많은 고객을 만족시킬 수 있는 혜택을 제공함으로써 상대적인 경쟁 우위를 창출하는 것이 가능하다.

세 번째는 창의성(creativity)이다. 바로 혁신적인 생각이다. 기존의 제품이나 서비스를 답습하는 것이 아니라 변화하는 고객 가치를 충족시키기 위한 새로운 접근이 필요하다. 즉, 새로운 시장에서 변화된 소비자들의 욕구를 충족시켜 나가기 위해서는 새로운 가치를 창출해야 하고, 새로운 도전 의식을 유발하기 위해 결국 창의성을 염두에 두어야 한다. 그래서 융복합, 협업, 창조/혁신이라고 하는 세 가지가 현대 시장에 있어서 경쟁 우위 또는 차별화를 만들어 내는 중요한 키워드가 될 수 있다.

그래서 세 가지의 영어 앞 글자를 합해서 '3C 마케팅'이라고 일컫는다. 결국 3C 마케팅을 통해서 우리가 얻고자 하는 것은 바로 경쟁 우위와 차별화이다. '다르다(Be different)'라고 하는 것들을 소비자들의 머릿속에 인식시켜 나가는 것이 필요하다. 그 밥에 그 나물이 아니라, 자사에서 제공하는 제품은, 우리가 제공하는 서비스는 경쟁사와 상대적으로 차별화되는 경쟁 우위에 있다는 점을 알리기 위해서 Convergence, Collaboration, Creativity라고 하는 세 가지 마케팅 전략을 항상 염두에 두어야 한다. GE의 전설적 CEO 잭 웰치는 이런 말을 했다. "If you don't have a competitive advantage, don't compete", 즉 "경쟁 우위가 없다면 아예 경쟁하려고 하지도 마라"라는 뜻이다. 어떻게 하면 시장에서 우리의 경쟁우위를 소비자들과 공감대를 만들어 갈 수 있을 것인가, 내가 주장하는 경쟁 우위가 아니라, 바로 소비자들이 인정할 수 있는, 우리의 경쟁자가 인정해 줄 수 있는 경쟁 우위를 만들어가는 것이 중요하다는 것이다. 그리고 이런 경쟁 우위를 통해서 우리는 시장에서 경쟁 포지셔닝(competitive positioning)을 만들어 갈 수 있다. 우리의 표적 고객을 만족시켜줄 수 있고 표적 고객층에게 우리가 제공하는 가치 제안이 받아들여질 때, 그들에게 환영받게 되는, 다시 말해서 공감대를 이끌어 낼 수 있는 고객 가치를 창출하게 된다.

경쟁 우위 창출과 관련해 중요한 사례가 있다. 바로 〈태양의 서커스〉이다. 태양의 서커스는 세계 곳곳에서 꾸준히 사랑받고 있다. 우리나라에 내한해서 장기 공연을 펼친 적도 있다. 미국의 라스베이거스에는 태양의 서커스를 위한 전용 공연장도 있다. 태양의 서커스단은 전 세계적으로 서커스를 새롭게 해석하여 제시했다고 볼 수 있다. 과거 우리의 기억 속에 서커스는 일종의 곡예단이었다. 그 당시 많은 서커스단이 가지고 있었던 원칙은 얼마나 많은 고난이도의 회전을 하고, 여러 가지 묘기들을 부릴까 하는 하나의 곡예 수준이었다. 그러나 태양의 서커스단은 '곡예가 곧 서커스는 아니야'라는 새로운 개념으로 서커스를 정의하기 시작했다.

그것은 바로 "서커스는 스토리텔링이다"라는 관점이다. 곡예가 들어간 것은 서커스에 담고 있는 스토리텔링을 더 극적으로 만들기 위해서, 더 완성시켜 주기 위해서, 하나의 볼거리를 제공해 주기 위한 것이지, 그게 곧 서커스의 본질은 아니라는 얘기를 하고 있다. 태양의 서커스는 스토리가 반영되어 있는, 무대 장치가 창의적인, 그리고 그런 창의성과 새로운 스토리를 통해서 소비자들에게 서커스의 새로운 지평을 열게 됐다. 그리고 태양의 서커스를 통해서 결국 많은 고객이 만족하기 시작했고, 태양의 서커스 브랜드는 많은 소비자가 원하는 서커스단으로 자리 잡기 시작했다.

태양의 서커스단의 라마르 사장은 이런 이야기를 했다. "우리는 과거에 살고 있는 것이 아니야. 지금 현재 최신의 산물을 원해." 즉, 소비자들이 원하는, 소비자들이 얻고자 하는 시의 적절한 가치들을 항상 고민하고 있어야만 한다는 것이다. 과거에 아무리 성공한 기업이라 하더라도 과거의 비즈니스 모델에 안주하는 것이 아니라, 현재 시장에 적용될 수 있는 새로운 비즈니스 모델을 개발하고 경쟁 우위를 창출해 나가는 것이 중요하다는 점을 강조하고 있다.

6. 경쟁 우위 창출 사례

그렇다면 경쟁 우위를 창출할 수 있는 방법은 무엇일까? 몇 가지 좋은 저서들을 통해 해답을 찾을 수 있다. 우선 경쟁 우위에 관해 가장 널리 알려진 마이클 포터 교수의 『경쟁 우위』라는 책이 있다. 또한 『디퍼런트』나 『보랏빛 소가 온다』 같은 책들도 좋겠다. 이런 책들은 대중에게 널리 알려져 있는 이 분야에서는 아주 중요한 책들이고 많은 판매량을 기록한 책들이다. 이런 책들을 통해서 경쟁 우위는 '작은 차이를 어떻게 소비자가 인식할 수 있는 중요한 요소로 변화시켜 갈 것인가.' 하는 방법들을 알게 된다. 다시 말해서, 거창한 이노베이션도 분명하게 중요하지만 모든 기업이 그런 거창한 혁신만을 추구해서는 현실적으로 경쟁 우위를 창출하는 것이 굉장히 어렵다는 것이다.

예를 들어, 『보랏빛 소가 온다』에서 주장하고 있는 바를 고민해 보자. 소들이 대부분 검정색인데 그 와중에 보랏빛 소가 한 마리 있다고 해 보자. 단지 차이는 색깔이 다르다는 것뿐이지만 소비자들은 보랏빛 소에 관심을 갖게 된다. '저 소는 보라색인데 무슨 특성이 있지?' 큰 차이가 아닐 수 있다. 하지만 일단 그런 작은 차이라도 어떻게 소비자들의 눈에 관심을 끌게 할 것인가, 그리고 그런 관심을 통해서 우리는 소비자들에게 어떠한 새로운 가치를 제공하기 위해 노력할 것인가를 고민하기 시작할 때 비로소 우리의 경쟁 우위의 출발점이 될 수 있다.

간혹 우리는 경쟁 우위 또는 혁신이라고 하는 것들을 너무 거창하게 생각하는 경향이 있다. '우리 기업이 과연 그런 혁신을 이뤄 낼 수 있을까? 지금 우리가 이렇게 간단한 것도 못하는데…… . 뭐 좋은 말인 줄 알겠지만 경쟁 우위는 우리 회사와는 좀 거리가 먼 너무나 큰 프로젝트 아닌가?' 그렇다면 우리 기업이 갖고 있는 작은 차이를 어떻게 드러나게 해야 할까? 어떻게 생각이 변해야 할까? 제품 중심적인 사고방식이 아니라 시장 중심적인 관점에서 어떠한 포지셔닝 전략을 구사해 나갈 것인가, 표적 고객들에게 만족시켜 줄 수 있는 경쟁 우위라고 하는 포인트를 우리는 어떻게 만들어 가는 것이 중요한가라는 관점을 기억해 둘 필요가 있다.

또 다른 사례를 살펴보자. 명품을 만들고 있는 에르메스는 "Everything changes, but nothing changes"라고 하는 슬로건을 즐겨 사용한다. 다시 말해서, "시장은 변하고 우리 제품도 역시 변하지만 우리는 변하지 않아"라고 했을 때, nothing changes의 변하지 않는 건 무엇일까? 바로 에르메스가 추구하고 있는 고객에 대한 가치는 변하지 않는다는 것이다. 디자인은 시대에 따라 변하긴 하지만, 에르메스가 갖고 있는 디자인의 고유성만큼은 유지한다는 것이다. 그리고 이런 고유성으로 인해서 사람들이 가방을 보면 '저게 에르메스에서 만든 거구나' 하고, 꼭 에르메스라는 이름이 없어도 알아볼 수 있게끔 하는 핵심 가치를 유지하는 것이다. 앱솔루트 보드카의 "Never different, but always changing"도 에르메스와 비슷한 사례로 볼 수 있다. "우리는 변하지 않아. 하지만 우리도 역시 끊임없이 변화를 추구하고 있어." 즉, 하나의 제품이나 하나의 디자인이나 하나의 서비스에 만족하는 것이 아니라, 시대가 변함에 따라서 우리도 변한다는 것이다.

이런 회사들을 보면 애플이 주장하듯이 "Think different"하고 있다는 생각을 하게 된다. 항상 다름을 생각하고, 이 다름을 통해서 소비자들에게 새로운 생각을, 우리 회사는 정체되어 있는 회사가 아니라 우리도 시장의 발전에 따라서 끊임없이 변화하고 있다는 점들을 소비자들에게 공감할 수 있게 만들어 줄 때 비로소 성공적인 시장 전략을 구사해 나갈 수 있다. 스콧 맥닐리라는 Sun Microsystems의 유명한 CEO가 이런 얘기를 했다. "잘못된 전략이라도 제대로 밀고 나가면 성공할 수 있다. 반면, 뛰어난 전략이라도, 꾸준히 밀지 못하면 반드시 실패한다."

이 말의 진정한 뜻은 무엇일까? 기업이 조삼모사처럼 너무나 자주 변하면 고객들은 우리가 가지고 있는 아이덴티티를 파악하지 못한다는 것이다. 소비자 입장에서 저 회사와 관계를 왜 맺어야 되는지에 대한 이유를 찾기가 어렵다는 것이다. 그러니 꾸준함이 중요하다. 변할 때 변하더라도 핵심은 지키는 것이 중요하다. 그리고 또 하나, 창의적인 서비스 개발에 집중해야만 한다. 서비스라고 하는 것은 소비자들에게 대충 제공되는 무상의 보너스가 아니다. 서비스는 우리 회사의 근간을, 우리 회사의 핵심 가치를 제공할 수 있는 중요한 전략적 포인트라는 관점을 항상 생각해야 한다.

7. 서비스의 특징과 마케팅 믹스

서비스는 기본적으로 유형의 제품과는 그 특징이 다른데, 크게 다음의 네 가지로 분류해 볼 수 있다. 첫째, 서비스는 무형성(intangibility)이 높다. 서비스는 저장될 수 없고, 그래서 진열되거나 커뮤니케이션하기 어렵다. 따라서 서비스 마케터들은 제품 구매 전 직접 눈으로 보거나 만져 볼 수 없는 고개들을 위해 증명할 수 있는 어떤 유형의 것을 제공해야 한다. 그래서 서비스 마케터들은 실체적인 단서를 제공한다. 예를 들어, 항공사는 최신 기종의 비행기를 도입해서 홍보하거나 승무원들의 유니폼으로 좋은 인상을 심기 위해 노력한다. 또한 적극적으로 커뮤니케이션(광고나 구전)을 통해 서비스를 유형화하는 전략이 필요하다.

둘째, 생산과 소비가 분리되지 않고 동시에 일어난다. 서비스는 대체로 생산과 소비가 동시에 이루어지므로 이를 분리하기가 어렵다. 유형 제품과는 달리 소비자가 소비할 때 서비스 제공자가 동시에 그 자리에 존재해야 한다. 따라서 서비스 제공 과정에 소비자가 직접 개입하게 되고 또한 직원의 서비스 성과 역시 고객의 소비에 영향을 미친다. 따라서 무엇보다 종업원 선발 및 교육 훈련에 대한 엄격한 통제와 노력이 필요하다. 또한 소비자들 스스로 적극적으로 서비스 이용 과정에 참여하도록 유도하고 격려하여 고객이 체감하는 혜택을 극대화할 수 있도록 하는 관리도 필요하다.

세 번째 특징은 불균질성(inconsistency)이다. 서비스 전달 과정은 주로 사람에 의존하므로 일관되고 표준화된 서비스가 제공되기 어렵다. 같은 프랜차이즈 레스토랑을 이용한다 하더라도 오늘 나의 담당 서비스 제공자가 누구냐에 따라 소비자가 지각하는 서비스 품질은 달라질 수 있다. 또한 서비스 품질은 통제 불가능한 여러 요인에 의해 영향을 받을 수밖에 없기 때문에 균질한 품질을 제공하기 어렵다. 이에 서비스 마케팅 담당자들은 서비스 프로세스를 표준화하고 자동화는 방법을 통해 이를 극복하기 위해 노력해야 한다.

마지막으로, 서비스는 재고 불능성(inventory problem)이라는 특징을 갖는다. 즉, 서비스는 재고로 보관할 수 없어 수요와 공급을 맞추기가 어렵다. 또한 생산 과정에서 바로 소비되므로 반품되거나 재판매될 수 없다. 비행기 좌석, 영화관 좌석 등은 그 시점에 소비자가 이용하지 않으면 그대로 사라져 버리게 된다. 요즘 많은 식당에서 이른바 '노쇼(no show)' 소비자에게 패널티를 물게 하는 것도 이러한 재고 불능성을 극복하기 위한 차선책이라고 할 수 있다. 보편적으로 서비스 기업은 재고 불능성에 대한 대책으로 서비스 가격 차별화, 비수요기 수요 개발, 탄력적 인력 운용 등을 운영한다.

이처럼 서비스는 전통적인 제품과는 차별점을 지니고 있기 때문에 표적 고객들에게 효과적으로 서비스 포지셔닝을 전달하기 위해서는 마케팅 믹스 프로그램 역시 달라질 수밖에 없다. 즉, 서비스 마케터는 유형적 제품과 구별되는 서비스의 특징을 효과적으로 적용한 확장된 마케팅 믹스 프로그램을 설계해야 한다. 전통적인 4P 믹스 외에 서비스 마케팅 믹스에서 추가적으로 설계하고 운영해야 할 대상은 크게 프로세스(process)와 사람(people)이라고 할 수 있다. 이 두 가지가 서비스 마케팅 믹스가 가진 큰 차별점이며, 사실상 이 두 가지 프로그램 관리에 서비스 마케팅의 성공 여부가 달려 있다고 해도 과언이 아니다.

나아가 장기적으로 고객 중심의 서비스 문화를 창출하는 노력이 필요하다. 문화는 하루아침에 형성되는 것이 아니기 때문에 장기적인 관점에서 지속적인 노력은 그만큼 절실하다. 때문에 거창한 비전보다는 구체적인 핵심 가치와 행동 규칙을 명확히 제시하고, 이를 조직 전체에 체화하는 것이 현실적이다. 세계적으로 우수한 서비스 기업으로 알려진 페덱스는 "기업의 이윤은 좋은 서비스에서 창출되며, 좋은 서비스는 좋은 사람들에게서 나온다"라고 했다. 이처럼 조직 전체가 서비스 문화 확립을 통한 고객 가치 창출을 위해 함께 움직일 수 있는 노력이 중요하다.

8. 뉴노멀 시대 신서비스 전략

지금의 비즈니스 생태계는 바야흐로 신서비스 경제라고 해도 과언이 아니다. 2016년 기준으로 전 세계 시가총액 기준 상위 5대 기업을 살펴보자. 애플, 구글, 마이크로소프트, 아마존, 페이스북, 이들 기업의 공통점은 무엇일까? 한 문장으로 요약하자면 혁신적 서비스 플랫폼 제공으로 성공한 기업이라고 할 수 있다. 이들의 핵심적 경쟁 우위는 끊임없는 혁신을 통한 신서비스 개발이다. 전 세계적으로 저성장 기조에 놓여 있다고 하지만 지금 이 순간에도 혁신적 서비스 개발을 통해 새로운 비즈니스를 창출하고 시장에서 앞서 나가는 기업이 있다. 서비스 관점의 비즈니스 검토와 전략 수립의 중요성은 바로 여기에 있다.

이들 기업 외에도 새롭게 생겨나고 있는 서비스산업으로 공유경제 서비스가 있다. 우버, 에어비앤비, 집카 등이다. 이제 공유경제는 거스를 수 없는 거대한 흐름이 됐다. 플랫폼과 사회 연결망을 기반으로 한 소비자 간의 자발적 확산에 힘입어 공유 서비스는 나날이 확산되어 가고 있다. 자기 집을 타인에게 빌려주는 숙소 공유서비스 에어비앤비, 자동차를 공유하는 우버, 시간제로 차를 빌려 쓸 수 있는 집카 등이 매년 급성장하고 있다. 뿐만 아니라 이제는 재화 외에도 재능이나 지식을 공유하는 새로운 소비 패턴이 생겨나고 있다.

플랫폼 비즈니스나 공유 서비스 등 기술을 기반으로 한 서비스 혁신을 통해 소비자에게 과거에는 경험할 수 없었던 새로운 가치를 제공하고 있다. 그리고 이러한 고객 가치 창출은 비즈니스의 급성장을 가져오고 있다. 이 같은 성장의 원동력은 무엇일까? 혁신적인 기술 개발일까? 물론 IT 기술과 사회 연결망이 없었다면 시작은 되지 않았을 것이다. 그러나 그것이 단순 신기술 개발에 그치지 않고 고객들의 삶 속에 자리 잡아 확산된 이유에는 고객 관점에서의 마케팅 전략이 숨어 있었기에 가능한 것이었다.

아무도 차를 갖고 있지 않는 세상이 있을까? 한번 상상해 보자. 자동차는 여전히 존재하지만 그 누구도 소유하지 않고, 사람들이 함께 공유하는 그런 상태. 가능할까? 스콧 그리피스, 집카(Zipcar)의 CEO가 이런 상상 속에서나 가능할 만한 세상을 만들어 가고 있다. 현재 집카는 9개국 500개 도시에 백만 명이 넘는 고객을 보유하고 있다. 집카의 비즈니스 모델은 "차를 빌려주지 않는 렌탈 서비스". 사업 기획 당시 처음부터 그리피스는 모든 사람을 대상으로 모든 것을 충족시켜 주고자 하는 그런 비즈니스를 계획한 것이 아니었다. 콘셉트는 특별히 뉴욕, 보스턴, 애틀랜타, 샌프란시스코, 런던과 같은 인구 밀집 지역에 사는 사람들을 타깃으로 한 것이었다.

이런 사람들에게는 차를 소유한다는 것이 경제적으로 부담이고 또한 환경적인 측면에서도 부담스러운 일이었다. 흥미로운 점은 집카는 자신을 자동차 렌트업체로 보지 않는다는 것이다. 대신에 라이프스타일을 판매한다고 했다. "이건 단순히 차에 관한 것이 아니라, 도시 생활에 관한 것입니다." 즉, 집카와 연관이 많은 라이프스타일을 창조하고 있다고 생각했던 것이다.

그러나 한편으로, 그리피스는 집카가 장기적인 성장을 하기 위해서는 단지 그린의 메시지만 전달해서는 부족하다는 것을 알고 있었다. 그래서 이들은 브랜드를 도시적 라이프스타일 브랜드들이 내세우는 포지셔닝에까지 확대하기로 했다. 그래서 집카 스스로 자사 홈페이지에 "누가 이런 자동차 공유 시스템을 이용하는 유형일까요?"라는 질문을 내걸고 자동차 공유에 대한 공통적인 이유를 제공했다.

- 차를 소유하면 해야 하는 복잡한 일들을 겪고 싶지 않다.
- 나는 돈을 절약하고 싶다.
- 나는 보통 대중교통을 이용하고, 가끔씩만 차를 필요로 한다.
- 당분간 나는 차 두 대가 필요하다.
- 나는 좀 큰일을 하기 위해 큰 차가 필요하다.

집카가 주는 가장 큰 혜택은 편리함과 경제성이지만, 소비자는 집카가 제안한 라이프스타일을 구매하는 것이다. 도시 생활을 즐기지만, 동시에 편리함과 경제성을 추구하는 합리적인 라이프스타일이다. 이것이 집카 이용 고객들이 추구하는 라이프스타일이며 궁극적으로 얻고자 하는 가치였던 것이다. 이처럼 현재 많은 기업이 신기술을 바탕으로 소비자에게 예전에 없었던 혁신적인 서비스, 이를 통한 고객 가치를 제공함으로써 경쟁 우위를 창출하고 있다.

또한 과거 전통적인 제조업체들도 차별적 우위를 가진 서비스를 제공함으로써 수입 창출의 새로운 기회를 찾고 있다. 대표적인 컴퓨터 제조업체인 IBM도 최근 고객 솔루션 제공 기업으로 변모하면서 비즈니스 모델을 재포지셔닝했다. 이를 통해 세계에서 가장 큰 서비스 솔루션 제공업체로 변모했다. 고객에게 통합솔루션을 제공하는 것을 기업의 비전으로 삼고 이미 총수입의 절반 이상을 제품 지원 서비스, 전문 컨설팅 서비스, 컴퓨터 네트워크 서비스 등 솔루션 서비스에서 얻고 있다. 일찍이 IBM의 전 CEO이던 거스너 회장은 "하드웨어와 소프트웨어는 서비스로 포장되어 팔릴 것이다"라고 예측했다. 그것이 하드웨어든, 소프트웨어든, 고객들이 부가가치를 느끼는 것은 바로 서비스를 통해서라는 것이다.

국내 기업의 사례도 살펴보자. 한샘은 과거에 싱크대를 제작해 시공해 주는 업체였다. 1970년대에 부엌 가구 제조업체로 출발하여 점차 가구 전반으로 제품을 확대하기 시작했고, 최근에는 공간에 대한 컨설팅을 제공하는 라이프스타일 솔루션 제공 서비스 기업으로 변모했다. 처음부터 한샘이 현재의 모습으로 비즈니스를 시작한 것은 아니었다. 한샘은 2000년대 초반까지 호황을 누렸으나 그 이후 건설 경기의 쇠퇴와 시장 내 경쟁 심화로 예전과 같은 성장세를 기대하기 어렵게 됐다. 당시 한샘의 수익의 상당 부분은 빌트인 모델에 기댄 B2B 사업에서 나왔기 때문에 건설 경기의 불황 또는 호황 여부에 따라 영향을 받을 수밖에 없었다. 이에 한샘은 더 이상 제조업 기반의 비즈니스 모델로는 부가가치를 창출할 수 없다고 판단하여 혁신을 꾀하게 됐다. 해결책은 고객에게 공간에 대한 솔루션을 제공하면서 라이프스타일을 제안하는 서비스에 있었다.

신서비스의 중요성과 창의적인 실행 전략 개발과 더불어 뉴노멀 시대의 마케팅 전략의 큰 흐름에는 변화하는 커뮤니케이션 전략이 자리 잡고 있다. 앞에서도 언급했듯이 미디어 채널의 급격한 발전과 현실적이고 실용적인 소비자층이 시장의 대세로 자리 잡게 되면서, 기업들의 커뮤니케이션 전략도 이런 시장의 트렌드를 반영하는 전략적 변곡점을 맞이하고 있다.

9. 브랜드 커뮤니케이션 전략

브랜드 커뮤니케이션은 탄탄하게 구축된 브랜드 아이덴티티가 정확하게 포지셔닝되어 소비자들에게 효과적으로 전달되는 과정이다. 다시 말해, 브랜드 커뮤니케이션은 브랜드와 소비자의 만남과 소통을 의미하며, 이를 통해 관계를 맺고 인식을 공유하며 새로운 경험을 만들어 내는 과정이라고 볼 수 있다. 최근에는 새로운 기술 요소를 이용한 새로운 경험과 비대면(untact) 거래 그리고 지속적인 저성장의 경제 상황을 반영한 소통이 중요해지고 있다. 따라서 이 장에서는 최근의 이러한 사회 변화를 효과적으로 활용한 사례를 통해 현재와 미래의 브랜드 커뮤니케이션 방향을 예측해 볼 수 있을 것이다.

1) 코카콜라의 드론버타이징 캠페인

이전과는 다르게 PR와 디지털, 디지털과 기술, 온라인과 오프라인 등 서로 다른 요소들이 융합하고 협업하여 신선한 방식으로 소비자들에게 다가가는 사례들이 주목을 받고 있다. 예를 들어, 유튜브 등의 다양한 플랫폼을 활용한 커뮤니케이션은 기업들로 하여금 다양하고 새로운 콘텐츠를 제공할 수 있게 한다. 이를 통해 기존의 일방향 또는 한정된 쌍방향 소통이 아니라, 다수의 소비자가 기업과 소통하고 소비자 간에도 서로 적극적으로 소통할 수 있는 방식인 것이다. 또한 증강현실을 이용하여 소비자들에게 신선한 경험을 제공하고, AI(인공지능)를 이용하여 수많은 데이터 분석을 통한 맞춤형 정보와 서비스를 제공하기도 한다. 그중에서도 다음의 사례는 드론을 활용한 기업의 색다른 커뮤니케이션을 보여 주고 있다.

싱가포르의 한 고층 빌딩 공사 현장에 어느 날 드론들이 날아들었다. 그리고 공사 현장에서 땀 흘리며 근무 중이던 외국인 근로자들에게 다가가 저마다 들고 있던 코카콜라를 전달했다. 코카콜라와 함께 있던 가족의 사진과 사랑이 담긴 메시지까지 확인한 근로자들은 기쁨을 감추지 못했다. 이는 'Happiness from the skies(하늘에서 내려온 행복) 캠페인'으로, 싱가포르에는 미얀마나 인도, 방글라데시 등의 외국인 노동자가 많다는 점(전체 싱가포르 인구의 1/3 정도를 차지)에 착안하여 코카콜라가 비영리 단체인 Kindness Movement와 함께 준비한 것이었다. 코카콜라와 Kindness Movement는 사전에 해당 근로자들의 가족과 연락을 취해 사진과 메시지를 제공받은 후 드론을 이용하여 근로자들에게 이러한 깜짝 선물을 전달했으며, 이는 싱가포르에 있는 많은 외국인 근로자의 노고를 대중에게 알리고 이들을 격려하는 의미를 효과적으로 전달함으로써 깊은 인상을 남기게 됐다. 또한 코카콜라는 그들의 핵심 가치인 행복 나누기를 실천하여 소비자들의 공감을 얻는 동시에 브랜드 이미지가 상승하는 효과 또한 누리게 됐다.

이 캠페인에서 또 한 가지 눈여겨볼 점은 바로 캠페인의 실행이 드론을 활용하여 이루어진 드론버타이징이라는 점이다. 드론버타이징(dronevertising)은 드론(drone)과 광고

(advertising)의 합성어로, 드론을 활용한 광고를
의미한다. 드론은 많은 사람이 쉽게 구입해서 사
용할 정도로 생활에 익숙한 제품이 됐다. 다양한
연령대의 소비자에게 취미의 대상이 됐을 뿐만
아니라, 영상 촬영에서부터 제품의 배달과 홍보
같은 다양한 영역으로 사용 범위가 빠르게 확장
되고 있는 추세이다.

[그림 4-1]

특히 홍보(커뮤니케이션) 영역에서 드론은 그동안 소비자들이 접하지 못했던 독특하고
강렬한 퍼포먼스 연출을 통해 소비자의 강한 몰입을 유도할 수 있게 됐다. 그 예로, 한국에
서 개최된 평창올림픽 개막식에서 1,218개의 드론을 활용한 퍼포먼스로 전 세계의 주목을
받았으며, 현재 한국을 비롯한 미국과 캐나다 등 세계 각국들이 국민의 선거 참여를 장려
하기 위한 선거 캠페인에 드론을 활용하고 있기도 하다. 이와 같은 기술의 발전으로 인해
기업 역시 소비자(대중)들에게 신선하고 강력한 인상을 남기며, 효과적으로 메시지를 전달
하고 새로운 방식으로 소통할 수 있게 됐다.

2) 노브랜드, 합리적 소비자의 상징

"이건 가성비가 너무 좋네."

경제 성장이 급격하게 이루어지고, 수많은 새로운 브랜드가 만들어지고 바다를 건너오
던 2000년까지는 소비자들에게 그렇게 중요한 기준으로 여겨지지 않던 '가성비'는 경제 위
기와 함께 제품의 가치를 결정하는 꽤 매력적인 요소가 됐다. 소비의 양극화 현상으로 인
해 소비자들은 제품을 구매하는 순간에 있어서 거품을 빼고 제 기능에 충실한 제품을 1원
이라도 더 싸게 구매하기 위해 노력하게 됐다. 그리고 가격에 비해 가치가 있었다고 판단
하면 가성비가 좋다는 칭찬을 하게 됐다.

노브랜드가 출범한 2015년은 소비자들의 구매 의사 결정 변화와 디지털 혁명으로 인한
기존 오프라인 매장들의 위기가 커지는 동시에, 시장에 PB(private label, private brand) 제
품들이 여럿 등장함에도 불구하고 이렇다 할 두드러진 브랜드가 없던 시기였다. 이러한

상황에서 4월 '뚜껑 없는 변기 시트'를 시작으로 '1겹 화장지', 욕실화 등 9개의 노브랜드 제품이 출시됐으며, 품목 수는 점차 늘어 현재 1,000개 이상의 상품이 시장에서 노브랜드의 이름으로 판매되고 있다.

품목 수보다 중요한 것은 소비자들의 노브랜드 제품에 대한 반응인데, 소비자들은 앞다투어 자신이 사용해서 만족스러웠던 노브랜드 제품의 후기와 추천 제품 리스트를 공유하며 팬덤을 형성하고 있다. 이에 힘입어 2016년 여름부터 노브랜드는 노브랜드 제품만 판매하는 '노브랜드 숍'을 열어 2020년 5월 기준 270개의 매장을 가지고 있고, 자체 편의점 브랜드인 에브리데이에 숍인숍(shop in shop) 형태로 들어가거나 에브리데이를 노브랜드 매장으로 전환하고 자체 버거 매장을 여는 등 다양한 경로로 소비자와 만나기 위해 노력하고 있다.

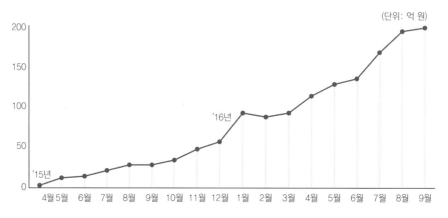

[그림 4-2] 이마트 노브랜드 매출액 추이

사실, 유통업체들의 PB 제품은 이전부터 판매되어 왔지만 그동안 소비자들에게는 그저 가격만 저렴한 싸구려 제품으로 인식되어 왔다. 이러한 소비자들의 인식을 바꾸기 위해 노브랜드는 혁신적인 커뮤니케이션 전략, 그중에서도 혁신적인 네이밍과 브랜딩 전략으로 노브랜드를 합리적 소비의 상징으로 포지셔닝했다. 매장과 제품마다 해시태그를 붙여 #브랜드가아니다, #소비자다, #스마트컨슈머 같은 슬로건을 명시해 소비자가 스스로 가치 소비를 한다는 기분을 가지게 하고, 자신을 합리적 소비자라고 여겨 자신감을 가지게 하는 것이다. 이렇듯 노브랜드는 제품과 가성비 이상의 '당신은 합리적이며 똑똑한 소비자'라는 메시지를 지속적으로 전달함으로써 PB의 본보기를 보여 주었다.

3) 이케아(IKEA)의 #집에서 생활해요(#stayhome) 캠페인

'사회적 거리두기', '집콕', '자가격리'. 코로나 바이러스로 인해 전 세계는 이전과는 다른 생활을 경험하고 있으며, 이는 많은 사람에게 큰 제약으로 다가왔다. 평소에 교류가 잦던 지인들과의 모임이나 만남도 자제해야 하고, 출근이나 등교에도 제약이 생기면서 극심한 스트레스와 고립감으로 인해 코로나 블루라는 신조어가 등장했을 정도이다.

[그림 4-3]

유럽 각국에서도 코로나 확진자가 급증했는데, 이케아 스페인은 이러한 상황을 집이라는 공간을 새로운 관점으로 바라볼 수 있는 기회로 보고 집을 모티브로 하는 캠페인을 제작했다. 비록 바깥세상은 급변하더라도 집이라는 공간은 가족이 놀고, 춤추고, 음악을 즐기거나 사랑하는 사람들과 보낼 수 있는 안정되고 따뜻한 공간이라는 사실을 상기시키고자 한 것이다. 또한 전 세계적으로 장려되고 있는 사회적 거리두기 캠페인에 적극적으로 참여함으로써 사회의 움직임에 적극적으로 동참하는 메시지를 전달하기도 하여 많은 사람의 공감을 얻었다. 이 캠페인을 시작한 이케아 스페인의 마케팅 책임자(CMO) 로

[그림 4-4]

라 두란(Laura Duran)은 "'#집에서 생활해요
(#YoMeQuedoEnCasa)' 캠페인이 소비자들로 하
여금 자신의 보금자리인 집을 다른 시각에서
바라보고, 집에서 무언가 새로운 경험을 할 수
있는 기회가 되기를 바란다"라고 했다.

이렇듯 기술 발전 외에도 소비자들은 지속적
인 경제 저성장과 전 세계를 팬데믹에 빠트린
코로나 바이러스와 같은 최근의 다양한 환경 요소의 변화로 인해 전과는 다른 가치를 추구
하게 됐는데, 이러한 변화를 명확하게 짚어서 전달한 기업들이 결국 위기를 기회 삼아 성
장하는 모습을 볼 수 있다. 새로운 환경에 효과적인 전략으로 대응한 기업의 사례를 통해
한 단계 도약하는 브랜드 커뮤니케이션이 무엇인지 다시금 생각해 볼 수 있다.

 **참고문헌**

김영찬, 김지영(2020). 마케팅 전략. 서울: 학현사.

문영미(2011). 디퍼런트. 서울: 살림Biz.

斎藤孝 (2009). 세계사를 움직이는 다섯 가지 힘 (斎藤孝のざっくり!世界史 : 歴史を突き動かす「5つの
パワー」とは). (홍성민 역). 서울: 뜨인돌출판사.

Crisis marketing: How brands are addressing the coronavirus, Think with Google, written April
2020, accessed 28 November 2020, https://www.thinkwithgoogle.com/future-of-marketing/
digital-transformation/coronavirus-crisis-marketing-examples/

Godin, S. (2005). 보랏빛 소가 온다 2 (*Free prize inside*). (안진환 역). 서울: 재인.

IKEA Encourages People to #StayHome, Digital Agency Network, written 27 March 2020, accessed
28 November 2020, https://digitalagencynetwork.com/ikea-encourages-people-to-stay-
home/

IKEA Spain reminds us why it's nice to be home, Reel 360, written 20 March 2020, accessed 28
November 2020, https://reel360.com/article/ikea-spain-reminds-us-why-its-nice-to-be-
home/

Poter, M. E. (2008). 경쟁 우위 (*Competitive advantage : creating and sustaining superior performance*). (조동성 역). 서울: 21세기북스.

LeBoeuf, M. (2000). *How to win customers and keep them for life*. Penguin Putnam.

Schultz, Howard & Yang, D. J. (1999). *Pour your heart into it*. Hyperion Books.

Simonson, I. & Rosen, E. (2015). 절대가치 (*Absolute value : what really influences customers in the age of 'nearly' perfect information*). (고영태 역). 서울: 청림출판.

제5장

광고와 커뮤니케이션*

»

　광고는 응용 분야라는 인식이 강한 탓에, 그 모태와 뿌리가 되는 커뮤니케이션과의 연결 고리에 대해 간과하는 경우가 있다. 인간의 가장 본원적이면서도 중요한 소통 행위나 커뮤니케이션의 원칙과 세부 정의들을 살펴보면, 광고의 실체적 의미와 기능을 정확히 확인할 수 있다. 광고에 대해 제대로 되돌아볼 수 있는 기회와 경로를 만날 수도 있다는 뜻이다. 이 장에서는 광고의 근원적 출발점인 커뮤니케이션에 관한 학술적 정의와 커뮤니케이션의 종류에 대해 논의한다.

　그런 과정을 통하여 광고가 커뮤니케이션 영역에서 차지하는 정확한 위상을 파악할 것이다. 그리고 커뮤니케이션 중에서도 굳이 '전략 커뮤니케이션'으로 불리는 광고에 대해 정확한 자리매김(Mapping) 작업을 시도하고, 광고 커뮤니케이션과 관련하여 그동안 빈번하게 논의된 고전적 모델을 현대적으로 해석하고 그 활용 방안을 논의할 것이다. 나아가, 갈수록 분화되고 발전되고 있는 광고가 앞으로 어떠한 모습으로 변화하게 될 것인지, 광고인들이 어떻게 해야 그 같은 변화에 능동적으로 대응할 수 있는지에 대해 살펴본다.

* 유현재(서강대학교 지식융합미디어학부 교수)

1. 커뮤니케이션

1) 커뮤니케이션의 고전적 정의

커뮤니케이션(Communication)은 포괄적이며 추상적인 용어로 활용되고 있는 것이 현실이다(유현재, 2010). 사회 구성원 다수가 다양한 장소와 상황에서 사용하지만, 때로는 정확하게 동일한 맥락에서 동일한 의미로 사용하지 않는 경우도 비일비재하다는 생각이다. 커뮤니케이션은 우리말로 '소통'이라고 가장 일반적으로 번역되며, 영어가 보유하는 광범위한 추상성은 그대로 우리말의 '소통'에도 전이되고 있는 것으로 판단된다. 커뮤니케이션의 정의는 용어가 본질적으로 보유한 추상성 및 범용성과 더불어 매우 다양한 차원과 양상을 띠며 다양해졌을 것이다.

커뮤니케이션과 관련된 일부 전통적인 정의를 보면, 오래전에 "우리 일상생활의 중요한 일부분이며, 우리가 세상의 실체에 대해 느끼고 이해하는 방식 등에 대하여 알려 주는 과정(a process embedded in our everyday lives that informs the way we perceive, understand, and construct our view of reality and the world)"이라고 기술된 바 있다(Carey, 1975). 이 정의의 특성은 일단 커뮤니케이션을 일회적이거나 혹은 분절적인 객체가 아니라 반드시 일정 시간 경과하며 이루어지는 과정(Process)으로 나타냈다는 점이다. 이는 결국 커뮤니케이션의 궁극적인 결과로서, 사회를 구성하고 있는 구성원들 간에 형성되는 다양한 차원의 관계를 상정하고 있다.

더불어 커뮤니케이션은 특별한 사람들의 특별한 상황에만 국한된 것이 아닌, 일반적인 사회 구성원 모두가 일상생활에서 경험하고 있는 일체의 사안들이 커뮤니케이션의 주요 소재가 될 가치가 있음도 웅변하고 있다. 필요 이상으로 거창하거나 극도로 학술적일 필요도 없는, 일상에서 수행되는 정보와 의미의 전달 및 공유 과정이라는 뜻으로 받아들여진다. 커뮤니케이션을 시작하거나 혹은 경험하는 주체와 객체 사이에서 우리가 생활하고 있는 사회 혹은 세계를 이해하거나, 관련 정보를 제공하여 현상을 이해하도록 돕거나, 어떠한 해석이 타당할 것인가에 대해 시각을 교환하는 과정으로도 해석된다.

이와 같은 정의에 의해 커뮤니케이션을 인식해 보면, 사실 세상에서 발생하는 거의 모든 행위와 측면에 커뮤니케이션이 개입되지 않는 측면은 없다. 생활의 영위 자체가 커뮤니케이션일 가능성도 높아, 사회에 속해 생활을 영위하는 구성원으로서 삶을 영위하는 그 어떠한 순간에도 커뮤니케이션에서 온전히 자유로울 수 없다는 뜻이다. 정도와 주제, 빈번함의 여부는 상이할 수 있겠지만, 커뮤니케이션의 발생과 수행 등은 세상을 살아가는 모든 구성원에게 필수적인 사회적 행동이며 작용이라고 할 수 있을 만큼 중요하다.

조금 더 간단해 보이지만 커뮤니케이션의 핵심적 요소를 포함한 "의미를 이해하고 교환하는 과정(the process of understanding and sharing meaning)"이라는 정의에서는(Pearson & Nelson, 2000), 본원적으로 커뮤니케이션이 기능하는 사항인 소통 당사자나 대상자 간에 이루어지는 '이해(Understanding)'의 과정과 의미의 '교환(Sharing)' 과정을 포함하며 강조했다. 이해와 교환 및 공유가 커뮤니케이션이 수행해야 하는 주요 역할로 규정된 가운데 "개인 간 정보의 교환을 의미하며, 이 같은 과정을 위해 개인은 말을 하거나 글을 쓰고, 때로는 특정한 상징이나 행동을 통해 의사를 전달하고 교환함(Exchange of information, between individuals, for example, by means of speaking, writing, or using a common system of signs and behaviors)"이라는 부가 설명에 의해 커뮤니케이션에서 주로 역점을 둬야 하는 영역도 강조했다. 대상 혹은 주체 간 과연 어떠한 방법에 의해 커뮤니케이션이 주로 수행되는가에 대한 구체적 사항들도 서술한 것이다. 결국 커뮤니케이션을 가능하게 만드는 다양한 방법 가운데 해당 상황에서 관여자 간에 공유하고 있는 상징(Symbols)이나 행동(Behaviors)을 적극적으로 활용해 말하거나, 쓰거나 기록하며 전달하는 일련의 활동들을 커뮤니케이션이라고 정의했다.

2) 커뮤니케이션의 핵심적 요소

전통적인 일부 정의들에 의거하여 커뮤니케이션의 본질을 이해하는 과정에서, 그렇다면 사람이 행하는, 일상에서 영위하고 있는 어떠한 행동을 특히 커뮤니케이션 행위라고 부르며 추가적 논의를 할 수 있을 것인가? 최근 언어 등 공유 가능한 상징을 활용하는 다양한 행동에 소통의 의미를 부여하여 커뮤니케이션의 영역을 확장하는 사례들이 증가했다(장훈종,

2020). 하지만 먹거나 걷거나 혹은 그 외 의식주와 관련되는 일련의 사항들에 대해 모두 커뮤니케이션 영역이라고 무조건 부를 수는 없을 것이다. 관련 연구자들에 의해 커뮤니케이션의 기본적 조건, 즉 소통의 과정을 반드시 포함해야 하는 요소들이 논의된 바 있다.

첫 번째, 다양한 행동이 소통되기 위한 변수에서 가장 중요한 조건의 하나는 메시지(Message)다. 메시지는 대체로 본원적으로는 문자나 글(Text), 사람에게서 발화된 언어적 수단이나 콘텐츠들을 의미하는 경우가 많다. 하지만 비주얼 요소들이 소위 '메시지화'되어 소통의 질료가 될 수도 있을 것이며, 그 밖에 색채나 음률과 몸짓도 전달되는 메시지와 유사한 역할과 기능을 수행하는 사례도 셀 수 없이 많다. 하지만 일단 사람이 유일하게 가졌다고 하는 문자 혹은 언어의 체계에 의해 만들어지는 고전적 의미에서의 메시지는 커뮤니케이션의 성립과 진행을 위한 기본 요건인 경우가 상당하다. 메시지는 대체로 말하는 과정과 쓰는 과정 등에 의해 형상화되며, 다수의 상황에서 커뮤니케이션 행위의 핵심적 요소로 기능한다(김병희, 김지혜, 유현재, 2015).

다음으로는 소통의 주체 혹은 대상자가 메시지를 전달하거나 받아들이기 위해 활용하는 실체적 행위를 커뮤니케이션의 핵심적 요소로 언급할 수 있다(Act of communicating). 이는 결국 메시지가 의미 없이 존재하지 않고 발화자에 의해 수용자에게 전달되는 뜻깊은 작업이 되기 위한 필요충분조건이다. 상대적으로 단순한 수준의 소통 행위도 있겠으나, 사회 구성원의 숫자만큼, 혹은 특정한 상황이나 그 외 가늠하기 힘든 숫자의 변수들만큼 다양한 형태로 이루어지는 사안이 바로 본 과정이며 단계이다.

메시지, 실제로 발생하는 소통 행동과 함께 커뮤니케이션 발생에 있어 또 한 가지 핵심 요소로 언급되는 사항은 수단(Access)이다. 수단은 커뮤니케이션의 목적이 원활하게 달성되기 위해 주체 혹은 대상자들이 고려하고 적용하는 모든 창구(Outlet)를 의미한다. 대면(Face-to-face) 차원의 커뮤니케이션을 제외한 현대의 대부분 커뮤니케이션 상황, 일반적인 차원에서는 다양한 매스미디어를 의미하는 경우가 가장 많다. TV, 라디오, 인터넷, SNS 등 보통 사람들이 일상생활에서 소통을 위해 가장 빈번하게 활용하는 미디어 수단들이 이에 해당된다. 하지만 최근의 커뮤니케이션 경향과 미디어들을 포함한 소통 수단의 전반적 환경 변화 등을 고려해 보면, 수단(Access) 혹은 창구(Outlet)의 영역을 이전에 비해 획기적으로 확장할 수도 있다. 예를 들어, 앰비언트 마케팅(ambient marketing) 개념은 사회 구성원이 경험하고 있는 모든 사물과 객체가 커뮤니케이션을 위한 수단으로 활용되고 변형될 수 있다는 개념이다(전종우, 2020). 다양한 굿즈 아이템의 활용이나 기업의 사회적 책임 활동(CSR)은 기업이 소비자들과 만나는 비전통적인 창구 기능을 하기도 한다.

커뮤니케이션으로 명명될 수 있기 위해 보유해야 하는 특성의 다른 한 가지는 소통의 결과 주체자와 대상자 사이에 형성되는 감정적 결합 혹은 공감을 의미하는 라포(rapport)가 있다. 이는 커뮤니케이션 행위가 물리적으로 특정한 수단을 거쳐 발생하고 이루어졌다는 이유만으로 커뮤니케이션이 온전히 완성됐다고 말하기 어렵다는 핵심 근거가 된다. 라포는 "서로 이해하고 공감하는 마음 상태(a sense of mutual understanding and sympathy)"로 정의되며, 커뮤니케이션을 통해 형성되는 매우 실질적인 성과이다. 이는 커뮤니케이션의 궁극적 목적과도 연결되며, 커뮤니케이션을 수행함에 있어 어떠한 목적으로, 어떠한 방법을 통해서 더욱 효과적으로 소통하면 결국 라포가 형성될 수 있을 것인지가 중요하다. 특히 본 장의 핵심 주제인 광고 커뮤니케이션의 존재 이유를 설명하기 위해 매우 중요한 사안이다.

3) 커뮤니케이션의 종류와 구분

커뮤니케이션을 구분하는 방법은 다양한 방식으로 존재하겠으나, 본 장에서는 편의상 두 가지 방법으로 분류하여 개별적 커뮤니케이션의 특성과 나아가 광고가 포함되는 커뮤니케이션 영역에 대하여 설명하고자 한다. 첫 번째 분류 방법은 커뮤니케이션의 대상과 범위를 기준으로 나누는 분류이며, 통상적으로 개인 간 발생하는 커뮤니케이션으로 알려진 대인 커뮤니케이션(interpersonal communication), 개인의 내적인 소통을 의미하는 자아 커뮤니케이션(intrapersonal communication), 개인의 집합 형태로 수행되는 방식으로서 집단 내 개인의 역할과 소통 양상을 논의할 수 있는 집단 커뮤니케이션(group communication) 그리고 미디어를 통하여 정보를 전달 및 교환하는 매우 전통적인 양상의 매스 커뮤니케이션(mass communication)으로 분류할 수 있다.

먼저, 대인 커뮤니케이션은 일반적으로 사람들이 소통과 커뮤니케이션을 언급할 때 가장 빈번하게 떠올리는 형태라고 하겠으며, 활용된 '인터(inter)'의 어원이 사이 등을 의미하는 '비트윈(between)'에서 비롯됨을 감안한다면 기본적으로 일대일(One-on-One) 형태의 소통을 의미하는 개념이다. 이 같은 커뮤니케이션 유형은 발화자와 상대 간 구분이 가장 모호하게 전개되는 특성이 있으며, 서로 간에 전달하는 사항들에 대한 피드백도 즉각적이고 직접적인 형태에 의해 활발하게 이루어질 가능성도 높다. 따라서 일방적인 내용 전달보다 '대화'로 번역되는 용어(dialogue나 conversation)와 대체 가능한 형태의 커뮤니케이션이다.

이와 비교하여 자아 커뮤니케이션은 어원상 '위드인(within)'을 뜻하는 것으로 알려진 '인트라(intra)'로 비롯되어 개별적 개인의 내부에서 발생하는 커뮤니케이션 형태를 의미한다. 개인은 단일하지만 소통에 있어서 복수의 자아(multiple personalities)가 기능할 가능성도 존재함을 의미하는 개념이라 하겠다. 자신 내부와의 소통은 개인 간 소통에 있어 중요한 역할을 할 수 있는 변수이며, 따라서 동반하여 논의하고 이해하는 방식이 더욱 합리적이지 않을까 생각된다.

집단 커뮤니케이션은 말 그대로 커뮤니케이션의 상대자들에 대한 변화가 매우 다양한 형태로 발생할 수 있으며, 집단 내에서 진행되는 소통에 의해 개인이 경험하는 영향과 내부 소통에서의 역할, 포지셔닝 등이 주요 관심사가 될 수 있는 커뮤니케이션 형태이다(설진선, 김수연, 2020). 일대다 소통(One-on-more than one communication)의 형태로 주로 수행되며, 일방적인 정보의 전달에 치우치는 성격도 있는 동시에 활발한 피드백과 상호작용 또한 발생할 가능성도 전제되는 혼합적 여건의 소통 형태라고 하겠다.

끝으로, 매스 커뮤니케이션은 구체적인 미디어의 활용이 기본값으로 전제되는 커뮤니케이션으로, 우리나라를 포함하여 세계에서 가장 활발하게 발생하고 있는 유형의 대규모 커뮤니케이션이다. 대체로 소통의 발화는 미디어를 보유하고 있는 소수가, 소통의 객체는 '대중'으로 불리는 불특정 다수가 되는 사례가 많은 편이지만, 최근 미디어 환경의 변화에 의해 다양한 변수가 속출하고 있는 상황이다.

커뮤니케이션을 분류하는 두 번째 방법은 궁극적 목적이 무엇인가에 의해 구분하는 유형이다. 다소 단순한 분류 방식으로 인식될 수도 있으나, 특히 본 장의 핵심 사항인 '광고'의 중요한 특성을 더욱 정확히 파악하기 위해서는 매우 유용한 구분이다. 먼저, 커뮤니케이션 수행에 있어 매우 명확한 목적(objectives)을 가지고 접근하는 영역에 대하여 전략 커뮤니케이션(strategic communication)이라는 용어를 쓸 수 있다. 단어 자체에서 느껴지듯 커뮤니케이션을 함에 있어 기획 단계에서 실행 과정 그리고 예상되는 결과의 달성에 이르기까지 일련의 순서들에 대하여 매우 전략적으로 접근해야 한다는 뜻이 강하게 내재되어 있다. 전략 커뮤니케이션은 본원적인 목적과 연계되며 설득 커뮤니케이션(persuasive communication)으로 통용되기도 한다(김진석, 유현재, 2016). 전략적으로 수행되는 커뮤니케이션은 언제나 매우 명확한 수준으로 커뮤니케이션의 대상인 상대자(counterpart)나 청중(audience) 혹은 수용자(receiver)가 효과적으로 설정되어야 하며, 전달하려는 정보에 대해 이들을 의도적으로 설득하려는 목적이 반드시 있어야 하기 때문이다. 설득이나 동의 혹은 공감, 나아가 특정한 행동에 대한 유발까지 목적으로 설정되어야 한다.

설득 커뮤니케이션이나 전략 커뮤니케이션의 특성에 부합하지 않거나 거리가 있을 것으로 판단되는 일체의 커뮤니케이션 영역을 여기에서는 편의상 '일반적인(genuine)' 혹은 정통적 커뮤니케이션 분야로 정의하고자 한다. 예를 들어, 전통적인 저널리즘 영역이나 광고 등 상업적 목적을 현저히 보유하지 않은 미디어 콘텐츠 제작 같은 분야가 이에 해당된다. 하지만 이 같은 구분과 관련하여 전략 커뮤니케이션의 다양한 특성 중에서 '정통적' 혹은 '일반적인'에 해당되는 요소들이 전혀 없는 것은 아니다. 반대로 정통적이며 일반적인 커뮤니케이션 분야라고 해서 목적이나 목표 공중 혹은 타깃 등에 대한 설정이 결여되어 있다는 뜻도 아니다.

2. 설득 커뮤니케이션과 전략 커뮤니케이션 그리고 광고

1) 전략 커뮤니케이션의 정의와 필수적 조건

앞에서 설명한 전략 커뮤니케이션(strategic communication)의 특성을 조금 더 자세하게 설명하며 본 장의 핵심인 광고에 대한 논의를 본격적으로 진행해 보고자 한다. '일반적인' 커뮤니케이션에 비해 전략 커뮤니케이션이 보유하는 배타적 요소는 다양하지만, 가장 핵심적인 특성의 하나는 바로 목표(communication objectives)의 명확한 설정이다. 전략 커뮤니케이션에서 목표의 명확한 설정은 일반적으로 소통의 발화자가 수용자 혹은 대상자에게 메시지 등을 단순 전달하는 과정만을 의미하지는 않는다. 전달의 과정을 커뮤니케이션의 기본 조건이라고 한다면, 전략 커뮤니케이션에서 반드시 필수적으로 실현되어야 하는 사안은 전달의 결과로 목표 수용자에게 특정한 반응이 '진짜로' 발생했는가에 대한 내용이라는 뜻이다(유현재, 성율, 2020).

실제로 발생했는가에 대한 여부는 '효과'라는 용어를 써서 포괄적으로 평가하지만, 더욱 구체적으로 표현되어야 하는 경우도 많다. 예를 들어, 광고의 경우 전략 커뮤니케이션의 상대가 특정 브랜드에 대한 인지(awareness)를 처음으로 갖게 하거나 인지도를 높게 유지할 수 있도록 자극하는 목적을 설정할 수도 있다. 혹은 해당 제품에 대한 선호(preference) 수준을 긍정적으로 자극함으로써 구매 욕구(intention to buy)를 본격적으로 형성하게 만든다는 목적을 설정할 수도 있을 것이다. 물론 더욱 실제적인 목적인 행동(action) 유발의 단계까지 이어질 수 있도록 커뮤니케이션을 기획 및 실행하려는 목적을 가질 수도 있다. 전략 커뮤니케이션, 혹은 설득적 커뮤니케이션이 필수적으로 보유해야 하는 특성은 일련의 커뮤니케이션 행위를 통해 "정확하게 무엇을 이루어 낼 것인가?", 즉 목적한 바를 명확하게 설정하는 작업이다.

목적의 명확한 설정과 함께 전략 커뮤니케이션이 보유해야 하는 또 한 가지 대표적 특성은 어떠한 수단(vehicle)을 통해 커뮤니케이션을 수행할 것인가에 대한 사항이다. 대상자를 정하고, 전달해야 하는 메시지를 결정하며, 예상되는 반응과 반드시 커뮤니케이션을 통해 이루어야 하는 목적을 정함과 동시에, 과연 어떠한 방법과 수단을 통해 소통을 진행할 것인가에 대한 철저한 기획이 있어야 한다는 뜻이다(김병희, 김지혜, 손영곤, 2017). 광고의 사례로 좁혀서 설명하자면, '대체로 어떠한 미디어를 사용해서 목적을 달성할 것인가? 정해진 타깃을 설득하기 위해 어떠한 미디어 전략을 활용할 것인가?'에 대한 구체적 논의가 있어야 한다는 의미가 된다. 이는 커뮤니케이션의 목적과 설정된 타깃, 그리고 광고주의 특성 등을 종합적으로 판단하여 가장 합리적인 수준에서 전략 커뮤니케이션에 사용할 수단을 선택해서 운용해야 함을 뜻한다.

2) 광고의 위치와 마케팅 4P, 홍보와 광고

전략 커뮤니케이션 혹은 설득 커뮤니케이션에 대해 살펴보았으며, 광고는 이 영역에 있어 중심적인 위치를 차지한다고 믿는다. 광고가 위치하는 포지션에 대한 구조적 파악을 위해 마케팅 믹스(marketing mix)로도 잘 알려진 마케팅 4P 개념을 동원할 수 있다. 마케팅 4P는 마케팅 기획 및 실행에 있어 가장 기본이 되는 요소인 제품(Product), 가격(Price), 장소(Place) 그리고 판매 촉진 활동(Promotion)의 네 가지 영역으로 구성되어 있다. 이 같은 4P는 기업 등이 이윤 추구 활동을 위해 고려할 수 있는 제반 요소들을 대부분 포괄하는 개념이다(염정윤, 최인호, 정세훈, 2019).

기업 가치의 핵심이자 기업이 소비자와 만나는 가장 중요한 접점인 '제품'을 비롯하여, 적정한 가치 교환에 의해 고객에게 상품을 전달하는가에 대한 개념인 '가격', 그리고 어떤 장소와 상황에서 제품과 브랜드 그리고 기업과 기업 구성원들이 소비자와 만나게 되는지에 대한 일련의 사항에 해당되는 '장소'가 있겠다. 끝으로 판매 촉진 활동은 기업이 특정한 제품 혹은 브랜드, 기업 자체와 구성원 등 기업이 보유한 유무형의 자산을 어떠한 방법으로 소비자들에게 친근하게 전달할 수 있을 것인가에 대한 일체의 노력을 의미한다.

프로모션 영역에는 실로 다양한 수단이 포함될 수 있으며, 사실 그 종류는 여전히 진화 및 분화하고 있는 상황이다. 기술의 진보는 프로모션 수단의 다양화를 더욱 가속화시키고 있으며, 개별 수단에 대한 기존의 구분 또한 무의미해질 정도의 변화가 이어지고 있다. 프로모션 수단에서 중요한 요소 가운데 하나로 홍보(Public Relations) 활동이 존재할 것이며, 홍보의 하부 개념 혹은 동등한 수준에서 기능하는 수단이 바로 본 장의 핵심 사항인 광고이다. 물론 광고의 전통적인 정의에 대한 확장 혹은 수정 관련 논의가 활발하지만, 광고가 본원적으로 보유하고 있는 특성과 역할 등에 있어서는 시간의 경과에도 불구하고 공통성이 존재한다.

3) 광고의 의미적 확장과 향후 예측

광고에 대한 정의에서 가장 일반적으로 받아들여지고, 관련 연구자와 실무자들에게 보편적으로 활용되는 하나는 미국마케팅학회(1963)의 정의이다. "광고란 명시된 광고주가 유료로 아이디어와 제품 및 서비스를 비대인적으로 제시하고 촉진하는 일체의 형태이다 (Advertising is any paid of nonpersonal presentation and promotion of ideas, goods, services by an identified sponsor)"라는 정의에서, 광고의 핵심 가치와 기능 및 역할을 대략적으로 파악할 수 있다. 이 정의에 따르면, 광고가 보유해야 하는 가장 중요한 특성 중 한 가지는 '돈'의 지불, 즉 경제적 후원에 대한 사항이다. 이는 전략 커뮤니케이션의 본원적 특성과도 직결된다고 볼 수 있으며, 광고가 기획되고 제작되어 집행까지 진행되기 위해서는 반드시 비용이 개입될 수밖에 없음을 인정하는 부분이다. 상업적으로 활용할 수 있는 미디어를 포함하는 수단이 있어야 할 것이며, 광고의 기획과 제작 및 운용을 위한 수고에 대해 지불되어야 하는 비용이 매우 중요한 변수라는 뜻이다. 또 한 가지는 'non-personal'의 차원이어야 한다는 것인데, 이는 우리말 '광고'가 지닌 속성과도 연결된다. 한자어로 표현되는 광고는 말 그대로 넓게(廣) 알린다(告)는 의미이다.

이는 결국 특정한 메시지나 상징, 의도, 정보 등을 작은 차원에서 개인 간 주고받는 것이 아닌, 교류의 범위가 일정한 수준에서 광범위함을 뜻한다고 하겠다. 'non-personal'이란 개인적 차원에서는 와닿지 않는 개념이나 메시지를 전달한다는 것이 아니라, 광고가 전달되는 대상 등의 크기를 의미한다. 지극히 소규모인 개인 간 유통되는 정보 등에 대하여 '광고'라고 부르기에는 무리가 있다는 내용으로 볼 수 있다. 더불어 광고가 전달해야 하는 사항이 특정한 개인에게만 배타적으로 한정되는 것이 아니라, 다수에게 해당되어야 한다는 특성도 위 정의에 반영되어 있다(유현재, 조은선, 2013).

상품이나 브랜드, 서비스 등 유형 혹은 무형의 객체를 개인 차원을 넘어서는 스케일로 누군가에게 전달하는 행위가 광고임을 알려 주는 것이다. 위 정의에 근거해, 광고가 최종적이며 결정적으로 보유해야 하는 마지막 특성은 반드시 해당 광고가 누구, 즉 어떠한 주체(client)에 의해 진행되는지 명확하게 알려야 한다는(identified sponsor) 당부가 포함되어 있다. 이는 결국 특정한 광고가 누구에 의해 기획되고 집행되는지에 대한 사항이 모호할 경우, 전달하는 콘텐츠의 대상자인 실제 소비자들이 혼란을 경험할 수도 있고, 광고를 통해 전달하는 콘텐츠에 대한 오해와 억측 또한 가능할 수도 있기 때문이다. 그렇다면 미국마케팅학회의 광고에 대한 정의가 최근 우리나라의 현실에 부합될 수 있도록 수정되어야 하는 부분은 없을까?

광고에 대한 기존 정의에서 전통적 의미의 광고가 보유하는 상당수 특성은 대체로 담겨 있는 것으로 판단됐지만, 최근 광고가 경험하고 있는 다양한 변화에 비춰 보면 재조정이 필요하다는 의견이 다수 제기되고 있다. 일단 소비자들을 설득시켜야 하는 광고의 운명적 속성에 의거, 최근 광고의 세부적 전략은 끝없이 진화와 발전을 거듭해 오고 있으며, 이 과정에서 예전 광고의 정의에 부합하지 않거나 확장되는 원리 및 특성들이 가미되고 있다. 대표적인 사항이 바로 'paid', 즉 광고는 누군가, 그중에서도 대체로 광고주에 의해 제반 비용이 지불되어야 한다는 특성은 이미 다양한 양상으로 분화되어 왔다. 물론 광고에 활용되는 미디어에 대한 비용이 누군가에 의해 지불되어야 하는 것은 명확하지만, 때로는 광고의 목적과 의도, 지향하는 바, 광고의 주요 내용이 무엇인가에 따라 다양한 양상을 띠고 있는 것이 엄연한 현실이다. 예를 들어, 공익 광고의 경우 때로는 특정한 기업에서 기획 및 제작비를 기부하는 형태도 적지 않으며, 미디어 비용을 언론사가 사회 공헌 측면에서 제공하는 사례들도 존재하기 때문이다. 더불어 공식적으로 일련의 비용을 지불하지 않는(non-paid) 방식에 의해 만들어진 다양한 콘텐츠가 '광고'로 불리는 경우도 매우 다양해지고 있다.

이러한 상황의 이해를 위해 최근 광고에 사용되는 주요 미디어를 구분하는 새로운 방식들을 살펴보며 논의할 수도 있다. 미디어를 구분하는 방식으로 유료 미디어(paid media), 소유 미디어(owned media), 임대 미디어(earned media) 구분이 사용되고 있으며, 이 같은 구분에 의해 설정된 미디어를 효과적으로 사용하며 기업 등 주체가 의도하는 마케팅 목적을 달성하려는 노력을 트리플 미디어 전략으로 부르고 있다(한상필, 손영석, 2014). 트리플 미디어 가운데 '유료(paid)' 미디어가 전통적으로 우리가 알고 있는, 즉 미디어 비용을 공식적으로 지불한 다음 특정한 미디어 기업으로부터 광고 미디어와 비히클(vehicle)을 제공받아 자사의 광고를 송출하는 방식에 부합한다. 소비자들에게 기업의 메시지와 상품 정보 등을 유료(Paid)로 전달하는 고전적 방식인 것이다.

이에 비해 소유 미디어(owned media)는 광고를 집행함에 있어 여타 미디어를 구매하여 활용하는 것이 아니라, 자사가 소유하고 있는 수단들에 의해 광고를 수행하는 방법이 되겠다. 이때 사용되는 일련의 미디어를 '소유한' 미디어라고 부르는 것이다. 과거와 달리 개별 기업이나 공공 기관, 그 외 주체들은 이미 오디언스와 소비자들과 소통할 수 있는 다양한 미디어 수단을 보유하고 있으며 적극적으로 활용하고 있다. 예를 들어, 각 주체가 소유하고 있는 웹사이트와 블로그, 사옥에 설치된 옥외 광고 시설도 정확하게 해당될 수 있으며, 사보와 그 외 오프라인 기반의 간행물도 사례가 된다. 즉, 개별 주체들이 보유한 다양한 미디어 수단이 광고가 소비자들에게 전달되는 통로로 활발하게 사용되고 있는 것이다. 물론 PR 수단과의 구분이 필요하긴 하지만, 최근 광고와 PR을 분류하는 경계도 상당히 모호해진 측면에 의해 광고의 정의는 상당히 확장되고 있는 측면도 존재한다. 기업에서 운영하고 있는 스포츠 구단의 경우, 전형적인 홍보 수단이긴 하지만 기업의 메시지를 대중에게 전달하는 실질적인 광고 수단이라고 불러도 무방한 상황이 전개되고 있는 것이 대표적이다.

앞에서 언급한 유료 및 소유 미디어에 비해 최근 디지털화의 본격적인 전개와 함께 가장 많은 분화와 확장이 이루어진 영역이 바로 임대 미디어 부분이다. 임매 미디어(earned media)는 전통적인 미디어 기업이 제공하는 유형도 아니고, 그렇다고 개별 광고주나 여타 주체가 말 그대로 '소유한' 미디어도 아니지만, 최근 광고 마케팅 환경에서는 결코 빠질 수 없는 사항으로 활발하게 진행되고 있는 영역이다(이용우, 2013). 예를 들어, 특정한 SNS 플랫폼에 기업이나 개인이 계정을 만들어 불특정 대중에게 자신의 제품이나 브랜드, 서비스 등과 관련된 정보를 제공한다고 했을 때, 이는 두 가지 미디어의 종류에 접근하여 광고를 수행하는 방식이 아닌, 일정 부분 개별 주체들이 '획득'하거나 '확보한', 즉 'Earned' 방식으로 활용하고 있는 광고 수단이라 볼 수 있다. 기업, 공공 기관, 그 외 주체의 노력에 따라서는 거의 비용이 소요되지 않는 상태에서 기회를 확보하여 실질적인 광고 수단으로 활용할 수 있다는 뜻이다.

최근 각종 SNS 플랫폼에서 활동하는 인플루언서들과 일정한 계약을 맺어 사실상 광고에 준하는 마케팅 활동을 펼치는 기업들이 급속도로 증가하고 있는 사실은 이미 잘 알려져 있다. 인플루언서 혹은 다수의 유튜버도 다양한 형태로 상업적 이익을 얻는 과정에서 광고로서의 미디어 역할을 실질적으로 수행하고 있는 것이 현실이다. 이는 결국 전통적 의미의 광고에 대한 정의가 변형되고 확장되고 있는 현실을 그대로 보여 주고 있는 상황이라고 판단된다.

광고의 전통적 정의에 포함된 특성인 '비대인적(non-personal)' 또한 상당한 사례들에서 그 의미가 옅어지고 있는 것이 명확한 현실이다. 여전히 광고, 즉 "넓게(廣), 알린다(告)"의 특성에 부합하여 특정한 기업 혹은 정부 기관, 개인 차원에서 소수가 불특정 다수에게 메시지 등을 전달하는 행위가 광고의 상당 부분을 차지하고 있는 것이 현실이다. 하지만 최근 광고 전략의 끝없는 발전과 소비자 설득에 대한 테크닉, 이 같은 전략 구현을 위한 기술 발전 등과 맞물리면서 더욱 개인화된 형태의 광고 유형과 구체적 전술 등이 다양해지고 있다. DM(Direct mail) 형태 등 초보적인 개인화 광고가 일반화된 것은 이미 오래된 일이며, 그 외 너무나 다양한 미디어를 통해 개인의 '개별적' 특성에 맞춰 '개인화된' 광고 형태가 쏟아지고 있는 것이 현실이다.

이처럼 실제로 한 사람 한 사람에게 전달하는 방식의 광고도 있지만, 개인의 웹사이트 검색 기록 등을 토대로 개인마다 상이한 메시지가 개별적으로 노출되도록 프로그램화하여 광고가 집행되는 네트워킹 광고(networking advertising)의 존재도 흥미롭다. 예를 들어, 소비자 A와 B가 동일한 웹사이트에 머물고 있다고 해도, 예전 두 사람이 방문했던 웹상의 장소에 차이가 있을 경우 동일한 스폿에서 팝업(pop-up) 형태로 노출되는 별도의 광고들은 서로 상이할 가능성이 높다는 뜻이다. A 소비자가 중고차를 빈번하게 알아본 경력이 있으면 중고차와 관련된 정보로 구성된 팝업 광고가 해당 소비자가 서핑하는 장소에 출몰할 것이며, B 소비자가 여행과 관련된 웹사이트와 정보 등을 유난히 자주 파악했을 경우 해당 욕구(needs)와 필요(wants)에 부합하는 정보들이 B 소비자가 방문하는 사이트를 무대로 다수 팝업될 수 있다는 것이다. 이 같은 현상은 전통적 의미의 광고에 대한 정의가 상당 부분 수정되어야 함을 방증하는 결정적 현실이다.

[그림 5-1] 네트워킹 광고의 사례

• 출처: 스포츠경향.

끝으로, 광고에 대한 전통적 정의에 중요하게 명시되어 있던 명시된 광고주(identified sponsor) 조건 또한 예외가 많아진 것이 사실이다. 이미 상당 기간 전부터 일부러 전략적인 목적에 의해 광고주의 정체를 숨기며 광고를 집행하는 사례들은 적지 않았다. 이 같은 장르를 티저 광고(teaser ad)라고 불렀으며, 영어로 '놀리다'로 번역되는 'teasing'을 활용해 광고주의 정체를 심각하지 않은 수준에서 일정 길이의 시간 동안 '가볍게' 은폐하는 것을 전략적으로 묵인하는 형태가 다수 탄생했다. 이는 사실 광고를 포함한 상업적인 목적을 띠는 다양한 콘텐츠에 대한 소비자들의 거부 반응이 본격화되면서 더욱 발전을 거듭했다고 해도 과언이 아니다(이지은, 김태용, 2010). 개인이 일상에서 접하는 광고의 양이 과거에 비해 폭증하는 과정에서 소비자들에게는 광고 회의주의(advertising skepticism)와 광고 회피주의(advertising avoidance) 등이 상당한 수준으로 자리 잡게 됐다.

티저 광고는 기본적으로 소비자들의 주목을 어떻게든 획득하고 설득하여 상업적 목적을 달성하려는 기업들의 처절한 욕구, 하지만 웬만해서는 시선과 관심을 부여하지 않으려는 최근 소비자들의 특성을 배경으로 탄생한 광고 방법 중 하나라고 하겠다. 예를 들어, 일련의 시리즈 광고를 기획한다고 가정할 경우, 처음 1편과 2편에서는 매우 자극적인 비주얼과 간략화된 메시지에 의해 주목과 관심만을 의도하고, 일단 관심도가 높아진 상황에 집행하는 차기 광고 시리즈를 통해 자사의 정체를 알리는 방식이다. 이 같은 전략이 성공적으로 집행될 경우, 해당 기업이나 브랜드, 제품에 대한 소비자들의 관심 수준은 높아지며, 관심은 곧 긍정적인 인지로 바뀔 가능성도 높다.

하지만 최근에는 이처럼 광고의 주체와 목적 등을 고의로 은폐하면서 추후에 배경이 타의에 의해 밝혀지는 과정에서 소비자들에게 외면을 받는 사례들도 관찰되고 있다. 예를 들어, 유튜브 등 극도로 대중화된 SNS 플랫폼에서 활동하고 있는 일부 인플루언서들이 사실은 특정한 제품이나 기업에 의해 금전적 이득을 취한 상태로 활동했음에도 불구하고, 후원 내역을 숨기고 본인은 순수한 소비자로서 사용 후기를 제공하는 것처럼 행동하며 물의를 일으킨 소위 '뒷광고' 사례들이 속출하기도 했다(차영란, 2020).

당연하게도 추후 진실이 밝혀질 경우 소비자들은 극도의 배신감으로 해당 인플루언서들의 발언을 더 이상 신뢰하지 않게 되며, 이는 해당 인플루언서들은 물론 금전적 혜택을 제공한 기업이나 브랜드에게도 부정적 영향을 미치고 있는 상황을 연출하게 된다. 광고의 정의는 현실의 상황이 반영되며 변경 및 확장이 이루어져야 하는 것이 당연하지만, 궁극적으로 소비자를 존중하고 정정당당하게 정보를 전달하고 설득을 추구해야 한다는 광고의 전통적이며 본원적인 원칙은 변함없이 준수되어야 한다.

3. 주요 전략 커뮤니케이션 모델과 현대적 활용

앞에서 광고의 고전적 정의와 현대적 현실에는 어떤 차이가 있으며, 광고란 무엇이며 어떻게 확장되고 있는가에 대한 양상을 살펴보았다. 광고의 현실적 의미의 확장에 대한 논의는 광고를 포함한 전략 커뮤니케이션이 어떻게 발생되고, 어떠한 과정을 거쳐 궁극적으로 소비자들에게 전달되는지 등에 대해 연구자들이 설정했던 일부 커뮤니케이션 모델과 이론적 배경을 살펴봄으로써 파악할 수 있을 것이다.

1) AIDMA와 현대적 활용

AIDMA 법칙

[그림 5-2] AIDMA 모델

아이드마(AIDMA) 혹은 아이다(AIDA)는 광고를 포함한 전략 커뮤니케이션의 학습에 있어 가장 기초적으로 접하게 되는 간략화된 모델의 하나이다. AIDA 모델이 최초 언급된 것은 이미 100여 년이나 경과한 것으로 알려져 있으며, 이후 다양한 세부 단계들이 추가되는 등 다수의 변형태가 존재하면서 논의 및 활용되어 왔다(이미진, 한정원, 2012). 소비자들이 전략 커뮤니케이션을 접하는 과정에서 가장 일반적으로 경험하는 것으로 가정된 단계는, Attention(주의)-Interest(흥미)-Desire(욕구)-Memory(기억)-Action(행동)이며, 개별 소비자들이 광고 등 특정한 자극물에 최초 노출(Exposure)되고 구매(Purchase) 등 최종적인 행동 단계에 이르기까지 일련의 프로세스를 모델링화해 놓은 것이다. 일견 너무나 당연해 보일 수도 있지만, 광고 등 전략 커뮤니케이션이 소비자들에게 어떠한 경로와 구체적 단계를 통해 역할을 수행하는지 상당히 명쾌하게 설정해 놓은 고전적 템플릿이었다.

일단 주의(attention) 단계는 광고가 어떠한 형태로 이루어지든 간에 소비자들에게 최초로 인지(recognize)된 다음, 인지의 시간이 일정 부분 지속되는 순간을 말한다고 볼 수 있겠다. 어떠한 자극, 어떠한 광고의 형태도 이 단계에 대하여 자유로울 수는 없다. 최종적인 효과를 위해 기본적으로 반드시 거쳐야 하는 소통의 첫 관문인 것이다. 소비자들의 주의 이후, 광고에의 노출(Exposure) 과정이 반복되는 등, 주목의 기회가 복수로 이루어지면 소비자들이 흥미(Interest)를 경험할 수 있는 단계가 찾아오게 된다. '흥미'란 물론 일회성 노출만으로 이루어질 수도 있겠지만, 노출의 횟수와 방법 등이 중요한 변수로서 작용할 수 있는 단계이다. 그 후 마찬가지로 흥미의 단계가 지속되면, 마침내 특정 광고 혹은 특정한 광고를 통해 지속적으로 전달된 브랜드와 상품 등 광고가 포함하는 개별 요소들에 대한 앎의 욕구(Desire)가 발생할 수 있다. 물론 이 같은 과정이 순차적으로 진전된다는 것은 기본적으로 소비자들이 과정의 전개에 대하여 부정적인 감정을 갖지 않는다는 전제가 있어야한다. 앞에서 설명한 개별 단계에서 소비자가 해당 자극에 대해 부정적인 감정을 가지게 될 경우, 해당 시점에서 커뮤니케이션은 더 이상의 진행 없이 단절될 것이기 때문이다.

욕구(Desire)의 단계를 경험한 이후에도 해당 브랜드와 제품, 특정 광고에 대하여 긍정적인 감정이 어느 정도 지속될 경우, 이젠 광고에 등장하는 요소들에 대한 기억(Memory)의 과정이 이루어질 수 있다. 기억이 중첩되고, 앞서 진행된 과정 등을 반복적으로 경험한 소비자는 결국 구매(Purchase) 등 행동을 결정하는 순간에 도착하게 된다. 기업이나 브랜드가 그렇게 필사적으로 희망하던 바로 그 시점인 것이다. AIDMA는 매우 간단하고 축약된 형태로서 소비자들이 광고를 소비하고 구매에 이르게 되는 일련의 과정을 설명했지만, 현실을 투영하여 생각해 보면 상당히 명확한 설명이라고 할 수 있다. 물론 AIDMA의 모델에 포함된 일련의 단계가 실제 소비자들이 접하는 광고와의 관계성에 대해 온전히 설명해 주지는 못한다. 이는 너무나 당연하며, 특히 최근의 광고물들이 소비자들과 유지하는 관계성에 대해서는 새로운 단계들이 다양한 모습으로 개입되어야 할 것으로 생각된다. 일부 단계는 교체가 필요할 수도 있겠고, 혹은 순서가 바뀌어야 설명이 더욱 자연스러워지는 상황도 있을 듯하다.

　따라서 이 고전적 모델이 제공하는 기본적인 시사점을 근간으로 하여 다양한 변형 모델(modified model)을 비판적으로 논의하는 것이 광고와 소비자에 대한 현대적 메커니즘을 이해하는 데 중요한 순서가 될 것이다. 예를 들어, 필자가 진행한 광고 관련 강의에서는 학생들에게 아래와 같은 과제가 부여되며, 이후 각자가 개발한 모델에 대한 다양한 논의가 이루어진다.

　　"우리는 수업에서 광고 커뮤니케이션과 소비자 행동에 대한 논의를 진행했으며, 관계 메커니즘을 파악할 수 있는 AIDMA 등 고전적 모델을 학습한 바 있습니다. 하지만 최근의 미디어, 광고, 커뮤니케이션, 소비자 행동 등 제반 상황을 고려해 보면 AIDMA가 보유한 개별 단계만으로는 충분히 설명할 수 없는 다수의 상황도 존재하는 것이 엄연한 사실이라 하겠습니다. 여러분이 생각하는 가장 합리적인 변형 모델(modified model)을 제안하시고, 그 이유와 핵심 근거, 그리고 여러분이 제안하시는 변형 모델이 가장 적절하게 활용될 수 있다고 판단되는 실제 광고 소비 상황 등에 대해 자유로운 형식으로 기술해 주시기 바랍니다."

　이 과제는 최소 3인 이상으로 구성된 팀 형태로 수행되며, 다양한 유형의 변형 모델들이 과제의 성과물로 만들어진다. 제시되는 가장 일반적인 유형은 기존 모델에 특정한 단계를 첨가하는 형태이며, 예를 들어 AIDMSA 모델이다. 이는 기존의 AIDMA 모델에 최근 가장 활발하게 이루어지는 소비자들 상호간의 '의견 수집'과 '공유' 단계를 의미하는 공유(Share)를 포함한 모델이다. 최소한의 변형을 적용한 사례인 것이다. SNS 등 다양한 장치를 통하여, 최근의 소비자는 광고를 접할 뿐 아니라 최종 결정을 위해 매우 다양한 차원에서 다수와 의견을 공유한다. 각종 후기를 살펴볼 수도 있고, 직접 기존 구매자들에게 질문도 하며, 해당 제품이나 브랜드와 관련된 커뮤니티에서도 다양한 방식으로 의견을 구하는 수고도 마다하지 않는다.

　이 같은 과정들은 행동(Action)이 이루어지기 전 너무나 중요하게 고려되고 있는 단계이며, 최근의 광고 커뮤니케이션과 소비자 간 발생하고 있는 관계성을 생각해 보면 간과될 수 없는 순서들임에 틀림없다. 그 외, Conviction(확신), Evaluation(평가), Remind(재인식), Resist(저항), Discussion(논의) 등의 단계들이 최근 광고와 소비자 사이에 발생할 수 있는 중요한 영역이라는 주장이 많았으며, 이처럼 새롭게 제안된 순서들은 예전처럼 수동적이고 소극적인 소비자들이 아닌 현대적이며 적극적인 주체가 수행하는 과정들이라는 특성이 있었다. 최종적 구매 행위를 위해 사전에 다양한 활동을 스스로 펼칠 수 있는 제반 상황과 기술적 배경 또한 시사하고 있었다.

필자가 진행한 강의에서 학생들의 성과물에서 발견되는 또 한 가지의 대표적 흐름은 AIDMA와 같은 선형 모델(linear model)에 대한 비판적 시각과 변형이었다. AIDMA의 본원적인 한계, 즉 개별 단계의 선-후 순서가 시간적으로 이미 설정되어 있다는 점과, 구매가 광고 커뮤니케이션에 있어 최종 단계인 것으로 가정되어 있음을 지적하며 새로운 모델을 제안한 것이다. 일단, 최근 소비자들이 광고를 접한 다음 구매 단계까지 이르게 되는 일련의 과정은 결코 선형으로 설명되지 않는 부분이 너무나 다양하게 존재한다. 주의(attention)와 흥미(interest)의 경계가 모호한 5초짜리 광고와 그 외 상업적 영상이 너무나 많은 것이 현실이며, 저장이나 캡처 기능을 활용한 정보 유지의 방식이 과연 고전적 선형 모델에 포함된 Memory에 해당되는가에 대한 논의도 할 수 있다는 것이다.

더불어 Action이 앞선 단계보다 먼저 이루어지는 최근의 광고 커뮤니케이션-소비자 상황도 우리는 홈쇼핑과 소셜 커머스 등의 환경을 통해 얼마든지 발견할 수 있는 현실에 살고 있기도 하다. 이 같은 논의들은 결국, 매우 오랜 시간 동안 합리적으로 받아들여졌던 AIDMA의 시간적 자연스러움에 대해 비판적인 시각을 적용할 시점이 왔음을 의미한다고 하겠다. 또 한 가지, Action이 끝이 아니라는 점도 학생들에 의해 빈번하게 논의됐다. 이 같은 특성 또한 최근의 실제 상황을 근거로 보면 너무나 명백하게 느껴진다. 'Action'에도 사실 매우 다양한 세부적 단계가 존재할 수도 있으며, Action 후 소비자들의 반응은 너무나 다양한 형태로 동료 소비자 혹은 해당 제품 및 광고를 만든 기업, 심지어 광고를 제작한 광고회사에도 피드백(Feedback)이라는 형태로 주어진다. 이는 결국 선형(linear) 모델보다는 원(circular) 형태 등 일정한 단계들의 전후가 명확하거나 시작과 종료가 분명하지 않은 유형으로 최근의 광고 커뮤니케이션-소비자 매커니즘을 설명해야 한다는 시사점을 주고 있는 것이다.

2) FCB 그리드(Grid) 모델의 현대적 해석

앞에서 사례로 활용한 AIDMA 외에도, 매우 고전적인 모델 중 하나인 FCB 그리드 모델의 현대적 해석과 응용을 통해 광고 커뮤니케이션과 소비자와의 관계 등을 심층적으로 논의할 수 있다. FCB 그리드 모델은 미국의 광고회사인 FCB(Foote, Cone, & Belding)에서 제시한 광고 커뮤니케이션과 소비자 행동에 대한 이론적 배경으로 학술적 의미는 물론 매우실무적인 함의를 보유하는 템플릿으로 오랜 기간 각광을 받아 왔다(문영숙, 이병관, 임혜빈, 2017). 물론 FCB의 제안 후 상당한 시간이 경과했으며, 최근 개별 대행사마다 자체적으로 구축된 광고 커뮤니케이션 관련 모델, 최근 미디어 환경에 적합한 형태의 새로운 이론 등이 등장하며 예전만큼 자주 논의되고 있지는 않지만, 여전히 시사점을 제공할 수 있는 고전적 모델의 하나이다.

[그림 5-3] FCB 그리드 모델

FCB 모델은 [그림 5-3]에 나타나듯, 총 4분면으로 구분된 일종의 템플릿으로 이루어져있다. 네 가지 영역은 두 가지의 원칙이자 변수에 의해 구분되어 있다. FCB 그리드 모델의기본적인 전제는, 기업이 광고하려는 모든 제품과 브랜드는 네 가지 영역 중 어느 한 부분에 위치시킬 수 있다는 합의로부터 출발한다. 첫 번째 원칙이자 변수는 소비자들이 특정한 제품이나 브랜드에 대해 보유하게 되는 관여도의 수준(involvement level)이다. '관여도'란 복합적이며 추상적인 개념이긴 하지만, 사실 "얼마나 비싼 제품인가?", "제품의 가격은 얼마인가?", "해당 제품(군)을 구매하기 위해 소비자는 어느 정도의 노력을 통상적으로 투입하는가?" 등에 의해 결정되는 개념이다. 당연히 가격이 비싸거나 소비자가 해당 제품 등을 구매하기 위해 다양한 노력(시간, 정보 수집, 가격과 품질 비교 등)을 수행할 경우, 해당 아이템은 고관여 제품(high-involvement product)으로 분류된다. 반면, 그만큼의 에너지와 노력, 시간 등이 개입되지 않는 품목들은 상대적으로 저관여 제품(low-involvement products)으로 불리게 되는 구조인 것이다. FCB 그리드 모델이 제안될 당시, 그들이 사례로 제시한 대표적 고관여 제품들은 생명보험이나 자동차, 아파트, 보석 등이며, 세탁에 필요한 세제, 츄잉검, 스낵류, 휴지류, 아이스크림 등 상대적으로 저가로 분류될 수 있는 아이템들은 저관여 제품으로 가정됐다.

제품을 구분하는 또 하나의 원칙이자 변수, 즉 관여 수준과 함께 시장 내 모든 제품을 구분할 수 있는 중요 변수로서 FCB가 활용한 원칙은 '이성'과 '감성'이었다. FCB는 기업이 판매하는 모든 제품은 소비자들에게 감성적(emotional)인 제품으로 받아들여지거나, 혹은 이성적(logical, rational)인 측면이 강한 제품으로 받아들여진다고 가정한 것이다. 이는 제품의 가격과 아예 관련이 없다고 볼 수는 없겠지만, 앞서 설명한 관여도만큼 강력한 관련성은 존재하지 않는 것으로 판단된다. 예를 들어, '이성적' 제품으로 불릴 수 있는 대표적인 상품들은 여전히 생명보험과 자동차, 상급 학교의 선택 등이 될 수 있을 것이다. 이는 매우 이성적이며, 정보 추구 위주(informative)의 구매 결정이 필수적인 제품군이라는 뜻이며 합리적으로 받아들여진다. 하지만 동시에, 가격은 비교적 저렴할지라도 세제나 우유에 대한 구매 결정에는 일정 부분 '이성적 판단'이 필수적으로 개입되는 상황도 존재하는 것이 사실이다. 예를 들어, 특정 성분에 대하여 소화가 어려운 소비자들은 우유의 선택에 있어 매우 신중하게 '이성적'인 측면을 동원하여 사고하고 판단해야 할 것이며, 아토피를 앓고 있는 아이를 위해 세제 선택에 있어 부모가 꼼꼼한 정보 수집의 단계를 거쳐 구매를 실행하는 상황도 너무나 자연스러워 보이기 때문이다.

반면에, 가격은 상대적으로 고가임에도 불구하고 감성적인 사고로 접근하는 제품들도 분명히 존재한다. 예를 들어, 약혼자의 생일을 맞아 선물을 준비하며 고급 커플 향수를 떠올린다고 가정할 경우, 가격은 고가일 가능성이 높지만 지극히 감성적인(emotional) 판단에 의해 결정할 수도 있다는 뜻이다. 소중한 기념일, 소중한 시간을 위해 마련하는 '감성적' 제품의 구매를 위해 수일간 지속적으로 끈질기게 가격 비교를 하는 것은 일반적인 소비 행위라고 보기 힘들기 때문에, 결국 FCB는 이 같은 2종의 강력한 변수이자 원칙에 의해 사회에서 판매되는 모든 제품을 4분면의 특정한 지점에 예외 없이 위치시킬 수 있는 매우 강력한 템플릿을 고안하여 제안한 것이다. 물론 특정한 제품에 대한 좌표가 FCB 그리드 모델이 제시하는 4분면 어딘가에 생성되면, 그에 부합하는 광고 전략과 구체적 전술, 그리고 예상되는 소비자들의 반응까지 매우 구조적으로 예측되어 제공하게 되는 시스템이었다.

FCB 그리드 모델은 매우 강력했으며, 상당 기간 기업의 광고 전략 수립과 관련 연구들에 있어 상당한 시사점을 제공했다. FCB가 세계적인 명성을 확대함에 있어 그리드 모델의 일반화 또한 중요한 역할을 했다고 판단된다. 하지만 최근의 광고 커뮤니케이션 양상과 소비자와의 관계성 등을 고려하면, 상당한 범위에 있어 재해석이 필요한 영역도 분명히 존재할 것이다. AIDMA의 현대적 해석과 동일한 맥락에서, 필자가 진행한 광고 관련 강의에서는 학생들에게 다음과 같은 과제를 부여한다.

"FCB 그리드 모델은 광고 커뮤니케이션－소비자 관련 사항을 심층적으로 파악하는 데 매우 유용한 이론적 배경임이 분명합니다. 관여도 수준과 이성 혹은 감성적 측면을 기준으로 제품을 분류하고, 해당 제품이나 특정 브랜드가 위치하는 영역에 근거하여 가장 적절하다고 판단되는 광고 전략을 도출하는 주요 근거로 활용되어 왔습니다. 하지만 최근의 마케팅 상황을 고려하여 판단할 때, 일정 부분 FCB 그리드 모델에 대한 변형 혹은 현대적 재해석이 있어야 한다는 제안도 매우 타당해 보입니다. 여러분이 판단하건대, 현재 상황에서 해당 4분면에 속하는 제품들 가운데 재조정이 필요한 제품들은 무엇이 있습니까? 예를 들어, 아파트나 승용차 등은 고전적으로 여전히 고관여－이성적 제품군에 속한다고 보십니까? 먼저, 제품들에 대한 재배치를 진행해 주시고, 혹시 단일한 제품군이라도 브랜드마다 위치가 다를 수 있다고 생각하실 경우 이에 대한 사항도 명시해 주시기 바랍니다. 전체적으로, 여러분이 제안하시는 새로운 FCB 그리드 모델이라고 생각하시면 되겠습니다."

이러한 과제를 부여한 다음, 제출된 성과물의 대표적 유형은 다음과 같았다. 첫 번째, 과거 오랜 기간 당연하게 특정한 위치를 차지했던 제품의 좌표들에 변화가 있어야 한다고 주장한 양상이다. 예를 들어, 상당한 수의 고가 승용차들은 더 이상 1사분면(고관여−이성 제품)에 위치시키기 어렵다는 분석이며 2사분면, 즉 고관여−감성의 영역에 위치시켜야 한다는 주장이었다. 1억 이상의 고가 승용차 구매를 고려한다고 했을 때, 물론 매우 이성적인 분석과 중고차 매매 시 감당해야 하는 감가상각비, 여타 경쟁 차종과의 가격 및 사양에 대한 철저 비교, 연비 등에 대한 이성적 판단이 중요한 변수인 것은 여전해 보인다.

하지만 최근 초고가 자동차의 광고 커뮤니케이션 양상을 떠올려 보면, 매우 감성적인 영역을 자극하려는 시도가 일반적인 것도 엄연한 사실이다. 예상 고객이 누릴 수 있는 위신이나 명망(prestige)과 사회적 위상(position, social status)을 충분히 강조하고 있지만, 앞에서 언급한 지극히 이성적인 영역에 대해서는 일절 언급하지 않는 경우도 상당수 발견된다. 또한 위치가 급격히 변화한 사례로 일부 약품의 사례 또한 학생들이 제출한 과제에서 자주 발견됐다. 고전적인 구분으로 판단할 경우, 약품은 소비자들의 이성적 사고방식을 자극하는 방식이 매우 전통적인 설득의 방식이어야 한다. 사람의 건강과 안위를 두고 감성적이거나 저관여 방식으로 접근하는 것 자체가 가능하지 않은 사고방식이기 때문이다.

[그림 5-4] 우루사 영상 광고

최근 다양한 약품이 수행하는 저관여 스타일의 광고 방식은 전혀 낯설지 않은 상황이다. "간 때문이야~"를 활용한 징글(jingle) 방식으로 소비자들에게 단순한 회자를 지향하는 광고 접근 방식도 전혀 희소하지 않으며, 상당한 효과성을 보유하며 지속적으로 유지되고 있는 광고 전략임에 틀림없기 때문이다. FCB가 기존에 제시했던 그리드 모델이 가정한 원칙에 의해 각자의 자리로 분류된 제품들은 이제 재조정(reshuffling)되는 작업이 필요한 시점이라 할 것이며, 이는 물론 국가와 지역, 특정 사회의 지배적 문화와 분위기, 경제적 상황 등의 다수 변수에 의해 더욱 상이한 양상을 나타낼 가능성도 높다. 물론 이 같은 변형의 과정은 너무나 당연하다.

　두 번째, 과제물을 통해 파악된 FCB 그리드 모델의 현재적 활용은 동일한 제품군에 속한 다양한 브랜드가 각각 사용할 수 있는 좌표가 다를 수도 있으며, 심지어 1년 내 기간에도 전략의 변경에 따라 특정 브랜드의 좌표가 지속적으로 변화될 수도 있다는 시사점이었다. 예를 들어, 피자 제품의 경우, 전통적 관점에서는 '고관여-이성적 소비'의 영역인 1사분면에 준해 광고 전략을 기획한다는 것이 일반적인 접근은 아니었다. 하지만 시장의 포화가 이루어지고 있는 극심한 경쟁 상황, 코로나19 등 보건 위기로 인해 사람들의 건강에 대한 우려와 관심 폭증, 영양과 다이어트 등에 극도로 예민해진 소비자 등의 변수에 근거하여 때로는 1사분면에 해당되는 광고 전략을 고려할 수도 있다는 제언이었다.

　예를 들어, 상당한 수준의 가격, 엄격하게 관리된 유기농 재료, 가장 안전한 위생 상태를 유지하며 신속하게 진행되는 배달 시스템으로 소비자를 공략하려는 공격적 마케팅은 1사분면에 근거한 전략일 수도 있는 것이다. 더불어 기존의 1사분면(고관여-이성 제품)이나 3사분면(저관여-이성 제품)에 위치하던 보험 상품들이 소비자들에게 쉽게 회자되고 가볍게 인지되는 효과에 의해 구매를 창출할 수 있도록 중독성 있는 메시지를 반복하여 전달(예: "가격~ 가격~ 저렴해~")하는 전략(4사분면)을 고려할 수도 있다는 뜻이다.

　물론 시장의 반응이 예상보다 활발하지 않을 경우, 기존 3사분면에 준하는 광고 전략을 다시 고려할 수도 있고, 그다음 분기에는 또 다른 사분면에 좌표를 위치시켜 별도의 광고 전략도 시도할 수 있다. 매우 다양한 응용과 변형이 가능해 보인다. FCB 그리드가 제공하는 원칙과 시사점은 여전히 유효함에 틀림없지만, 최근의 미디어와 소비자 환경을 적극적으로 반영하며

[그림 5-5] 삼성화재 다이렉트 영상 광고

탄력적으로 활용하는 작업은 매우 중요하다. "Oldies but Goodies!"라는 말의 가치를 느낄 수 있는 대목이다.

4. 마무리와 전망

이 장에서는 '광고와 커뮤니케이션'이라는 포괄적 주제하에, 광고가 함의하고 있는 기본적 사항들에 대해 주로 짚어 보는 시간을 가졌다. 가장 먼저 커뮤니케이션, 즉 소통이라는 원초적 개념에 대한 고전적 정의와 확장, 상황별 종류 등에 대해 살펴보았으며, 커뮤니케이션의 응용 영역으로 발전된 전략 커뮤니케이션(strategic communication)의 핵심적 조건을 파악해 보았다. 다양한 전략 커뮤니케이션 형태가 존재하지만 우리의 주요 관심사인 광고가 전략 커뮤니케이션의 핵심적 장르로서 어떠한 위치를 점하고 있는지에 대하여 논의했으며, 그렇다면 광고의 정의와 뜻은 어떠한 질서로 유지되고 있는지에 대한 설명과 일부 해석도 진행했다.

미국마케팅학회(AMA)의 정의를 비롯하여, 일부 전통적 차원에서의 광고가 갖는 의미에 대해 설명했으며, 이에 대한 시사점 등을 짚어 보았다. 물론 현대적인 의미에서의 광고에는 매우 다양한 변화가 이루어지고 있으며, 과거에 '광고'로 정의되기 어려운 마케팅 형태들 또한 실시간으로 등장하고 있는 현재 상황에서 과연 광고의 정의가 어떻게 진화할 것인가에 대한 예상도 일부 논의해 보았다.

이어서 전통적 광고 커뮤니케이션에 대한 원칙과 정의 등을 근거로 제안되어 상당 기간 다수의 연구자와 학생, 실무자들에게 활용된 바 있는 대표적인 모델과 이론적 배경 등에 대해 논의했다. AIDMA 모델과 FCB 그리드 모델이 그것이었으며, 두 모델의 경우 광고의 전통적 의미에 기반하여 매우 적합한 템플릿으로서 활용됐음은 물론이지만, 최근의 광고 환경과 소비자 행동 양상을 고려할 경우 상당한 변형이 필요하다는 시각도 제안했다. AIDMA와 FCB 그리드 모델의 현대적 해석에 대해, 어느 대학교의 광고 관련 강의에서 학생들에게 부여하는 과제를 소개하면서 광고 커뮤니케이션이 앞으로 어떠한 위상과 활용 방식, 소비자와의 관계를 형성할 수 있을 것인지에 대해 구체적으로 살펴보았다. 이 장에서 제기한 사안과 시각들에 대하여 더욱 구체적인 관점을 동원하여 심층적 분석과 논의가 계속 진행되기를 바란다.

　최근 다양한 테크놀로지의 개입과 소비자 계층의 급속한 분화 등으로 광고 커뮤니케이션 관련 환경이 실시간 기준으로 변화되고 있다. 이런 상황에서 그동안 '원칙'으로 생각했던 전제들에 대해 비판적으로 판단해 보는 기회들이 있었으면 좋겠다는 뜻이다. 어쩌면 더 이상 '광고'라는 명칭이 어색한 경우가 빈번하게 발견될 수도 있다. 역설적으로, 다소 노후하다고 판단되던 아날로그적 소비자 행동이 다시 의미심장하게 다가오는 상황도 조우할 수 있지 않을까 한다. 광고는 정체되어 있는 사물이나 개념이 아니다. 생물(生物)이라는 유연한 사고와 접근 방법에 의해, 광고 커뮤니케이션에 대한 다양한 논의가 지속되기를 바란다.

 참고문헌

김병희, 김지혜, 손영곤(2017). 정부 광고의 매체 집행 방안에 대한 질적 연구. 한국광고홍보학보, 19(4), 182-225.

김병희, 김지혜, 유현재(2015). 정부 기관 홍보 전략의 방향성 탐색: 질병관리본부에 대한 FGI 결과. 광고PR실학 연구, 8(2), 9-39.

김진석, 유현재(2016). 정부 기관 홍보대사에 대한 국민들의 인식과 관련 광고에 대한 수용자의 태도에 대한 연구. 한국광고홍보학보, 18(2), 37-78.

문영숙, 이병관, 임혜빈(2017). 광고 연구의 이론 적용과 동향: 국내 광고 전문 학술지 내용 분석. 한국광고홍보학보, 19(2), 85-134.

설진선, 김수연(2020). 직장 내 세대 갈등 해결을 위한 사내 커뮤니케이션과 직장 내 괴롭힘 금지법의 역할은 무엇일까: XY세대 직장인들과의 질적 인터뷰를 통한 탐색적 연구. 사회과학 연구, 59(1), 251-290.

염정윤, 최인호, 정세훈(2019). 누가 어떤 미디어 멀티태스킹 조합을 많이 이용하는가?: 감각 기관의 간섭 유형과 성별, 연령에 다른 차이에 관한 연구. 광고학연구, 30(2), 7-28.

유현재(2010). 광고 크리에이티브에 대한 비교 문화적 접근: 한미 광고 실무자 및 광고 전공 학생들이 생각하는 크리에이티브한 광고. 한국광고홍보학보, 12(4), 126-161.

유현재, 성율(2020). 건강기능식품 관련 정보 전달에 대한 소비자들의 반응 고찰: 콘텐츠 형식과 주요 화자에 다른 차이를 중심으로. 한국광고홍보학보, 22(2), 194-237.

유현재, 조은선(2013). 자살 예방 공익 광고에 대한 태도와 개인의 특성 간의 관계 연구. 광고학연구, 24(3), 173-196.

이미진, 한정원(2012). 구매심리 과정(AIDMA) 모델을 적용한 식음 공간의 실내 디자인 요소 분석. 한국실내디자인학회논문집, 21(2), 112-122.

이용우(2013). 트리플미디어를 활용한 미디어 크리에이티브 사례 연구: 프로모션 캠페인 광고의 인사이트와 크리에이티브 아이디어를 중심으로. 조형미디어학, 16(2), 173-182.

이지은, 김태용(2010). 티저의 사용 여부와 유형에 따른 정보 전달 및 호감도의 차이. 광고학연구, 21(1), 293-309.

장훈종(2020). 시민 주도형 브랜드 개발 전략을 활용한 브랜드 마케팅 활성화 방안 연구: 아이서울유 브릿지 캠페인의 앰비언트 광고를 줌심으로. 한국상품문화디자인학회지, 60(0), 63-72.

전종우(2020). 광고 몰입과 공감이 국내 대학생들의 디지털 사이니지 광고 만족도에 미치는 영향. 정보 사회와 미디어, 21(2), 71-90.

차영란(2020). 인플루언서의 '뒷 광고' 논란 전후에 대한 댓글 비교 분석: LDA와 Word2vec을 중심으로. 한국콘텐츠학회논문지, 20(10), 119-133.

한상필, 손영석(2014). 체계적 컨텐츠와 트리플 미디어 운용을 통한 잡코리아 브랜드 성공 사례. 광고학연구, 25(1), 367-379.

Carey, J. W. (1975). Communication and culture. Communication research, 2(2), 173-191.

Pearson, J., & Nelson, P. (2000). An introduction to human communication: Understanding and sharing (p. 6). Boston, MA: McGraw-Hill.

제6장

광고와 소비자 심리*

소비자인 우리는 아침에 눈을 떠서 저녁에 잠자리에 들 때까지 수많은 자극에 노출되며, 그 자극에 반응하면서 살아가고 있다. 디지털 시대를 살아가는 소비자로서의 삶도 인터넷을 사용하는 도중에, 스마트폰의 앱을 사용하는 과정에서, 유튜브를 시청하는 도중에 수많은 광고에 우연히 노출되며 광고 자극에 따라 엄청난 영향을 받고 있다. 이러한 소비자 행동을 이해하는 것은 우리가 일상생활 속에서 당면하는 과제의 하나다.

광고 메시지의 원리와 구조를 보다 정확히 파악하려면 소비자 행동에 관련된 심리적 기제를 이해할 필요가 있다. 이 장에서는 소비자 행동을 조망할 수 있는 체계로 소비자의 정보처리 과정과 의사 결정 과정에 대해 설명한다. 또한 이러한 조망 체계의 각 단계에 관여되는 심리학의 기본 개념과 심리적 기제를 소개할 것이다. 나아가, 현재 광고 분야에서 널리 적용되고 있는 광고 캠페인의 사례를 바탕으로 소비자 행동을 보다 깊이 분석할 수 있는 이해의 틀을 살펴본다.

---

* 유승엽(남서울대학교 광고홍보학과 교수)

1. 소비자 정보처리 과정

소비자는 일상생활 속에서 자신이 의도했든 의도하지 않았든 간에 수많은 외부 자극(예: 광고, 판매원 등)에 노출되어 있다. 이러한 외부 자극에 대해 소비자들은 어떤 자극에 대해서는 주의(attention)를 기울이고, 다른 자극에 대해서는 주의를 기울이지 않는다. 소비자들이 주의를 기울이게 되는 자극에 대해 나름대로의 의미를 부여하게 되는데, 이러한 과정을 지각 과정이라 한다. 이 지각 과정에서는 자극에 대해 긍정적이든 부정적이든 간에 평가 과정이 수반된다. 이러한 평가 과정에는 장기기억 속에 저장된 기존의 관련 지식이 영향을 미치게 되는데, 이와 같은 일련의 과정을 **정보처리 과정**(information processing)이라고 한다. 정보처리 과정은 노출–주의–이해의 과정으로 구성되어 있는데, 단계별로 좀 더 상세히 살펴보면 다음과 같다.

1) 노출

[그림 6-1] 우연적 노출을 높이는 전략으로서 배너 광고

노출(exposure)은 소비자 정보처리 과정의 첫 단계로서, 소비자 개인이 자극에 대해 물리적으로 접근하여 하나 혹은 그 이상의 감각 기관이 활성화된 상태라고 할 수 있다. 노출

은 의도적 노출과 우연적 노출로 구분할 수 있는데, 전자는 소비자가 자신의 문제를 해결하기 위해 의도적으로 자신을 외부 자극에 노출하는 것을 말한다. 예를 들면, 철수가 '아이폰12' 스마트폰을 무척 갖고 싶다면 하교 길에 휴대전화 판매점을 방문하게 될 것이다. 휴대전화 매장에 들러 스마트폰에 관한 모델, 디자인, 가격, 속성 등에 대해 판매원에게 정보를 얻는 과정을 **의도적 노출** 과정이라고 할 수 있다. 소비자의 의도적인 노출을 유도하기 위해 소비자의 목표를 인식시키거나 보상을 이용하기도 한다. 인터넷 광고에서 배너나 팝업 광고를 클릭하면 일정 금액이나 포인트를 적립해 주는 경우가 이에 해당된다.

그러나 항상 소비자가 의도하여 자극에 노출되는 것만은 아니다. 원하지 않더라도 우리는 소비자가 되어 거의 매일 수많은 자극에 우연적으로 노출되게 된다. 스마트폰의 앱을 사용하는 도중에 디스플레이 광고에 노출되며, 인터넷을 사용하는 도중에도 배너 광고에 노출되고, 유튜브를 통해 영상을 시청하는 도중에도 광고에 노출되면서 살고 있다. 소비자는 아침에 잠에서 깨어 다시 잠자리에 들 때까지 수많은 미디어를 통해 정보에 노출되게 되며, 헤아릴 수 없는 옥외 광고물과 판매원들의 외침 등을 접하게 된다. 이처럼 소비자가 의도하지 않은 상태에서 정보에 노출되는 것을 **우연적 노출**이라고 한다. 대부분의 광고, 판매원의 권유와 외침, 구매 시점(point of purchase) 전시물 등이 여기에 해당된다.

그 밖에 소비자는 주위 환경에서 많은 자극에 노출됨에 따라 불필요한 노출을 되도록 회피하게 되는데, 예를 들면 **재핑 효과**(zapping effect)가 이에 해당된다. 즉, TV를 시청하고 있는 시청자가 TV 시청 중에 광고가 나오면 광고를 회피하기 위해 리모트 컨트롤을 이용하여 다른 채널로 돌리는 행위를 말한다. 이와 같은 소비자의 선택적 노출은 광고 효과를 무위로 만드는 결과를 초래한다. 따라서 광고에 대한 소비자의 선택적 노출 행위에 대처하기 위해 광고 기획자들은 소비자가 광고에 대한 노출 자체를 즐길 수 있도록 광고를 제작하여야 한다. 그렇다면 소비자가 즐길 수 있는 자극으로서의 광고는 어떠한 속성을 가져야 할까? 하는 대답에 가장 핵심적인 요인은 크리에이티브가 살아 있는 광고라고 할 수 있다(윤가현 외, 2019). 소비자가 광고를 광고라고 인식하지 않고 즐길 수 있는 자극으로만 인식하게 만든다면 광고에 대한 소비자의 회피를 줄일 수 있을 것으로 생각된다. 흔히 소비자에게 광고에 대한 회피를 예방하는 데 이용되고 있는 효과적인 광고 유형으로는 유머 광고와 시리즈 형태의 광고 유형을 들 수 있다.

[그림 6-2] 광고 회피를 줄이기 위한 전략으로서 버거킹 유머 광고

소비자에게 광고가 하나의 의미 있는 자극이 되기 위해서는 자극 강도가 식역 수준을 넘어야 한다. **식역 수준**이란 노출 현상이 일어나기 위한 자극적 에너지의 강도를 말하며, 절대식역(absolute threshold)과 차이식역(differential threshold)이 있다. **절대식역**은 감각 기관이 자극을 감지할 수 있기 위한 자극 에너지의 최소한의 강도를 말하며, 이는 소비자 개인마다 차이가 있다. **차이식역**은 두 개의 자극이 지각적으로 구분될 수 있는 최소한의 차이를 말하며, JND(Just Noticeable Difference)라고도 한다. 이러한 차이식역의 개념을 제품의 가격을 상승시키거나 제품의 용량을 줄이는 전략에 이용하기도 한다.

예를 들면, 제품의 가격 인하 요인이 생겨서 제품 가격을 내리고자 할 때 소비자가 가격 변화를 감지할 수 있을 만큼(차이식역 이상)의 가격 인하를 시도해야 효과적이며, 반대로 가격 상승 요인이 발생했을 때 가격을 올리기보다는 제품 용량을 소비자가 감지할 수 없을 양만큼(차이식역 이하)의 용량을 줄이는 방법을 사용하기도 한다. 그러나 자극의 강도가 절대식역 수준에 미치지 못하는 경우에도 소비자가 그 자극을 무의식중에 지각하는 식역하 지각을 이용하는 광고도 있다. 이러한 형태의 광고 유형을 식역하 광고라 한다(Brean, 1958). 다만, **식역하 광고**는 소비자가 의식하지 못한 상태에서 소비자에게 영향을 미친다는 비윤리적 측면으로 인하여 국내에서는 법적으로 규제하고 있다(김재휘 외, 2009).

2) 주의

주의는 특정 자극에 대한 정보처리 능력의 집중이라고 할 수 있다. 이러한 주의는 선택적 주의(selective attention) 과정을 통해 이루어진다. 선택적 주의 개념은 사회심리학의 칵테일파티 효과(Cocktail party effect)와 관련된 개념으로, 칵테일파티처럼 여러 사람의 목소리와 잡음이 많은 상황에서도 본인이 흥미를 갖는 이야기는 선택적으로 들을 수 있는 현상이다. 소비자들이 자극에 우연하게 노출됐을 때 그 자극이 소비자 자신에게 중요하거나 깊이 관여되어 있는 제품군에 대한 정보일 경우에는 상당한 주의를 기울일 것이나, 그렇지 않은 경우에는 주의를 기울이지 않게 되는 과정을 말한다. 예를 들면, 노트북을 구입하고자 하는 소비자는 전자랜드에 전시된 다양한 제품 중 노트북의 종류, 가격표 등의 정보에 주의를 기울이게 된다. 이러한 소비자의 선택적 주의에 영향을 미치는 요인은 크게 개인적 요인과 자극적 요인으로 구분할 수 있다.

(1) 선택적 주의에 영향을 미치는 개인적 요인

소비자의 선택적 주의에 영향을 미치는 가장 기본적인 요인은 그 대상에 대한 **개인적 관여도**(involvement)다. 즉, 소비자 자신이 중요하게 고려하는 자극이나 자신과 관련성이 높은 자극에 대해서는 주의를 기울이고 그렇지 않은 자극에 대해서는 주의를 기울이지 않는 것이다. 광고 분야에서 자사 제품에 대한 관여도를 높이기 위해 사용되는 전략으로는, 첫째, 표적 소비자와 유사한 모델을 사용하는 경우다. 실제 소비자를 광고 모델로 사용함으로써 소비자가 광고 모델을 동일시하기 쉽게 된다. 동아제약 박카스 광고에서 실제의 대학생이 취업 장면에 나타나는 광고, 또는 실제 여대생이 광고 모델로 등장하여 유한킴벌리 생리대 제품을 광고하는 경우 등이 이 전략을 이용한 광고다. 둘째, 브랜드의 특징을 드라마화하여 제시하는 방법이다. 예를 들면, 삼성전자의 '또 하나의 가족' 유머 시리즈 광고와 유한킴벌리의 '우리강산 푸르게 푸르게'의 시리즈 캠페인 등이 있다. 셋째, 공포심을 유발하는 광고를 사용한다. 이 경우는 주로 공익 광고 캠페인에서 활용된다. 제품을 사용하거나(담배, 마약), 잘못 사용하거나 혹은 사용

[그림 6-3] 실제 소비자(소방관)를 광고 모델로
활용함으로써 개인적 관여도를 높이는 전략

하지 않는 데(보험, 예방 검진) 따른 공포 소구를 활용하여 부정적 결과를 소비자에게 제시함으로써 해당 제품과 소비자 자신과의 관련성을 높이는 전략이다.

선택적 주의에 영향을 미치는 두 번째 요소는 기존의 **신념과 태도**다. 소비자는 자신의 신념과 태도에 불일치하는 정보에 노출되면 이를 회피하는 경향이 있으며, 이와 같은 정보에 강제적으로 노출되면 그 정보를 왜곡시킴으로써 자신의 기존 신념과 태도를 보호하려는 심리적 경향이 있는데, 이를 지각적 방어(perceptual defense)라고 한다. 지각적 방어가 일어나기 용이한 경우는, 첫째, 소비자가 어떤 대상에 대하여 더 강한 신념과 태도를 지니고 있을수록, 둘째, 경험의 일관성이 높을수록, 셋째, 자극에 의해 발생되는 불안감이나 걱정이 클수록, 넷째, 구매 후 부조화가 클수록 지각적 방어가 나타날 가능성이 크다. 여기서 구매 후 부조화란 소비자가 자신이 중요하게 생각하는 제품을 구매한 후에 자신이 선택이 적절했는가에 대해 느끼는 심리적 불편감을 말한다. 따라서 AIDS 예방 광고, 금연 광고 등에서 AIDS나 금연으로 인해 소비자가 수용하기 어려울 만큼 매우 부정적인 결과를 보여 주게 되면 오히려 그 효과가 감소할 수 있다.

[그림 6-4] 광고 적응을 줄이기 위해 실행 단서를 변경하여 제작하는 시리즈 광고 전략

세 번째 요인은 **적응**(adaptation)으로서 소비자가 동일한 자극에 반복적으로 또는 연속적으로 노출되는 경우에 그 자극을 주목하지 않거나 주의를 기울이지 않는 현상을 말한다. 예를 들면, 조용한 시골에서 시끄러운 대도시로 이사 온 경우 처음에는 소음이 귀에 거슬리고 잠을 설치지만 점차 익숙해지면서 적응이 되고 나면 소음을 의식하지 않게 된다. 광고에서는 이러한 적응 현상을 감소시키기 위해 어떤 제품의 광고를 실행할 때 소비자에게 동일한 광고를 반복적으로 노출하는 대신 광고의 실행 단서(모델, 배경음악, 분위기 등)를 조금씩 다르게 변화시킴으로써 소비자의 적응을 감소시키려는 노력을 한다. 광고에서 핵심 메시지는 그대로 유지하고 실행 단서인 배경과 배경음악, 분위기 및 모델 등을 변경하여 연출하는 시리즈 광고 전략도 적응을 감소시키는 데 활용하고 있다. 예를 들면, 대한항공의 시리즈 광고에서는 여행지 배경 요소를 변경하지만, 모든 광고에서 "Excellence in Flight, Korea Air"의 핵심 메시지로서 끝을 맺는 전략이 해당된다.

그 밖에 소비자 개인의 **주의 범위**(attention span)와 **감정적 상태**(affective states)가 선택적 주의에 영향을 미치는 것으로 나타났다. 사람들은 일반적으로 하나의 자극물에 오랫동안 주의를 집중하지 못하는 경향이 있어 광고 제작자들은 광고 메시지를 간단하고 단순하게 해야 한다는 점에 고심하고 있다. 또한 사람들은 기분이 좋을 때에는 자신들의 환경에서 긍정적 정보에 선택적으로 주의를 기울이지만 기분이 좋지 않을 때에는 부정적 정보에 주목하는 경향이 있다(Peter & Olson, 1994). 종업원이 소비자의 기분을 긍정적으로 유지해야만 하는 필요성이 여기에 있다고 하겠다.

(2) 선택적 주의에 영향을 미치는 자극적 요인

소비자가 노출된 자극에 대해 어떤 자극에는 주의를 기울이고 또 다른 어떤 자극에는 그렇지 않은 것은 소비자 개인의 특성(개인적 요인)뿐만 아니라 자극 그 자체의 속성에 의해서도 영향을 받는다. 소비자는 제품에 대해 중요하게 여기지 않거나 관심이 없더라도 광고 자체가 매우 독특한 자극이거나 즐거운 정서를 유발하는 자극이라면 주의를 기울이게 된다. 선택적 주의에 영향을 미치는 자극적 요인과 광고 제작의 시사점을 제시하면 다음과 같다(Engel, Blackwell, & Miniard, 1995).

[그림 6-5] 광고의 중심 요소는 컬러로, 실행 요소는 흑백으로 제작함으로써 광고에 대한 주의를 높이는 전략

첫째, 다른 자극에 비해 **두드러진 자극**(prominent stimuli)은 소비자의 더 많은 주의를 유발하는 것으로 나타났다. 예를 들면, 삽화나 광고 자체가 클수록 더 높은 주의를 유발하는데, 이때 크기 요인은 광고물의 상대적 크기, 즉 지면에 대비한 광고물의 크기가 중요한 요소가 된다. 또한 흑백 광고보다는 컬러 광고가 일반적으로 더 높은 주의를 유발할 수 있다. 신문 광고에 있어서 컬러 광고가 흑백 광고에 비해 약 41%의 매출 증대를 가져오는 것으로 나타났다(임종원 외, 2006). 그러나 대조 효과(contrast effect)가 나타날 수 있다. 즉, 신문이나 잡지에서 다른 광고들이 대부분 컬러인 데 비해 하나의 광고가 흑백 광고인 경우에는 흑백 광고가 더 높은 주의를 유발할 수 있다. 예를 들면, 캘빈클라인의 경우 잡지 광고에 흑백 광고를 게재함으로써 다른 컬러 잡지 광고들에 비해 대조 효과를 얻으려는 전략을 사용하고 있다. 더구나 한 광고물 내에서도 중요한 요소(제품, 브랜드, 핵심 메시지 등)는 컬러로, 배경 요소(모델, 배경 등)는 흑백으로 표현하는 전략을 활용하기도 한다. 뿐만 아니라, 자극의 강도가 높을수록 소비자의 주의를 이끌 수 있다. 따라서 TV 광고처럼 일반 프로그램보다 광고를 더 큰 소리로 제작하는 경우가 있다. 이 밖에 질문에 의한 표제를 이용하면서 소비자의 호기심을 유발할 수 있으며, 유명인이나 매력적인 모델을 사용하면서 소비자들의 주의를 유발시킬 수도 있다.

둘째, **신기한 자극**(novel stimuli)은 소비자들의 높은 주의를 이끈다. 이 경우 특이한 자극일수록 주의를 유발한다. 또한 호기심을 유발시키는 광고도 주의를 끌 수 있는데, 호기심을 유발하는 전략으로는 먼저 소비자가 장기기억 속에 지니고 있는 기존의 스키마(schema)와 매우 다른 속성의 정보가 노출되는 경우다. 예를 들면, 베네통 광고에서 신부

와 수녀의 키스 장면을 광고 배경으로 사용함으로써 소
비자의 높은 주의를 이끌었다. 이것은 소비자가 가지
고 있는 기존의 스키마에는 신부와 수녀의 역할이 반
대되는 스키마이기 때문이다. 또한 유머 소구(humor
appeal) 광고, 은유법을 이용하는 광고와 고의적으로 정
보를 누락시킨 광고를 제작하는 방법이다. 이는 소비
자들은 일반적으로 완결되어 있지 않은 부분이 있을 때
심리적으로 부족한 부분을 채워서 지각하는 경향(완결
성의 원리)이 있다는 지각의 심리적 기제에 착안한 광고
제작 전략이다.

[그림 6-6] 매력적인 모델을 활용하여
주의를 높이려는 전략

셋째, 소비자들은 즐거움을 유발시키는 자극에 더 많
은 주의를 기울이는 경향이 있다. 따라서 쾌락적 욕구
에 소구하는 실행 단서(광고 모델, 배경음악 등)를 이용
하여 광고를 제작함으로써 소비자들의 주의를 이끌 수 있다. 소비자에게 매력적인 모델을
광고에 사용함으로써 소비자의 주의를 얻을 수 있으며, 매력적인 모델을 활용한 광고가 소
비자들에게 높은 광고 인지도와 상표 회상률을 보이는 것으로 나타났다.

넷째, 인쇄 광고에 있어서는 광고물의 위치 요인이 주의에 영향을 미친다. 예를 들면, 전
면이 여러 개의 광고물로 구성되어 있는 경우 상단에 위치하는 것이 더 바람직하다. 또한
신문의 경우는 광고와 관련된 기사가 그 페이지에 함께 있는 경우 주의를 끌 수 있다(박찬
웅, 현용진, 1994). 잡지 광고의 경우에는 전체 페이지의 상위 10% 이내에 있는 광고물이 다
른 광고물보다 더 주의를 유발시키며, 특정 지면 위치 효과(목차 대면 광고)가 있는 것으로
나타났다.

끝으로, 관심이 유발되는 학습된 자극을 이용하거나 격리(isolation) 효과를 이용하여 주
의를 끌 수도 있다. 학습된 자극을 이용한 경우는 주로 스마트폰 메시지 도착음, 전화벨 소
리, 사이렌과 초인종 소리 등을 TV나 라디오 광고물에 삽입함으로써 소비자의 관심을 유
발하는 방법이고, 격리 효과를 이용한 경우는 상표명 등 주요한 광고 메시지를 전체 광고
면에서 중앙 또는 한쪽 모서리에 고립시킴으로써 소비자의 주의를 이끄는 방법이다.

3) 지각

지각(perception)은 '여러 감각 기관을 통해 두뇌로 유입된 자극을 개인의 주관적 기준으로 해석하고 이해하는 과정'이다. 지각은 소비자가 외부 자극의 요소를 조직화하고 나름대로 의미를 부여하여 하나의 전체적 형상을 그리는 것으로, 동일한 자극에 노출되더라도 소비자들마다 다를 수 있다. 소비자의 지각 과정은 지각적 조직화(perceptual organization)와 지각적 해석(perceptual interpretation)에 의해 이루어진다.

(1) 지각적 조직화

지각적 조직화 과정은 소비자들이 여러 개의 단편적인 정보를 수집하여 유용한 정보를 도출하는 것을 말하는 것으로, 이는 지각적 부호화(perceptual encoding)와 지각적 통합화(perceptual integration)를 통해서 이루어진다. **부호화**란 감각에 대해 심리적 기호(mental symbols)를 부여하는 과정으로, 심리적 기호는 소비자가 이해할 수 있는 언어, 숫자, 그림 등의 형태를 갖는다. **지각적 통합화**는 형태주의 심리학 이론에 근거하는 것으로, 개인은 자극의 일부분에 대한 지각만을 가지고는 자극이 주는 의미를 파악하기가 힘들기 때문에 여러 자극물을 별개의 것이 아닌 '조직된 덩어리(organized whole)'로 지각하는 경향이 있다는 것이다. 이러한 지각적 조직화의 원리는 다음과 같다.

① 완결성

완결성(closure)이란 자극물이 불완전할 때 잘못된 요소를 고치거나 빈 것을 채우려는 지각자의 심리적 성향이다. 소비자는 완전한 형상을 형성하려 하며, 또한 스스로 메시지를 완결시키는 데에서 만족을 느낀다. 따라서 소비자에게 불완전한 메시지를 제공하고 소비자 스스로 불완전한 광고를 완성하게 함으로써 소비자가 광고에 기울이는 관심을 향상시키며, 메시지를 더 쉽게 회상시킬 수 있다. 소비자에게 완전한 광고와 불완전한 광고가 광고 회상에 미치는 영향을 비교하기 위한 실험 결과, 불완전한 광고가 완전한 광고보다 회상률이 34%나 더 높았다(Heimback & Jacoby, 1972). 이러한 현상을 자이가르닉 효과(Zeigarnik effect)라 한다. 예를 들면, 켈로그(Kellogg)사는 광고 게시판의 광고에 회사명의 첫 글자인 'K' 자를 삭제한 광고를 실었던 적이 있었다. 그 결과, 이 광고에 대한 소비자의 주의 정도는 크게 향상됐다.

② 집단화

집단화(grouping)는 소비자가 여러 요소를 분리된 단위가 아닌 청크(chunk)로서 지각하는 것을 말한다. 여기서 청크는 의미의 단위로 묶어서 지각하는 것을 말한다. 형태주의 심리학에서 유래된 집단화의 원리는 근접성, 유사성, 연속성의 특징을 가지고 있다. 첫째, 근접성(proximity)은 한 요소가 가장 가까운 다른 요소와 연결되어 지각하는 경향이다. 많은 광고가 근접성의 원리를 이용하여 제품의 속성과 근접한 상징이나 이미지를 이용하여 소비자에게 소구하고 있다. 예를 들면, 피존 광고에서 섬유 유연제의 가장 중요한 속성인 부드러움을 강조하기 위해 부드러운 털을 가진 샴고양이를 광고 모델로 사용하여 제품을 연상시키려 했다. 둘째, 소비자들은 유사성(similarity)을 통해 자극을 집단화한다. 유사성은 자극의 요소 중 유사한 것끼리 연결시켜 지각하는 경향이다. 예를 들면, 실제 소비자를 광고 모델로 기용하는 경우 유명인 모델보다 동일시가 잘 유발되는 현상이 유사성을 활용한 광고 전략이다. 즉, 애경 스파크 세제 광고에서 세제의 가장 중요한 소비층인 실제 주부를 광고 모델로 활용하는 경우에 해당된다. 셋째, 연속성(continuity)은 자극의 요소들을 분리하여 단속적으로 지각하지 않고 연속적으로 지각하는 것을 말한다. 예를 들면, [그림 6-7]에 제시된 형태는 개별적인 사진보다 부드럽게 연속선 형태로 대상을 지각한다.

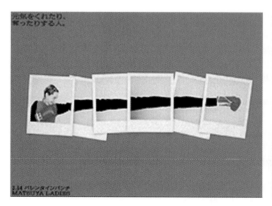

[그림 6-7] 연속성을 활용한 광고

[그림 6-8] 전경과 배경의 원리

[그림 6-9] 매력적인 모델이 전경으로 지각될 수 있는 광고

③ 전경과 배경

사람들은 그들의 지각을 두 가지 유형으로 조직화하는 경향이 있다. 그중의 하나는 **전경**(figure)으로, 이는 자극에서 보다 두드러진 요소로 받아들이는 부분이다. 그리고 다른 하나는 **배경**(ground)으로, 이는 상대적으로 덜 두드러지게 지각하는 부분이다. 이 같은 원리는 진열장에 놓인 여러 상표의 제품 중에서 소비자에게 보다 더 친숙한 상표가 쉽게 눈에 띄는 것도 전경과 배경으로 설명할 수 있다.

그러나 광고에 쓰이는 배경음악은 단지 소비자들로 하여금 광고에 좀 더 주의를 기울이도록 하는 역할에 머물러야지, 그 효과가 너무 크면 광고 메시지가 음악으로 인해 소비자에게 전달되지 못할 수도 있다. 또한 광고에서 모델이 너무 두드러지게 지각되면 제품은 기억되지 않고 광고 모델만 기억되는 역효과를 초래한다. 따라서 이 전경과 배경은 너무 매력적인 모델은 광고 효과를 저해할 수도 있다는 이론적 근거를 제공한다. 따라서 매력적이거나 유명인을 광고 모델로 기용할 경우, 제품이나 브랜드명은 컬러로 제작하는 반면 모델은 흑백으로 처리함으로써 매력적 모델로 인한 역효과를 제거하려는 노력을 기울이기도 한다. 따라서 광고의 핵심 요소인 메시지와 제품 및 브랜드명 등은 전경으로 지각되게 제작되어야 하며, 반대로 광고의 주변 요소인 모델, 배경음악, 분위기 등은 배경으로 지각되게 제작되어야 한다.

(2) 지각적 해석

소비자는 자극의 요소를 조직화하게 되면 그 자극을 해석하게 된다. 이러한 지각적 해석에는 지각적 범주화(perceptual categorization)와 지각적 추론(perceptual inference)의 두 가지 기본 원리가 적용된다. **지각적 해석**은 동일한 자극에 대한 평가에서 개인이 가지고 있는 독특한 경험과 동기 등에 따라 독특하게 나타난다. **지각적 범주화**는 소비자가 자극에 노출되면 그 자극을 기억 속에 가지고 있던 기존의 스키마에 있는 것과 관련지음으로써 자신의 방식으로 그것을 지각하게 되는 것을 말한다. 예를 들면, 소비자가 벤츠 승용차 광고를 보았을 때 '이 승용차는 성능이 좋을 것이다' 또는 '값이 비쌀 것이다'라고 쉽게 지각하는 것은 그 소비자에게 벤츠 승용차에 대한 고성능과 고가격 스키마가 있기 때문이다.

　지각적 추론이란 어떤 요소에서 다른 요소를 추리하는 것을 말한다. 예를 들면, 사람들은 특정 국가에서 만든 제품이라면 그 제품이 질이 좋거나 나쁘다고 쉽게 추론한다. 즉, 제조 국가 정보는 제품의 품질을 추론하는 단서로 작용한다. 제조회사 또한 제품의 품질을 추론하는 단서이다. 딤채의 인쇄 광고는 "조금 비싸도 딤채로 사기로 했습니다"라는 메시지를 제시한다. 소비자는 제품의 품질을 알 수 있는 충분한 정보를 갖고 있지 못할 때 가격이 높을수록 품질이 더 좋을 것이라고 생각하는 경향이 있는데, 이는 지각적 추론에 의해 유발되는 생각이다. 광고에서도 지각적 추론 원리를 이용하는 것을 흔히 볼 수 있다. 예를 들면, 소비자는 어떤 제품이 히트 상품으로 선정됐다거나 고객 만족도에서 높은 순위를 차지했다는 사실에서 그 제품의 품질이 우수하다고 생각하는 경향이 있어 광고 제작 시 이러한 요소를 반영한다. 품질에 대한 추론적 신념을 가져올 수 있는 단서로는 가격, 광고, 보증 기간 이외에도 패키지, 브랜드명, 제조회사, 판매 점포, 제조국가, 시장 점유율 등이 있다.

[그림 6-10] **지각적 추론을 활용한 광고**

(3) 지각에 대한 영향 요인

지각에 대한 영향 요인은 크게 개인적 요인과 자극적 요인으로 나눌 수 있다. 먼저 개인적 요인으로는, 첫째, 소비자의 **동기**(motivation) 수준이 지각에 영향을 미친다. 오렌지를 보기 전에는 갈증을 지각하지 못하던 사람이 오렌지를 보고는 갈증을 지각하고 시원한 오렌지 주스를 마시고 싶어 한다. 또한 소비자는 노출된 광고 자극에 대하여 동기가 강할수록 정보를 처리할 때 그 제품에 대하여 보다 더 깊게 생각하는 경향이 있다.

둘째, 개인이 가지고 있는 **기대**(expectation) 수준이 지각에 영향을 미친다. 이는 개인이 어떤 자극을 지각하는 시점에서 기대하던 것에 따라 자극을 달리 지각하는 것을 말한다. 예를 들면, 소비자가 맥주 맛 테스트를 하는 경우 블라인드 테스트(blind test)에서는 여러 브랜드 간에 맥주 맛의 우열을 잘 가리지 못하지만, 레이블드 테스트(labeled test)에서는 많은 소비자가 유명 상표의 맥주가 맛이 더 우수하다고 평가한다.

셋째, 소비자의 **지식**(knowledge) 수준이 지각에 영향을 미친다. 소비자는 노출된 자극에 대한 지식이 많을수록 그 자극을 보다 정확하게 지각한다. 예를 들면, 특정 제품에 대한 지식이 많은 소비자는 그 제품의 광고 자극에 노출됐을 때 메시지의 주장에 대해 주의를 기울여 지각하는 반면, 지식이 없는 소비자는 광고의 배경적 요소, 즉 배경음악, 모델 등에 주의를 기울여 지각하는 경향을 보인다.

[그림 6-11] 기대가 지각에 영향을 미치는 효과: 혁신 이미지 테슬라의 전기 자동차

넷째, 소비자의 **자신감**(confidence)이 지각에 영향을 미친다. 자신감에 찬 소비자는 환경의 복잡성을 빨리 파악하고 그것의 요소를 호의적으로 바라보며 더 상세하게 받아들이는 경향이 있고, 실제로 나타나지 않은 환경의 영향에 대해서도 자세히 파악한다.

다음으로, 지각에 영향을 미치는 자극적 요인에는 감각적 요소, 언어적 표현, 순서 효과와 맥락 등이 있다. 첫째, 자극의 **감각적 요소**인 색깔이나 냄새, 형태에 따라 소비자는 다르게 지각한다. 예를 들면, 커피병의 상표가 짙은 갈색이냐 연한 갈색이냐에 따라 소비자는 커피 맛의 강도를 달리 지각할 수 있다. 즉, 상표의 라벨색이 짙을수록 커피의 농도를 짙게 지각하는 경향이 있다.

둘째, 동일한 광고 메시지라도 **언어적 표현**을 달리함에 따라 소비자의 지각에 영향을 미친다. 따라서 광고 카피라이터가 메시지를 작성할 때에는 일상생활에서 흔히 사용하는 용어가 문학적 용어보다 더 쉽게 이해되고 기억된다는 점과 부정적인 표현에 비해 긍정적인 표현이 쉽게 이해된다는 점, 그리고 수동적 표현보다 능동적 표현이 상대적으로 이해가 더 쉽다는 점을 고려하는 것이 좋다.

셋째, 동일한 내용이라도 그 내용의 **순서**를 달리함으로써 개인마다 다르게 지각한다는 것이다. 순서 효과에는 두 가지 경우가 있다. 먼저, **최신 효과**(recency effect)는 자극의 내용들이 시간적 순서에 따라 제시된 경우 개인이 맨 끝에 제시된 부분에 더 비중을 두어 지각하는 것이며, **초두 효과**(primacy effect)는 맨 처음에 제시된 부분에 더 높은 비중을 두어 지각하는 것을 말한다. 따라서 광고 제작자는 제품을 광고하기 위해 제품의 특징을 나열할 때 소비자가 어떤 부분에 더 많은 비중을 두고 지각할 것인가를 고려하여 순서를 정해야 한다. 따라서 제품의 이미지를 전달하고자 하는 내용은 광고 전반부에, 브랜드명처럼 기억을 시켜야 하는 정보는 끝부분에 제시하는 것이 바람직하다. 대다수의 광고가 브랜드명을 외치면서 광고를 종료하는 것이 브랜드명을 기억시키기 위한 순서 효과를 고려한 광고 제작 전략이라고 할 수 있다.

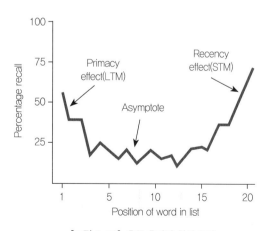

[그림 6-12] 초두 효과와 최신 효과

넷째, 동일한 자극이라도 자극이 제시된 **맥락**에 따라 다르게 지각한다. 예를 들면, TV 프로그램에 광고가 삽입되는 경우 그 프로그램의 내용에 따라 광고에 대한 소비자의 지각이 달라질 수 있다. 일례로, General Foods사와 코카콜라사는 뉴스 시간에는 광고를 집행하지 않는데, 이는 부정적 감정을 유발하는 내용의 뉴스가 자사 제품에 대한 지각에 부정적 영향을 미칠 수 있다고 생각하기 때문이다. 이러한 맥락 효과를 노리는 대표적인 광고의 예는 호스트셀링 광고(Host-selling Advertising)로서, 최근에는 아동뿐만 아니라 성인을 대상으로 한 광고에서도 그 효과가 확인됐다(박종원, 김성기, 1997). 호스트셀링 광고란 프로그램에 등장하는 주인공이 연이어 제시되는 광고의 모델로 등장하는 것을 말하며, 공중파 TV의 경우 광고 제시 위치 효과 연구에 의하면 프로그램 후 블록 광고에서 첫 번째 위치가 가장 효과적으로 확인됐다(이상민, 유승엽, 2004; 유승엽, 2007/2008). 또한 제품을 판매하는 점포도 그 제품에 대한 맥락으로 작용한다. 1980년대 초 Levis 청바지가 미국의 중급 백화점에 판매되자 소비자들은 더 이상 Levis를 고급 제품으로 인식하지 않게 됐다.

4) 기억

소비자는 정보처리 과정을 통해 습득되거나 변화된 제품에 대한 신념과 태도를 기억(memory) 속에 저장하게 된다. 이러한 저장된 기억은 새로운 제품에 대한 정보에 노출됐을 때 기억 속에 저장된 정보를 이용하여 이에 대한 의미 부여를 하게 된다. 소비자들은 제품을 구매하고자 할 때 여러 가지 대안 상표 중 일부분만을 고려 대상에 포함시키는 것이 일반적이다. 따라서 소비자들로 하여금 자사 상표를 고려 상표군에 속하도록 부단한 노력을 기울이며, 바람직한 대안 상표의 하나로 기억하게 하고 자사 상표와 관련된 정보를 기억 속에서 쉽게 인출할 수 있게 노력한다. 결국 소비자의 제품이나 상표에 대한 기억 형성 과정 및 관련 정보의 인출 과정에 대해 이해가 소비자의 구매 행동을 이해하는 데 선행되어야 한다.

다음에서는 소비자의 기억구조에 대한 설명 중 다중기억구조 모델을 중심으로 제시하고자 하며, 기억 증대를 위한 전략 및 기억과 광고의 관계를 살펴보고자 한다.

(1) 다중기억구조 모델

이는 인간의 기억이 감각기억(sensory memory), 단기기억(short-term memory), 장기기억(long-term memory)으로 구성되며, 각각의 기능은 서로 다른 것으로 가정하는 것이다 (Atkinson & Shiffrin, 1968). 먼저, **감각기억**은 감각 기관을 통해 들어온 정보를 처음 처리하는 곳으로, 습득된 정보가 보다 높은 단계로 처리되지 않으면 곧 망각되어 버리며, 기억 시간이 짧은 특징을 지닌다. 이는 습득한 정보를 정보처리 과정을 통하여 여과하고, 다음 단계인 단기기억으로 전달해 주는 역할을 한다. 감각기억 중 시각과 관련된 영상기억(iconic memory)과 청각과 관련된 잔향기억(echoic memory)에 대한 연구가 가장 많이 이루어지고 있다.

감각기억에서 이전된 정보에 대한 처리는 단기기억에서 이루어진다. 단기기억은 제한된 정보 용량 때문에, 보다 세밀하고 자세한 정보처리에 의해서만 활성화되고 유지될 수 있다. 단기기억의 제한된 정보 용량은 7±2 청크(chunk)인데, 이는 정보를 처리하고 리허설 하는 데 필요한 처리 용량과 주의력이 한정되어 있기 때문이다. 단기기억은 감각기억에서 전달된 정보와 장기기억에서 인출된 기존의 관련 정보를 모아서 이해하고 해석하는 정보처리 과정을 수행한다. 그리고 정보처리 과정 수행 후 정보를 장기기억으로 전달하는 역할을 수행한다.

[그림 6-13] 정보 과부화를 일으킬 수 있는 신문 광고

소비자가 단기기억에서 처리할 수 있는 용량이 제한되어 있기 때문에, 정보 전달자가 제품에 대한 너무 많은 정보를 제공하게 될 경우 소비자의 선택에 혼란을 가져오게 되어 제품 선택을 방해하는 역기능을 초래하게 된다. 즉, 많은 정보의 취득이 의사 결정에 유리할 것 같으나, 실제로는 너무 많은 정보가 구매 의사 결정을 더욱 어렵게 만들게 되는 결과를 가져온다는 것이 정보 **과부하**(information overload) 가설이다(Jacoby, Speller, & Kohn, 1974). 따라서 고관여 제품일수록 많은 정보를 제공하는 것이 효과적일 수 있지만, 저관여 제품의 경우 특히 제한된 시간에 많은 정보를 제공하는 것은 바람직하지 않다. 특히 TV 광고를 통해 정보를 제공할 경우 소비자가 정보를 처리하는 데 시간적 제약이 많기 때문에 매우 중요한 정보만을 기억하도록 제시하는 것이 중요하다.

장기기억은 무제한적이고 영구적인 기억으로, 시각과 청각 코드 등 다양한 코드 형태로 기억된다. 장기기억은 평상시 의식에서 단절되어 정보를 저장하고 있다가, 정보처리가 이루어질 때 정보처리와 관련된 정보가 의식 수준으로 인출되어 정보처리가 이루어진다. 이러한 장기기억은 어의적 개념과 그 개념 사이의 연관이 주요 부분을 차지하고 있다.

(2) 단기기억 증대를 위한 광고 전략

소비자들은 일상생활 속에서 수많은 제품 정보를 시시각각으로 받으며 살고 있다. 그러나 그들은 정보처리 능력의 한계를 가지고 있기 때문에 이러한 정보 중 극히 일부분만을 기억하게 된다. 따라서 소비자들로 하여금 자사 제품에 대한 정보를 어떻게 기억시킬 것인가 하는 문제는 매우 중요한 과제다. 소비자의 단기기억을 촉진하기 위해서 광고에서 흔히 사용되고 있는 방법은 소비자에게 시각화를 유도하는 방법, 부호화를 이용하는 방법, 기억 증대 기법을 이용하는 방법과 반복 광고를 이용하는 것 등이 있다.

① 시각화를 유도하는 방법

시각화(visualization)에 의한 기억 증대 전략은 소비자에게 심상(mental imagery)을 이끌어 내는 기법이다. 심상이란 마음속에 어떠한 개념을 시각화하도록 유도하는 것을 말하며, 이는 일반적으로 기억을 촉진한다. 예를 들면, 야구, 축구, 테니스, 만족과 같은 단어들을 생각해 보자. 야구, 축구, 테니스와 같은 단어들은 당신의 마음속에 분명한 이미지를 떠오르게 한다. 그러나 만족이라는 단어는 상당히 추상적이기 때문에 이미지를 떠올리기가 쉽지 않다. 따라서 이를 기억하는 데에는 전자의 단어들보다 더욱 많은 학습이 필요하다.

　루츠와 루츠(Lutz & Lutz, 1978)는 소비자의 심상을 이끌어 내기 위한 커뮤니케이션 전략으로, 첫째, 그림을 이용하는 방법, 둘째, 구체적인 정보를 사용하는 방법, 셋째, 소비자가 기억해야 할 제품 정보를 마음속에 시각화하도록 하는 심상 지시 방법(imagery instruction)을 제시했다. 인지심리학의 기억에 관한 **이중 부호화 이론**(dual-coding theory)에 의하면, 그림이 기억 속에 저장될 때 시각적 형태와 함께 어의적 형태가 함께 저장된다. 반면, 단어나 말의 경우는 주로 어의적 형태만이 저장되며 시각적 형태가 저장될 가능성이 적다고 한다. 그러므로 언어적 정보와 함께 그림을 제공하는 것이 언어적 정보만을 제공하는 것보다 기억에 더 도움이 된다. 인쇄 광고(시각적 형태의 자극)나 라디오 광고(청각적 자극)보다 TV 광고(시각적 및 청각적 자극)가 더 효과적인 것도 같은 이유이다. 또한 관련 광고와 비관련 광고의 개념이 이를 적절히 설명할 수 있다.

　관련 광고란 그림과 주어진 메시지가 상당히 관련성이 있는 광고를 가리키며, 비관련 광고란 주어진 광고의 그림과 메시지가 관련이 전혀 없는 광고를 가리킨다. 관련 광고가 이중 부호화 원리를 활용하기 때문에 비관련 광고보다는 기억에 더 효과적임이 밝혀지고 있다(임종원 외, 1997). 이는 메시지 내용과 제품과의 분명한 연결이 소비자의 정보처리에 더 긍정적인 영향을 미치기 때문이다.

　또한 소비자들은 추상적 단어보다는 구체적 단어를 보다 더 쉽게 저장하고 인출한다고 한다. 정보처리 과정에서 제시되는 단어를 선택하는 데 있어 기존에는 신제품의 상표를 불필요하게 추상적이고 이국적인 단어를 자주 사용하여, 이러한 정보를 접한 소비자들이 이를 정보처리 하는 데 어려움을 겪는 경우가 많았다. 따라서 광고 제작자들은 광고 문안과 상표명 선택에 있어 구체적인 단어, 즉 뜻이 분명하고 쉬운 단어를 선택하여 제품을 구매하는 소비자의 태도와 신념에 호의적인 결과를 가져오도록 유도하여야 한다. 예를 들면, 2080치약의 경우 20개의 치아를 80세까지 유지하는

[그림 6-14] 구체적인 정보를 활용한 전략

데 도움을 주는 치약이라는 의미로 구체적인 브랜드명의 예이며, LG생활건강의 한스푼 브랜드의 경우 세제 사용량에 대해 소비자에게 구체적인 정보를 제공하는 예시가 됐다.

끝으로, **심상 지시 전략**을 이용하여 기억 증대를 도모하는 것으로, 이는 소비자로 하여금 상상을 통하여 마음속(심상)에 광고 메시지에서 제시하는 장면을 시각화하도록 지시함으로써 기억을 높이는 방법이다. 예를 들면, 제주도 중문 관광단지에 대한 광고의 경우라면 소비자에게 '비취색의 쪽빛 바다와 상아색으로 끝없이 이어진 모래사장, 그리고 제주도의 토착적인 돌하르방'을 상상해 보도록 유도함으로써 소비자의 기억을 높일 수 있다.

② 부호화 이용 방법

부호화(coding)는 개인이 되뇌기(rehersal)를 위하여 정보를 구조화하는 방식이다. 즉, 개인이 정보를 체계화하는 것과 관련된다. 언어 학습의 주제로서 기억술, 연상, 이미지 등의 여러 가지 정보 부호화 전략이 기억을 증대하기 위하여 사용된다.

광고에서는 새로운 상표명을 기억시키기 위해 소비자들에게 그 상표명을 암시할 수 있는 어떤 이미지와 연결하여 광고를 수행한다. 예를 들면, 임페리얼 위스키 광고의 경우에는 제품명과 신뢰감이라는 이미지를 연결하기 위하여 '믿을 신(信)' 한자를 이용하여 제품의 기억을 촉진하고, 한자 의미 이미지와 제품 품질에 대한 신뢰 이미지를 연결하여 소비자들에게 전달하려고 시도한다.

③ 기억 증대 기법의 이용

단어의 리듬을 이용하는 단순한 기법을 사용해서도 기억 증대를 도울 수 있다. 기업은 자사의 상표명을 소비자에게 쉽게 기억시키기 위해 광고에서 상표명과 관련된 어구를 상표명과 반복적으로 연결하는 방법을 자주 사용한다.

'알 만한 사람은 다 알잖아요-알마겐', '네-네프리스', '시력이 나쁜 눈을 모아 모아-모아겐', '잇몸 튼튼 이가 탄탄-이가탄', '바로 코 밑에 있잖아요-바로코민' 등은 광고에서 기억 증대 기법(memonic devices)을 이용한 예들이다. 이 밖에도 음악을 이용하는 방법이 있다. 소비자의 기억을 돕기 위해 광고에서 음악을 활용하는 것으로, '손이 가요 손이 가~(농심 새우깡)', '하늘에서 별을 따다 하늘에서 달을 따다 두 손에 담아 드려요~오오오(오란

씨)', '열두 시에 만나요~(브라보콘)' 등이 그
예이다.

[그림 6-15] 기억 증대 기법을 활용한 광고

또한 많은 기업이 상표명을 선택할 때 평
범한 것을 피하기 위하여 특이한 이름이나
외래어를 선택하는 경향이 있다. 이러한 경
우, 발음이 생소하여 소리로 기억하는 데 상
당한 장애가 된다. 따라서 기업은 많은 광고
에서 상표명을 쉽게 기억시키기 위하여 상표명을 큰 소리나 쉬운 발음을 사용하여 기억시
키려고 한다. 이러한 광고의 예를 표로 요약하면 〈표 6-1〉과 같다.

●표 6-1● **상표명을 소리로 기억시키려는 광고의 예**

상표명	광고 내용
화이투벤	'화-이-투-벤'(큰 소리로 각각 발음됨)
에시드린	'애시당초'라는 비슷한 발음을 이용
속 청	'김청'이라는 배우의 이름을 단서로 이용
그레이스	'그래서'라는 비슷한 발음을 이용

④ 반복 광고

소비자들은 자신이 중요하게 여기거나 높게 관여되어 있는 제품 정보에 노출되어 있다
면 단 한 번의 광고 노출에도 이를 쉽게 이해하여 기억에 저장할 수 있을 것이다. 그러나
제품 정보에 대해 낮게 관여되어 있는, 즉 동기 부여가 낮거나 정보처리할 능력이 부족한
소비자들은 단 한 번의 제품 광고에 노출되어 이를 기억 속에 저장하기는 어렵다. 따라서
소비자들이 제품 정보를 이해하고 기억하게 하기 위해서는 반복적으로 제품 광고를 시도
해야만 한다.

일반적으로 제품 광고의 효과는 반복될수록 학습 효과가 증가하지만, 반복 횟수가 지
나치게 많아지면 그 효과는 감소하게 된다. 이러한 반복 노출에 의한 피로 효과(fatigure
effect), 즉 적응(adaptation) 현상을 막기 위해 광고 제작자들은 시리즈 광고나 드라마 형식
의 광고를 제작하여 집행한다.

(3) 기억과 광고의 관계

기억의 특성에 대한 올바른 이해는 실제로 광고를 제작하고 이를 소비자에게 전달하는 광고 담당자에게 필수적이고 중요하다. 실질적으로 기억과 관련된 특성과 현상을 광고에 어떻게 적용하여야 하는가를 알아보면 다음과 같다.

첫째, 독특한 광고 메시지는 기억 잠재력이 높다. 이는 광고 메시지가 독특할수록 망각의 간섭 효과를 덜 받기 때문이다. 따라서 카피라이터는 경쟁 제품 광고와 자사 광고를 차별화하기 위해 부단한 노력을 기울인다.

둘째, 광고물이 소비자에게 제시되는 순서에 따라 기억 가능성이 달라진다(초두 효과와 최신 효과 발생). 특히 제시되는 순서가 중간인 광고의 경우는 쉽게 망각될 우려가 있다. 따라서 광고 메시지의 가장 중요한 부분은 광고의 맨 처음이나 마지막에 제시되어야 한다. 일반적으로 상표명과 같이 기억해야 할 정보는 광고의 끝부분에 위치하며, 제품의 인상 형성과 관련된 정보는 첫 부분에 위치하는 것이 효과적이다. 광고물 제시 맥락 또한 광고 효과에 영향을 미친다. 뉴스 후에 광고를 집행하지 않거나 호스트셀링 기법을 활용하여 광고를 집행하는 경우에 해당된다. 광고매체 담당자는 이러한 사실을 숙지하고 광고매체의 광고 위치 및 시간대를 설정하여야 한다.

셋째, 광고에서 소비자에게 제시되는 정보의 양은 단기기억의 정보처리 용량(7±2청크)을 고려하여 최대 5~9개의 정보 단위를 제시하는 것이 가장 효과적이다. 그러나 기업 입장에서는 고관여 제품과 고관여 매체(인쇄 매체)인 경우는 저관여 제품과 저관여 매체(TV 매체)에 비해 많은 정보를 제공하는 것이 효과적일 것이다. 다만, 고관여일 경우 시간 제약이 있느냐의 여부가 중요한 요인으로 나타났다. 즉, 정보를 처리할 충분한 시간이 부여될 경우, 정보 과부하 현상은 나타나지 않았다.

넷째, 정보가 입력된 후 즉시 되뇌기가 이루어진다면 더욱 기억이 잘될 것이다. 실제로 광고에 있어서 소비자에게 전화번호나 상표명을 여러 차례 반복하여 제시함으로써 소비자의 되뇌기를 돕고 있으며, 제시되는 숫자의 의미 있는 형태를 개발하기 위해 노력을 기울이고 있다. 국제전화 00365의 광고처럼 1년 365일 내내 저렴한 가격으로 국제전화를 이용하라는 의미를 담은 광고가 이에 해당된다. 경쟁사인 00700의 경우에는 한국의 소비자가 익숙해 있는 〈007〉 영화에서 익숙한 숫자와 국제전화라는 의미의 '00' 숫자를 연합시켜 소비자에게 의미 부호화를 잘 일으킬 수 있는 상표명을 고안했다.

[그림 6-16] **숫자를 활용하여 의미 부호화를 일으킨 사례**

다섯째, 각 개별 정보가 효과적인 청크로 조직된다면 더욱 많은 정보가 처리되고 기억된다. 단기기억에서 한꺼번에 처리되는 용량에는 한계가 있으므로, 광고 전달자는 시간과 공간의 제약 속에서도 많은 정보를 소비자가 수용할 수 있도록 정보의 조직화를 촉진하는 수단을 개발하여야 한다.

여섯째, 기억은 단서에 의존하고, 관련 있는 단서의 제시는 회상을 촉진할 수 있다. 따라서 광고 전달자는 자사 제품의 특성과 이미지에 알맞은 포장 디자인의 개발과 구매 시점 전시(point of purchase display) 등을 최대한 활용하여 소비자에게 끊임없이 제품에 대한 단서를 제공하여야 한다. 광고에서 회사를 상징하는 상징물(로고, 모델 등)을 활용하여 소비자에게 함께 기억시킴으로써 상징물을 회상의 단서로 활용하고 있다.

[그림 6-17] **구도일(회상 단서)을 통해 기억을 촉진시키는 광고 전략**

일곱째, 개인에게 특히 관심이 있고 관련성이 높은 정보는 쉽고 빠르게 기억된다. 그러므로 광고는 소비자들에게 의미를 부여할 수 있는 메시지로 함축되어야 한다. 이러한 상황을 유도할 수 있는 특정 상황으로는 그림과 사진 등의 화상 정보, 상호작용하는 이미지, 불완전한 메시지 광고, 기억을 증대시키는 방안 개발 등이 있다.

2. 소비자 의사 결정 과정

지금까지 앞에서 정보처리자로서의 소비자를 이해하려는 모형을 소개했다. 이제부터는 의사 결정자로서의 소비자를 이해하려는 소비자 행동 모형을 소개하고자 한다. 소비자는 아침에 잠에서 깨어 저녁에 다시 잠이 들 때까지 일상생활 속에서 끊임없이 의사 결정을 하면서 생활하고 있다. 의사 결정 유형은 소비자 자신에게 일상화된 습관적 의사 결정에서부터, 자동차 구매와 같은 중요한 의사 결정과 화장지 구매와 같은 덜 중요한 의사 결정까지 다양하게 나타난다. 소비자의 상표 선택은 습관적 혹은 무의식적으로 일어날 수도 있고, 광범위한 정보 탐색을 통해 상표에 대한 정보를 충분히 수집한 후 각 상표를 비교하고 평가하여 상표에 대한 선호도를 결정하고 난 뒤에 이에 따라 선택하는 과정을 거칠 수도 있다. 이 절에서는 소비자의 의사 결정 과정을 개괄적으로 살펴보고자 한다.

1) 문제의 인식

소비자가 어떤 문제와 관련하여 어떤 시점에서 자신의 실제 상태와 이에 상응하는 바람직한 상태 간에 차이가 있다고 인식하게 되면 그 차이를 해소시켜 주는 수단에 대한 욕구를 갖게 된다. 소비자 행동은 욕구 충족을 기본적 동기로 이루어진다고 할 수 있으므로, 이러한 욕구의 유발이 소비자 의사 결정의 출발점이 된다. 소비자 의사 결정은 욕구를 충족할 수 있는 여러 대안 중에서 가장 적절한 수단을 찾는 과정이다. 따라서 소비자 자신에게 특정 문제에 대해 실제 상태와 바람직한 상태 간에 차이가 있다는 것을 인식하는 욕구의 환기 과정을 문제의 인식 단계라 할 수 있다. 일반적으로 광고는 제품에 대한 바람직한 상태를 최대한 높여 소비자에게 제시함으로써 실제 상태와 바람직한 상태 간에 격차를 크게 인식시킴으로써 해당 제품에 대한 소비자의 욕구를 유발하려 한다(윤가현 외, 2019).

예컨대, 철수는 올해 대학교에 입학한 신입생이다. 고등학교 재학 시절 스마트폰에 대한 욕구가 높지 않았던 철수는 중학생 때에 구입했던 구형 스마트폰을 사용하고 있다. 철수가 대학교 신입생 환영회에 참석하여 동료와 선배들과 인사하는 과정에서 자신만이 구형 스마트폰을 사용하고 있다는 것을 알게 됐다. 옆 좌석에 있던 동기 신입생이 얼굴 인식 기능을 통해 스마트폰을 여는 것을 목격했으며, 그때 얼굴 인식 기능을 통해 쉽고 안전하게 정보 보안을 할 수 있다는 광고 내용이 떠오르면서 자신의 구형 스마트폰과 자신이 바람직하다고 원하는 스마트폰과의 격차가 있다는 것을 인식하게 됐다. 철수는 신입생 환영회가 끝나고 오는 길에서 강남역의 스마트폰 매장에 들러 최신의 스마트폰을 구매하게 됐다. [그림 6-19]에서 볼 수 있듯이, 소비자가 원하는 바람직한 상태와 실제 상태 간의 불일치는 문제 인식과 정보 탐색 과정으로 빨리 이동하게 만드는 가장 기본적인 원인이라고 할 수 있다.

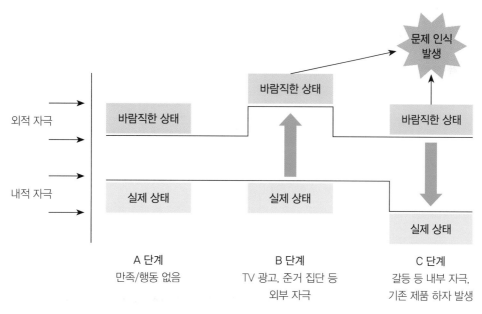

[그림 6-18] 소비자 문제 인식 유발의 심리적 과정

[그림 6-18]의 문제 인식이 발생하는 과정을 설명하면, 먼저 소비자가 자신이 처한 현재의 상태에서 느끼는 실제 상태와 바람직한 상태 간의 차이가 없다고 인식하는 A 단계에서는 문제가 발생하지 않는다. 즉, 이 상태에서는 소비자가 만족하게 되며 어떠한 욕구가 일어나지 않게 된다. 소비자가 느끼는 실제 상태와 바람직한 상태 간에 격차가 존재하게 되면(B와 C 단계), 소비자는 문제를 인식하게 되고 해당 문제와 관련하여 욕구가 발생하게 된다. B 단계에서는 광고와 판매원 또는 친구와 같은 준거 집단 등의 외적 자극에 의해 바람직한 상태의 수준이 높아져서, 즉 얼굴 인식을 통해 쉽고 안전하게 정보 보안을 하는 최신의 스마트폰 광고 내용을 통해 실제 상태와 바람직한 상태 간에 격차가 유발될 수도 있으며, C 단계에서는 소비자의 내적 욕구에 의해 실제 상태에서 부족함을 느끼게 되어, 즉 운동 후에 수분이 부족하게 되어 갈증을 느껴 실제 상태와 바람직한 상태 간에 격차가 유발되는 경우도 있다.

이러한 문제 인식은 충분한 동기 부여가 있어야만 구매 의사 결정으로 전환이 가능하며, 구매 행동에 영향을 미치는 동기 부여 요인은 두 가지로 요약된다. 즉, 실제 상태와 소비자가 지각하는 바람직한 상태 간의 차이가 크면 클수록, 또한 문제의 중요성을 높게 인식하면 할수록 구매 행동으로 나타날 가능성이 커진다. 그러나 모든 욕구 유발이 구매 행동으로 이어지는 것은 아니다.

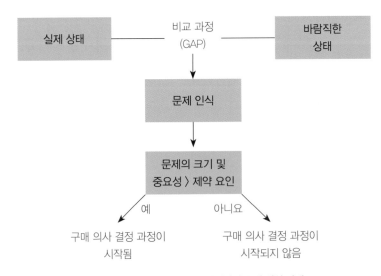

[그림 6-19] 구매 의사 결정 과정에서의 문제 인식 단계

구매 행동의 제약 요인으로는 금전, 시간적 여유와 사회적 규범 요인 등이 있다. 따라서 소비자의 구매 행동은 동기 부여 요인과 제약 요인을 비교하여 전자가 후자보다 약간이라도 더 커야만 소비자의 욕구가 구매 행동으로 전환될 수 있다([그림 6-19] 참조).

2) 정보의 탐색

소비자는 욕구 충족의 제약 요인(철수의 스마트폰 구매 행동에서 돈과 시간의 부족)과 동기 부여 요인(스마트폰의 중요성과 스마트폰의 실제 상태와 바람직한 상태의 격차)의 크기를 비교하여 동기 부여 요인의 크기가 크게 인식되면 구매를 목적으로 정보를 탐색하게 된다. 정보 탐색(information search)은 소비자가 합리적인 의사 결정을 위해 필요한 적절한 자료를 수집하는 과정이다. 이 절에서는 이런 탐색에서 수반되는 몇몇 요인들을 살펴볼 것이다(Streel, Erdem, & Swait, 2004). 정보 탐색은 일반적으로 기억 속에 저장된 의사 결정과 관련된 자료에 근거하여 필요한 자료를 인출하는 과정인 내적 정보 탐색과, 시장에서 수집된 정보로 이루어진 외적 정보 탐색으로 구분할 수 있다. 경험과 지식이 문제를 해결(구매 의사 결정)하는 데 충분하다면 내적 정보 탐색 과정 후에 즉각적으로 구매 행동으로 이어질 수도 있다. 그러나 내적 정보 탐색에 의하여 문제를 해결하는 데 충분한 정보를 얻지 못했을 때에는 외부의 정보원(판매원, 광고 등)으로부터 추가적인 정보 탐색을 하게 되는데, 이를 외적 정보 탐색이라 한다. 이러한 정보 탐색 과정을 도식화하면 [그림 6-20]과 같다.

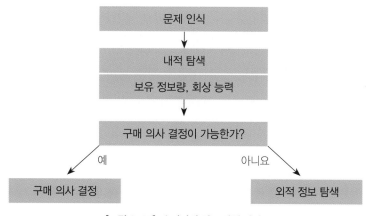

[그림 6-20] 소비자의 정보 탐색 과정

정보의 탐색 과정은 내적 정보 탐색 과정과 외적 정보 탐색 과정으로 구분할 수 있다. 소비자는 욕구를 충족하기 위해 먼저 자신의 경험과 기억에 의존하여 욕구 충족 수단을 찾는 과정을 거치게 되는데, 이를 **내적 정보 탐색**(internal information search)이라고 한다. 저장된 정보는 주로 제품이나 서비스와 관련된 사전 구매 경험으로부터 소비자의 기억 속에 저장된 자료에서 나온다.

소비자가 내적 정보 탐색 과정을 통해 구매 의사 결정을 하려고 한다면, 먼저 소비자는 자신의 기억 속에 저장되어 있는 관련 정보를 자연스럽게 회상하게 되는데, 이때 올바른 의사 결정을 할 만큼 정보가 충분하게 저장되어 있어야 하며, 그 정보를 회상할 수 있는 능력이 있어야 하고, 또한 회상 정보를 통해 소비자가 만족스러운 선택 대안이 있으면 즉시 소비자는 그 대안을 구매하게 된다. 이러한 내적 정보 탐색은 외적 정보 탐색에 비해 신속하게 이루어질 수 있고, 비용과 시간을 적게 투입하고 원하는 정보를 수집할 수 있다는 장점이 있다. 일반적으로 저관여 제품의 구매 의사 결정을 할 때 주로 이용된다. 하지만 내적 정보 탐색을 통해 수집된 정보가 구매 결정을 하기에는 제한적이고 불충분한 경우가 많아서, 고관여 제품을 구매하기 위해서는 외부의 정보원으로부터 추가적인 정보 수집을 위해 외적 정보 탐색 과정을 거치게 된다.

외적 정보 탐색(external information search)이란 내적 정보 탐색 과정과 다르게 소비자가 구매 의사 결정에 필요한 정보를 기억 속에 충분히 가지고 있지 못한 경우에, 보다 많은 정보를 수집하기 위해 시간과 노력을 기울여 외부의 정보원으로부터 정보를 탐색하는 과정을 말한다. 외적 정보 탐색은 소비자가 당면한 문제를 해결하기 위해 정보 탐색이 이루어지는 **구매 전 탐색**(pre-purchase search)과 때때로 발생하는 구매욕구와 관계없이 평소에 관심이 있는 문제와 관련하여 비교적 지속적으로 정보를 탐색하는 **계속적 탐색**(ongoing search)이 있다(Roger, Miniardand, & Engel, 2006). 예를 들면, 회사에서 야유회를 산으로 간다고 했을 때 소비자가 등산 용품을 구매하기 위해 등산과 관련된 정보를 잡지나 광고를 찾아보고 판매점을 방문했다면 구매 전 탐색이라고 할 수 있다. 하지만 평소에 등산에 관심이 많아 등산 전문 잡지를 정기 구독하는 소비자는 등산과 관련된 정보를 인터넷을 통해 검색하거나 전문 잡지 구독을 통해 지속적으로 정보를 수집해 온 행동이 계속적 탐색에 해당하는 것이라 할 수 있다. 따라서 전문 잡지 정기 구독자는 계속적 탐색의 대표적인 사례라고 할 수 있다.

경험과 지식이 문제를 해결(구매 의사 결정)하는 데 충분하다면 내적 정보 탐색 과정 후에 즉각적으로 구매 행동으로 이어질 수도 있다. 그러나 내적 정보 탐색에 의하여 문제를 해결하는 데 충분한 정보를 얻지 못했을 때에는 외부의 정보원(판매원, 광고 등)으로부터 추가적인 정보 탐색을 하게 되는데, 이를 외적 정보 탐색이라 한다.

3) 구매 전 대안 평가

소비자는 어떤 대상(제품)에 대한 욕구가 발생하여 그 대상에 대한 욕구 충족의 필요성이 클 때, 먼저 자신의 기억에 의존하거나 외부의 정보원으로부터 정보를 탐색하게 된다. 이러한 정보 탐색 과정을 거쳐 얻게 된 정보에 의하여 여러 가지 대안 중에 의사 결정을 통해 구매 행동이 일어난다. 소비자의 구매 행동은 필연적으로 여러 대안을 평가하는 과정을 요구하게 되는데, 이때 대안 평가의 기준과 평가 방식을 선정하여 소비자는 비교 평가를 한다. 선택 대안들의 평가는 구매할 제품과 관련된 소비자가 기억 속의 회상에 의한 내적 정보 탐색과, 외부의 정보원으로부터 정보 수집에 의한 외적 정보 탐색을 통하여 고려하게 된 고려 상표군에 포함된 상표들에 대한 평가를 의미한다. 대안의 평가 과정은 소비자 비교 평가들이 대안을 선택하기 위해 우선 사용할 평가 기준이나 평가 방식을 결정해야 하며, 이를 통해 고려 상표군에 있는 상표들을 비교하고 평가하는 것이다. 따라서 여기에서는 평가 기준의 특성과 상표 대안의 평가 방식에 대해 살펴보고자 한다.

(1) 평가 기준의 특성

소비자는 여러 가지 평가 기준에 따라 대안을 평가하여 구매 행동을 하게 된다. 예를 들면, 한 주부가 세탁기를 구매하고자 할 때에는 먼저 자신이 지금까지 세탁기를 사용한 경험에 따른 지식에 의존하여 정보를 탐색하거나(내적 정보 탐색 과정), 가전제품 대리점을 방문하여 판매원으로부터 세탁기에 대한 정보를 취득하거나, 또는 광고나 홍보 책자를 통해 정보를 얻을 수 있다(외적 정보 탐색 과정). 그리고 이러한 정보 탐색 과정을 거쳐 얻은 정보를 통해 여러 회사의 세탁기 제품을 비교 평가한 후 특정 제품을 구매하게 된다.

① 평가 기준은 소비자의 구매 동기를 반영한다

소비자는 대부분의 제품이나 서비스의 성과에 대한 평가에 한 가지 이상의 평가 기준을 사용한다. **평가 기준**(evaluative criteria)은 소비자가 특정 문제를 해결하기 위해 찾고 있는 제품이나 서비스와 관련된 여러 가지 자원, 혜택, 특징 등을 의미한다. 즉, 평가 기준은 소비자가 제품을 구매하는 목적이나 동기를 반영한다. 예를 들면, 자동차 제품을 평가할 때 평가 기준으로는 연비, 배기량, 디자인, 가격, A/S망 등이 될 수 있다. 평가 기준은 일반적으로 소비자들이 원하는 혜택이든, 아니면 지불해야 할 비용 또는 관련된 제품 및 서비스의 속성들이다. 최근에 외모에 대한 관심이 높아진 소비자들을 대상으로 다이어트 식품들이 출시되고 있는데, 그중에서도 저칼로리, 저지방 성분의 제품을 통해 소비자가 원하는 아름다운 신체를 얻고자 하는 것이 혜택에 해당된다. 따라서 외모에 관심이 높은 소비자들은 저지방과 저칼로리 성분이 대안 선택에 중요한 평가 기준이 될 수 있다. 이런 소비자들 대상으로 저지방이나 저칼로리의 제품 특성을 알리는 광고를 통해 소비자들에게 좋은 반응을 얻고 있다.

제품의 평가 기준은 흔히 제품의 품질, 가격, 크기 등 효용적인 특성을 중심으로 상대 경쟁 기업의 제품보다 차별적인 속성들을 제시하는 방식으로 이루어진다. 예를 들면, 노트북의 경우 소비자들은 일반적으로 무게, 속도, 디자인, 가격 등의 제품 속성을 중심으로 평가 기준을 사용한다. 특히 LG전자의 "그램" 노트북의 경우, 광고에서 "그램" 노트북은 경쟁사의 제품에 비해 매우 가볍고 성능이 뛰어나다는 점을 강조하고 있다.

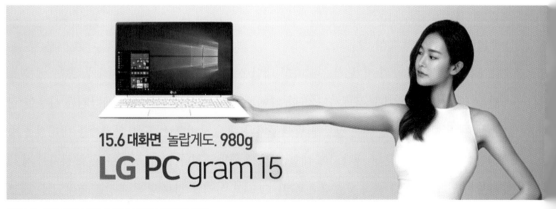

[그림 6-21] 평가 기준이 구매 동기를 반영한 광고

그러나 대안의 평가 기준이 반드시 품질, 가격, 크기 등의 기능적인 속성만을 나타내는 것은 아니다. 상징적인 제품의 경우에는 감성적인 구매 동기에 의해 소비자가 구매할 수 있다. 이런 제품들과 관련된 구매 의사 결정에서 대안의 평가 기준으로는 제품의 속성들을 분석하는 것보다 소비자들이 제품을 구매하고 사용하면서 느끼는 느낌이나 감성이 더 중요한 평가 기준이 될 수 있다. 감성적인 평가 기준으로는 스타일, 맛, 브랜드 이미지, 권위 등이 있다. 향수 제품을 구매하는 소비자는 평가 기준으로 향수의 기능적인 속성보다 용기 모양, 브랜드 이미지를 더 중요하게 평가 기준으로 활용할 수도 있다. 따라서 감성적인 제품의 경우에는 적절한 감성적인 반응을 제공하려는 노력을 기울여야 한다. 특히 신제품인 경우에는 그 제품 속성과 관련된 것보다 감성적인 장면을 묘사하는 것이 도움이 될 수 있다. LG전자 노트북 "그램"의 광고에서 가벼움이라는 기능적인 속성을 강조했다면, 같은 제품 범주에 속하는 삼성전자의 "센스" 노트북의 경우에는 디자인이 아름답다는 감성적 반응을 불러일으키기 위해서 평가 기준을 달리하고 있다. 결론적으로, 소비자가 제품을 선택할 때 사용하는 평가 기준은 제품의 속성이 이성적이냐 혹은 감성적이냐에 의해 실용적인 구매 동기 또는 상징적인 구매 동기를 반영하고 있다. 또한 같은 속성의 제품일지라도 경쟁사의 어떤 속성의 평가 기준을 강조하느냐에 따라 차별적인 소구를 위해 소비자들에게 다른 구매 동기를 평가 기준으로 제시하기도 한다.

② 제품에 따라 평가 기준의 수와 중요도는 다르다

소비자가 제품을 선택할 때 활용하는 평가 기준의 수는 제품의 유형에 따라 달라진다. 일반적으로 치약, 세제, 샴푸, 비누, 과자 등의 편의품은 일상적으로 반복 구매하는 제품들로서 평가 기준의 수는 매우 적거나 거의 사용하지 않는다. 즉, 치약을 구매할 때 습관적으로 특정 상표를 반복 구매하거나 매우 중요한 한두 개의 속성인 구취 예방 성분 또는 미백 성분 등을 평가 기준으로 활용한다. 반대로, 자동차, 노트북, 스마트폰, 스마트 TV와 같은 전문적인 속성을 갖는 제품들에 대해서는 편의품에 비해 소비자들이 고려하는 평가 기준의 수가 많아질 수 있다.

또한 소비자가 제품을 선택할 때 활용하는 평가 기준의 중요도에서도 차이가 있다. 여러 개의 평가 기준을 소비자가 중요하게 생각하더라도 그중 한두 개가 결정적인 평가 기준으로 활용된다. 예를 들어, 소비자가 TV를 구매할 때 화질, 음질, 상표명, 디자인, 가격 등을 중요한 평가 기준으로 고려하더라도 그중 화질을 결정적 평가 기준으로 제품을 선택할 수 있다. 그러나 가장 중요한 평가 기준이라고 반드시 결정적인 평가 기준이 되지는 않는다. 예를 들어, 소비자들이 TV를 구매할 때 화질을 가장 중요한 평가 기준으로 활용하더라도 경쟁 제품들 간에 화질에서 차이가 없다고 판단되면, 다음으로 중요한 평가 기준인 음질을 가장 중요한 결정적 평가 기준으로 활용하여 제품을 선택하게 된다.

[그림 6-22] 중요한 평가 기준(화질)을 강조한 삼성전자 QLED TV 옥외 광고

③ 평가 기준은 제품을 선택하는 상황에 따라 달라진다

소비자가 제품을 선택하는 상황적 특성에 따라 평가 기준은 달라질 수 있다. 제품을 선택하는 상황적 특성이 시간적인 제약이 있는지 여부에 따라 평가 기준은 달라진다. 예를 들면, 소비자가 서울역에서 기차표를 예매한 후 점심 식사를 하기 위해 음식점을 선택할 때와 같이 시간적인 제약이 있을 경우에는 가장 신속하게 나올 수 있는 음식이 평가 기준에서 중요하게 활용될 수 있지만, 온 가족이 오랜만에 호텔의 레스토랑에 들러 저녁 식사를 할 경우에는 시간적 제약이 없기 때문에 다른 평가 기준을 활용하게 된다. 즉, 음식의 맛, 종업원의 친절과 같은 속성이 음식점의 선택 기준이 될 수 있다.

또한 평가 기준은 소비자가 자신이 사용하기 위해 구매할 때와 다른 사람에게 선물하기 위해 구매할 때, 즉 구매 목적에 따라 평가 기준이 달라질 수 있다. 예를 들면, 자신이 먹기 위해 와인을 구매할 때는 와인의 가격이나 품질과 같은 실용적인 평가 기준을 중요하게 고려하지만, 선물용으로 와인을 구매할 때는 가격보다는 브랜드의 명성과 같은 상징적인 평가 기준을 중요하게 고려할 수 있다.

(2) 상표 대안의 평가 방식

소비자들이 대안의 상표들을 평가하는 방식은 여러 가지가 있을 수 있으나, 여기에서는 크게 보완적 평가 방식과 비보완적 평가 방식에 대해서만 살펴보도록 하자.

① 보완적 상표 평가 방식

보완적 평가 방식(compensatory rule)은 소비자의 각 상표에 대한 한 가지 속성의 장점이 다른 속성의 단점을 보완하여(즉, 장점이 단점을 상쇄시켜) 전반적인 평가를 하는 방식을 말한다. 이와 같은 보완적 방식으로 표적 시장에 있는 소비자들이 상표 대안을 평가한다면, 먼저 소비자들이 중요하게 여기는 평가 기준을 찾으려고 노력해야만 한다. 그러기 위해서는 표적 시장의 소비자 중 일부의 소비자를 대상으로 자료를 수집해야 한다. 평가 기준의 상대적 중요도는 소비자의 내면적 가치 체계를 반영함으로써 일반적으로 잘 변하지 않는 특성을 보인다. 따라서 기업의 담당자는 광고와 같은 촉진 노력을 통해 평가 속성에 대한 평가치를 변화시키는 데 노력을 기울여야 한다. 이 외에 각 평가 기준의 상대적 중요도는 앞으로 제품 개선, 기존 제품의 포지셔닝 전략과 신제품 개발을 위한 중요한 정보가 될 수 있다. 이러한 보완적 평가 방식은 주로 소비자가 고관여 제품을 선택할 때 활용된다.

소비자가 가격이 비슷한 세 가지 노트북 상표를 비교 평가하는 상황을 가정하자. 이 소비자는 이때 중요한 평가 기준으로 무게, 제품의 성능, 디자인, A/S 품질 등 네 가지를 고려하며, 각 평가 기준의 중요도를 전체 100으로 설정하고 각각 무게=40, 제품의 성능=30, 디자인=20, A/S 품질=10으로 부여한다고 가정하자. 이러한 상황에서 〈표 6-2〉는 노트북 상표에 대한 보완적 대안 평가 방식의 예시이다.

•표 6-2• 노트북 상표의 가상적인 속성 점수 예

평가 기준	중요도	노트북에 대한 가상적인 평가		
		LG전자 "그램"	삼성전자 "센스"	소니전자 "바이오"
무게	40	8	6	3
제품의 성능	30	5	5	3
디자인	20	5	5	5
A/S 품질	10	4	7	9
평가 점수 합계		610	560	400

위의 노트북 3사 상표의 가상적인 속성 점수에 따른 보완적 평가 결과를 제시하면 다음과 같다. LG전자의 "그램"의 경우(40×8=320)+(30×5=150)+(20×5=100)+(10×4=40)=610의 평가 점수를 얻었다. 삼성전자의 "센스"의 경우는(40×6=240)+(30×5=150)+(20×5=100)+(10×7=70)=560의 평가 점수를 얻었다. 반면, 소니전자의 "바이오"의 경우(40×3=120)+(30×3=90)+(20×5=100) +(10×9=90)=400의 평가 점수를 얻었다. 이러한 결과로 볼 때 소비자의 노트북에 대한 상표 선호는 그램 > 센스 > 바이오의 순서로 나타날 것이다. 그런데 삼성전자의 "센스"의 경우 LG전자 "그램"에 비해 제품의 성능과 디자인 속성에서 동등하게 평가받으며 A/S 품질에서는 두 배로 우월하게 평가받았음에도 불구하고 소비자의 선호도에서 낮은 평가를 받는 결과를 초래했다. 따라서 LG전자 "그램"의 경우에는 A/S 품질의 상대적 약점을 무게의 강점이 상쇄되는, 즉 보완되는 결과를 통해 전체적인 면에서 가장 선호하게 됐다.

이와 같은 보완적 대안 평가 방식이 주는 전략적 의미를 제시하면 다음과 같다. 첫째, 제품의 속성에 대한 소비자의 신념(평가)을 변화시키는 전략이다. 예를 들면, 삼성전자 "센스" 상표의 경우 어떻게 하면 가장 선호하는 상표가 될 수 있을까에 대한 전략이다. 삼성전자의 "센스" 상표의 경우 무게의 평가 속성에서 경쟁사 상표에 비해 소비자에게 낮은 평가를 받았기 때문에 소비자에게 가장 선호되지 못한 상표가 됐다. 따라서 무게 속성에 대한 소비자의 신념을 변화시키는 전략을 사용하면 된다. 이를 위해 가장 흔히 무게에 대한 제품의 속성을 개선시키는 방법이다. 즉, 경쟁사 제품만큼 자사 제품의 무게를 줄임으로써 동일한 평가를 받게 되면 가장 선호하는 상표가 될 수 있다. 더욱이 만일 경쟁사와 실제 동

일한 무게인데도 불구하고 낮은 평가를 받
고 있다면, 비교 광고를 통해 자사와 경쟁사
의 무게를 비교하는 객관적 자료를 소비자
에게 제시함으로써 비교적 쉽게 소비자의
신념을 변화시킬 수 있다.

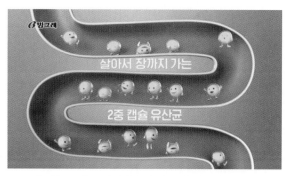

[그림 6-23] 소비자에게 새로운 선택 기준 제시 전략

둘째, 평가 기준에 대한 중요성을 변화시
키는 전략이다. 이 전략은 소니전자의 "바
이오" 상표가 소비자에게 가장 선호되는 브랜드가 될 수 있는 방안이다. 소니전자의 "바이
오" 상표는 A/S 품질에서 매우 높게 평가받고 있지만 그 평가 기준의 중요도가 매우 낮아
서 전체적으로 낮은 평가를 받고 있다. 이러한 상황에서 A/S 품질 평가 기준의 중요도를
40으로 변경할 수 있다면 (40×3=120)+(30×3=90)+(20×5=100)+(40×9=360)=670으로 가장
선호되는 상표가 될 것이다. 다만, 평가 기준의 중요도의 경우 모든 소비자의 내적 신념에
해당되므로 변화시키는 것이 매우 어렵다는 점을 감안해야 한다.

세 번째 전략은 기존에 사용하지 않았던 새로운 자사 상표의 강점을 평가 기준으로 노
출시키는 것이다. 즉, 소니전자 "바이오"의 경우, 타 경쟁사 제품에 비해 화질이 매우 강점
이라면 노트북 평가 기준으로 화질 속성을 부각시켜 소비자들에게 노트북을 구매할 때 화
질 속성을 평가 기준으로 삼아 평가하도록 하는 방식이다. 이러한 전략을 통해 소니전자
의 "바이오"는 소비자에게 가장 선호하는 상표가 될 수 있다. 이 전략은 기존의 시장에 늦
게 진입하는 후발 상표들이 사용할 수 있는 효과적인 전략이라고 할 수 있다.

② 비보완적 상표 평가 방식

앞에서 설명한 보완적 상표 평가 방식은 소비자가 여러 가지 중요한 평가 속성 모두를
고려하여 상표를 비교 평가하는 것인 데 반하여, **비보완적 상표 평가** 방식(noncompensatory
rule)은 중요한 속성 한두 가지를 고려하여 비교적 간단히 상표를 평가하는 방식이다. 이
방식은 한 평가 속성의 단점이 다른 평가 속성의 장점에 의해 보완되지 않는, 즉 약점이 강
점에 의해 상쇄되지 않는 평가 방식이다. 비보완적 상표 평가 방식에는 사전 편집식과 순
차적 제거식, 분리식, 결합식이 있으며, 주로 소비자가 저관여 제품을 선택할 때 사용한다.

●표 6-3● 샴푸 상표의 가상적인 속성 점수

평가 기준	상표			
	TS 샴푸	댕기머리	엘라스틴	비달사순
모발 치료 효과	6	5	4	4
모발 윤기	5	4	5	2
보습	3	5	4	3
향	3	2	4	2

사전 편집식　사전 편집식(lexicographic rule)은 속성들의 중요도에 따라 우선순위를 부여하고, 1순위의 속성에서 가장 우수한 대안의 상표를 선택하는 방식이다. 만약 1순위에서 가장 우수한 대안이 없다면, 즉 1순위에서 두 개의 대안이 동일하게 높게 평가받았다면 2순위에서 더 우수한 평가를 받은 대안 상표를 선택하는 방식으로 대안 평가가 일어나는 것을 말한다. 예를 들면, 〈표 6-3〉의 가상적인 샴푸 상표의 속성 점수에서 모발 치료 효과가 가장 1순위인 평가 기준일 때 TS 샴푸가 가장 우수한 평가를 받게 되어 소비자에게 선택되게 된다. 만일 샴푸의 대안 평가 속성 중 1순위가 모발 윤기라면 TS 샴푸와 엘라스틴이 동일한 평가를 받게 되어 2순위인 보습 평가에서 두 상표가 우수한 평가를 받은 엘라스틴 상표가 소비자에게 선택되는 방식으로 대안 평가가 일어나는 것을 말한다. 즉, 사전 편집식은 **속성별 평가** 방식으로 대안 평가가 진행된다.

순차 제거식　순차 제거식(sequential elimination)은 소비자가 중요하게 생각하는 특정 속성의 수준이 최소 어느 정도는 되어야 한다는 수용 기준(cut-off point)을 설정하고 그 속성에서 수용 기준을 만족시키지 못하는 상표를 제거해 나가는 방식이다. 소비자는 각 속성별로 불만족스러운 상표들을 순차적으로 제거하고 끝까지 살아남는 상표를 선택한다. 예를 들면, 소비자가 샴푸에 대해 최소 수용 기준을 4점이라고 가정했을 때 모발 치료 효과 속성에서는 모든 상표가 선택되나 모발 윤기 속성에서는 비달사순이 제거되고, 보습 평가 기준에서 TS 샴푸와 비달사순이 제거된다. 향 속성에서는 댕기머리가 제거된다. 따라서 순차적으로 비달사순, TS 샴푸, 댕기머리가 제거되는 방식으로 대안 평가가 일어난다. 그러나 엘라스틴의 경우에는 모든 평가 기준에서 기준점을 상회하여 최종적으로 소비자에게 선택되게 되는 방식이다. 따라서 이러한 순차 제거식도 **속성별 평가** 방식으로 진행된다.

분리식　분리식(disjunctive rul)은 소비자가 각 상표가 충족시켜야 할, 최소 허용할 수 있는 최소 수용 기준을 설정해 놓은 경우이다. 특히 중요시하는 한두 가지 기준에서 허용할 수 있는 최소 수용 기준을 초과할 때 선택될 수 있기 때문에, 이런 경우에는 일반적으로 특정 기준의 최소 수용 기준이 높게 설정될 것이다. 예를 들면 〈표 6-3〉에서 샴푸 상표의 평가 기준에서 보습 속성을 특히 중요시하고 최소 수용 기준을 5점으로 설정한 경우에 댕기머리 상표가 선택될 수 있을 것이다. 그리고 분리식 방식은 두 가지 이상 속성을 기준으로 대안들을 평가할 수도 있다. 예를 들면, 모발 치료 효과와 모발 윤기 속성에 매우 효능이 좋은 대안을 선택할 경우에 이 두 가지 속성으로 분리식 방식을 적용해 보면, 각 속성에서 최소 수용 기준을 5점으로 하면 모발 치료 효과에서 TS 샴푸와 댕기머리가 선택되며, 모발 윤기에서 엘라스틴이 각각 선택될 수 있다. 따라서 분리식에서도 **속성별 평가** 방식으로 진행된다.

결합식　결합식(conjunctive rule)은 분리식과 달리, 각 대안들의 속성을 평가하는 데 있어서 모든 제품 속성에서 모두 최소 수용 기준을 초과할 때 선택하는 방법이기 때문에 최소 수용 기준이 비교적 낮게 설정될 것이다. 따라서 단 한 개의 속성에서라도 최소 수준에 미달하게 된다면 대안 선택에서 탈락하게 된다.

결합식 방식으로 〈표 6-3〉에 제시된 샴푸 상표들에 대해 적용해 보면, 소비자가 샴푸 상표의 평가 기준에서 각 제품 속성의 최소 수용 기준을 3점으로 한다면, 댕기머리의 경우에는 향 속성에서 그리고 비달사순의 경우에는 모발 윤기와 향 속성 평가에서 탈락하게 된다. 결론적으로, 모든 속성에서 최소 수용 기준을 초과한 TS 샴푸와 엘라스틴 상표가 선택 대안으로 고려될 수 있을 것이다. 이러한 결합식은 앞의 세 가지 방식과 달리 **상표별 처리 방식**으로 대안 평가가 진행된다. 분리식과 결합식의 차이를 살펴보면, 분리식에서는 여러 속성의 평가 기준들 간에 관계가 '또는(or)'의 관계로 연결된다면, 결합식에서는 '그리고(and)'의 관계로 연결되는 점에서 차이가 있다.

(3) 대안 평가상의 여러 오류

① 감성 의존식 대안 평가

앞서 설명한 상표 평가 방식(보완적 방식이든 비보완적 방식이든)들은 모두 제품의 속성에 근거한 평가 방식이다. 이와는 달리 소비자들은 자신과 친숙한 제품인 경우에 제품의 속성에 의존한 평가를 하기보다는 그 제품과 관련된 자신의 기억에 담겨 있는 전반적인 평가(overall evaluations)에 근거하여 평가하는 경우가 흔히 일어난다. 이와 같은 평가 방식을 감성 의존식(affect referral) 대안 평가라고 한다(Wright, 1975). 예를 들면, 칠성사이다의 '소풍편' 광고를 살펴보자. 이 광고는 광고 제작자들이 칠성사이다의 제품 속성을 소비자들에게 소구한다기보다는, 과거 소풍 갈 때 칠성사이다를 마시던 아련한 추억에 대한 기억을 흑백 영상으로 표현함으로써 칠성사이다와 관련된 자신들의 경험에 의해 이미 형성된 평가를 단순히 소비자들의 기억에서 상기시켜 대안을 평가하도록 유도한 경우라고 볼 수 있다.

[그림 6-24] 감성 의존식 대안 평가 활용 전략

② 후광 효과에 의존한 대안 평가

후광 효과는 타인에 대한 인상 평가에서 도입된 개념으로, 본래의 의미는 한 개인이 어떤

면(얼굴이 잘생긴 미남이라면)에서 장점을 지니고 있다면 사람들은 그 사람의 다른 면(예의
도 바르고, 사교적이며, 지능도 높을 것이다.)에서도 좋은 점을 갖고 있다고 보는 경향을 말한
다. 소비자 행동의 측면에서는 소비자들이 제품을 평가할 때 그 제품과 관련된 일부 속성
에 의해 형성된 인상 또는 평가가 이와는 직접적으로 관련이 없는 다른 속성에 대한 평가
에 영향을 미치는 것을 말한다.

이러한 후광 효과는 긍정적인 후광 효과뿐만 아니라 부정적인 후광 효과도 일어날 수 있
다. 예를 들면, 중국에서 만들어진 장난감인 경우 소비자들은 중국에서 제조됐다는 속성
만으로 그 장난감의 여러 가지 다른 속성까지도 실제보다 더 낮게 평가하는 경향을 보인
다. 반면에 독일에서 제조한 자동차는 안정성이 높을 것이라고 지각하는 긍정적 후광 효
과도 있다.

[그림 6-25] 후광 효과를 이용한 광고 전략: 교황이 이용하는 자동차를 부각시키는 광고

③ 맥락 효과에 의한 대안 평가

일반적으로 소비자들은 대안의 평가 과정에서 그 대안의 선호에 의해서뿐만 아니라 그
대안이 어떤 맥락에서 제시됐는가에 의해 영향을 받게 된다. 소비자들이 맥락에 의해 영
향을 받는 경우는 크게 두 가지가 있다. 그 하나는 유인 효과이며, 다른 하나는 유사성 효
과다.

유인 효과(attraction effect)는 제품 시장에 기존의 대안보다 열등한 대안이 새로이 도입됨
으로써, 열등한 대안보다 우월한 기존 대안의 선택 확률이 증가하는 현상을 말한다(하영
원, 채정호, 1993). 그리고 유사성 효과(similarity effect)는 새로운 대안이 소비자들의 선택 상

표군(choice set) 내에 진입할 경우, 기존 상표들이 새로운 상표와 유사하면 할수록 선택 확률이 더 많이 감소하는 현상을 지칭한다(Tversky, 1972). 예를 들면, 청량음료 시장에 식혜 음료와 대추 음료가 있을 경우 새로운 상표의 식혜 음료가 시장에 진입하게 되면 대추 음료보다 기존의 식혜 음료의 시장 점유율이 더 많이 감소하는 현상을 유사성 효과라고 할 수 있다.

4) 구매와 구매 후 행동

(1) 구매 행동

소비자의 구매 행동 유형은 제품에 관련된 소비자 개인의 관여 수준과 제품을 사용한 경험의 유무에 따라, 복잡한 의사 결정 구매 행동, 상표 충성도 구매 행동, 관습적 구매 행동, 다양성 추구 구매 행동으로 구분된다. 이 밖에도 충동구매 행동 등이 있다.

첫째, 소비자가 관여 수준이 높고 새로운 제품을 최초로 구매하는 행동으로, **복잡한 의사 결정 구매 행동**이라고 한다. 예를 들면, 소비자 자신에게 매우 중요하고 구매 의사 결정에 많은 노력과 시간이 투여되며 관련성이 높은 고관여 제품(예: 노트북)을 대학 신입생이 입학 선물로 처음으로 구입하는 경우를 말한다.

둘째, 소비자가 관여 수준이 높고 동일한 상표를 반복 구매하는 경우이다. 구매 행동 유형은 소비자가 상표 대안(예: 갤럭시폰, LG폰, 아이폰 등)들을 자세히 비교 평가한 후 가장 선호하는 제품을 구매하게 된다. 또한 소비자가 자신이 현재 사용하고 있는 기업의 제품에 대해 만족한다면 그 제품에 대해 호의적인 태도를 갖게 되며 동일한 제품을 반복 구매하게 된다. 이러한 구매 행동 유형을 **상표 충성도** 구매 행동이라 한다.

셋째, 소비자가 관여 수준이 낮고 최초로 구매하는 행동을 **다양성 추구** 구매 행동이라고 한다. 즉, 소비자는 저관여 구매 상황에서 그동안 사용해 오던 상표에 싫증이 나서, 또는 단지 새로운 것을 추구하려는 의도에서 다른 상표로 전환하는 것이다. 소비자가 L사의 샴푸를 반복 구매하다가 단지 싫증이 나거나 또는 새로운 향의 제품이 출시된 것을 보고 단지 변화를 추구하기 위해 다른 상표의 샴푸를 구매하기도 하는 경우에 해당한다. 이러한 소비자의 다양성 추구 행동은 **최적 자극화 이론**(optimum stimulation theory)에 의해 설명된다. 이 이론에 따르면 사람들은 적정 수준의 활성화를 유지하려는 경향이 있다(Raju, 1980).

마지막으로, 제품을 사용한 경험이 있는 저관여 소비자가 구매한 상표에 대해 복잡한 의사 결정을 피하기 위해 단순히 동일한 상표를 반복 구매하게 되는 경우를 **관습적 구매 행동**이라고 한다. 관습적 구매 행동은 앞서 상표 충성도 구매 행동과 유사한 구매 행동을 보이지만 차이가 있다. 즉, 소비자가 호의적인 태도를 지닌 특정 상표를 반복 구매하는 경우를 상표 충성도 구매 행동이라 한다면, 관습적 구매 행동은 호의적 태도에 의한 반복 구매라기보다는 단지 구매 노력을 줄이기 위해 친숙한 상표를 반복 구매하는 경우다. 따라서 관여도가 낮은 소비자들의 관습적 구매 행동을 유도하기 위해, 반복 광고를 통해 자사 제품에 대한 소비자들의 친숙도를 높이려는 노력을 기울여야 한다. 흡연자들이 담배 구매 시 습관적으로 동일한 브랜드 제품을 구매하는 행동이 이에 해당된다.

이 외의 구매 행동으로 비계획 구매 행동 또는 충동구매 행동이 있다. 이는 문제 인식이 없거나 또는 점포 방문 전까지 구매 의도가 없는 상황에서 발생한 구매 행동으로, 제품에 대한 강한 호의적 감정이 발생하는 순간 즉각적으로 구매가 이루어지는 것을 말한다. 이러한 **충동구매**는 일상생활에서 빈번하게 발생한다. 백화점 구매의 39% 그리고 식품점 구매의 67%가 계획 없이 이루어진 충동구매 행동으로 나타났다(Weinberg & Gottwald, 1982). 충동구매를 하는 소비자들은 구매 행동의 결과를 전혀 의식하지 않으며, 제품을 구매해야 한다는 강한 느낌을 갖는다. 다른 연구 결과에 의하면 소비자들은 충동구매를 불유쾌한 무드(예: 우울함, 좌절, 무료함)를 벗어나기 위한 수단으로 활용한다고 한다(Gardner & Rook, 1988). 또한 응답자의 90%가 충동구매에 의한 즉각적 욕구 충족으로 행복감을 느낀다고 응답했다.

●표 6-4● **소비자 구매 행동 유형**

과거 경험 \ 관여 수준	고관여	저관여
최초 구매	복잡한 의사 결정 구매 행동	다양성 추구 구매 행동
반복 구매	상표 충성도 구매 행동	관습적 구매 행동

(2) 구매 후 행동

소비자는 자신이 선택한 구매 행동에 대해 다양한 반응을 보인다. 같은 제품을 구입한 경우, 어떤 소비자는 자신이 구매한 제품에 대해 만족해하는 반면, 다른 소비자는 불만족해하기도 한다. 또한 자신의 불만족을 묵인하면서 그 제품을 사용하는 사람이 있는가 하면, 불만족한 제품을 다른 제품으로 교환하거나 환불하는 다양한 불평 행동을 보이기도 한다. 그렇다면 왜 소비자들은 같은 제품을 구매한 후에 다양한 소비자 행동을 보이는 것일까? 이러한 질문에 대해 소비자들의 구매 후 행동을 도식화해 보면 [그림 6-26]과 같다.

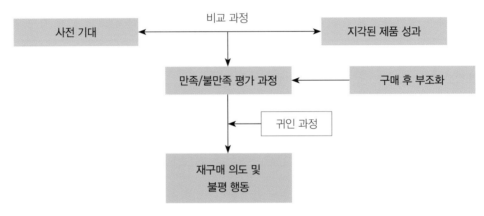

[그림 6-26] 소비자의 구매 후 행동 과정

소비자의 구매 후 행동은 자신이 구매한 제품에 대한 사전 기대 수준과 제품 사용 경험을 통해 지각되는 제품 성과를 비교하는 과정에서 시작된다. 소비자는 자신의 사전 기대 수준과 제품 사용 이후에 느끼는 제품 성과 간 차이가 없거나 제품 성과가 높게 지각되는 경우에는 그 제품에 대해 만족한 행동을 보이게 된다. 그러나 소비자는 지각된 성과가 자신의 사전 기대 수준 이하라고 생각되면 그 제품에 대해 불만족하게 된다. 소비자들은 구매 의사 결정 이후에 자신의 구매 의사 결정에 대한 불안감을 느끼게 되는데, 이를 **구매 후 부조화** 경험이라고 한다. 이는 소비자가 구입한 상표가 고려했던 다른 대안 상표들보다 더 올바른 선택이었다는 것에 대한 심리적 불안정 상태라고 할 수 있다. 소비자는 구매 후에 부조화 경험이 줄어들게 되면 만족감을 느끼게 될 것이며, 그렇지 못한 상태가 되면 불만족감을 갖게 될 것이다.

　　이러한 소비자의 만족감 및 불만족감 경험은 제품에 대한 재구매 의도에 영향을 미치게 되는데, 이 과정에서 자신의 만족 및 불만족에 대한 원인을 찾게 되는 인과 추론 과정, 즉 **귀인 과정**(attribution process)을 거치게 된다. 이와 같은 귀인 결과에 따라 소비자의 재구매 의사가 달라질 수 있다.

　　구매 후 부조화는 구매 결정을 취소할 수 없을 때, 선택하지 않은 대체 대안이 바람직한 모습을 가지고 있을 때, 여러 개의 바람직한 대안이 존재할 때, 자신에게 중요한 의사 결정일 때, 소비자가 자유의사에 의해 전적으로 의사 결정을 내릴 때 등에 발생할 가능성이 높다. 이러한 구매 후 부조화는 대체 대안에 대한 그의 평가를 변화시킴으로써, 그의 선택을 지지하는 새로운 정보를 탐색하고 반박하는 정보를 회피함으로써, 자신의 의사 결정 자체를 그리 중요하지 않은 것으로 생각함으로써, 자신의 태도를 변화시킴으로써 부조화감을 감소시킬 수 있다.

　　한편, 인지 부조화가 광고 분야에 적용되고 있는 사례는 **강화 광고**(reinforcement advertising)를 들 수 있다. 강화 광고란 자사 제품의 좋은 면을 강조함으로써 구매자의 선택이 옳았음을 확인시켜 주는 광고를 말한다. 고관여 제품의 경우 구매 후 부조화가 발생할 가능성이 높으므로, 특히 강화 광고를 수행할 필요성이 높다고 하겠다.

[그림 6-27] 강화 광고를 통한 구매 후 부조화 감소 전략

참고문헌

김재휘, 박은아, 손영화, 우석봉, 유승엽, 이병관(2009). 광고심리학. 서울: 커뮤니케이션북스.

박종원, 김성기(1997). 호스트셀링 광고가 어린이들의 제품 태도 형성에 미치는 효과에 대한 실험 연구. 광고학연구, 8(1), 65-79.

유승엽(2007). 호스트셀링 광고 효과에 영향을 미치는 요인 구조 모형 분석, 18(5), 137-189.

유승엽(2008). 광고 맥락과 위치 및 모델 평가에 따른 호스트셀링 광고 효과: 라디오 매체를 대상으로. 광고학연구, 19(3), 69-85.

윤가현, 권석만, 김경일, 김신우, 남종호, 서수연, 송현주, 신민섭, 유승엽, 이영순, 이현진, 전우영, 천성문, 최준식, 최해연(2019). 심리학의 이해(5판). 서울: 학지사.

이병관, 남승규, 부수현, 김철호, 김연주, 임혜빈, 유승엽, 안서원, 김동후, 염동섭, 전종우(2020). 소비자 심리와 광고 PR 마케팅: 한국광고학회 광고지성총서4. 서울: 학지사.

이상민, 유승엽(2004). 호스트셀링 광고 효과에 관한 연구: 맥락 효과와 프로그램 전후 및 중간 광고 비교. 광고학연구, 15(5), 29-55.

임종원, 김재일, 홍성태, 이유재(2006). 소비자 행동론. 서울: 경문사.

하영원, 채정호(1993). 열등한 대안의 위치와 빈도가 유인 효과에 미치는 영향에 관한 연구. 경영학연구, 23(1), 201-232.

Atkinson, R. C., & Shiffrin, R. M. (1968). Human memory: A proposed system and its control processes. In K. W. Spence & J. T. Spence (Eds.), (Vol. 2). New York: Academic Press.

Brean, H. (1958). What hidden sell is all about (March 31), 104-114.

Engel, J. F., Blackwell, R. D., & Miniard, P. W. (1995). (7th ed.). Chicago: The Dryden Press.

Gardner, M. P., & Rook, D. (1988). Effects of impulse purchase on consumers' affective states. In Michael, J. H (Ed.), 15, 127-130.

Heimbach, J. T., & Jacoby, J. (1972). The zeigarnik effect in advertising. In M. Venkatesan (Ed.), (Special volume, pp. 746-758). Chicago, IL: Association for Consumer Research.

Jacoby, J., Speller, D. E., & Kohn, C. A. (1974). Brand behavior as a function of information load, 11, 63-69.

Lutz, K. A., & Lutz, R. J. (1978). Imagery-eliciting strategies: Review and implication of research. In H. Keith Hunt (Ed.), (Vol. 5, pp. 611-620). Ann Arbor, MI: Association for Consumer Research.

Peter, J. P., & Olson, J. C. (1994). Consumer behavior and marketing strategy. Chicago: Irwin.

Raju, P. S. (1980). *Optimum stimulation level: Its relationship to personality, demographics, and exploratory behavior, 7*(3), 272–282.

Roger, B. D., Paul, W. M. & James, F. E. (2006). *Consumer behavior (10th ed.)*. Thomson South-Western.

Streel, J., Erdem, T., & Swait, J. (2004). Consumer search in high technology markets: Exploring the use of traditional information channels. *Journal of Consumer Psychology, 14*, 96–104.

TVersky, A. (1972). Elimination by aspects: A theory of choices. *Psychological Review, 79*, 281–299.

Weinberg, P., & Gottwald, W. (1982). *Impulsive consumer buying as a result of emotions, 10*(1), 43–47.

Wright. P. (1975). Consumer choice strategies: Simplifying vs. Optimizing. *Journal of Marketing Research, 12*, 60–67.

제7장

신유형 광고와 커머스*

『광고는 죽었다. 광고가 영원하기를(Advertising is Dead. Long Live Advertising)!』

영국의 커뮤니케이션 컨설턴트 톰 힘프(Tom Himpe)가 2006년에 출간한 저서의 제목이다. 다소 극단적이지만 광고가 죽었다는 주장은 당시 급변하는 미디어 생태계와 광고의 위기를 반영했다. 즉, 전통적인 미디어가 몰락하고 인터넷을 중심으로 새로운 미디어가 부상하면서 전통적인 미디어를 활용한 광고의 효율성이 급감하고 광고주가 외면하기 때문에 새로운 광고가 필요하다는 것이었다. 미디어 환경의 변화를 직시하고 광고의 변화와 혁신을 촉구하는 주장은 계속됐다.

미국의 광고 칼럼니스트 밥 가필드(Bob Garfield)가 2005년과 2007년에 광고업계 전문지인 『광고 시대(Advertising Age)』에 기고했던 혼돈의 시나리오(Chaos Scenario)와 혼돈의 시나리오 2(Chaos Scenario 2)에도 광고의 변화와 혁신을 촉구하는 주장이 잘 나타났다. 그렇다면 지금 광고는 어떤 모습일까? 다행히 광고는 사라지지 않았다. 다만, 새로운 미디어 환경에 적응하고 광고주와 소비자의 요구에 맞춰 새로운 모습으로 진화해 왔다. 광고는 새로운 위기를 맞았고 또 다른 혁신을 필요로 한다. 이 장에서는 소비자를 설득하기 위해 콘텐츠와 커머스와 결합해 광고의 영역을 확장하며 새롭게 등장한 신유형 광고들을 살펴보고 넥스트 노멀(next normal) 시대의 광고를 전망한다.

---

* 최세정(고려대학교 미디어학부 교수)

1. 광고 환경의 변화와 위기

광고업계의 잘 알려진 규칙 중 하나가 "Money follows eyeballs"이다. 직역하면 돈은 안구를 따른다는 것인데, 광고는 목표 청중에게 노출되어야 하므로 소비자의 관심과 주의를 받는 미디어에 광고가 집행되고 광고비가 지출된다는 의미로 해석된다. 이 관점에서 볼때 광고 미디어 환경의 두 가지 변화에 주목할 수 있다.

1) 모바일 광고의 성장

먼저 광고 미디어의 우선순위다. 앞서 언급한 2000년대 초중반에 맞닥뜨린 광고의 위기는 인터넷의 발달과 밀접한 관련이 있다. 광고 캠페인의 핵심 미디어였던 TV의 시청률이 하락하면서 TV 광고의 비용 대비 효율성도 감소할 수밖에 없었다. 이후 미디어 생태계는 계속 디지털 중심으로 재편되어 왔으며, 특히 스마트폰의 보급과 함께 모바일은 괄목할 만한 성장을 보였다. 전 세계적으로 모바일 이용이 급증하면서 모바일 광고비가 다른 미디어를 앞질러 가파르게 성장하는 것은 당연하다.

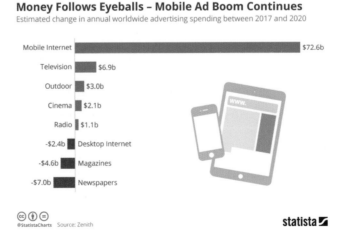

[그림 7-1] Money Follows Eyeballs

• 출처: https://www.statista.com/chart/5096/worldwide-ad-spending-growth-by-medium/

통신기술과 서비스가 발달한 국내에서도 젊은 세대를 중심으로 전통적인 미디어에 비해 스마트폰을 필수적인 미디어로 인식하는 비중이 점차 증가했으며, 이러한 인식은 고령층으로도 확산되고 있다(방송통신위원회, 2019). 이러한 모바일 중심의 미디어 이용 변화를 반영하여 2018년 처음으로 방송 광고비를 넘어선 디지털 광고비는 미디어별 광고비 1위를 지키며 다른 미디어 광고비의 정체나 감소와는 대조적으로 성장을 거듭하고 있다. 특히 모바일 광고비는 가파르게 성장하며 디지털 광고비 성장을 견인하고 있다.

2) 광고 회피의 증가

광고 회피(advertising avoidance)는 광고에 대한 노출을 피하는 모든 행동을 일컫는다. 흔히 광고의 홍수라고 할 정도로 광고 혼잡도(advertising clutter)가 높아지면서 소비자들의 피로감과 회피도 증가해 왔다. 광고 회피의 유형은 물리적 회피(physical avoidance), 기계적 회피(mechanical avoidance), 인지적 회피(cognitive avoidance)로 구분될 수 있다(Speck & Elliott, 1997). 물리적 회피는 소비자가 광고에 노출되는 동안 광고를 접하지 않거나 다른 활동을 하는 것을 말하며, 기계적 회피는 채널을 바꾸는 등 광고를 걸러서 노출 자체를 차단하는 것을 의미한다. 광고에 노출되더라도 이를 무시하거나 주의 깊게 보지 않는 행위를 일컫는 인지적 회피와 대비해서 물리적 회피와 기계적 회피를 행동적 회피로 구분할 수 있다.

광고 회피의 정도는 미디어별로 다르게 나타나며 인터넷, 모바일 등 상호작용성 혹은 능동성이 강한 미디어를 이용할 때 상대적으로 수동적인 성격의 전통적인 미디어를 이용할 때보다 소비자의 광고 회피가 더 높다(양윤직, 조창환, 2012). 예를 들어, 유튜브와 같은 온라인 동영상 플랫폼에서 동영상을 시청하기 전에 노출되는 프리롤(pre-roll) 광고는 일정 시간 이후 건너뛰기(skip)가 가능하도록 해 원하지 않는 광고를 회피하도록 한다. 또한 애드블록(AdBlock)과 같은 광고 차단 프로그램을 이용하면 온라인 콘텐츠를 소비할 때 모든 광고를 차단할 수 있어서 전면적인 광고 회피가 가능하다. 즉 광고의 노출 자체가 불가능해져 소비자에게 원하는 메시지를 전달할 기회조차 얻지 못하게 된다.

[그림 7-2] 광고 차단 프로그램 예

• 출처: https://chrome.google.com/webstore/detail/adblock-on-youtube/emngkmlligggbbiioginlkphcmffbncb?hl=ko

3) 광고의 위기와 도전

앞서 살펴본 모바일 광고의 성장과 광고 회피의 증가는 새로운 위기와 도전을 제시한다. TV를 비롯해 레거시 미디어의 이용이 감소하고 스마트폰을 중심으로 한 모바일 미디어의 이용이 증가하면서, 모바일에 적합하며 모바일의 장점을 활용한 광고가 필요하다. 모바일은 개인 미디어이며 기술의 발달과 데이터의 활용과 함께 정교한 타기팅이 가능하다. 또한 언제 어디서나 이용이 가능한 미디어이므로 이론적으로 시공간 제약 없이 광고 전달이 가능하다. 하지만 소비자는 많은 개인 정보를 가지고 있으며, 자신을 표현하는 수단으로 여기는 스마트폰을 통한 광고에 노출될 때 침입성을 높게 인식하는 경향을 보인다.

따라서 광고에 대한 거부감으로 광고를 회피하려는 의도가 강해지고 실제 여러 수단을 통해 행동적으로 광고를 회피하기도 한다. 회피하지 않는 광고는 소비자가 인식하는 가치가 높은 광고다. 즉, 방해성은 높지 않지만 정보적 혹은 오락적 가치가 높은 광고에는 더욱 긍정적인 태도를 가지며 회피 경향을 덜 보인다. 광고의 가치를 높이기 위한 방식의 하나는 콘텐츠와의 융합이다. 회피의 대상이 아닌 콘텐츠에 광고를 녹이거나 콘텐츠 제작 방식을 차용한 광고를 활용한다. 광고의 가치를 콘텐츠의 가치 수준으로 끌어올리며 콘텐츠와 광고의 구분을 의도적으로 어렵게 하는 것이다.

한편, 전통적인 미디어와 디지털 미디어의 가장 두드러진 차이는 데이터의 활용과 광고 효과 측정이다. 모바일 미디어는 개인 소비자의 다양한 활동 정보를 실시간으로 수집, 활용할 수 있다. 인구통계학적 속성, 취향, 관심사, 구매 이력 등의 정보를 수집, 분석해 광고의 타기팅에 활용하며 광고 노출의 여부, 반응 행동 정보를 즉각적으로 파악해 맞춤형으로 대응하고 광고 효과와 효율성을 측정할 수 있다. 효과 측정이 중요한 이유는 광고주가 한정된 예산으로 최대한의 결과를 얻어 효율성을 극대화하려는 목표를 가지므로 실시간으로 반응을 파악하고, 이를 반영한 집행 계획의 수정을 통해 최적화를 이룰 수 있다.

또한 단순 노출 외에도 클릭, 검색, 문의, 다운로드, 구매 등 광고에 대한 행동 반응을 바로 파악할 수 있으므로 인식과 태도의 변화 등 상대적으로 장기적인 효과보다 즉각적인 행동을 측정 지표로 활용하고 목표 행동이 실제로 발생했는지를 바탕으로 광고의 성과를 파악한다. 따라서 광고가 구매와 같은 목표 행동을 유발하는 비율을 의미하는 전환율(conversion rate)이 광고 효과의 중요 지표로 자리매김했으며, 최근 몇 년 동안 광고와 커머스를 융합하는 형태의 미디어 커머스가 빠르게 성장했다. 즉, 광고의 목표가 매출을 중심으로 설정되면서 커머스의 목표와 맞닿아 광고와 커머스의 경계가 허물어지고 있다.

2. 콘텐츠와 광고의 융합

처음 광고가 콘텐츠와 결합한 이유는 단순하다. 광고는 피할 수 있지만 콘텐츠는 피할 수 없기 때문이다. 미디어 이용의 주목적 중 하나는 콘텐츠 소비이며, 예를 들어 드라마를 시청하고 웹툰을 보면서 콘텐츠 안에 녹아든 간접 광고(product placement: PPL)를 회피하기는 어렵다. 간접 광고는 주로 방송과 영화 콘텐츠에 제품을 녹여 제품에 대해 알리고 관심을 유도해 왔다. 하지만 더 적극적인 방식으로 콘텐츠를 활용하고 콘텐츠와 유사한 가치를 제공하려는 광고의 실험은 계속되었으며, 다양한 유형의 콘텐츠가 등장하고 상대적으로 규제로부터 자유로운 온라인 환경은 신유형 광고의 등장을 촉발했다.

1) 콘텐츠 마케팅

콘텐츠 마케팅(content marketing)은 '수익성 있는 소비자 행동의 유발을 목적으로 가치 있고 매력적인 콘텐츠의 생산 및 배포를 통해 명확하게 정의되고 이해된 목표 청중을 유도·획득하며 그들과 인게이지(engage)하는 마케팅 및 비즈니스 프로세스'를 말한다(Pulizzi, 2013). 즉, 콘텐츠 마케팅은 소비자에게 관심 있는 이야기 혹은 가치 있는 정보를 콘텐츠 형태로 제작하고 유통해 브랜드의 목표를 달성하는 전반적인 과정을 의미한다.

콘텐츠 마케팅 매트릭스에서 보듯이(Arrese & Perez-Latre, 2017), 콘텐츠 마케팅은 다양한 유형의 브랜디드 콘텐츠를 포괄하며 콘텐츠의 성격과 배포 미디어에 따라 구분할 수 있다. 콘텐츠의 목적 혹은 성격은 정보(informative), 설득(persuasive), 엔터테인먼트(entertainment)로 분류되며, 콘텐츠를 유통하는 미디어는 유료 미디어(paid media), 임대 미디어(earned media), 소유 미디어(owned media)로 나뉜다.

이에 따르면 전통적인 광고는 설득을 목적으로 지불 미디어를 통해 소비자에게 전달되고, 간접 광고는 오락적 성격을 가지며 역시 지불 미디어를 통해 노출된다. 이에 비해 상대적으로 새로운 유형인 네이티브 광고는 정보 제공의 목적으로 유료 미디어를 통해 배포되고, 브랜드 저널리즘은 정보성 콘텐츠를 기업이 보유한 미디어를 통해 게재한다.

	정보적(Informative)	설득적(Persuasive)	오락적(Entertainment)
유료 미디어 (Paid media)	네이티브 광고 (Native advertising)	광고 (advertising)	PPL (Product placement)
임대 미디어 (Earned media)	퍼블리시티 (Publicity)	마케팅과 홍보 (Marketing & Public Relations)	브랜드 이벤트 및 엔터테인먼트 (Branded events & entertainment)
소유 미디어 (Owned media)	브랜드 저널리즘 (Brand journalism)	기업 발행물 (Corporate publishing)	브랜드 엔터테인먼트 (Branded entertainment)

[그림 7-3] 콘텐츠 마케팅 매트릭스

• 출처: Arrese & Perez-Latre(2017).

2) 네이티브 광고

네이티브 광고(native advertising)는 유료 광고이지만 비용을 지불하고 게재하는 미디어나 플랫폼의 콘텐츠와 조화를 이뤄 소비자에게 자연스럽게 받아들여지도록 기획, 집행된다(IAB, 2015). 일반적으로 광고는 콘텐츠와 분리되어 두드러지고 소비자의 시선을 끌어원하는 효과를 얻으려고 한다. 하지만 콘텐츠를 소비하기 위해 미디어를 이용하는 소비자의 관점에서 눈에 띄는 광고는 정보 혹은 오락적 가치를 가지지 않는다면 성가시고 방해가될 뿐이다. 광고 혼잡도가 높은 환경에서 소비자의 주의를 끌기 위해서는 더 강한 자극이필요하고, 서로 돋보이려는 경쟁으로 인해 소비자는 오히려 광고에 대해 부정적인 반응을보이게 된다.

네이티브 광고는 이러한 전통적인 광고의 방식을 거부한다. 오히려 두드러지지 않음으로써 부정적인 반응을 줄이고 긍정적인 반응을 유도하고자 한다. 즉, 네이티브 광고는 콘텐츠의 내용적·형식적 속성과 미디어 혹은 플랫폼의 기능에 부합하는 광고로서 소비자의 콘텐츠 소비 경험에 자연스럽게 녹아들어서 방해성을 최소화하고 콘텐츠의 가치와 유사한 가치를 제공해 긍정적인 반응을 이끌어 낸다. 다만, 소비자의 입장에서 콘텐츠와 유사하기 때문에 구분이 어려울 수 있으므로 광고임을 명기해 혼동을 막는 것이 필요하다.

[그림 7-4] 허핑턴포스트 네이티브 광고 예

• 출처: http://www.hani.co.kr/arti/PRINT/699138.html

네이티브 광고는 게재되는 유료 미디어에 따라 두 가지의 유형이 두드러진다. 먼저, 전통적인 종이 신문의 몰락과 모바일 중심의 미디어 생태계에서 생존의 위협을 받는 언론사에게 기사 형식의 네이티브 광고는 매력적인 수익원이다. 특히 버즈피드(www.buzzfeed.com)나 허핑턴포스트(www.huffingtonpost.com)와 같은 인터넷 언론사에서 기사형 네이티브 광고를 적극적으로 활용하면서 많은 주목을 받았다. 예를 들어, 허핑턴포스트는 헤어 케어 브랜드 팬틴(pantene)이 후원하는 기사형 네이티브 광고를 "여름 휴가지에서 섹시해 보이는 머릿결을 만드는 법 6가지"라는 제목으로 게재했다. 언뜻 보기에 기사로 오인할 수 있지만 후원을 명확하게 표기해 혼동을 막고자 한다.

전통적인 언론사도 예외는 아니다. 2014년 1월 디지털판에 최초로 네이티브 광고를 게재한 『뉴욕타임스(New York Times)』는 많은 언론사의 벤치마킹 대상이 되어 왔다. 기사형 네이티브 광고와 관련해 기사와의 혼동으로 인한 소비자 피해 가능성과 언론의 독립성 미확보에 대한 우려가 존재한다. 즉, 소비자가 언론사의 콘텐츠인 기사와 광고를 구분하지 못하고 기사로 오인할 가능성이 있으며, 처음에는 기사라고 생각해 읽다가 광고임을 알았을 때 오히려 반감이 발생하고, 이러한 경험이 반복되면 네이티브 광고 전반에 대한 불신이 커질 수 있다.

[그림 7-5] 뉴욕타임스의 넷플릭스 드라마 〈Orange is the New Black〉 네이티브 광고

• 출처: https://www.business2community.com/marketing/4-steps-creating-advantageous-advertorials-0971503

또한 기사형 네이티브 광고는 기사의 속성을 가지기 때문에 제작자가 취재와 기사 작성 능력을 갖춰야 한다. 만약 기자가 직접 네이티브 광고를 제작한다면 언론과 광고의 구분이 모호해지며, 나아가 광고 여부, 내용, 물량이 기사 내용과 편집에 영향을 미친다면 언론의 독립성을 해칠 수 있다. 이런 측면에서 『뉴욕타임스(New York Times)』는 'T 브랜드 스튜디오(T Brand Studio)'라는 별도의 광고 제작 스튜디오를 설립하고 네이티브 광고의 기획, 제작, 유통까지 모두 관할하도록 하며, 기사와의 분리와 언론의 독립성을 확보한다. 또한 네이티브 광고를 '광고'라고 명기하고, 광고의 후원을 밝히는 가이드라인을 엄격히 적용하고 있다.

국내 언론사의 네이티브 광고 도입도 이루어졌다. 중앙일보는 2016년 7월에 네이티브 광고를 제작, 운영하는 독립 조직인 '이노베이션 랩(Innovation Lab)'을 설립했다. 스토리텔링, 인포그래픽, 3D 등 다양한 효과를 살린 동영상을 제작하는 등 디지털 환경에 적합하며 기업이 추구하는 가치를 효과적으로 전달하는 고품질의 네이티브 광고를 제작하고 있다. 이 외에도 조선일보, 한겨레, 경향신문, 헤럴드경제, 아시아경제 등 많은 언론사가 다양한 방식으로 네이티브 광고를 운영하고 있다.

[그림 7-6] 중앙일보의 아모레퍼시픽 네이티브 광고

• 출처: https://www.ytn.co.kr/new_media/seminar/view20.html

언론사가 주체가 되는 기사형 네이티브 광고 외에도 소셜 미디어나 포털 등 디지털 플랫폼의 피드(feed) 형태의 네이티브 광고도 많이 활용되고 있다. 피드형 네이티브 광고는 페이스북, 인스타그램, 카카오스토리, 밴드 등 소셜 미디어에서 팔로우하는 친구의 피드와 함께 자연스럽게 노출된다. 광고라고 표기하고 광고주를 명시하지만 형식이나 내용 면에서 다른 피드와 유사하기 때문에, 회피를 막고 거부감은 줄이는 대신 광고인 듯 광고가 아닌 듯 은근하게 설득하는 효과를 가진다.

[그림 7-7] 소셜 미디어 네이티브 광고

• 출처: https://www.playd.com/contents/business/AD_column.html?type=view&page=&no=23657

한편, 네이버는 검색을 기반으로 하는 네이티브 광고인 '파워 컨텐츠'를 운영한다. 파워 컨텐츠는 콘텐츠형 검색 광고로서 정보 검색량이 많은 키워드에 대해 광고주가 직접 작성한 정보성 콘텐츠를 제공하는 형태의 광고다. 검색은 정보에 대한 직접적이고 적극적인 관심과 필요를 보여 주는 행동으로서 즉각적인 정보의 충족이 중요하다. 소비자의 필요에 반응하는 검색 광고와 유사하지만, 간단한 문구와 링크만 제시하는 기존의 검색 광고에 비해 기업이 직접 제품이나 서비스에 대해 충분한 정보를 설득적으로 제기할 수 있다는 장점이 있다.

[그림 7-8] 네이버 파워 컨텐츠 예

• 출처: https://brunch.co.kr/@startonkr/6

3) 브랜드 저널리즘

브랜드 저널리즘(brand journalism)은 2004년 당시 맥도널드 CMO 래리 라이트(Larry Light)가 제시한 개념이다. 그는 브랜드 저널리즘을 "브랜드 스토리를 만들어 내는 다차원적이고 다면적인 방식"으로 정의했다. 기업이 성장할수록 다양한 소비자에게 소구하기 위해 커뮤니케이션 목표도 다양해진다. 하지만 당시 전통적인 미디어를 통해 전달하는 메시지에는 한계가 있었으며, 다양한 소비자의 관심사와 요구에 대응하기에는 부족했다. 따라서 기업의 커뮤니케이션 옵션을 확장하고 보다 다차원적·다면적인 커뮤니케이션을 가능하게 하도록 기업이나 브랜드가 중심이 되는 스토리의 생산이 필요했으며, 이것이 브랜드 저널리즘의 탄생 배경이다(김병희, 2014).

이후 글로벌 기업 중심으로 브랜드 저널리즘이 적용되고 발전되어 왔다. 다양한 브랜드 스토리를 효과적으로 생산하기 위해 기업 스스로 언론사의 역할을 수행하는 것이다. 보다 구체적으로 브랜드 저널리즘은 "전통적 언론, 마케팅, PR 활동의 혼합된 형태로서, 브랜드가 언론적 접근법을 사용하여 브랜디드 콘텐츠를 대중에게 전달하는 커뮤니케이션 모델"로 정의된다(Bull, 2013). 또 다른 정의는 브랜드 저널리즘을 "기업과 소비자에게 가치 있고 흥미로운 콘텐츠를 언론과 유사한 업무 과정, 도구, 원칙과 형식을 사용해 보유 미디어를 통해 배포하는 브랜드와 기업에 의해 행해지는 콘텐츠 마케팅 활동의 시리즈"로 이해하고 시장과 사회에서 권위를 획득하고, 영향력을 가지며, 다양한 고객과 이해 당사자들과의 관계를 공고히 하는 데 브랜드 저널리즘의 목표가 있다고 본다(Arrese & Perez-Latre, 2017).

특히 브랜드 저널리즘을 적극적으로 도입한 기업 중 코카콜라와 레드불은 많은 후발 주자가 벤치마킹하는 대표적인 사례다. 코카콜라는 Content 2020 프로젝트를 통해 기존의 마케팅 커뮤니케이션 활동을 탈피하고 자체적으로 제작한 브랜디드 콘텐츠를 웹사이트와 소셜 미디어 채널과 같은 보유 미디어에 게재해 소비자와 직접 소통하는 방향으로 기업의 커뮤니케이션 방식을 전환하겠다고 선언했다. 실제로 2012년 브랜드 저널리즘을 도입하여 자체 뉴스룸을 구축하고, 브랜드의 홈페이지를 코카콜라에 관한 하나의 디지털 잡지처럼 구성한 '코카콜라 저니(Coca-Cola Journey)'를 운영해 오고 있다.

[그림 7-9] 코카콜라 저니 홈페이지

• 출처: https://brunch.co.kr/@tramco/4

코카콜라가 자사 브랜드에 관련된 스토리에 집중한 브랜드 저널리즘을 추구하는 반면, 레드불의 브랜드 저널리즘은 자체 브랜드보다는 브랜드 정체성과 밀접히 관련 있는 익스트림 스포츠와 음악, 비보이, 댄스, 페스티벌, 패션, 영화 등 문화를 주제로 한 라이프스타일 중심의 콘텐츠에 집중해 왔다. 2007년에 설립된 레드불 미디어 하우스(Red Bull Media House: RBMH)는 익스트림 스포츠 및 스턴트에 관해 높은 전문성을 가진 미디어로 성장했으며, 인쇄(The Red Bulletin), TV(Red Bull TV), 라디오, 소셜 미디어, 모바일 등 다양한 형식의 보유 미디어를 운영하고, 사진(예: Red Bull Illume), 오디오(예: Red Bull Records), 게임(예: Red Bull Air Race) 등 다양한 장르의 콘텐츠를 제작, 배포한다. 레드불은 소비자의 관심사가 최우선이고 제품은 다음이라고 여길 정도로 소비자의 관심과 취향을 반영한 콘텐츠 제작에 마케팅 역량을 집중한다. 레드불의 창업자가 "레드불은 우연히 에너지 드링크를 팔게 된 미디어 기업이다"라고 공공연히 밝힐 정도로 레드불은 제품이 아닌 소비자의 관심사에 맞는 양질의 콘텐츠 제작에 초점을 맞추고 있다.

[그림 7-10] 레드불 잡지

• 출처: https://issuu.com/redbulletin.com/docs/0318_uk_lowres

국내에서도 현대카드, 삼성전자, SSG, SK텔레콤 등 브랜드 저널리즘을 활용한 기업의 시도와 실험이 있었지만 성과가 두드러지지는 않았다. 예를 들어, 2016년 3월에 현대카드가 브랜드 저널리즘을 도입해 처음 선보였던 '채널 현대카드'는 〈레버넌트〉, 〈매드맥스〉, 〈배트맨 다크나이트 라이즈〉 등에 출연해 국내에서도 유명한 할리우드 배우 톰 하디(Tom Hardy)를 광고에 등장시켜 화제가 되었다. 현대카드의 철학을 알리는 톰 하디의 '이데올로기(Ideology)' 브랜드 필름뿐 아니라 배우 이정재와 영화감독 최동훈이 등장해 책을 추천하는 〈북 토크(Book Talk)〉, 배우 윤여정 등 각 분야 거장이 영감의 원천에 대해 이야기하는 〈인스퍼레이션 토크(Inspiration Talk)〉, 타이거JK와 윤미래 부부가 음악을 추천해 주는 보이는 라디오 〈뮤직 라이브러리의 라디오(Radio in MUSIC LIBRARY)〉 등 다양한 영상을 게재하며 흥미를 끌었다. 하지만 야심차게 출발한 지 3년 만인 2019년에 채널 현대카드는 공식적으로 사라졌다. 기업이 주체적으로 소비자의 취향과 관심에 부합하는 독창적이며 가치 있는 콘텐츠를 지속적으로 제작, 배포하는 것이 얼마나 어려운지 보여 주는 사례다.

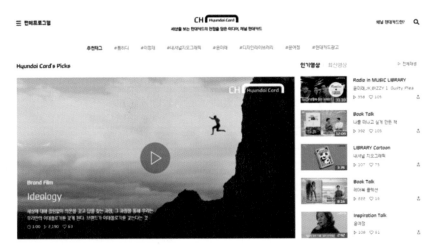

[그림 7-11] 채널 현대카드 홈페이지
• 출처: https://kimplug.wordpress.com/2016/03/03/채널-현대카드

4) 브랜디드 콘텐츠

브랜디드 콘텐츠(branded content)는 "소비자에게 엔터테인먼트 혹은 교육적 부가가치를 제공하는 것을 목적으로 브랜드에 의해 제작 또는 큐레이션되며, 상품·서비스의 판매 목적이 아닌 브랜드에 대한 고려와 선호도의 증가를 목적으로 디자인된 콘텐츠"를 의미한다(Forrester, 2013). 즉, 브랜디드 콘텐츠는 브랜드를 주제로 제작한 콘텐츠로서 인지도, 선호도, 충성도 등 브랜드 자산을 높이기 위한 목적을 가진다. 브랜디드 콘텐츠가 브랜드와 관련된 정보나 이미지를 담고 있기는 하지만, 노골적인 설득보다는 콘텐츠의 형식과 스토리텔링 방식을 빌려 소비자 스스로 경험하고 자발적으로 공유할 만큼 콘텐츠적인 가치를 제공하고자 한다.

예를 들어, 웹드라마의 형식을 이용한 이마트의 〈나의 소중한 세계〉, 티몬의 〈신선한 사랑〉, 롯데면세점의 〈첫 키스만 일곱 번째〉와 〈퀸카메이커〉 등은 많은 인기를 끌며 하나의 트렌드로 자리매김했다. 브랜디드 콘텐츠의 성공은 브랜드 정보와 이미지를 담은 콘텐츠라도 재미와 즐거움을 준다면 소비자에게 호응을 얻을 수 있다는 것을 보여 주었다. 최근 많은 인기를 끌고 있는 달라 스튜디오의 〈네고왕〉은 웹예능으로서 브랜디드 콘텐츠가 재미와 관심뿐 아니라 매출을 증대시키는 효과가 있을 수 있다는 것을 증명해 흥미롭다.

[그림 7-12] 달라 스튜디오 〈네고왕〉

• 출처: http://www.pdjournal.com/news/articleView.html?idxno=71778

넓은 의미로 브랜디드 콘텐츠는 브랜드와 관련해 다양한 주체가 다양한 형식으로 제작한 모든 콘텐츠를 포괄한다고 생각한다. 예를 들어, 언론사가 제작한 네이티브 광고, 기업이 브랜드 저널리즘을 통해 자체적으로 생산한 콘텐츠, 유튜버 크리에이터가 만든 언박싱 영상, 인플루언서가 소셜 미디어에 게재한 제품 이미지 등 브랜드가 담긴 콘텐츠는 궁극적으로 모두 브랜디드 콘텐츠로 이해할 수 있다. 디지털 중심으로 재편되고 있는 현재의 미디어 환경에서 브랜디드 콘텐츠의 확장은 당연하다. 이제는 자유롭게 다양한 디지털 플랫폼을 이용할 수 있으며 개인도 콘텐츠를 손쉽게 제작하고 유통할 수 있는 환경이다.

따라서 IT 저널리스트 톰 포렘스키(Tom Foremski)의 잘 알려진 주장인 "모든 기업은 미디어 기업이다(Every company is a media company)"는 더는 과언이 아니다(Presspage, 2013). 기업은 브랜디드 콘텐츠를 직접 제작할 수도 있지만 전문가나 일반 소비자가 제작하도록 후원할 수도 있다. 누가 제작하느냐에 따라 콘텐츠를 전문가 제작 콘텐츠(Professional Generated Content: PGC), 전문적인 이용자 제작 콘텐츠(Professional User Generated Content: PUGC), 이용자 제작 콘텐츠(User Generated Content: UGC)로 나눈다. 결국 누가 브랜디드 콘텐츠를 생산하느냐보다 어떤 브랜디드 콘텐츠가 소비자의 관심을 끌고 소비되며 사랑받느냐가 더 중요하다. 더욱 확장되고 다양해지는 브랜디드 콘텐츠가 기대되는 이유다.

[그림 7-13] 모든 기업은 미디어 기업이다

• 출처: 박하영(2016).

3. 커머스와 광고의 융합

미디어 커머스는 최근 몇 년 동안 미디어와 커머스 분야에서 가장 화두가 되는 현상이다. 미디어(media)와 커머스(commerce)의 합성어인 미디어 커머스(media commerce)는 이커머스(electronic commerce), M커머스(mobile commerce), T커머스(television commerce), V커머스(video commerce), 콘텐츠 커머스(content commerce), 소셜 미디어 커머스(social media commerce), 인플루언서 커머스(influecer commerce), 라이브 커머스(live commerce) 등 다양한 개념과 맞물려 태동하고 진화한 포괄적인 개념이며, 미디어를 활용해 마케팅 효과를 제고하려는 모든 커머스 활동으로 이해할 수 있다. 미디어 커머스의 등장은 앞서 논의했던 모바일의 성장 등 미디어 환경의 변화와 함께 온라인 커머스 시장의 경쟁 심화와 관련이 깊으며, 커머스와 미디어 관점에서 미디어 커머스의 필요성을 이해할 수 있다.

1) 미디어 커머스의 필요성

스마트폰을 중심으로 모바일이 일상화된 오늘, 커머스도 당연히 모바일 중심으로 변화하고 있다. 소셜 커머스, 오픈마켓, 온라인 쇼핑몰 등 전자상거래 사업자들뿐 아니라 TV홈쇼핑, 백화점, 마트 등 다른 미디어나 오프라인에 기반했던 모든 사업자가 웹사이트, 모바일 앱을 구축하며 전자상거래의 성장을 촉진했다. 최근 코로나 팬데믹을 겪으며 소위 언택트 서비스(untact service)에 대한 요구가 급증하며 온라인 쇼핑과 구매의 보편화는 고령층으로 확대되고, 전자상거래의 성장이 가속화되며 경쟁도 심화되었다. 온라인 커머스 시장의 경쟁은 소셜 미디어 등 커머스 기능이 없던 플랫폼까지 커머스 기능을 추가하며 더욱 가열되었다. 글로벌 플랫폼 페이스북, 인스타그램, 유튜브, 중국의 샤오홍슈 등은 본연의 기능이 소통, 네트워킹 혹은 콘텐츠 소비였지만 많은 이용자를 기반으로 광고와 브랜디드 콘텐츠를 노출하고 이용자 간 제품 정보와 경험을 공유하는 성격까지 가지게 되었으며, 나아가 라이브 방송을 통해 제품을 판매하고 직접 결제 기능을 추가하여 커머스 플랫폼으로의 진화에 박차를 가하고 있다.

온라인 커머스의 경쟁이 심화되면서 커머스 사업자는 트래픽을 높이고 즉각적인 구매를 유도하는 효과적이며 새로운 방법을 고민해 왔다. 소비자는 원하는 제품에 대한 정보를 얻거나 구매를 하기 위해 전자상거래 사이트나 앱을 방문한다. 전자상거래 사업자는 제품의 다양성, 가격, 배송, 추천 등 다양한 면에서 경쟁력을 높여 소비자를 유입하고 충성도를 높이려고 하지만, 치열한 경쟁 속에서 우위를 점하기는 쉽지 않다. 또한 소비자의 방문 횟수와 체류 시간을 늘려 제품에 대한 노출과 구매를 제고하는 것이 바람직하지만, 목적성 쇼핑에 기반을 둔 방문과 체류의 증가에는 한계가 있다. 따라서 목적성보다는 오락성의 콘텐츠를 활용하여 제품에 대한 흥미와 관심을 유도하고 제품에 대한 정보를 거부감 없이 설명하는 미디어 커머스의 활용이 증가하고 있다.

미디어는 콘텐츠를 제공하며 대가로 구독료를 받거나 콘텐츠를 무료로 제공하는 대신 광고를 주요 수익원으로 활용한다. 하지만 앞서 살펴봤듯이 광고 혼잡도(clutter)가 높아지고 소비자들의 피로감과 광고 회피가 증가하면서 광고 효과는 급감했다. 특히 브랜드 인지도, 태도, 구매 의도 등의 장기적인 광고 효과보다는 매출과 관련된 직접적이고 즉각적인 행동 반응에 기반한 성과에 대한 광고주의 기대와 요구가 높아지면서 새로운 유형의 광고가 필요하게 되었다. 미디어 사업자가 전통적인 광고에서 벗어나 콘텐츠의 형태와 가치를 구매 등 행동 기반의 성과 목표와 직결시키는 방식의 미디어 커머스에 적극적인 이유다.

2) 미디어 커머스의 진화

미디어와 커머스를 결합하려는 시도는 예전부터 있었다. 현재 폭발적인 성장을 보이는 라이브 커머스를 TV홈쇼핑의 모바일 버전으로 이해하는 것처럼 TV를 기반으로 제품이나 서비스를 판매하는 홈쇼핑은 미디어와 커머스를 결합한 전통적인 사례다. 하지만 콘텐츠를 비롯해 미디어를 활용해 커머스의 목적을 달성하려는 미디어 커머스는 최근 더욱 다양하고 적극적인 형태로 발전하고 있다.

미디어 커머스와 관련한 콘텐츠 활용은 일반적인 콘텐츠 소비 트렌드를 따른다. 예전 텍스트 중심의 콘텐츠는 이미지에 이어 동영상으로 변화했으며, 최근에는 라이브 영상에 대한 선호가 증가했다. 이는 기기와 통신의 발달과 밀접한 관련이 있다. 스마트폰이 확산되고 이동통신의 처리 속도가 증가하고 용량이 증대되면서 고화질의 영상을 끊김 없이 즐길 수 있으며 일반인도 쉽게 사진과 영상을 촬영하고 공유하게 되었다. 과거 전통적으로 소극적인 수용자로 이해되던 미디어 이용자는 선택적 미디어, 콘텐츠 이용뿐 아니라 적극적 · 능동적 공유자, 창작자의 역할까지 수행하게 되었다. 특히 소셜 미디어의 확산은 모든 이용자가 창작자로서 손쉽게 콘텐츠를 생산, 공유할 수 있도록 하였다.

영상 콘텐츠의 이용과 선호도가 급증하면서 제품 정보나 경험을 전달하는 방식도 변화했다. 소비자들은 텍스트와 이미지 대신 영상으로 이해하기 쉽고 실감 나는 정보를 얻길 원한다. 또한 실시간으로 질문하고 정보를 얻을 수 있는 라이브 영상에 대한 선호도 증가하고 있다. 이러한 트렌드를 반영하여 많은 기업이 다양한 콘텐츠를 활용하는 콘텐츠 커머스 중 영상을 제작해 제품 정보를 전달하고 판매를 촉진하는 V커머스에 집중하고 있다. 나아가, 홈쇼핑과 유사한 라이브 방송을 통해 소비자들과 실시간으로 소통하고 제품을 판매하는 라이브 커머스 활용에도 적극적이다.

커머스 사업자가 소셜 미디어 등 기존의 미디어 채널과 플랫폼 활용을 넘어서 자체적으로 채널을 구축하기도 한다. 예를 들어, 티몬은 2017년부터 다양한 브랜디드 콘텐츠를 제작, 활용할 뿐 아니라 전문 쇼 호스트 및 연예인 게스트가 출연해 다양한 재미와 볼거리를 제공하고 채팅을 통해 실시간으로 소통하며 제품을 판매하는 라이브 방송 티비온(TVON)을 운영하고 있다. 2018년 티비온을 통해 판매되었던 '정형돈 도니도니 돈까스'는 미디어 커머스의 가능성을 보여 준 예다. 방송인 정형돈이 직접 출연해 제품을 설명할 뿐 아니라 진행자와의 농담을 통해 재미를 제공하며 네티즌들의 뜨거운 호응을 얻었다. 제품은 판매 당일 전량 매진됐고, 방송 영상은 인터넷에서 인기를 끌며 닷새 만에 조회수 200만을 넘기기도 했다.

[그림 7-14] 티몬 티비온 정형돈 도니도니 돈까스 사례

- 출처: https://tv.kakao.com/channel/2975496/cliplink/393636362

'원더쇼핑'을 런칭하고 미디어 커머스를 시작해 좋은 성과를 얻었던 위메프는 구글, 넥슨과 손잡고 게임 콘텐츠를 활용한 라이브 커머스를 시도하기도 했다. 인터파크 쇼핑몰도 지난해 모바일 양방향 라이브 방송을 추구하는 미디어 커머스 플랫폼 '인터파크 TV'를 런칭했다. 국내 최초이자 대표 라이브 커머스 전문 플랫폼인 그립(Grip)은 2019년 런칭 이후 지난해 폭발적인 성장을 보였다. 2020년 1분기 매출이 직전 분기 대비 760%가량 증가했으며, 6월 기준 약 2,400개의 브랜드가 입점했고 하루 최대 100개 이상의 라이브 방송이 송출되었다.

[그림 7-15] 라이브 커머스 플랫폼 그립

- 출처: https://plus.hankyung.com/apps/newsinside.view?aid=202007151122A&category=jobguide&sns=y

유튜브 쇼핑 익스텐션	Facebook shops	Shop 기능 강화	SHOP NOW 버튼 삽입
✓ 광고에 'SHOP NOW' 배너 삽입	✓ 판매자로 입점 시 수수료 면제	✓ 게시물에 제품명, 가격 태그 가능	✓ 제품 검색과 인앱 쇼핑 기능 제공
✓ 영상 하단에 카테고리 형식의 상품 정보 게재	✓ '샵 보기' 클릭하면 자세한 상품 정보 확인 가능	✓ 태그 누르면 사이트 이동	✓ 영상 속 SHOP NOW 버튼 누르면 구매 화면 이동
✓ 상품 클릭 시 판매 페이지로 이동	✓ 디지털 상점 커스터마이징 가능	✓ 페이스북 샵스와 연동됨	

[그림 7-16] 소셜 미디어 플랫폼의 커머스 기능 강화

• 출처: https://cm.asiae.co.kr/article/2020082707553286748

소셜 미디어와 포털 등 디지털 미디어 플랫폼의 커머스 기능 강화도 최근 두드러진다. 페이스북, 인스타그램에 이어 유튜브도 지난해 국내에서 '쇼핑 익스텐션(Shopping Extension)' 서비스를 시험적으로 도입했다. 이는 유튜브 광고 영상 하단에 '지금 쇼핑하기(Shop Now)'를 게재하고 클릭하면 해당 광고 상품 정보와 가격의 정보가 카탈로그 형식으로 펼쳐지도록 하는 서비스다. 틱톡도 인플루언서 콘텐츠를 시청하며 바로 제품을 구입할 수 있는 유사한 서비스를 시범적으로 제공하고 있다. 유튜브와 틱톡보다 먼저 커머스 기능을 구축했던 페이스북과 인스타그램은 각각 누구나 무료로 온라인 스토어를 개설할 수 있는 서비스와 '기프트 카드', '음식 주문하기' 기능을 추가하며 커머스 플랫폼으로서의 경쟁력을 강화하고 있다.

3) 인플루언서 커머스

미디어 커머스와 관련해 인플루언서의 역할은 중요하다. 인플루언서는 크리에이터, 크리엔서(Creancer), KOL(Key Opinion Leader), 왕홍 등으로 불리기도 하지만, "영향을 미치는 사람"으로 포괄적으로 이해할 수 있다. 인플루언서는 미디어를 통해 소비자와 소통하고 소비자의 제품 선택과 구매 결정에 영향을 미치기 때문에 미디어 커머스에서 중요한 역할을 담당한다. 블로그, 인스타그램, 유튜브, 틱톡 등 소셜 미디어의 성장과 함께 다양한 영역에서 수많은 사람이 인지도와 영향력을 가지는 인플루언서로 부상했고, 인플루언서를 활용한 다양한 마케팅 활동도 주목받았다.

자료: 소셜 인플루언서를 활용한 미국 시장 진출 전략(KOTRA, 2017. 9)

[그림 7-17] 영향력으로 구분한 인플루언서 유형

• 출처: https://www.castingn.com/sourcing/kkultip_detail/83

인플루언서는 영향력의 규모에 따라 유형을 나눌 수 있다. 수십만, 수백만에 이르는 팔로워에게 영향을 주는 메가 인플루언서(mega influencer), 수만 혹은 수십만 명의 팔로워에게 영향력이 있는 매크로 인플루언서(macro influencer), 천 명에서 수천 명의 사람에게 영향을 미치는 마이크로 인플루언서(micro influencer), 천 명 미만의 팔로워에게 영향력을 가진 나노 인플루언서(nano influencer)로 구분한다. 마케팅 관점에서 메가 인플루언서와 매크로 인플루언서는 높은 인지도를 발판으로 광범위한 영향력을 갖지만, 상대적으로 팔로워와의 유대와 호응도는 약할 수 있다. 반면, 마이크로 인플루언서와 나노 인플루언서는 인지도는 높지 않지만 상대적으로 소통이 쉽고 심리적 거리감이 적어 팔로워와의 공감대와 충성도를 형성하고 높은 호응을 이끌 수 있다.

커머스 영역에서 인플루언서는 TV홈쇼핑의 호스트처럼 제품 정보를 전달하고 홍보, 판매하는 대리인의 역할을 주로 수행하지만, 개인의 경험을 담은 콘텐츠를 직접 제작, 공유하는 창작자로서 역할을 수행하기도 한다. 브랜드와 커머스 사업자들은 인플루언서가 자신의 채널을 이용해 자사 제품을 홍보하도록 요청하기도 하고 직접 자사 플랫폼이나 채널에서 활동하도록 영입하기도 한다. 혹은 자사만을 위한 인플루언서를 독자적으로 선발, 양성하기도 한다. 나아가 인플루언서가 자신의 인지도와 콘텐츠를 활용하여 직접 제품을 개발, 제작, 판매하기도 한다.

최근에는 레거시 미디어를 통해 인지도를 확보한 연예인과 유명인들도 적극적으로 온라인에서 인플루언서로 활약하며 미디어 커머스에도 참여하고 있다. 예를 들어, 롯데홈쇼핑은 가수 양준일, 70대 유튜브 스타 박막례 할머니, '할담비' 지병수 할아버지 등을 섭외하는 등 다양한 인플루언서와의 협업을 통해 다양한 소비자의 취향과 관심사를 반영한 콘텐츠를 활용하고 있다. 티몬은 지난해 예능의 형식을 라이브 커머스와 결합해 연예인들이 경쟁적으로 제품을 판매하는 〈쑈트리트 파이터〉를 소개하기도 했다.

4) 라이브 커머스

"지금은 라이브 커머스 시대"라고 할 만큼 최근 미디어 커머스는 라이브 커머스 중심으로 발전하고 있다. 특히 코로나19로 촉발된 온라인 쇼핑의 폭발적인 증가는 실시간 소통을 기반으로 한 라이브 커머스 중심의 플랫폼 변화를 이끌었다. 기존 전자상거래와 유통 사업자들이 라이브 커머스를 도입해 왔으며, 인스타그램, 유튜브 등 소셜 미디어를 활용한 라이브 커머스도 활발하다. 특히 2020년에 네이버와 카카오에서 도입했던 라이브 커머스가 주목할 만하다. 2020년 5월 베타 서비스를 시작했던 카카오 쇼핑 라이브는 카카오톡의 광범위한 이용자 기반과 톡채널을 통한 접근성을 발판으로 100일 만에 톡채널 친구 수 100만 명을 달성하고 누적 시청 횟수 500만 회를 넘는 등 괄목할 만한 성장을 보였다.

라이브 커머스의 매력은 즉시성, 현장감, 생동감이다. 특히 코로나로 인해 물리적 이동이 제한된 상황에서 어디에서나 가능한 라이브 커머스는 직접 찾아가기 어려운 현장의 모습을 보여 줘 소비자에게 대리 만족을 준다. 사전에 촬영, 편집된 동영상은 판매자가 원하는 정보와 모습만 보여 주고 실시간 소통이 어려운 일방향 커뮤니케이션이지만 실시간 방송은 농수산물의 생산지를 비롯해 쇼핑몰, 매장 등 현장을 둘러보고 즉각적으로 질문과 요청에 관해 답을 얻는 양방향 커뮤니케이션을 통해 소비자가 제품의 속성과 품질을 보다 정확하게 판단할 수 있도록 해 준다. 현장의 생생함을 그대로 전하며 직접 소비자와 소통하기 때문에 진정성을 보여 주고 신뢰감을 얻는 데도 유리하다. 실시간 방송이기 때문에 실수도 있고 매끄럽지 않을 수 있지만 정제되지 않은 소통, 돌발 상황 등은 오히려 날것의 재미를 준다.

항목	NAVER	kakao
서비스	네이버 쇼핑 '셀렉티브' 탭에서 방송	카카오톡 채널 구독자에게 알림과 방송
계획	올 상반기에 스마트스토어 판매자 32만명으로 확대	21일부터 카카오커머스 전 상품으로 방송 확대
장점	최대 규모 온라인쇼핑 플랫폼	카카오톡 기반 실시간 소통

[그림 7-18] 네이버와 카카오의 라이브 쇼핑 비교

• 출처: https://www.mk.co.kr/news/it/view/2020/05/522931/

　라이브 커머스의 급성장은 장기화된 '코로나 시대'의 영향으로도 이해할 수 있다. 타인과의 물리적 접촉을 피해 안전하게 쇼핑하고 제품을 구매할 수 있는 온라인 쇼핑은 소통에 대한 욕구를 해소하지는 못한다. 사회적 거리 두기를 지속하면서 오히려 소통의 욕구는 증가했고 대면 소통을 재현하는 비대면 소통의 경험을 원하게 되었다. 실시간 방송을 통해 판매자나 진행자가 제품을 소개하고 소비자는 궁금한 점에 관해 묻고 즉각적으로 답을 얻으며 필요한 것을 요청할 뿐 아니라 자신과 유사한 관심사와 취향을 가진 다른 소비자와도 소통할 수 있는 라이브 커머스는 소통의 욕구를 충족시킬 수 있다.

4. 광고의 미래

　현재까지 다양한 콘텐츠와 플랫폼을 활용하며 커머스와 직결하며 진화해 온 광고는 앞으로 어떻게 변화할 것인가? 코로나 팬데믹은 우리에게 예상치 못한 많은 어려움과 문제를 주었지만, 역설적으로 미디어 이용의 증가와 온라인 쇼핑의 성장을 촉발했다. 코로나 종식 이후 넥스트 노멀(next normal) 시대에 광고의 모습은 어떠할지 미디어 커머스를 중심으로 전망해 보고자 한다.

앞으로도 다양한 콘텐츠와 커머스의 융합은 지속될 것이다. 전통적으로 콘텐츠 제작이나 유통 혹은 커머스와 관련 없던 기업과 개인이 새롭게 참여하면서 콘텐츠와 커머스 양식의 다양성이 증가하고 소비자의 선택을 확대해 만족을 제공할 것이다. 미디어 커머스를 통해 판매자가 소비자와 직접 만나고 제품을 판매할 수 있는 경로가 증가함에 따라, 인지도 있는 기업뿐 아니라 자원이 부족한 개인 판매자의 진입 장벽도 낮아져 많은 판매자가 참여하고 소비자는 다양한 제품을 만날 수 있다. 예를 들어, 2020년에 도입된 네이버와 카카오의 라이브 쇼핑 서비스는 중소상공인도 별도의 스튜디오나 장비 없이도 스마트폰으로 라이브 방송을 진행하고 실시간 채팅을 통해 소비자에게 직접 제품을 소개하고 판매할 수 있다는 장점을 강조한다. 투자의 규모가 제한적인 중소상공인이 기존 플랫폼의 폭넓은 이용자 기반과 간편 결제 등을 활용해 쉽게 미디어 커머스에 참여할 수 있도록 해 새로운 판로를 제공하는 것이다. 또한 쿠팡은 싱가포르 동영상 서비스(OTT) 'HOOQ(훅)'을 인수해 아마존(Amazon)처럼 커머스와 콘텐츠를 융합한 서비스를 제공하기 시작했다. 다양한 시도와 실험을 위한 다양한 기업의 투자도 증가할 것으로 기대된다.

기술의 발전과 함께 미디어 커머스를 비롯한 광고와 콘텐츠 제공 방식도 더욱 정교하고 고도화될 것이다. 예를 들어, 5G가 도입되면서 장소에 구애받지 않고 라이브 커머스를 현장에서 생생하게 진행할 수 있고 증강현실(Augmented Reality: AR), 가상현실(Virtual Reality: VR) 등을 통해 시간과 장소 제약 없이 실감 나는 영상을 구현하고 보다 풍부한 현장감과 몰입을 이끌어 긍정적인 효과를 기대할 수 있다. 제페토와 같은 가상 세계에서 아바타를 매개로 콘텐츠를 소비하고 커머스에 참여하는 등 새로운 경험을 창출하려는 시도는 무궁무진할 것이다. 또한 빅데이터, 인공지능 등을 활용하여 소비자의 취향과 관심을 반영한 맞춤형 콘텐츠와 제품을 추천해 광고와 미디어 커머스의 효과를 높일 수 있다.

다양한 성격의 미디어와 플랫폼을 함께 활용하는 크로스 미디어 캠페인을 닮은 미디어 커머스로 진화할 것이다. 예를 들어, GS25, 현대아울렛, AK플라자 등 많은 유통 사업자가 그립과 협업해 라이브 커머스에 참여하고, CJ오쇼핑, SK스토아 등 TV홈쇼핑이 네이버 쇼핑 라이브를 통해 라이브 커머스를 진행하는 등 자체 플랫폼과 채널을 가진 사업자나 브랜드도 다양한 플랫폼을 활용해 소비와의 접점과 소통을 확대하려는 노력을 기울이고 있다. 상대적으로 미디어 커머스 활용이 자유로운 모바일 중심으로 타깃과 제품의 특성 등을 반영해 다양한 플랫폼과 채널을 함께 활용하는 전략은 더 많은 소비자가 다양한 미디어 커머스 경험을 하도록 유도하며 전체 시장의 확대를 가져올 수 있다.

물론 해결해야 할 과제도 있다. 소비자는 재미와 유용한 정보를 제공한다면 판매의 목적을 가진 콘텐츠에도 거부감이 적지만, 거짓 정보를 전달하는 등 진정성에 의심이 가는 콘텐츠나 마케팅을 접한다면 신뢰는 깨지고 회복이 어렵다. 지난해 문제가 되었던 소위 유튜버의 '뒷광고' 문제는 진정성이 얼마나 중요한지 방증한다. 유명 연예인을 비롯해 다수의 유튜버가 기업으로부터 후원을 받아 제작한 콘텐츠를 후원을 밝히지 않은 채 '내돈내산(내 돈 주고 내가 산)' 제품 후기라고 게재해 소비자를 기만했다는 것이 알려져 빗발치는 비난을 받았다. 이러한 경험은 해당 유튜버와 콘텐츠뿐 아니라 인플루언서와 유사한 콘텐츠 전반에 대해 신뢰하지 못하고 반감을 가지는 결과를 가져올 수 있다. 누구나 판매자로 참여할 수 있는 미디어 커머스 환경에서 허위 광고, 사기, 품질 관리 등의 문제를 예방하고 소비자 보호를 위한 장치를 마련해야 할 것이다.

융합의 핵심은 새로운 가치의 창출이다. 기존의 구분과 경계는 중요하지 않다. 콘텐츠 혹은 커머스와 융합한 다양한 커뮤니케이션 활동이 새로운 가치를 제공한다면 과연 광고로 볼 것이냐는 질문은 더는 중요하지 않다. 브랜드의 목표를 달성하기 위한 설득의 메시지를 전달하는 커뮤니케이션이라면 광고의 본질을 구현하는 것이다. 소비자도 확장하고 진화하는 광고를 경험하며 새로운 유형에 대해 열린 태도를 가질 것으로 예상된다. 예를 들어, 현재 미디어 커머스는 모바일, 동영상, 실시간 소통에 익숙한 '디지털 원주민' 밀레니얼과 Z세대를 중심으로 성장했지만, 코로나 위기를 겪으며 디지털 의존도가 심화되고 온라인 콘텐츠와 커머스 이용 경험이 풍부해진 장년, 노년층도 포함하며 소비층을 확대할 수 있을 것이다.

광고는 죽지 않는다. 다만 진화할 뿐이다.
광고의 미래가 궁금하고 기대된다.

 **참고문헌**

김병희(2014). 브랜드 저널리즘. 문화예술PR(pp. 97-107). 서울: 커뮤니케이션북스.

박하영(2016). 브랜드 저널리즘의 의미와 현재: 브랜드의 '매체 게이트키핑' 뛰어넘기 전략. 신문과 방송, 통권 550호, p. 59.

방송통신위원회(2019). 2019 방송매체이용행태조사, https://kcc.go.kr/user.do?mode=view&page=A02060100&dc=K02060100&boardId=1027&cp=1&boardSeq=48358)

양윤직, 조창환(2012). 광고 매체별 광고 회피 수준과 요인 연구. 광고연구, 92권, pp. 355-382.

Arrese, A. & Perez-Latre, F. (2017). The rise of brand journalism. In G. Siegert, B. V. Rimscha, & S. Grubenmann (Eds.), *Commercial communication in the digital age information or disinformation?* (pp.121-139). Berlin, Germany: De Gruyter Mouton.

Bull, A. (2013). *Brand journalism*. London, UK: Routledge.

Forrester (2013, March 21st). How branded content will unlock the key to consumer trust. [Online article]. Retrieved from https://www.forrester.com/How+Branded+Content+Will+Unlock+The+Key+To+Consumer+Trust/-/E-PRE4784.

Presspage (2013. 5. 9). Every company is a media company. http://www.presspage.com/news/every-company-is-a-media-company

Speck, P. S. & Elliott, M. T. (1997). Predictors of advertising avoidance in print and broadcast media. *Journal of advertising research, 26*(3), 61-76.

디지털 시대의 광고학신론

광고 기획의 세계

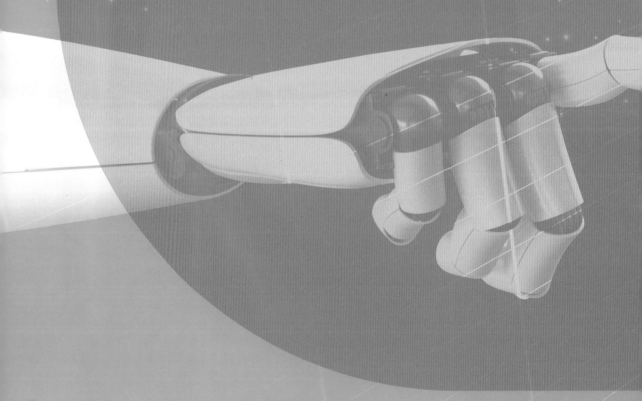

제III부 디지털 시대의 광고학신론

제8장

광고 기획 과정과 실행*

우리는 삶에서 매일매일 끊임없이 기획을 시도한다. 아침에 일어나면 그날 해야 할 일을 먼저 생각하고, 오늘 무엇을 할 것인지, 그리고 시간별로 어떻게 하루를 보낼지 미리 생각해 본다. 이것이 기획이다. 그리고 기획은 학교에서 공부할 때나 직장에서 업무를 할 때나 언제나 우리 삶의 핵심적 요소로 자리 잡게 된다. 게임을 하거나 연애를 할 때도 마찬가지다. 기획은 보이지 않는 형태로 작용하며 언제나 우리의 일상을 지배한다.

이 장에서는 특별히 광고 영역에 적용되는 기획으로서의 광고 기획 과정과 실행에 대하여 살펴본다. 보다 구체적으로 기획의 의미가 광고 영역에서 어떤 과정과 절차를 거쳐 이루어지는지를 살펴볼 것이다. 이 장을 통해서 광고 기획 과정에 대해 깊이 있게 이해할 수 있고 광고란 무엇인지도 구체적으로 알게 될 것이다. 더 나아가, 기획이 적용되는 일반적인 삶은 어떤 것인지 기획의 다양한 측면을 이해하게 될 것이다. 인간의 총체적인 삶을 효과적이고 성공적으로 이끌 수 있다는 점에서도 기획의 이해는 필수적인데, 광고 효과를 목표로 하는 광고 기획에서는 더 말할 나위가 없다.

---

* 송기인(경성대학교 광고홍보학과 교수)

1. 기획이란 무엇인가?

기획은 아침에 일어나 '오늘 뭐 하지?'라고 생각하는 것과 같다. 이것은 하루에 해야 할 일을 최선의 방법으로 판단하는 것과 다름없다. 즉, 해야 할 일을 미리 머릿속에서 체계적으로 그려 보는 것이다. 이런 의미에서 기획은 우리의 삶과 떼려야 뗄 수 없는 개념이 된다. 기획이란 무엇인가를 확실히 이해하는 것은 전문적 차원일수록 더 중요하다. 이 세상에는 점점 더 깊이 있고 복잡하고 세밀한 기획을 점점 더 필요로 하고 있고 그것들을 잘 기획할수록 능력자로 인정받기 때문이다.

기획과 기획력을 전문 능력으로 갖추고 수행할 수 있다면 그 영역에서 능력을 발휘할 수 있고 인정받을 수 있을 것이다. 또한 기획 능력은 단순히 직업적 · 업무적 차원에서만 발휘하는 것이 아니라, 우리 인간의 삶을 영위하는 차원에도 적용되어 단순하면서도 효과적인 삶을 이끄는 원동력이 되기도 한다. 한마디로 인간의 삶은 기획의 연속이고, 그것의 실천으로 연결된다고 해도 과언이 아니다. 인간의 총체적인 삶을 효과적이고 성공적으로 이끌 수 있다는 점에서 기획의 이해는 필수적이다.

1) 기획의 개념

기획이란 일종의 제안이다. 즉, 기획은 주어진 임무를 완성하기 위해 목표를 설정하고, 그것을 달성하기 위한 제 활동과 방법을 조직화하여 최종적으로 제안하는 것과 같다. 또한 기획은 주어진 대상이나 주제의 비전을 생각하는 것이며, 성취하고자 하는 최상의 수행 방식을 생각하는 것을 의미하기도 한다. 이런 의미에서, 기획이란 문제를 해결하고 목표를 달성하기 위해 5W1H로 답하는 과정이며, 특별히 성취하기 위해 해야 할 필요가 있는 것에 대해 사고하는 것, 미래에 바람직하게 구성되어야 할 것에 대해 생각하는 것, 그리고 미래에 대해 생각하는 것이라고 정의하기도 한다(Hudzik & Cordner, 1983).

기획은 어떤 것도 준비되지 않은 상태에서 새롭게 개발하고 창조해야 하는 일을 구체적으로 그려 보는 것을 뜻하기도 한다(송기인, 2013). 즉, 기획은 아무것도 정해지지 않은 영역에 구체적인 그림을 생각으로 그려 보는 것이다. 이 점에서, 기획은 하나의 목표를 설정하고 그 목표를 달성하기 위해 전략을 개발하는 것으로 연결된다. 기획이란 달성해야 할 목표를 언급하고 그 목표를 달성하기 위해 필요한 가장 효과적인 활동이나 진행 내용을 결정하는 것이다. 만약 어떤 조직과 기관이 어떤 사안에 대해 기획을 한다면, 이때 기획은 조직의 목표를 설정 및 정의하고, 그 조직의 목표를 달성하기 위해 전략을 구성하는 것이며, 그에 따른 다양한 활동을 통합하고 협업이 가능한 방안을 개발하는 것이 된다. 이러한 기획은 보통 수단과 목표를 포함하게 되며, 목표는 기간을 포함하면서 정의된다. 목표가 설정되고 공유되어 명확한 기준이 되는 것은 방향성을 확실히 하는 것이다. 이는 불확실성을 배제하는 것이며, 무엇을 해야 하는가에 대한 구체적인 방안과 활동을 명확히 하는 것이기도 하다.

2) 기획의 특성

기획은 어떤 행위와 행동, 실천이 일어나기 전에 사고하는 과정이다. 이것은 미래를 예상하게 하고 현 상황을 발전시킬 수 있게 하는 의사 결정을 도와준다. 또한 기획은 선택의 과정이다. 이러한 기획의 선택 과정은 당연히 논리적이고 합리적인 사고로 점철된다. 구체적으로 기획이 가지고 있는 특성을 정리해 보면 다음과 같다.

① 기획은 미래 지향적이며, 목표 지향적이다. 목표 달성에 초점을 맞춘다.
② 기획은 설득적이다.
③ 기획은 늘 대상이 정해져 있다.
④ 기획은 선택적이며, 의사 결정 과정을 거친다.
⑤ 기획은 지적이며, 통찰력 지향의 연속적 사고 과정이며 그 절차를 따른다.
⑥ 기획은 조직화와 단순성을 지향한다.
⑦ 기획은 사고 및 정신적 활동의 과정을 내용으로 한다.
⑧ 기획은 과거의 경험을 분석하고 전략과 전술적 방안을 정한다.
⑨ 기획은 위험과 불확실성을 최소화하고 문제를 해결한다.

⑩ 기획은 발전을 이끌고, 창조와 혁신, 독창성을 지향한다.

⑪ 기획은 관리 및 통제를 용이하게 한다.

⑫ 기획은 일정한 시간 및 기간을 가진다.

3) 기획의 과정 및 절차

추상적으로 파악되는 기획의 개념을 구체적으로 파악하는 방법은 기획의 특성과 장점을 일반적인 기획의 과정 및 절차로 정형화하여 살펴보는 것이다. 일반적으로, 기획의 과정은 네 가지 단계로 이해하는 것이 보통이다. 첫째, 기획이 성취할 목표를 설정한다. 둘째, 그 목표를 달성할 전략을 구체적으로 구성한다. 셋째, 그 전략에 맞는 실천적 전술을 개발하고 정리한다. 넷째, 이러한 전략과 전술을 적절한 순서로 배열하고 연결해 본다. 이 단계가 확대되면, 기획은 기획 대상의 상황과 관계되는 평가와 동시에 문제 및 위험 요소를 파악하고 이를 해결할 목표를 보여 주거나 제시하며, 그 목표 달성을 위한 방안의 개발을 전략으로 구체화하고, 그 실천적 내용을 전술로 기안하여 제시하는 것으로 정리된다.

기획은 목표를 설정하고 그것을 달성하기 위해 어떤 최고의 방안이 있는가를 결정하는 것이며, 이런 의미에서 기획은 선택과 의사 결정의 과정을 거치면서 최선의 방안을 모색하는 것이다. 제2차 세계대전의 지도자이자 미국 대통령이었던 드와이트 아이젠하워(Dwight D. Eisenhower)는 기획의 중요성을 다음과 같이 언급하기도 했다. "계획은 의미 없다. 기획만이 중요할 뿐이다(Plans are useless, but planning is indispensable. Plans are worthless, but planning is essential)." 이처럼 기획은 모든 영역에서 중요하며, 기획은 기획자의 생각과 사고를 통해 해결해야 할 어떤 방안을 창조해 내는 것을 의미한다(송기인, 2013).

이러한 기획의 개념을 전략적 차원에서 순서 및 단계별로 총 정리해 보면 다음과 같다.

① 먼저, 기획은 나무보다 숲을 보는 사고의 큰 그림을 그린다.

② 기획은 주어진 대상의 과거와 현재를 분석하며 바람직한 미래를 그린다.

③ 기획은 과거와 현재의 분석 과정을 거치며, 다양하고 차별적인 관점에서 분석한다.

④ 기획은 문제나 도전 요소를 극복할 방안과 긍정적 요소를 확대할 내용을 생각한다.

⑤ 기획은 장·단기간에 성취할 구체적이고 측정 가능한 목표를 설정한다.

⑥ 기획은 목표를 달성하기 위해 전략과 전술을 구성한다.

⑦ 기획은 누구를 대상으로 하는지, 누가 이 기획을 실천할 것인지를 정한다.

⑧ 기획은 실천에 가장 효과적으로 사용할 무기를 생각한다.

⑨ 기획은 개방적인 가이드라인으로 제시되는 실천적 방향성을 생각하고 개발한다.

⑩ 기획은 방향성 선택과 의사 결정의 과정을 거치면서 최선의 방안을 모색한다.

⑪ 기획은 기획의 목표 달성과 비전을 공유하는 효과적인 커뮤니케이션 방법을 강구한다.

⑫ 기획은 평가할 방법도 구상한다.

⑬ 기획은 단계별 스케줄과 과정을 정리한다.

⑭ 기획은 평가의 시간을 갖고, 피드백, 수정 및 보완도 고려한다.

2. 커뮤니케이션 광고 기획

일반적인 기획에 대한 의미와 내용을 이해했다면, 광고 기획은 더 쉽게 이해될 수 있다. 즉, 기획이 가지고 있는 특성을 광고라는 특별한 영역에 적용하면 되기 때문이다. 이때부터는 기획자의 개인적인 능력과 전문적인 지식, 지혜, 창의적 발상, 논리력 등이 적용되어 새롭고 독창적인 광고 기획이 나오게 된다.

기본적으로 광고 기획을 생각할 때, 광고와 관련된 두 가지 관점인 마케팅 관점의 광고 기획과 커뮤니케이션 관점의 광고 기획을 생각해야 한다. 이 과정은 진정한 광고 기획의 개념과 내용을 이해하게 해 주기 때문에 중요하다. 지금까지 이 두 가지 관점의 광고 기획이 서로 구별되지 않았기에, 진정한 광고 기획의 내용을 혼동해 왔던 것이 사실이다.

광고 기획과 관련하여, 광고학자들은 광고 기획을 구체화하기 위해 영역별 구별이 필요하다고 주장해 왔다. 즉, 마케팅 영역, IMC 영역, 프로모션 영역, 커뮤니케이션 영역 중 어떤 영역에서 광고를 기획하는지를 확실히 구별하고 진행해야 한다는 것이다. 이는 크게 광고 기획을 마케팅 영역과 커뮤니케이션 영역으로 구분하고, 어떤 포지션 속에서 진행되어야 하는가를 언급하는 것과 같다. 쉽게 말해서, 광고홍보학과가 경영대학에 속해 있다면 광고홍보학은 마케팅 영역에서 다루어져야 한다. 반면에, 광고홍보학과가 사회과학대학이나 언론정보대학에 속한다면 커뮤니케이션 영역으로 접근되어야 한다. 이것이 구분된다면, 광고 기획도 마케팅 관점으로 다루어져야 하는지, 커뮤니케이션 관점으로 다루어져야 하는지 구별이 확실해진다.

　광고를 마케팅 혹은 커뮤니케이션으로 볼 수 있다는 각각의 관점은 광고가 마케팅의 도구 및 과정인가 혹은 커뮤니케이션의 도구 및 과정인가에 대한 논쟁을 불러온다. 이는 광고라는 메시지가 어떤 내용과 형태로 구성되어야 하는가에 대한 논쟁이기도 하다. 즉, 마케팅 영역에서는 마케팅을 활성화하는 데 필요한 수단으로 광고를 보는 입장이기에 마케팅 관점에서 광고 기획을 실행한다. 반면에, 커뮤니케이션 영역에서의 광고는 커뮤니케이션의 한 형태로 광고를 보기에 올바른 소통을 위한 커뮤니케이션 관점의 광고 기획을 실행한다. 문제는 커뮤니케이션을 전공하면서 광고홍보학을 공부하는 학생들이 광고 기획을 단순히 마케팅을 도와주는 광고 기획, 더 나아가 마케팅 기획의 아류와 같은 광고 기획으로 공부하고 실행하는 점이다.

　이러한 혼란은 마케팅이 너무 포괄적으로 정의되고, 광고와 광고 기획이 마케팅 영역에 포함되기 때문이다. 이에 다수의 마케팅 학자들은 마케팅의 정의와 그 해석이 다양함에 혼란이 있음을 스스로 지적하기도 했다(Contreras & Ramos, 2015). 즉, 마케팅 정의는 학생들에게 마케팅을 가르치고 실천하는 것의 가이드라인을 해하지 않는 선에서 다소 추상적으로 될 수밖에 없다(Gronroos, 2006). 이런 혼돈의 상황에서 중요한 내용은 광고가 마케팅의 전술적 차원의 판매(sales)와 촉진(promotion)에 속하는 수단적 개념으로 파악되는 점이다. 예를 들어, 도벤(Doven, 2007)은 "광고란 프로모션의 도구이고 광고가 수행하는 마케팅 기능이라는 맥락에서 존재한다"라고 주장하기도 했다. 이러한 관점은 과거에 마케팅을 4P(Product, Price, Place, Promotion)의 믹스로 보는 관점과 일치한다. 즉, 4P 중 프로모션(Promotion)이 광고(Ad), PR, SP(Sales Promotion), PS(Personal Selling)를 포함한다고 보는 관점이다.

　이러한 구분과 관련하여, IMC(Integrated Marketing Communication)나 마콤(MC, Marketing Communication)이 커뮤니케이션(communication) 단어를 포함하고 있다고 해서 커뮤니케이션의 영역에 속하는 것으로 생각하면 안 된다. 이 두 영역은 프로모션

(Promotion)의 영역과 함께 마케팅의 영역에 속하기 때문이다. IMC의 창시자인 미국 노스웨스턴대학의 슐츠(Schultz, 1991) 교수는 "IMC란 소비자, 고객, 잠재 고객, 종업원, 그 밖의 모든 사내외 이해 관계자들을 대상으로 장기적인 관점에서 측정 가능하고 설득력 있는 브랜드 커뮤니케이션 프로그램을 기획, 개발, 실행, 평가하는 전략적 비즈니스 과정"이라고 정의를 내렸다. 즉, 마케팅의 효율성을 통합하기 위해 다양한 마케팅 요소를 효율적 및 통합적으로 운영해야 함을 언급한 것이다. 여기에 광고와 PR도 마케팅 요소의 한 부분으로 들어간다. 미국광고업협회(American Advertising Agency Association, 1989)의 정의에 따르면 "IMC는 광고, DM, SP, PR 등 다양한 커뮤니케이션 수단들의 전략적 역할을 비교ㆍ평가ㆍ활용함으로써 총괄 마케팅커뮤니케이션 계획의 부가적 가치를 제고시키는 것"이라고 정의하고 있다. 결국 IMC에서 광고는 마케팅 영역의 수단이고 일부에 속하며, 이 영역에서 마케팅의 요소로 활용되고 있음을 확인할 수 있다.

이에 반해, 커뮤니케이션학자나 광고학자들은 송신자인 광고주가 수신자인 수용자에게 전달하는 광고의 메시지 형태와 내용, 그리고 과정에 집중하게 된다. 이와 관련하여 다이어(Dyer, 1988)는 "광고는 우리의 매일의 일상에 끊임없이 영향을 미치지만, 우리가 그 설득의 형태를 인지하지 못하는 커뮤니케이션의 한 형태이다"라고 주장하기도 했다. 이것은 광고가 광고주와 수용자 간의 상호작용성이 원활히 되도록 하는 정보 전달, 메시지의 교환, 그리고 의미의 공유와 관련하여 이루어져야 함을 의미하는 것이다. 보브와 아렌스(Bovee & Arens, 1992)도 "광고란 확인 가능한 광고주가 다양한 매체를 통해 제품, 서비스 혹은 아이디어에 대해 대개 설득을 목적으로 대가를 지불하고 행하는 정보의 비대인적 커뮤니케이션이다"라고 정의함으로써 같은 맥락을 따랐다. 이러한 정의는 확실히 광고가 커뮤니케이션 관점에 속하고, 논의되어야 함을 보여 준다. 더불어, 이처럼 정의된다면, 광고 기획은 당연히 커뮤니케이션 관점에서 그 형태와 내용을 구성해야 한다.

광고와 관련된 커뮤니케이션 관점과 마케팅 관점은 어쩌면 중요하지 않을 수도 있다. 어떤 관점이 옳고 그른가의 문제가 아니기 때문이다. 실제로 이 두 관점에서 광고를 보는 것은 모두 옳고 그 정당성을 가지고 있다. 즉, 커뮤니케이션 관점에서 보면 광고는 커뮤니케이션의 기능을 수행하는 것이며, 마케팅 관점에서 보면 광고는 마케팅의 도구임에 틀림없다(송기인, 2013). 문제는 앞서 언급한 것처럼, 커뮤니케이션을 공부하는 학생이 광고를 커뮤니케이션 관점에서 보지 못하고 마케팅 관점으로 이해하고 공부하는 점이다. 이러한 문제는 곧 광고 기획을 커뮤니케이션 관점과 내용으로 사고하지 못하고 마케팅 관점과 내용으로 인식하게 되는 우를 범하게 만든다. 실제로 광고홍보학과의 많은 학생이 자신의 전공인 커뮤니케이션 내용을 광고 기획에 포함하지 못하면서, 마케팅과 IMC, 프로모션 차원에서만 광고 기획을 열심히 수행하고 있다.

현대 사회에서, 대부분의 기업과 조직은 광고 기획을 중요한 업무의 하나로 판단한다. 그리고 이 광고 기획은 기업과 조직의 사업을 증진하는 가이드라인으로 고려된다. 그렇다면 어떤 과정과 절차를 따라서 광고 기획을 하면 효율적이며 효과적일까? 이와 관련하여, 온라인에서는 광고 기획의 과정을 보통 열 가지로 압축적으로 제시하면서 일반적인 광고 기획의 내용을 소개하기도 한다[1]. 그 내용을 정리해서 살펴보면 다음과 같다.

① 목표로 시작하라(Start with your goal).

② 목표 달성에 필요한 예산을 계산하라(Develop your budget).

③ 광고 수용자를 설정/정의하라(Define your audience).

④ 광고할 대상의 구체적이고 세밀한 특징을 정하라(Determine what products or services you'll feature).

⑤ SWOT 분석을 수행하라(Complete a swot analysis).

⑥ SWOT 분석을 통해 중요 분석 대상의 중요 차별점을 찾아내라(Use the swot to articulate your key differentiators).

⑦ 문제 해결 방안을 토대로 광고에 대한 전략과 전술을 구체화하라(Build your advertising plan).

⑧ 다른 저비용 방법을 고려하라(Consider other low-cost methods).

⑨ 광고를 실행하라(Launch your advertising).

⑩ 결과를 분석하라(Analyze results).

---

1) https://www.linkedin.com/pulse/how-make-advertising-plan-10-easy-steps-stephanie-theisen

온라인뿐만 아니라 다양한 영역에서 광고 기획의 과정과 절차가 학문적 및 실무적으로 다양한 방식으로 논의되고 정형화되고 있는 것이 사실이다. 그러나 본 장은 커뮤니케이션 영역의 광고 기획을 기술하고 설명하는 것을 주목적으로 광고 기획의 과정과 절차를 논하고자 한다. 이것은 광고 기획의 커뮤니케이션 형태를 이용하여 커뮤니케이션 목표를 달성하고자 다양한 커뮤니케이션 도구와 수단에 대한 전략과 방안을 제안하는 것을 설명하는 것과 같다. 즉, 미디어와 크리에이티브를 활용하고 송신자와 수신자 간의 관계를 원하는 바대로 이끄는 커뮤니케이션의 방안을 실시하고 모색하는 것에 중점을 두는 것이다. 본격적인 커뮤니케이션 내용과 의미를 토대로, 이후 광고 기획의 과정과 절차를 논하기에 앞서 그 과정과 절차를 요약하여 제시하면 다음과 같다.

첫째, 광고 기획 팩트북 만들기와 커뮤니케이션 상황 분석

둘째, 커뮤니케이션 문제점 및 기회 요인 발견

셋째, 커뮤니케이션 전략

넷째, 크리에이티브 전략

다섯째, 미디어 전략

여섯째, 디지털 광고 전략

3. 광고 기획 팩트북 만들기와 커뮤니케이션 상황 분석

광고 기획을 하기 위해 가장 먼저 해야 할 일은 팩트로 칭해지는 자료를 모으는 일이다. 광고 실무자들은 이를 팩트북(Fact Book) 만들기라고 한다. 팩트북은 광고 기획의 대상과 관련되는 모든 정보와 데이터, 자료를 모아 둔 자료 모음집이다.

광고 대상과 관련된 자료는 분야를 가리지 않고 분석이 가능하게 수집되어야 한다. 만약 마케팅 기획을 한다면, 이러한 팩트북은 아마도 마케팅 자료 위주로 모아질 것이다. 그러나 커뮤니케이션 광고 기획을 하고자 한다면, 팩트북은 영역을 가리지 않고 커뮤니케이션의 통찰력을 발견할 수 있는 모든 영역의 자료가 될 것이다. 예를 들어, 문학, 음악, 철

학, 역사, 마케팅, 경영, 사람, 소문, 감정, 느낌 등 커뮤니케이션의 발견점을 이끌 수 있는 내용이면 팩트북의 대상이 된다. 이 점에서 범하게 되는 실수는 마케팅 자료만으로 분석하고 해석하며 상황 분석을 해 대는 점이다. 마케팅 자료를 분석하고 이용하지 말라는 것이 아니다. 마케팅 자료에 국한하지 말고, 또 마케팅 자료로 상황 분석을 하더라도 분석의 결과는 커뮤니케이션 내용이 되어야 한다는 것이다. 이런 점에서, 첫 단추를 마케팅 요소로 채우고 시작하기에 마지막 완성된 광고 기획서는 마케팅 기획서도 아니고, 커뮤니케이션 기획서도 아닌 어정쩡한 변형 기획서가 탄생하게 되는 경우가 많다(송기인, 2013).

1) 팩트북 만드는 방법

광고 기획의 대상과 관계되는 자료와 정보를 모아 팩트북을 만드는 방법과 과정을 정리하여 요약하면 다음과 같다(송기인, 2013). 여기에서 핵심은 마케팅 관련 자료는 수집하지만, 분석은 커뮤니케이션 내용으로 해야 한다는 점이다.

① 공식적인 문서를 수집한다. 즉, 회계 자료, 평가 자료, 연간 보고서(annual reports), 마케팅 기획서, 평가서 등의 문서를 수집하는 것이다. 이는 주로 광고주와 관련된 문서들로 광고주의 역사적 관점과 이슈와 관점을 이해하는 데 도움이 된다.

② 각종 문헌을 수집한다. 이는 조사 보고서, 관련 도서, 보도 자료, 신문 기사, 연구 자료 등을 수집하는 것을 말한다.

③ 전문 지식을 가지고 있고, 주제와 관련된 일의 경험이 있는 사람들과 심층 인터뷰를 통해 정보와 자료를 수집할 수 있다. 이러한 자료는 질적 정보(qualitative information)로 가치가 있다.

④ 직접 관련자들을 대상으로 서베이(Survey)를 실시하여 수집한다. 서베이 자료는 일정한 표본들로부터 얻게 되는 질적 및 양적 자료이다. 두 변인의 관계보다는 주로 기술적 통계를 위해 사용하는 경우가 많다.

⑤ 관련자를 대상으로 초점 집단 면접(Focus Group Interview: FGI)을 실시하여 수집한다. FGI는 선별된 이슈나 주제에 대해 소수의 참여자로부터 집중적인 논의를 통해 얻게

되는 정보와 자료이다. 통찰력을 얻기에 좋은 방법이다.

⑥ 주제와 관련된 회사나 조직 및 기관이 인터넷 홈페이지를 통해 정보와 자료를 수집한다.

⑦ 전문 기관으로부터의 정보와 자료, 그리고 데이터를 수집할 수 있다. 인터넷으로 손쉽게 이용할 수 있는 기관 중 하나가 국가통계포털(http://kosis.kr/)이다.

⑧ 주제와 관련된 전문가와 의견을 주고받는 것도 정보와 자료를 수집한다.

⑨ 케이스 스터디의 샘플을 살펴보는 것으로 정보와 자료를 수집한다.

⑩ 주제와 관련된 회사와 기관, 장소 등을 직접 방문하여 확인하거나 정보와 자료를 수집하고, 그곳에 근무하는 사람들과 대화를 통해 정보와 자료를 수집한다.

팩트북의 자료가 충분히 모이면 그 자료를 분야별로 분류하고 체계적으로 정리하는 과정을 거친다. 이러한 과정이 끝나면 이 정보와 자료를 복사하여 책(Fact Book)으로 만들어 광고 기획팀원들에게 제공한다. 이는 팀원 각자가 광고 대상에 대한 분석과 통찰력을 끌어내기 위해 연구하기 위함이다. 광고 기획은 정보와 자료 수집에서 좌우된다. 분석하는 것은 팩트를 읽어 내는 것과 같다. 그만큼 팩트북을 만드는 것은 광고 기획에서 중요하다.

2) 마케팅 요소의 상황 분석

실제로 팩트북의 내용을 분석하게 되면, 마케팅 요소의 자료가 거의 80% 이상이 되는 경우가 다반사다. 그 이유는 커뮤니케이션 관점에서 광고와 광고 기획을 생각한다고 해도 마케팅의 존재를 무시할 수 없기 때문이다. 광고주는 마케터이며 광고 기획의 주인과 같다. 그는 광고든, 광고 기획이든 마케팅의 이익을 보기 위해 광고비용과 예산을 지불한다. 이러한 현실적인 문제가 있기에 광고주가 이해할 수 있는 문제점과 기회 요인을 발견하고 설득하기 위해서는 광고주 입장에서 상황 분석을 하지 않을 수 없게 된다. 이러한 상황이 개입되기에 마케팅 자료의 수집과 분석은 어쩔 수 없는 현실이 된다.

상황 분석에서 다양한 마케팅 자료를 이용했다고 할지라도, 그 분석의 마지막 결론은 커뮤니케이션 요소의 발견으로 집중되어야 한다. 즉, 마케팅 요소를 모두 이용하더라도 마케팅을 위한 상황 분석이 되어서는 안 된다는 것이다. 분석의 대상으로 마케팅 요소가 활용되더라도, 그것을 읽어 내는 통찰력은 커뮤니케이션 영역에서 나와야 한다. 이것이 바로 커뮤니케이션 광고 기획이다. 광고 기획에서 상황 분석을 해야 하는 이유는 광고할 대상에 대한 커뮤니케이션 전략과 전술, 올바른 광고 방안을 개발하기 위함인 것이다. 여기에 마케팅 요소의 분석과 통찰력은 필요하지 않다. 마케팅 요소를 분석하여 커뮤니케이션의 문제와 기회 요인을 발견하고, 그에 대한 발전적 전략과 방안을 모색하는 팩트를 찾는 것이 중요하다.

3) 커뮤니케이션 요소의 상황 분석과 방법

커뮤니케이션학의 선구자 중 한 사람인 해럴드 라스웰(Harold Lasswell)은 다음과 같이 커뮤니케이션 영역을 정의했다. "누가, 무엇을, 어떤 채널을 통해, 누구에게, 어떤 효과를 내면서 말하는가(Who says what, in which channel, to whom, with what effect)?" 이것은 후에 SMCRE(Source, Message, Channel, Receiver, Effect) 모델로 발전하는데, 각각의 영역이 바로 커뮤니케이션 요소가 된다. 그리고 이 영역은 커뮤니케이션이 뜻하는 바대로 사람의 마음 속에 변화와 영향을 미치게 된다.

한마디로, 커뮤니케이션 요소의 상황 분석은 광고할 대상에 대해 사람이 SMCRE의 각 영역에서 어떤 태도와 인식을 가지고 있기에 문제가 되는가를 분석하는 것과 같다. 다시 말해, 광고와 관련된 수용자의 커뮤니케이션 영역에 어떤 점이 부족하고 불만이 있고 잘못 인식되고 있는가를 밝히는 것이다. 이렇게 단정적으로 말할 수 있는 이유는 커뮤니케이션이 바로 사람의 마음을 공유하는 것을 내용으로 하기 때문이다. 따라서 사람의 마음에 광고 대상이 잘못 공유되는 것을 분석하는 것이 바로 커뮤니케이션 요소의 상황 분석이다.

커뮤니케이션 요소의 상황 분석을 잘하는 방법은 그 어떤 영역의 요소를 분석 대상으로 하더라도 사람의 마음과 관련된 커뮤니케이션 요소로 최종 분석하여 커뮤니케이션 전략을 구성하는 팩트와 논리로 활용하는 것이다. 팩트북에 모아진 광고 기획의 대상과 주제와 관련된 모든 정보와 자료를 사람의 마음, 커뮤니케이션과 연결해 이해하고, 정제하고, 분석하고, 해석하면 된다. 이러한 의미에서, 분석의 대상을 마케팅 영역에 국한하지 말고,

문학, 음악, 철학, 역사, 마케팅, 경영, 사람, 소문, 감정, 느낌 등 다양한 요소로 해야 한다고 앞서 언급한 바와 같다.

현실적으로 정해진 커뮤니케이션 광고 기획의 상황 분석 방법과 공식은 없다. 정확한 분석을 통해, 문제점으로 파악되는 분야를 집중적으로 분석하고 해석하여 커뮤니케이션 영역의 문제를 발견하는 것이 최선이다. 좀 더 쉬운 이해를 위해, 이와 같은 커뮤니케이션 요소의 상황 분석 과정과 방법을 정리해 보면 다음과 같다(송기인, 2013).

① 먼저, 독자적으로 수집된 다양한 정보와 자료를 읽고 분류한다. 이 단계에서 분류의 기준은 커뮤니케이션 요소가 아니라, 자료의 의미 여부다.
② 모든 정보와 자료, 데이터, 표 등을 서로 엮어서 결합해 보고, 하나의 기준으로 나열해 보고, 일반적 내용 외에 특별한 가치가 있는가를 확인한다.
③ 수집된 모든 정보와 자료를 검토하면서 추가적인 정보 및 자료의 필요성을 느끼면 더 세세한 내용을 찾는다.
④ 이제 커뮤니케이션의 현 문제를 기준으로 관계되는 정보와 자료를 걸러 낸다. 이때 1차적 현재적 정보 및 자료와 2차적 잠재적 정보 및 자료를 구분한다. 즉, 1차적 현재적 정보와 자료는 명확히 사실(fact)과 관계가 보이는 내용이고, 2차적 잠재적 정보와 자료는 겉으로는 그 어떤 증거나 관계가 보이지 않지만 정제시키면 관계를 찾을 수 있는 내용을 말한다.
⑤ 모든 정보와 자료를 수평적 및 수직적 관계로 나열해 보고, 이것이 커뮤니케이션의 어떤 문제를 드러내고 야기하는지를 살핀다. 커뮤니케이션 문제와 관계되는 핵심적이고 특징적인 사실인지를 확인한다.
⑥ 상황 분석은 정보와 자료의 집대성이 아니라 사실을 창조적으로 재구성하는 것이다. 모든 정보와 자료를 살필 때, 할 수만 있다면 새롭고 감춰진 근본적인 내용을 찾으려고 애써야 한다. 이때 분석과 해석은 창조적이어야 한다. 새로운 것은 친숙하게, 그리고 친숙한 것은 새롭게 만들 때 창의성이 드러난다.
⑦ 이제 선별된 정보와 자료에 대한 해석이 서로 연관 관계가 있는가를 살핀다. 하나의 결론으로 이끌 수 있고, 관계있는 정보와 자료만 남기고 다른 모든 것은 아까워도 버

린다.

⑧ 압축된 분석 결과가 하나나 두 가지의 문제점으로 도출되면, 그 결과를 뒤에 숨기고 극적인 효과를 염두에 두고 서로 엮어 나간다.

⑨ 각 상황 분석의 작은 파트를 정한다. 그리고 각각의 파트별로 의미 있는 내용으로 PPT를 각각 한 장씩 그려 나간다.

⑩ PPT 한 장의 구성은 매우 영향력 있고 짜임새 있게 구성한다. 보통 제목, 분석 제목, 도형 및 표, 그림, 그것의 해석, 그리고 마지막에 요약과 의미 순으로 작성한다. 특히 핵심적인 소결론과 이유, 원인, 근거를 간명하게 기술하는 것도 필요하다.

⑪ 논리적으로 전혀 문제가 없게 분석 내용의 흐름을 정하고, 이야기를 풀어 간다.

⑫ 각 PPT에 작성된 정보와 자료의 제시가 새롭고, 창조적이며, 발견적인가를 확인한다.

⑬ 최종 상황 분석의 결론으로, 여러 파트의 분석 내용을 모아서 하나의 커뮤니케이션 문제 혹은 기회 요인을 확정한다. 이 문제 혹은 기회 요인은 광고 기획의 전략 부분에서 해결되거나 발전적으로 승화될 내용으로 전환된다.

4. 커뮤니케이션 문제점과 기회 요인 발견

광고 기획의 가장 중요한 부분은 광고할 대상의 문제점 및 기회 요인의 발견이라는 말이 있다. 이 문제점에 대한 해결책 제시와 기회 요인의 확장은 광고가 해야 할 역할이 됨은 당연하다(송기인, 2013). 문제점 및 기회 요인의 발견이 중요한 또 다른 이유는 이 내용을 토대로 광고 기획이 실제 이루고자 하는 다양한 광고의 전략을 세우고, 나아가 실천할 수 있기 때문이다. 이때의 전략은 당연히 마케팅과 관계없이 커뮤니케이션 관점에서 커뮤니케이션 전략, 크리에이티브 전략, 미디어 전략 그리고 디지털 광고 전략으로 구성된다.

상황 분석은 광고할 대상의 상황을 이해하고 팩트를 발견하기 위함이다. 이때의 팩트는 문제점과 기회 요인을 확인하는 근거다. 이러한 확인을 위해서는 상황 분석의 제 파트가 분석 후 다른 내용으로 나열되는 것으로 끝나서는 안 된다. 즉, 파트별 분석의 결과가 커뮤니케이션 요소로 서로 연결되고 관계가 있어야 한다. 구체적으로, 상황 분석의 일반적인 파트가, ① 시장 분석, ② 제품 분석, ③ 소비자 분석, ④ 경쟁사 분석, ⑤ 광고 분석, ⑥ 기술 분석, ⑦ 광고 규제 분석, ⑧ 환경 분석 등으로 구성되고, 각각 개별적으로 분석되어 결과가 나올 때, 그 각각의 결과가 커뮤니케이션 요소로 서로 관계되는 하나의 문제점이나 기회 요인으로 모여야 한다는 것이다.

　이처럼 항상 커뮤니케이션 요소가 중심이 되어야 한다. 예를 들어, 상황 분석의 결론으로 '갑(甲)에 대한 부정적 이미지'라는 커뮤니케이션 문제점이 도출됐다면, 상황 분석의 각 파트인, A, B, C, D, E는 모두 갑의 부정적 이미지와 관계되는 커뮤니케이션 내용으로 각각 분석되어야만 한다. 이는 갑과 일반 수용자 사이의 커뮤니케이션 문제는 '부정적 이미지'가 형성됐다는 뜻이며, A, B, C, D, E 등 각 영역에서 분석 및 확인된 내용이라는 뜻이다(송기인, 2013). 이런 점에서, 마케팅 요소가 파트별 팩트이고 최종 발견점이 된다면, 이 기획은 커뮤니케이션 광고 기획이 아니라 마케팅 관점의 광고 기획이 되고 만다.

　때에 따라서는 상황 분석의 결과가 커뮤니케이션의 문제점이나 부정적인 내용이 아니라, 긍정적이며 발전적인 기회가 되는 내용도 있다. 이것은 분석이 주로 문제를 파악하는 경우도 있지만, 긍정적인 요소를 발견할 수도 있음을 의미한다. 이 경우라면 긍정적 요소를 키우고 확장해 실제로 광고에 활용될 수 있게 하면 된다. 실제로 이러한 경우는 광고 기획에서 많지 않다. 광고주가 광고 기획을 커뮤니케이션 전문가인 광고 기획자에게 의뢰하는 이유는, 문제점을 찾고 해결하기 위해서다. 따라서 특별한 경우가 아니라면 기회 요인을 찾기보다는 문제점과 부정적 요인을 찾는 것이 더 중요하다.

　이처럼 상황 분석을 통해 커뮤니케이션 문제점이나 기회 요인을 발견하는 것은 광고 기획에서 중요하고도 어렵다. 특별히 이러한 내용을 마케팅 요소가 아니라 커뮤니케이션 요소에서 찾아야 한다는 점은 이 상황을 더 어렵게 만든다. 이유는 커뮤니케이션 관점에서 문제나 기회 요인을 잘 이해하지 못하기 때문이다.

　커뮤니케이션 관점에서의 문제점과 기회 요인은, 광고 대상이 사람들의 마음과 태도 및 인지에서 부정적인가 혹은 우호적인가로 파악하면 쉬워진다. 앞서 SMCRE 모델로 커뮤니케이션을 설명하기도 했지만, 커뮤니케이션은 기본적으로 사람들과의 마음을 공유하고 관계를 형성하는 것이다. 커뮤니케이션은 서로 바라는 우호적인 관계 형성을 위해 좋은 마음을 공유하기 위해 존재하는 것이다. 그리고 그러한 방법의 하나가 광고가 되며, 그 광고에서 원하는 것을 얻기 위해 광고 기획을 하게 된다. 그리고 여기서의 핵심은 문제점과 기회 요인을 찾는 것이다.

상황 분석의 결과로 도출된 문제점과 기회 요인은 광고 기획과 커뮤니케이션 전략에서는 이정표(milestone)와 같은 역할을 한다(송기인, 2013). 이 지점은 커뮤니케이션 전략을 어떻게 전개할 것인가의 표시물과 방향성 제시의 지렛대 역할을 하기 때문이다. 팩트와 관련되는 문제점과 기회 요인이 발견되면, 다음은 창의성과 논리성이 개입되어 다양한 커뮤니케이션 차원의 전략적 아이디어가 개발되는 과정으로 나타난다. 그리고 이 부분은 앞서 상황 분석과 문제점 및 기회 요인 발견과는 다른 수준으로 전개된다. 즉, 자료와 데이터, 팩트를 분석하고 논하는 것 대신 획기적이고 효율적인 아이디어 개발과 사고의 과정으로 나아가기 때문이다.

5. 커뮤니케이션 전략

커뮤니케이션 전략은 광고 기획의 가장 핵심적인 부분이다. 상황 분석처럼 남이 해 놓은 자료나 정보를 해석 및 가공하는 것이 아니라, 이 부분부터는 오로지 기획자의 논리적 사고와 창의적 사고로 나아가기 때문에 중요하다. 이러한 커뮤니케이션 전략은 앞서 언급한 것처럼 커뮤니케이션 차원의 전략이 되어야 한다. 즉, 커뮤니케이션 요소와 용어로 구성되어야 한다.

이 커뮤니케이션 전략은 광고와 관련된 큰 포괄적 개념이자 구상적 개념으로 크게 다섯 가지 형태의 요소를 포함하며 구성된다. 첫째, 광고 목표, 둘째, 광고 타깃, 셋째, 광고 콘셉트, 넷째, 광고 전략 및 전개도, 그리고 다섯째, 광고 예산이 그것이다. 중요한 것은 이 다섯 가지 파트는 개별적이고 독립적이면서 상호 연관성을 가지며, 종합적으로 커뮤니케이션 전략을 구성하는 점이다. 다시 말해, 커뮤니케이션 전략을 구상하려면 이 다섯 가지 요소를 생각해 내야 하고, 서로 유기적으로 커뮤니케이션 관점에서 관계가 되어야 한다.

커뮤니케이션 전략에서는 우선 전략의 의미를 제대로 파악할 필요가 있다. 전략에 대한 많은 정의가 있지만, 일반적으로 전략이란 어떤 일을 해 나가거나 목적이나 목표를 이루기 위한 수단이나 방식을 말한다. 따라서 전략을 언급할 때는 항상 목표와 성취 및 달성에 대한 사고 및 아이디어가 동시에 따라온다. 목표를 달성하기 위한 가장 효율적이고 실행 가능한 방안, 생각, 아이디어가 바로 전략의 뜻이 된다. 이와 같은 의미에 커뮤니케이션을 대입시키면 커뮤니케이션 전략이 된다. 즉, 커뮤니케이션 전략은 커뮤니케이션 영역에서 원하는 목표를 설정하고, 그 목표를 달성하기 위한 가장 객관적 · 논리적 · 합리적 · 창의적인 방안을 구상하는 것이 된다. 덧붙여, 이를 광고 영역에 대입하면 광고 커뮤니케이션 전략이 된다. 그리고 광고 실무자들은 이를 더 효율적으로 구체화하기 위해 그 영역을 광고 목표, 광고 타깃, 광고 콘셉트, 광고 전략 및 전개도, 광고 예산 등 다섯 가지로 구성한다. 물론 다른 구성 요소가 필요하면 더 넣어서 커뮤니케이션 전략을 수립해도 된다.

[그림 8-1] 광고 기획 과정

앞에서, 커뮤니케이션 전략은 포괄적 개념이자 구상적 개념이라고 언급한 이유는 다음과 같다. 첫째는 이 큰 개념의 커뮤니케이션 전략이 앞서 언급한 다섯 가지 커뮤니케이션 관점의 요소를 포함한다는 뜻이다. 둘째는 뒤에 설명하게 될 실천적 커뮤니케이션 전략인 크리에이티브 전략, 미디어 전략, 디지털 광고 전략을 제한하고 통제 및 관리하는 중요한 전략이기 때문이다. 여기서 포괄적 의미란 커뮤니케이션 전략의 다섯 가지 요소가 큰 전략적 울타리를 쳐 주고, 그것에 따라 전문 커뮤니케이션의 영역인 크리에이티브, 미디어, 디지털의 구체적이고 세부적인 전략이 수립된다는 점을 함의하는 것이다. 쉽게 말해, 전략이라고 다 같은 전략이 아니라는 뜻이다. 커뮤니케이션 전략은 광고 기획의 핵심 전략과 틀, 울타리를 쳐 주는 전략이며, 크리에이티브 전략, 미디어 전략, 디지털 광고 전략은 구체적이고 세부적인 내용을 구성하는 전략이 되어야 한다는 것이다. 광고 기획의 각 전략에도 수준과 차원이 있음이다.

이와 같은 큰 개념의 커뮤니케이션 전략은 다음과 같은 내용으로 그 적절성과 효율성이 판단되기도 한다(송기인, 2013).

① 광고 목표 달성을 위해 커뮤니케이션 전략은 어떤 방향성을 갖추고 있는가? 예를 들어, 이성적인가? 감성적인가?
② 커뮤니케이션 전략의 방향성에는 어떤 내용이 있고, 그중 어떤 것을 선택할 것인가?
③ 만약 새롭게 커뮤니케이션 전략의 방안을 만든다면 어떤 내용이어야 하는가?
④ 커뮤니케이션 전략의 방향성과 내용이 차별적 · 창조적 · 논리적으로 도출됐는가?
⑤ 커뮤니케이션 전략의 내용 도출에 대한 증거나 뒷받침 요소는 확보됐는가?
⑥ 도출된 커뮤니케이션 전략은 빅 아이디어인가?
⑦ 커뮤니케이션 전략의 전개 방안을 위해, 커뮤니케이션 전략을 진행 단계별과 내용 단계별로 구분할 수 있는가?

1) 광고 목표

커뮤니케이션 전략의 첫 번째 구성 요소인 광고 목표는 상황 분석을 통해 도출된 문제점이나 기회 요인을 확인한 후 커뮤니케이션 도구인 광고로 풀어낼 커뮤니케이션의 목표를 설정하는 것을 말한다.

커뮤니케이션 관점의 광고 목표 설정 과정은 구체적으로 다음과 같이 두 가지로 설명된다. 첫째, 상황 분석을 통해 발견된 문제점 및 기회 요인을 토대로 달성할 광고 목표를 설정한다. 이것은 문제점을 해결하고 기회 요인을 확장 및 발전시키는 쪽으로 목표가 설정되는 것을 의미한다. 그리고 당연히 이 목표는 커뮤니케이션 영역에서 설정되어야 한다. 다시 말해, 앞서 언급한 커뮤니케이션 영역인 사람의 마음, 즉 감각, 감정, 정서, 동기, 욕구, 태도, 지식, 이미지, 가치, 의도 등의 영역에서 문제 해결과 기회의 발전 목표로 설정되어야 한다.

둘째, 문제점 및 기회 요인 발견을 해결해야 할 광고 목표로 전환할 때, 구체적으로 측정 가능한 내용으로 설정해야 한다. 이 과정에서 가장 적절한 도구는 숫자이다. 즉, 정해진 기간과 달성 정도를 숫자로 제시하여 목표를 설정해야 한다. 여기서 달성 정도는 보통 퍼센티지(%)로 표시하는 것이 일반적이다.

이처럼 설정하는 광고 목표는 커뮤니케이션 전략의 핵심이자 광고 기획의 방향타 역할을 한다. 즉, 광고 목표가 설정되면 광고 커뮤니케이션 전략의 나머지 구성 요소와 크리에이티브 전략, 미디어 전략 그리고 디지털 전략도 광고 목표에 따라 구체화된다. 이런 점에서, 광고 목표는 또 다른 광고 기획의 이정표이자 기준이 된다고 할 수 있다.

광고 기획에서 광고 목표 설정의 이론적 토대는 다그마(Defining Advertising Goals for Measured Advertising Results: DAGMAR) 모델(Colley, 1961)이다. 다그마 모델은 광고 집행 후 결과의 효과 측정을 위해 기획 단계에서부터 광고의 목표를 명확히 정의해야 하는 것을 의미한다. 다그마 모델이 제시하는 주요 내용을 정리하면 다음과 같다. 첫째, 측정 가능해야 한다. 둘째, 비교 기준이 명확해야 한다. 셋째, 타깃 수용자를 명확하게 규정해야 한다. 넷째, 기간이 명시되어야 한다. 다섯째, 문서화되어야 한다. 이러한 내용은 광고 목표가 특별하고, 측정할 수 있고, 활동 지향적이고, 현실적이고, 시간제한적이어야 함을 뜻한다(송기인, 2013).

다그마 모델이 광고 목표 설정의 토대를 제공했지만, 오늘날은 학문적으로나 실무적으로 실효성 있는 광고 목표 설정에 대한 다양한 방법이 제시되고 있다. 그러한 내용을 정리하면 다음과 같다. 첫째, 광고 목표를 커뮤니케이션 전략의 기준이 되게 설정한다. 즉, 문제 해결을 위해 커뮤니케이션 전략을 세워야 할 때, 그 문제 해결의 커뮤니케이션 전략 성취 목표로 설정하라는 뜻이다. 둘째, 커뮤니케이션 전략의 요소인 타깃 수용자를 설정하고, 그들에게서 얻을 수 있는 목표를 설정한다. 셋째, 광고 목표 설정은 측정 가능한 숫자로 표시하거나, 변화되는 정도를 구체적으로 설정해야 한다. 넷째, 광고 목표가 현실적으로 성취 가능하고 실현할 수 있게 설정되어야 한다. 다섯째, 광고 목표는 커뮤니케이션 전략과 관계되는 모든 사람이 동의할 수 있는 내용으로 설정되어야 한다. 여섯째, 광고 목표는 명확하게 광고 활동 기간을 명시하는 것이 좋다. 일곱째, 광고 목표는 미래 시제로 표현하여야 한다.

2) 광고 타깃

커뮤니케이션 전략의 두 번째 구성 요소인 광고 타깃은 타깃 수용자(target audience)로 불린다. 타깃 소비자가 아니라 타깃 수용자로 불리는 이유는 광고 기획과 광고 타깃을 마케팅 영역이 아니라 커뮤니케이션 영역으로 본다는 방증이다(송기인, 2013).

광고 타깃인 타깃 수용자는 인구통계학적 변인이나 사회심리적 변인, 혹은 행동적 변인으로 정의하는 사람의 집단을 말한다. 그리고 광고 타깃은 커뮤니케이션 전략에서 광고를 집행할 때 광고가 전달되는 목표 집단이나 광고의 효과를 취하게 되는 집단을 의미한다. 이러한 내용을 구체적으로 정리하면, 광고 타깃은 다음과 같이 설명된다. 첫째, 인구통계학적 기준은 나이, 성별, 수입, 교육과 같은 요소를 포함한다. 둘째, 행동적 기준은 소비자의 제품에 대한 반응, 사용, 태도, 지식의 요소를 포함한다. 셋째, 문화적 기준은 문화, 종교, 지역 등과 같은 요소를 포함한다. 넷째, 사회적 기준은 준거 집단, 가족, 친구, 동료 등의 요소를 포함한다. 다섯째, 심리적 기준은 동기, 지각, 학습, 신념, 태도, 욕구, 가치 등의 요소를 포함한다. 그리고 끝으로, 사회심리적 기준은 사회적 지위, 잠재의식적 감정과 연계되는 요소들을 포함한다(송기인, 2013).

광고 타깃을 설정할 때, 집단으로 묘사하지 않고 특정한 개인을 잘 묘사하면서 설정하는 경우도 있다. 이를 타깃 프로필(target profile)이라고 한다. 즉, 광고 메시지를 받게 될 사람을 특정한 개인으로 설정하고, 그의 프로필을 보여 주듯이 기술하거나 묘사하는 방법으로 정하는 것이다. 어떤 면에서, 이와 같은 새로운 방식의 광고 타깃 설정은 크리에이티브 제작과 미디어 선정을 더 용이하게 하고 선명하게 하는 장점도 있다.

광고 타깃이 커뮤니케이션 전략에서 중요한 이유는 광고를 전략적으로 집행할 때 효율성을 극대화하기 위해 구체적으로 대상 집단을 설정하고 그들의 특성에 맞게 광고하기 위함이다. 즉, 광고 타깃은 커뮤니케이션 전략이 효과적으로 수립되고 실천되기 위해 필요하며, 앞서 언급한 광고 목표가 달성되기 위한 정확한 영역을 표시하기 위해 필요하다. 또한 커뮤니케이션 전략을 바탕으로 진행되는 크리에이티브 전략과 미디어 전략의 선택을 구체화하기 위해서도 광고 타깃은 필요하다.

커뮤니케이션 전략의 제2 요소인 광고 타깃 설정은 무의미하게 기계적으로 설정되어서도 안 되며, 추상적이고 포괄적이며 다른 전략적 요소와 관계없이 독단적으로 설정되어서도 안 된다. 광고 기획에서 광고 타깃을 설정하는 이유는 커뮤니케이션 전략을 구성하고 완성하며, 하부 전략인 크리에이티브 전략, 미디어 전략 그리고 디지털 광고 전략 구상과 연결되어 전체적인 광고 기획을 통제하고 조율하기 위함이다. 즉, 명확하고 의미 있는 광고 타깃이 정해져야 효율적인 하부 전략이 세워지고, 궁극적으로 효과적인 광고 기획이 수립된다는 뜻이다. 이런 의미에서, 논리적이고 적절하고 창조적인 광고 타깃 설정은 광고 기획 및 커뮤니케이션 전략의 핵심 사항이 됨은 물론이다.

3) 광고 콘셉트

광고는 커뮤니케이션 영역에서 사람들의 마음을 공유하고 사람의 마음을 움직이는 것이다. 이러한 목적으로 광고 메시지가 만들어지고 광고 수용자에게 전달된다. 여기서 어떤 핵심 메시지가 전달되고 수용자의 공감을 얻고 마음을 움직여야 하는지, 기획자는 실제 광고를 제작하기 전에 광고주와 제작인들에게 제시할 수 있어야 한다. 이 내용이 광고 콘셉트이다. 이런 관점에서, 광고 콘셉트는 광고 기획을 하나의 관점에서 이해하게 해 주고, 경쟁사 광고와 차별되게 해 주며, 광고 크리에이티브팀에게 광고 제작의 방향성을 안내하는 역할을 한다.

    광고 콘셉트를 이해하기 위해서는 콘셉트의 의미를 먼저 이해할 필요가 있다. 기본적으로 콘셉트는 현실 속에서 볼 수 있는 다양한 현상을 각 개인이 이미지와 의식화 과정, 그리고 동의와 합의의 과정을 거쳐 그 결과물로 형성된 명사형 용어, 다시 말해 개념(concept)을 말한다. 이 콘셉트(concept)는 포괄적이고 함축적이며 추상적이고 단순한 것으로 구성된다. 그리고 이 콘셉트는 눈에 보이지 않는 핵심 주제로 광고의 압축적인 아이디어나 생각을 의미한다. 구체적으로, 광고 콘셉트는 광고 영역에서 광고를 제작하게 될 핵심적인 메시지가 무엇인지를 명시하는 것을 말한다. 그리고 광고 콘셉트는 커뮤니케이션 전략의 핵심 구성 요소이면서 이후 광고 제작 및 표현, 크리에이티브 전략의 핵심적 무기로 작용하게 되고, 광고 제작의 핵심 메시지가 된다.

    광고 콘셉트가 도출되면 광고 기획 커뮤니케이션 전략의 반이 끝난 것과 같다. 이것은 광고 콘셉트가 도출되고 나면 이를 토대로 크리에이티브 전략, 미디어 전략, 디지털 광고 전략 등이 구조화되고 조직화되기 때문이다. 다시 말해, 광고 콘셉트를 토대로 나머지 커뮤니케이션 전략이 완성된다. 특히 광고 콘셉트가 영향을 크게 미치는 부분은 크리에이티브 전략 부분이다. 모든 크리에이티브 표시물, 즉 광고 제작물은 광고 콘셉트를 전체 광고물에 녹이면서 표현되어야 한다. 이런 의미에서 광고 콘셉트는 크리에이티브 전략의 받침대 및 기준점으로 작용하게 된다.

    이와 같은 광고 콘셉트는 보통 명사 형태로 제시되는 것이 일반적이다. 따라서 광고 콘셉트는 '사랑', '성공', '개운함', '잘 터짐' 등으로 표현된다. 이러한 광고 콘셉트는 광고 실무에서 다양한 표현으로 사용되기도 한다. 예를 들어, 주제(topic), 핵심 메시지(key message), 무엇을 말할 것인가(What to say), 어떻게 말할 것인가(How to say), 중심 아이디어(main idea), 소구점(key appeal point), 제안점(proposition), 소비자 약속(promise), 숨겨진 메시지(hidden message), 지향 메시지, 독창적인 아이디어(original idea) 그리고 무엇으로 실천할 것인가(What to do with) 등이다.

    다시 말하지만, 광고 콘셉트가 중요한 이유는 커뮤니케이션의 핵심적 내용을 확인할 수 있기 때문이다. 이런 의미에서 광고 콘셉트는 광고 기획의 핵심이자 모든 커뮤니케이션 전략의 꽃이다. 광고 기획자는 심혈을 기울여서 광고 콘셉트 개발에 힘써야 한다. 일반적으로 광고 콘셉트가 제대로 도출됐는가에 대한 다양한 체크리스트가 존재한다. 이를 압축하여 소개하면 다음과 같다. 즉, '광고 콘셉트는 광고 전략을 잘 대표하는 내용인가? 의미가 있는가? 광고 활동과 관련하여 적절하고 매력이 있는가? 도출 과정에 논리적 비약과 무리는 없는가? 독특한가? 논리적으로 설명되는가? 경쟁사와 비교하여 차별적인가? 가치와 품격이 있는가? 설득적인가? 광고 제작과 잘 연결되는가?' 등이다.

4) 광고 전략 및 전개도

광고란 사람의 마음을 움직이는 것이다. 광고 기획자 입장에서 볼 때, 전략적으로 어떻게 사람의 마음을 움직일 수 있는가에 대한 함축적인 주제와 방향성을 모색하는 것이 바로 커뮤니케이션 전략의 광고 전략이다. 여기서 커뮤니케이션 전략은 포괄적인 큰 개념의 전략을 의미하고, 광고 전략은 커뮤니케이션 전략과 비교하여 작은 개념의 광고 전략을 의미한다. 이 작은 개념의 광고 전략은 광고 콘셉트를 이용하여 목표 달성의 사고 방안을 확대 및 확장하는 것이다. 다시 말해서, 광고 콘셉트가 정적인 핵심 메시지라면, 광고 전략은 이 콘셉트를 무기로 어떻게 방향성을 제시하고, 역동성 있는 실천으로 이끌 것인가를 함축적으로 묘사하는 것이다.

광고 전략은 광고에서의 전략이기에, 광고 활동에서 목표한 바를 달성할 수 있는 핵심적 역할을 함의하고 있어야 한다. 그러한 특징은 정적인 광고 콘셉트를 역동적이고 실천적인 중심 방안으로 탈바꿈시키는 광고 전략의 역할을 만들어 낸다. 즉, 광고 전략은 광고 콘셉트를 바탕으로 모든 광고의 전략적 내용이 하나로 응축되고 공유되게 하는 핵심 방안을 표현하는 것이 되어야 한다. 쉽게 말해, 광고 전략은 광고 콘셉트보다 큰 개념의 사고적 및 실천적 방안을 뜻하는 전략적 용어를 개발하는 것과 같다.

광고 전략은 광고 실무자들이 기본적으로 익히고 활용하고 있는 다양하고 정형화된 광고 전략을 통해 그 의미와 내용을 확인할 수 있다. 예를 들어, 고유 판매 제안 전략(Unique Selling Proposition strategy: USP), 이미지 전략(Image strategy), 경쟁 전략(Competitive strategy), 비교 전략(Comparison strategy), 긍정 전략(Positive strategy), 모델 전략(Model strategy), 명품 전략(Prestige strategy), 귀족 전략(Noble strategy) 등이다. 이처럼 기존 광고 전략을 그대로 사용하는 경우도 있지만, 광고 기획자는 이렇게 정형화된 광고 전략만 사용하지는 않는다. 즉, 정형화되고 공식화된 광고 전략 대신 자신들의 광고 기획에 맞는 새로운 광고 전략을 개발하고 활용하는 경우가 더 많다. 예를 들어, 코리아 전략, 우산 전략, 333 전략, 7 Up 전략, 코로나 전략, 명상 전략, 사랑 전략, 유머 전략, 랜선(LAN線) 전략, 축제 전략, 아노미 전략, 죽은 시인의 사회 전략 등 새롭게 만들 수도 있는 것이다.

이러한 광고 전략은 광고 기획자가 광고 기획의 모든 과정을 검토하고 분석하여 도출하게 된다. 광고 전략은 하나의 명사형 용어로 제시하는 것으로 끝나지 않는다. 원래 광고 콘셉트와 함께 함축적인 용어이기에, 그것이 어떻게 도출됐고 어떻게 진행될 것인가의 논리적 설명이 추가되어야 한다. 이런 과정은 당연히 광고 기획서에 묘사, 기술, 설명되어야 한다. 또한 광고 전략은 정적인 광고 콘셉트와 다르게 역동적이고 실천적인 역할을 해야 하기에 광고 전략이 내포하는 실천적 내용을 가지고 있음을 의미하기도 한다. 그 내용은 보통 광고 전술, 광고안(案), 광고 표현, 광고 계획 등이 된다.

광고 전략이 큰 그림이라면, 광고 전술, 광고안, 광고 표현, 광고 계획 등은 구체적이고 세부적인 광고의 제작 내용이다. 다시 말해, 광고 기획이 지도라면, 광고 전략은 지도상에서의 가장 효율적인 길(street)을 뜻하고, 광고 전술, 광고안, 광고 표현, 광고 계획 등은 그 길에 위치하는 창의적인 건물이나 장소(place)를 뜻하는 것에 비유된다. 다른 예로, 광고 실무에서 광고 전략이 '무엇을 말하고자 하는가(What to say)'를 의미한다면, 광고 전술, 광고안, 광고 표현, 광고 계획 등은 '어떻게 표현할 것인가(How to say)'를 의미하는 것이 된다. 이러한 관계로 인하여, 하나의 광고 전략에는 많은 광고 전술, 광고안, 광고 표현, 광고 계획 등이 존재하게 된다(송기인, 2013).

하나의 광고 전략은 다양한 광고 전술, 광고안, 광고 표현, 광고 계획 등을 고려만 하는 것이 아니라, 어떻게 실천하고 진행되는지를 역동적으로 제시하는 것까지 포함해야 한다. 이 부분을 광고 전략의 전개도(展開圖)라고 부른다. 즉, 구성된 광고 전략이 어떻게 실천될 것인가를 진행 과정과 절차를 구체화하여 제시할 수 있어야 한다. 따라서 광고 전략 전개도는 전쟁터에서 지휘관이 작전을 짜고 공격을 계획할 때 이용하는 작전 전개도처럼 구체적으로 광고 전술, 광고안, 광고 표현, 광고 계획 등이 수평적 및 수직적 힘의 배분, 그리고 순서와 과정 등을 모두 보여 주는 형태로 구성되어야 한다. 이것은 광고 전략의 흐름도를 보여 주는 것일 수도 있고, 광고 전략 전개와 관련된 실천적 약속을 의미하는 것일 수도 있다(송기인, 2013). 더불어 이러한 광고 전략 전개도는 크리에이티브 전략, 매체 전략, 디지털 광고 전략의 가이드라인 기능을 하며, 그 진행 방향을 지시하기도 한다.

5) 광고 예산

광고 예산은 광고의 제작과 실행을 위해 준비하게 되는 예상 금액이다. 즉, 광고주가 하나의 광고 캠페인을 실시하고 운용하는 데 소요되는 비용으로서의 광고비를 말한다(송기인, 2013). 이 광고 예산이 중요한 이유는 미디어 전략에 큰 영향을 미치기 때문이다. 일반적으로 모든 기업의 광고비의 95% 이상은 미디어에 사용된다. 그런 이유로, 광고 예산이 얼마인가에 따라 광고 미디어가 결정되며, 또한 광고 크리에이티브도 결정되기에 중요하다.

문제는 광고 예산을 설정하는 것은 현실적으로 광고 기획자가 하는 일이 아니라는 점이다. 특별한 경우에 광고주가 광고 기획과 함께 광고 예산까지 계산해 주기를 바랄 때도 있지만, 대부분의 경우는 광고주가 마케팅 기획하에 책정하고 그것에 맞게 광고 기획을 해 달라고 요청한다. 이러한 이유로 광고홍보학과 학생들이 광고 기획 공모전을 위해 광고 기획을 준비할 때, 광고 예산은 포함되지 않는 경우가 대부분이다. 그런데도 광고 예산이 설정되어야 한다면, 일반적인 광고 예산 설정법 한 가지만 이해하면 될 것 같다. 즉, 광고할 대상의 1년 매출액의 1/10 정도가 광고 예산이 되는 경우가 일반적이라는 점이다. 따라서 광고 기획하는 대상의 1년 매출액을 조사하여 1/10에 해당하는 금액을 가상 광고 예산으로 설정하고 광고 기획에 포함하면 된다.

6. 크리에이티브 전략

광고란 사람의 마음을 움직이는 것이다. 크리에이티브 전략은 사람의 마음을 움직이기 위해 크리에이티브 영역에서 어떻게 적절한 크리에이티브 방안을 수립할 것인가에 대한 사고 전략이다. 즉, 크리에이티브 전략은 "커뮤니케이션 전략 아래에서 광고 목표를 달성하기 위한 의미 있고 차별화할 수 있는 크리에이티브 방안에 대해 객관적·논리적·합리적으로 명시하는 것"이다(송기인, 2013).

광고산업에서 크리에이티브는 제작 혹은 표현의 뜻으로 사용된다. 위키백과 사전에서는 "광고 크리에이티브(advertising creative)란 광고의 창작 과정을 의미하는 말로, 광고 기획 과정을 통해 나온 아이디어를 구체화하는 작업이다. 그리고 광고 크리에이티브는 커뮤니케이션 원칙에 의해 다듬어져야 한다"라고 정의하기도 했다. 따라서 크리에이티브 전략은 광고의 제작이나 표현에 대한 전략으로 좁혀진다. 이것은 앞서 포괄적으로 구성된 광고 목표, 광고 타깃, 광고 콘셉트, 광고 전략 및 전개도, 그리고 광고 예산이 결정되면, 이제 그 내용을 참고하여 제작 영역에서 구체적으로 커뮤니케이션 전략이 스며들게 드러내라는 의미와 같다. 다시 말하면, 큰 전략 아래에서 수용자에게 직접 전달되는 광고물을 어떻게 효율적으로 제작할 것인지에 대한 방안과 가이드라인을 제시하라는 것이다.

크리에이티브 전략은 광고 기획과 광고물이 어떤 목표로 나아가야 하는지를 안내하는 지도와 같은 것이다. 이것은 광고 기획과 광고물이 현재 어디에 있고, 어디로 가야 하는지를 안내하는 안내서 역할도 한다. 즉, 어떤 메시지가 광고에 심어져야 하고, 어떻게 광고 제작을 준비해야 하며, 원하는 목적지에 이르기 위해 어떤 노력과 도구를 사용해야 하는가를 구체적으로 명시하는 것이다.

크리에이티브 전략과 관계되는 의미 있는 내용을 정리해 보면 다음과 같다.

① 크리에이티브 전략은 광고 제작팀인 카피라이터, 아트 디렉터, 크리에이티브 디렉터, 피디(PD) 등에게 광고물 제작에 대해 해야 할 일을 안내하는 기능을 한다.

② 크리에이티브 전략은 커뮤니케이션 전략의 광고 목표를 어떻게 달성할 수 있는가에 대한 모든 내용을 설명하는 역할도 한다.

③ 크리에이티브 전략은 항상 크리에이티브 접근 방식을 보여 준다.

④ 크리에이티브 전략은 광고와 관련된 모든 사람에게 크리에이티브와 관련된 아이디어를 공유하는 기회를 제공한다.

⑤ 크리에이티브 전략은 광고 캠페인이 어떻게 진행되어야 하는가를 시각적으로 표현하면서 제시되어야 한다.

⑥ 크리에이티브 전략은 커뮤니케이션 메시지를 개발하기 위해 필요한 중요한 전략적

선택을 정의하는 것을 말한다.

⑦ 크리에이티브 전략은 종종 광고 전략과 같은 의미로 쓰이기도 하지만 엄밀히 구별되어야 한다. 크리에이티브 전략에 목적, 방법, 스타일, 방향성, 콘셉트, 톤앤매너를 넣으면 좋다.

⑧ 크리에이티브 전략은 하나의 광고 제작과 관련된 로드맵을 만드는 것이다.

⑨ 크리에이티브 전략은 광고 제작과 관련된 이야기(story)를 하는 것이다.

⑩ 크리에이티브 전략은 수용자의 행동에 영향을 미칠 크리에이티브 내용을 구상하는 것이다.

크리에이티브 전략을 구체적으로 짜기 위해서는 이보다 하위 개념인 크리에이티브 전술을 생각해 내야 한다. 크리에이티브 전술은 전략을 지지하고 보충해 주는 광고 제작과 관련된 구체적인 방법이라고 할 수 있다. 크리에이티브 전략은 이러한 크리에이티브 관련 전술적 다양한 방법을 개요서나 작전도처럼 생각으로 그려 낼 수 있어야 한다.

이러한 크리에이티브 전술을 포함한 크리에이티브 전략은 기획자에 따라 다양한 구성 요소와 구성 절차를 가지게 된다. 예를 들면, 어떤 기획자는 크리에이티브 전략에 포함되어야 하는 것과 실행되어야 하는 방법을 다음의 6가지로 설명하기도 한다. 첫째, 명확히 목표를 정의하라. 둘째, 크리에이티브 전략 내용을 기술하라. 셋째, 숫자로 중요한 실행 지표를 선택하라. 넷째, 크리에이티브 메시지와 미디어를 결정하라. 다섯째, 예산을 정하라. 여섯째, 크리에이티브 스케줄을 만들어라.

실무적으로 용인되는 커뮤니케이션 전략의 구성 요소는 크리에이티브 상황에 맞게 구체화하는 과정으로 다음의 4가지 구성 요소를 포함한다. 즉, ① 크리에이티브 목표, ② 크리에이티브 타깃, ③ 크리에이티브 콘셉트, ④ 크리에이티브 전략 및 전개도[2]를 구상하는 것이다. 이것은 새로운 내용이 아니라 커뮤니케이션 전략 구성 요소를 크리에이티브 구성

---

2) 커뮤니케이션 전략 구성 요소인 광고 전략의 다양한 전략이 크리에이티브 전략과 동일하게 쓰이는 경우도 있다. 이 경우는 광고 전략을 크리에이티브의 영역에 맞게 구체화하여 사용한다는 의미이다. 따라서 꼭 같은 의미와 내용으로 사용하면 안 된다. 전략의 사용과 수준이 다르기 때문이다[예: 고유 판매 제안 전략(Unique Selling Proposition stragegy: USP), 이미지 전략(Image stragegy) 등의 사용].

요소로 전환하여 전략을 수립하는 것이 일반적이라는 뜻이다. 그러나 이러한 크리에이티브 전략의 구성 요소로 크리에이티브 전략을 수립하기는 쉽지가 않다. 이유는 아직 광고를 다 이해하지 못하는 상황에서 커뮤니케이션 전략 구성 요소와 크리에이티브 구성 요소를 구별하고 구분하기가 쉽지 않기 때문이다. 만약 이러한 경우라면 별도로 크리에이티브 구성 요소를 구상하지 말고, 다음의 크리에이티브 요소들을 이용하여 크리에이티브 전략을 짜도 된다. 즉, 크리에이티브 전술에 해당하는 크리에이티브 소구 방법, 제작 기법을 이용하는 방식이다.

크리에이티브 전략을 구성하는 데 도움이 되는 크리에이티브 소구 방법과 크리에이티브 제작 기법은 다음과 같이 정리된다(송기인, 2013). 언어적 기호에 의한 광고 소구 방법은 이성 소구, 감성 소구, 안전 소구, 호기심 소구, 가치 소구, 위협 소구, 성적(섹스) 소구, 시민 정신 소구 등이다. 그리고 비언어적 기호에 의한 광고 제작 기법은 비유 기법, 증언 기법(Testimonial), 과장 기법, 의인화 기법, 비주얼 쇼크 기법, 패러디 기법, 유머 기법, 빅 모델 기법, 보통 사람 기법, 일상의 단면 기법(Slice of life), CM송 기법, 시즐(Sizzle) 기법 등이다.

7. 미디어 전략

미디어(media)는 원래 '중간 매개체'라는 어원을 가지고 있다. 이런 의미에서, 미디어는 커뮤니케이션 과정에서 광고주가 광고 메시지를 수용자에게 보낼 때 이용하게 되는 중간자 임무를 수행하게 된다. 문제는 이 중간자인 미디어가 아무 보상이나 비용 없이 이용되는 것이 아니라 전체 광고 예산의 약 95% 이상을 소비하면서 이용된다는 점이다. 즉, 가장 많은 광고비용이 쓰이는 것이 바로 이 미디어 이용 부분이다. 이러한 이유로 광고 기획자는 최상의 비용 대비 효과를 산출해 내기 위해 애쓰게 되고, 그러한 내용이 바로 미디어 전략으로 완성된다. 결코 소홀히 다루어지거나 무시되어서는 안 되는 부분이 바로 이 미디어 전략이다.

광고란 사람의 마음을 움직이는 것이다. 이러한 광고를 미디어 운용 관점에서 가장 효율적인 미디어 집행에 대해 전략적으로 사고하고 설명하는 것이 미디어 전략이다. 기본적으로 미디어 전략은 적은 비용으로 효과적인 결과를 내기 위해 다수의 광고 수용자에게 광고 메시지를 효과적으로 전달하는 방안을 강구하는 것이다. 그러므로 미디어는 광고주와 수용자 사이에 위치하는 하나의 시스템일 뿐이다. 광고 기획자가 미디어를 개발하고 창조하는 것이 아니라, 효율적인 미디어를 선택하는 것이 미디어 전략의 가장 큰 의미가 된다.

미디어 전략을 구상하는 것에도 다양한 방식이 존재한다. 우선 미디어 전략을 세우기 위해서는 3W를 결정하는 방식이 있다(송기인, 2013). 즉 '어디에(Where) 광고할 것인가?', '언제(When) 광고할 것인가?', '어떤 매체(What media)를 사용할 것인가?'를 결정하는 방식이다. 또한 앞서 수립한 포괄적인 커뮤니케이션 전략과 크리에이티브 전략을 고려하면서 다양한 질문에 답하면서 기획자가 창조적으로 미디어 전략을 구상할 수도 있다. 그 기준을 살펴보면, 다음과 같은 질문과 관계된다(송기인, 2013).

① 타깃 수용자 다수에게 정보를 전달하기를 원하는가?
② 타깃 수용자가 광고를 기억하기를 원하는가?
③ 타깃 수용자에게 중요 메시지를 전달해야 하는가?
④ 타깃 수용자의 마음을 변화시키고자 하는가?
⑤ 타깃 수용자로부터 직접적인 반응을 얻고자 원하는가?
⑥ 타깃 수용자로부터 긍정적 이미지를 얻고자 하는가?

그런데도 가장 표준적인 것으로 사용되는 미디어 전략은, ① 미디어 목표, ② 미디어 전략 설정, ③ 미디어 믹스 혹은 미디어 결정, ④ 미디어 집행 스케줄 등으로 구성하는 것이다. 우선, 미디어 목표는 도달률(Reach), 빈도(Frequency) 그리고 GRPs 등으로 미디어 이용의 효율적인 목표를 세우는 것을 말한다. 여기서 도달률(Reach)은 주어진 기간에 광고 메시지에 노출된 타깃 수용자의 비율(%)을 의미하고, 빈도(Frequency)는 주어진 기간에 타깃 수용자에 노출된 광고 메시지 시청 평균 빈도 횟수이며, 총 노출량(Gross Rating Points: GRPs)는 총 시청률의 뜻으로, 광고 메시지의 영향력을 보여 주는 측정법이다. 특히 GRPs는 타깃 수용자가 얼마나 많은 광고를 봤는가를 표시하는 것으로, 도달률(R)과 빈도(F)를 곱하는 것으로 제시한다. 예를 들어, R이 30%이고, F가 4라면, GRPs는 120이 되고

120GRPs로 표시된다. 그리고 이것은 100%를 기준으로 120%의 노출이 이루어졌음을 의미하는 것이다. 둘째, 미디어 전략 설정은 미디어 선택에 대한 가이드라인을 세우는 것과 광고 목표를 달성하기 위해 가장 효과적으로 이용할 미디어에 대한 방안 혹은 대안 미디어에 대한 방안을 수립하는 것이다. 셋째, 미디어 믹스 혹은 미디어 결정은 집행할 미디어의 비교와 선택을 의미한다. 보통 선택되는 미디어는 방송 미디어, 인쇄 미디어, 옥외 광고 미디어, 보조 미디어 그리고 디지털 미디어 등으로 표현되며, 이런 미디어의 결합 내용이 포함된다. 마지막으로, 미디어 집행 스케줄은 커뮤니케이션 전략, 크리에이티브 전략, 특히 광고 예산, 매체 목표 등을 고려하여 종합적으로 결정한 세부적인 미디어 집행 스케줄을 미디어와 시간의 행렬표로 작성하여 최종적으로 제시하는 것을 말한다.

미디어 전략에서 무엇보다도 중요한 내용은 정형화된 구성 요소와 절차를 그대로 따르는 것이 아니라, 기획자의 논리적이며 객관적인 사고를 통해 창의적인 미디어 전략을 독창적으로 구성하는 것이라고 할 수 있다. 이를 위해서는 당연히 커뮤니케이션 미디어에 대한 해박한 지식이 있어야 함은 물론이다.

8. 디지털 광고 전략

현대 사회는 제4차 산업혁명의 시대에 직면해 있다. 제4차 산업혁명은 인공지능, 사물인터넷, 빅데이터, 모바일, VR, AR 등 첨단 정보통신기술이 사회 전반에 작용하여 혁신적인 변화가 나타내는 상황을 일컫는다. 이러한 정보통신기술에 의한 급격한 사회 변화는 커뮤니케이션 상황, 미디어 상황 그리고 광고 상황에도 큰 영향을 미치고 있다.

커뮤니케이션의 변화로는 일방적 커뮤니케이션 상황이 상호작용적 커뮤니케이션으로 일반화되고, 매스가 아닌 개인 커뮤니케이션이 주류를 이루고 있음을 보여 준다. 미디어의 변화는 모바일과 스마트폰을 주로 사용하는 인간을 지칭하는 포노 사피엔스(Phono Sapiens)[3] 시대라는 신조어를 탄생시킬 정도로 모바일이 중심이 됐음을 보여 준다. 그리고

---

3) 스마트폰 없이 생활하는 것을 힘들어하는 세대, 스마트폰을 신체의 일부처럼 사용하는 인류를 이르는 말.

광고에서의 변화는 기존 4대 미디어(신문, 잡지, TV, 라디오)를 통한 광고가 저물고, 컴퓨터, 모바일, 빅데이터, 인공지능(AI)을 이용한 디지털 광고가 광고의 중요한 부분이 됐음을 보여 준다. 특히 디지털 광고는 다양한 영역과 방식으로 확대되고 있고, 더 정밀하고 세밀한 개인 타기팅(targeting) 광고가 개발되고 있는 점이 특징이다. 그리고 이러한 디지털 광고 영역은, ① 웹사이트 홈페이지 광고, ② 검색 엔진 광고, ③ 온라인 광고, ④ 블로그 광고, ⑤ 모바일 광고, ⑥ 동영상 플랫폼 광고, ⑦ 소셜 미디어(social media) 광고 등으로 활성화되어 있는 상태다.

이러한 7가지 디지털 광고 영역을 좀 더 구체적으로 살펴보면 각각 다음과 같이 설명된다. 웹사이트 홈페이지 디지털 광고는 디지털 상황에 맞는 웹페이지 구축과 새로운 형태의 광고를 집행하고 있다. 검색 엔진 광고는 알고리즘(algorithm)을 이용해 키워드 검색에 따른 맞춤형 광고와 네트워크 광고가 구글과 네이버에서 운영되고 있다. 온라인 광고는 검색 광고를 포함하여, 네트워크 디스플레이 광고가 타기팅 형태로 운영되고 있다. 블로그 광고는 소프트한 형태로 삶의 형태를 소통하는 형태로 디지털을 활용하여 운영되고 있다. 모바일 광고는 사용자 DB를 활용한 타기팅 광고를 포함하여 네이티브 광고와 인터넷과 차별화된 다양한 형태의 디지털 광고가 운영되고 있다. 동영상 광고는 유튜브와 아프리카 TV와 같은 다양한 동영상 플랫폼을 이용한 디지털 광고가 운영되고 있다. 마지막, 소셜 미디어 광고는 트위터, 인스타그램, 카카오 스토리, 네이버 밴드, 페이스북, 링크드인, 핀터레스트와 같은 SNS(Social Network Service)를 통한 다양한 형태의 광고가 운영되고 있다.

디지털 산업의 도래, 그에 따른 미디어의 급격한 변화는 광고의 변화를 필연적으로 요구한다. 이에 광고 기획도 함께 변화의 시점에 와 있다. 필립 코틀러와 그의 동료들(Kotler et al., 2016)은 이와 같은 광고 시장의 변화를 디지털, 빅데이터 시대로의 전환으로 보고, 이러한 변화에 당황하지 말고 앞으로의 디지털 시대에 준비해야 한다고 역설하기도 했다. 2018년 SXSW(South by Southwest)[4]에서 루퍼트 매코닉(Rupert Maconick)은 "앞으로 그 누구도 기존 미디어 광고를 보지 않을 것이며, 모든 사람이 광고를 피하게 될 것이다"라고 주

---

4) 미국 텍사스 오스틴에서 매년 봄에 개최되는 영화, 음악, 인터랙티브 콘퍼런스를 총칭한 페스티벌.

장하기도 했다. 그는 기존 미디어의 광고가 영향력을 잃고 디지털 미디어의 위력이 더 커짐을 상징적으로 언급한 것이었다.

이러한 상황에서, 칸(Cannes)과 같은 많은 국제광고제에서는 인공지능과 크리에이티브, 광고의 방향성에 대한 세미나와 논의가 활발해지고 있다. 그러나 아쉽게도 광고 기획의 영역에서는 인공지능, 디지털 광고 기획에 대한 논의는 거의 없다고 해도 과언이 아니다. 그만큼 광고 기획 영역에서는 디지털의 기술이 적용될 준비가 되어 있지 않다는 방증이며, 또한 그 방향성을 알지 못하는 상태라고 할 수 있다. 그런데도 디지털 및 인공지능 광고 기획은 개인화에 초점을 맞추는 광고 기획이 가능함을 다양한 장면에서 보여 주고 있는 것도 사실이다. 즉, 집단 타깃이 아니라 개인별 문제와 문제 해결, 그리고 개인의 욕구, 흥미와 관심에 초점을 맞추는 광고 메시지가 개발되고, 이에 따라 광고 기획도 가능하다는 시그널이 많이 감지되고 있다.

2017년 일본에서는 인공지능(AI)과 인간의 광고 기획 및 광고 제작 대결이 있었다. 즉, 일본의 클로렛츠(Clorets)사가 자사 클로렛츠 껌 브랜드를 대상으로 인공지능과 광고인이 동시에 광고를 기획하고 제작하게 한 후, 어떤 광고가 더 잘 만들었는지를 일반인을 대상으로 투표하게 했다(김수경, 2018). 여기서 인공지능은 빅데이터를 이용하여 이 브랜드와 관계되는 단어는 무엇이며, 소비자가 선호하는 캐릭터는 무엇인지를 간파하여 기획하고 광고를 만들었다. 그 결과, 강아지를 등장시켜 브랜드와 연결했다. 반면에 광고인은 경험에 기초한 통찰력을 활용하여 광고를 만들었다. 즉, 클로렛츠의 상쾌함을 콘셉트로 활용하여 광고를 만든 것이다. 대결의 결과, 일본 일반인들은 46 대 56의 비율로 사람이 만든 광고가 더 우세하다고 평가했고, 우리나라 일반인들은 96명 대 71명으로 인공지능이 만든 광고가 더 낫다고 평가했다.

또한 15년간의 칸 광고제 상을 받은 모든 광고 작품을 분석하여 인공지능(AI)이 만든 대본대로 광고를 만들어 광고한 사례도 있다. 이것은 2018년에 일본 자동차회사 '도요타'가 인공지능 왓슨이 기획 및 제작한 광고를 공개한 내용이다. 이로 인해 이 광고는 인공지능이 대본을 작성한 최초의 상업 광고라는 타이틀을 얻기도 했다. 이 외에도 인공지능이 광고 제작과 카피 그리고 기획에 적용되고 있다는 예도 많다. 이러한 예들로 볼 때 인공지능과 디지털이 광고 기획 및 광고 제작을 일반적으로 하게 되고, 그런 광고를 보게 될 날도

멀지 않았음을 짐작하게 한다.

한편, 우리나라 광고업계도 인공지능과 빅데이터 그리고 디지털을 활용한 광고 기획과 제작에 심혈을 기울이고 있다. 이제 인공지능(AI)이 기획하고 제작하는 광고가 등장하고 광고매체 내 지면 효율화와 광고 효과의 최적화까지 인공지능과 디지털 광고를 통해 실현될 날이 가까워진 것이다. 예를 들어, 메조미디어는 자체 보유하고 있는 3,500만 개 이상의 데이터를 포함한 DMP(데이터 매니지먼트 플랫폼)인 '데이터맥스(Data Max)'와 글로벌 애드테크(AD-Tech) 플랫폼 '미디어 매스(Media Math)'의 머신러닝 기술을 활용하고 있다고 알려졌다. 이러한 기술은 광고 노출, 사이즈, 유형, 소비자 반응을 인공지능이 분석하여 최적의 광고를 제안하는 형식으로, 가히 혁명적이다(김수경, 2018).

이러한 인공지능과 디지털의 기술이 광고 영역에 적용되는 시대에 광고 기획도 그 궤를 같이해야 한다. 그러나 아직은 광고 기획에 디지털 광고 전략에 대한 뚜렷한 방향성과 정형화된 가이드라인이 없는 것이 현실이다. 현실적으로 광고 기획자가 광고 기획에 디지털 광고 전략을 포함하기가 어렵다는 뜻이다. 비록 이러한 상황이지만 광고 기획에서 디지털 광고 전략을 외면할 수는 없다. 시대의 흐름에 맞게 광고 기획도 모든 수단과 방법을 동원하여 디지털 광고 전략을 구상하는 노력을 다해야 한다. 그렇다면 디지털 광고 전략 수립은 어디서부터 출발해야 하는가?

이에 디지털 광고 전략에 대한 방향성과 가이드라인을 포괄적으로 제시해 보면 다음과 같다. 첫째, 디지털 미디어에서 성취하고자 하는 명확한 목표를 설정하라. 둘째, 디지털 미디어 이용자 타깃에 대해 확실하게 정의하라. 셋째, 디지털 광고 플랫폼에서 이용자의 주목(attention)을 끌 수 있는 기술적 및 창의적 방안을 강구하라. 넷째, 디지털 미디어에서 광고 메시지가 최적화되는 방안을 수립하라. 다섯째, 인공지능과 빅데이터를 활용하여 광고에 대한 획기적인 방식을 개발하는 기업의 소프트웨어 활용법에 관심을 가져라. 여섯째, 디지털 플랫폼에서 디지털을 활용하여 다양한 광고 메시지로 무엇을 제안할 수 있는가를 고민하라. 일곱째, 빅데이터와 디지털을 활용하는 타기팅(targeting) 광고를 중심으로 앞서 언급한 일곱 개 디지털 광고 영역인, ① 웹사이트 홈페이지 광고, ② 검색 엔진 광고, ③ 온라인 광고, ④ 블로그 광고, ⑤ 모바일 광고, ⑥ 동영상 플랫폼 광고, ⑦ 소셜 미디어 광고 등의 활용법을 구상하라.

기획(企劃)이란 어떤 것도 준비되지 않은 상태에서 새롭게 방안을 개발하고 창조해서 그 내용을 구체적으로 그려 보는 것과 같다. 한마디로, 기획은 아무것도 정해지지 않은 맨땅의 영역에 생각으로 다이빙하는 것이다(송기인, 2013). 이러한 의미이기에 다양한 영역에서 기획한다는 것은 쉬운 일이 아니다. 당연히 광고 기획도 마찬가지다. 그러나 이러한 어려운 사고의 과정을 정형화시키고, 단계별 과정을 도입하고, 명쾌하게 해야 할 일을 정의해 낸다면 일반 기획이든 광고 기획이든 그리 어려운 일이 아니다.

정리하면, 광고 기획은 커뮤니케이션 영역에서 새롭게 해야 할 광고의 효율적인 방안을 창조하는 과정이다. 광고에 대한 생각의 그림을 그리면서, 광고를 어떻게 할 것인가에 대한 전략을 생각하고, 그 실천 내용을 묘사하는 것과 같다. 지금까지 논의한 광고 기획의 과정과 절차를 익히고 여러 번 실행한다면, 누구나 멋진 광고 기획과 전략을 구상해 낼 수 있게 된다.

훌륭한 기획과 전략의 중심은 사고 과정에 초점을 맞추는 것이라고 할 수 있다. 이런 점에서, 광고 기획의 대상이 어디로 가야 하는지, 언제 가야 하는지, 어떻게 가야 하는지, 왜 가야 하는지, 그리고 무엇을 가지고 가야 하는지를 커뮤니케이션 관점에서 잘 사고하는 것이 광고 기획이다. "생각하며 살지 않으면 사는 대로 생각하게 된다"라는 말이 있다. 이 말은 기획과 전략의 중요성을 일깨워 준다. 우리는 늘 올바른 기획을 하고 살아야 할 운명 속에 있기 때문이다.

참고문헌

김수경(2018. 12. 7.). AI로 진화하는 광고업계… 제작부터 효율화까지 "못하는 게 없네". 뉴데일리.
곽노필(2018. 11. 20.). AI가 대본 쓴 광고 첫선. 한겨레신문.
송기인(2013). 커뮤니케이션 광고 기획 방법. 서울: 커뮤니케이션북스.

Bovee, C. L. & Arens, W. F. (1992). *Contemporary advertising*. Homewood: Richard P. Irwin Inc.
Colley, R. H. (1961). *Defining advertising goals for measured advertising results*. New York: Association of National Advertisers, 37-38.
Contreras, F. L. & Ramos, M. L. Z. (2015). What is marketing? A study on marketing managers'

Perception of the definition of marketing. *Forum empresarial*, *21*(1), 49-69.

Devon, F. E. (2007). *P. O. P. A. I. KMART, Proter and gamble: Study of P. O. P effectiveness in mass merchandising stores*. Englewood: N. Jpub.

Dyer, G. (1982). *Advertising as communication*. New York: Routledge.

Gronroos, C. (2006). On defining marketing: Finding a new roadmap for marketing. *Marketing theory*, 6(4), 397-417.

Hudzik, J. K. & Cordner, G. W. (1983). *Planning in criminal justice organizations and systems*. New York, NY: Macmillan.

Kotler, P., Hermawan, K., Setiawan, I. (2016). *Marketing 4.0: Moving from traditional to digital*. New York: John Wiley & Sons.

제9장

광고 전략 모델과 애드 브리프 작성*

»

광고 전략은 광고 목표를 달성하기 위해 고안된 방법을 의미한다. 초보 광고
인이 겪을 수 있는 흔한 실수는 단순히 멋있어 보이는 언어유희에 빠지거나, 주
관적인 통찰을 과신하여 근거 없는 전략을 세우는 것이다. 광고 전략 모델의 미
덕은 최적의 대안을 찾아내는 틀을 제공함으로써 광고 기획자가 막연한 주관적
통찰에 의존하지 않고 체계적인 분석 과정을 통해 전략을 수립할 수 있게 한다
는 점이다. 광고 기획의 오랜 전통이 있는 대형 광고회사들은 각기 자기 회사에
적합한 독특한 형식의 광고 전략 모델을 제시하고, 이에 따라 광고 전략을 수립
해 왔다.

어떤 제품의 광고 전략을 위해서 어떤 모델이 기본 원칙이 된다는 것은 없
다. 광고 기획자는 자신이 맡은 제품이나 브랜드의 상황에 가장 적합한 광고 전
략 모델을 선택해 적용하면 된다. 애드 브리프는 요약된 광고 기획서라고 할 수
있는데, 광고 기획의 전 과정을 애드 브리프에 압축해 표현한다. 이 장에서는
사치앤사치(Saachi & Saachi)의 브리프(The Brief) 전략 모델을 비롯해 다양한
광고 전략 모델을 소개하고, 광고 전략을 요약하여 제시하는 애드 브리프를 작
성하는 방법에 대해 알아본다.

* 소현진(성신여자대학교 미디어커뮤니케이션학과 교수)

1. 사치앤사치의 브리프 전략 모델

브리프(brief)란 광고회사의 기획자(A.E.)가 광고주에게 광고 전략을 간단히 보고하기 위해 작성하는 한두 장 길이의 짧은 서류를 의미한다. 브리프 모델은 브리프 작성 시 포함되는 요소들을 체계적으로 조합하는 과정을 통하여 광고 전략을 도출하고자 한다. 브리프 전략 모델은 브리프의 필수 구성 요소를 채워 나가는 과정을 통해 광고 전략을 수립하고자 하며, 결과적으로 각 요소를 적합하게 잘 채우면 체계적인 광고 전략이 도출되는 것을 목표로 하고 있다. 브리프 모델의 특징은 그 제목이 말해 주듯이 광고 전략 모델 중 간결하고 압축된 형식이라는 점이다. 간단명료한 특징으로 인해 브리프 모델은 관련 부서 간 소통을 원활히 하고 일관된 커뮤니케이션을 할 수 있도록 하는 업무 매뉴얼의 성격을 띠기도 한다. 브리프 모델에서 제시하는 브리프는 광고 전략 기획의 기본 배경을 기술하는 배경 브리프, 크리에이티브 전략을 도출하는 크리에이티브 브리프, 매체 전략 수립을 위한 미디어 브리프로 구성되는데, 이 중 광고 기획 과정에서 가장 핵심이 되는 브리프는 크리에이티브 브리프라고 할 수 있다. 크리에이티브 브리프의 구성 요소와 세부 내용을 자세히 살펴보면 다음과 같다.

1) 광고주와 상표명, 캠페인명과 미디어

브리프의 상단에는 광고를 대행할 광고주의 회사명과 상표명을 적는다. 캠페인명은 외부로 발표하는 것은 아니나 내부 관련자끼리의 원활한 의사소통을 위해서 캠페인 내용을 표현할 수 있는 캠페인명을 정해 기입한다. 미디어에는 어떤 매체를 활용한 광고인지를 표시한다. 크리에이티브 브리프는 기획자가 제작팀에게 크리에이티브의 방향을 설명할 때 주로 사용되므로, 어떤 매체를 사용하는 광고인지를 명확하게 전달하는 것이 필요하다. 같은 브랜드의 동일한 캠페인이라도 인터넷 매체인지, 방송 매체인지에 따라 크리에이티브의 전개 방향이 달라지기 때문이다.

2) 목표 청중

목표 청중에 써야 할 가장 기본적인 내용은 목표 청중의 인구통계학적 자료, 즉 나이, 성별, 소득 수준 등이다. 이와 더불어 목표 청중의 생활 방식과 심리적 특성, 브랜드 관련 행동 양식에 대한 정보가 기술되어야 한다. 목표 청중은 현재 자사 브랜드의 소비자를 의미하는 것이 아니라, 해당 캠페인이 영향력을 끼치고자 목표하는 소비자층을 의미하므로 자사 브랜드 충성 고객, 자사 브랜드 이용객, 혹은 구매 결정 과정에 영향을 미치는 사람 등 광고 목표에 따라 다양하게 설정할 수 있다.

3) 광고 목표

광고 목표를 기술하기 위해서는 광고 커뮤니케이션으로 할 수 있는 것과 해야 할 것을 분명하게 하는 것이 필요하다. 초보 광고인이 하기 쉬운 실수는 매출 20% 증가 등과 같은 매출 관련 목표를 광고 목표로 설정하는 것이다. 광고로 매출 증가를 보장하는 것은 매우 위험하다. 왜냐하면 매출의 증가에는 광고 이외에도 제품의 품질, 가격, 유통 등 많은 요인이 복합적으로 작용하기 때문이다. 따라서 소비자의 브랜드 인식과 태도 변화, 브랜드 사용 빈도 제고 및 사용 방법의 변화 등 소비자의 브랜드 관련 인식과 행동 변화 중에서 광고가 지금 해결해야 할 중요한 문제를 광고 목표로 기술한다.

4) 단일 집약적 제안점

단일 집약적 제안점이란 목표 청중이 광고를 보고 난 뒤 기억하기를 기대하는 메시지이며, 이 메시지는 단 하나의 문장, 혹은 단 하나의 어구로 간결하게 집약될 수 있어야 한다. 소비자에게 전달하고자 하는 브랜드의 특징을 극적이고 강렬한 하나의 문장으로 집약하여 소비자가 거부할 수 없는 제안을 하는 것이다. 사치앤사치는 단일 집약적(single minded)인 메시지만이 거대한 광고의 홍수 속에서 살아남을 수 있으며, 경쟁적 우위를 가져올 수 있다고 믿었다. 〈표 9-1〉에는 단일 집약적 제안점을 발견할 수 있는 원천이 제시되어 있다. 제품 특성에서 단일 집약적 제안점을 도출한 사례로서 LG생활건강이 자사의 시트형 세탁 세제를 광고하기 위하여 사용한 "단 한 장으로 강력하게"라는 문구를 들 수 있다. 이는 기존의 제품들이 주로 가루형 혹은 액체형인 것에 비하여 해당 제품은 시트형이라는 제품 특성에서 '단 한 장'이라는 단일 집약적 제안점을 도출해 낸 것이다.

●표 9-1● 단일 집약적 제안점을 발견하는 원천(신강균, 2002)

• 제품 특성	• 가격
• 소비자의 사용 습관	• 이미지
• 목표 청중의 특성	• 제품 역사
• 제품의 제조 과정	• 경쟁사와의 비교
• 사용법에서의 놀라운 점	• 비구매층의 이유

5) 뒷받침

단일 집약적 제안이 긍정적인 소비자 반응을 이끌어 낼 수 있음을 증명하는 부가 설명으로서 단일 집약적 제안에 대한 객관적 근거를 제시한다. 제안이 허황하거나 단순한 언어 유희가 아니라 브랜드가 실제로 제공할 수 있는 소비자 혜택에서 나왔음을 증명할 수 있는 사실을 기술한다. 예를 들어, "단 한 장으로 강력하게"라는 단일 집약적 제안점이 긍정적 소비자 반응을 일으킬 것이라는 기대에 대한 뒷받침으로 시트형이라는 제품 특성, 가루형과 액체형 세제 사용 시 정량 계량의 어려움, 간편함을 추구하는 소비자 성향 등을 제시할 수 있다.

6) 브랜드 이미지

광고 제작물의 전반적 표현 방식에 대한 지침으로 브랜드가 획득하기를 원하는 이미지를 기술한다. 일반적으로 브랜드는 소비자에게 지속적으로 일관된 이미지를 전달하는 것을 바람직하게 생각하므로, 광고 제작 단계에서는 개별 광고물의 메시지뿐 아니라 일관된 브랜드 이미지의 유지에도 신경을 쓰는 것이 필요하다.

•표 9-2• 크리에이티브 브리프 양식

CREATIVE BRIEF	
광고주(Client)	상표명(Brand)
캠페인명(Job Title)	매체(Media)
캠페인 필수 요소(Campaign Requirement) – 단일 광고, 연속 광고, 캠페인 등	
목표 청중(The Target Audience) – 인구통계학적 특성, 라이프스타일, 제품 사용 패턴, 제품 태도 등	
광고 목표(What is the Advertising Intended to Achieve?)	
단일 집약적 제안점(The Single Minded Proposition)	
뒷받침(Substantiation for the Proposition)	
필수 포함 요소(Mandatory Inclusions) – 판매처, 로고, 전화번호 등	
브랜드 이미지(Brand Image) – 상냥한, 세련된, 현대적인 등	

2. 디디비 니드햄의 알오아이 전략 모델

알오아이 전략 모델은 광고회사 디디비 니드햄(DDB Needham)에서 광고 기획서를 작성하기 위한 안내 지침으로 제작한 모델이다. R. O. I. 전략 모델의 필수 구성 요소는 광고 목표, 목표 청중, 브랜드 약속과 그 뒷받침, 브랜드 개성(혹은 이미지), 매체 전략을 포함한다. R. O. I. 전략 모델은 전략 개발에 필요한 구성 요소를 제안하는 것을 넘어서서 광고 전략의 개발 시 고려해야 할 시장 상황 및 소비자 요소에 대한 설명을 풍부히 포함하여, 광고 기획자가 전략적 결정을 내릴 수 있는 지침을 제공한다.

●표 9-3● R. O. I. 전략 모델의 필수 구성 요소

1. 광고 목표: 목표 청중이 광고를 보고 난 뒤 하게 될 행동
2. 목표 청중: 목표 청중을 대표하는 개인의 구체적인 생활 방식
3. 약속과 뒷받침: 브랜드가 제공하는 소비자 혜택과 그 근거
4. 브랜드 개성: 브랜드가 추구하는 개성 혹은 이미지
5. 매체 전략: 목표 청중의 수용성이 가장 높은 시간 및 장소에 적합한 매체 제안

1) 광고 목표

알오아이 전략 모델도 브리프 전략 모델과 마찬가지로 광고 목표를 설정하는 것을 광고 전략 수립의 시작으로 간주하고 있다. 알오아이 전략 모델은 시장에서 브랜드가 처한 경쟁 위치와 소비자의 구매 의사 결정 과정에서의 장애 요인에 근거하여 광고 목표를 설정할 것을 권하고 있다.

(1) 브랜드의 경쟁 위치

브랜드의 경쟁 위치를 찾기 위해서는 먼저 브랜드의 경쟁 범위, 즉 시장의 경계를 명료하게 하여 경쟁자를 파악하는 것이 첫 단계이다. 예를 들면, 코카콜라의 경우 시장의 경계는 좁게는 탄산음료의 시장으로 정의할 수 있으며, 더 넓게는 음료 시장으로 정의할 수 있다. 시장의 경계에 따라 브랜드의 경쟁자가 달라지는데, 탄산음료로 시장을 정의할 경우 코카콜라 브랜드의 경쟁 범위는 펩시콜라, 칠성사이다 등 탄산음료 브랜드가 되며, 음료 시장으로 정의할 경우 코카콜라의 경쟁 범위는 콜라와 사이다를 넘어서 이온음료, 물, 차 등으로 넓어진다. 브랜드 경쟁자를 정의한 후 다음 단계는 시장 내에서 브랜드의 경쟁 위치 파악이다. R. O. I. 전략 모델에서는 브랜드 경쟁 위치를 다섯 유형으로 분류하고, 각 유형에 적합한 기본 전략 방향을 제시하고 있다.

① 명백한 우위(Obvious Superiority)

경쟁 브랜드와의 기술적·물리적 차이에 따라 자사 브랜드가 명백한 우위에 위치할 때이다. 이런 경우, 브랜드는 단순히 자사의 물리적 강점만을 강조하기보다는 물리적 강점

이 소비자에게 제공할 수 있는 약속과 뒷받침을 효과적으로 전달하여 설득 효과를 최대한 높이는 데 초점을 맞추어야 한다. 제품의 우수성은 이미 명백하나 그로 인해 얻는 이점이 무엇인지 아직 설득되지 못한 소비자가 있을 수 있기 때문이다. 또한 명백한 우위에 있는 브랜드는 시장의 선도자로서 잠재 소비자층의 확산을 시도해야 한다. 이것은 현재 소비자 외에 미사용자층을 끌어들이는 전략을 고려한다는 것으로, 시장의 확대는 추종 브랜드보다 선도 브랜드에 훨씬 큰 이익을 주기 때문이다.

② 한계적 우위(Marginal Superiority)

경쟁 브랜드와의 기술적·물리적 차이가 미미하지만, 자사 브랜드가 소비자 인식상에서 상대적으로 우위에 위치하는 경우이다. 물리적 차이가 눈에 띄게 보이는 명백한 우위 시장과는 달리, 한계적 우위 상황에서는 소비자가 브랜드 간의 물리적 차이를 거의 느끼지 못한다. 제품 생산 및 기획 과정에서 획기적인 제품 차별화를 만들어 내지 못하므로, 광고 캠페인의 전략 방향은 비록 크지 않은 물리적 차이지만 그 차이가 제공할 수 있는 핵심 혜택 요소를 발굴하고 표현하는 것이다. 이때의 핵심 혜택 요소는 주로 심리적 혜택과 연관되어 있다. 예를 들면, 화면의 선명도가 거의 평준화되어 있는 TV 시장에서 자사 브랜드가 조금 더 선명한 화면을 제공한다면, 이 장점을 "우리 제품은 당신에게 진짜 자연을 보여 준다"라는 심리적 혜택으로 극대화하여 이를 중요한 제품상의 차이로 확대하는 것이다.

③ 인식상의 열위(Perceived Inferiority)

경쟁 브랜드와 비교하면 실질적 차이가 없으나, 잘못된 평판으로 인해 소비자 인식상에서 열위에 있는 경우이다. 인식상의 불리함이 제품에 대한 오해로 인한 것이므로, 광고를 통한 브랜드 정보 전달과 더불어 소비자 입소문을 교정하는 전략이 필요하다. 소비자 입소문에 영향을 끼치는 의견 선도자(opinion leader)를 찾아내고, 이들의 인식을 개선하는 것을 우선 전략으로 고려할 필요가 있다.

④ 실질적 열위(Real Inferiority)

경쟁 브랜드와 비교하면 자사 브랜드가 실질적으로 명백한 약점이 있는 경우이다. 제품 개선이 먼저 이루어지는 것이 필요하나, 제품 개선이 어려운 경우 자사 브랜드의 강점을 강조하기보다는 경쟁 브랜드의 약점을 찾아내어 부각하고, 이를 자사 브랜드가 어떻게 극복하고 있는지를 보여 주는 전략이 필요하다.

⑤ 대등한 위치(Parity)

경쟁 브랜드와 자사 브랜드가 소비자의 선호에 있어 차이가 없으며, 브랜드 간의 차이가 있긴 하나 그 차이가 구매 결정을 끌어낼 만큼 강력하지 못한 미미한 차이인 경우이다. 대등한 시장 위치에 있을 때 브랜드가 고려해 볼 전략은 선점 전략(preemptive strategy)이다. 선점 전략이란 브랜드가 속한 제품군이 공통으로 가지고 있으나 아직 아무도 적극적으로 알리지 않은 혜택을 선점하여 자사 브랜드의 독특한 혜택인 것처럼 광고하는 전략이다. 선점 전략을 활용한 사례로 치킨 프랜차이즈 '60계 치킨'을 들 수 있다. '60계 치킨'은 18리터 기름 1통당 60번만 치킨을 튀긴다는 점을 강조하여 신선하고 건강에 좋은 치킨이라는 브랜드 평판을 구축했다. 하지만 이미 대부분의 프랜차이즈 치킨 브랜드에서는 기름 1통당 치킨을 60마리 이상 튀길 수 없도록 내부 규정화하고 자체 점검을 하고 있었는데, 60계 치킨이 먼저 해당 사실을 집중적으로 광고하면서 깨끗한 기름을 사용한다는 이미지를 획득하는 데 성공했다. 브랜드 간 차이가 거의 없는 프랜차이즈 치킨 시장에서 선점 전략을 활용한 사례로 볼 수 있다.

(2) 소비자 의사 결정 과정의 장애 요인

알오아이 전략 모델에서는 광고 목표의 설정을 위하여 소비자 의사 결정 과정 중 자사 브랜드를 선택하는 데 장애가 되는 요인을 먼저 파악할 것을 권하고 있다. R. O. I. 전략 모델은 소비자 의사 결정 과정을 인지-수용-선호-탐색-선택-사용-만족의 7단계로 구분하고, 소비자가 각 과정을 거치면서 겪을 수 있는 장애 요인을 파악하여 그것을 제거하기 위해 광고가 할 수 있는 일이 광고 목표가 되어야 한다고 제안한다. 예를 들어, 의사 결정 과정 중 첫 단계인 인지가 제대로 일어나지 않아 브랜드의 존재를 모르고 있는 것이 문제로 발견된다면 광고의 우선적 목표는 브랜드 인지도를 높이는 일이어야 하며, 광고를 보고 사고 싶은 마음이 들어 사려고 보니 브랜드를 찾을 수 없는 탐색의 단계에서 문제가 발견된다면 판매처 정보 제공이 광고 목표로 고려되어야 한다.

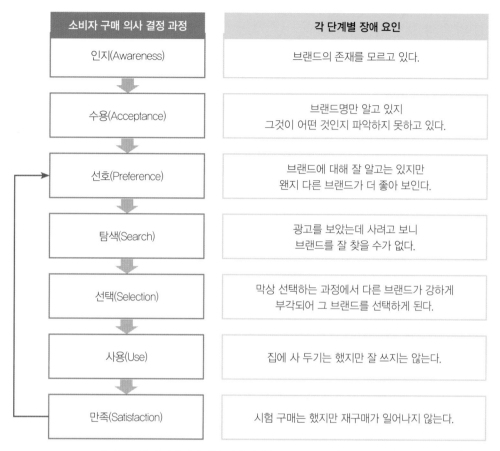

소비자 구매 의사 결정 과정	각 단계별 장애 요인
인지(Awareness)	브랜드의 존재를 모르고 있다.
수용(Acceptance)	브랜드명만 알고 있지 그것이 어떤 것인지 파악하지 못하고 있다.
선호(Preference)	브랜드에 대해 잘 알고는 있지만 왠지 다른 브랜드가 더 좋아 보인다.
탐색(Search)	광고를 보았는데 사려고 보니 브랜드를 잘 찾을 수가 없다.
선택(Selection)	막상 선택하는 과정에서 다른 브랜드가 강하게 부각되어 그 브랜드를 선택하게 된다.
사용(Use)	집에 사 두기는 했지만 잘 쓰지는 않는다.
만족(Satisfaction)	시험 구매는 했지만 재구매가 일어나지 않는다.

[그림 9-1] 소비자 구매 의사 결정 과정과 각 단계별 장애(김진환, 1992)

2) 목표 청중

광고 목표를 설정한 후에는 목표 청중 집단을 구체적으로 기술한다. 목표 청중 집단을 기술할 때는 목표 청중 집단의 나이, 성별, 소득 수준, 거주지 등 인구통계학적 요인과 더불어 가치관과 취향, 개성 등 사회심리학적 요인, 그리고 제품 사용량 등의 브랜드 관련 행동 요인을 다양하게 활용한다. 목표 청중 집단을 대표하는 전형적인 개인을 설정하고, 마치 한 사람을 소개하듯 그 개인의 생활 양식, 브랜드 관련 태도 및 행동을 생생하게 기술한다.

3) 약속과 뒷받침

약속이란 브랜드가 제공하기로 약속하는 소비자 혜택이며, 뒷받침은 지켜질 수 있는 근거이다. R. O. I. 전략 모델에서는 브랜드가 제공하는 약속과 뒷받침을 기술하는 방식으로 '내가 ___ⓐ___하면 나는 ___ⓑ___할 것이다. 왜냐하면 ___ⓒ___이기 때문이다'라는 문장의 빈칸을 채우는 것을 제안하고 있다(예시: 내가 이 프라이팬을 쓰면 훨씬 멋진 달걀부침을 하게 될 것이다. 왜냐하면, 이 프라이팬은 표면에 음식이 들러붙지 않는 코팅을 적용했기 때문이다). 이때 ⓐ에 해당하는 것은 광고가 목표로 하는 소비자 행동이며, ⓑ는 그 행동을 했을 때 얻을 수 있는 소비자 혜택, 즉 약속이며, ⓒ는 약속이 가능하도록 하는 근거이다.

광고 기획자가 브랜드의 약속과 뒷받침의 후보군을 찾다 보면 여러 개의 약속을 찾아낼 수 있다. R. O. I. 전략 모델에서는 여러 개의 약속과 근거 중 광고에 적합한 약속과 뒷받침을 판단하는 근거로 상관성, 독창성, 영향력을 강조하고 있다. R. O. I. 전략 모델의 명칭은 상관성(Relevance), 독창성(Originality), 영향력(Impact)의 첫 글자를 따서 조합한 것이다. 상관성이란 광고의 메시지가 제품, 목표 청중, 광고 목표 등과 상관성이 많아야 한다는 점이다. 즉, 광고 메시지가 제품의 특성과 연관이 있고, 목표 청중의 특성에 적절하게 연관되며 광고가 유도하고자 하는 소비자 반응을 끌어내는 데 관련되어야 한다. 독창성이란 정형화된 규칙을 파괴하여 눈에 띄는 것이다. 브랜드와의 상관성이 높은 약속과 뒷받침은 다른 브랜드도 마찬가지로 가지고 있을 가능성이 크다. 이러한 약속과 뒷받침으로는 우리 제품이 돋보이게 하기 어렵다. 경쟁자가 자사 브랜드와 같은 약속을 하고 있지는 않은지, 그리고 그 뒷받침의 근거도 같은 것이 아닌지를 확인한 후, 경쟁 브랜드와는 차별화되는 약속과 뒷받침을 개발해야 한다. 영향력은 소비자가 메시지에 주목하도록 하는 능력이다. 광고를 비롯하여 수많은 메시지가 범람하는 사회에서 소비자가 자사 브랜드의 광고에 스스로 집중하기를 바라는 것은 불가능한 바람에 머무를 수 있다. 소비자의 무관심을 극복하고 자사 광고에 관심을 집중시킬 수 있는 표현력을 발휘할 수 있는 약속과 뒷받침이 있어야 한다.

4) 브랜드 개성

광고 캠페인을 통해 표현할 자사 브랜드의 개성을 구체화한다. 특히 브랜드 간 특장점의 차이가 매우 적은 한계적 우위 상황이나 대등한 상황에서는 경쟁사와의 차별화에 브랜드 개성이 큰 역할을 하게 되므로, 소비자의 긍정적 평가를 유도할 수 있는 브랜드 개성은 매우 중요하다. 광고의 역할은 브랜드의 특정한 부분을 지속해서 강조하고 그것을 돋보이도록 표현함으로써 브랜드에 매력적인 개성을 부여할 수 있다.

5) 매체 전략

목표 청중의 수용성이 가장 높은 시간 및 장소에 적합한 매체를 제안한다. 알오아이(R. O. I.) 전략 모델에서는 목표 청중의 수용성이 높은 상황을 빈틈(aperture)이라고 표현한다. 원래 'Aperture'라는 단어는 작은 구멍 혹은 카메라의 조리개라는 뜻을 가지는데, 카메라의 조리개를 잘 맞추면 가장 또렷한 이미지를 얻을 수 있는 지점이 있듯이 소비자에게 가장 잘 다가갈 수 있는 지점, 즉 빈틈을 노려서 매체를 집행한다. 따라서 매체 전략은 약속과 뒷받침, 목표 청중 프로파일, 브랜드 개성 등을 모두 고려하여 접근되어야 한다. 소비자의 빈틈을 활용한 매체 전략 사례로 던킨도너츠의 마케팅을 들 수 있다. 던킨도너츠는 버스에 커피 향을 분사하는 기계를 설치한 후, 아침 출근 시간에 라디오 광고를 집행했다. 해당 기계는 던킨도너츠의 광고에 담긴 로고송에 반응하도록 고안되어 있어 로고송이 흘러나오면 커피 향이 버스 안에 자동으로 분사됐다. 그리고 버스가 서면 정류장 근처에는 던킨도너츠 매장이 있었다. 이는 출출한 아침 출근 시간이 도넛과 커피에 대한 고객 수용도가 높은 시간대이며, 많은 잠재 고객이 버스를 이용하여 출근한다는 상황을 이용한 매체 전략의 사례이다.

3. 풋콘앤벨딩의 그리드 모델

그리드 모델은 풋콘앤벨딩(Foot, Cone, & Belding: FCB) 광고대행사의 본(Vaughn, 1980)에 의해 1980년 최초로 개발됐다. 브리프 모델이나 알오아이 모델이 광고 전략 기획 과정의 전체 틀을 제시하는 것과는 달리, 그리드 모델은 소비자 구매 결정의 유형에 따라 적합한 광고 표현 전략 및 매체 전략에 대한 지침을 제시하고 있다. 전략 모델 개발사의 명칭을 붙여서 FCB 그리드 모델로 불리고 있다.

1) 소비자 구매 결정 유형에 따른 광고 전략

그리드 모델은 소비자의 구매 결정 유형을 구분하기 위하여 소비자의 관여도와 정보처리 유형을 기준으로 활용한다. 먼저, 소비자 관여도란 특정 제품이나 서비스에 대하여 소비자가 갖는 개인적인 상관성과 중요도를 의미하며, 그리드 모델에서는 제품에 대한 소비자의 관여도를 고관여와 저관여로 분류했다. 제품 구매와 관련하여 소비자 관여도가 높다는 것은 소비자가 구매를 위해 상대적으로 많은 시간과 노력을 기울이며 잘못된 구매 결정을 내리게 되면 큰 손실을 감수해야 하는 경우이다. 반면, 관여도가 낮은 것은 소비자가 별 생각 없이 습관적으로 구매하거나 구매 결과에 대한 위험이 적은 경우이다. 예를 들면, 휴대전화의 경우 구매 시 많은 정보를 수집하고 경쟁 제품들을 비교하며, 선택을 잘못했다는 생각이 들면 깊은 심리적 후회와 큰 경제적 손실을 본다. 따라서 휴대전화에 대한 소비자의 관여 정도는 고관여이다. 한편, 볼펜의 경우 구매 시 문구사에서 이것저것 비교해 보지만, 휴대전화 구매의 상황만큼 심사숙고하지는 않는다. 또한 볼펜을 잘못 샀다는 생각이 들면 그냥 버리는 것으로 쉽게 잊는다. 볼펜에 대한 소비자 의사 결정은 휴대전화 구매에 비하면 저관여이다.

그리드 모델에서 소비자 구매 결정 유형을 분류하기 위해 쓰인 두 번째 기준은 소비자의 정보처리 유형이다. 소비자의 정보처리 유형은 이성(생각) 중심과 감성(느낌) 중심으로 분류되는데, 전자는 구매 결정을 위한 정보처리에 있어 합리적이고 이성적인 판단이 중심이 되는 경우이며 후자는 느낌과 감성적 판단이 중심이 되는 경우이다. 앞서 휴대전화와 볼펜의 예를 다시 적용해 보면, 휴대전화는 가격 대비 성능의 우수함을 꼼꼼히 따지는 등 합리적이고 이성적인 판단이 구매 결정에 더 큰 영향을 주는 반면, 볼펜은 필기감 및 색상 등 감각적인 느낌이 구매 결정에 영향을 미친다. 이 경우, 휴대전화는 이성(생각) 중심 정보처리가 활성화됐고, 볼펜은 감성(느낌) 중심 정보처리가 활성화됐다.

그리드 모델에서는 고관여와 저관여로 나눈 소비자 관여도 수준과 이성 중심과 감성 중심으로 나눈 정보처리 유형을 조합하여 격자 형태를 만들어 네 가지 유형의 서로 다른 소비자 구매 결정 유형, 즉 '고관여-이성 중심, 고관여-감성 중심, 저관여-이성 중심, 저관여-감성 중심'을 도출해 낸다. 그리고 각 유형에 따라 그에 적합한 광고 표현 및 매체 전략을 제안하고 있다.

고관여

이성 중심		감성 중심
• 합리성과 정보를 중시하는 소비자 • 구매 결정: 인지-감성-구매 • 광고 전략: 정보적 광고(구체적 정보 제시) • 광고매체: 정보 전달 매체 • 해당 제품 범주: 냉장고, 컴퓨터 등		• 긍정적 느낌을 중시하는 소비자 • 구매 결정: 감성-인지-구매 • 광고 전략: 인상적 광고(임팩트 있는 이미지) • 광고매체: 극적인 이미지 연출 및 감성 전달 가능한 매체 • 해당 제품 범주: 보석, 스포츠카 등
• 습관 구매 및 시험 구매하는 소비자 • 구매 결정: 구매-인지-감성 • 광고 전략: 반복 광고 • 광고매체: 반복에 적합한 매체(작은 지면, 라디어, POP 광고 등) • 해당 제품 범주: 세제, 치약 등		• 순간적 느낌에 반응하는 소비자 • 구매 결정: 구매-감성-인지 • 광고 전략: 상표명 강조, 느낌 제공 광고 • 광고매체: POP 광고, 이미지 연출 용이한 매체 • 해당 제품 범주: 음료수, 스낵 등

저관여

[그림 9-2] 그리드 모델 분류에 따른 광고 전략

(1) 고관여-이성 중심의 구매 결정 유형

고관여-이성 중심은 제품을 잘못 선택하게 되면 손실이 크므로 구매 결정에 시간과 노력을 들일 의지가 있고, 이성적인 판단에 기반을 두어 제품을 구매하는 경우이다. 고관여-이성 중심의 상황에서 소비자는 인지-감성-구매의 위계를 따라 의사 결정을 하며, 제품의 기능 및 사양을 꼼꼼히 살핀 후 그 결과에 따라 제품에 대한 긍정적 태도를 형성하고 마지막으로 구매를 결정한다. 이러한 상황에서의 소비자는 합리성과 정보를 매우 중요하게 생각한다. 따라서 광고 기획자는 제품의 물리적인 속성이나 특장점과 같은 상품 관련 정보를 구체적으로 전달하는 정보 중심적 광고를 우선 고려해야 한다. 광고매체 역시 정보 전달을 하므로 쉬운 매체, 예를 들면 인쇄 매체 혹은 온라인 블로그 등을 선택하는 것이 효율적이다. 소비자가 고관여-이성 중심 상황에 놓이는 대표적인 제품 범주는 냉장고, 휴대전화, 컴퓨터 등과 같은 비교적 고가의 복잡한 사양을 가진 제품이다.

(2) 고관여-감성 중심의 구매 결정 유형

고관여-감성 중심은 소비자가 구매 결정을 위하여 시간과 노력을 투입할 의사가 있으며, 자신의 감각 및 감성을 근거로 하여 제품을 구매하는 경우이다. 즉, 제품이 주는 긍정적인 느낌과 상징적인 가치가 중요시되는 소비 상황이다. 고관여-감성 중심의 상황에서 소비자의 의사 결정 과정은 감성-인지-구매의 위계를 따르는 것으로 여겨진다. 제품이 주는 긍정적 느낌에 먼저 반응한 후, 제품을 꼼꼼히 살피고 구매를 결정하는 것이다. 고관여-감성 중심의 구매 상황에서 광고의 최우선 목표는 긍정적 감정 유발이다. 따라서 광고는 목표 청중에게 긍정적이고 깊은 인상을 전달할 수 있는 고품질의 이미지 광고가 효과적이며, 광고매체 역시 대형 화면의 극장 광고, 유려한 이미지의 잡지 광고 등과 같이 감성과 느낌을 유발하고 극적인 인상을 생산하기 쉬운 매체가 고려되어야 한다. 소비자가 고관여-감성 중심의 구매 결정 상황을 경험하는 대표적인 제품 범주는 보석, 스포츠카, 고가의 의류 등으로, 제품이 주는 느낌이 중요하며 해당 제품의 사용으로 소비자가 자아 이미지를 표현하고자 하는 제품이다.

(3) 저관여-이성 중심의 구매 결정 유형

　저관여-이성 중심은 소비자가 실용성과 합리성을 근거로 구매 결정을 내리긴 하나, 잘못 사더라도 크게 손해를 보지 않으므로 구매 결정에 관여도가 낮은 상황이다. 예를 들어, 습관적으로 구매하는 저가의 생활용품이나 가격이 높지 않은 신제품을 시험 구매해 보는 경우이다. 저관여-이성 중심의 상황에서 소비자는 구매 결정을 위하여 시간과 노력을 투입할 의사가 고관여-이성 중심 상황보다는 훨씬 적다. 예를 들어, 세탁 세제를 구매하는 경우라면 세탁력과 경제성, 환경 보존성 등 여러 가지 사양을 합리적 · 이성적으로 고려하여 구매하나, 이러한 노력은 소비자가 노트북이나 자동차를 구입할 때의 노력에 비해서는 매우 적다. 세탁 세제를 구매하는 상황은 저관여-이성 중심의 구매 결정 상황으로 볼 수 있다. 또한 저관여-이성 중심의 상황은 이전 구매에서 정보에 근거하여 제품에 대한 평가를 끝냈으며, 현재는 큰 고민 없이 습관적으로 동일 브랜드를 구매하는 경우를 포함한다. 앞서 예를 든 세탁 세제의 경우, 처음 구매 시 요모조모를 따져 본 후 만족한 평가를 한다면, 이후 구매에서는 별다른 생각 없이 해당 세제 브랜드를 습관적으로 구매하게 된다. 즉, 판단의 근거는 이성 중심이되, 결정의 순간에는 저관여인 상황이다. 저관여-이성 중심의 상황에서 습관적인 구매 결정 과정은 구매-인지-감성의 위계를 따르는 것으로 보인다.

　즉, 특정 브랜드를 사용하던 습관에 따라 제품을 구매하고, 제품을 사용하면서 예전에 경험했던 기능을 재인지하며, 결과적으로 해당 브랜드에 대한 긍정적 감정을 형성하는 것이다. 습관적으로 브랜드를 구매하는 저관여-이성 중심의 구매 상황에서, 광고 캠페인의 최우선 목표는 브랜드 인지도 제고 및 브랜드 상기가 되어야 한다. 소비자의 기억 속에서 브랜드가 사라지지 않고 늘 자리를 잡고 있어야 습관적 구매 상황에서 선택될 가능성이 크기 때문이다. 따라서 광고 기획자는 브랜드 상기를 위하여 로고송과 같이 브랜드를 강조하고 반복하는 표현을 고려해야 하며, 반복 노출에 적합한 라디오 광고, 작은 지면 광고, 배너 광고나 구매 현장에서 브랜드를 즉각적으로 상기시킬 수 있는 POP 광고 등의 광고매체를 우선 고려해야 한다. 소비자가 저관여-이성 중심의 구매 결정 상황에 놓이는 대표적인 제품 범주는 가격은 비교적 저렴하나 기능이 중요한 제품으로서, 세제 또는 치약 등의 생활재가 있다.

(4) 저관여-감성 중심의 구매 결정 유형

저관여-감성 중심은 소비자가 구매 결정을 위하여 큰 노력을 하지 않으며, 자신의 감각적 만족이 구매 결정에 가장 큰 기준이 되는 경우이다. 독특한 색깔, 좋은 향기, 톡 쏘는 맛, 신나는 리듬, 포근한 감촉 등과 같이 제품이 소비자의 오감에 주는 느낌이 구매 결정과 제품 태도에 영향을 미친다. 저관여-감성 중심의 상황에서 소비자는 구매-감성-인지의 의사 결정 과정을 겪는 것으로 간주된다. 구매-감성-인지의 사례를 묘사하면 다음과 같다. 가게에서 음료 신제품을 발견한 소비자는 진지한 비교 평가나 정보 추구 없이 일단 구매하고(구매) 마셔 본 후 그 맛을 맛있다/맛없다, 쓰다/달다 등으로 평가한다(감성). 이러한 감각적 평가에 근거하여 브랜드에 대한 자신의 정보를 축적한다(인지).

일단 시험 구매를 한 후 그 경험에 근거하여 브랜드를 판단하는 저관여-감성 중심의 구매 상황에서, 광고의 우선 목표는 소비자가 자사 브랜드를 일단 시험 구매하도록 하는 것이다. 시험 구매를 위해서 광고는 브랜드에 대한 소비자의 시선을 끌고 흥미를 끌 수 있는 느낌을 제공해야 한다. 또한 습관적으로 구매할 수 있는 저관여 상황이므로 브랜드가 소비자의 기억 속에서 살아 있도록 브랜드를 반복하여 제시하는 브랜드 중심 표현이 효과적이다. 광고매체는 브랜드에 대한 주목을 높이기 위한 POP 광고나, 흥미로운 연출이 가능한 영상 매체 등을 고려할 필요가 있다. 소비자가 저관여-감성 중심의 구매 결정 상황에 놓이는 대표적인 제품 범주는 음료수, 껌 등과 같은 기호 식품이다.

2) 관여도 수준과 정보처리 유형의 도출 방법

그리드 모델을 광고 전략에 활용하기 위해서는 자사 브랜드가 네 가지 구매 결정 유형 중 어디에 위치하는지를 파악하는 것이 필수적이다. 그리드 모델에서는 소비자를 대상으로 관여도 수준과 정보처리 유형을 묻는 설문 조사를 시행한 후, 질문에 대한 응답을 기초로 관여도와 이성-감성 차원의 점수를 구하여 자사 브랜드의 위치를 파악한다.

〈표 9-4〉에 제시된 질문에 대한 응답은 〈표 9-5〉에 제시된 공식에 적용되어 각 개인이 해당 제품에 대해 가지는 관여도와 이성/감성의 점수로 변환되고, 모든 응답자의 점수가 합산되어 해당 제품의 평균 관여도 점수와 이성/감성 점수가 도출된다.

●표 9-4● 그리드 작성을 위한 기초 설문 문항

(예시 질문) 귀하가 입을 겨울 코트를 사려고 합니다. 겨울 코트에 대한 귀하의 생각에 가장 가까운 번호에 표시해 주세요.		
관여도(Involvement)		
Q1. 전혀 중요하지 않은 결정이다.	① ② ③ ④ ⑤ ⑥ ⑦	매우 중요한 결정이다.
Q2. 잘못 결정해도 손실이 크지 않다 .	① ② ③ ④ ⑤ ⑥ ⑦	잘못 결정하면 손실이 크다.
Q3. 결정하는 데 생각을 별로 하지 않는다.	① ② ③ ④ ⑤ ⑥ ⑦	결정하는 데 생각을 많이 해야 한다.
이성적 사고		
Q4. 결정은 논리적이지도, 객관적이지도 않다.	① ② ③ ④ ⑤ ⑥ ⑦	결정은 논리적이고 객관적이다.
Q5. 결정은 별로 기능적 사실에 기초하지 않는다.	① ② ③ ④ ⑤ ⑥ ⑦	결정은 주로 기능적 사실에 기초한다.
감성적 느낌		
Q6. 결정은 나의 느낌에 기초하지 않는다.	① ② ③ ④ ⑤ ⑥ ⑦	결정은 나의 느낌에 기초한다.
Q7. 결정은 나의 개성을 나타내지 않는다.	① ② ③ ④ ⑤ ⑥ ⑦	결정은 나의 개성을 나타낸다.
Q8. 결정은 시각, 미각, 촉각, 후각, 청각 등 나의 오감에 기초하지 않는다.	① ② ③ ④ ⑤ ⑥ ⑦	결정은 시각, 미각, 촉각, 후각, 청각 등 나의 오감에 기초한다.

●표 9-5● 관여도 및 이성/감성 점수 계산법

관여도 점수=(Q1+Q2+Q3)/3

이성/감성 점수=감성 평균 점수−이성 평균 점수+8={(Q6+Q7+Q8)/3−(Q4+Q5)/2}+8

→ 8을 더하는 이유는 7점 척도에 맞게끔 수치를 조정하기 위해서이다.

마지막으로, 각 제품군을 이성/감성 점수를 X축으로 하고 관여도를 Y축으로 하는 면에 좌표를 찍어 표시한다. [그림 9-3]은 설문 조사를 통해 도출된 점수를 반영하여 각 제품군을 표시한 결과를 보여 주고 있다. 보험, 자동차 배터리, 두통약 등은 고관여−이성 중심의 구매 결정 과정을 겪는 것으로 보이며, 반면 맥주, 청량음료, 과자 등은 저관여−감성 중심의 구매 결정 과정을 거치는 것으로 나타난다. 그리드 모델은 각 제품군이 위치한 유형에 따라 앞서 제안한 각기 효과적인 광고 전략을 우선 적용해 볼 것을 권하고 있다. 예를 들어, 같은 자동차라 할지라도 소형 승용차는 고관여−이성 중심 구매 결정 유형에 속하며, 스포츠카는 고관여−감성 중심의 구매 결정 유형에 속한다. 따라서 소형 승용차의 경우는 연비, 내구성, 안전성 등 자동차의 물리적인 특장점을 전달하는 전략을 우선 고려하는 것이 필요하지만, 스포츠카의 경우는 소비자가 기능적 가치보다는 상징적인 가치를 더 고려하고 있으므로, 자동차의 속성에 대한 정보 전달보다는 소비자 내면의 심리적 욕구를 자극하고 브랜드에 대한 호의적 감정을 생산하는 전략이 필요하다.

[그림 9-3] 그리드 안에서의 제품 위치(Ratchford, 1987)

4. 덴츠의 크로스위치 전략 모델

크로스위치(Crosswitch)란 크로스 미디어 커뮤니케이션 캠페인을 통하여 '소비자의 마음에 스위치를 켠다'라는 뜻으로 무관심한 소비자를 유인하여 브랜드에 흥미를 갖게 하는 접근이다. 크로스 미디어란 목표 청중을 움직이기 위한 시나리오 설계로 정의할 수 있으며, 보다 구체적으로는 ① 목표 청중과 미디어 통찰(insight)에 입각하여, ② 넓이(도달률과 빈도)와 깊이(관여의 정도)를 고려하고, ③ 커뮤니케이션 시나리오 전개를 위해, ④ 복수의 접점을 효과적으로 결합하여 설계하는 것으로 정의된다. 목표 청중의 특성, 라이프스타일, 미디어 활용 패턴 등을 심층적으로 고찰하여 핵심 아이디어를 개발하며, 그 핵심 아이디어가 얼마나 많이 자주 전달됐는가와 더불어 얼마나 '깊이' 전달되는지를 고려하여 목표 청중의 마음을 움직이기 위한 여러 접점을 효과적으로 결합해 설계하는 것이다.

크로스위치 전략 모델은 일본의 광고회사 덴츠가 2008년 발표한 크로스 미디어 커뮤니케이션 전략 모델로서, 앞서 소개한 광고 전략 모델들이 소비자에게 어떤 메시지를 전달하여 브랜드 태도를 바꿀 것인가에 집중한 것과 달리, 소비자가 브랜드에 자연스럽게 주목하고 능동적으로 행동하는 흐름을 만들어 내는 것에 초점을 맞추고 있는 것이 특징이다. 이를 통하여 긍정적인 브랜드 태도를 형성하는 것을 넘어서 브랜드와 소비자의 친밀한 관계 형성을 목적으로 한다.

1) 소비자 행동 모델의 수정: AIDMA에서 AISAS로

크로스위치 전략 모델의 기본 전제는 변화된 소비자 행동 모델인 AISAS에 있다. 기존 광고 전략 모델이 전제로 하는 소비 행동 모델은 널리 알려진 AIDMA이다. AIDMA 모델에 따르면, 소비자는 상품 관련 정보를 접한 후 구매에 이르기까지 주목(Attention)-흥미(Interest)-욕구(Desire)-기억(Memory)-구매 행동(Action)의 과정을 거친다. 이러한 과정은 위계적, 즉 앞 단계를 거치지 않으면 다음 단계로 넘어갈 수 없다는 특징이 있으며, 소비자는 주목, 흥미, 욕구, 기억이라는 심리 변용의 단계를 모두 거치고 나서 결과적으로 구매 행동이라는 행동의 단계에 도착한다. 따라서 AIDMA 모델에 입각한 광고 전략 모델은 소비자가 구매 행동으로 가는 심리 변용의 단계를 힘들지 않고 넘어갈 수 있게끔 하는 데 초점을 두고 있다.

　AISAS 소비자 행동 모델은 덴츠가 2004년부터 제창한 것으로, 누구나 쉽게 제품 관련 정보를 접하고 직접 발신할 수 있도록 변화된 정보 유통 상황을 고려한다. 상품 관련 정보에 주목(Attention)하고 흥미(Interest)를 느끼게 된 소비자는 해당 상품에 관한 정보를 블로그, 소셜 네트워크 서비스(SNS), 뉴스, 타인의 구매 후기 등을 통해 검색한다(Search). 검색을 통해 수집한 정보를 참고하여 구매 행동을 결정하며(Action), 구매 후에는 자신의 사용 후기를 인터넷에 올리거나 다른 사람에게 말하면서 구매 경험을 공유하여(Share) 입소문을 생산한다. AIDMA와 비교하여 AISAS의 특징은, 첫째, 심리 변용의 과정이 축소(A, I, D, M → A, I)되고 행동에 해당하는 단계가 확대됐다(A → S, A, S)는 점과, 둘째, 단계별 위계를 강조한 AIDMA와 달리 각 단계가 반드시 순서대로 진행되지 않는다는 점이다. 즉, 상품을 보고 마음에 들어서 바로 인터넷에서 구매할 수도 있고(Attention → Interest → Action), 광고가 아주 마음에 들어서 바로 SNS 친구들에게 해당 광고를 공유하는 것도 가능하다(Attention → Interest → Share). 따라서 AISAS를 모델의 이론적 근간으로 한 크로스위치 전략 모델은 이전 전략 모델보다 소비자 행동 유도(Search, Action, Share)를 위한 전략 설계에 초점을 맞추고 있다.

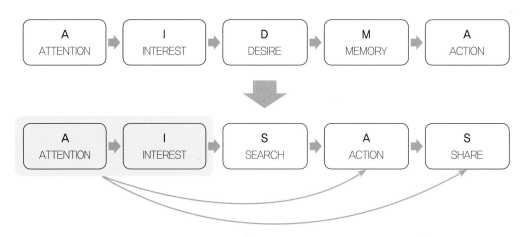

[그림 9-4] AIDMA와 AISAS의 비교(덴츠 크로스 미디어 개발 프로젝트팀, 2009)

2) 크로스위치 플래닝 과정

크로스위치 전략 모델에서 제안하는 플래닝 과정은 인사이트에 기반한 전략 입안, 핵심 아이디어의 도출, 핵심 아이디어의 실현을 위한 시나리오 아이디어 도출, 홀리스틱 크리에 이티브(holistic creative)와 구조 설계, 협상과 실시, 성과 평가로 이루어져 있다. 이 중 전략 입안부터 구조 설계까지의 과정이 전략 기획의 단계라면, 협상과 실시는 크로스 미디어 캠 페인의 실행 단계이며, 성과 평가는 효과의 검증 및 다음 기획을 위한 평가와 피드백의 단 계이다([그림 9-5] 참조). 크로스위치 플래닝 과정 중 전략 기획의 각 단계에서 유의해야 할 점을 살펴보면 다음과 같다.

(1) 인사이트(Insight)와 전략

커뮤니케이션 캠페인 전략의 기본이 되는 광고 목표의 설정 및 목표 청중에 대한 인사이 트를 도출한다. 목표 청중의 성별, 나이, 직업, 소득 등과 같은 인구통계학적 변인과 더불 어 의식과 가치관, 생활 방식, 추구하는 개성 등 다양한 측면에서 목표 청중 인사이트를 파 악한다. 크로스 미디어 캠페인은 다양한 미디어 접점을 활용하므로 목표 청중이 접촉하는 미디어와 콘텐츠의 특성과 기능, 그리고 새로운 미디어 기술 등 심층적인 미디어 인사이트 도출에 특히 유의한다.

(2) 핵심 아이디어

파악된 인사이트와 광고 목표에 기반을 두어 커뮤니케이션 전체를 관통하는 캠페인 콘 셉트가 되는 핵심 아이디어를 발상한다. 소비자를 움직이게 하는 것이 크로스 미디어 전 략이므로, 소비자가 움직이기 위해서는 먼저 그들을 매료시킬 수 있는 아이디어가 필요하 다. 핵심 아이디어는 매력적이고 참신하며, 강렬한 것이어야 한다. 핵심 아이디어는 목표 청중 인사이트, 현재 추세, 경쟁 제품이나 시장 동향, 브랜드의 본질적 가치 등을 고려하여 도출된다.

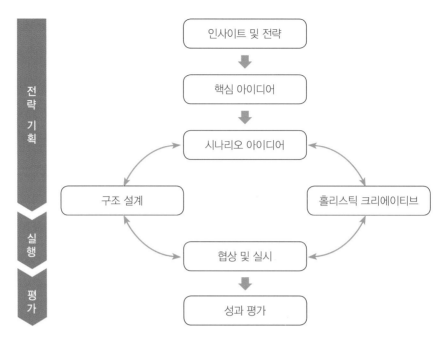

[그림 9-5] 크로스 미디어 커뮤니케이션의 플래닝 프로세스(덴츠 크로스 미디어 개발 프로젝트팀, 2009)

(3) 시나리오 아이디어

시나리오 아이디어란 핵심 아이디어를 실현하기 위한 시스템에 관련된 아이디어이다. 즉, 핵심 아이디어의 의도대로 목표 청중이 움직이게 하기 위한 캠페인의 전체적 구상에 관한 기획이다. 시나리오 아이디어는 다음과 같은 세 가지 관점에서 검토해야 한다. 첫째, 소비자와 브랜드를 이어 주는 접점을 세밀하게 분석한다. 브랜드가 소비자를 만나는 접점은 소비자의 생활 방식에 따라 매우 다양하며, 각 상황(시간, 장소, 분위기)에 맞는 메시지를 내보낼 때 핵심 아이디어가 실현될 수 있다. 둘째, 소비자의 마음을 사로잡을 수 있도록 소비자가 평소 좋아하고 관심이 있는 내용에 맞춘 메시지를 개발한다. 예를 들어, 목표 청중이 평소 오지 탐험에 관심이 있다면 자연과 산에 관한 프로그램 속에 자연스럽게 브랜드의 생존 관련 기능을 알려 주는 정보를 삽입하는 것이다. 셋째, 소비자의 행동을 일으키게 만드는 심리적 욕구가 무엇인지를 파악한다. 소비자의 욕구는 개인적 욕구, 대인적 욕구, 사회적 욕구의 세 가지 관점으로 분류할 수 있으며, 이러한 욕구는 각 캠페인에 적용될 수 있다. 예를 들어, 브랜드를 숨기고 아주 제한적인 내용만을 공개하는 신제품 티저 캠페인은 개인적 욕구의 하나인 호기심을 충족하고 싶다는 심리적 욕구를 조준한 것이다. 티저 광고를 통해 부분적인 정보만을 획득한 소비자는 호기심 욕구 충족을 위해 해당 브랜드나 광고에 대한 검색을 시작하게 된다.

(4) 홀리스틱 크리에이티브와 구조 설계

홀리스틱 크리에이티브란 캠페인 전체를 꿰뚫는 공통된 크리에이티브 콘셉트를 의미한다. 홀리스틱 크리에이티브 제작을 위해서는 핵심이 되는 소비자 접점을 구체적으로 명시하고 그 조합을 명확하게 해야 한다. 구조 설계는 접점의 조합을 정량적으로 설계하는 것이다. 선택된 많은 접점을 언제, 얼마나, 어떻게 운용할 것인지를 세밀하게 기획하여 크로스 미디어 커뮤니케이션의 전체 구조를 설계한다. 인상적인 홀리스틱 크리에이티브와 탄탄한 구조 설계가 충족될 때, 효과적인 크로스 미디어 커뮤니케이션이 작동될 수 있다.

(5) 협상과 실시

크로스 미디어 커뮤니케이션은 신문 광고, TV 광고 등과 같은 기존 미디어를 넘어서 지금까지 사용하지 않았던 새로운 연결점을 활용하는 경우가 많다. 예를 들어, 20대 여대생의 마음을 사로잡기 위하여 대학 캠퍼스의 통학로를 브랜드 상징으로 만든 꽃길로 꾸미고자 한다면 해당 지자체와 지역 주민의 협조가 필수적이다. 이처럼 크로스 미디어 커뮤니케이션에서 기획한 새로운 접점 아이디어가 실현되기 위해서는 관련 기업 및 기관과의 협상이 중요한 과정이 된다.

(6) 성과 평가

기존 광고 캠페인 효과 평가를 위해서는 캠페인 전후의 브랜드 인지도 및 호감도와 같은 브랜드 태도 관련 변화가 주로 측정됐다. 하지만 AISAS를 기반으로 하여 소비자의 행동을 유도해 내는 것이 목적인 크로스 미디어 커뮤니케이션에서는 소비자가 목표로 한 행동을 얼마나 했는지를 측정하는 것이 성과를 평가하는 방식이 된다. 예를 들어, 브랜드 광고에 '좋아요'를 누른 횟수, 브랜드 사이트에 접속량, 브랜드 관련 검색량, 브랜드 관련 버즈 생성량 등이 성과 측정의 지표가 될 수 있다.

5. 애드 브리프의 작성

애드 브리프(AD Brief)란 광고 기획자(A.E.)가 작성하는 광고 전략의 핵심 요약서이다. 광고커뮤니케이션 캠페인을 진행하기 위해서는 광고주, 기획팀, 크리에이티브팀 및 매체팀 등 여러 조직의 협력이 필수적이며, 이를 성공적으로 이끌기 위해서는 관련된 모든 이가 광고 기획의 핵심 아이디어를 일관되게 인식하고 있어야 한다. 애드 브리프는 광고 전략의 핵심 아이디어를 일목요연하게 정리함으로써 광고 기획자가 광고주에게 광고 전략을 브리핑할 때 활용되기도 하며, 크리에이티브팀과 매체팀에 광고 제작이나 매체 기획을 의뢰할 때 지침서로 활용되기도 한다.

1) 브리프의 작성 원칙

사치앤사치의 브리프 모델에서는 좋은 브리프의 요건으로 객관적, 비판적, 분석적, 창의적 특징을 요구하고 있다. 첫째, 좋은 브리프는 제품과 시장에 대한 객관적 사실에 기초하여 작성되어야 한다. 광고 기획자의 주관적 혹은 직관적 통찰이 아니라 사실적 증거를 활용하며, 이를 위해서는 브랜드 약속의 근거인 '뒷받침'을 명확히 해야 한다. 둘째, 브리프는 비판적이어야 한다. 소비 현상에 대한 원인을 파악하고 과거에 당연하게 여겨지던 보편적 상식에 의문을 제기한다. 필요하면 가설을 세우고 검증을 위한 조사를 할 수 있다. 셋째, 브리프는 제품 및 브랜드 상황에 관련된 다양한 자료에 대한 분석에 근거해야 한다. 분석할 때는 뻔한 도식적인 접근을 지양하고 전략 설정을 위해 만든 가설에 대한 답을 얻을 수 있는 접근을 시도한다. 마지막으로, 브리프는 창의적이어야 한다. 데이터 분석 시 차별화된 시선으로 접근하여 통찰력을 발휘하고, 이를 통해 크리에이티브팀과 매체팀의 상상력을 자극할 수 있어야 한다(유종숙, 2018).

•표 9-6• **강력한 브리프를 만드는 질문과 답변 예시: 고급 브랜드 의자 사례**

객관적	[질문] 우리 회사 의자는 사용자의 업무 성과를 높여 준다는 브랜드 약속을 하려고 한다. 어떤 근거가 가능한가?
	[객관적 근거] 이 제품은 허리 받침대 상하 각도 조정 및 목 받침대와 팔걸이의 높이 조절 등 인체공학적 설계로 올바른 자세를 유지하는 데 도움을 준다. 올바른 자세는 집중력과 효율성을 높인다.
비판적	[질문] 우리 회사 의자의 경쟁자는 고급 브랜드 의자 1위인 듀오백으로 여겨져 왔다. 과연 그러한가?
	[비판적 접근] 고급 브랜드 의자는 전체 의자 시장의 10%밖에 되지 않는다. 자사 브랜드의 경쟁자로 듀오백보다는 일반 의자를 설정하는 것이 어떠한가?
분석적	[질문] 의자에 대한 소비자 관여가 낮은 이유는 무엇인가?
	[시장 분석 및 소비자 행동 분석] 의자 시장의 90%는 브랜드가 없는 저가 의자이다. 소비자는 의자를 책상을 사면 딸려 오는 부록으로 인식하고 있다.
창의적	[질문] 의자에 대한 소비자의 관여를 높이는 방법은 없는가?
	[창의적 사고] 지금까지 의자는 편안함과 내구성을 주로 강조해 왔다. 이와는 달리 이번 캠페인에서는 가장 오랜 시간 사용하는 가구라는 점을 강조하여 의자의 가치를 높인다.

2) 애드 브리프 작성 방법

애드 브리프는 요약된 광고 기획서이다. 따라서 광고 기획의 과정이 브리프에 압축되어 표현되며, 애드 브리프에 포함되어야 할 필수 항목은 다음과 같다.

• 배경: 프로젝트 진행의 배경 및 마케팅 목표

• 상황 분석 요약: 시장, 경쟁사, 자사, 소비자 분석의 내용 중 광고 전략에 관련된 핵심 요약

• 광고 캠페인의 목표: 광고 캠페인 후 기대하는 목표 청중의 인식 및 행동 변화

• 목표 청중: 목표 청중의 인구통계학적, 사회심리학적 요인 및 소비 관련 행동

• 브랜드 약속과 뒷받침: 광고의 핵심 메시지와 근거

• 광고 콘셉트: 브랜드 약속과 뒷받침을 표현하는 인상적인 단어, 문구

• 크리에이티브 가이드라인: 광고 표현물 제작 시 참고할 내용으로, 광고의 톤앤매너(tone & manner), 표현 기법 등

- 미디어 믹스: 활용될 매체 조합에 대한 아이디어

- 기타 고려 요소: 사내 리뷰 및 광고주 프레젠테이션 일정, 예산 등

●표 9-7● 애드 브리프 작성의 예시

애드 브리프
광고주: 롯데주류　　　　　브랜드: '클라우드 生 드래프트' 프로젝트명: 2020 클라우드 生 드래프트 디지털 캠페인　　작성 날짜: ○○○○. ○.○　　작성자: 홍길동
캠페인 배경
- 2020년 6월 클라우드 생(生) 드래프트 출시 - 초신선 라거의 콘셉트로 론칭 광고 집행 - 신선함은 타 브랜드가 오랫동안 소구해 온 특성으로 소비자에게 차별점으로 다가가지 못함 - 기존에 없던 참신한 브랜드 포지션 구축 필요
상황 분석
[시장] - 주세법 개정으로 국내 맥주의 가격 경쟁력이 상승함 - 국내 수제 맥주 시장은 규제 완화로 성장세를 보임 - 지금까지 맥주 마케팅은 가정용보다는 업소용 맥주 시장에 집중했으나 최근 사회문화적 변화로 인하여 가정에서의 맥주 음용 경향(홈술)이 확산하고 있음 - 홈술 시장에서 독보적인 브랜드는 아직 없음 [경쟁사] - 테라: 청량함을 강조하여 시장 점유율과 소비자 선호도를 높임 - 카스: 영 타깃을 겨냥하여 새 광고 모델을 선정함 - OB라거: 뉴트로 열풍을 활용하여 부드러움을 강조함 [자사] - 100% All Malt, 비열처리 공법 적용함 - 높은 탄산 함량으로 청량함 제고 - 슬림한 캔 모양으로 세련됨 [소비자] - 맥주 음용 상황은 주로 가볍게 즐기며 놀고 싶은 순간임 - 20대의 경우 소맥을 즐기며, 소맥을 위해 가벼운 맥주를 찾음 - 20대의 경우 홈술을 즐기는 경향이 확산했으나, 술자리를 통해 타인과 관계 맺고픈 욕구 또한 강함
광고 목표
홈술을 즐기면서도 어색해하는 20대에게 클라우드 생(生) 드래프트를 관계형 홈술의 아이콘으로 느끼게 한다.

목표 청중

[목표 수용자]

- 20대 남녀
- 어릴 때부터 디지털 환경에서 자란 디지털 네이티브로 디지털 기기를 자유자재로 활용함
- 디지털 콘텐츠의 소비를 넘어 의견을 공유하며 즐기길 원함
- 실시간 연결과 소속감을 중시하며 온라인에서 누구와도 가볍게 친구를 맺음
- 최근 사회문화의 변화로 이전 세대보다 홈술에 익숙함
- 여전히 홈술을 혼술(개인적 음주)로 여겨 관계 중심적 음주의 욕구를 충족하지 못함

브랜드 약속과 뒷받침

[소비자 약속]

- 타인과의 유대를 이어 주는 초신선한 경험을 제공하는 맥주

[뒷받침]

- 신제품으로 기존 유흥용 음주의 고착된 이미지가 없음
- 제품의 슬림한 외관적 특징은 세련된 가정용 음주에 적합함
- 비열처리 공법 적용과 탄산 함량 제고로 강력한 청량함 제공

광고 콘셉트(핵심 메시지)

이런 생(生)은 처음이라!

크리에이티브 가이드 라인

- 초신선 생라거라는 특징을 한자 생(生)을 활용한 카피와 청량함을 느낄 수 있는 디자인을 통해 전달
- 브랜드 친밀감을 느낄 수 있도록 20대 소비자가 겪을 수 있는 일상생활의 소재를 활용
- 멀티 소재 제작: 인지, 경험, 확산의 단계별 목표에 적합한 다수의 소재 제작

미디어 믹스

- 20대 소비자의 생활 방식에 적합한 생활 밀착형 미디어 활용 필요: TVC와 유튜브 프리뷰 광고, 틱톡 더빙, 지하철 옥외 광고, 편의점 주류 판매대 등
- 오프라인과 온라인을 연결하는 디지털 캠페인 고려: SNS 챌린지, 굿즈 판매 등

- 출처: 제37회 대홍기획 크리에이티브 어워드 수상작 기획서 부문, 「"이런 생은 처음이라": 롯데주류 클라우드 생 드래프트」의 기획서 내용을 바탕으로 재구성(https://dca.daehong.com/award).

참고문헌

김진환(1992). 광고 전략 모델 R. O. I.의 이해와 응용. 광고 연구, 16, pp. 177-208.

신강균(2002). 앞서 가는 광고인의 비밀 문서. 서울: 컴온프레스.

안해익(2012). 크로스 미디어 광고 캠페인의 활성화를 위한 핵심 요건의 연구: 일본 광고대행사의 전략 모델과 캠페인 사례 분석을 중심으로. 브랜드디자인학 연구, 10(1), pp. 246-256.

유종숙(2018). 4차 산업혁명 시대의 광고 기획 솔루션. 서울: 한울아카데미.

Dentsu Crossmedia Development Project Team (2009). 크로스위치: 세계 No.1. 광고대행사 덴츠의 크로스 미디어 커뮤니케이션 전략. (휘닉스커뮤니케이션즈 마케팅플래닝본부 역). 서울: 나남출판.

Ratchford, B. T. (1987). New insights about the FCB grid. *Journal of advertising research*, 27(4), 24-38.

Vaughn, R. (1980). How advertising works: A planning model. *Journal of advertising research*, 20(5), 27-33.

https://dca.daehong.com/award

제10장

광고와 브랜드 캠페인*

브랜드 캠페인은 역동적인 과정(dynamic process)을 거쳐 전개된다. 브랜드를 둘러싼 환경은 시시각각으로 변화하는데, 캠페인은 그 변화에 맞춰 기획되고 집행된다. 캠페인의 성공과 실패에 따라 브랜드의 성공 여부가 결정될 정도로 캠페인이 미치는 영향은 크다. 우리가 알고 있는 수많은 글로벌 슈퍼 브랜드 뒤에는 항상 상징적인 브랜드 캠페인이 있었다. 하지만 지금 이 순간에도 많은 브랜드 캠페인이 소비자의 눈에 띄지도 못한 채 소멸되기도 하는 것이 시장의 냉혹한 현실이다.

이와 같은 역동성과 상징성은 브랜드 캠페인의 매력이기도 하지만 동시에 어려움이기도 하다. 다양한 마케팅 커뮤니케이션 방법 중에서 광고는 브랜드 캠페인의 핵심적인 도구임이 분명하다. 이 장에서는 브랜드 캠페인의 개념을 설명한 다음, 디지털 미디어 환경에서 브랜드 캠페인을 성공적으로 전개함으로써, 원하는 마케팅 목표를 달성할 수 있는 방안에 대해 검토한다. 나아가 브랜드 캠페인을 기획하고 전개할 캠페인의 기획자에게 필요한 실무적인 역량에 대해 두루 소개한다.

---

* 유승철(이화여자대학교 커뮤니케이션-미디어학부 교수)

1. 브랜드 캠페인이란?

캠페인(campaign)이라고 하면 목표 달성을 위한 "행동의 연속체(chain of actions)"라고 정의할 수 있다. 전쟁에서 주로 사용되는 용어인데 평야를 의미하는 라틴어 '캄푸스(campus)'가 어원이라고 알려져 있고, 캄푸스는 야전(野戰), 즉 "전투 현장에서의 훈련"이라는 의미도 있다. 우리가 일상에서 쓰고 있는 군대에서의 막사(camp)와 학교(campus)는 모두 여기에서 파생된 단어다. 커뮤니케이션 분야에서는 정치 캠페인(political campaign)이라고 불리며 사용되기도 한다. 브랜드 캠페인 기획자는 전장에서 지휘관이 전장에서 가용한 물자와 인력이라는 군사력을 활용해 전쟁에서 승리하려는 것처럼 시장에서 '브랜드의 성공'을 위해 각종 커뮤니케이션 노력을 투입해야 한다. 브랜드 캠페인에는 다양한 커뮤니케이션 도구가 복합적으로 활용될 수 있겠지만 그 바탕을 이루는 것이 바로 광고다. 디지털 환경에서 광고의 외연이 확대되고 보이는 형태가 상당히 바뀌었다고 하지만 브랜드를 만들어 가는 주요 수단이라는 근간은 바뀌지 않았다.

1) 브랜드 그리고 브랜딩

우리의 삶 전반에 편재되어 활용되고 있는 브랜드(brand)는 광의적으로 "표시와 상징에 관한 통괄 명칭"이다. 협의적으로는 "우리가 마케팅하는 유무형의 대상 전체를 상징화한 것"이다. 브랜드의 어원은 "불에 달구어 지진다"라는 의미를 지닌 노르웨이 고어 '불타는 나무(brandr)'에서 유래됐다. 과거 앵글로 색슨(Anglo-Saxon)족은 불에 달군 인두로 본인 소유의 가축에 낙인을 찍어 소유물을 확인했다고 한다. 18세기 후반 영국에서 시작된 산업혁명의 확산과 함께 본격적으로 근대 자본주의 사회가 성립되면서 대량 생산되는 상품의 시대가 열렸고 현대적인 브랜드의 역사가 시작했다. 이때부터 브랜드는 '소유 표식'이라는 개념에서 벗어나 '재화의 신용을 나타내는 현대적인 개념'으로 발전한다. 1970년대 이후 TV와 라디오를 주축으로 한 대중매체 활용 광고를 활용한 마케팅 포지셔닝(positioning) 경쟁이 한층 가열되면서 브랜딩 전쟁이 촉발됐고 '수요자 관점의 브랜드 개

넘'이 본격적으로 시작됐다.

미국마케팅학회(American Marketing Association: AMA)는 브랜드를 "판매업자가 자신의 제품이나 서비스를 식별시키고 경쟁 업자의 제품이나 서비스와 차별화할 목적으로 사용하는 이름, 용어, 기호, 상징, 디자인 혹은 이들 모두의 결합체(A brand is a name, term, design, symbol or any other feature that identifies one seller's good or service as distinct from those of other sellers)"라고 정의했다. 이 정의에 따르면 브랜드란 제품이나 서비스에 독창적인 정체성(identity)을 부여하고 경쟁 브랜드와 차별화를 만드는 것이 핵심임을 알 수 있다(Keller, 2003). 소비자가 단순히 코카콜라의 병 모양만 보아도 청량감을 느끼는 동시에 제품 품질의 우수성을 인식할 수 있을 정도로 브랜드라는 상징의 힘은 막강하다. 이렇게 브랜드를 만들어 가는 과정(process)을 표현하기 위해 영어 문법에서 현재 진행형을 의미하는 'ing'를 더해 브랜딩(branding)이라고 부른다.

이 브랜딩 과정은 커뮤니케이션을 통해 진행된다. 1820년에 존 워커가 창업한 식료품점에서 시작된 세계 최대 판매 위스키 중 하나인 조니워커(Johnnie Walker Whisky)는 워커라는 이름을 알리기 위해 브랜드 아이콘인 스트라이딩 맨(striding man, 힘차게 걷는 사람)을 고안했고 지속적 커뮤니케이션을 통해 현재까지도 다소의 변화를 주면서 일관된 브랜드 정체성을 전달하고 있다. 글로벌 광고회사인 JWT(J. Walter Thompson)를 이끈 전설적 광고인인 스테픈 킹(Stephen King)은 그의 저서에서 "공장에서 제조되는 것은 제품(product)이라고 부르지만, 소비자가 구매하는 것은 브랜드(brand)이다"라고 주장하면서 브랜딩의 중요성을 역설했다.

[그림 10-1] 조니워커의 초기 광고와 브랜드 아이콘 변천사

　　1997년 창업주인 스티브 잡스(Steve Jobs)가 애플사에 복귀해 추진한 애플의 전설적 브랜드 캠페인인 'Think Different(다르게 생각하라)'는 당시 파산 위기의 애플을 기사회생시켰다. "열정을 가진 창조적인 사람들이 세상을 변화시키고 더 나은 곳으로 만든다"라는 애플의 핵심 가치를 다시 정립하는 것이 무엇보다 중요하다고 판단했고, 세상을 바꾼 역사 속 영웅들과 애플을 함께 보여 주면서 전설적인 브랜드 캠페인을 펼쳤다. 당시 내세울 신제품조차 없었던 상황에서 혁신적인 광고를 집행해 사회적으로 깊은 울림을 만들어 낸 것이다. 이처럼, 소비자가 지각하는 '브랜드의 핵심 가치(brand core value)'는 그대로 유지하되 브랜드가 오랜 역사 속에서도 매력을 유지하고 지속적인 생명력을 갖기 위해서는 꾸준한 브랜딩이 필요한 것이며, 브랜드 캠페인이 여기에서 핵심적인 역할을 담당한다.

[그림 10-2] 애플의 '다르게 생각하라(Think Different)' 캠페인

2) 브랜딩 그리고 브랜드 가치

상업 기업에서 공기관 그리고 유명인과 평범한 개인에 이르기까지 브랜드가 될 대상의 범위가 다양하고 유형/무형의 모든 대상은 브랜드화될 수 있다. 브랜드가 된 제품은 소비자가 '지각하는 가치(perceived value)'가 높으면 높을수록 프리미엄 가격을 청구할 수 있으며 '브랜드가 아닌 상품(non brand product)'과의 가격 차이는 크게 벌어진다. 이런 맥락에서, 브랜드의 가치(brand value)를 일종의 금전적인 가치(financial value)로 변환해 표현하려는 시도가 오랫동안 있었다. 이를 '브랜드 자산(brand equity)'이라고 칭하는데, 브랜드 자산의 규모는 주식 시장에서 기업의 시가총액을 결정하고 인수합병에서 거래될 정도로 실제적인 금전적 가치로 환원되기도 하며, 신규 소비자를 유인하고 가치를 소통하는 데 결정적인 역할을 한다.

브랜드 마케팅의 대가인 데이비드 아커(David A. Aaker, 1991)는 브랜드 자산을 제품이 지닌 물리적 속성(physical attribute)을 초월한 것으로 브랜드와 브랜드의 이름과 상징에 관련된 자산(assets)과 채무의 총체로서 제품이나 서비스가 기업의 고객에 대해 제공하는 가치를 변화시킨다고 주장했다. 그에 의하면 브랜드 자산을 구성하는 요소는 브랜드 인지, 브랜드의 지각된 품질, 브랜드 연상 그리고 브랜드 충성도라고 한다. 추가적으로, 브랜드는 직원의 충성도를 높이기 위한 내부 커뮤니케이션에서 주체 역할을 담당하기도 한다. 브랜드 자산은 시장에서 경쟁적 효용을 만들어 냄으로써 비즈니스 성공에서 핵심적 개념으로 자리매김하고 있어 현대 사회에서 그 중요성이 커지고 있다(Lassar, Mittal, & Sharma, 1995).

브랜드 캠페인의 궁극적 목표는 지속적인 커뮤니케이션을 통해 브랜드를 자산을 키우고 브랜드가 장기적으로 시장에서 존속하고 번영하도록 돕는 것이다. 포브스(Forbes)의 보고서에 따르면 일반 소비자 개인이 하루에 접하는 광고의 수는 약 4,000~10,000건이라고 한다. 명확하게 광고라고 표기하지는 않았지만, 광고적 목적을 지닌 상업 콘텐츠까지 더한다면 그 수는 막대할 것이다. 이런 과당 경쟁 환경에서 인지적으로 분주한 현대 소비자의 눈에 들 수 있는 브랜드가 되려면 고도의 브랜드 전략과 상당한 커뮤니케이션 노력이 요구된다.

01 Apple +38% 322,999 $m	02 amazon +60% 200,667 $m	03 Microsoft +53% 166,001 $m	04 Google -1% 165,444 $m	05 SAMSUNG +2% 62,289 $m
06 Coca-Cola -10% 56,894 $m	07 TOYOTA -8% 51,595 $m	08 -3% 49,268 $m	09 -6% 42,816 $m	10 Disney -8% 40,773 $m
11 BMW -4% 39,756 $m	12 intel. -8% 36,971 $m	13 FACEBOOK -12% 35,178 $m	14 IBM. -14% 34,885 $m	15 +6% 34,388 $m
16 CISCO -4% 34,119 $m	17 LOUIS VUITTON -2% 31,720 $m	18 SAP +12% 28,011 $m	19 New 26,060 $m	20 HONDA -11% 21,694 $m
21 CHANEL -4% 21,203 $m	22 J.P.Morgan +6% 20,220 $m	23 AMERICAN EXPRESS -10% 19,458 $m	24 ups +6% 19,161 $m	25 IKEA +3% 18,870 $m

[그림 10-3] 글로벌 브랜드 가치 순위(Interbrand Best Global Brands 2020 report)

　브랜드의 편재성과 그 수의 폭발적 증가는 브랜드 간 경쟁을 가속하고 있으며 이런 흐름은 디지털 미디어 환경에서 심화하고 있다. 다시 말하면 소통의 채널들은 기하급수적으로 늘었고 디지털 소통은 더욱 편리해졌지만 강력한 브랜드 가치를 창출하는 것은 과거 대중 매체의 시절과 비교하면 한층 어려워졌다. 소비자가 오프라인이나 온라인 매장에서 만나는 제품의 가짓수가 수년 전과 비교해도 부쩍 증가한 것을 독자들도 체감할 수 있을 것이다.

　특히 미디어 콘텐츠와 같은 무형 서비스의 경우 그 수는 물리적 제품에 비할 수 없을 정도로 폭발적으로 늘어 가고 있다. 여러분이 유튜브(YouTube) 앱을 열어 특정한 주제 아래 얼마나 많은 개개인의 채널이 존재하는지 확인해 보면 이를 실감할 수 있을 것이다. 2020년 기준 약 3천 7백만 개의 유튜브 채널이 존재하며 이 숫자는 지금 이 순간도 늘어 가고 있다(Tubics, 2020). 채널별로 다양한 커뮤니케이션을 통해 브랜딩하고 있음을 고려할 때 콘텐츠 서비스 시장에서 브랜드 경쟁은 매우 치열하다.

"20대에 당신의 얼굴은 자연이 준 것이지만, 50대 당신의 얼굴은 스스로 책임져야 한다
(Nature gives you the face you have at twenty;
it is up to you to merit the face you have at fifty)"

코코 샤넬(Gabriel Coco Chanel)

　브랜드는 마치 살아 있는 생명체와 같이 시간의 흐름에 따라 생로병사의 과정을 겪어 간다. 코코 샤넬(Gabriel Coco Chanel)이 이야기한 것처럼 사람이 50대에 이르러서도 아름다운 모습을 유지하면서 20대 자연이 선물한 본디 외모에 삶의 품위를 더하려면 인생에서 진지한 노력이 필요한 것처럼, 브랜드의 생존 타임라인 위에서 브랜드가 발전하고 또 생명력을 연장하는 데 커뮤니케이션은 결정적인 역할을 한다. 마치 어린아이가 태어나 꾸준히 성장해 나가고 성인이 된 후 업적을 이뤄 내고 사라지는 각 과정에 적합한 인적·물적 자원과 지속적 교육이 요구되는 것과 같이 브랜드 캠페인도 브랜드 생명 주기(brand life cycle) 각 과정과 변화하는 시장의 맥락에 맞춰 효과적으로 이뤄져야 한다.

　'브랜드의 탄생 시점(brand launching stage)'에서는 적합한 커뮤니케이션이 필요한 것이고 성숙한 시점(maturation stage)에는 또 다른 형태의 커뮤니케이션이 필요할 것이다. 각 단계에 따라 때로는 먼발치에서 장기적 목표 아래 브랜드의 성장을 조망하고 또 때로는 단기적 성과 지표에 맞춰 짧은 호흡으로 캠페인을 운영하게 된다. 이런 생명 주기는 목표 집단에 따라 달라질 수 있으며 또 목표하는 소비자가 소속된 문화권에 따라서 차이가 발생한다.

[그림 10-4] 코카콜라 로고의 변천사

최근 브랜드 캠페인의 성격이 크게 달라지고 있는 이유는 바로 소비자 생활 방식의 변화와 소비자가 콘텐츠를 접하는 미디어 기술의 혁신 때문이다. 구체적으로 소비자 생활 방식의 변화는 브랜드 캠페인의 내용을 변화시키고 있으며, 미디어 기술의 혁신은 브랜드 캠페인을 전달할 방법을 변화시키고 있다. 이런 측면에서 브랜드 캠페인의 전략과 전술 그리고 세부 지침도 시대의 변화에 맞춰서 변하고 있다. 애플(Apple)사는 매년 구정(lunar new year) 전 시점에서 중국 소비자를 대상으로 한 신형 아이폰(iPhone) 광고를 집행하고 있는데, 광고라기보다는 마치 단편 영화와도 같은 감동적인 스토리를 통해 아이폰의 브랜드 캠페인을 진행하는 것이 특징이다.

2020년 집행한 7분 30초 분량의 아이폰 11 광고는 중국 남서부 대도시인 충칭(重慶)의 한 여성 택시 운전사의 이야기를 담았다. 따뜻한 가족애를 담고 있는 광고는 중국 SNS인 웨이보와 유튜브를 통해 방영됐고 중국뿐 아니라 세계 소비자들의 호응을 얻었다. 이 광고는 애플 아이폰 11 프로의 고화질 4K 촬영 기능을 활용해 촬영됐으며 광고 영상 촬영과 관련한 제작 에피소드까지 추가로 공개되는 등 전략적인 브랜드 콘텐츠 활용이 돋보였다. 세계 최대 규모의 스마트폰 소비 시장이며 여전히 성숙기 시장으로 평가되는 중국에서 아이폰 점유율이 부족한 이유로 집행된 이 캠페인은 기존 광고의 문법적 형식을 탈피했으며, 광고매체 활용에서도 디지털 플랫폼에 집중해 큰 성과를 얻었다.

[그림 10-5] 중국 소비자를 대상으로 집행된 애플의 아이폰 2020 신년 캠페인

2. 브랜드 캠페인의 과정

1) 브랜드 캠페인의 기획

우리는 일상에서 기획(planning)이라는 말을 자주 쓴다. 기획을 정의하면 "문제 해결을 위한 구조화된 논리적 사고 과정"이라고 이야기할 수 있다. 같은 맥락에서 브랜드 캠페인 기획은 브랜드가 직면한 '시장의 문제'에 대한 커뮤니케이션을 활용한 해결책 제시라는 궁극적 과제를 지니고 있으며, 이 과정에서 사용되는 실행 도구가 바로 브랜드 캠페인이다. 브랜드 캠페인은 PR과 이벤트, 직접 마케팅 등 다양한 브랜드 커뮤니케이션 도구를 포괄하지만, 광고의 역할이 막대하므로 브랜드 캠페인 기획을 광고 캠페인 기획(advertising campaign planning)이라고 지칭하는 때도 많다. 반대로, 광고 캠페인을 브랜드 캠페인으로 바꿔 부르는 등 혼용해서 사용하는 경우도 빈번하다. 브랜드 캠페인에서 주요 콘셉트가 도출하는 시작점이 주로 광고가 되기 때문이다.

브랜딩에서 브랜드 아이덴티티(brand identity)와 브랜드 이미지(brand image)라는 용어를 빈번하게 사용한다. 여기서 브랜드 아이덴티티는 커뮤니케이션 주체(기업이나 비영리조직 등)가 이야기하려고 하는 브랜드의 모습이라고 볼 수 있다. 반면에 브랜드 이미지란 소비자가 인식하고 있는 브랜드의 현재라고 볼 수 있다. 브랜드 이미지와 아이덴티티 사이의 간극(gap)을 광고주의 의지대로 줄이고 브랜드 이미지를 보다 긍정적으로 조성하는 데 사용되는 주요 도구가 바로 브랜드 캠페인이다.

브랜드 캠페인의 진행 과정을 요약하면, ① 문제 인식, ② 문제 구조화, ③ 브랜드 캠페인 전략 및 전술 입안, ④ 브랜드 캠페인 실행, ⑤ 결과 모니터링 및 수정으로 요약할 수 있다. 문제 인식의 과정에서는 자사(company), 경쟁사(competitor), 소비자(consumer)라는 3C의 다양한 측면에서 문제를 발견하고 정의하게 된다. 정의된 문제를 구조화하면서 시장을 세분화하고(segmentation) 목표 고객을 설정해(targeting) 그들에게 적합한 브랜드 이미지를 포지셔닝(positioning)하기 위한 전략과 전술을 입안한다.

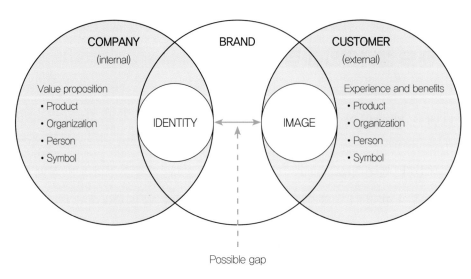

Possible gap

[그림 10-6] 브랜드 이미지와 브랜드 아이덴티티

    캠페인 실행 과정에서는 시장 환경(market), 미디어 환경(media), 자금력(money)을 고려해 실행해야 한다. 이러한 캠페인 실행 전반에서 늘 염두에 둬야 할 것이 바로 "충분한 자원(resource)이 있는가?"이다. 여기서 자원은 단순히 재정적 영역에서 마케팅 예산(marketing budget)의 정도뿐 아니라 관련한 인력 자원의 여부 그리고 시간과 노력을 투자할 수 있는 상황적 여력까지를 모두 포괄하게 된다. 주어진 상황에 따라 어떤 자원이 더 중요하고 또 덜 중요할 수도 있겠지만, 캠페인의 성격에 따라 자원 분배를 최적화하는 것이 필수적이다.

    브랜드 캠페인 기획은 문제의 정의에서 시작된다. '잘 정의된 문제(well defined problems)'는 자연스럽게 더욱 구조화된 기획을 끌어낸다. 반면에, '잘 정의되지 못한 문제(ill defined problems)'는 캠페인 기획에 걸림돌이 되며 결국 주먹구구식 캠페인으로 이끌게 된다. 문제의 정의는 우리가 생각하는 것보다 힘들다. 특히 특정 브랜드를 오랫동안 관리 운영해 온 광고주나 광고 기획사 입장에서 브랜드를 삼자적 시선에서 냉정하고 객관적으로 바라보기보다는 주관과 경험적인 성패를 기준으로 해석하는 경향이 있다. 그래서 캠페인 기획자들은 커뮤니케이션 컨설턴트라는 외부인의 관점에서 문제를 제대로 정의한 후 효과적인 캠페인 기획을 입안해야 한다. 이런 점에서 캠페인 기획자가 지녀야 할 창의성은 광고 콘텐츠를 제작하는 PD, 그래픽 디자이너나 카피라이터의 창의력과는 다르며 바로 '문제 정의의 창의성'에 기반을 둔다고 볼 수 있다. 기존 캠페인의 관습과 타성을 부수고 객관적으로 시장 안에서 브랜드를 진단하며 '의미 있는 다름'을 만들어 낼 수 있도록 캠페인 기획자들은 논리적이면서도 때로는 엉뚱할 수 있는 '캠페이너 사고방식'을 훈련해야 한다.

브랜드 캠페인에서 전략(strategy)이라고 하면 전술(tactics)과 다른 의미를 지니는데, 전략은 더욱 장기적이고 효과적인 측면을 강조하는 반면에 전술은 단기적이고 효율적인 부분에 집중한다. 전략과 전술은 독립적이면서도 상호 보완적 관계를 지닌다. 전술은 전략이라는 큰 우산 아래서 존재하지만, 훌륭한 전략이 좋은 전술로 연결되나 좋은 전술이 모여 훌륭한 전략을 만드는 것은 아니다. 전략과 전술의 꼼꼼한 얼개 가운데서 브랜드 캠페인이 전개되며 광고 콘텐츠와 소비자에게 콘텐츠를 전달할 채널도 달라진다. 브랜드 캠페인은 앞서 언급한 전략과 전술을 염두에 두고 근시안적 민첩성과 장기적 청사진을 가지고 집행해야 한다. 같은 맥락에서 효과성(effectiveness)과 효율성(efficiency)을 동시에 고려해야 한다. 여기서 효과성은 목적에 도달했는지를 이야기하고, 효율성은 같은 목표 달성에 있어서 얼마나 적은 투입 비용과 노력이 소요됐는지를 의미한다. 흔히 성공 브랜드 캠페인이라고 말할 때는 전략과 전술 그리고 효과와 효율 측면의 우수성을 모두 고려해서 성공 캠페인으로 명명한다.

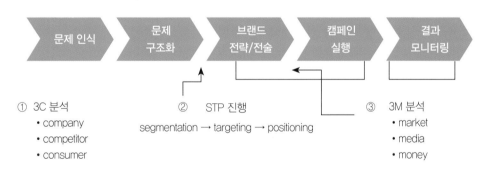

[그림 10-7] 브랜드 캠페인 진행 과정

최근 광고계의 흐름을 보면 성과 목표가 매우 구체적이며 성과 달성 완료 기간이 점차 짧아지고 있는 것이 현실이다. 이런 배경에는 광고대행사의 '책무성(accountability)에 대한 요구'가 증대되면서 광고를 단지 의례적으로 집행하는 것이 아니라 목표한 책무를 달성했는지에 대해 구체적으로 평가하겠다는 흐름이 있다. 구체적으로, 디지털 광고 집행 솔

[그림 10-8] 국내 최초의 고속도로변 디지털 옥외 광고
(2020년 CJ파워캐스트 집행)

루선들이 늘어 가면서 4대 매체(TV, 라디오, 신문과 잡지)로 대표되는 대중 매체가 지배하는 환경과는 크게 다르게 단기적 성과 달성에 대한 기대가 높아지고 있다. 실시간 광고 구매(Real Time Buying: RTB), 자동화된 광고 성과의 최적화(advertising performance optimization) 등 디지털 광고 용어들이 이제는 매체 전반에 흔히 사용되고 있다. 한편으로, 소비자 트렌드가 빠르게 변화하고 세대별 라이프스타일에 따라서 크게 달라지고 있으므로 이런 속도에 맞추려는 목적으로 브랜드 캠페인 효율성이 보다 강조되고 있다.

광고매체 가운데 가장 오래된 매체이며 변화가 적었던 옥외 광고에도 인공지능 활용 기술들이 속속 도입될 정도로 디지털화의 흐름은 거대하게 진행되고 있다. 예컨대, 2020년 올림픽대로에 집행된 지주 이용형 옥외 광고(기금 조성용 야립 광고)는 차량 감지 센서와 딥러닝(deep learning) 기술을 적용해 특별한 캠페인을 전개했다. 택배 차량을 자동적으로 인식해서 명절에도 배송 작업 때문에 쉬지 못하는 택배 기사들에게 "이른 아침부터 점심시간도 없이, 노곤한 오후에도, 늦은 밤에까지 수고해 주셔서 감사하다"라는 문구를 넣은 따듯한 광고를 표출해서 큰 호응을 얻었다.

2) 브랜드 캠페인과 통합

브랜드 캠페인에서 통합(integration)은 상당히 중요하다. 여기서 통합이라고 하는 것은 다층적인 의미를 지닌다. 우선, '기존의 캠페인 주제(theme)와의 통합'이 중요하다. 기존에 진행됐던 브랜드 캠페인과 달라야 하지만, 그럼에도 어느 정도의 공통성을 유지하는 것이 브랜드 자산을 지속해서 축적하는 데 결정적이다. 다음으로, 기업 가치와의 통합이다. 기업이 지닌 사명(mission)과 비전(vision), 기업이 추구하는 목표(goal) 그리고 현재 진행되는 브랜드 캠페인의 연결과 통합이 중요하다. 예컨대, 단기적 매출 상승만을 목표로 특정 캠페인을 진행했을 때 매출 목표는 달성할 수 있겠지만 장기적으로 기업 브랜드 가치와 기업의 장기적 지속 가능성에는 부정적 영향을 미칠 수 있다.

삼성전자가 2017년 인도에서 집행한 브랜드 캠페인(Samsung India Service: We'll take care of you, wherever you are 편)은 2020년 기준 유튜브 2억 뷰를 돌파할 정도로 큰 반향을 일으킨 바 있다. 서비스 밴을 탄 삼성전자 기술지원 엔지니어의 여정을 담고 있는 약 4분

[그림 10-9] 삼성전자에서 집행한 인도 소비자 대상 브랜드 캠페인

길이의 광고는 삼성전자의 고객 만족 추구와 완벽에 가까운 서비스라는 브랜드의 주요 가치와 기업의 미션을 뛰어난 브랜드 스토리를 통해 표현했다. 특히 난관 극복, 행복한 결말, 인간애 등 인도인들이 중요하게 여기는 문화적 가치들을 브랜드 스토리에 적극적으로 활용했다는 점에서 인도라는 전략 시장에서 성공적인 캠페인으로 자리매김했다.

다음으로는, '브랜드와 미디어와의 통합'을 고민해야 한다. 주어진 예산 아래 가용한 미디어 채널들의 적절한 배합 그리고 상승 작용을 위한 최적의 조합을 구성하는 것이다(media mix and match). 최근 소비자들은 다-매체 환경에서 다양한 미디어를 동시에 복합적으로 활용하고 있다. "미디어 동시 소비(simultaneous media consumption)"라고 불리는 현상이 바로 그것이다. TV를 보면서 스마트폰을 쓰거나 모바일 앱을 통해 음악 콘텐츠를 소비하면서 다른 업무를 진행하는 등 다양한 매체를 동시에 소비하고 있다. 또 콘텐츠를 소비하는 동시에 실시간 의견을 개진하기도 하는 등 미디어 활용이 상당히 복잡해지고 있다. 이러한 '사회적 시청(social viewing: 온라인 콘텐츠를 여러 사람이 동시 시청하고 의견을 나누는 것)'이 문화적 기술적 장벽을 넘어 이제 본격화되고 있다(최윤정, 2014).

이러한 다양한 미디어 활용을 염두에 두고 브랜드 캠페인에 있어서 상승 작용을 극대화하는 것이 필수적이다. 이제 소비자는 광고를 수동적으로 보고 개인 단위에서 독자적으로

해석하기보다는 소셜 미디어에서 실시간으로 즉각 반응하면서 브랜드와 적극적으로 소통하고 있다. 문제는 디지털 소통이 늘 긍정적 방향만이 아니라 부정적인 방향으로도 쉽게 움직여 간다는 점에 유념해야 한다. 실제로 많은 브랜드가 이런 소셜 미디어 환경의 소통과정에서의 실패를 통해서 위기를 경험했고, 때로는 브랜드 가치를 크게 잃어버린 경우도 다수 있었다. 때로는 잘못된 브랜드 소통이 되돌리기 힘든 위기로 변모된 때도 있었다.

미디어 통합과 관련해서 세부 채널의 통합도 유념해야 한다. 마케팅의 4대 요인(4 marketing mix)에서 광고는 프로모션(promotion) 영역 아래 있고 그 프로모션 범주 아래에는 수많은 마케팅 커뮤니케이션 활동이 존재한다. 이런 활동들이 일어나는 다양한 채널(channel)이 각기 다른 목소리를 내는 것은 마케팅 효과에 있어서 효율성을 떨어트릴 뿐 아니라 때로는 부정적 영향을 미칠 수가 있다. 따라서 브랜드 캠페인 진행에 있어서 각 채널이 조화롭게 일정한 방향의 목소리를 낼 수 있도록 조정(coordination)해 주는 것이 필수적이다. 그래서 캠페인 기획자는 일종의 오케스트라를 통솔하는 지휘자처럼 앞에서 언급한 통합들을 진두지휘할 수 있도록 논리적 합리성과 창의적인 사고와 함께 브랜드 캠페인에 대한 책무성까지 갖춰야 한다.

프로모션 목적의 손목밴드를 일종의 브랜드 가치를 표현하는 상징이자 브랜드 커뮤니케이션 매체로 구현한 나이키의 공익 연계 브랜드 캠페인인 '리브 스트롱(Live Strong) 캠페인'은 브랜드 캠페인 기획에 있어서 많은 함의를 전해 준다. 나이키는 Live Strong이란 어구가 적힌 1달러 가격의 노란 손목밴드 판매를 통해서 전설적인 사이클 선수인 랜스 암스트롱(Lance Armstrong)이 설립한 비영리 재단인 리브 스트롱 재단(Livestrong Foundation)의 '리브 스트롱 암 교육 프로그램(Live Strong Cancer Education Program)'에 총 100만 달러를 기부했다. 손목밴드 착용이 큰 반향을 일으켜 운동선수와 유명인들이 앞다퉈 착용했으며, 500만 개 판매를 목표로 했지만 2004년에 1,500만 개가 판매되는 등 선풍적인 인기를 끌었다. 2020년 기준으로 5달러

[그림 10-10] 나이키의 리브 스트롱 밴드

가 넘는 웃돈을 줘야 구매할 수 있을 정도로 여전히 사랑받고 있다.

브랜드 캠페인 집행에 있어서 새로운 형식의 크리에이티브 문법들과 도전적인 시도들이 속속 진행되고 있다. 예컨대, 영화 〈데드풀(Deadfool)〉의 주연으로 유명한 배우인 라이언 레이놀즈(Ryan Rodney Reynolds)가 직접 출연해 복수의 브랜드를 한 광고에 동시 등장시키는 등의 형식 파괴적 시도들은 과거에 유명인을 활용한 전형적 캠페인들과는 전혀 다른 형식으로 폭발적인 소비자 반응들을 끌어냈다. 2019년 11월 삼성 미국 지사 유튜브를 통해 공개된 영상에서는 삼성 QLED 제품에 대한 TV 광고 중간에 넷플릭스와 본인이 주연한 영화(6 underground) 그리고 본인이 투자한 위스키 브랜드(Aviation Gin)까지 총 네 가지 브랜드를 한 영상에 동시에 노출하면서 시청자에게 큰 호감을 얻었고, 역설적으로 더 큰 광고 효과를 얻어 낸 것이다. 이런 새로운 시도들은 소셜 미디어 중심의 미디어 환경이기 때문에 가능한 것이기도 하다. 관습을 파괴할 수 있는 마케팅 상상력이 브랜드 캠페인에서 상당한 역할을 차지하게 됐다.

[그림 10-11] 라이언 레이놀즈가 출연한 삼성 QLED 광고

3. 디지털 미디어 환경에서의 브랜드 캠페인

1) 브랜드 캠페인과 미디어 전략

디지털 미디어 수와 채널의 폭발적 증가에 따라 캠페인에 있어서 미디어 전략(media strategy)은 그 어느 때보다 중요해졌다. 과거 콘텐츠와 매체가 독립적으로 움직였다면 이제 미디어 전략과 콘텐츠 전략에서 구분이 없을 정도로 밀접해진 것이다. 브랜드의 성격, 조직의 특성, 경쟁의 정도 그리고 경쟁사에 콘텐츠와 매체 활용의 특장점 등 다각적인 환경 검토를 통해 최종적 전략 매체 조합을 선택하게 된다. 단순히 캠페인 기획자의 경험, 취향이나 선호에 따라서 매체 선택이 좌지우지되지 않도록 유의할 필요가 있다. 온라인 매체와 오프라인 매체의 취사선택은 특별히 중요하다. 온라인 매체를 오프라인 매체에 대안적 선택지로 활용할 것인지 또는 보완재로 활용할 것인지에 대한 의사 결정이 필요하며, 다른 경쟁 캠페인들이 온라인에만 집중하고 있다고 해서 쉽게 디지털 채널에만 집중하는 전략을 따르는 것에는 위험이 따른다.

2015년 일본의 덴츠(Dentsu)가 집행한 "도후쿠로 돌아가자(Get Back, Tohoku)" 캠페인은 2011년 일본 역사상 최악의 지진 중 하나로 기록된 동일본 대지진 발생 후 관광객과 방문객을 잃어버린 도호쿠 지역으로 돌아가자고 광고하기 위해 잡지와 신문 등 지면 매체를 중심으로 활용했다. 열차를 일상과 다른 세계로 데려다주는 체험의 주인공으로 표현했다는 점이 독특했던 캠페인이다. 이 브랜드 캠페인은 완성도 높은 그래픽을 표현하는 데 적합한 지면 매체를 중심으로 디지털을 보조 매체로 활용했다는 점에서 독창성을 인정받았다. 이처럼 유행에 흔들리는 것이 아니라 캠페인 목표에 따라 최적의 매체를 선정할 필요가 있다.

온라인 매체가 젊은 소비자들에게 파급 및 확산이 유용하지만 부정적 댓글 등에 따르는 콘텐츠 오염이 심하고 앞서 언급한 것처럼 마케팅 통제력을 상실하는 경우가 흔하다. 구체적으로, 원하지 않은 콘텐츠에 광고가 인접해 삽입되는 광고 자동화에 따르는 문제가 최근 심각하게 대두되기도 했다. 물론 콘텐츠의 성격과 소비자의 상황적 맥락을 인식하는 광고 집행을 돕는 인공지능의 발전으로 광고 집행이 더 고도화되고 있지만, 여전히 완성도

면에서는 부족하고 각종 오용 사례가 나타나고 있기도 하다.

[그림 10-12] 도후쿠로 돌아가자(Get Back, Tohoku) 캠페인

2) 소셜 미디어와 브랜드 캠페인

미디어 전략에서 디지털 채널 활용은 그 어느 때보다 더 강조되고 있다. 특히 소셜 미디어 활용이 보다 드러나고 있다. 브랜드 캠페인이 장기적 안목에서 브랜드의 성장을 도모해야 하지만 또 한편으로는 소셜 미디어 환경에서 적정한 효율성을 유지할 수 있도록 빠른 보폭으로 움직여야 한다는 점을 명심해야 한다. 또 원칙적으로는 브랜드 전략의 기본은 그대로 유지하되 광고적 기술은 조금 더 시기적절하게 새로운 방법까지도 활용할 필요가 있다. 소셜 미디어는 실시간 소비자 반응을 수집해 분석할 수 있다는 강점이 있지만, 한편으로는 소비자들의 반응에 대한 통제와 예측이 어렵다는 단점도 있다. 이런 이유로 24시간 끊임없는 모니터링이 필요하며, 때로는 실시간으로 대응해야 한다는 점에서 인적·물적 자원의 요구가 크다. 따라서 캠페인 목표에 적합한 소셜 미디어 채널을 어느 정도의 노력을 통해 타사의 경쟁 브랜드에 대비하여 어떻게 활용할 것인지를 결정하는 것이 캠페인 기획자의 중요한 역할이 됐다.

소셜 미디어는 서로 간에 기능적으로 분화하고 또 복합적으로 연결돼 가면서 브랜드 캠페인에 새로운 도전을 가져오고 있다. 페이스북(Facebook)과 인스타그램(Instagram)은 공유(sharing)를 위해서, 트위터(twitter)는 실시간 뉴스 소통(real-time news), 아마존(Amazon)은 상거래의 중심지(online hub for transaction), 넷플릭스(Netflix)는 동영상 엔터테인먼트, 그리고 구글(Google)은 지식의 발견(knowledge discovery)이라는 기능으로 탄생했지만, 이제 점차 복합적이고 융합된 형태로 연결돼 가고 있다. 구체적으로 페이스북은 친구 간의 교류를 돕는 본디 역할을 넘어 각종 미디어 콘텐츠를 공유해 가는 역할이 중요해지고 있으며, 인스타그램은 상거래 기능이 크게 강조되고 있다. 이러한 소셜 미디어의 진화에 맞춰 브랜드 캠페인도 함께 진화해야 한다.

캠페인 성과 분석이나 캠페인의 진행상 관련 정보들이 성과 대시보드(dash board, 상황판)를 통해 실시간으로 바로 업데이트되고 있는 것이 현실이다. 기존의 브랜드 캠페인과 최근 디지털 캠페인의 가장 큰 차이점은 바로 광고 효과 분석의 실시간 진행이라고 볼 수 있다. AB 검증(AB testing)이라고 불리는 실시간 광고 효과 비교 분석이 가능해지면서 브랜드 캠페인의 성과를 짧은 단위에서 측정하고 또 수정할 수 있게 됐다. 구체적으로, 무작위비교 연구(Randomized-controlled trial: RCT)라 불리는 실험 연구 방법론을 디지털 마케팅 현장에 적용한 것이다. 회원 가입률, 재방문율, 구매 전환율 등의 정량적 마케팅 지표를 달성하는 데 더 적합한 최적 조건을 찾기 위해 사이트 방문자를 임의로 두 집단으로 나누고 한 집단에게는 기존 사이트(control site)를 보여 주고 다른 집단에게는 새로운 사이트(experimental site)를 보여 준 다음, 새 사이트가 기존 사이트에 비해 좋은지를 판단하는 방식이다. 캠페인 담당자로서는 매 순간 변화하는 나의 광고 콘텐츠 또는 매체 선정에 대한 효율과 효과성을 점검하고 또 바꿀 수 있게 됐다.

소셜 미디어의 파급력과 온라인 실시간 대응을 통해 성공한 브랜드 캠페인 중 대표적인 것이 2012년 집행된 오레오 데일리 트위스트(Oreo Daily Twist) 캠페인이다. 크래프트 푸드(Kraft Food)사에서 '오레오 브랜드 출시 100주년'을 기념해서 매일 오레오로 만들 수 있는 다양한 조합의 이미지를 그날의 역사/사회적 이슈에 맞춰 디자인하고 매일 정기적으로 포스팅한 것으로, 창의적 표현과 탁월한 마케팅 성과를 통해 2013년도 칸 라이언즈(Cannes Lions)에서 그랑프리를 수상하기도 했다.

[그림 10-13] 오레오의 데일리 트위스트 캠페인

소셜 미디어는 브랜드 캠페인 담당자에게 여러 가지 도전과 기회를 동시에 주고 있다. 소셜 미디어를 통해 얻어지는 많은 데이터 소비자 연구적 관점에서 유용한 도구가 될 수 있다. 소셜 미디어상에서 집계되는 소비자의 온라인 '디지털 발자국(digital footprint, 소비자가 남긴 온라인 흔적)'을 축적하고 이에 대한 빅데이터 분석을 통해 소비자가 실시간으로 만들어 내고 있는 우리 브랜드에 대한 반응들을 집계하여 숨겨진 소비자 인사이트를 발굴할 수 있다. 소비자가 브랜드 웹사이트와 브랜드 소셜 미디어에서 활동하는 내용이 고스란히 댓글과 방문 로그 파일(log file) 형태로 온라인 어딘가에 남게 되고, 이를 자동적으로 수집하고 분석하는 과정을 통해 과거에는 알지 못했던 통찰을 얻을 수 있다는 것이다. 한편으로, 광고주들이 양적으로 수치화되는 목표에만 집중하면서 소셜 미디어에 얼마만큼의 반응을 얻어 냈는지를 마치 브랜드의 성공과 동일시하는 경향이 커지고 있다. 이와 같이 단기적 성과에 함몰되어서 장기적인 브랜드 가치 구축에 어울리는 느린 호흡과 대범한 전략을 전개하기 힘들다는 문제점도 커지고 있음을 유념해야 한다.

3) 브랜드 캠페인과 스토리텔링

트랜스 미디어 스토리텔링 전문가인 헨리 젠킨스(Henry Jenkins) MIT대학 교수는 그의 저서인 『융합문화(Convergence Culture)』(2008)에서 '참여적 문화(participatory culture)'는 단지 기술적인 수준에 따라 완성되는 것이 아니라 바로 콘텐츠 소비자의 손으로 직접 완성된다고 주장했다. 아무리 잘 만들어진 광고 콘텐츠라도 소셜 미디어 환경에서 참여를 유도하지 얻지 못한다면 소기의 광고 효과로 환원되기 힘들다. 반면에, 완성도가 부족하더라도 소셜 반응을 제대로 끌어낸다면 바로 효율적인 브랜드 캠페인이라고 평가할 수 있다. 같은 맥락에서 소셜 미디어에 집중한 브랜드 캠페인이 가장 주목하는 지점은 바로 '획득된 미디어 효과(earned media effect, 캠페인을 통해 얻은 자발적 구전 효과)'의 극대화다. 그리고 이를 만들기 위해 집행한 캠페인이 어떻게 온라인상에서 충분한 웹 가시성(online visibility)을 얻을 수 있을지를 고심해야 한다. "검색되지 않으면 존재하지 않는다"라는 명제가 일상화된 요즘 디지털 검색 환경에 더 친절해질 필요성이 커진 것이다. 또 검색과 참여를 끌어내기 위한 양질의 브랜드 스토리 개발이 브랜드 캠페인에서 결정적인 역할을 담당하게 됐다.

미디어를 통해 유통되는 수많은 콘텐츠 가운데 이제 브랜드 캠페인의 수단으로 개발된 브랜드 스토리(brand story)의 비중이 크게 높아지고 있다. 직접 광고형 스토리, 간접적 광고 스토리, 그리고 소비자가 브랜드에 관해 이야기하는 자생적 브랜드 스토리까지 포함하면 우리 소비자들은 취침 시간을 제외한 대부분 시간을 반강제적으로 브랜드 스토리와 함께하고 있다고 볼 수 있다. 특히 디지털 미디어를 통해 확산하는 브랜드 스토리는 '이야기 가치(talk value)'를 추구하며 소비자의 자발적 공유(sharing)를 통해 확산하는 효과를 위해 총력을 다하고 있다(김병희, 2012). 하지만 각종 자극적이고 설득력 있는 스토리가 넘쳐 나는 스토리 과잉의 경쟁적 환경에서 상품/서비스를 판매하겠다는 분명한 의지를 지닌 브랜드 캠페인이 소비되고 공유되며 효과를 발휘하는 것은 생각처럼 쉽지 않다.

각종 스토리가 폭발적으로 생산되고 확산하는 현재의 환경은 가히 '복잡 스토리 환경(complex story environment)'이라고 간주할 수 있다. 이런 카오스적인 환경에서 브랜드 스토리를 만들고 유통하는 브랜드 캠페인은 크게 두 가지 위기를 맞이하고 있다. 우선 스토리 생산(story production)의 위기다. 복잡 스토리 환경에서 소비자들은 제한된 시간과 능력 속에서 새로운 스토리들을 접하게 되고, 결국 스토리 큐레이션 서비스 또는 본인의 자발적 의지에 따라 선별적으로 정보에 노출하는(selective exposure) 현상이 한층 심화하고 있다. 이러한 선별적 스토리 소비는 대중매체의 위기와 맞물려 있는데, 소비자들이 대중매체의 비차별적 정보를 소비할 기회가 점차 줄고 있다는 것이다.

선별적 스토리 소비는 결국 같은 연령의 유사 사회경제 계층(Social Economic Status: SES)의 소비자더라도 다른 내용의 스토리 추구하는 계층 내 '스토리 디바이드(story divide)'를 초래하고 있다. 예를 들면, 이제는 특정 소셜 미디어에 접속하는 동일 연령의 유사한 사회적 배경의 소비자더라도 자신의 선호에 맞는 취향 콘텐츠만 선택적으로 소비하고 있다. 과거 브랜드 캠페인이 계층에 따라 다른 미디어를 소비하는 것에 착안해 미디어나 채널을 선택하는 '미디어 디바이드(media divide/channel divide)'를 고심하며 광고 전략을 마련했지만, 이제는 같은 미디어 속에서도 다른 스토리를 찾는 브랜드 스토리 전략을 고민하게 됐다.

2013년 집행된 현대자동차의 AMC의 유명 드라마 〈워킹데드(Walking Dead)〉와 연계한 현대차의 다목적 차량(sport utility vehicle: SUV) 브랜드인 투싼(Tucson) 브랜드 캠페인은 드라마 에피소드 내의 간접 광고(PPL)와 워킹데드를 주제로 한 TV 광고 제작 및 브랜드 카툰 제작 그리고 전용 모바일 비디오 게임까지 제작할 정도로 스토리에 집중한 후 다양한 매체로 그 영향력을 확산하는 독특한 브랜드 캠페

인을 구사했다. 캠페인이 진행되면서 워킹데드 특별판(limited edition) 차량까지 출시하면서 상당한 시간이 지난 지금도 중고차 시장에서 프리미엄을 받고 거래될 정도로 인기를 자랑하고 있다. 〈워킹데드〉가 열정적인 팬들을 다수 보유하고 있는 흡입력 높은 드라마이며 브랜드와 잘 어울리는 콘텐츠(예: 야성적인 브랜드 성격과 차량

의 우수한 성능을 보여 줄 수 있음.)를 구사하고 있음을 고려할 때 매우 효과적인 브랜드 스토리텔링으로 평가할 수 있다. 콘텐츠 폭증의 시대에서 브랜드 캠페인을 만들고 유통하는 기획자가 목표 소비자 집단을 포괄적으로 움직일 스토리를 창작하기란 더욱 어려워졌다. 이제 브랜드 캠페인은 기본적 브랜드 가치는 그대로 유지하되 소비자의 스토리 선호에 따라 스토리를 창작하고 연관된 콘텐츠와 적극적으로 협업할 필요가 커진 것이다.

[그림 10-14] 현대자동차의 워킹데드 연계 브랜드
캠페인(드라마, 카툰, 모바일 게임)

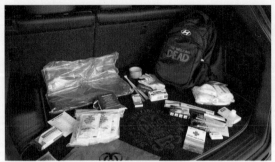

[그림 10-15] 현대자동차의 워킹데드 특별판 차량

다음으로, 브랜드 캠페인에서 '스토리 유통(story distribution)'의 전략에 주목해야 한다. 디지털 미디어 채널의 폭증은 생산된 브랜드 캠페인을 위한 스토리를 매체에 유통시키는 데 복잡성을 더해 주고 있다. 구체적으로, 앞서 언급한 스토리 디바이드에 따라 과거에 보지 못한 콘텐츠와 브랜드 스토리의 충돌이 늘어 가고 있다. 예컨대, A 소셜 미디어 채널에 삽입돼 소비자에게 전달된 브랜드 스토리가 A 채널의 매체 성격 또는 콘텐츠 성격과 맞지 않아서 목표한 광고 효과를 거두지 못할 수 있다. 광고가 도달은 했지만 소기의 성과를 거두지 못하게 됐다. 광고가 삽입된 미디어 콘텐츠의 시청자 영향력에 의지하는 광고의 근원적 한계를 고려할 때 이런 콘텐츠와 광고 간의 맥락 충돌은 브랜드 캠페인에 있어서 심각한 문제로 드러나고 있다. 이런 맥락에서 콘텐츠 의존형 광고가 아닌 스스로 독립돼 소비자를 끄는 '독립형(stand alone)의 브랜드 스토리'에 대한 수요가 빠르게 늘어 가고 있다. 또 독립형 스토리들로 소비자들을 유입시키는 목적의 브랜드 캠페인이 늘어 가고 있기도 하다.

2020년 2월 말, 제과 기업인 빙그레의 공식 인스타그램에는 사진 한 장과 함께 "빙그레우스 더 마시스"라는 캐릭터가 올라왔다. 빙그레우스는 빙그레 왕국의 왕위 계승자인데 왕위 계승 자격을 증명하기 위해 인스타그램 채널 운영을 위임받았다며 자신을 소개한다. 홍보 문구 위주의 광고형 SNS 운영의 틀에서 벗어나 갑자기 등장한 가상 캐릭터에 소비자들은 당황했고 또 열광했다. MZ세대(1980년대 초~2000년대 초에 출생한 세대)는 빙그레우스의 '자발적인 팬'이 되면서 브랜드에도 흥미를 넘어 열광적 팬이 됐다. 브랜드 캠페인에서 차별적이고 독립적인 스토리텔링의 힘은 그 어느 때보다도 중요해지고 있다.

[그림 10-16] 빙그레의 소셜 미디어 활용 브랜드 캠페인(빙그레우스)

복잡 스토리 환경에서 브랜드 캠페인이 살아남을 수 있는 또 다른 핵심은 바로 단순성(simplicity)이다. 물론 여기에서 단순성은 소비자에게 보이는 단순함이며 그 근저에는 데이터와 전략이 기반이 되어야 한다. 2008년과 2012년 오바마 대선 캠페인에서 크리에이티브 디렉터로 근무하면서 젊은 나이에 업계의 스타로 등극한 스콧 토머스(Scott Thomas)는 디지털 커뮤니케이션의 핵심은 '단순성'이라고 규정했다. 오바마 캠페인의 비결을 요약하면 "디지털 커뮤니케이션은 청중이 무엇을 원하는지를 알고 가장 단순한 형태로 원하는 것을 전달하는 것"이라고 강조했는데, 소비자들은 복잡하고 아름다운 것을 즐기지만 늘 직접적(straightforward)이고 일관적(consistent)인 것, 즉 '단순한(simple)' 것을 원하기 때문이라고 강조했다. 소비자를 둘러싸고 있는 스토리 환경이 더욱 복잡해지고 소비자의 생활이 더욱 분주해지면서 그들은 더욱 단순하고 직관적인 것만을 추구하게 되는 경향이 있다. 매스미디어가 매체 환경을 지배하던 시대에 소비자가 편하게 광고에 노출되던 여유가 이제는 수초 내에 소비자의 마음을 얻지 못하면 곧 소비자가 떠나 버리는 조급한 디지털 환경으로 빠르게 변해 가고 있다. 브랜드 캠페인 기획자는 이런 환경적 변화를 인식하고 브랜드 캠페인의 새로운 조류를 만들어 가야 할 것이다.

4) 브랜드 캠페인과 광고 윤리

브랜드 캠페인에서 간과할 수 없는 부분이 바로 윤리적 측면이다. 광고계의 전설적인 인물인 데이비드 오길비(David Ogilvy)는 그의 저서에서 "소비자는 바보가 아니라 당신

[그림 10-17] 국내에 진출한 해외 게임회사의
선정적 광고

의 부인이다(The consumer isn't a moron. She is your wife)"라고 언급하면서 광고의 윤리적 책임을 강조한 바 있다. 소셜 미디어 중심의 환경에서 광고 노출의 총량과 같은 구체적인 성과 지표에 급급해 단기간 성과를 거두는 데 집중하다 보니 과다한 경쟁을 하는 경우가 늘고 있다. 특히 음란성 콘텐츠와 가짜뉴스(fake news)를 포함한 자극적 메시지를 활용한 '온라인 어뷰징(online abusing)'들이 바로 그것이다. 여기서 어뷰징이라고 하면 특정 의도를 가지고 소비자를 속여 이익을 취할 목적으로 진행되는 행동을 의미한다. 댓글이나 조회 수의 조작이 대표적이며, 광고 콘텐츠 조작을 통한 기만적 온라인 트래픽 유도도 광의적인 어뷰징으로 볼 수 있다.

언론사 온라인 웹페이지나 심지어 주요 포털 사이트에도 버젓이 미디어 내용과 관련 없는 광고들이 흔하게 게재되고 있고 또 이런 부정적 콘텐츠가 어린이와 노인 등의 인지적 취약 계층에게 무분별하게 노출되고 있는 것이 현실이다. 특히 스마트폰 앱과 같이 초기 가입자 확보에 혈안이 되어 있는 디지털 서비스의 경우 자극적 광고와 어뷰징을 통해 앱 설치 수를 극대화하려고 한다. 부정적 콘텐츠 경험이 우리의 온라인 활동에서 일상이 되어 버린 안타까운 사실이다. 많은 연구가 변칙적 방법을 통한 광고 효과 지표를 높이는 방법이 종국에는 브랜드에 부정적인 효과를 준다는 문제점을 지적해 왔다. 한국신문윤리위원회(韓國新聞倫理委員會) 등 관련 기관들이 이런 부분에 대해서 자정 노력을 진행하고 있다. 캠페인 담당자들은 광고 전문가로서 또 문화 콘텐츠를 생산하는 창작자로서 윤리적 기준을 가지고 캠페인을 전개해야 할 것이다. 그래야 우리 자본주의 사회의 공기와 같은 광고가 우리 사회를 더욱 긍정적으로 만드는 데 도움이 될 수 있을 것이다.

4. 브랜드 캠페인을 만들어 갈 사람들에게

브랜드 캠페인은 마케팅 목표 아래 있는 '마케팅 커뮤니케이션 목표'라는 하위 목표에 따라 기획되고 또 집행된다. 마케팅 커뮤니케이션 목표가 마케팅 목표와 일정 부분에서는 공통분모를 가지지만 상당 부분에서 상호 보완적이다. 또 독립적이다. 이와 같은 맥락에서 유능한 마케터의 역량과 훌륭한 브랜드 캠페인 전문가가 갖춰야 할 역량이 꼭 같지는 않다. 브랜드 캠페인 기획자는 시장에 대한 냉정한 과학적 통찰력뿐 아니라 동시에 미학적 콘텐츠 상상력과 표현력을 갖춰야 하기 때문이다. 광고와 PR의 구분이 모호해지고 더 나아가 영화와 음악과 같은 엔터테인먼트 스토리에 브랜드가 개입하기 시작하면서 광고산업은 전략적인 스토리텔링 산업으로 변모해 가고 있다. 이런 변화는 단지 캠페인 기획자들이 더 뛰어난 '이야기꾼'이 되라는 추상적인 명제를 넘어서 소비자와 브랜드 간의 '실시간 대화(real-time conversation)'로 변해 가는 소셜 미디어를 통한 마케팅 환경에서 광고인들이 능동적으로 대량의 데이터를 활용해 소비자를 당기는 맞춤 대화(custom-made conversation)를 생산해 낼 수 있어야 함을 의미한다. 이제 브랜드 캠페인 기획자들은 매력적인 '브랜드 이야기꾼'으로 시장과 소비자를 동시에 만족하게 할 수 있는 '연결자(connector)'가 되어야 할 것이다.

최근 브랜드 캠페인에서 효과 대비 시간과 금전을 기준의 투입을 기준으로 한 효율성을 중시하는 문화는 광고주와 광고회사의 단기 거래 문화를 정착시키고 있다. 이런 맥락에서 적은 예산의 캠페인에도 경쟁 프레젠테이션을 빈번하게 요청하는 것은 비단 국내뿐 아니라 해외에서도 유사하다. 경쟁적 환경에서 브랜드 캠페인 기획자로 성공하기 위해서는 기획자로서의 특장점을 극대화할 수 있는 본인의 특성화가 필요하다. 과거 캠페인 기획자가 만능 제너럴리스트였다면 이제는 기획자가 캠페인에서 본인이 이바지할 영역을 뚜렷하게 주장할 수 있는 스페셜리스트로서의 역량이 요구되고 있다.

독자들은 이런 점을 명심하고 시장에서 보다 경쟁력 있는 캠페인 기획자로 자신을 포지셔닝할 수 있기를 바란다. 한국의 문화가 세계적으로 인정받고 있다. 이른바 'K문화(K-culture)'라는 거대한 흐름이 세계 문화 콘텐츠를 이끌고 있다. 광고 콘텐츠도 드라마와 영화나 음악과 같은 문화적 표현의 일종으로 세계를 선도할 가능성을 충분히 내포하고 있다. 브랜드 캠페인 기획자는 이런 면에서 단순히 상업적 콘텐츠를 생산하고 목표한 마케팅 성과를 달성한다는 기능적 측면을 넘어 광고를 문화를 이루는 중요한 요소로 인식하고, 자신이 기획한 브랜드 캠페인이 세계인의 마음을 움직일 수 있도록 좋은 캠페인을 만들어 나가야 할 것이다.

참고문헌

김병희(2012). 스토리텔링 전략을 활용한 불황기 광고 효율성의 제고. 광고PR실학연구, 5(1), 137-161.

최윤정(2014). TV 시청과 온라인 대화의 결합: '사회적 시청'개념 제시와 효과 검증. 한국방송학보, 28(4), 315-355.

Aaker, D. A., & Equity, M. B. (1991). Capitalizing on the value of a brand name. *New York, 28*(1), 35-37.

Jenkins, H., & Deuze, M. (2008). *Convergence culture: Where old and new media collide.*

Keller, K. L. (2003). Brand synthesis: The multidimensionality of brand knowledge. *Journal of consumer research, 29*(4), 595-600.

Kokko, T. (2019). Internal and external multisensory branding: a framework and a method for establishing multisensory brand image.

Lannon, J., & Baskin, M. (Eds.). (2011). *A master class in brand planning: The timeless works of Stephen King.* John Wiley & Sons.

Lassar, W., Mittal, B., & Sharma, A.(1995). Measuring customer-based brand equity. *Journal of consumer marketing, 12*(4), 11-19.

https://www.ama.org/the-definition-of-marketing-what-is-marketing/

https://www.dandad.org/awards/

http://www.ikpec.or.kr/

https://www.instagram.com/binggraekorea

https://www.tubics.com/

디지털 시대의 광고학신론

광고 창작의 세계

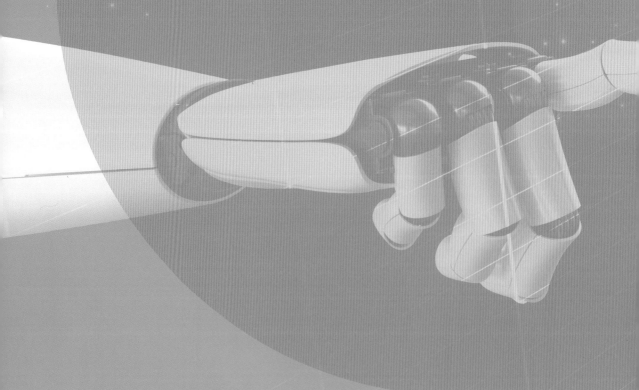

제IV부 디지털 시대의 광고학신론

제11장

광고 창작 과정과 크리에이티브 전략*

"어떤 광고 좋아하세요?", "최근 기억에 남는 광고가 있나요?" 이런 질문을 받았다고 가정해 보자. 어떤 광고를 떠올릴 것인가. 반대로 이 질문을 광고 크리에이터가 고민해야 할 문제로 바꿔 본다면 "무엇이 크리에이티브한(기억에 남는 좋은) 광고를 만들게 하는가?"라는 질문이 아닐까? 소비자의 마음속에 어떤 브랜드를 각인시키고 호감도를 상승시켜 결국 브랜드 충성도를 형성할 수 있는 '좋은' 광고의 필요조건들은 수없이 많다. 그중 소비자의 주의를 집중시키는 힘의 원천으로 광고 크리에이티브를 논의할 수 있다.

데이비드 오길비의 "물건을 팔지 못하면 크리에이티브가 아니다. 제품을 파는 것이 크리에이티브다"라는 명언은 좋은 광고 크리에이티브의 첫 번째 요건이다. 또한 두 번째 요건은 시대의 흐름과 소비자의 변화를 민감하게 반영하는 데 있다. 광고 크리에이티브의 수많은 기능 중에서 '제품을 파는 기능'과 '시대와 소비자의 흐름을 읽어 내는 창의적 역량'이 가장 중요하다. 광고 크리에이터는 미디어와 사회의 변화를 반영한 시대의 흐름을 읽고 소비자의 이야기를 담아내려는 노력을 멈추면 안 된다. 이 장에서는 좋은 광고의 필수 요소인 콘셉트와 역량 및 전략에 대해 설명한다. 무엇이 창의적인 광고를 만들게 하는가? 이에 대한 해법도 살펴본다.

---

* 남고은(계명대학교 광고홍보학과 교수)

1. 광고 창작의 과정

최근 시장과 소비자의 급격한 변화로 인해 광고 크리에이티브를 만들고 집행하는 과정과 방법에도 큰 변화가 있다. 기술과 시장의 변화 속에서 광고 크리에이터로서 가장 주목해야 할 이슈는 당연히 '소비자'와 '디지털'이다. 과거 수동적으로 광고 메시지를 수용하던 소비자들은 이제 적극적으로 광고를 만드는 프로슈머의 역할을 하는가 하면 커뮤니케이션 매체 선택에 있어서도 자유롭다. 소비자에 대한 더 많은 부분에서의 이해가 필요한 시점이다. 이를 위해 현재 기술의 발전과 매체의 다변화는 소비자를 더 깊이 이해할 수 있는 데이터를 제공해 주게 됐고, 크리에이터들은 더 다양한 방법으로 소비자를 만나고 소통할 수 있는 기회를 포착할 수 있게 됐다. 광고 크리에이터들은 이 과정을 적극적인 기회로 받아들여야 한다.

또 인공지능과 머신러닝 같은 광고를 집행할 수 있는 기술이 발전하면서 광고 창작의 방법 역시 변화를 맞이하고 있다. 광고 생태계가 훨씬 더 복잡해지고 있다는 뜻이다. 디지털, 모바일, 빅데이터, 인공지능 등이 적용된 애드테크를 통해 타기팅의 세분화가 가능해지고, 광고 효율을 높이는 계기가 마련되고, 수집된 고객 데이터는 미래 소통의 주요 역할을 할 수 있는 시대가 왔다. 광고 크리에이터로서 소비자에 대한 깊은 통찰, 변화하는 기술과 산업 전반에 대한 이해는 가장 주목해야 할 핵심적 요소이다.

소비자와 기술에 대한 이해와 더불어 '좋은' 광고 창작을 위한 가장 중요한 요체는 콘셉트이다. 따라서 본문에서는 광고 크리에이티브 콘셉트에 대한 이해를 시작으로 실무 중심의 중심의 광고 창작의 과정을 살펴보겠다. 이를 다양한 크리에이티브 창작의 발판으로 활용할 수 있기를 바란다.

1) 광고 크리에이티브 콘셉트

광고 창작 과정에서 가장 많이 언급되는 단어는 단연코 콘셉트(concept)이다. 콘셉트는 그 대상이 무엇이냐에 따라 브랜드 콘셉트, 제품 콘셉트, 광고 콘셉트, 크리에이티브 콘셉트 등 다양하다. 광고 창작의 시점에서 콘셉트란 좋은 광고를 통해 소비자가 필요로 하는 니즈를 전달하겠다는 약속이다. 광고를 창작하는 과정에서 가장 중요하게 다뤄져야 할 콘셉트는 광고 콘셉트와 크리에이티브 콘셉트이다. 이 두 콘셉트는 서로 유사하면서도 다른 차이가 있다.

광고 콘셉트는 광고에서 '무엇'을 전달할 것인지에 대한 부분으로 광고 목표와 과제 해결을 위한 핵심이자 광고 크리에이티브가 담는 메시지 부분에 해당된다. 반면, 크리에이티브 콘셉트는 소비자의 관심을 끌고 그들의 정서적 반응에 영향을 미치며 행동을 취할 수 있도록 영감을 주는 '빅 아이디어와 판매 포인트(selling point)'이다(william wells, 1989, p. 328). 크리에이티브 콘셉트는 광고를 '어떻게' 전달할 것인가에 대한 부분으로 소비자에게 제시한 약속을 표현하는 아이디어이다. 광고 표현의 방향을 잡아 주는 표현 전략의 출발점이라는 의미이기도 하다. 이를 위해 제작팀은 커뮤니케이션 전략과 애드 브리프를 기반으로 상황, 소비자, 채널, 광고 목표에 대한 강력한 이해를 통해 콘셉트를 개발한다. 일반적으로 크리에이티브 콘셉트는 슬로건, 캐치프레이즈, 헤드라인 및 키 비주얼로 구현된다(조운한, 2014).

광고 창작 과정에서 만들어지는 콘셉트들은 모두 일관성이 있되, 각각의 역할에 맞게 정립되어야 한다. 이 두 콘셉트는 단계적으로 도출되기도 하지만, 크리에이티브 콘셉트는 광고 콘셉트를 기반으로 만들어지는 것으로 두 콘셉트는 상호 연결성이 강할 수밖에 없다. 또 실무에서는 콘셉트가 아이디어나 전략으로 혼용되어 사용되는 경우가 있으나, 두 콘셉트가 명확하게 규정되어야만 "누구에게 어떻게 전달할 것인가"에 대한 방향성을 설정할 수 있기에 이 두 요소에 대한 개념은 명확하게 인식해야 할 필요가 있다.

2) 광고 창작의 과정

광고 창작 과정은 광고 전략과 기획을 통해 만들어진 광고 캠페인의 방향성을 소비자의 언어로 새롭게 창출해 내는 과정이다.

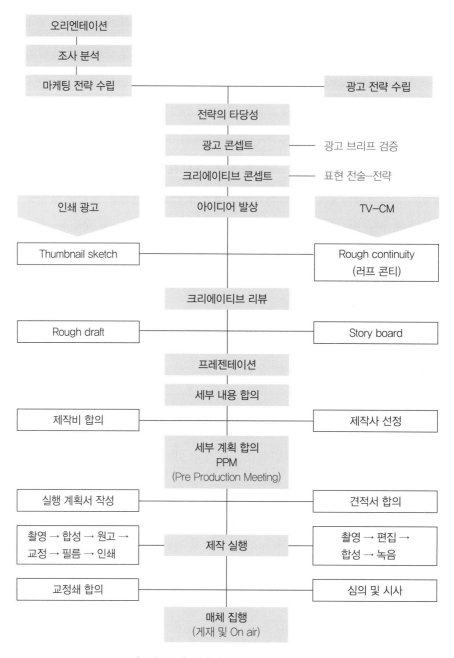

[그림 11-1] 인쇄 광고 및 TV CF 제작 과정

[그림11-1]은 광고주의 오리엔테이션에서 시작해서 실제의 매체 집행에 이르기까지의 전 과정을 인쇄 광고와 TV 광고 위주로 정리한 것이다. 인쇄 광고와 TV 광고의 창작 과정은 약간 다르지만 함께 이해할 수 있도록 비교하여 제시했다.

광고의 창작 과정을 살펴보면, 기획팀과 제작팀 사이에 합의된 크리에이티브 콘셉트를 바탕으로 TV 또는 인쇄 광고의 아이디어 발상을 시작한다. 주어진 과제의 범위에 따라 다를 수 있지만, 이 단계는 빅 아이디어 개발이 주목적이며 핵심이다. 카피라이터와 디자이너(아트 디렉터) 모두 수집된 정보에서 소비자의 인사이트를 찾고 독창적인 아이디어를 구축하는 단계에 돌입한다. 이 단계는 광고의 창작 과정 중 가장 어렵고 중요한 과정으로, 크리에이터의 번뜩이는 아이디어 구상이나 통찰력이 필요한 단계이다. 크리에이티브 콘셉트에 걸맞은 창의적 아이디어는 관계에 변화를 주거나, 상상하거나, 사물을 반대로 보거나, 관계없는 아이디어를 연결시키거나, 비교하거나, 무엇인가 배제시켜 보거나, 모방 또는 패러디를 통해 이미지를 부여하거나 하는 아이디어 발상 기법들을 활용할 수 있다.

이러한 기법들은 때때로 빅 아이디어를 내기 위한 인고의 시간을 보내고 있는 카피라이터와 디자이너(아트 디렉터)에게 도움이 되기도 한다. 이들은 광고 목표와 전략에 적합한 전파 매체, 인쇄 매체, 디지털 매체에 걸맞은 카피 및 비주얼을 만들어 내고 관련 팀과 여러 차례에 걸친 회의를 진행한다. 회의를 통해 선택된 아이디어는 광고 시안으로 거듭난다. 인쇄와 같은 지면을 다루는 시안은 러프 섬네일이나 비주얼 작업을 통해 이루어지며, 영상을 다루는 시안은 스토리보드나 애니메이션의 상태로 제시된다. 또한 인터랙션이 포함된 디지털 매체의 광고 시안은 한 장의 임팩트 있는 비주얼 작업이나 시나리오 또는 스토리보드를 통해 제시되기도 한다.

제작팀과 기획팀 간의 전체 회의를 거쳐서 아이디어의 실현 가능성, 예산 여부, 납기 문제 등 아이디어의 채택 여부가 결정된다. 이런 상황에서 최종 광고의 선택을 위해 다음과 같은 질문을 할 수 있다. "이 아이디어들은 소비자에게 각인될 수 있을 만큼 독특하거나 좋은 아이디어인가? 이 아이디어들이 표현하고 있는 메시지는 사회적·도덕적으로 문제가 없는가? 마케팅 예산을 집행할 만큼 가치가 있는가?" 등의 질문을 스스로 해 보고 다음 단계에서 광고주를 설득시킬 수 있는 논리를 준비해야 한다. 그러나 크리에이티브의 성공 여부는 누구도 쉽게 판단하기 어렵다. 막대한 예산을 들여 제작한 작품이 소비자에게는 외면당하는가 하면, 저예산으로 제작된 B급 유튜브 영상이 사랑을 받으며 바이럴이 될 수도 있기 때문이다. 따라서 크리에이터들은 더더욱 소비자의 니즈를 기초로 마음을 움직일 수 있는 진정성 있는 광고를 창작해야 한다.

아이디어를 현실화시키기 위해 다양한 설득이 필요할 때도 있다. 특히 다음 해 광고를 미리 준비하는 연간 프레젠테이션(Anual PT)을 진행하거나 광고 수주를 위한 경쟁 피티 등을 진행하는 경우, 더 많은 회의와 설득의 과정이 필요할 수 있다. 광고 아이디어 채택에 있어서 제작팀을 제외한 대행사 내부나 광고주의 의견에 이견이 없도록 어떤 접근이 가장 이상적인가를 논리적이고 체계적으로 프레젠테이션하는 것 역시 제작 과정의 중요한 부분이다.

이제 최종안이 선택됐다면, 제작팀에서는 크리에이티브 실행에 필요한 다양한 요소의 선택과 접촉을 고려해야 한다. 즉, 모델 선정, 촬영 장소 헌팅 문제, 외주처 선정 방법 등 광고물의 완성 과정에 필요한 여러 가지 사항을 꼼꼼히 점검하는 것이다. 최근 제작팀에서도 디지털 미디어가 중심이 되는 캠페인을 진행하며 이러한 실행을 위한 준비 과정에 변화가 있다고 한다. 2020년 광고PR 대상을 받은 한국관광공사의 'Feel the Rhythm of Korea'는 뮤직비디오의 중심인 음악가, 댄서 그룹, 장소 등의 선택과 섭외의 과정을 크리에이티브 디렉터가 직접 개인적인 접촉과 설득으로 이루어 냈다고 한다. 이러한 노력은 결국 한정된 예산에서 더 좋은 품질의 광고 크리에이티브를 만들어 내는 결과를 창출했다. 특히 저예산의 디지털 광고를 제작하는 데는 생각하지 못한 수많은 제약 요인이 발생하기 마련이다. 이제 직접 해결하려는 유연한(flexible) 행동력이 크리에이터들의 필수 요소가 됐다.

이제 광고주의 설득이 성공적으로 이루어지고 다양한 제작 제반의 필수 요인들이 해결되면, 인쇄 광고를 제작하는 디자이너(아트 디렉터)는 섬네일을 바탕으로 실제 레이아웃(lay out)을 정하고 본격적인 아트(art) 작업을 진행한다. 디자이너(아트 디렉터)의 손을 거쳐 완성된 인쇄 광고 시안은 외주처인 원색 분해 및 제판 업체에 넘겨지는데, 흑백 광고일 때는 한 장의 인화지로 출력되고, 컬러 광고일 때는 네 장의 필름과 교정지로 출력된다. 초교 상태에서 미진한 구석이 발견되면 부분 수정을 거쳐 2차 교정지를 출력한다. 2차 교정지 상태에서 별 이상이 없으면 용도에 맞게 인화지나 네 장의 필름을 신문사나 잡지사로 보내 인쇄를 하게 된다. TV 광고나 디지털 영상 광고를 진행하는 경우에는 촬영 전 미팅(PPM)을 통해 광고주, 광고회사, 그리고 프로덕션이 촬영을 위한 필수 사항들을 체크하고 결정한다. 촬영이 이루어지고 프로덕션에서는 후반 작업을 통해 보정→ 가편집→ 이펙트 효과 등을 넣은 본편집→ 성우 및 BGM 녹음→ 광고주 시사회 및 마지막 수정 작업→ 심의→ 방송(on air)의 순서를 거쳐 완성된다. 제작팀은 광고 집행 일자에 맞춰 최고의 품질로 광고를 제작하고, 매체에 노출되는 순간까지 주의 깊고 세밀하게 관여해야 한다.

마지막으로, 광고 창작의 과정은 전통적인 광고 창작의 과정과 디지털 매체 중심의 광고 창작 과정으로 구분하려는 경향이 있다. 그러나 이 두 과정은 다루는 매체에 따라 그 프로세스가 다르다기보다는 집행될 광고 콘텐츠 유형에 따라 차이가 있을 수 있다. 그렇기 때문에 전통적인 매체와 디지털 매체를 이분법적으로 나누어 생각하지 말고 광고가 전달하려는 내용을 어디에 노출했을 때 가장 효과적인가를 생각하는 것이 좋다. 예를 들어, 2018년 영국의 KFC에서 집행한 한 기업 광고를 살펴보면, 이 광고는 고객에게 상품 지연에 관련된 사과의 내용이 담긴 광고이다. 이 광고에 가장 적합한 매체는 무엇이겠는가? 아마 신문 광고와 자사의 웹사이트 정도를 생각할 수 있을 것이다. 본 광고는 신문 광고와 더불어 SNS에서 이 광고가 확산될 수 있도록 바이럴을 형성했다.

사례를 통해 강조하고 싶은 것은 지면 광고를 제작한다는 의미가 꼭 전통적인 매체, 즉 신문이나 잡지를 의미하지 않는다는 것이다. 이제 지면 광고란 영상이 아닌 2D로 만들어진 움직임이 없는 광고로, 우리가 쉽게 접하는 SNS의 광고, 웹사이트 광고, 배너 광고 등 모두를 포함한다. 다만, 제작 과정에서는 기존의 지면 광고에서 중요하게 다루는 교정, 필름 그리고 인쇄의 과정이 생략됐을 뿐, 촬영, 합성, 원고 제작, 그리고 디지털 매체 게재는 동일한 방법과 과정을 거친다. 전통적인 매체인 TV 광고 역시 마찬가지이다. 유튜브 등 디지털 영상과 비교하여 15초라는 제약된 시간 안에 임팩트 있는 고품질 영상 제작이 필요한 점을 빼면, 광고 목표에 부합하는 스토리텔링이 핵심이 되는 영상 콘텐츠 제작이라는 점에서 전통적인 매체 광고와 디지털 영상 광고 제작의 기초는 별반 다르지 않다.

이제는 하나의 핵심 아이디어가 가장 적합한 매체에서 가장 잘 전달될 수 있는 방법을 찾을 수 있도록 크리에이티브의 관점을 변화시켜야 할 때이다. 파란티와 스트라스보트(Parente & Strausbaugh, 2014)는 이 제작 과정을 플랫포머빌리티(platformability)라는 단어로 설명했는데, 플랫포머빌리티는 하나의 아이디어가 어떤 특정 매체에 머무는 것이 아니라 유동성을 가지고 다양한 매체에서 발현될 수 있는 디지털 광고 크리에이티브의 중요성을 강조하고 있다.

2. 디지털 시대 광고 창작의 변화

1) 인공지능으로 인한 광고 크리에이티브의 변화

인간의 영역으로만 알았던 창의성이 중심이 되는 창작의 영역에서도 인공지능으로 인한 변화를 논하지 않을 수 없다. 지난 몇 년간 광고산업 전반에 걸쳐 인공지능이 미칠 영향에 대한 화두는 뜨거운 감자이기는 했으나, 창의성을 대변하는 광고 크리에이티브는 침범하기 어려운 영역이라는 인식을 깨고 많은 도전과 변화의 초입 단계에 있다고 볼 수 있다. 과연 인공지능이 광고 크리에이티브에 미치는 영향은 어디쯤에 있을까.

2010년 구글 브랜드 랩에서는 최적화 과정(optimization process)을 통해 정해진 콘셉트와 관련된 수많은 비주얼과 카피 데이터를 조합한 다양한 배너 광고를 제작했다. 비록 딥러닝에 바탕을 둔 최적화 프로세스를 이용한 사례는 아니지만, 광고 크리에이티브의 영역에 임팩트 있는 인공지능의 역할의 첫 발걸음이라 볼 수 있다. 이후 단순 조합의 역할을 넘어 개별 소비자가 광고를 만나는 환경 또는 고객 여정의 단계에서 소비자 맞춤형 메시지가 전달되는 어플리케이션이 발전되어 왔다. 이 단계에서 인공지능의 역할은 소비자 행동 데이터에 바탕을 둔 A/B 테스트를 자동화시킴으로써 가장 최적화된 광고 크리에이티브 조합을 기계적으로 계산하여 개별 소비자에게 노출시키는 과정이라 할 수 있다(HS Adzine, 2019).

최근 인공지능 광고는 머신러닝(machine learning) 기술을 바탕으로 새로운 도전과 실험이 진행 중이다. 머신러닝은 컴퓨터를 알고리즘 기반으로 학습시킨 뒤 새로운 데이터를 입력해 결과를 예측하도록 하고, 학습한 내용을 기반으로 광범위한 소비자의 관심사나 성향을 분석해 그에 걸맞은 광고 유형, 매체, 게재 위치, 노출 범위 등 광고 크리에이티브에 필요한 내용을 선택하여 최상의 광고 효율을 이끌어 낸다.

광고 크리에이티브에서 머신러닝과 인공지능이 적용되는 경우는 크리에이티브의 최적화(optimization)이다. 즉, 집행된 광고 크리에이티브의 효과를 측정하고, 그 결과를 바탕으로 최적화하여 광고 크리에이티브의 효과를 증가시키는 것이다. 온라인 광고는 애널리틱스 매트릭스로 상대적으로 쉽게 최적화가 가능한 반면, TV 광고나 인쇄 광고의 크리에이티브는 고려해야 할 요소가 많아서 복잡하고 많은 시간이 소요된다. 크리에이티브의 각 요소 분석이 완료되면 매출과 관련이 있는 광고 타입, 혹은 소비자의 선호도를 올리는 광고 타입 등 일정 수준의 광고 크리에이티브 표준화가 가능해질 수 있다(HS Adzine, 2018. 08).

인공지능이 광고 크리에이티브에 도입되는 사례도 점차 늘어나고 있다. 카피라이팅 영역에서 인공지능을 이용하기 시작한 대표적 사례 중 하나는 일본의 껌 브랜드 클로렛츠(Clorets)의 '민트탭' 제품의 대결 이벤트이다. 맥켄 에릭슨 재팬이 만든 인공지능 크리에이티브 디렉터인 베타와 인간 크리에이티브 디렉터와의 카피라이팅 대결을 보여 주고 국민투표로 승자를 결정하는 이 이벤트는 근소한 차이로 인간 CD가 승리한 결과를 보여 주었지만, 창의력이 강조되는 카피라이팅 영역에서 인공지능의 발전된 역할을 확인시켜 주는 사례이다(AD STARS, 2017). 인공지능과 소셜 미디어를 함께 사용한 캠페인도 있다. 프랑스 방송국 카날 플러스(Canal+)는 Young Pope를 홍보하기 위해 IBM Watson을 적극적으로 활용했다. IBM Watson의 자연어 분류기를 기계 학습 알고리즘 및 감정 분석기와 결합하여 사용자가 Facebook, Twitter, Instagram 및 Dailymotion에 게시한 내용의 정서적 맥락을 이해하는 인지적 소셜 청취 도구(cognitive social listening tool)인 AiMEN을 만들어 온라인 댓글을 모니터링하고 실시간으로 관련성 높은 성경 구절로 응답하도록 했다(ADWEEK, 2017). 또 중국의 전자상거래업체인 알리바바(Alibaba)의 마케팅 자회사인 알리마마(Alimama)에서는 1초에 2만 줄의 광고 카피를 쓸 수 있는 AI 카피라이터를 개발해 자사의 플랫폼에 다양하게 적용하고 있다.

카피라이팅뿐만이 아니다. 이제 머신러닝 프로세스가 광고 크리에이티브에서 최고 난이도라고 할 수 있는 TV 광고 제작에도 적용될 수 있는 가능성이 높아졌다. 2018년 미국 버거킹의 AOR(Agency of Robot) 광고는 머신러닝이라는 기술을 본격적으로 광고 크리에이티브에 이용한 최초 사례이다. 방대한 양의 패스트푸드 광고와 보고서를 머신러닝의 학습 기법을 통해 분석한 그 결과를 바탕으로 만들어진 이 광고 시리즈는 기존의 성공적인 패스트푸드 광고의 패턴을 보여 주는 데에는 탁월했으나, 신기술이 가져다주는 창의적 역량을 찾아보기는 힘든 광고 사례였다.

반면에 IBM의 Watson과 인공지능 기술회사인 Visual Voice가 참여한 렉서스 광고는 혁신적인 광고 크리에이티브 제작 프로세스를 선보였다. 인공지능이 기존의 카피라이터 혹은 크리에이티브 디렉터의 역할을 하고 인간 감독이 이 스토리를 시각화시키는 역할을 담당한 이 광고는 인간과 인공지능의 협업이라는 관점에서 광고의 바람직한 미래상을 보여 준다. 이 창작 과정에서 IBM Watson은 지난 15년간 칸 페스티벌의 럭셔리 광고 부문에서 수상을 한 모든 TV 광고의 비주얼, 오디오, 텍스트 및 스토리 전개 형식을 분석하고, 분석한 내용을 토대로 수천 가지의 크리에이티브 요소들을 추출하고, Neuro Science팀과의 협업을 통해 어떤 요소에서 소비자들의 인지적·감정적·경험적 반응을 이끌어 내는지 측정했다. 이 단계는 기존의 버거킹 광고와 같이 단순히 특정 장면 혹은 특정 카피가 더 높은 클릭을 얻는지를 측정한 것이 아니라, 인지심리학적 이론에 기반하여 어떠한 인지적 혹은 감정적 요소가 소비자들의 행동적인 반응을 얻는지를 다양한 도구(예를 들면, eye-tracking이나 heart rate, skin conducting tool) 등을 이용하여 측정하는 것이다. 이러한 분석의 결과를 토대로 비주얼 보이스(Visual Voice)가 개발한 인공지능 알고리즘이 실제 TV 광고의 스토리 라인을 도출해 내고, 어떤 장면으로 시작하며 조명은 어떻게 제품을 비추고 어떤 이야기로 전개되는지에 대해 상세하게 설명해 준다(HS Adzine, 2019. 03).

창의성이 가장 중요시되는 크리에이티브 영역에서 인공지능 기술의 도입이 시사하는 바는 크다. 단순히 기술의 발전을 통한 기술의 활용으로 끝나지 않을 새로운 도전이 될 것이다. 광고 크리에이터들은 이러한 기술을 이해하고 활용할 수 있는 역량을 꾸준히 개발할 필요가 있으며, 빅데이터와 인공지능을 위협적 요인으로 간주하지 않고 협업할 수 있는 도구로 활용할 수 있도록 디지털 시대에 걸맞은 크리에이티브 솔루션을 적극적으로 찾아야 한다.

3. 디지털 시대의 광고 크리에이터

1) 광고 크리에이터 분류

광고의 제작을 담당하는 제작팀 또는 크리에이티브팀은 광고주가 하고 싶은 이야기를 소비자가 듣고 싶어 하는 이야기로 만들어 내는 사람들로서, 광고를 만들어 내는 전체 과정에서 가장 창의적인 역할을 수행한다. 다음은 제작팀을 구성하고 있는 광고 크리에이터들의 역할에 따른 분류이다.

(1) 크리에이티브 디렉터(Creative Director: CD)

크리에이티브 디렉터는 광고 제작물의 최종 책임을 지는 사람으로, 쉽게 설명하면 제작팀장이라고 할 수 있다. 보통 경험이 쌓인 카피라이터 또는 디자이너(아트 디렉터)가 전체 제작을 총괄하는 리더의 역할을 맡게 된다. CD는 크게 세 가지 중요한 역할이 있다. 첫 번째 역할은 크리에이티브 방향성을 제시하고 제작팀원들의 아이디어를 취합하거나 선택하는 역할이다. 두 번째 중요한 역할은 제작팀원들이 좋은 아이디어를 내고 발전시킬 수 있도록 환경적 조성 및 커뮤니케이터로서의 리더십이 필요하다. 마지막으로, CD는 팀원들이 창작한 좋은 광고안을 팔 수 있는 능력이 중요하다. 회사 내부의 다양한 부서의 팀장들과 외부의 광고주에게 직접 크리에이티브 부분을 이해시키고 광고안이 채택될 수 있도록 설득시키는 능력이 절대적으로 필요하다.

(2) 카피라이터(Copywriter)

광고의 언어적 메시지인 카피 문구를 창조하는 사람을 카피라이터라 부른다. 카피라이터는 광고 카피를 쓰는 일이 주된 업무이긴 하지만, 카피라이터의 역할을 크게 확대해서 보면 광고 크리에이티브 콘셉트나 전체 흐름을 정리하기도 한다. 대체로 짧은 카피 문구를 작성하기 때문에 순발력과 핵심을 잡아내는 통찰력이 필요하다. 그러나 최근 디지털 미디어가 다양한 광고매체로 활용되기 시작하고, 스토리텔링이 중심이 되는 브랜드 이야기가 크리에이티브의 아이디어 중심이 되면서 카피라이터의 역할도 변화하기 시작했다. 창의성이 중심이 되는 창작의 영역에서도 인공지능과 ICT 기술의 영향력이 커지면서 AI 카피라이터 도입과 같은 광고 카피산업의 변화가 시작되고 있으며, 이는 인간 크리에이터로서 가질 수 있는 자질과 역량에 대해 심도 있는 고민이 필요한 시점으로 보인다.

(3) 디자이너 또는 아트 디렉터(Designer or Art director)

광고의 비언어적 메시지를 창조하는 디자이너 또는 아트 디렉터는 다양한 매체에 노출될 광고의 비주얼 제작을 책임진다. 회사에 따라 그 용어는 혼용해서 사용하기도 하는데, 디자이너 또는 아트 디렉터 모두 매스미디어와 디지털 미디어에 필요한 제작물을 디자인한다. 이들은 보통 디자인을 전문적으로 전공한 사람들로, 평소에 다양한 영역에서 비주얼적 요소를 수집하는 게 특징이다. 시각적 감각을 기르는 일은 단시간 안에 이루어지는 것이 아니기 때문에 광고가 아닌 다양한 예술의 영역에서 아이디어를 키우는 안목이 필요하다. 또 이들은 광고안이 채택되고 실행되는 단계에서 다양한 관계자들(포토그래퍼, 일러스트레이터, 콘티 맨, 외주 제작사, 프로덕션 등)을 운용할 수 있는 능력이 요구되며, 최종 광고안이 매체에 노출되는 순간까지 시각적인 부분을 책임질 수 있어야 한다. 디지털 미디어로 인해 디자이너(아트 디렉터)의 역할에도 변화가 있다. 바로 매체의 특성에 맞는 광고 제작물이 광범위하게 늘었으며, 그 특성을 제대로 활용할 수 있는 가이드라인을 가지고 있어야 한다는 점이다. 고객이 광고 메시지를 작은 모바일에서 보는지 아니면 커다란 스크린에서 접하게 될 것인지에 따라, 작게는 카피와 비주얼의 사이즈부터 크게는 광고가 줄 수 있는 임팩트와 효과까지 고려해야 한다.

2) 디지털 광고 창작 과정에서 크리에이터들의 필수 역량

디지털 미디어로 인한 광고 환경의 변화는 크리에이터들이 갖추어야 할 역량에도 영향을 미치고 있다. 본문에서는 창의성을 비롯하여 협동성, 적극성, 긍정성 등 기존의 제작 과정에서 필요한 크리에이터들의 역량과 함께 최근 환경적 변화에 따라 필수적으로 탑재되어야 할 유동성, 민감성, 진정성 등 새로운 역량 및 역할에 대한 논의를 하고자 한다.

(1) 창의성

광고 창작은 창의적 활동의 결과물이다. 창의성은 광의의 개념이지만, 광고의 관점에서 크리에이티브가 의미하는 바는 숙련된 분석적 사고와 유연한 직관적 사고를 적절히 융합하여 활용할 수 있는 역량이다.

(2) 협동성

광고 제작은 각 분야의 전문가들이 모여 합을 이루는 공동 작업이다. 제작팀원들에게 자신의 의견을 피력하는 것도 중요하지만, 다른 팀원의 의견을 수렴하고 각자의 위치에서 광고 목표에 맞는 메시지와 비주얼을 개발하는 협업이 중요한 역량이다.

(3) 적극성

광고 창작은 수많은 회의와 프레젠테이션을 통해 청중을 설득시키는 작업이다. 광고 제작 전반에 걸쳐 제작팀, 부서 간, 광고주 그리고 궁극적으로는 소비자를 설득시켜야 한다. 적극적이고 열정적인 추진력을 통해 문제를 해결하는 역량이 필수적이다.

(4) 긍정성

광고 창작은 끊임없는 문제의 발견과 해결의 과정이다. 다양한 브랜드의 아이디어를 창출해야 하는 동시에 잠시도 마음을 놓을 수 없는 시간적 제한이 있는 작업의 연속이다. 즉, 호기심을 가지고 문제를 찾고 열정적으로 문제를 해결하려는 긍정적 마인드가 필수 역량이다.

(5) 유연성

디지털 미디어 환경에서 광고 크리에이터들은 '멀티플레이어(multi-player)'가 되어야 한다. 카피라이터가 카피만 쓰고 디자이너(아트 디렉터)가 비주얼만 작업하던 시대는 지났다. 카피라이터도 디자이너(아트 디렉터)도 제작이라는 부서가 정해 놓은 틀에서 벗어나 광고 전략, 기획, 제작 그리고 매체까지 모든 영역의 주요 역할을 대체할 수 있어야 한다. 이는 언뜻 각 분야의 전문성 결여로 광고 품질에 대한 우려를 낳을 수 있으나, 최근 소비자에게 사랑받고 있는 광고들을 떠올려 보라. 답이 정해져 있지 않은 광고 크리에이티브는 전문성을 포함한 다양성과 유연성이 고려되어야 할 시점이다.

(6) 민감성

디지털 미디어 환경에서 광고 크리에이터들은 '트렌드세터(trend-setter)'가 되어야 한다.

최근 '지대넓얕'이라는 축약어가 유행하고 있다. 이는 『지적 대화를 위한 넓고 얕은 지식』 이라는 책을 줄여 말한 것으로 광고산업에 대입해 보면 광고 크리에이터는 '좋광넓얕', 즉 '좋은 광고를 만들기 위한 넓고 얕은 지식'이 필요하다. 다시 말해, 브랜드와 소비자에 대한 호기심을 잃지 않고 사회, 문화, 경제, 예술 등 다양한 분야에 민감하게 귀 기울이고 있어야 한다는 뜻이다.

(7) 진정성

디지털 미디어 환경에서 광고 크리에이터들은 '인간다움(touches of humanity)'이 필수적이다. 앞서 언급한 인공지능이나 ICT 기술은 광고 크리에이티브 영역에서도 다양한 전략을 가능하게 이끌어 주는 기회가 되고 있다. 그러나 신기술의 활용이 브랜드의 가치를 전달해 주는 광고의 모든 역할을 할 수는 없다. 광고가 내포해야 할 사회적 또는 도덕적으로 유의미한 가치를 끊임없이 고민하고, 이를 진정성 있게 전달할 수 있는 다양한 방법을 구상해야 한다.

4. 광고 크리에이티브 전략

광고는 시장의 상황이나 제품의 특성, 혜택 또는 종류 등에 따라 그에 걸맞은 전략이 필요하다. 광고 창작의 과정에서 제작팀은 다양한 전략을 활용할 수 있는데, 제품 혜택에 초점을 맞추거나, 브랜드 개성을 강화시킬 수도 있으며, 소비자에게 각인될 만한 브랜드 연상을 만들어 낼 수도 있다. 각각의 전략이 갖고 있는 특성을 이해하고 이를 적절히 활용하는 지혜가 필요하다.

광고 크리에이터라면 누구나 광고를 제작하는 과정에서 '무엇을 어떻게 말할 것인가?'라는 질문을 던지게 된다. 여기서 '무엇을 말할 것인가(what to say)'에 해당하는 것은 메시지 또는 크리에이티브 전략이고, '어떻게 말할 것인가?(how to say)'는 크리에이티브 실행에 해당된다. 그러나 크리에이티브 전략은 종종 메시지 전략 또는 표현 전략으로 혼용하여 사용하는 경우가 있다. 이 전략들은 개념적으로 다른 의미를 내포하고 있지만, 1970년에서 1980년대에 학술적으로 기초를 다지던 시기의 크리에이티브 전략은 상위 두 전략을 구분하지 않고 모두 포용한 의미로 활용되곤 했다.

따라서 본문에서는 크리에이티브 전략의 대표적 연구자인 찰스 프레이저(Charles Frazer)의 정의를 바탕으로 크리에이티브 전략을 논의하고자 한다. 그는 크리에이티브 전략이 "광고 메시지의 속성과 특성을 구체화시키는 하나의 정책(policy) 또는 지침이 되는 원칙(guiding principle)"이라고 정의했는데, 이는 크리에이티브 전략이 광고 메시지 내용과 광고 집행과 관련된 다양한 요소 모두를 포괄하여 설명하고 있음을 시사한다. 따라서 본문에서는 '무엇'에 해당하는 부분을 '크리에이티브 전략' 관점으로 바라보고, '어떻게'에 해당하는 부분은 무엇을 말한 것인지에 대한 전략이 수립된 후 구체적인 '실행 가이드라인 또는 전술'이라 보았다.

크리에이티브 전략은 특정 전략이 어떤 제품군에 항상 적용될 수 있고 광고 효과를 극대화시킬 수 있는 유일한 수단으로 채택되기엔 어려움이 있다. 본문에서 중심적으로 다룰 프레이저의 크리에이티브 전략 모형은 여전히 중요한 전략의 가이드라인이라 할 수 있으나, 만들어진 시점 이후에 광고산업 전반의 환경, 기술과 미디어의 발전, 소비자의 행동 및 제품에는 큰 변화가 있었다. 즉, 특정 크리에이티브 전략을 활용하여 효과가 높은 광고를 만든다는 목표보다는, 현재 시장 상황과 매체 활용의 상호 연계 가능성을 고려한 융합 또는 입체적 버전으로 디지털 미디어와 빅 아이디어 사이에서 구심적 역할을 해 줄 수 있는 가이드라인으로 활용해 보기를 권한다.

1) 프레이저(Frazer)의 크리에이티브 전략

프레이저(Frazer, 1983)는 매니지먼트 관점에서 광고 크리에이티브 전략을 수립하고 의사 결정 순서나 대안을 명확하게 개념화시키기 위해 기초를 다진 연구자이다. 그는 크리에이티브 정책을 구상하고 평가하는 것이 중요한 과정이므로 관리적 관점에서 크리에이티브 전략의 개념을 정교화하는 것이 필요하다고 보았으며, 특정 전략을 구분하여 광고 목적에 부합하는 선택을 할 때 광고는 더 효과적일 수 있다고 주장했다. 그의 연구가 현재까지도 유용한 프레임으로 활용되는 이유는 창의적인 전략 대안의 범위를 구성하는 것이 무엇인지 또는 이들이 특정 마케팅 설정에 어떻게 적용될 수 있는지에 대한 이론적 기초를 제공하기 때문이다. 즉, 현대 마케팅의 기초적인 요소를 포함한 크리에이티브 전략 대안을 고려하기 위한 기초 틀로서 유용한 모델이다.

프레이저의 7개 주요 크리에이티브 전략은 포괄적 전략(Generic strategy), 선점 전략(Preemptive strategy), 고유 판매 제안(Unique Selling Proposition) 전략, 브랜드 이미지 전략(Brand Image Strategy), 포지셔닝 전략(Positioning strategy), 공명 전략(Resonance strategy), 정서 전략(Affective strategy) 이다. 그의 전략 구성은 기존에 우리가 자주 접했던 광고업계의 리더들이 처음 제안한 전략을 바탕으로 구성된 것이며, 소비재 분야의 역사적 발전과 더 높은 수준의 정교한 전략적 대안을 순서로 배열되어 있다.

(1) 포괄적 전략(Generic strategy)

포괄적 전략은 제품 범주의 일반화된 메시지를 소구하는 전략으로, 제품 범주의 거의 모든 브랜드가 주장할 수 있는 전략이다. 시장의 리더에게 적합한 전략으로, 동종 제품군 내에서 자사의 브랜드가 우위를 점하고 있는 경우 많이 사용한다. 역사가 있거나 독점 기업에서 주로 활용하기에 브랜드의 우월성이나 경쟁사와의 차별화 전략을 구사하지 않는다. 또 신제품을 도입할 때 가능한 전략으로, 일시적이지만 독점적인 시장 지위를 누리고 일반적인 수요를 자극하거나 채널화할 수 있다. 이러한 캠페인을 장기적으로 진행하게 되는 경우, 브랜드 이름 자체가 제품 카테고리와 가상으로 동의어가 되는 효과를 만들어 낼 수 있지만 제품 차별화 및 시장 세분화 같은 광고 전략 및 핵심 마케팅 전략 모두를 시장에 공개하게 되는 리스크가 있다.

100년이 훌쩍 넘는 시간 동안 시장에서 독점적 지위를 누리고 있으며 독보적인 브랜드 가치를 만들어 낸 이 브랜드의 마케팅 역량과 성과는 종종 성공 사례로 회자되곤 한다. 바로 누구나 알고 누구나 좋아하는 음료 코카콜라(Coca-Cola)이다. 브랜드 조사업체 인터브랜드의 글로벌 브랜드 리스트에서 상위권을 놓친 적이 없는 코카콜라는 포괄적 전략을 설명하기 가장 좋은 브랜드가 아닐 수 없다.

[그림 11-2] '코카콜라'의 광고와 인터브랜드 랭킹 6위의 코카콜라

(2) 선점 전략(Preemptive strategy)

선점 전략은 유사한 제품들 사이에서 자사 제품이 장점이나 혜택을 선점하여 소비자가 알지 못했던 제품의 특성을 자사 브랜드만의 고유 특성인 것처럼 포장하는 전략이다. 이 전략은 시장 자체가 형성되지 않았거나 물리적으로 제품의 차별성이 거의 없는 신규 또는 저개발 제품 범주에서 적절하다. 또한 제품의 새로운 콘셉트나 경쟁사가 반응할 수 있는 선택권이 제한적일 때 효과적이다. 이러한 경우, 경쟁사는 소비자에게 전달되기 어려운 차별화 메시지를 도입하거나 모방을 하는 등 그 선택이 제한적이기 때문이다. 예를 들어, 코카콜라는 다양한 캠페인에서 '코카콜라는 진짜 콜라'라는 주장을 선점하고, 콜라의 오리지널리티를 강조하고 있다. 지난 100년 동안 Cay-Ola, Candy Cola, Coca, Cola, Cold Cola, Koca-Nola와 같은 유사 브랜드명을 사용하여 코카콜라의 가치를 이용하려는 회사가 많았기 때문에, 이러한 광고 메시지를 사용하여 코카콜라만의 고유 자산을 선점하는 전략을 구사한 것이다(Keller, 2015).

우리나라의 온라인 식료품업체 마켓컬리의 경우 역시 선점 전략을 활용한 사례라 할 수 있다. 2015년 '샛별배송'이라는 서비스명으로 '신선 식품 새벽 배송 서비스'를 처음 시장에 선보인 마켓컬리는 전날 밤 11시까지 주문하면 아침까지 식재료가 문 앞에 도착한다는 새로운 소비자 경험을 창출해 냈다. 그러나 마켓컬리의 뒤를 이어 SSG닷컴의 새벽 배송, 쿠팡의 로켓프레시와 같은 대형 유통업체들이 새벽 배송 시장에 뛰어들었고, 마켓컬리는 이러한 대기업 유통업체를 겨냥한 광고를 선보이기도 했다. [그림 11-3]은 새벽 배송 원조임을 강조하는 마켓컬리의 광고로 "컬리는 몰랐습니다. 이렇게 많은 분들이 컬리의 뒤를 따라오실 줄은요. 국내 최초 새벽 배송"이라는 메시지를 전달하고 새벽 배송 서비스의 원조임을 강조하고 있다.

[그림 11-3] '마켓컬리'의 영상 광고

(3) 고유 판매 제안 전략(Unique Selling Proposition strategy)

USP 전략이라 불리우는 고유 판매 제안 전략은 경쟁 제품에 없는 자사만의 '고유한(Unique) 혜택이나 우월적 특성'을 '판매(Selling)'가 이뤄지도록 반복적으로 강하고 명확하게 '제안(Proposition)'하는 강압적인 판매(hard sell) 중심의 전략이다.

직역하면 고유하고 독특한 판매 제안이라 불리우는 USP 전략은 테드 베이츠(Ted Bates & Company)의 로저 리브스(Rosser Reeves)가 제시한 모델로, 생산자 중심의 전략이지만 제품에서 파생된 독특하고 강력한 차별화된 특성, 즉 소비자에게 약속한 혜택이 핵심이다. 그는 USP 전략을 개발하고 활용하기 위한 몇 가지 조건을 제시했다. 첫째, 구체적인 제품 혜택을 제시해야 하며, 둘째, 그 제품 혜택이 경쟁 브랜드가 사용하고 있지 않은 독특한 것이어야 한다. 마지막으로, 그 혜택은 제품을 판매할 수 있을 정도로 강력한 것이어야 한다. 쉽게 말해, "이 제품을 사세요. 그러면 당신은 어떤 특별한 이익을 얻게 됩니다"라는 메시지가 강력하게 어필되는 전략이다. 그러나 USP 전략을 올바르게 인지하기 위해서는 침투율(penetration)과 사용 유인력(usage pull)에 대한 이해가 필요하다. 침투율이란 현행 광고를 기억하는 사람의 숫자와 기억하지 못하는 사람의 숫자를 비교한 것으로, 소비자의 머릿속에 광고를 기억시키는 것을 의미한다. 다시 말해, 침투율이란 광고 메시지를 소비자에게 기억시키는 것을 말하며 소비자에게 깊이 각인시킬수록 효과적이다. 사용 유인력이란 광고 메시지가 효과적으로 전달되어 많은 사람이 자사의 제품을 사용하는 것, 즉 실제 구매력을 의미한다. 메시지 자체가 효과적으로 전달되어 소비자의 마음을 강하게 파고들수록 사용 유인력이 강하다고 할 수 있다. 침투율은 광고량을 늘리면 쉽게 해결되지만, 사용 유인력은 광고비의 압력만으로는 이루어지지 않는다. 결국, 소비자의 마음을 움직이는 광고만이 사용 유인력을 강하게 만들 수 있다(김훈철, 2006). 즉, USP 전략을 활용한 광고가 단순 제품 정보의 전달이 아니라 소비자의 반응을 촉발시키는 데 목적이 있음을 이해하고, 소비자에게 보다 쉽게 인지되고 기억되며 태도 형성 및 구매 동기 유발까지 포함할 수 있는 전략으로 활용해야 한다는 것이다.

USP 전략은 신제품을 론칭하거나 기존 제품이 경쟁사 제품 대비 탁월한 혜택을 어필할 수 있을 때 활용된다. 제품의 물리적 차이가 경쟁업체와 빠르게 일치할 수 있는 저기술산업에는 적합하지 않으며, 물리적 제품 차별화가 지속적인 경쟁 우위를 제공하는 상대적으로 높은 기술 수준에서 개발된 제품 범주에 적합하다.

[그림 11-4] 애플의 '맥 프로(Mac Pro)' 광고

우리 머릿속에 쉽게 떠올릴 수 있는 브랜드의 USP 예를 들어 보자. [그림 11-4]는 애플사의 맥프로(Mac Pro) 캠페인으로 'Beauty outside, Beast inside'라는 슬로건을 사용하여 차별화된 미학과 최첨단 기술을 소개하고 있다. 세련된 최첨단 디자인, 사용자 친화적인

제품, 신뢰성, 혁신 및 PC의 대안으로 익히 알려져 있는 이들의 USP는 소비자로 하여금 기술적으로 유사한 데스크톱 컴퓨터 대신 프리미엄 가격을 기꺼이 지불하도록 한다. 이에 대응하기 위한 수많은 경쟁사는 제품 혁신을 일치시키거나 개선하고, 브랜드를 확산하고 시장을 세분화하거나 완전히 다른 광고 전략을 선택하여 새로운 USP를 소비자에게 약속해야 한다.

최근 기술 수준의 향상과 제품 간의 균등화 현상으로 제품의 혜택을 어필하는 광고의 효과에 대한 의문이 제기되곤 한다. 그러나 광범위하게는 브랜드 전체가 소비자에게 약속하는 혜택과 작게는 제품 하나의 기능적 혜택을 소구하는 광고물에서, USP를 통한 차별화는 기업이 지속적으로 참여해야 하는 전략 및 전술 활동임을 확인할 수 있다. 쉽게 말해, 브랜드의 정보 홍수 속에서 돋보이는 차별성을 갖고 있다는 것은 시장에서 커다란 이점이 될 수 있고, 소비자가 수많은 제품 중에 우리의 제품을 선택할 수 있는 하나의 원동력이 될 수 있음에는 틀림이 없다는 것이다. 그리하여 USP 전략은 의미 있고 독특한 소비자의 이익을 기반으로 효과적인 광고의 틀이 될 수 있으며, USP란 단어는 고유한 물리적 제품의 특성이나 이점을 포함하는 의미로 통용되고 있다.

(4) 브랜드 이미지 전략(Brand Image strategy)

1960년대 기술 발전과 함께 제품의 평준화 시대가 찾아오면서 제품의 혜택을 소구하는 USP 전략의 약속은 더 이상 소비자의 선택지가 아니었다. 이는 소비자에게 제품이 줄 수 있는 심리적·정서적 차별화가 중요한 요소로 작용하는 브랜드 이미지의 시대를 도래했다.

종종 제품은 사회적으로 존재하거나 광고주에 의해 또는 광고주를 위해 생성된 기호와 연관된다. 데이비드 오길비(David Ogilvy)는 이러한 기호가 브랜드 이미지 전략(Brand Image strategy)을 통해 표현될 수 있음을 강조하고, 그의 저서인 『어느 광고인의 고백』에서 브랜드 이미지가 브랜드의 개성을 의미하며, 개성을 표현하는 것은 상표, 패키징, 가격, 광고 형태, 스타일 등 제품 자체의 본질로 이루어진 혼합물이라 했다. 브랜드 이미지 전략은 자사 브랜드의 물리적 특성이나 혜택보다는 심리적 차별성에 집중하여 소비자의 감성을 움직이는 전략으로 연성 판매(soft sell)라고도 불리며, 제품을 차별화하기 위한 노력은 있으나 차별화의 관점이 심리적이라는 점에서 USP와는 다른 전략으로 볼 수 있다. 이 전략은 제품 혜택의 차별화가 어렵거나 경쟁사와 유사 또는 모방이 가능한 경우 유용하게 활용될 수 있으며, 물리적 차이가 거의 없는 비교적 균등하고 기술이 낮은 제품에 적합하다는 점에서 USP 전략을 보완한다. 담배, 주류 및 의류 등의 제품군에서 많이 활용되고 있으나, 브랜드 이미지 전략은 거시적인 관점에서 바라보면 모든 기업과 제품에 필요한 전략이다. 브랜드 이미지 전략의 가장 큰 장점은 제품과 관련된 이미지는 물리적 제품 특성과 관련이 없기 때문에 경쟁사에 의해 빠르게 모방될 수 없다는 점과, 모든 브랜드는 그 브랜드만의 고유한 특성과 철학을 가지고 있으므로 브랜드가 표현하는 개성과 의미만으로도 구매력을 창출할 수 있다는 것이다. 즉, 브랜드 개성을 중시하는 많은 기호 제품군 외에도 모든 제품의 영역에서 브랜드 이미지는 중요시되어야 할 항목이다.

브랜드 이미지 전략의 성공 사례로 쉽게 떠올릴 수 있는 브랜드는 개척 정신과 고향의 향수에 젖은 미국 서부의 남성을 이미지화시킨 '말보로(Marlboro)'나 성공한 중년 남성의 로망을 상징하는 '할리 데이비슨(Harley-Davidson)' 등이 있다. 최근 우리 주위에서 브랜드 이미지 전략으로 소비자에게 깊은 인상을 남긴 브랜드를 생각해 보면, 2019년 한국에도 상륙한 '블루보틀(Blue Bottle)'이라는 커피 브랜드가 떠오른다. 커피 본연의 맛을 중시하고 심미적인 아름다움을 추구하는 블루보틀은 최고의 품질과 심플한 디자인이라는 이미지로 종종 커피업계의 애플이라 불린다. 미국 오클랜드의 작은 카페에서 갓 볶은 원두커피로 시작한 블루보틀은 자신만의 '스페셜 티 커피'를 강조한다.

[그림 11-5] 브랜드 매거진에 실린 '블루보틀'과 '룰루레몬'의 웹사이트

또한 글로벌 스포츠 의류 브랜드인 '룰루레몬(lululemon)'은 고객과 브랜드를 연결시켜 주는 다양한 경험 창출 중심으로 '땀 흘리는 즐거움과 건강 챙김을 나누는 가치'라는 브랜드 메시지를 전달하고 있다. 제품 구입과 상관없이 SNS를 매개로 고객과 소통하는가 하면, 명상, 필라테스, 요가 등 다양한 체험 행사에 참여할 수 있는 기회를 열어 자사 제품의 본질과 가치를 고객에게 어필한다. 인공지능과 SNS와 같은 디지털 기술과 미디어의 확산으로 고객과의 관계 맺기는 물리적으로나 심리적으로 더 가까이 다가왔다. 블루보틀이나 룰루레몬과 같은 사례를 통해 상표, 패키징, 굿즈, 공간, 디자인, 경험 등 브랜드 개성을 표현할 수 있는 정체성과 페르소나를 명확하게 정립하여 브랜드 이미지를 소비자에게 각인시키고 지속적으로 관리하는 과정이 전략적인 마케팅의 필수 요건이며, 나아가 브랜드 가치를 전달하는 것이 절대적으로 중요한 현시대의 마케팅 열쇠임을 알 수 있다.

(5) 포지셔닝 전략(Positioning strategy)

[그림 11-6] '루시드 에어'의 제품 콘셉트 영상

포지셔닝이란 미국의 마케팅 전문가 잭 트라우트(Jack Trout)가 처음 사용한 단어로 원래 제품 포지셔닝을 뜻하는 것이다. 제조업자가 제품에 부여한 다양한 속성을 통해 특정 타깃에게 이익을 창출하기 위한 방법이라 할 수 있다. 예를 들어, [그림 11-6]의 미국의 전기자동차회사인 루시드 모토(Lucid Motor)는 그들의 첫 번째 전기 자동차인 루시드 에어(Lucid Air)의 제품 콘셉트 영상에서 그들의 브랜드 철학과 명확한 제품 포지셔닝을 어필한다. 캘리포니아에 본사를 두고 있는 이 회사는 이 지역이 가지고 있는 아름다운 자연의 특성을 제품 콘셉트로 정하고 네이밍, 컬러, 인테리어, 익스테리어 등을 디자인했다. 소비자들의 마음속에 '자연에서 온 전기 자동차'라는 명확한 위치를 전달하여 테슬라(Tesla)와 같은 경쟁사와 선을 긋고 있는 것이다. 아직 출시 전이지만 이 제품의 광고를 우리는 쉽게 상상할 수 있다. 이렇듯 포지셔닝은 넓게는 제품 고유의 철학을 담은 이야기부터, 세부적으로는 제품이 광고를 통해 소비자의 마음속 어딘가에 자리 잡을 수 있도록 하는 것을 뜻한다.

트라우트(Trout)와 알 리스(Al Ries)가 제안한 초창기 버전의 포지셔닝 전략은 제품의 평판을 구축하고 경쟁 제품 간의 순위를 높이는 것에 초점을 두었다. 심화된 경쟁 시장 속에서 USP(물리적 속성에 바탕을 둔 경우) 또는 브랜드 이미지(심리적 차별화에 바탕을 둔 경우) 전략을 통해 만들어진 광고들이 한계에 다다르자 소비자들에게 제품을 각인시킬 수 있는 새로운 모델이 탄생한 것이다. 그러나 포지셔닝 전략은 단순히 제품의 특성과 소비자의 요구에 부합하는 새로운 모델로 이해하기보다 이 전략이 가지고 있는 핵심적 차별성을 기억해야 한다. 바로 '경쟁의 관계'라는 주요 특성이다. 즉, 포지셔닝 전략은 다른 브랜드와의 차별화에 초점을 맞춰 경쟁 상대를 의식한 자사 제품의 위치 결정에 그 핵심이 있다. 제품 차별화가 어려운 시장에서 지각된 품질의 차이를 소비자 마음속에 각인시키는 전략인 것이다.

성공적인 포지셔닝 전략으로 우리나의 대표 장수 브랜드인 박카스를 예로 들어 보자. 1960년에 처음 시장에 나온 박카스는 초반에는 제품의 효능을 알리는 "활력을 마시자"라는 메시지를 일관되게 소구했으나 정부의 자양강장 드링크류의 광고 제재와 금지로 인해 위기를 맞았다. 20년이 지난 후, "그날의 피로는 그날에 푼다"라는 메시지로 성공적인 '새 한국인 캠페인'을 진행했으나, 박카스는 20~30세대가 주 구매층인 드링크 시장에서 노후화된 브랜드로 인식되며 영 타깃에게 소구할 새로운 메시지가 필요한 상황이 됐다. 박카스는 멈추지 않고 "젊음은 나약하지 않다", "젊은 날의 선택", "젊은이와 함께하는 드링크"라는 젊은 층에게 어필하는 메시지를 통해 소비자의 마음속에 새로운 위치를 선점했으며, 이후 타깃층을 대한민국 전 국민으로 넓히며, "진짜 피로회복제는 약국에 있습니다", "대한민국에서 ○○○로 산다는 것", "풀려라 5천만! 풀려라, 피로!", "나를 아끼자" 그리고 최근 "오늘을 회복하자"까지 다양한 메시지로 박카스만의 위치를 선점하고 있다.

박카스가 지난 60여 년이라는 긴 시간 동안 소비자 마음속의 특정 위치를 차지하고 있는데는 많은 이유가 있을 것이다. 그중 가장 큰 이유는 타깃에게 맞는 다양한 메시지를 개발하고 커뮤니케이션하는 동안, 소비자에게 각인시키고자 했던 명확한 정체성과 적절한 위

[그림 11-7] '박카스'의 TV 광고

치가 흔들리지 않고 꾸준히 전달됐기 때문일 것이다. 박카스가 자양강장제라는 의약품임을 소구하며 경쟁사와 선긋기를 하고, 피로는 졸림과 같은 자연신체 현상과는 달라서 피로회복제라는 박카스의 필요성을 강화시키기도 하고, 박카스를 마셔야 하는 이유를 만들어 주며 새로운 구매 상황과 정서적 공감대를 만들기도 했던 지난 커뮤니케이션 메시지들에서, 우리는 일관되고 명확한 포지셔닝 전략이 경쟁 브랜드와 차별화된 브랜드를 만들어 내는 중요한 성공 요인임을 확인할 수 있다.

포지셔닝 전략은 제품 카테고리의 새로운 항목 또는 신제품 론칭, 시장 리더에게 도전하려는 상대적으로 작은 시장 점유율을 가진 후발 브랜드에 적합하다. 포지셔닝 전략의 장점은 기존의 우위를 선점하고 있는 경쟁사가 이미 위치를 잡고 있는 상태에서, 우리만의 위치를 결정할 수 있고 소비자의 마음속에 기존의 경쟁사와는 다른 새로운 가치를 심어 줄 수 있는 기회가 될 수 있다. 이러한 예로 화상회의 플랫폼계의 강자라 불리우는 줌(Zoom)의 포지셔닝 전략에 대해 알아보자. 줌은 교육, 비즈니스 등 영역에서 화상회의를 진행할 수 있는 플랫폼이다. 줌이 시장에 처음 진입했을 당시 Microsoft, Adobe, Citrix 및 Polycom, Highfive, Join. Me, BlueJeans Network 및 Vidyo와 같은 선두 주자들이 다양한 기능과 기술을 앞세우며 시장을 장악하고 있었다. 그러나 줌이 성공할 수 있었던 가장 큰 이유는 정밀한 타깃 조사를 통해 고객이 기존 서비스에서 직면한 가장 큰 문제인 '화상 통신 불량'을 찾아내고, 고객의 니즈와 요구가 반영된 클라우드 기반의 무제한 무료 일대일 통화를 링크로 연결해 주는 손쉬운 사용성을 기반으로 소비자들의 마음속에 화상 통화의 표준으로 각인시킨 것이다. 2020년 팬데믹으로 인해 일부 브랜드는 사회적 거리두기를 강조하기 위해 로고를 분리시키기도 했으나, 줌의 광고는 반대로 전 세계 모든 사람의 거리를 온라인에서 단축시킨다는 의미에서 'Shorten the distance'라는 슬로건과 함께 상징적인 광고를 선보였다([그림 11-8] 참조). 줌은 경쟁 브랜드에 대한 소비자의 인식을 이해하고 철저한 소비자 조사를 통해 우리 브랜드가 타사 브랜드에 비해 어떤 장점과 혜택을 가지고 있는지 명확하게 전달함으로써 소비자의 마음속에 위치를 공고히 한 포지셔닝 전략의 성공 사례이다.

앞에서 살펴본 사례들과 같이 포지셔닝 전략은 수많은 경쟁 제품 사이에서 우리의 제품이 소비자의 마음속 어디에 위치하도록 해야 하는가를 전략적으로

[그림 11-8] '줌'의 지면 광고

접근하는 것은 물론, 브랜드가 전달하고자 하는 비전이나 메시지를 포함하여 확장된 방법으로 활용하는 것이 유용할 것이다.

(6) 공명 전략(Resonance strategy)

공명의 사전적 정의를 요약해 보면 진동과 울림에 의한 음색의 강화 및 풍부함이라 할 수 있다. 이를 마케팅에 대입해 보면 고객에게 전달할 수 있는 진정한 울림 등을 통해 브랜드와 고객 간의 관계를 강화하는 것이다. 공명 전략(Resonance strategy)은 슈왈츠(Schwartz,1973)에 의해 처음 제시된 전략으로, 제품의 혜택이나 이미지에 초점을 두기보다는 소비자 마음속에 저장된 정보와 경험의 종류, 정보의 패턴, 자극이 저장된 정보를 불러일으키는 긍정적인 상호작용의 과정을 깊이 이해하는, 즉 공명을 통해 소비자 마음의 울림을 만들어 내는 전략이다.

브랜드가 가지고 있는 히스토리나 제품의 특별한 차별점이 없다 하더라도, 시의적으로 브랜드가 줄 수 있는 감성적 연대를 만들어 낼 수 있을 때 성공할 수 있다. 슈왈츠에 따르면, 공명 전략에서 가장 중요하게 고려해야 할 사항은 브랜드와 관련된 소비자 경험에 대한 이해이다. 소비자 '경험의 패턴'을 이해하고, 이 경험을 불러일으키고 그것에 공명하는 메시지를 전달하기 위해 소비자에 대한 상대적으로 깊은 이해를 필요로 한다. 즉, 고객이 추구하는 가치와 관심사를 반영하고 브랜드의 메시지를 강화하는 방법으로 고객들이 동참할 수 있도록 광고의 역할을 확장시킬 수 있으며, 제품의 가격이나 기능에 초점을 두지 않고 진정성과 공유 가치를 우선으로 하는 전략이다.

공명 전략은 제품 차이가 거의 없거나 차별화 요인이 부족하고 제품 정보가 필요하지 않

[그림 11-9] '홀마크'의 영상 광고

아 제품의 속성보다는 소비자의 경험이 판매의 주요 초점이 되는 경쟁 상황에 적합하다. 소비자의 풍부한 경험에 바탕을 둔 광고는 광고 메시지의 혼란을 줄이고 브랜드에 대한 더 많은 회상을 할 수 있도록 돕는 장점이 있다. 결과적으로, 브랜드에 대한 호감도 창출과 고객과의 관계에 가치를 두는 전략으로 단기 또는 일회성 광고보다는 관계 구축에 바탕을 둔 장기 전략으로 활용하는 것이 좋다. 미국의 카드회사 홀마크 (Hallmark)는 장기적 관점에서 공명 전략으로 활용한 훌륭한 사례이다. 인터넷과 SNS가 우리 생활의 많은 부분을 차지하게 되면서 사람들은 더 빠르고 쉽게 연결되지만 더 깊고 진지한 커뮤니케이션을 하고 있다고 장담하지는 못한다. 홀마크는 이런 시대에 살고 있는 사람들에게 아날로그 형식이지만 서로의 마음을 손 글씨로 전달할 수 있는 '카드'에 그 가치를 담아 소비자의 마음을 울리는 수많은 이야기를 광고로 풀어냈다. 지난 110여 년간 기억에 남는 순간, 이벤트 또는 감동적인 인사말들은 많은 사람들에게 '홀마크 순간(Hallmark moment)'이라 불리며, 홀마크 카드를 보내거나 받아 본 모든 사람에게 각인이 될 만큼 훌륭한 공명을 창출했음은 틀림이 없다.

(7) 정서 전략(Affective strategy)

정서 전략(Affective strategy)은 특별한 메시지나 이미지를 만들어 내기보다 청중의 감성을 고조시키거나 호감을 만들어 내는 것에 중점을 둔 전략이다. '표현의 차별화'를 통해 직관적이고 시대를 반영하는 크리에이티브를 만들 수 있다는 장점이 있다. 이 전략의 목적은 정서적 수준에서 소비자와 접촉하는 것으로, 최근 우리가 쉽게 접할 수 있는 바이럴 광고 등이 이 범주에 속한다. 브랜드에 무관심하거나 무지한 소비자들에게 임팩트 있는 메시지나 이미지를 전달해 긍정적인 반응을 만들어 내거나 인식의 변화를 만들어 내는 정서적 전략은 다양한 제품군에서 창의적 광고 표현 방법으로 활용될 수 있다.

그렇다면 지금까지 본 적 없었던 표현 방법이나 임팩트 있는 내용을 선보이며 소비자의 뇌리 속에 강력한 인상을 심어 준 성공적인 정서적 전략의 사례를 살펴보자. 영 타깃을 향한 새로운 커뮤니케이션 방법을 성공적으로 이끄는 것은 말처럼 쉽기만 한 일은 아닐 것이다. 해를 거듭하며 급변하는 소비자의 성향은 비단 광고업계뿐 아니라 모든 산업에 걸쳐 예의 주시해야 할 중요 요인이 됐다. 'B급 갬성', '레트로', '병맛', '도른자', '부캐', '힙' 등의 단어가 친숙하게 느껴진다면 독자는 이미 MZ세대를 일컫는 영 타깃의 감성을 충분히 이해하고 있는 것이다.

[그림 11-10] '빙그레우스'의 인스타그램과 '한국관광공사'의 유튜브 영상 광고

[그림 11-10]의 사례들은 논리적이기보다는 감성과 직관을 더 중요시한 사례로 현 마케팅 커뮤니케이션이 나아가야 할 또 하나의 방향성을 제시해 준다. 빙그레의 '빙그레우스 더 마시스'는 빙그레라는 기업을 대신할 강력한 화자로 탄생된 캐릭터이다. 다양한 플랫폼에서 자신의 메인 캐릭터와 부캐 등으로 자신의 개성을 표현하는 영 타깃들에게 빙그레우

스의 인스타그램 계정은 재미와 정서적 공감대를 불러일으키기에 충분했다. 가상 캐릭터를 통해 기업의 제품을 스타일링하거나 추가적인 캐릭터들의 발굴을 통해 빙그레만의 세계관을 보여 준다거나, 애니메이션을 한 편의 뮤지컬 드라마로 구성하고 애니메이션에 등장한 소품을 굿즈화시키는 등 빙그레의 SNS 마케팅은 디지털 매체에 스토리텔링을 활용한 감성 전략의 성공 사례로 볼 수 있다.

조금 더 표현 방법을 강조한 사례도 있다. 2020년 한국관광공사의 'Feel the rhythm of Korea'는 유튜브 영상 조회 수가 3억 뷰를 돌파하는 쾌거를 기록한 공공 기관의 홍보 영상이다. 국악을 현대 음악으로 재해석한 그룹의 신명 나는 음원과 현대 무용 그룹이 춤을 추며 대한민국 곳곳을 소개하는 이 뮤직비디오 시리즈는 기존의 홍보 영상의 진부한 틀을 깨고 고퀄리티의 B급 공익 광고로 내국인뿐만 아니라 해외에서도 큰 반향을 일으킨 사례이다. 팬데믹 사태로 인해 국내에 머무르는 시간이 많아진 내국인들과 언젠가 이 사태가 종식되어 자유로운 여행이 가능할 때 가장 먼저 한국을 떠올릴 수 있게 만들자는 취지는 자칫 난해할 수 있는 B급 감성 뮤직비디오라는 틀에서 융화되어 시대에 걸맞은 직관적이고 감각적인 콘텐츠 사례로 거듭났다.

앞서 논의한 광고 창작의 과정을 기억하는가? 정보를 수집하고, 실제 아이디어를 도출하고, 의사 결정을 하고, 광고안을 팔기까지 광고 크리에이터들은 끊임없이 고민해야 한다. 이번 광고를 통해 무엇을 보여 줄 것인가? 제품의 특성과 혜택인가? 가격과 품질의 관계인가? 제품의 이미지인가? 소비자와의 정서적 유대인가? 정답을 찾기 위해 염두에 두어야 할 핵심은 바로 '타깃이 진정 필요로 하는 니즈가 무엇인지, 무엇이 그들을 만족시킬 수 있는 것인지'에 대한 탐구, 이해 그리고 적용일 것이다. 이를 위해 광고 크리에이티브 전략은 광고의 창작 과정을 비롯한 다양한 관련 부서에 유용한 도구로 활용될 수 있다. 비록 본문에서 살펴본 전략들은 개념적 정의 중심이지만, 이를 활용해 실행 방법과 경쟁자가 사용할 수 있는 대안을 고려한 전략을 구축할 수 있는 가이드라인이 될 수 있다.

최근 광고산업의 환경 변화는 광고 크리에이티브의 영역을 확장시키고 있다. 본문에 소개된 크리에이티브 전략과 접근법만으로는 광고 제작의 방향성을 찾기가 쉽지 않다는 뜻이기도 하다. 따라서 다양한 크리에이티브 전략의 학문적 이해를 토대로 실무에 적극적으로 적용할 수 있는 광고업계의 '호모 크리에이터(Homo Creator)'가 될 수 있기를 바란다.

 참고문헌

김난도, 전미영, 최지혜, 이향은(2020). 트렌드 코리아 2021. 서울: 미래의 창.

김훈철(2006). 매혹 크리에이티브. 서울: 다산북스.

Al, R., & Jack, T. (2002). 포지셔닝 (*Positioning: The battle for your mind*). (안진환 역). 서울: 을유문화사. (원저는 1981년 출판).

Arens, W. F. (2002). 현대 광고론 (Contemporary advertising). (리대룡 외 공역). 서울: 한경사. (원저는 2002년 출판).

Chareles F. Frazer. (1983). Creative strategy: A management perspective. *Journal of advertising, 12*(4), 40.

Keller, K. (2015). 전략적 브랜드 관리 (*Strategic brand management: Global edition*). (김승호 역). 서울: 시그마프레스. (원저는 2013년 출판).

Ogilvy, D. (2006). 어느 광고인의 고백 (*Confessions of an advertising man*). (이낙운 역). 서울: 서해문집. (원저는 1963년 최초 출판).

Parente, D., & Strausbaugh-Hutchinson, K. (2017). 광고 캠페인 전략 (*Advertising campaign strategy: A guide to marketing communication plans*). (조병량 외 공역). 서울: Cengate Learning Korea. (원저는 2014년 출판).

Taylor, R. E. (1999). A six-segment message strategy wheel. *Journal of Advertising Research, 39*(6), 7-7.

Trout, J., & RieS, A. (1972). Positioning cuts through chaos in marketplace. *Advertising Age, 43*, 51-54.

Vaughn, R. (1980). How advertising works: A planning model. *Journal of advertising research, 20*(5), 27-33.

Von Oeck, R. (1986). *A kick in the seat of the pants: using your explorer, artist, judge, & warrior to be more creative.* NY: Harper & Row.

https://www.enewko.com/archives/34188

https://www.ahnlab.com/kr/site/securityinfo/secunews/secuNewsView.do?seq=28385

https://blog.hsad.co.kr/2721

https://blog.hsad.co.kr/2604

https://www.adweek.com/creativity/the-young-popes-pope-bot-is-trolling-people-with-bible-verses-helped-by-ibms-watson/

제12장

광고 카피라이팅과
메시지 구성*

»

광고와 관련한 직업 중에서 일반인에게 가장 널리 알려진 직종이 카피라이터일 것이다. 현대 광고의 아버지라 불리는 데이비드 오길비(David Ogilvy, 1911~1999년)는 광고 기획자이자 카피라이터, 그리고 광고회사의 경영자이기도 했지만, 그는 무엇보다도 "시속 60마일로 달리는 신형 롤스로이스 안에서 가장 크게 들리는 것은 전자시계 소리입니다"라는 카피를 쓴 카피라이터로 기억된다. 우리나라 광고계에 몸담고 있는 수많은 광고인 중에서도 대중적인 인지도가 가장 높은 사람들 역시 카피라이터이다.

최인아, 박웅현, 김민철, 이제석, 김하나, 이유미, 정철. 이들 중 일부는 카피라이팅 외에 기획과 디자인 및 경영에도 참여하고 있지만, 그럼에도 불구하고 이들은 다들 카피라이터로 불리는 것을 가장 선호한다는 인상을 준다. 그만큼 카피라이팅은 매력적인 직업이고, 상당히 많은 젊은이가 선망하는 직업인 것 같다. 이 장에서는 카피의 개념, 좋은 카피의 평가 기준, 광고 업무의 프로세스와 카피라이팅의 업무 범위, 카피라이팅을 통한 포지셔닝 전략, 카피의 구성 요소, 카피라이팅의 기술 등 카피라이팅의 기본 개념과 기법에 대해 살펴본다.

---

* 김여정(홍익대학교 광고홍보학부 교수)

1. 카피, 카피라이팅, 카피라이터

카피(copy)란, 광고에서 사용되는 모든 언어적 요소를 말한다. 영상 광고를 기준으로 말한다면 모델이 말로 전달하는 메시지, 해설자(내레이터)인 성우의 목소리로 전달하는 메시지, 노래 가사로 전달되는 메시지, 자막으로 처리되는 메시지가 모두 카피라고 할 수 있다. 제약 광고에 깨알 같은 글씨로 화면 하단에 깔리는, 부작용 등에 관한 메시지도 카피의 일부분이다. 한마디로, 광고에 사용되는 모든 말과 글을 카피라고 생각하면 된다.

그러나 카피라이팅(copywriting)은 광고 메시지의 언어적 요소를 작성하는 것에 국한되지 않는다. 카피를 작성한다는 것은 광고 메시지를 작성한다는 의미이며, 이는 언어적 요소와 비언어적 요소를 모두 활용하여 전달하고자 하는 의미를 구성해 내는 과정이다. 예를 들어, [그림 12-1]에서 메시지의 언어적 요소는 "WHAT GOES AROUND COMES AROUND: STOP THE IRAQ WAR"이다. 이 광고가 평면으로 펼쳐져 있을 때에는 이 언어적 요소가 좌우로 쪼개져 있을 뿐 아니라 그 순서도 "COMES AROUND: STOP THE IRAQ WAR"가 왼쪽에, "WHAT GOES AROUND"는 오른쪽에 제시되어 있어 왼쪽에서 오른쪽으로 읽는 우리의 언어 습관으로는 이해가 되지 않는 메시지다. 이 메시지를 비로소 완성시키는 것은 기둥에 두른다는 미디어 아이디어이다. [그림 12-2]에서 보는 것처럼 이 광고는 기둥에 둘러야만 문장이 완성되며, 라이플을 들고 있는 군인의 모습(시각적 요소)과 함께 "세상은 돌고 돌아 내가 행한 폭력이 결국 나에게 돌아온다"라는 메시지를 극적으로 전달하게 된다. 여기에서 카피라이팅이란, "WHAT GOES AROUND COMES AROUND: STOP THE IRAQ WAR"라는 문장을 작성하는 것뿐만 아니라 군인의 총을 길게 연장하여 기둥에 둘렀을 때 그 총구가 총을 잡은 군인을 겨누게 되도록 디자인하는 것, 그러기 위해서는 "WHAT GOES AROUND"를 오른쪽에, "COMES AROUND: STOP THE IRAQ WAR"는 왼쪽에 배치하는 것을 모두 포함하는 것이다. 말하자면, 카피라이팅은 언어적 · 비언어적 요소를 모두 활용하여 가장 효과적으로 전달될 수 있는 광고 메시지를 작성하는 것이라 하겠다.

카피라이터(copywriter: CW)란, 카피를 쓰는 사람이자 카피라이팅을 하는 사람이다. 카피를 쓰는 사람이라는 뜻은, 광고의 언어적 요소들을 책임지는 사람이라는 의미이다. 광고에 사용되는 말과 글은 모두 카피라이터의 책임이다. 문장이 어색하지 않은지, 문법적인 오류는 없는지, 맞춤법이 잘못되거나 오타는 없는지 마지막까지 확인하는 것이 카피라이터이다. 카피라이팅을 하는 사람이라는 것은 언어적 요소뿐 아니라 비언어적 요소까지 활용하여 효과적인 메시지를 구성해 내는 사람이라는 뜻이다. 함께 일하는 아트 디렉터(art director: AD)가 최종적으로는 시각적인 부분의 완성도를 책임지지만, 메시지의 구성에 있어서는 카피라이터와 아트 디렉터가 함께 아이디어를 내고 메시지가 잘 전달될 수 있는 방법을 함께 고민한다. 요약하자면, 카피라이터 고유의 업무는 광고 메시지의 언어적 요소를 책임지는 것이지만 카피라이팅의 과정은 언어적 요소뿐 아니라 비언어적 요소를 능수능란하게 다루는 능력을 요구한다.

[그림 12-1] "뿌린 대로 거두리라" 반전(anti-war) 광고

[그림 12-2] "뿌린 대로 거두리라" 반전(anti-war) 광고가 기둥에 설치된 모습

2. 좋은 카피란? 카피의 평가 기준

카피는 결국 광고 메시지를 구성하는 한 요소이기 때문에 좋은 카피란 뛰어난 광고를 만드는 카피이다. 그렇다면 뛰어난 광고란 어떤 광고일까? 광고를 평가하는 기준은 얼마든지 다양하게 존재할 수 있다. 예를 들어, 필자가 가르쳤던 광고홍보를 전공하는 대학생 80명에게 물었을 때 언급된 기준은 다음과 같다. '주목을 끄는 광고, 관심이 가는 광고, 공감을 불러일으키는 광고, 감동을 주는 광고, 진실한 광고, 신뢰가 가는 광고, 아름다운 광고, 감각적인 광고, 재미있는 광고, 호감이 가는 광고, 매력 있는 광고, 중독성 있는 광고, 브랜드 아이덴티티를 만들어 주는 광고, 메시지가 명확한 광고, 기억에 남는 광고, 소비자의 생각과 태도에 변화를 일으키는 광고, 소비자의 참여를 이끌어 내는 광고, 목표를 달성하는 광고, 구매 욕구를 자극하는 광고, 철학과 가치를 표현한 광고, 사회적으로 선한 영향력이 되는 광고, 트렌드를 반영하고 이끌어 가는 광고'다. 이 모든 답변이 좋은 광고가 될 수 있지만, 보다 전문적이면서도 간결한 기준은 없을까?

한국광고학회는 매년 올해의 광고상을 선정하여 시상하는데, 이 상의 심사 기준은 우리가 찾고 있는 좋은 광고의 기준을 간결하면서도 포괄적으로 제시하고 있다. 바로 독창성, 완성도, 적합성이다. 독창성이란 광고의 기획이나 표현에 있어서 지금까지 본 적 없는 새로운 접근이 시도됐는가를 말한다. 예를 들어, 2019년 대상을 수상한 SK하이닉스 "세계적인 첨단 반도체" 캠페인은 반도체를 이천 지역의 특산품으로 표현했다([그림 12-3] 참조). 농수산물만을 지역의 특산품으로 여기던 기존의 개념을 뒤집어 이천에서 생산되는 SK하이닉스 반도체 역시 이천을 대표하는 특산품이 될 수 있다는 새로운 접근을 보여 주었다. 금상을 수상한 "현대해상은 당신이 주인공" 캠페인의 경우, 주인공만 주목하는 영화와는 달리 막대한 피해를 입고 당황해하는 주변 인물을 주목하면서 손해 보험의 본질을 보여 주고 있다([그림 12-4] 참조).

완성도란 광고물이나 캠페인 구성에 빈틈이 없고 마무리가 잘 되어 있어 거부감 없이 잘 받아들여진다는 의미이다. 완성도가 특히 높았던 수상작은 TV 부문 금상을 받은 LG 오브제 프리미엄 프라이빗 가전이었다([그림 12-5] 참조). 이 광고는 가전제품이 예술 작품처럼 인테리어를 완성할 수 있다는 독창적인 콘셉트를 표현하고 있을 뿐만 아니라, 시각적·청각적인 요소가 아름답고 적절하게 사용되어 광고 자체도 한 편의 예술 작품처럼 느껴지도록 표현의 완성도를 높였다. 대상과 금상을 수상한 이 광고들은 독창성과 완성도 면에서도 뛰어나지만, 마지막 기준인 적합성 면에서도 매우 뛰어나다.

적합성이란 이 광고가 그 기획 의도와 전략을 얼마나 잘 반영하는가를 말한다. 광고는 일종의 전략적 커뮤니케이션으로, 사전에 설정된 구체적인 목표를 달성하기 위해 메시지가 작성된다. 카피라이팅이 문학 등 다른 종류의 글쓰기와 구분되는 특징이 바로 이 전략적인 적합성이다. 앞서 언급한 세 편의 광고들은 모두 독창적이고 완성도가 높지만, 동시에 전략적인 적합성을 잘 보여 주고 있다. SK하이닉스 캠페인은 반도체 하면 삼성전자만을 떠올리는 사람들에게 SK하이닉스 역시 세계적인 첨단 반도체를 만든다는 점을 효과적으로 각인시킨다. 현대해상 캠페인은 고객이 어려움에 처했을 때 누구보다 먼저 달려가겠다는 약속을 유머러스하면서도 자연스럽게 잘 전달하고 있다. LG전자 오브제는 스타일을 중시하는 소비자들에게 가전제품으로도 인테리어에 품격을 더할 수 있음을 입증해 보이고 있다.

한국광고학회가 사용하고 있는 좋은 광고의 기준 세 가지 중에서 가장 중요한 것을 꼽는다면 단연 전략적 적합성이다. 모든 글쓰기에서 독창성이나 완성도는 중요한 덕목이다. 정말 독창적이고 완성도 있는 글을 보고 싶다면 우리는 시를 포함한 문학작품을 보면 된다. 반면, 전략적 적합성은 카피라이팅이라는 글쓰기의 본질이다. 광고는 특정한 시장 상황에서 구체적인 비즈니스 문제를 해결하기 위해 수행된다. 카피라이팅은 이 비즈니스 문제를 해결하기 위한 글쓰기이며, 그러한 목표를 달성할 수 없다면 카피로서나 광고로서나 가치가 없는 것이다.

[그림 12-3] SK하이닉스 "세계적인 첨단 반도체-
이천 특산품" 편

[그림 12-4] 현대해상 "현대해상은 당신이 주인공" 캠페인

[그림 12-5] LG전자 프라이빗 가전 오브제 캠페인

카피의 전략적 속성을 보다 쉽게 이해하기 위해 도로상에서 흔히 만나게 되는 초보 운전 스티커를 살펴보자. 〈표 12-1〉에 흔히 발견되는 초보 운전 스티커의 문구들을 정리해 보았다. 초보 운전 스티커는 운전이 서투른 운전자가 다른 운전자들에게 양해를 구하고 양보를 요청하기 위한 목적으로 차량에 부착된다. 말하자면, 목적이 분명한 전략적인 글인 셈이다. 시중에 판매되고 있는 초보 운전 스티커들을 훑어보면 이러한 목적에 부합하는 것들이 있는 반면, 오히려 다른 운전자들에게 불쾌감을 주고 양보는커녕 위협 운전을 유발하는 것들이 있다(윤형준 2016). 〈표 12-1〉의 4, 5, 6번은 1번, 3번보다 독창성은 더 뛰어나다고 할 수 있지만, 전략적 적합성은 무시했기 때문에 결코 좋은 카피라고 할 수 없다. 카피라이팅 경험이 부족한 대학생들도 이런 실수를 자주 저지른다. 뭔가 독특하고 재미있는 표현을 찾아내기에 급급하여 이 카피를 왜 쓰는지는 잊어버리는 것이다. 물론 2번 결초보은처럼 전략적 적합성을 만족시키면서도 독창적이고 완성도 높은 카피가 가장 좋겠지만, 1번과 6번 사이에서 선택해야 한다면 1번이 단연 더 좋은 카피임은 자명하다.

●표 12-1● 흔한 초보 운전 스티커 문구 예시

연번	문구	분석 및 평가
1	초보 운전	가장 직접적으로 말하고자 하는 바를 전달함. 간결함이 돋보이는 반면 양보를 요청하는 공손한 태도는 다소 아쉽다.
2	결초보은	초보라는 두 글자를 잘 보이게 처리하여 메시지를 명확하게 하는 동시에, 양보와 배려에 대해 미리 감사를 표함으로써 뒷차 운전자에게 양보를 유도하는 센스가 돋보인다.
3	초보 운전 양보 감사합니다	필요한 말을 다하고 있다. 다소 길게 느껴질 수도 있지만, 흔히 보는 문구이기 때문에 메시지 전달에 어려움은 없다.
4	무섭냐? 나도 무섭다	양해와 배려를 구하는 입장에서 시비를 거는 듯한 말투를 사용한 것이나 "나도 무섭다"라며 자기중심적인 입장을 취하는 것이나 매우 적절하지 않다.
5	뭘 봐? 초보 첨 봐?	쓰는 사람은 재미있고 독특하다고 생각할지 모르나, 다른 운전자에게 시비를 걸어 오히려 도로 안전을 위협할 수 있다.
6	개초보 차주 성격 있음	비속어(개초보)를 사용하여 웃음을 유발하고자 하는 의도였겠지만, 배려와 양보를 청하는 입장에서 경우에 맞지 않다. "차주 성격 있음"이 유머가 아닌 협박으로 받아들여진다면 도로 위에서 오히려 갈등을 유발할 수 있다.

어쩌면 우리가 생활 속에서 접하게 되는 카피의 대부분은 초보 운전 스티커 1번처럼 그다지 독창적이지 못하며 더 나아가 식상한 것들인지도 모른다. 〈표 12-2〉에 제시된 전략에 충실한 기업 슬로건을 보라. 대단히 독창적이거나 스타일이 있는 카피는 아닐지라도 전략적으로 충분히 제몫을 하는 카피들이다. 제아무리 독창적이고 표현의 완성도가 높아도 전략적 적합성이 없다면 그 글은 카피가 될 수 없다. 따라서 카피에 있어서 전략적 적합성의 중요성은 아무리 강조해도 지나치지 않다.

●표 12-2● 독창적이지는 않지만 전략에 충실한 슬로건 예시

연번	슬로건	전략적 목표
1	대한민국 No.1 검색 포털, 네이버	검색 포털업계 최고의 위상을 전달함
2	이 맛이 맥주다! 오비라거	맥주 카테고리의 대표 브랜드로 자리매김하고자 함
3	빠르고 간편한 숙취 해소, 상쾌환	제품의 혜택을 직접적으로 전달함
4	두통, 치통, 생리통엔, 게.보.린.	제품의 사용 상황을 콕 찍어 언제 이 제품을 사용하는지 각인시키고자 함
5	사각지대 없는 불스원 미러	제품의 속성과 혜택을 직접적으로 제시함

6	빨래엔 피죤~	이것저것 따져 보지 않고, 당연히 자연스럽게 구매를 유도하고자 함
7	좋은 집만을 지어 온 경남기업	오랜 세월에 걸쳐 입증된 품질과 노하우를 기반으로 소비자의 신뢰를 얻고자 함
8	내일을 디자인하는 사람들, 벽산건설	미래 지향적인 기술과 혁신, 디자인과 인간미를 연상시키고자 함

3. 광고 업무의 프로세스와 카피라이팅의 업무 범위

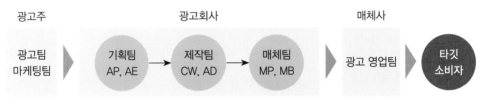

[그림 12-6] 광고 업무 프로세스

카피라이팅을 이해하기 위해서는 광고 업무 전반이 어떤 흐름으로 진행되는지를 이해할 필요가 있다([그림 12-6] 참조). 광고 업무의 시작점은 광고주(client)가 광고회사에 업무를 요청하는 것이다. 기존 광고주는 광고대행사 내에 카운터파트(counterpart)에 해당하는 AE(Account Executive)에게 연락하여 새로운 업무 요청이 있음을 알리고 미팅을 잡는다. 만약 광고주가 특정한 광고 캠페인을 새로운 광고회사에게 맡기고자 한다면, 여러 대행사에게 경쟁을 시키는 비딩(bidding)에 부친다. 관심 있는 대행사 혹은 초청받은 대행사들은 광고주의 과제 브리핑을 받은 후, 정해진 날짜에 준비해 온 프레젠테이션을 통해 경쟁을 한다. 이런 행사를 경쟁 프레젠테이션이라고도 한다. 비딩의 형식과 조건은 다양하지만, 보통은 승리한 대행사가 그 계약을 따고 패배한 대행사는 별다른 보상을 받지 못한다. 비딩에 붙여지는 캠페인은 일반적으로 예산이 크고 또 대행사 입장에서는 경쟁 프레젠테이션을 준비하는 것 자체가 상당한 노력과 비용을 요구하기 때문에, 대행사들은 에이스(ace)들로 TF(taskforce)팀을 구성하여 사활을 걸고 매달리는 경우가 많다. 한 해 동안 얼마나 많은 비딩에서 승리했느냐로 대행사의 순위가 바뀌기도 할 만큼 대행사에게는 중요한 업무이다.

광고주로부터 과제 브리핑을 받고 나면 AE와 AP(Account Planner)가 광고 기획을 위한 땅 다지기 작업에 들어간다. 제품과 경쟁 상황, 시장과 소비자에 대한 조사를 담당하는 사람이 AP, 클라이언트와의 소통과 관리를 담당하는 사람이 AE다. 대행사에 따라서는 AP가 따로 없고, AE가 AP의 업무까지 모두 수행하기도 한다. AP와 AE는 기획 업무를 책임지며, 방대한 자료 조사와 심층적인 분석을 통해 광고 전략을 수립한다. 즉, 클라이언트가 직면한 문제는 무엇이며, 어떤 전략으로 그 문제를 해결할 것인지에 대한 큰 그림을 그리는 것이다.

광고 전략이 수립되면 기획팀은 제작팀의 CW(Copywriter)와 AD(Art Director)를 만나 과제에 대한 브리핑을 한다. 광고주의 요청 사항과 기획팀의 전략을 이해한 후, 카피라이터(CW)와 아트 디렉터(AD)는 자체적으로 타깃 소비자와 제품에 대한 조사를 실시하고, 팀장에 해당하는 CD(Creative Director)는 크리에이티브 브리프(creative brief)를 작성한다. 쉽게 말해, 크리에이티브 전략을 1페이지 내외로 정리한 문서인데, 회사마다 양식은 다르지만 공통적으로 담고 있는 핵심 요소들이 있다(〈표 12-3〉 참조). 크리에이티브 전략은 기획팀이 수립한 광고 전략과 겹치는 부분이 많지만, 제작팀이 자체적으로 조사한 내용들을 시장 상황, 타깃 인사이트 등에 반영하며 최종적으로 'what to say'와 'how to say'를 정리한다.

크리에이티브 브리프는 카피라이팅의 과정에서 나침반과 같은 역할을 한다. 독창적이고 인상적인 카피를 쓰기 위해 머리를 쥐어짜다 보면 광고 목표가 무엇이었는지 망각하기 쉽고, 타깃 소비자가 어떤 사람이었는지 잊어버린 채 표현 자체에만 매달리기 쉽다. 크리에이티브 브리프는 이러한 실수를 예방하고 생각의 방향을 제시해 준다. 수많은 아이디어 중 어떤 것을 선택하여 최종적인 광고 메시지로 제작할 것인지 결정하는 과정에서 브리프가 평가 기준으로 사용되기도 한다. 즉, 크리에이티브 브리프에 잘 부합하는 아이디어를 그렇지 않은 아이디어보다 좋은 아이디어로 평가하는 것이다.

일반적으로 제작팀은 카피라이터와 아트 디렉터로 구성된다. 카피와 아트는 하나의 팀으로서 크리에이티브 브리프에 기반하여 아이디어를 낸다. What to say를 표현할 수 있는 메시지를 다양한 언어적 비언어적 요소를 이용하여 구성하는 것이다. 비주얼 전문가인 아트 디렉터와 함께 일함으로써 카피라이터는 아이디어 발상과 아이디어 구현에 많은 도움을 받는다. 제작팀은 자신들이 개발한 아이디어를 직접 완성도 있는 광고물로 제작하거나, 프로덕션이나 사진 스튜디오 등 전문 제작 업체에 맡기고 그 과정을 관리하고 결과물을 감수하는 방식으로 업무를 처리하는 경우도 많다. 후자의 경우, 대행사의 제작팀은 제작 기획을 담당한다고도 할 수 있다.

•표 12-3• **크리에이티브 브리프의 핵심 요소**

항목	설명
시장 상황, 문제점, 기회	광고하고자 하는 제품/브랜드가 어떤 시장 상황에 처해 있으며, 이 광고를 통해 해결하고자 하는 문제점이 무엇인가? 이 제품/브랜드가 활용할 수 있는 기회 요인에는 무엇이 있는가?
제품의 특성, 소비자 혜택, 차별화 포인트	이 제품/브랜드가 가진 속성은 무엇이고, 이 속성은 소비자에게 어떤 혜택을 주는가? 이 제품/브랜드는 경쟁 제품/브랜드와 어떻게 다른가?
타깃 인사이트	이 광고를 통해 도달하고자 하는 타깃 소비자는 누구인가? 이들은 어떤 라이프스타일, 관심사, 가치관을 가지고 있는가? 이들의 내재된 욕구는 무엇이며 어떻게 그 욕구를 충족시키고 있는가?
광고 목표	이 광고를 통해 도달하고자 하는 목표는 무엇인가?
What to say	위의 광고 목표를 달성하기 위해 전달해야 할 한마디는 무엇인가?
How to say	위의 메시지를 어떤 방식으로 표현할 것인가?

광고 메시지가 구성되면 이를 타깃 소비자에게 가장 효과적으로 전달해 줄 매체를 선정하고 구매하는 것이 매체팀의 역할이다. 매체팀 혹은 미디어팀은 MP(Media Planner)와 MB(Media Buyer)로 이루어진다. 타깃 소비자의 라이프스타일과 매체 이용 패턴 등을 분석하여 그들에게 도달하는 데 가장 적합한 매체를 선정하고, 그 매체에 광고가 실릴 수 있도록 협상과 구매를 진행한다. 이렇게 구매된 매체를 통해서 광고 메시지는 타깃 소비자에게 전달된다. [그림 12-6]은 이러한 광고 업무의 전체적인 흐름을 보여 준다.

광고 업무의 프로세스를 쉽게 이해하기 위해 단순화시켜 설명했지만, 실제 광고 업무의 흐름은 이렇게 매끄럽게 한 방향으로 흐르는 것은 아니다. 또한 각 업무 단계에 누가 참여하느냐도 대행사 내부에서는 매우 유동적으로 결정된다. 예를 들어, 광고주의 과제 브리핑에 반드시 참석하는 사람은 AE지만, 경우에 따라서는 AP와 제작팀이 함께 참석할 수도 있다. 마찬가지로, 광고 전략은 기획팀에서 책임지지만 제작팀 역시 광고 전략 도출에 참여할 수 있다. 순서상으로 광고 전략이 먼저, 광고 메시지(제작물)가 나중에 나오는 것이 정석이지만, 출중한 제작 아이디어가 먼저 나오고 그에 맞춘 전략 기획이 뒤따르는 경우도 있다.

나아가 기획과 제작 업무가 서로 피드백을 주고받으며 전략에 맞게 제작 아이디어를 수정하거나 제작 아이디어에 맞게 전략을 수정하는 사이클이 몇 차례 반복되기도 한다. 제작팀은 때로 매체 선정 아이디어까지 제시할 수 있다. [그림 12-1]과 [그림 12-2]의 반전 광고는 매체가 기둥 형태이어야만 하기 때문에 제작팀이 매체팀과 협력하여 기둥 형태의 매체를 제작 혹은 섭외하도록 조치해야 한다. 때문에 카피라이팅 업무는 몇 줄의 글을 쓰는 것에 국한되지 않으며, 광고주의 의중을 파악하고, 광고 전략을 기획하며, 매체를 선정하는 일까지도 포함할 수 있다. 카피를 쓰기 위해서는 전체적인 광고 업무의 프로세스를 이해하며 어떤 단계에 투입되더라도 활약할 수 있어야 한다. 비록 카피라이터가 최종적으로 책임지는 것은 언어로 표현된 부분일지라도 말이다.

4. 포지셔닝: 카피라이팅의 힘을 보여 주는 광고 전략

포지셔닝(positioning)은 알 리스(Al Ries)와 잭 트라우트(Jack Trout)가 주장한 마케팅 개념으로 오늘날 비즈니스 분야에서 널리 쓰는 용어가 됐다. 포지셔닝(positioning)이란 말을 굳이 번역하자면 "자리 잡기" 정도가 되겠는데, 타깃 소비자의 기억 속에 우리 브랜드를 자리 잡게 만드는 것, 소비자가 이미 가지고 있는 지식의 체계에서 어떤 개념을 선택하여 우리 브랜드가 그 개념과 연상되도록 위치시키는 것이다(Ries & Trout 2001). 포지셔닝은 수많은 광고 전략 중에서 카피의 역할이 특히 도드라지는 전략이다. 키워드 전쟁이라고 할 수 있는 포지셔닝에서 적확한 키워드들을 적절하게 조합한 카피야말로 가장 강력한 무기이기 때문이다.

예를 들어, 앞서 제시한 〈표 12-2〉에 제시된 슬로건들을 보자. 이 슬로건들은 모두 어떤 개념어, 키워드를 브랜드의 연관어로 만들기 위해 쓰였다. 게보린의 경우, 이 카피를 쓰기 전에도 소비자들의 지식 구조 속에는 두통, 치통, 생리통과 같은 개념들이 존재했다. 이 개념들은 모두 통증이라는 범주에 들어가기 때문에 서로 직간접적으로 연결되어 있다. 이때 "두통, 치통, 생리통엔 게보린"이라는 슬로건에 타깃 소비자가 반복적으로 노출되면, 이 소비자의 지식 구조 속에는 두통, 치통, 생리통과 더불어 게보린이 자리 잡게 된다. 다시 말해, 소비자의 머릿속에서 게보린은 '두통', '치통', '생리통'의 연관어로 자리 잡게 된다. 마찬가지로 대한민국-No.1-검색 포털-네이버, 맥주-오비라거, 빠름-간편-숙취 해소-상쾌환, 빨래-피죤, 좋은 집-경남기업, 내일-디자인-사람-벽산건설처럼 키워드들과 브랜드 이름을 연결 지어 주는 것이 포지셔닝 전략에서 카피의 역할이다.

포지셔닝의 방법은 다양하지만, 이해하기 쉽게 구조화한다면 다음과 같이 정리해 볼 수 있다.

1) 속성에 의한 포지셔닝

속성이란 제품이 가진 물리적 특징을 말한다. 경쟁 브랜드는 갖고 있지 않은 성분이나 구조, 기술, 원산지 등이 그 예이다. 예를 들어, "간 때문이야~"로 유명한 대웅제약 우루사는 초창기에 '우루소데옥시콜산이 들어 있다'는 점을 강조하여 마케팅을 펼쳤다. 숙취 해소 음료인 제일제당 컨디션 역시 초창기에는 '아스파라긴산'이라는 성분을 강조했다. 속성에 의한 포지셔닝 사례는 다음과 같다.

[그림 12-7] 속성을 이용한 포지셔닝 예시: 맘스터치 "묵직한 버거" 편

- 입에서만 녹고, 손에서는 안 녹아요, M&Ms
- The Only Vacuum with Balls, 다이슨 볼 청소기
- 화산암반수 제주삼다수
- 활성비타민이 들어 있는 아로나민 골드
- 묵직한 버거 화이트갈릭 버거
- 살아서 장까지, 닥터 캡슐

2) 혜택에 의한 포지셔닝

혜택이란 소비자가 제품을 사용함으로써 누릴 수 있는 경제적 · 감각적 · 물리적 · 심리적 편익 등을 말한다. 이러한 혜택은 앞서 얘기한 속성의 결과일 수도 있고, 브랜드 이미지일 수도 있다. 예를 들어, 마켓컬리의 속성은 새벽 배송, 혜택은 "잠들기 전에 주문하면 내일 아침 문 앞 도착"이다. 새벽에 배송하는 것은 마켓컬리의 서비스 속성이고, 잠들기 전에 주문한 후 아침에 일어나 보면 주문한 제품들이 문 앞에 도착해 있는 편리함은 소비자가 누리는 혜택이다. 다음의 카피들은 혜택을 이용한 포지셔닝의 사례들이다.

- 흔들리지 않는 편안함, 시몬스
- 걸어만 놔도 새 옷처럼, LG 트롬 스타일러
- 맛있게 먹고, 멋있게 사는 법, 칼로커트
- 하루의 성공, 시작은 베로카로부터
- 우리 아이 키성장, 아이클타임
- 장 건강, 지큐랩으로 지켜라
- 모어 뷰티풀(More Beautiful), 하이모 레이디
- 쿠팡은 로켓배송

[그림 12-8] 혜택을 이용한 포지셔닝 예시: "흔들리지 않는 편안함" 시몬스 광고

3) 사용 상황에 따른 포지셔닝

제품을 필요로 하는 상황을 제시하여, 그 상황의 키워드를 선점하는 방식이다. 그 상황이 인출 단서로 작용하여 그 상황에서는 제품/브랜드가 떠오르게 한다. 예를 들어, 스니커즈는 "출출할 땐 넌 네가 아니야" 캠페인을 통해 출출한 상황과 스니커즈 브랜드 사이에 연합을 만들어 냈다. '출출하다'는 느낌이 인출 단서가 되어 출출하다고 생각하는 순간 스니커즈를 떠올리게 하는 것이다.

- 변비엔 역시 메이킨Q
- 기미, 주근깨가 걱정이면 아로나민 씨플러스
- 찬바람 불면, 핫초코 미떼
- 일요일엔 오뚜기 카레
- 엔진 때 뺄 때, 불스원샷
- 힘내야 하는 모든 순간, 정관장 에브리타임
- 탈모가 시작됐다면, 닥터 그루트로 감아라

4) 사용자에 의한 포지셔닝

제품의 혜택이 누구에게 가장 유용할지, 제품이 필요한 상황을 누가 가장 자주 경험할지를 생각하여 그 사용자와 제품을 연결 짓는 포지셔닝 방법이다. 예를 들면, 우르오스는 남성들을 타깃 소비자로 선정하고 "남자의 올인원 우르오스 모이스처라이저", "남자의 샤워 우르오스 스킨워시", "우르오스는 이런 남자 편" 등의 카피를 사용함으로써 '남자'라는 키워드를 차지했다. 다음의 카피들은 사용자를 이용한 포지셔닝의 사례들이다.

- 요즘 아이들의 공부법, 밀크T
- 루키들의 인생 첫 차, 올 뉴 아반떼
- 일 잘하는 애들의 커리어 플랫폼, 원티드

[그림 12-9] 사용 상황에 따른 포지셔닝 예시: 찬바람 불 때, 핫초코 미떼

[그림 12-10] 사용자를 이용한 포지셔닝 예시: 일 잘하는 애들의 커리어 플랫폼 원티드

- 여성 탈모 클리닉, 동안 피부과
- 엄마라면 개념 있게, 아이오닉
- 든든한 부모님의 노후, 실버 간병인보험
- 사나이 울리는 농심 신라면
- 청춘 차렷! 핫식스

5) 제품 범주를 이용한 포지셔닝

지금까지 없었던 새로운 제품 범주를 개척함으로써 그 범주의 일인자로서 자리 매김하는 포지셔닝 방법이다. 또는 기존 시장의 경쟁자들이 압도적이어서 같이 경쟁하기에는 승산이 없을 때, 니치(niche, 틈새)를 개발하여 좁은 분야이지만 최고가 될 수 있다. 예를 들

면, 쏘카는 카셰어링이라는 분야를 새롭게 만들고 이름 붙임으로써 그 분야의 1등 브랜드가 되었다. 다음의 카피들은 제품 범주를 이용한 포지셔닝의 사례들이다.

- 간편 송금 서비스 앱, 토스
- 오프라인 은행을 넘어선, 카카오뱅크
- 배달 피자, 도미노피자
- 밥을 말아 먹었을 때 가장 맛있는 라면, 스낵면
- 의료 가전, 세라젬
- 휴식 가전, 파우제

6) 경쟁 상대를 이용한 포지셔닝

어떤 단어를 떠올리면 그 단어의 반의어를 떠올리는 것처럼 경쟁 상대의 대척점에 제품을 자리매김시키는 방식이다. 경쟁자가 넘어서기 어려운 부동의 1위라면, 이런 포지셔닝 방법을 써 볼 수 있다. 예를 들어, 세븐업은 콜라 시장에서 코카콜라에 맞서는 대신 Un-Cola를 주장하며 콜라가 아닌 새로운 음료 분야를 만들었다. 여기까지는 제품 범주를 이용한 포지셔닝이라고 할 수 있는데, 실제 슬로건에서 콜라를 언급하며 경쟁 구도를 만들었다는 점이 다르다. 우리나라의 사례로는 "침대는 가구가 아닙니다"라고 주장한 에이스침대가 있다. 당시 경쟁사들이었던 보루네오가구, 동서가구, 리바트가구 등과는 다르게 에이스는 침대만을 전문으로 하는 회사임을 주장한 것이다. 이 방법의 장점은 압도적인 시장 지위를 가진 브랜드를 경쟁 상대로 지목함으로써 제품의 위상을 끌어올리는 부수적인 효과를 얻을 수 있다는 점이다. 또는 경쟁 상대의 단점을 의뭉스럽게 지적함으로써 상대적 우위를 과시할 수도 있다. 다음의 카피들은 경쟁 상대를 이용한 포지셔닝의 사례들이다.

- 우린 태초부터 싸강이었어, 사이버한국외국어대학교
- 물 타지 않은 맥주 클라우드
- 라면이 아니라 뉴면입니다.

- 굿바이 폴, 해지스
- 한국 지형에 강하다, 애니콜
- 우리는 그저 2등에 불과합니다, 에이비스

[그림 12-11] 경쟁 상대를 이용한 포지셔닝 예시: 물 타지 않은 맥주 클라우드

지금까지 소개한 포지셔닝의 방법들은 카피를 통해 전략을 뚜렷하게 표현하고자 할 때 유용하다. 앞서 카피의 본질은 전략적 글쓰기라는 점에 있다고 말한 바 있다. 포지셔닝은 카피를 통해 전략을 구현하는 방법이다. 각각의 포지셔닝 방법과 사례들을 기억해 둔다면 전략적인 카피를 작성하는 데 도움이 될 것이다.

5. 카피의 구성 요소

광고 메시지에 포함된 언어적 요소들을 카피라고 했지만, 자세히 들여다보면 카피에도 다양한 형태가 있고, 각각의 형태에는 나름의 이름과 역할이 있다. 비슷한 역할을 하는 카피 요소라 하더라도 어떤 매체에서 사용되느냐에 따라 다른 용어가 사용되기도 한다. 여기서는 카피를 구성하는 각각의 요소들과 그 역할을 살펴보고자 한다.

1) 카피의 기본 구성

카피는 단 한 단어로 구성될 수도 있고, 길게 이어지는 여러 개의 문단으로 구성될 수도 있다. 마음먹기에 따라서는 문장 부호 하나만으로 구성될 수도 있다. 그러나 가장 보편적인 형태의 카피는 처음-중간-끝의 세 부분으로 구성된다.

처음-중간-끝이라는 이름이 붙여진 이유는 소비자에게 전달되는 순서가 그러하기 때문이다. 가장 먼저 소비자의 주의를 끄는 요소가 처음, 그다음으로 소비자의 주의가 이동하는 곳이 중간, 소비자의 주의가 마지막으로 잠깐 들렀다가 다른 곳으로 떠나게 되는 곳이 끝이다. 전파 광고의 경우, 시간의 순서대로 메시지가 전파를 타기 때문에 도입부에 나오는 카피와 시각적 이미지, 효과음 등이 처음에 해당된다. 인쇄 광고의 경우, 시선의 흐름에 따라 제일 먼저 시선이 머무르는 곳이 처음, 그다음으로 시선이 머무는 곳이 중간, 시선이 제일 마지막으로 들르는 곳이 끝이 된다. 주의할 점은 인쇄 광고에서 소비자의 시선은 반드시 위에서 아래로, 왼쪽에서 오른쪽으로 이동하지는 않는다는 관점이다. 앞의 [그림 12-11]을 보라. 가장 먼저 시선이 닿는 곳은 여성 모델과 그녀의 손에 들린 맥주 잔, 그리고 그 컵에 새겨진 브랜드 로고이다. 그런 다음 시선은 위로 올라가 오른쪽 상단의 헤드라인을 본다. 시선은 다시 아래로 내려가 오른쪽 하단의 제품 사진을 볼 것이다. 아직도 소비자의 흥미가 남아 있다면 시선은 왼쪽으로 이동하여 브랜드 로고, "물을 타지 않은 ORIGINAL GRAVITY 공법의 REAL 맥주"라는 카피를 읽게 된다. 따라서 이 광고에서 처음에 해당되는 것은 중앙에 놓인 모델과 제품 사진, 중간은 오른쪽 상단의 헤드라인, 끝은 하단에 놓인 제품 사진과 카피다.

[그림 12-12] 카피의 기본 구성

전파 광고든 인쇄 광고든 가장 공을 들이는 요소는 처음이다. 소비자에게 보이고, 들리고, 읽혀질 가능성이 가장 높기 때문이다. '처음'의 역할은 타깃 소비자들의 관심을 끌어 광고를 보고 듣게 만드는 것이다. '처음'은 말하자면 호객꾼이다. 지나가는 행인을 멈춰 서게 하는 일을 한다. 호기심을 끌고 흥미를 유발한다. 광고의 창의성은 보통 '처음' 부분에 집중되어 있다.

중간의 역할은 메시지의 전달이다. 처음에서 호기심과 흥미를 유발했다면, 그 호기심을 해소해 주는 것이 중간의 역할이다. 처음에서 "뭐지?" 하는 반응을 불러일으켰다면 중간에서는 "아하!"라는 반응을 일으켜야 한다. 소비자의 주의는 산만하고, 인내심은 금방 바닥

난다. 호기심을 재빨리 해소해 주지 않고 계속해서 궁금하게 만든다면 자칫 짜증을 유발할 수 있다. 중간의 다른 역할은 소비자를 설득하는 일이다. 이 브랜드여야만 하는 이유를 소비자가 동의하게 만들어야 한다. 논리적으로 설득할 수도 있고, 재미와 호감을 통해 이 브랜드를 좋아하게 만들 수도 있다.

끝의 역할은 마무리이다. 제시하고, 끝에서 새로운 메시지를 던지면 곤란하다. 처음에서 시작하고 중간에서 이어 온 메시지를 끝에서는 요약하고 강조하여 매듭지어야 한다. 가장 보편적인 방법은 앞서 했던 주장을 반복하고, 전화, 방문, 제품 구매, 사용 등을 권유하는 것이다.

2) 인쇄 광고의 카피 요소

인쇄 광고란, 신문, 잡지 등 전통적인 인쇄 매체에 게재되는 광고를 말한다. 카피라이팅의 관점에서 보면, 웹상에 게재되더라도 움직임이나 청각적인 요소가 배제된 광고라면 모두 인쇄 광고로 취급해도 무방하다. 인쇄 광고에서 처음-시작-끝은 물리적인 시간이 아니라 소비자의 시선이 흐르는 순서로 구성된다고 생각하면 된다.

인쇄 광고에서 처음의 역할을 하는 것은 헤드라인과 비주얼이다. 헤드라인(headline)은 신문 기사에서 큼직한 폰트로 붙는 기사 제목과 같다. 신문 헤드라인이 독자의 시선을 잡아끌어 그 기사를 읽게 하는 것처럼 광고 헤드라인 역시 소비자들의 관심을 잡아끌어 광고를 읽게 하는 역할을 한다. 헤드라인이 대문짝만하게 큰 것은 바로 이 때문이다(최창원 2017). 내용도 중요하지만, 일단 크면 시선을 끈다.

헤드라인과 더불어 인쇄 광고 카피의 기본 요소는 바디카피(body copy)이다. 헤드라인이 제목이라면 바디카피는 본문이다. 헤드라인이 처음이면, 바디카피는 중간이다. 헤드라인을 이어받아 호기심을 해소하고 광고가 전해야 할 내용을 직접적으로 전달한다. 헤드라인과 바디카피 사이에 서브헤드(subhead)를 쓰기도 하는데, 이는 헤드라인을 짧게 만들기 위해 불완전한 문장으로 쓴 경우 서브헤드를 통해 헤드라인을 보완한다. 또는 브랜드 이름을 헤드라인에 넣기 어려운 경우 서브헤드에서 브랜드명이 잘 보이도록 할 수 있다. 서브헤드와 마찬가지 기능을 하는 오버헤드(overhead)도 있는데, 이는 헤드라인보다 위쪽에 붙는다. 헤드라인을 짧게 만들기 위해 일부분을 좀 더 작은 폰트로 쓴다.

바디카피의 분량이 많으면 두세 개의 문단으로 쪼개는데, 각 문단에 붙이는 소제목을 리드카피(lead copy)라고 한다. 보통 바디카피를 요약하여 쓰는데, 바디카피를 읽게 만드는 기능도 있지만 바디카피를 읽지 않아도 그 내용을 짐작할 수 있게 만든다. 요즘은 광고에서 카피를 길게 쓰지 않는 경우가 많다. 헤드라인과 바디카피에 비해 서브헤드, 오버헤드, 리드카피는 흔히 보기 어려워졌다. 그러나 브로슈어나 리플렛 등에서는 여전히 유용하게 흔히 볼 수 있다(최창원 2017). [그림 12-13]은 인쇄 광고 카피의 요소들을 고루 갖추고 있다. 이 광고에서 처음, 중간, 끝에 해당하는 요소들을 지목할 수 있을 것이다. 또한 헤드라인, 리드카피, 바디카피, 박스 등도 찾아볼 수 있다.

이 외에 인쇄 광고 카피 요소로는 아이캐처(eye-catcher, 모델이 하는 말처럼 보이도록 모델 얼굴 근처에 붙는 간결한 카피), 캡션(caption, 사진이나 그림을 설명하기 위해 작은 폰트로 처리하는 카피), 박스(box, 실험 결과나 비교 분석 등 돌출시켜야 할 내용을 표로 정리한 것) 등이 있다. 아이캐처, 캡션, 박스는 모두 폰트가 작지만 주목을 끄는 편이다.

[그림 12-13] 인쇄 광고 카피의 요소

헤드라인 못지않게 중요한 카피 요소인 슬로건(slogan)은 인쇄, 전파, 디지털 등 매체를 가리지 않고 광고를 끝맺을 때 사용된다. 슬로건은 보통 기업이나 브랜드의 정체성을 장기간 반복적으로 전달하는 간결한 말 혹은 문장이다(최창원 2017). 슬로건은 기업 슬로건, 브랜드 슬로건, 캠페인 슬로건으로 구분된다. 예를 들어, 현대자동차는 2011년 "New thinking, New possibilities"를 기업 슬로건으로 선포했다. 이후 오랫동안 소나타, 그랜저 등 현대자동차의 다양한 차종 광고에 이 슬로건이 사용되었다. 그러나 2020년 현대자동차그룹에 정의선 회장이 취임하면서 이 슬로건은 더 이상 광고에서 찾아보기 힘들어졌다. 새로운 리더십과 함께 새로운 슬로건이 등장할 것으로 기대된다. 또한 현대자동차는 다양한 차종별로 브랜드 슬로건을 가지고 있다. 2020년 하반기에 진행한 투싼 캠페인을 보면 브랜드 슬로건으로는 "Spacious", 캠페인 슬로건으로는 "STAY"가 사용되고 있다. 브랜드 슬로건에서는 내부 공간이 여유롭다는 속성을 강조하고, 캠페인 슬로건에서는 그래서 소비자가 차 안에 오래 머물고 싶다는 결과를 강조하고 있는 것이다. 2021년에는 브랜드 슬로건 "Spacious"을 유지한 채 새로운 캠페인 슬로건을 활용한 광고 캠페인이 나올 것으로 기대해 볼 수 있다.

3) 전파 광고의 카피 요소

전파 광고는 TV, 라디오 등 전통적으로 전파를 이용한 매체에 운영되는 광고를 말한다. 모든 콘텐츠가 인터넷이라는 바다로 모이는 오늘날 전파 광고는 물리적으로 특정한 시간을 차지하는 광고라고 생각하면 좋겠다. 가장 흔하게는 동영상 광고를 떠올리면 된다. 라디오 광고처럼 청각적인 요소로만 구성된 광고도 전파 광고로 분류한다. 전파 광고의 처음-중간-끝은 영상이나 소리가 재생되는 시간의 순서로 구분된다. 비록 디지털 미디어에서는 소비자가 어느 부분부터 어떤 순서로 보거나 들을지 선택권을 가진다 해도, 광고 자체의 처음-중간-끝은 편집이 완료되는 순간 이미 결정된다.

전파 광고에서 사용되는 카피 요소는 3인칭 시점으로 성우 등이 읽어 주는 내레이션(Narration: NA), 등장인물이 1인칭 시점으로 발화하는 멘트(Ment), 등장인물의 목소리이기는 하지만 화면 밖에서 들려오는 보이스오버(Voice Over: VO), 노래로 처리하는 송

(Song), 글로 처리하는 자막(Superimpose: Super) 등이 있다. 비언어적 요소 중에서 배경음악(Background Music: BGM)과 효과음(Sound Effect: SE) 역시 카피라이터가 활용할 수 있는 도구들이다. 음악적 요소를 브랜드의 상징으로 사용한다면 징글(Jingle)이라고 한다.

[그림 12-14]는 멘트와 내레이션으로 구성된 전파 광고의 카피 예시이다. 처음 부분에서 아버님이 갑작스럽게 결혼을 승낙하여 보는 이를 어리둥절하게 만든 후, 중간에서는 결혼 승낙의 이유를 설명하면서 타깃을 이용한 우르오스의 포지셔닝 전략을 잘 보여 준다. 끝에서는 제품의 특징과 이름을 내레이션으로 처리하며 광고를 매듭짓고 있다.

[처음]	아버님) 자네, 스킨로션 뭐 쓰나?
	예비신랑) 우르… 오스 씁니다.
	아버님) 결혼하게!
	어머님) 이 양반이!

| [중간] | 아버님, 빠르게) 실용적이고 시간을 아끼며 자기관리에 철저한 젊은이야! |
| | 아버님, 쐐기를 박듯) 날 잡아! |

| [끝] | 남NA) 한 번에 싹 스며들어 하루종일 촉촉, 우르오스 올인원 모이스처라이저 |

[그림 12-14] 전파 광고 카피의 요소: 멘트와 내레이션으로 이루어진 카피

전파 광고에서 처음 부분에 어떤 카피 요소가 등장해야 한다는 법칙은 없다. 배경음악이나 노래(song), 효과음을 이용하여 광고 전체의 분위기와 톤을 정하는 것으로 시작하는 전파 광고가 많다. 등장인물의 멘트로 호기심을 자아내거나 광고의 주제를 내레이션으로 제시하면서 포문을 여는 방법도 흔히 사용된다. 어떤 요소를 사용하든 전파 광고는 시간적 제약(15초, 20초 등)이 있기 때문에 변죽을 울리는 대신 단도직입적으로 시작하는 것이 일반적이다.

처음에서 호기심과 흥미를 자극했다면, 중간에서는 광고가 전달하고자 하는 메시지를 명확하게 하는 데 초점을 맞춘다. 무엇보다 처음에서 자극한 호기심을 해소하고 호감을 형성하여 소비자들의 관심이 떠나가지 않게 한다.

전파 광고의 마무리에서는 앞서 설명한 슬로건과 브랜드명 또는 기업명이 제시되는 경우가 많다. 그래서 캠페인 슬로건, 브랜드 슬로건, 기업 슬로건이 모두 있는 경우 광고의 끝에서 호흡이 급하고 전달력이 떨어지기도 한다. 더구나 15~20초의 짧은 전파 광고는 모든 슬로건을 다 제시하기에 시간이 부족하다. 그런 경우, 캠페인 슬로건만 내레이션으로 처리하고 브랜드 슬로건과 기업 슬로건은 자막으로 처리하기도 한다. 브랜드명이 제시되는 동안 징글을 활용하여 주목도를 높이고 마무리하는 느낌을 주는 것도 많이 사용되는 방식이다.

슬로건과 브랜드명까지 제시되어 광고가 끝난 느낌을 준 후에 1~2초 정도를 할애하여 추가적인 메시지나 유머 요소를 전달하기도 하는데, 이렇게 부록처럼 처리되는 부분을 트레일러(trailer)라고 한다. 90년대 후반에는 유행처럼 많이 사용됐지만 최근에는 흔하게 보이지는 않는다. 트레일러의 기능은 광고의 초점을 흐리지 않으면서도 꼭 전달하고 싶은 부수적인 메시지를 전달하는 데 있다. 현명하게 잘 사용되지 못하면 광고 전체의 호흡만 가빠지고, 전체적인 메시지 전달을 해치기 때문에 조심스럽게 사용해야 한다.

전파 광고는 기억에 남는 한마디를 남겨야 한다. 기억에 남는 한마디는 처음에서 등장인물이 건네는 한마디일 수도 있고, 끝에서 제시하는 슬로건일 수도 있다. 또는 처음부터 끝까지 이어지는 노래가 될 수도 있다. 심리학 현상 중에 제일 먼저 들은 것을 잘 기억한다는 초두 효과와 제일 나중에 들은 것을 잘 기억한다는 최신 효과라는 것이 있다. 따라서 기억에 남는 카피 한마디도 보통은 처음 또는 끝에 배치한다.

4) 디지털 광고의 카피 요소

디지털 미디어는 모든 콘텐츠가 모이는 콘텐츠의 바다와 같다. 인쇄 매체용으로 제작된 콘텐츠, 전파 매체용으로 제작된 콘텐츠를 디지털 환경에서도 재사용한다.

디지털 미디어의 고유한 환경에 맞추어 제작되는 광고도 물론 없지 않다. 디지털 동영상 광고의 가장 큰 장점은 전파 광고에서와 같은 시간 제약이 없다는 점이다. 동영상 광고, 홍보 동영상, 브랜디드 콘텐츠 등의 형태로 짧게는 1분, 길게는 10여 분 이상의 길이로도 제작된다. 시간 제약 없이 만들어지는 만큼 담고 싶은 내용을 마음껏 담을 수 있지만, 중간에 건너뛰기를 누르거나 다른 동영상을 찾지 않게 하려면 계속해서 소비자의 관심을 끌 만한 요소들을 필요로 한다. 길이가 길어지는 만큼 탄탄한 구성이 더욱 중요해지며, 처음-중간-끝에서 각 부분의 역할을 제대로 수행해 주어야 한다.

일반적인 인쇄 광고와 달리 디지털 광고는 지면에도 한계가 없다. 정해진 가로 세로 길이와 면적에 맞춰 카피와 비주얼 요소를 배치해야 하는 제약으로부터 자유로워진다. 시간 제한이 없는 디지털 동영상 광고와 마찬가지로, 지면 제한이 없는 디지털 인쇄 광고에는 담고 싶은 내용을 마음껏 담을 수 있지만, 소비자들이 빠른 스크롤을 통해 대부분의 내용을 지나칠 수 있다. 따라서 스크롤의 유혹을 느끼지 않을 만큼 곳곳에 흥미 요소를 제공해야 할 필요가 있다. 길이가 늘어지는 만큼 같은 메시지를 여러 번 반복할 수 있다는 것도 장점이다. 헤드라인, 바디카피 외에 리드카피, 캡션, 아이캐처, 박스 등 다양한 카피 요소를 적절하게 잘 활용할 필요가 있으며, 처음-중간-끝을 나누어 각각의 역할을 잘 수행하도록 구성해야 한다.

디지털 광고의 또 한 가지 큰 특징은 인쇄, 전파를 막론하고 브랜드의 모든 광고물을 한자리에 모아 제공할 수 있다는 점이다. 많은 기업이 웹사이트나 SNS를 통해 원하는 소비자들로 하여금 브랜드에 대해 연구할 수 있도록 해 준다. 이런 기회를 통해 소비자들은 브랜드에 대한 이해도를 높일 수 있고, 브랜드에 대한 충성도를 높일 수 있다. 또 브랜드를 매개로 하여 소비자들의 커뮤니티를 형성할 수도 있고, 소비자를 넘어 팬덤을 형성할 수도 있다. 이러한 브랜드 커뮤니티와 브랜드 팬덤이 즐길 수 있는 디지털 콘텐츠는 전통적인 광고의 형식을 띠지 않아도 상관없다.

디지털 미디어에서는 소비자들이 브랜드 콘텐츠 제작에 참여하기도 한다. 대행사가 주도하여 제작한 광고에 '좋아요'를 누르거나 댓글을 다는 등의 소극적인 참여부터, 개인적으로 광고를 커버한 패러디 영상을 만들어 게시하는 적극적인 참여까지 폭넓은 스펙트럼을 볼 수 있다. 최근에는 영향력 있는 유튜버에게 대행사가 접촉하여 브랜드 콘텐츠 제작을 의뢰하기도 한다. 유튜버의 역량에 따라서는 매체비를 지불한 광고보다 훨씬 높은 도달률과 반복 시청을 이끌어 내기도 한다. 2020년 하반기 오뚜기는 유튜버 과나를 통해 '라면 무조건 잘 끓이는 법'이라는 영상을 제작했다. 이 영상은 게시한 지 일주일도 채 되지 않아 조회 수 100만을 넘겼고 이 원고를 쓰고 있는 지금 현재 215만 회가 넘는 조회 수에 57,000이 넘는 '좋아요'를 받았다. 총 5분 26초 길이의 이 영상은 재미있는 노래와 그래픽, 자막 등으로 라면을 맛있게 끓이는 방법을 자세히 설명하고 있다. 마지막 5분이 되는 지점에 "라면은 라면은 진라면"이라는 카피가 자막과 노래로 제시되는데, 흐름상 전혀 어색하지 않다. 이 영상은 앞서 언급한 디지털 영상 광고가 갖추어야 할 덕목을 모두 갖춘 교과서적인 영상이니 관심 있는 학생들은 한 번씩 찾아보기 바란다(과나, 2020).

6. 카피라이팅의 기술

광고가 가진 전략적 속성과 미디어가 가진 특수한 제약으로 인해 카피라이팅에는 여느 글쓰기와는 구분되는 독특한 테크닉이 어느 정도 발전되어 왔다. 카피를 쓰는 방법에 대해 알려 주는 훌륭한 책들은 이미 서점에서 쉽게 찾을 수 있으니, 필자는 선배들의 지혜로 차린 밥상에 살짝 수저를 얹기로 한다.

카피라이팅의 고전 중 지금도 변함없는 가치를 발휘하는 존 케이플스(John Caples, 1932)의 헤드라인 쓰는 법을 우선 소개하고자 한다(〈표 12-4〉 참조). 케이플스는 헤드라인은 뉴스성을 가지는 것이 중요하다고 했다. '알림', '발표', '속보', '호외' 같은 단어를 활용하거나, '새로운', '신제품', '탄생', '출시'와 같은 단어들, '이제', '지금', '마침내', '드디어' 같은 단어들을 사용하는 것이다. 1932년이나 지금이나 이런 단어를 품은 헤드라인은 소비자들의 눈길을 끈다. 다음으로는 가격을 헤드라인에 포함시키는 것이다. 사람들은 제품과 관련된 정보 중 가격 정보에 매우 민감하다. 어떤 제품이든 가격을 고려하지 않고 구매를 결정하는 경우는 드물다. 우리나라에서는 가격을 언급하는 것을 다소 상스럽게 여기는 문화도 있었지만, IMF를 거치면서 돈에 대해 터놓고 얘기하는 것이 자연스러워졌다. 더구나 온라인 쇼핑이 생활화된 지금 어떤 제품이든 그 가격을 인터넷 검색을 통해 비교할 수 있다. 최저가 보장을 약속하는 쇼핑몰도 얼마든지 있다. 우리나라에서도 아무렇지 않게 가격이나 할인 정보를 헤드라인에 넣어 소비자를 유혹할 수 있다. 마지막으로, 케이플스는 헤드라인에 쓸 만한 키워드를 제안하고 있다. '방법', '어떻게', '왜', '어째서', '이유', '어떤', '어느' 같은 단어들이다. 오늘날 유튜브 동영상이나 카드 뉴스의 제목에서 흔히 보는 키워드들이라는 사실이 놀랍다. 앞서 언급한 과나의 '라면 무조건 잘 끓이는 방법' 역시 '방법'이라는 키워드를 제목에 넣었다. 트렌드와 무관하게 유구한 세월 변함없이 사람들의 관심을 끄는 단어들을 케이플스는 오래전에 우리 손에 쥐어 준 것이다.

카피라이팅에 대한 이야기를 하면서 빠뜨리면 크게 섭섭할 사람이 있다. 바로 오길비이다. 영국 출신의 광고 기획자 겸 카피라이터인 데이비드 오길비는 1960년대 미국 광고의 크리에이티브 혁명을 이끌었던 주역 중 한 사람이었다. 1963년 카피라이터 명예의 전당에 최초로 이름을 올린 오길비가 제안하는 헤드라인 쓰는 법은 다음과 같다(Ogilvy, 1964; 김병희 2014에서 재인용).

- 법칙 1: 헤드라인이 잠재 고객에게 신호를 보내도록 써 보라.
- 법칙 2: 소비자의 관심사에 호소하는 헤드라인을 써 보라.
- 법칙 3: 헤드라인에 언제나 뉴스거리가 들어가도록 시도해 보라.
- 법칙 4: 헤드라인에 놀라운 효과를 발휘하는 다음의 단어나 구절을 사용해 보라.
  - 어떻게, 갑자기, 지금, 알림, 소개, 여기에, 방금 나온, 중요한 발전, 개선, 굉장한, 경이로운, 주목할 만한, 혁명적인, 놀라운, 기적, 마술, 권해요, 빠른, 쉬운, 구함, 도전, '~에 대한 조언', 비교해 보세요, 특가판매, 서두르세요, 마지막 기회 등
- 법칙 5: 헤드라인에 반드시 브랜드 이름을 포함하라.
- 법칙 6: 헤드라인에 소비자에 대한 약속을 포함하라. 따라서 필요한 경우에는 긴 헤드라인을 써 보라.

- 법칙 7: 헤드라인에서 소비자의 호기심을 유발하고, 바디카피를 읽도록 유도하라.

- 법칙 8: 헤드라인에 기교를 부리지 말고 쉽게 써라.

- 법칙 9: 가급적 긍정적인 헤드라인을 써라.

- 법칙 10: 구체적인 헤드라인을 써라. 바디카피를 읽지 않아도 무슨 뜻인지 알 수 있게 하라.

●표 12-4● 존 케이플스가 제안하는 효과적인 헤드라인

구분	법칙
뉴스성 헤드라인	1. '알림'을 뜻하는 단어로 헤드라인을 시작하라. 2. '알림'과 유사한 단어로 헤드라인을 시작하라. 3. '새로운'이라는 단어로 헤드라인을 시작하라. 4. '이제', '지금', '막'이라는 단어로 헤드라인을 시작하라. 5. '마침내', '드디어'라는 단어로 헤드라인을 시작하라. 6. 헤드라인에 시간 개념을 넣어라. 7. 헤드라인을 뉴스처럼 써라.
가격을 이용한 헤드라인	8. 헤드라인에 가격을 넣어라. 9. 가격 할인을 말하라. 10. 특별가를 제시하라. 11. 편리한 지불 방식을 제시하라. 12. 공짜를 말하라. 13. 가치 있는 정보를 제공하라. 14. 얘깃거리를 제시하라.
키워드를 이용한 헤드라인	15. '방법'이라는 키워드를 던져라. 16. '어떻게'라는 키워드를 던져라. 17. '왜', '어째서', '이유'라는 키워드를 사용하라. 18. '어떤', '어느'라는 단어를 사용하라. 19. '~가 아니라면', '~하지 않는' 같은 표현을 써 보라. 20. '모집', '구함' 같은 단어를 넣어 보라. 21. '이', '이것'이라는 단어를 넣어 보라. 22. '권고'라는 단어를 넣어 보라. 23. 증언형의 헤드라인을 써라. 24. 소비자 스스로 해 보도록 만들어라. 25. 헤드라인을 한 단어로 써 보라. 26. 헤드라인을 두 단어로 써 보라. 27. 소비자가 심사숙고하도록 경고하라. 28. 광고주가 직접 소비자에게 말하듯이 써라. 29. 특정 개인이나 특정 집단에게만 말하듯이 써라.

케이플스와 오길비의 헤드라인 쓰는 법은 이미 고전이 되기도 했고 공식에 가깝기 때문에, 참신하고 인상적인 카피를 쓰고 싶은 학생들에게는 다소 실망스러울 수 있다. 이런 학생들에게는 천현숙의 『카피라이팅의 원리와 공식』(2010)을 권한다. 카피라이팅의 고전적인 공식을 총망라했을 뿐 아니라 다양한 수사법을 소개하며 카피라이팅에 써 볼 수 있도록 안내하고 있는 점이 특히 유용하다. 그중에서 필자가 선호하는 수사법 8가지를 골라 〈표 12-5〉에 정리했으니 참고하기 바란다.

●표 12-5● **수사법을 활용한 카피라이팅**

원리	수사	특징	예시
리듬의 원리	각운	단어의 끝 음소를 일정한 간격으로 반복	• SK 매직, 바람직 • 보험의 바른 이치, 굿리치
	율격	일정한 간격을 두고 수량적 기계적으로 운을 반복	• 수고했다 자소서야 수고했다 잡코리아
	대구	어구나 문장을 병렬로 나열하여 평행을 유지하고 유사한 구조로 반복	• 주스는 마시고 알맹이는 터뜨리고 • 기름이 남아돈다 힘이 남아돈다
강조의 원리	대조	어구나 문장을 병렬로 나열하되 앞뒤의 형식은 유사하나 의미는 반대되게 함	• 작은 차, 큰 기쁨-티코 • 기름은 없다, 기술은 있다. 에스오일
	과장	어떤 대상, 현상, 모양을 실제보다 부풀려 표현함으로써 말하고자 하는 내용을 강조	• 기름 냄새만 맡아도 갑니다 • 타이어, 신발보다 싸다
	도치	언어 배열 위치나 문법적 순서를 바꾸는 방법	• 물렀거라! 대치동 • 따로 있다, 여자가 크는 대학
	열거	비슷한 단어나 구절을 연거푸 나열하여 그 의미를 강조	• 산타할아버지, 크리스마스카드, 루돌프, 그리고 아이스크림케이크. 크리스마스엔 배스킨라빈스 31
	돈호	이름을 불러 주목하게 하는 방법	• 선영아 사랑해 • 경희야, 넌 먹을 때 제일 예뻐

카피를 원리와 공식에 의존하여 쓴다는 생각에 기본적으로 반대하는 학생도 많을 것이다. 그런 학생들에게는 정철의 『카피책』(2016)을 권한다. 30년차 현직 카피라이터의 경험을 통해 터득한 발상법과 표현법을 총정리하여 담다 보니 책이 좀 두툼하다. 앞서 소개한 고전들과는 달리 요즘의 언어와 스타일이 잘 반영되어 있고, 공식보다는 테크닉을 소개하고 있다는 점이 돋보인다. 그중 인상적인 테크닉 몇 가지를 소개하니 참고하기 바란다.

- 카피 작법 제1조 1항. 글자로 그림을 그리십시오. 카피를 쓸 때는 구체적으로 쓰라는 말이다. 읽는 사람이 눈앞에서 그 대상을 보는 것처럼 생생하게 묘사하라는 것이다. 이것은 구자휘(2007)가 말한 그림 묘사하기와 같은 맥락이다. 막연하고 추상적인 카피보다는 그림처럼 눈앞에 펼쳐지는 카피가 소비자들의 이해와 공감을 이끌어 낼 수 있다. 잘생겼다고 하는 것보다는 "장동건처럼 생겼다", 예쁘다고 하는 것보다는 "김태희 스무 살 때 같다"라고 하면 훨씬 의미 전달이 잘 된다.

- 깍두기 썰듯 깍둑깍둑. 바디카피를 쓸 때는 끊어서 쓰라는 말이다. 짧은 문장은 읽기 쉽다. 길고 복잡한 문장은 집중하기 어렵다. 문장이 길어진다 싶으면 두 문장 세 문장으로 쪼개면 된다. 문장을 짧게 쓰는 것은 어떤 글쓰기에서나 강점이 된다. 수필이든 소설이든 연설문이든, 잘게 쪼개고 짧게 끊어 써라.

- 산, 산, 산, 나무, 나무, 나무. 반복하고 나열하라. 어떤 말이든 세 번 이상 반복하면 리듬이 생긴다. 반복하고 나열하면 패턴이 생기고 시각적으로도 완성도가 높아진다. 한 번 해서는 싱거운 카피도 반복하면 재미가 있다. 한 번 해서는 잊힐 카피가 반복하면 기억이 난다.

- 도둑질을 권장함. 세상에 없던 새로운 것을 쓰겠다고 발버둥치지 마라. 태양 아래 새로운 것은 없다고 하지 않는가? 이미 누군가 만들어 둔 것을 훔쳐라. 모방하라. 패러디하라. 영화, 소설, 시에서 빌려와라. 광고는 패러디하면 안 된다는 법이라도 있나? 아닌 척 베끼면 표절이지만 대놓고 베끼면 패러디. 베낄 땐 무엇을 베끼는지 누가 봐도 알게 할 것.

- 덜컹! 꽈당! 비틀! 의성어나 의태어를 출전시켜라. 모습이나 소리를 흉내 내는 단어들로 생생함과 현장감을 더해라.

카피라이팅의 기술은 이미 여러 저서에 잘 정리되어 있지만, 필자가 덧붙이고 싶은 것이 세 가지 있다. 첫째, 멋 부리지 않고 있는 그대로 말하기이다. 특히 카피 초보라면 멋 부리는 카피를 지양하고 핵심을 찌르는 카피를 써 보자. [그림 12-15]의 삼성화재 다이렉트 자동차보험 카피를 보라. 군더더기 없이 필요한 말만 카피로 작성하여 메시지가 명료하게 전달된다. 둘째, 말하지 않고 말하기이다. 광고의 카피 의존도는 점점 낮아지고 있다고 해도 과언이 아니다. 1990년대 세계화가 가속화되면서 언어의 장벽을 뛰어넘는 광고에 대한 수요가 높아졌다. 이때부터 이미 광고는 카피보다 비주얼에 크게 의존하기 시작했다. 말과 글로 직접 언급하기 불편한 주장을 전달할 때에도 카피보다는 비주얼에 의존하는 것이 안전하다. [그림 12-16]의 샤넬 남성 화장품 광고를 보라. 이 광고의 메시지는 무엇인가? 샤넬 메이크업 제품을 사용하면 이동욱처럼 멋진 모습을 갖게 된다는 것이다. 제아무리 뛰어난 카피라이터도 그 메시지를 거부감 없이, 또 허위 과장 광고가 될 위험 없이 써낼 수는 없다. 이럴 때는 차라리 말하지 않는 것이 낫다. 소비자들이 스스로 그 메시지를 떠올리도록 한다면 거부감도, 허위 과장 광고의 위험도 없다.

Song) 오~ 삼성화재 오~ 다이렉트
가격은 저렴해 보상은 든든해
그러니까 모두가 삼성화재
자막) 가격도 보상도 삼성화재 다이렉트 자동차보험

[그림 12-15] **삼성화재 다이렉트 자동차보험 광고**

[그림 12-16] 샤넬 남성용 메이크업 광고

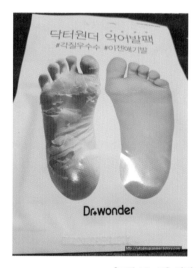
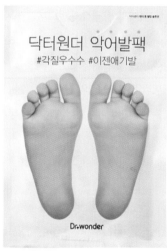

[그림 12-17] 닥터 원더 패키지 디자인

　마지막으로, 지킬 수 있는 약속만 하기다. 광고는 으레 거짓말을 밥 먹듯이 한다고 믿는 사람들이 많다. 그러나 명백한 허위 과장 광고는 벌금, 사과 광고 게재 등의 법적 처벌을 받는다. 광고가 거짓말이라는 오명을 얻은 것은 광고를 보고 기대한 만큼 제품이 따라 주지 않기 때문이다. 기대가 높으면 실망도 큰 법이다. 소비자를 유혹하기 위해 지나친 기대를 만들어 주어서는 곤란하다. [그림 12-17]의 왼쪽 사진을 보면, 소비자는 이 제품을 이용하는 과정에서 대단히 드라마틱한 탈각 현상 기대를 하게 된다. 반면, 오른쪽 사진을 봤을 때는 탈각의 과정에 대한 기대보다는 최종적으로 갖게 되는 보들보들한 발 상태에 대한 기대만 갖게 한다. 소비자를 유혹하는 힘은 왼쪽이 더 크겠지만, 실망 역시 왼쪽이 더 클 것이다. 지킬 수 없는 약속이라도 소비자의 주목을 끌고 싶겠지만, 궁극적으로 광고는 소비자의 만족에 기여해야 함을 잊지 말았으면 한다.

참고문헌

과나(2020). 라면 무조건 잘 끓이는 법. 유튜브 동영상. https://www.youtube.com/watch?v=N-v4Ul3BnCU)

구자휘(2007). 카피라이터의 조건. 서울: 커뮤니케이션북스.

김병희(2014). 광고 카피라이팅. 서울: 커뮤이케이션북스.

윤형준(2016. 7. 9.). [어떻게 생각하십니까] '뭘 봐?' 뒷차 욱하게 만드는 초보 운전 스티커.
https://www.chosun.com/site/data/html_dir/2016/07/09/2016070900172.html

정철(2016). 카피책. 서울: 허밍버드.

천현숙(2010). 카피라이팅의 원리와 공식. 서울: 커뮤니케이션북스.

최창원(2017). 단박에 카피라이터. 서울: 도서출판 린.

Caples, J. (1998). 광고, 이렇게 하면 성공한다 (Tested advertising methods). (송도익 역). 서울: 서해문집.

Ogilvy, D. (1964). Confessions of an advertising man. New York: Dell.

Rise, A. & Trout, J. (2001) Positioning: The battle for your mind (1st edition). McGraw-Hill Education.

제13장

광고 디자인과 영상 콘텐츠 제작*

미디어와 마케팅 환경의 변화에 따라 광고 크리에이티브 과정 및 광고 제작의 여건도 크게 변모했다. 그리고 이는 광고를 만들기 위한 근본적인 시각과 접근법에도 변화를 일으키고 있다. 과거의 선별적 미디어를 통한 광고 중심의 소구 전략 대신 온·오프라인을 망라한 전방위적 커뮤니케이션이 흔하게 시도되고 있고, 디지털 미디어의 상호작용성과 빅데이터를 이용한 니치(niche) 마케팅도 활개를 폈다. 또한 소셜 네트워크를 통해 권력을 강화한 소비자들이 새로운 마케팅 자원으로 부상함에 따라 효과적인 '소비자 활용법'이 커뮤니케이션 전략 수립에 있어서의 중요한 관건으로 떠올랐다.

이 장에서는 마케팅 패러다임의 변화에 걸맞은 광고 크리에이티브 및 제작의 핵심적인 원리와 가이드라인에 대해 살펴본다. 매체 환경의 변화에도 불구하고 여전히 광고 제작에 있어서의 기본이 되고 있는 인쇄 광고와 영상 광고를 중심으로 살펴보고, 후반부에서는 근래 들어 가장 각광받는 콘텐츠 유형이라 할 수 있는 바이럴 영상의 제작에 대해 설명하기로 한다.

* 한규훈 (숙명여자대학교 홍보광고학과 교수)

1. 광고 크리에이티브에 대한 새로운 관점

광고 제작의 원리와 프로세스를 제대로 이해하려면 광고 크리에이티브의 본질에 대한 이해가 선행되어야 한다. 그런데 이에 대해서는 앞 장(제11장과 12장)에 상세히 설명됐으므로, 여기서는 광고 제작의 실무를 익히기 전에 기본적으로 이해하고 장착해 두어야 할 현대 광고의 핵심적 관점을 7가지로 간추리고 각각의 원리와 추세에 대해 간략히 짚어 보기로 한다. 이들은 모두 디지털 혁명이 야기한 광고 생태계 및 크리에이티브의 진화와 밀접히 관련되어 있다.

1) 통합과 크로스오버

광고와 마케팅 환경을 둘러싼 패러다임 변화에 있어 가장 주목할 만한 현상은 기존에 당연시됐던 많은 구분과 경계가 허물어져 가고 있다는 점이다. 전략적 사고와 창의적 사고는 광고 기획 및 크리에이티브의 모든 단계에 똑같이 적용되고 있다. 또한 이제는 매체 간 경계, 광고와 비광고 프로모션 간 경계, 전문성 및 역할에 있어서의 경계, 업무 프로세스상의 단계 간 경계 등도 예전같이 뚜렷하지 않다. 이 같은 추세에 따라 영역 간 경계를 넘나드는 자유로운 행보와 새로운 융합의 시도가 광고인의 기본 소양이자 캠페인 차별화를 위한 필수적 접근 방법이 됐다.

2) 파괴와 변칙

오랜 시간 관습적으로 이어져 온 광고 크리에이티브의 보편적 법칙이나 접근 방식이 오늘날 현업에서 해체되거나 변형되는 경우가 잦아지고 있다. 콘셉트(핵심 메시지)의 결정 다음에 광고 아이디어의 개발이 이루어지던 전통적 업무 프로세스는 때때로 how-to-say에 대한 의사 결정이 what-to-say의 결정을 선행하는 변칙적 과정을 통해 뒤집혀지고, 종종 효과를 거두기도 한다. 노출 효과 제고를 통한 광고주 유치를 위해 미디어와 플랫폼 회사는 새로운 표현 규격과 다양한 광고 상품을 끊임없이 등장시키고 있으며, 크리에이터들은 강박적으로 혁신적 아이디어와 전에 없던 시도에 몰두한다. 그리고 이로 인해 많은 광고가 정형화된 틀에서 벗어나고 있다.

3) 유연성과 기동성

미디어 테크놀로지의 진보, 소셜 네트워크의 파급력, 시장 경쟁의 심화, 그리고 소비자 기호 및 트렌드의 빠른 변화는 마케팅과 커뮤니케이션의 신속한 대응을 필연적으로 요구한다. 그래서 과거에 비해 모든 것이 빨라졌으며, 광고 크리에이티브도 예외는 아니다. 높은 가성비(ROI)에 대한 광고주의 기대와 더불어 전략적으로 선택할 수 있는 옵션의 증가는 그만큼 크리에이터의 부담이 되기도 한다. 유연한 조직 체계와 효율적인 업무 프로세스, 그리고 크리에이티브의 기동력이 뒷받침되지 못한다면 이러한 환경에서의 생존력은 저하될 수밖에 없다.

4) 모바일 퍼스트

'모바일 온리(Mobile only)'까지는 아직 섣부르다 여길지라도 '모바일 퍼스트(Mobile first)'의 시대가 이미 도래했음을 부정하는 마케터는 찾아보기 어려울 것이다. 그만큼 모바일 미디어는 오늘날의 광고매체 영역에서 대세 중의 대세가 됐다. 사람들이 가장 오랜 시간을 밀착해 있는 미디어가 노출 효과에 대한 최고의 기대를 얻는 것은 당연한 일이다. 모바일 광고 시장은 향후에도 지속적으로 성장할 것이며, 그에 따라 광고 크리에이티브의 아웃렛도 점차 모바일로 집결될 것이다. 이에 모바일 미디어 노출을 전제로 한 아이디어 발상은 크리에이터의 필연적 과정이 되고 있다.

5) 자원으로서의 소비자

전통적인 4P(product, place, price, promotion)에 더해진 다섯 번째 P, '피플(people)'은 더

이상 마케팅 커뮤니케이션의 수동적 수용자가 아니다. 이들이 능동적 참여자이자 강력한 인플루언서로 거듭날 만큼 환경이 변했고, 이는 크리에이티브 전략 노선에도 큰 영향을 미치고 있다. 대상(타깃)으로서의 소비자가 아닌 마케팅 자원으로서의 소비자를 어떻게 활용할 것인가의 문제가 크리에이티브 솔루션의 매우 중요한 지점이 됐다. 효과적으로 소비자를 이용하는 방법을 간파하기 위해서는 그들의 권력 기반인 소셜 미디어와 네트워크의 속성을 이해하고, 바이럴의 성공 원리 파악과 더불어 최신 트렌드에 깊은 관심을 유지하는 것이 필수적이다.

6) 상호작용과 인게이지먼트

근래의 미디어 패러다임과 마케팅 환경을 바꾼 결정적 요인 중의 하나는 디지털 미디어가 제공하는 상호작용성(interactivity)에 있다. 마케터와 크리에이터에게 상호작용성의 기능이 특히 중요할 수밖에 없는 이유는 브랜드와의 상호작용 과정에서 소비자의 관여, 즉 인게이지먼트(engagement)가 일어나고, 이는 광고에의 단순노출보다 훨씬 큰 영향력과 성과를 가져오기 때문이다. 따라서 일방향적 커뮤니케이션이 아닌, 소비자의 능동적 반응과 참여를 유도할 수 있는 아이디어 설계를 통해 상호작용성의 효과를 극대화시키려는 노력이 반드시 필요해졌다.

7) 데이터 드리븐(Data-driven)

빅데이터의 시대에 데이터의 영향력은 단지 분석과 기획 단계에 그치지 않고 크리에이티브의 영역까지 깊숙이 파고들 것이다. 이미 데이터 기반의 인공지능(AI)을 광고 카피라이팅 및 디자인의 초기 단계에 활용하려는 접근이 시도되고 있으며, 갈수록 방대해지고 정교해지는 소비자 데이터는 크리에이티브 전략에도 직간접적인 영향을 미치고 있다. 지금까지 창의성의 영역은 과학이나 분석의 영역과 대비되고, 크리에이터의 기본 소양도 그에 따라 규정되어 온 경향이 있다. 이제 광고 크리에이티브는 데이터와 공존하고 협력하며 활로를 찾아야 하는 시대를 맞이하고 있다.

2. 인쇄 광고의 제작

인류의 가장 오래된 광고 형태라 할 수 있는 인쇄 광고는 전통적인 광고의 모습을 대표한다. 그만큼 디지털 미디어 시대에는 한물간 구식 광고로 여겨질 수도 있으나, 창의적 가치와 효용성의 차원에서 인쇄 광고는 여전히 중요하다. 인쇄 광고라 하면 대표적 인쇄 매체인 신문과 잡지를 먼저 떠올리고, 그래서 보통은 신문 광고나 잡지 광고를 지칭한다. 그러나 시각 중심(visual only)의 묘사, 시간이 아닌 공간(지면)에 의한 통제라는 고유의 속성들을 고려할 때, 인쇄 광고에 쓰이는 표현 원리는 일부 옥외 광고나 온라인·모바일 광고의 제작 상황에도 적용시킬 수 있을 만큼 기본적이고 확장적이다. 또한 광고 디자인의 원리를 이해함에 있어서도 인쇄 광고를 토대로 하는 것이 효과적이라 할 수 있다. 다음으로는 광고 디자인에 대해 고찰해 보고, 이어 인쇄 광고의 제작 과정 및 표현 가이드라인에 대해 설명하기로 한다.

1) 광고의 디자인

라디오 광고를 제외하면 모든 광고에는 반드시 시각적 요소가 어떤 형태로든 포함된다. 그리고 설득을 목적으로 하는 일반적인 광고의 특성상 이러한 시각적 요소들은 치밀한 사전 설계와 전문적 가공의 과정을 거쳐 수용자들에게 노출되고 의미를 전달한다. 시각적 요소의 배치와 결합이 곧 디자인이 되는 것이며, 디자인은 카피와 만나 메시지를 형성하거나 강화한다. 따라서 광고의 디자인은 메시지를 통한 설득 효과에 중대한 영향을 미치는 변수이며, 크리에이터의 창의성과 기술적 역량이 발현되어야 할 핵심 영역이 된다.

광고회사에는 아트 디렉터(art director)라고 하는 전문 디자이너 직종이 존재한다. 그러나 실상 광고 디자인은 아트 디렉터뿐만 아니라 아이디어 발상이나 광고 의사 결정에 참여하는 모든 실무자에게도 이해와 안목을 요구하는 광고 크리에이티브의 요체이다. 광고 디자인은 그래픽 요소의 조합으로만 여겨질 수 있으나, 카피를 포함한 텍스트 또한 하나의 시각적 요소로서 디자인을 구성한다. 특히 인쇄 매체나 옥외 매체의 영역에서는 개별 광고물이 노출됐을 때 눈에 보이는 모든 것이 디자인 설계의 결과물이고 그 자체로 통합적 메시지라 할 수 있으므로,[1] 광고 디자인의 최적화 여부는 크리에이티브의 품질과 효과성에 중차대한 영향을 미칠 수밖에 없다.

그렇다면 성공적인 광고 디자인을 위한 필수 덕목은 무엇일까? 이에 대한 답변은 다음과 같은 세 가지 핵심 요인으로 정리할 수 있겠다.

- 디자인 안목: 좋은 안목이 있어야 좋은 창작물을 만들 수 있으며, 또한 좋은 결정을 내릴 수 있다. 그래서 디자인에 대한 안목이 높일수록 좋은 대안과 덜 좋은 대안을 구분하여 최선에 가까운 결과물을 창조하거나 선택할 수 있는 것이다.
- 표현 기술: 추상적 아이디어를 매력적인 디자인으로 형상화시키기 위해서는 이미지의 선택과 가공, 언어(카피)와의 조화, 레이아웃 등을 최적화시키고 포토샵과 같은 그래픽 도구를 자유자재로 다루어 표현할 수 있는 능력이 필요하다.
- 메시지 전달력: 인쇄 광고에서는 이미지와 텍스트의 결합을 통해 메시지를 형성한다. 소비자 설득이란 어려운 미션이 부여된 광고는 의도하는 메시지를 제대로 전해야 하며, 디자인은 어떤 형태로든 효과적인 메시지 전달에 기여해야 한다.

2) 인쇄 광고의 제작 과정

일반적으로 광고 콘셉트가 결정되고 크리에이티브 브리프(creative brief)가 작성되면 제작부서 소속의 크리에이터들에게 과업이 넘겨진다. 이들의 최초 업무는 크리에이티브 브리프에 의거하여 제품(브랜드), 시장 그리고 타깃 소비자에 대해 충분히 탐구한 후 아이디어를 발상하는 것이다. 아이디어 구상으로부터 시작해 최종 인쇄 광고가 완성되기까지의 과정은 다음과 같은 단계로 요약될 수 있다.

---

1) "디자인이 곧 메시지"라는 논리는 '게슈탈트(gestalt)'의 원리에 빗대어 설명할 수 있다. 다시 말해, 광고가 수용자에게 전달되는 많은 상황에 있어 사람들은 개개의 표현 요소들을 분리하여 지각하기보다 하나의 의미 있는 전체로서 지각하는 경향이 있기 때문에 시각적인 자극도 메시지로 해독할 수 있다. 특히 인쇄 광고의 경우는 헤드라인 카피의 직관적인 가독성 및 이미지와의 상호작용성으로 인해 눈에 띄는 전체로서의 디자인이 하나의 메시지로 기능할 수 있는 것이다.

(1) 아이디어 발상

카피라이터와 아트 디렉터가 협업으로 아이디어를 구상하고, 논의를 통해 걸러진 아이디어를 개선하는 과정이다.[2] 크리에이티브 디렉터(CD)는 이르면 이 단계에서부터 개입하여 초기 아이디어의 선별이나 방향 제시에 큰 영향을 미칠 수 있다.

(2) 아이디어 형상화

아이디어의 설명을 위해 이미지와 카피를 조합하는 과정으로서, 진행 단계 및 정교성 수준에 따라 섬네일(thumbnail), 러프 스케치(rough sketch), 시안 레이아웃(comprehensive layout)의 과정으로 나뉜다.[3] 실제적으로 섬네일과 러프 스케치는 아이디어를 발상하고 개선하는 단계에서 활용되는 경우가 많으며, 매체에 집행될 인쇄 광고의 규격이 결정되면 그 크기에 맞춰서 시안 디자인 작업을 진행한다.[4]

(3) 아이디어 제시 및 승인

형상화된 인쇄 광고 아이디어는 광고대행사 내부의 의사 결정 과정을 거치고, 그를 통해 선정된 복수의 시안들이 광고주에게 제시되어 최종 선정된다. 그러나 현실적으로 아이디어 승인까지의 단계는 일사천리로 진행되기보다 수차례의 시안 수정 및 재제시의 과정을 거치는 경우가 빈번하다.

(4) 제작 준비

선정된 아이디어에 따라 촬영을 수반하는 경우와 그렇지 않은 경우가 있는데, 촬영이 필

---

2) 구체적인 아이디어 발상 과정 및 원리에 대해서는 뒤에 제시될 영상 광고 제작 과정의 해당 부분에서 설명하기로 한다. 이 단계에서는 인쇄 광고와 영상 광고 간에 유사한 면이 많기 때문이다.

3) 섬네일은 간단한 드로잉만으로 핵심 비주얼을 표현하고, 러프 스케치 단계에서는 인쇄 광고 규격과의 비례를 고려하고 카피가 삽입될 위치까지 포함한 대략적 레이아웃을 완성한다. 그러나 요즘은 드로잉 대신 기존 이미지를 가공한 형태로도 초기의 아이디어를 표현하기 때문에, 실질적으로는 현업에서 섬네일과 러프 스케치의 구분을 크게 두지 않는 경향이 있다. 시안 레이아웃은 이미지를 최대한 다듬고 카피를 삽입하여 실제 집행할 광고의 퀄리티에 근접한 수준으로 제작하며, 주로 광고주에게 아이디어를 제시하고 승인받기 위한 용도로 쓰인다.

4) 일반적으로 신문 광고의 기본 단위는 가로 1컬럼(3cm)과 세로 1단(3.4cm)이며, 가장 큰 사이즈인 전면 광고의 규격은 가로 12컬럼과 세로 15단이다. 보통은 컬럼까지 표시하지 않고 'O단 광고'라는 식으로 지칭하는데, 가장 많이 거래되는 신문 광고의 규격은 5단과 9단이다. 잡지의 경우는 신문보다 판형이 다양하지만 대부분 전면 광고로 집행되며, 판매 유형에 있어 돌출 규격이 별도로 포함된다.

요할 시에는 좀 더 복잡한 준비 과정을 거쳐야 한다. 외주사의 결정 또는 촬영 감독(포토그래퍼) 섭외, 촬영 장소 선정 및 예약, 모델 선정 및 섭외, 의상 및 소품 준비, 레퍼런스 이미지 확보, 제작 스태프 회의 등이 이 과정의 일환이다.

(5) 촬영 또는 저작 이미지 선정

인쇄 광고에 삽입될 사진의 촬영은 광고대행사 측의 아트 디렉터 주재로 촬영 감독에 의해 진행된다. 중요한 촬영의 경우에는 AE, 크리에이티브 디렉터나 카피라이터도 참관하여 현장에서 의견을 내거나 문제를 해결한다. 별도의 촬영 없이 스탁(stock) 이미지를 활용하는 경우에는 적절한 이미지를 검색하고 선정한 후 이미지 저작권의 소유 기관에 사용료를 지불한다.

(6) 인쇄 디자인

촬영이나 구매를 통해 확보된 이미지에 CG 합성이나 보정 작업으로 완성도를 높이고, 적절한 서체를 적용한 카피와 결합하여 최적의 레이아웃을 짜는 과정이다. 일반적으로 인쇄 광고는 이미지, 헤드라인, 서브헤드, 바디카피, 브랜드 로고(때때로 태그 라인도 포함)를 주요 요소로 하여 구성되는데, 심미성과 메시지 전달성의 차원에서 이들 표현 요소 간에 최선의 조화를 이루게 하는 것이 인쇄 광고 디자인의 핵심이다.

(7) 최종 확인 및 납품

과거에는 디자인 작업 완료 후 출력소에 원고를 맡겨서 나온 필름과 교정지를 확인하고 필름 형태로 매체사나 인쇄소에 납품하는 과정이 일반적이었다. 그러나 요즘은 대부분 데이터 전송을 통해 최종 원고를 납품하는데, 몇 가지 사항은 여전히 꼼꼼한 체크가 필요하다. 이를테면, 인쇄 방식에 적합한 데이터 형식(ai, pdf, jpg 등)인가, 색상이나 명암의 가감이 필요하지는 않은가 등의 사항에 대해 교정쇄로 확인하는 과정이 그것이다.

3) 인쇄 광고의 기획 및 제작 가이드라인

다음에는 인쇄 광고를 기획하고 제작하는 데 있어 염두에 두어야 할 몇 가지 가이드라인을 제시한다. 이들은 단지 인쇄 광고에만 국한되지 않고, 디자인 작업을 요하는 수많은 광고의 프로세스에 공통적으로 적용될 수 있는 사항들이다.

- 초기 섬네일 단계에서 제안되는 아이디어의 개수는 많을수록 좋다. 많은 아이디어 속에서 좋은 아이디어가 발굴될 가능성이 그만큼 더 높을 뿐 아니라, 협업 과정에 참여하는 누군가의 창의성이 보태져 아이디어가 보완되고 개선될 수 있기 때문이다.
- 아이디어 발상 과정에 있어서는 전문성의 크로스오버가 자연스럽게 이루어져야 한다. 카피는 카피라이터가, 디자인은 아트 디렉터가 전담해야 하는 시대는 지났다.
- 전략의 큰 틀과 광고매체 간 상호 보완의 차원에서 아이디어를 점검하고 디자인의 일관성 및 차별화 포인트를 고려해야 한다. 인쇄 광고는 단독으로 집행되기보다 캠페인의 일환으로서 부분적 역할을 수행하는 경우가 훨씬 더 많기 때문이다.
- 좋은 인쇄 광고가 갖는 보편적 특성에 관해 이해하고, 이를 크리에이티브 체크리스트에 반영할 필요가 있다. 일반적으로는 독특함(uniqueness), 주목성(attention getting), 독창성(originality), 상관성(relevance), 이해도(comprehension), 완성도(quality)와 같은 요인들이 필수 요소로 포함될 것이다.
- (다른 모든 형태의 광고와 마찬가지로) 인쇄 광고에서 가장 명료하게 드러나야 할 것은 메시지와 브랜드이다. 특히 메인 이미지와 헤드라인 카피의 조합은 인쇄 광고의 첫인상과 메시지 평가에 큰 영향을 미치므로 각별히 신경 써서 제작해야 할 부분이며, 브랜드 또한 적재적소에 배치되어 수용자에게 확실히 지각되어야 한다.
- 지면 크기의 제약과 시각적 요소로만 전달해야 하는 한계점이 있지만, 인쇄 광고에도 흥미로운 스토리텔링이 담길 수 있고, 후각을 이용한 색다른 경험(향수 광고의 사례처럼)이 제공될 수도 있다. 상상과 실험의 가치는 인쇄 광고에서 특히 높다.
- 인쇄 매체가 올드 미디어인 것은 분명하지만, 인쇄 광고 디자인은 온라인 · 모바일 광고나 디지털 옥외 광고 등에 탄력적으로 적용될 수 있기 때문에 창의성과 표현의 영

역마저 올드한 것은 아니다. 특히 디지털 미디어와 결합하여 시너지 효과를 거두기 위해서는 넓은 시야에서 인쇄 광고의 크리에이티브에 접근할 필요가 있다.

3. 영상 광고의 제작

'영상 광고' 또는 '동영상 광고'라는 용어가 쓰인 지는 의외로 오래되지 않았다. 2000년대 까지만 해도 인쇄 광고와 대비되는 동영상 형태의 광고를 지칭하는 용어로서 '방송 광고' 또는 '전파 광고'라는 표현이 보편적으로 사용됐다. 다분히 매체 중심적인 개념인데, 그도 그럴 것이 그 당시까지의 동영상 광고 노출은 주로 TV방송을 통해 이루어졌기 때문이다. 환경이 급변했고, 이제 소비자들은 TV보다 주로 PC나 스마트폰을 통해 영상 광고를 시청 한다. 또한 온라인과 모바일 환경에서 영상 광고는 규격과 규제에 따른 제약을 일정 부분 벗어나 더 많은 표현의 자유를 얻게 됐다. 당연히 영상 광고의 아이디어 발상 및 제작에 있 어서도 이러한 노출 환경의 변화를 고려해야 한다. 그러나 패러다임의 변화에도 불구하고 변함없이 적용되는 영상 표현에 있어서의 기본 원리와 가이드라인도 존재한다. 따라서 기 존의 방송 광고 혹은 전파 광고의 제작과 관련한 교과서적인 원리에 대해서는 일부 수정 및 일부 보완이 불가피하다고 하겠다. 달라진 시대의 영상 광고 제작에 관해 살펴보기로 하자.

1) 영상 광고 제작의 프로세스

노출 매체가 TV건 PC건 모바일 미디어건, 대부분의 영상 광고는 제작을 위해 많은 시 간과 예산을 요구한다. 하나의 영상 광고가 만들어지기까지 여러 단계에 걸친 우여곡절을 필연적으로 수반하며, 이 과정에서 많은 크리에이터와 제작 스태프들이 크고 작은 관여를 하게 된다. 영상 광고 제작의 실무는 그 과정을 나누어 하나하나 고찰해 봄으로써 비교적 수월하게 이해할 수 있다. 영상 광고의 제작 과정은 인쇄 광고와 유사한 부분도 많지만(특 히 초반 과정에 있어), 기본적으로 그보다는 훨씬 복잡하고 장시간에 걸친 작업을 필요로 한

[1단계] 아이디어 개발
- 크리에이티브 브리프 숙지
- 아이디어 발상
- 개발할 아이디어 선정
- 아이디어 개선
- 아이디어 형상화
- 아이디어 제시 및 승인

[2단계] 촬영 전 준비
(Pre-production)
- 제작사 및 감독 선정
- 촬영 콘티 제작
- 제작 스태프 구성
- 출연 모델 섭외
- 촬영 장소 선정 및 예약
- 촬영 전 미팅(PPM)

[3단계] 촬영
(Production)
- 촬영 세팅
- 촬영

[4단계] 촬영 후 작업
(Post-production)
- 디지털 신호 전환 및 보정(DI)
- 편집
- 컴퓨터 그래픽(CG) 작업(필요시)
- 녹음(BGM 및 효과음 삽입 포함)
- 시사용 파일 제작
- 사전 심의 접수 및 통과
- 매체 전달용 소재 제작 및 납품

[그림 13-1] 영상 광고의 단계별 제작 과정

다. 일반적으로 영상 광고의 제작은, ① 아이디어 개발 → ② 촬영 전(pre-production) 준비 → ③ 촬영(production) → ④ 촬영 후 작업(post-production)의 순차적 단계에 따라 진행된다. 그리고 다시 각 단계별로 세부 진행 과정이 나누어지는데, 이를 포함한 전반적인 프로세스는 [그림 13-1]에 제시된 바와 같다. 영상 광고 제작의 주요 단계에 따른 원리 및 가이드라인에 대해 고찰해 보기로 한다.

2) 아이디어의 발상[5]

영상 광고 제작 과정의 출발점과 종료 지점은 관점에 따라 다소 차이가 나타날 수 있는데, 본 장에서는 제작의 원천이 되는 아이디어의 발상 단계를 시작점으로 다루어 설명하고자 한다. 실상 아이디어의 발상 이전에도 광고 크리에이터라면 습관이나 의식적 노력에

---

5) 아이디어 발상에 대한 이 단원에서의 설명은 비단 영상 광고의 상황에만 국한되지 않으며, 다양한 광고매체에 공통적으로 적용될 수 있다.

따라 반드시 행해야 할 준비 과정이 있다. 그것은 다양한 아이디어의 레퍼토리가 되거나 영감을 제공할 수 있는 경험적 정보의 축적, 그리고 기획 파트에서 전달받는 크리에이티브 브리프에 기재된 핵심 정보에 대해 충분히 숙지하는 과정이다. 특히 광고할 제품이나 브랜드, 그리고 타깃 소비자와 시장에 대한 이해는 크리에이터들에게도 필수적이다. 광고 크리에이티브의 과정이 창의적임과 동시에 전략적이어야 하는 이유 또한 여기에 있다. 예로부터 광고 아이디어의 발상을 위해 효과적으로 활용될 수 있는 아이디어 발상 기법으로 여러 방식이 제안된 바 있지만,[6] 실질적으로 현업에서 크리에이터들이 흔히 이용하거나 추천하는 방안으로서 다음 세 가지의 접근법에 대해서만 설명하기로 한다.

(1) 브레인스토밍

브레인스토밍(brainstorming)은 집단발상법의 일환으로서, 비단 광고 아이디어 발상의 상황뿐 아니라 다양한 목적의 아이디어 발상 단계에서 많이 쓰이는 기법이다. 광고 크리에이티브의 단계는 대개 협업(카피라이터와 아트 디렉터 또는 CM 플래너 간)의 과정을 통해 진행되기 때문에 브레인스토밍은 매우 유용하게 활용될 수 있다. 브레인스토밍의 효과는 인간의 연상 작용이 쌍방향 흐름을 통해 더욱 활성화될 수 있다는 기본 원리 및 기대를 전제로 한다. 브레인스토밍의 과정에서 지켜져야 할 핵심 원칙은 다른 사람의 아이디어에 대해 비판하지 않는 것이다. 비판이 통제되는 편안한 분위기 속에서 참여자들은 자유롭게 아이디어를 개진할 수 있으며, 아이디어의 개수가 많을수록 좋은 아이디어가 발견될 가능성도 그만큼 높아질 것이기 때문이다.

(2) 연결 짓기

여러 아이디어 발상법의 일부 단계에 공통적으로 포함되는 접근으로서 연결 짓기(connecting)가 있다. 창의성은 종종 이질적인 대상 간의 관계 형성을 통해 특별하거나 예상 못 한 결과가 나타날 때 발현되기 때문이다. 광고 아이디어의 발상에 연결 짓기의 원리

---

6) 지금까지 여러 광고인에 의해 제안된 아이디어 발상법으로는 연상력 발상법, 브레인라이팅 발상법, 스캠퍼 발상법, Q-5 발상법, 스매싱 발상법, 에디슨 발상법, 그 밖에도 꽤 다양한 발상법이 있다(김병희, 2014).

를 적용하기 위해서는 우선 대상의 한 축을 광고되는 제품(또는 브랜드)으로 설정하고, 다른 한 축의 소재를 찾아 이 둘을 어떤 상황이나 형태로 연결시켜 보는 것이다. 연결 대상을 찾기 위한 접근으로는 제품에서 연상되는 개념들의 파생과 그를 통한 확장의 원리를 이용하는 래더링(laddering) 기법이라든지, 제품이 가진 다양한 속성을 최대한 열거해 보는 속성나열법 등이 활용될 수 있다. 일단 연결 대상이 지정되면 제품과 어떻게든 관계를 맺게 하려는 강제연결법(forced association)을 사용하여 독창적인 아이디어로 발전시킬 수 있다.

(3) 시각적 자료의 활용

초보 크리에이터가 가질 수 있는 잘못된 자세 중의 하나는 아이디어를 머리로만 찾으려고 하는 습관이다. 인간의 기억과 연상 능력에는 한계가 있어서 아이디어의 소재가 두뇌 회전만으로 불쑥불쑥 튀어나오기는 쉽지 않다. 그래서 아이디어 발상을 도울 외부 자극이 필요한데, 여기에는 인간의 오감 중 다양한 자극의 형성 및 연상 작용의 촉진이 가장 용이한 시각적 자극이 제격이다. 광고 아이디어의 발상을 위한 시각적 자극은 애초부터 의도하고 노력을 들여 크리에이터 본인에게 스스로 제공할 수 있으며, 이는 곧 (앞서 언급한) 강제연결법의 적용을 위한 연결 대상을 탐색하는 과정이기도 하다. 권장할 만한 시각적 자극의 원천 자료로는 우선 웹상에 개설된 다양한 이미지 아카이브 사이트가 있고,[7] 그 밖에 각종의 이미지를 담은 잡지라든지 카탈로그, 이미지북 등이 있다. 또한 본인이 과거부터 스스로 모은 이미지들도 아이디어 발상 시에 유용한 시각적 소스로 활용될 수 있으므로, 평소에 흥미를 느낀 이미지를 별도의 폴더에 모아 축적해 두는 것도 크리에이터의 좋은 습관이 될 것이다.

---

7) 이미지 아카이브 사이트는 인터넷 검색을 통해 쉽게 찾을 수 있으며, 추천할 만한 사이트로는 gettyimages.com, shutterstock.com, images.google.com, 그리고 SNS 플랫폼인 flickr.com 등이 있다. 이들 사이트에는 수백만 장에 이르는 스틸 이미지가 지속적으로 축적되고 있고, 무엇보다 키워드 검색을 통해 다양한 이미지를 쉽고 빠르게 탐색할 수 있다는 확고한 장점이 있다. 상업적 아카이브 사이트에서 제공되는 대부분의 이미지는 유료의 로열티를 지불해야 사용할 수 있지만, 아이디어 발상을 위한 레퍼런스 용도로는 유료의 대가 없이 활용할 수 있다.

3) 아이디어의 형상화

아이디어는 그 자체로는 추상적이며, 설명을 위해 어떤 형태로든 '표현'되어야 한다. 특히 영상 광고는 언어와 이미지와 오디오 요소의 조합을 통해 구성되기 때문에 아이디어를 시각화해서 표현해야 타인(주로 동료 크리에이터나 광고주)을 이해시키고 설득시키기 수월해진다. 따라서 아이디어의 형상화는 영상 광고의 영역에서 매우 중요한 과정이며, 아이디어 선별 및 시안 제작을 위해 필수적으로 거쳐야 할 단계이다. 영상 광고의 아이디어를 형상화하는 방식은 다양한데, 본 장에서는 설명의 편의상 '스토리보드'라는 용어를 포괄적 개념으로 사용하고자 한다.

(1) 스토리보드의 유형

모든 영상 광고는 시간의 흐름에 따라 표현이 전개되고 시청각적인 표현 요소가 결합되어 있는데, 스토리보드는 이러한 속성에 맞춘 영상 광고의 아이디어 형상화 방식이다. 스토리보드는 크리에이티브 과정의 진행 상황 및 단계별 목적에 따라 다음과 같은 몇 가지 유형으로 나누어진다.[8]

• 섬네일(Thumbnail)

아이디어 발상 초기 단계의 아이디어 표현 방식이다. 아이디어의 가장 핵심적인 비주얼을 나타내기 위해 짧게는 한 컷으로부터 서너 컷의 이미지로 구성하며, 메시지 요소로서 키 카피(key copy) 정도가 포함된다. 제작에 많은 노력과 시간이 들지 않으므로 기동성과 융통성을 갖는 장점이 있지만, 압축적 표현 방식이기 때문에 반드시 아이디어에 대한 구두 설명을 덧붙여야 한다.

• 러프 보드(Rough board)

섬네일에 비해 이미지 컷 개수와 카피 분량이 늘어난 형태의 아이디어 표현 방식이다.

---

8) 본래 촬영 콘티도 스토리보드의 유형에 포함되어야 하지만, 제작 프로세스에 따른 순차적 제시를 위해 촬영 콘티는 다음 단원(촬영 전 준비)에서 설명하기로 한다.

대개 흑백으로 작화되며, 표현 정보가 많아졌기 때문에 그만큼 아이디어를 구체적으로 설명하기에 용이하다. 그러나 광고주에게 설명할 목적으로 사용하기에는 완성도와 정교함이 부족하므로 주로 대행사 내부에서 아이디어 제시 및 논의를 위한 용도로, 또는 컴프리헨시브 보드의 발주를 위한 밑 작업 용도로 활용되는 경우가 많다.

- 컴프리헨시브 보드(Comprehensive board)

대개 컬러로 작화되어 광고주에게 제시되거나 기획서에 포함되는 아이디어 표현 방식이다.[9] 보통 '스토리보드'라 하면 이 컴프리헨시브 보드 또는 러프 보드를 의미한다. 이미지의 완성도를 높이고 표현상의 세부 사항을 정교하게 묘사해야 하므로 대부분의 경우에는 전문 작화가에게 작화를 의뢰하여 제작한다. TV 광고 시안에 대한 광고주의 최종 승인은 주로 컴프리헨시브 보드의 상태에서 내려진다.

- 대안적 표현 방식: 스크립트와 애니매틱

일반적으로 스토리보드는 이미지와 텍스트가 결합된 형태로 구성되지만, 때때로 영상의 묘사와 전개를 오로지 글로써 표현하는 스크립트(script)가 활용되기도 한다. 주로 카피라이터가 선호하는 이 방식은 섬네일과 마찬가지로 비교적 손쉽고 신속하게 아이디어 설명을 준비할 수 있는 장점이 있다. 한편, 스토리보드보다 훨씬 고도화된 아이디어 제시 방법으로서 애니매틱(animatic)이 사용되기도 한다. 이는 동영상 자료의 편집 과정을 거쳐 실제의 영상 광고처럼 시안을 만드는 방식인데, 제작에 상당한 시간과 비용이 소요되는 만큼 주로 경쟁 입찰이나 대형 광고주를 위한 연간 PT의 상황에서 이용된다.

(2) 스토리보드 제작에 있어서의 체크리스트

효과적인 스토리보드 제작을 위한 고려 요인이자 스토리보드의 우수성을 판별하는 기준으로서 다음의 5가지 요소를 꼽을 수 있다. 영상 광고의 기획 및 제작 과정에 참여하는

---

9) 종래의 스토리보드는 말 그대로 하드보드(hard board)에 개별 컷 이미지들과 카피를 붙이는 형태로 만들어졌다. 그러나 요즘은 보드 작업의 번거로움을 덜고 프레젠테이션 시의 원활한 발표를 위해 스토리보드를 제안서 파일에 삽입하여 스크린상에서 제시하는 경우가 보편적이다.

크리에이터들은 광고주에게 제시하는 시안의 채택을 위해 이들 요건을 명심하고 스토리
보드의 체크리스트에 포함할 필요가 있다.

- 명확성(Clarity): 아이디어가 명료하게 드러나고 쉽게 이해될 수 있는가?
- 상관성(Relevance): 콘셉트가 잘 반영되어 있고 메시지와 브랜드가 확실히 전달될 수 있는가?
- 주목성(Attention): 시각적 표현이 보는 이의 관심과 주의를 이끌 수 있는가?
- 흐름(Flow): 컷 수가 적당하고 그 배열이 원활해 보이는가?[10](전개가 매끄럽고 스토리 상의 하이라이트 지점이 잘 표현됐는가?)
- 표현의 질(Quality): 작화의 완성도가 우수하고 카피를 포함한 표현 정보가 적절한 위치에 삽입됐는가?

4) 촬영 전 준비

스토리보드로 형상화된 아이디어가 광고주의 최종 승인을 얻게 되면 비로소 영상 광고의 실질적인 제작 단계로 접어들게 된다. 이후의 과정은 협의의 프로덕션, 즉 촬영 단계를 중심으로 하여 크게 촬영 전 준비(pre-production)-촬영(production)-포스트 프로덕션(post-production)의 단계로 나누어 살펴볼 수 있다. 촬영은 영상 광고 제작에 있어서의 핵심 과정인 만큼 치밀한 설계와 준비를 필요로 한다. 그 가운데서도 다음 세 가지의 실무가 프리 프로덕션 단계에서 가장 중요한 준비 과정이라 할 수 있다.

(1) 감독 선정 및 스태프 구성

제작할 영상 광고의 안이 결정되면 적합한 광고 감독을 물색하고 섭외하는 과정이 바로 뒤따른다. 감독마다 강점과 표현 스타일이 다르기 때문에 선택한 감독의 적임 여부는 최

---

10) 스토리보드에 들어가는 적절한 컷 수는 아이디어의 특성과 영상의 길이에 따라 다르며(그러나 많은 경우에 10~15개 사이에서 구성됨), 개별 컷의 프레임 크기가 반드시 동일할 필요도 없다.

종적으로 완성될 영상 광고의 퀄리티와 성패에 영향을 미칠 중요한 요인이 된다. 일반적으로 감독을 선정하면 그 감독이 주로 같이 일하는 스태프들(촬영 감독, 조명 감독, 스타일리스트, 편집 엔지니어, 오디오 엔지니어 등)도 함께 고용되어 제작 과정에 참여하게 된다. 이후로는 제작 과정의 주도권이 대행사에서 제작사로, 크리에이티브 디렉터에서 감독으로 이동하고, 많은 경우에 대행사 또는 제작사에 소속한 프로듀서(PD)가 예산 및 프로세스 관리자로서의 역할을 수행한다.

(2) 촬영 콘티 제작

촬영 콘티(shooting continuity)는 스토리보드의 최종적 형태이자 영상 촬영 및 편집을 위한 실질적인 설계도 역할을 한다. 영상 제작의 책임과 권한이 감독에게 이양된 만큼 촬영 콘티의 설계는 감독이 떠안은 과업의 첫 번째 단추가 된다. 촬영 콘티는 광고주에게 승인받은 스토리보드를 기반으로 하되, 구체적이고 세부적인 묘사나 정보(카메라 샷, 앵글, 무브먼트, 컷별 러닝타임, 인서트컷, 얼터컷 등과 같은)가 추가되고 일부의 표현이 수정되기도 한다([그림 13-2] 참조). TV 광고 제작을 위한 촬영 콘티는 일반적인 러닝타임 규격에 맞추어 15초, 20초, 30초의 3개 버전이, 그리고 공익 광고의 경우에는 40초의 단일 버전으로 만들어진다. 대개 흑백으로 작화되는 촬영 콘티는 감독이 직접 만든 설계도이니만큼 촬영 현장에서 항상 감독과 가까이에 있다.

[그림 13-2] 촬영 콘티의 예(미스터피자 TV-CM)

(3) 촬영 전 회의(PPM)

대부분의 영상 광고는 제작을 위한 시간과 예산이 많이 투여되므로 최대한 시행착오를 줄일 수 있게끔 사전에 필요한 사항들을 면밀히 점검하고 준비해야 한다. 이를 위해 중요한 역할을 하는 것이 흔히 PPM(pre-production meeting)이라 불리는 촬영 전 미팅이다. PPM 자리에는 영상 광고의 제작에 직간접으로 참여하는 핵심 인력들, 즉 감독, 조감독, 크리에이티브 디렉터(CD), 카피라이터, PD, AE, 광고주 측 담당 실무자, 스타일리스트 등이 참석한다. 제작사에서는 촬영을 위한 구체적인 사전 계획이 담긴 PPM Book을 별도로 제작하여 참석자들에게 배포한다. 감독에 의해 설계된 촬영 콘티도 PPM에서 처음 공개되며, 촬영 콘티를 비롯해 촬영과 관련한 제반 사항들, 이를테면 촬영 로케이션, 진행 스케줄, 출연 모델, 의상, 헤어스타일, 공간 세팅, 시각적 분위기 등이 이 자리에서 논의된다. PPM 시의 논의를 거친 사안은 광고주, 대행사, 제작사 간의 합의로 간주되기 때문에 사후 갈등이 발생하지 않도록 PPM에서 모든 필요한 사항이 충분히 검토되고 조정되어야 한다.

5) 촬영

영상 광고의 촬영은 기술적 측면에서 영상 제작에 관한 일반적인 원리를 그대로 따른다. 따라서 촬영의 이론과 실무 그리고 영상화법과 같은 내용들은 지면상의 제약도 있는 관계로 본 장에서는 다루지 않기로 한다. 다만, 영상의 호흡이 상대적으로 짧다거나 제품이 주인공이 되는 등의 특성을 고려했을 때 광고를 위한 촬영은 몇 가지 유의할 점이 있다. 특히 동영상 촬영에 대한 경험과 전문성이 부족한 이들이 광고 제작을 위한 촬영을 진행할 경우에는 다음과 같은 사항들을 유념하여 과정에 반영할 필요가 있다.[11]

• 촬영 콘티에 의거하여 촬영을 진행하되 여분의 컷도 충분히 찍어 두는 것이 좋다. 이때 동일한 컷을 과도하게 여러 번 찍기보다는 피사체의 크기나 움직임, 또는 카메라

11) 모든 영상 광고가 동영상 촬영을 필요로 하는 것은 아니다. 타이포그래피(또는 자막)나 스틸 이미지만으로 제작된 영상 광고도 있으며, 애니메이션 기법을 이용한 영상 광고도 있다. 그러나 본 장에서는 동영상 촬영을 필수로 수반하는 보편적인 영상 광고 제작의 상황에 맞추어 설명하고자 한다.

앵글이나 무브먼트 등에 다소의 변화를 주어 촬영할 것이 권장된다.

• 특별한 목적이나 의미가 없는 기교는 자제되어야 한다. 이를테면, 줌(zoom), 달리 (dolly), 팬(pan) 등과 같은 카메라 무브먼트는 사용할 이유가 있을 때만 쓰이는 것이 좋다. 영상 제작에 있어서도 과유불급(過猶不及)의 원리는 똑같이 적용된다.

• 촬영은 편집을 통한 시각적 처리나 컷과 컷의 연결 등을 고려하여 이루어질 필요가 있다. 이를테면, 영상의 재생 속도는 편집 과정에서 어느 정도 조절할 수 있으므로 실제 촬영 시에는 후반 작업을 염두에 두고 움직임의 속도를 정할 수 있다.

• 제품을 어떻게 보여 줄 것인가는 광고 표현에 있어서 매우 중요한 문제이다. (동시에 광고주가 가장 신경 쓰는 부분이기도 하다.) 최적의 배치와 구도, 질감 묘사 등을 통해 제품이 가장 효과적으로 드러날 수 있도록 촬영 계획을 세워야 한다.

• 조명도 영상 촬영에 있어 간과할 수 없는 중요한 부분이다. 장면의 분위기라든지 피사체의 질감과 톤 등은 조명을 어떻게 하느냐에 따라 달라질 수 있으므로, 조명의 기본 원리 및 노하우에 대해 사전에 습득해 둘 필요가 있다.

• 영상에 시각적인 역동성을 부여하고자 한다면 촬영 단계에서 다양한 방식으로 시도될 수 있다. 어떤 접근이든 공통점은 어디에선가 움직임이 있어야 한다는 것인데, 움직임의 주체는 피사체나 카메라, 또는 둘 다(동시)이다.

• 장면별 촬영 순서를 촬영 콘티에 나타난 순서와 동일하게 할 필요는 없다. 배경 변화, 조명 세팅, 피사체의 동선 등을 고려해 효율적인 순서를 사전에 정할 수 있으며, 촬영 순서를 나타내는 번호를 촬영 콘티의 각 프레임 앞에 기재해 둘 수 있다.

• 대부분의 장면은 연출이 가미될 것이기에 촬영 전 리허설을 몇 차례 거친 후 촬영에 들어가는 것이 좋다. 리허설 과정을 통해 수정이나 보완이 필요한 부분이 사전에 체크될 수 있으므로 촬영 시의 시행착오와 시간 손실을 줄일 수 있다.

• 오디오에 대한 부분도 촬영 시 충분히 고려해야 한다. 아이디어의 특성에 따라 차이가 날 수 있지만, 현장음을 살릴 것인지, 또는 촬영 후 녹음 과정에서 더빙할 것인지 등의 세세한 부분까지 미리 계획하고 이에 따를 필요가 있다.

6) 포스트 프로덕션

일반적으로 촬영을 마친 이후부터 최종 광고 영상을 만들어서 매체사에 소재(방송되거나 온라인 플랫폼에 업로드될 영상 최종본)를 전달하기까지의 전 과정을 '포스트 프로덕션(post-production)'이라 통칭한다. 이 과정에는 촬영 원본의 색감이나 밝기 등을 최적화시키는 디지털 보정(digital intermediate: DI),[12] 편집, CG(computer graphic) 처리, 녹음, 광고주 시사 준비 등의 과업이 포함된다. 촬영 단계와 마찬가지로 포스트 프로덕션 단계에서도 감독이 진행 전반에 대한 총책임자로서 주도적인 역할을 담당하며, 해당 업무 분야의 전문가들이 제작 과정에 추가로 합류한다. 포스트 프로덕션 단계에서 가장 중요한 과정은 편집과 오디오 작업이라 할 것이다. 이들에 대해 좀 더 구체적으로 살펴보고, 아울러 영상 광고의 송출에 있어 염두에 두어야 할 사전 심의에 대해서도 간략히 알아보기로 한다.

(1) 편집

하나의 영상물에 미치는 영향으로 본다면 편집은 촬영만큼이나, 혹은 그 이상으로 중요한 과정이다. 또한 편집은 광고대행사 내부 시사 및 광고주 시사의 과정을 거쳐 다양한 수정 요구가 발생하고 잦은 수정 작업이 이루어지는 지점이기도 하다. 촬영 콘티는 실상 촬영 설계도임과 동시에 편집 설계도이므로 편집을 통한 영상의 구성은 촬영 콘티에 의거하되, 편집 과정에서 감독의 판단에 따라 일부가 수정될 수도 있다. 하나의 영상 광고라 할지라도 러닝타임에 따른 규격에 따라 여러 버전의 편집본을 완성해야 하며, 비교를 통한 선택을 위해 대안 버전(이를테면, A안과 B안)을 제작하는 경우도 적지 않다. 요즘은 동영상 편집 소프트웨어가 많이 발전해서 전문적인 영상 편집 작업이 개인의 PC로도 가능한 시대가 됐지만, 영상 광고의 편집은 대개 전문 편집 스튜디오의 전문 편집기사에 의해 수행된다. 촬영과 마찬가지로 편집 단계에서도 중요하게 고려해야 할 가이드라인이 있는데, 아래에 핵심 원칙을 간략하게 제시한다.

---

12) 과거에는 영상 광고를 주로 35mm 필름으로 촬영했고, 촬영 후 네거티브 필름을 비디오 신호로 변환하는 NTC(negative telecine) 과정에서 색 보정 작업도 진행했다. NTC에서 DI 방식으로의 전환은 디지털 시대가 가져온 영상 광고 제작 과정의 중요한 변화상 가운데 하나이다.

- 과감히 버려라. 광고는 절제와 함축의 언어이며, 편집은 붙이는 작업임과 동시에 버리는 작업이다.
- 컷과 컷의 연결과 흐름을 중요시하라. 음악과 마찬가지로 영상에 있어서도 리듬이 중요하다.
- 오디오와의 호흡을 맞춰라. 때때로 오디오를 먼저 깔고 영상을 편집하는 것이 효과적이다.
- 가편집 후 그것을 정교화시켜라. 시뮬레이션은 효율적인 작업 진행을 돕는다.
- 부분별 기능에 따른 비중과 안배를 신경 써라. 도입-전개-클라이막스-엔딩의 스토리 구조에 대입할 수 있다.
- 자막을 적재적소에 활용하라. 자막은 정보적 요소일 뿐 아니라 오락적 요소나 그래픽 요소로도 쓰일 수 있다.
- 기교를 위한 기교는 피하라. 불필요한 기교는 메시지 전달만 방해할 뿐이다.
- 가장 중요한 제언-브랜드와 메시지를 효과적으로 드러내라. 그리고 과연 그렇게 된 최적의 편집인지 스스로 평가하라.

(2) 오디오 작업

　어떤 장르든 영상물에 있어 오디오가 차지하는 비중과 역할은 막중하다. 때때로 청각적 자극은 시각적 자극보다 더 강력하기도 하고 높은 연상 효과를 유발하기에도 효과적이다. CM송을 활용한 전통적인 표현 기법이 오늘날에 와서도 심심치 않게 영상 광고의 표현에 사용되고 있는 현상은 오디오의 변치 않는 효과와 중요성을 입증하는 사례이다. 일반적으로 영상 광고에 사용되는 오디오의 요소로는 대사, 내레이션, 배경음악(background music: BGM), 음향효과(sound effect: SE)가 있다. 오디오 처리에 대한 기본 정보는 촬영 콘티에도 나타나며, 대사나 내레이션은 이미 합의된 부분이기 때문에 감독은 적절한 배경음악이나 음향효과 등의 선택에 있어 좀 더 권한을 갖고 이 과정을 지휘한다. 편집 작업과 마찬가지로 오디오 작업 또한 전문 녹음실의 전문 오디오 엔지니어가 대부분의 기술적 조작을 전담하여 진행한다.

(3) 방송 광고 사전 심의

국내에서 모든 광고는 심의의 대상이 될 수 있다. 그러나 대부분은 사후(광고 노출 후) 심의의 가능성이 있을 뿐 사전 심의의 과정을 거치지는 않는다. 그런데 지상파 방송이나 유선방송에 노출되는 방송 광고는 사전 심의와 사후 심의가 모두 가능한 이중심의 체계를 갖고 있다. 2008년에 방송 광고의 사전 심의 의무가 헌법재판소에 의해 위헌 판결을 받은 후 사전 심의가 자율 체계로 바뀌었지만, 자사에서 방송된 광고에 대한 법적 책임을 지지 않으려는 방송사 간의 합의에 따라 실질적으로는 한국방송협회(지상파 방송 광고의 경우) 또는 한국케이블TV방송협회나 일부 대형 유선방송사업자(유선방송 광고의 경우)를 통한 사전 심의를 통과해야 하는 것이 현실이다. 또한 의약품, 화장품, 건강기능식품, 의료기기 등과 같이 인체 유해성의 우려가 있는 제품군의 광고도 해당 품목의 관할 기관(협회)으로부터 별도의 사전 심의를 받아야 한다. 이 같은 규정 및 관례에 따라, 방송용으로 제작한 영상 광고는 온에어 예정일 전에 반드시 사전 심의 필증을 확보할 수 있도록 일정을 관리하고 필요한 제반 준비 과정을 거쳐야 한다.

4. 바이럴 영상의 제작

격변하는 마케팅 커뮤니케이션의 환경에서 광고 제작과 관련해 특히 주목해야 할 변화상으로 세 가지를 꼽을 수 있다. 첫째, 광고의 유통량이 대거 온라인과 모바일 미디어 플랫폼으로 이동했다는 점, 둘째, 광고성 콘텐츠의 유형도 다양해졌지만 그중에서 동영상 콘텐츠가 가장 성행하고 있다는 점, 마지막으로, 매력적인 콘텐츠는 수용자의 자발적 공유에 따라 급속히 확산될 수 있는 소셜 네트워크의 기반을 갖게 됐다는 점이다. 이러한 변화들은 '바이럴 영상'에 대한 기업들의 관심과 기대를 최고조로 끌어올린 환경적 요인이라 할 수 있다. [13] 영상 광고의 아웃렛으로 TV는 여전히 중요한 매체지만, 그 영향력이 과거같지

---

13) 흔히 프로모션 영역에서 '바이럴 영상'이라 지칭할 경우 그 영상이 모두 광고에 속한다고 말할 수 있는가에 대해서는 의견이 다소 분분할 수 있다. 이는 가파르게 변화된 환경 속에서 광고의 새로운 정의와 범주에 대해 실무자들이나 학자들 간에 명확한 합의가 이루어지지 못한 탓이 크다. 그러나 본 장에서는 다양한 바이럴 영상이 탈규격 및 비

않은 것은 부인할 수 없는 현실이다. 오늘날 유튜브(YouTube)가 사람들의 미디어 행동과 광고 시장에 미치는 엄청난 영향력만 떠올려 봐도 영상 광고의 기획 역시 변화를 피할 수 없는 이유를 짐작할 수 있다. 다음에는 영상 광고의 새로운 형식이자 목적이 된 바이럴 영상의 크리에이티브와 제작에 대해 좀 더 탐색해 보기로 한다.

1) 바이럴의 기능 및 영상 콘텐츠의 유용성

'바이럴(viral)'에 대한 추종은 광고산업의 플레이어들에게 복잡한 영향을 미친다. 광고주의 관심을 바이럴이 발생하는 SNS로 유인하고(동시에 TV 광고에 대한 집착도 버리게 하고), 도달의 확산에 큰 비용이 들지 않는 구조로 인해 광고회사의 수익성을 악화시키는가 하면, 광고 크리에이터들에게는 확산될 수 있는 아이디어에 대한 압박과 스트레스를 가중시킨다. 바이럴에 대한 소망은 광고 시장의 지형을 변화시켰을 뿐만 아니라, 광고 크리에이티브의 과정과 목표에도 직접적인 영향을 미쳤다. 즉, 바이럴을 기대하는 광고는 수용자의 인지적 또는 정서적 반응에 그치지 않고, 한 단계 더 나아가 그들로 하여금 기꺼이 해당 광고를 공유하고 싶게 할 정도의 매력을 갖추어야 하는 것이다. 그래도 바이럴의 장(場)인 온라인 공간에서 광고가 상대적으로 형식과 규제상의 제약을 덜 받는다는 점은 희망적인 여건이라 할 수 있다.

콘텐츠의 유형 중 미디어 테크놀로지의 발전으로 인한 가장 큰 수혜자는 단연 동영상이다. 인터넷 사용자들은 사이버 공간에 머무르는 동안 자의건 타의건 수많은 동영상과 마주친다. 지금은 너무나 자연스러운 현상이 됐지만, 동영상이 온라인 콘텐츠의 주류로 등극한 것은 그렇게 오래전 이야기가 아니다. 대용량과 전송 속도의 제약으로 인해 동영상은 애초에 온라인 전용 공간에서 쉽게 유통되기 어려웠기 때문이다. 그러던 상황은 초고속 인터넷 및 대용량 서버의 구축과 함께 물리적 한계가 극복되면서 '동영상 대세'의 시대를 열었다. 이제 수많은 광고주는 TV가 아닌 온라인과 모바일 미디어에서의 노출을 위해

정형성의 특성을 갖는다 할지라도 전형적인 광고처럼 설득 목적의 유료 커뮤니케이션이란 속성을 띤다면 모두 광고의 형태로 보아 무방하다고 보았다.

영상 광고 제작을 의뢰하며, TV 광고라 할지라도 온라인 플랫폼에 영상을 동시 탑재하는 것은 기본이 됐다.

온라인 · 모바일 공간에서 유통되는 영상 광고는 전통적인 TV 광고에 비해 많은 이점을 갖는다. 시간상의 제약을 벗어나 다양한 표현(특히, 스토리텔링에 있어)이 가능하고, 플랫폼 선택에 따라 매체 비용을 절감할 수 있으며, 사전 심의의 부담도 덜 수 있을 뿐만 아니라, 즉각적인 수용자 반응도 수시로, 그리고 객관적인 지표로 확인할 수 있다. 그러나 무엇보다 뚜렷한 장점은 바로 소셜 네트워크를 통한 광고 노출의 확장성에 있다. 소셜 미디어에서 성공적으로 바이럴된 영상 광고는 저비용 고효율의 성과를 얻으면서 소위 '임대 미디어(earned media)'의 단계에 도달할 수 있다.[14] 이렇듯 같은 영상 광고의 범주에 속한다 할지라도 TV용 영상 광고와는 태생과 기본 속성부터 다른 바이럴 광고에 대해 조금 더 심층적인 탐구가 필요할 것이다.

2) 주요 바이럴 코드

온라인에서 효과를 거둘 바이럴 영상을 만들기 위해서는, 먼저 성공적이라 평가되는 기존 바이럴 영상들의 크리에이티브에 내재된 코드부터 분석해 볼 필요가 있다. 인간에게 존재하는 보편적 감성과 기호로 인해 과거의 성공 코드도 현재의 콘텐츠에 적용하여 유사한 성과를 거둘 수 있기 때문이다. 이에 다음과 같은 주요한 바이럴 코드를 도출하고 간략한 설명을 덧붙인다.[15] 이들 코드의 표현 형태는 〈그림 13-3〉에 예시된 바와 같다.

• 흥미(Fun)

재미있고 유쾌한 대상에 긍정적으로 반응하는 것은 시공을 초월한 인간의 본성 가운데 하나이다. 따라서 흥미를 이용한 소구는 광고를 본능적으로 회피하고자 하는 수용자들의

---

14) 임대 미디어는 유료 미디어(paid media), 소유 미디어(owned media)와 함께 트리플 미디어(triple media)의 일종으로 분류된다. 임대 미디어는 그 자체로 특정한 매체를 지칭하는 것이 아니라, 온라인이나 모바일 공간에서 소비자들의 자발적인 입소문을 통해 긍정적 효과가 발생한 지점의 매체를 의미한다. 그러나 실질적으로는 특정한 콘텐츠(광고 포함)나 이슈에 대한 바이럴이 일어나는 소셜 미디어를 가리키는 경우가 대부분이다.
15) 각 코드 간에 완전히 상호 배타적인 것은 아니며, 하나의 콘텐츠에 두 개 이상의 코드가 혼합될 수도 있다.

시선을 붙잡고 연상도 도울 수 있는 가장 안전한 접근이다.

- **새로움/충격(Unseen/Shocking)**

전에 보거나 경험하지 못했던 일을 영상으로 체험하는 것은 생소함이 주는 주목 효과와 신선함(또는 신기함)이 야기하는 임팩트가 있다. 비주얼 쇼킹이 주는 강한 인상도 영상에 대한 각인 효과와 더불어 수용자의 바이럴 의도를 일으킬 수 있다.

- **보상(Reward)**

소비자의 행동적 참여를 유도할 수 있는 가장 효과적인 방법은 그들에게 참여의 대가로 보상(또는 보상의 가능성)을 제공하는 것이다. SNS상의 수많은 이벤트는 이러한 보상의 효과를 이용하며, 보상이 매력적일수록 바이럴 가능성도 높아진다.

- **공감/선의(Sympathy/Goodwill)**

따뜻한 이야기, 착한 사업에 호의적으로 반응하는 것 또한 인지상정(人之常情)이라 할 수 있다. 휴머니즘을 이용한 소구는 예나 지금이나 변치 않는 효력을 발휘하고 있으며, 공익 마케팅은 신기술을 이용한 솔루션과 만나 사람들을 동조하게 한다.

- **유용성(Usefulness)**

대개의 경우 광고가 외면받는 이유는 그것이 쓸모없다고 여겨지기 때문이다. 그러나 어떤 광고가 유용한 정보나 경험을 제공한다고 인식되면 사람들은 태도를 바꿔 기꺼이 그 광고에 주목하고, 심지어 누군가와 공유하려는 의향까지 가질 수 있다.

- **참여/체험(Participation/Experience)**

매일 수많은 광고에 노출되는 사람들은 대부분의 광고를 쉽게 망각한다. 그러나 그들이 광고(브랜드)가 제공한 기회에 직접 참여하고 체험한다면 그 기억은 쉽게 잊히지 않을 것이며, 긍정적인 경험은 타인에게의 권유와 확산을 촉진할 것이다.

- **유명인(Celebrity)**

기업이 거액의 모델료를 써서 유명인을 광고에 기용하는 이유는 그만큼 유명인의 높은 인지도와 선호도를 통한 효과가 클 것이란 기대 때문이다. 실제로 유명인은 그들의 팬이나 관심을 갖는 일반인에게 화제와 입소문을 쉽게 일으킬 수 있다.

흥미	Fun	유머, 해프닝, 엉뚱함, 아기, 동물, 랭킹 등
새로움/충격	New/Shocking	신기술, 신기함, 독특한 광경, 놀라운 재능 등
유용성	Usefulness	지식정보, 트렌드, 문제해결법, 레시피, DIY 등
보상	Reward	경품 이벤트, 쿠폰, 할인, 각종 보상의 기회
공감/선의	Sympathy/Goodwill	스토리, 휴머니즘, 사회공헌, 나눔, 동참 등
참여/체험	Participation Experience	참여형 이벤트, 체험 장면, 트라이얼, 게임 등
유명인	Celebrity	스캔들, 미담, 근황, 신작, 광고, 인플루언서 등

[그림 13-3] 바이럴 코드별 표현 유형

3) 바이럴 영상의 기획 및 제작 가이드라인

바이럴 영상의 제작은 앞에서 설명한 영상 광고의 제작과 진행 원리 및 절차에 있어 크게 다르지 않다. 다만, 바이럴 영상은 일반적인 TV 광고에 비해 저예산으로 빠른 기일 내에 제작되는 경우가 많기 때문에 의사 결정이나 제작 기간이 상대적으로 신속한 편이라는 차이점이 있다. 표현에 있어서는 시간(러닝타임)상의 제약을 비교적 덜 받으므로 스토리텔링이나 상황 정보를 충분히 담을 수 있다는 것도 장점이다. 또 한 가지 주목할 만한 특성은 바이럴 영상은 일방적으로 노출될 수도 있고 수용자의 자발적 의향에 따라 노출될 수도 있지만, 프리롤(pre-roll)이나 미드롤(mid-roll) 광고의 사례처럼 일정 시간이 지나면 지속 노출의 선택권이 수용자에게 주어진다는 점이다. 이는 바이럴 광고의 기획 및 제작 과정에 있어 충분히 염두에 두어야 할 중요한 고려 사항이다. 본 장의 마지막 부분으로서, 프로모션 용도의 바이럴 영상을 제작함에 있어 크리에이터가 명심해야 할 주요 지침에 대해 설명하기로 한다.

- TV 광고가 보여 주지 못하는 것을 보여 줘라. 규격으로부터의 (상대적) 자유와 늘어난

러닝타임으로 인해 표현의 영역도 그만큼 확장될 수 있다.

- 적합한 방식으로 영상에 브랜드의 존재감을 심어라. 영상만 기억에 남고 브랜드가 남지 않는다면 설사 바이럴에 성공한다 할지라도 결국엔 모두 실패작이다.

- 조회 수, 좋아요 수, 댓글 등으로 평가되는 액면의 지표에만 집착하지 마라. 이들은 일차적이고 객관적인 반응 지표일지언정 궁극의 효과는 아니므로 태도 및 행동 변화와 관련한 질적인 반응도 반드시 목표에 포함해야 한다.

- 영상의 초반부가 확실한 유인력을 갖추게끔 하라. 수용자에게 영상의 지속 시청에 대한 선택권이 주어지는 순간, 그들은 십중팔구 건너뛰기(Skip)를 클릭할 것이다.

- 기교나 시각적 완성도보다 스토리를 더 중요시하라. TV 광고에 비하면 바이럴 영상에 대해서는 다소 거칠거나 엉성한 부분이 섞여 있어도 시청자들은 관대한 편이다. 큰 맥락에서의 스토리텔링이 매끄러우면 영상의 결함을 만회할 수 있다.

- 지루함이나 난삽함은 금물이다. 광고에 강제적으로 노출되는 소비자들은 기본적으로 인내력이 약하고 메시지를 이해하려는 의지도 부족하다는 점을 전제해야 한다.

- 제작에 앞서 무엇을 영상의 생명 포인트로 할지 고민하라. 재미있거나, 특이하거나, 감동을 주거나, 대단해 보이거나, 보상의 기대를 주거나…… 바이럴을 위한 필살기가 없다면 그 영상은 오래 버티지 못하고 사라지게 될 것이다.

- 다른 매체나 프로모션 수단으로 확장될 수 있는 '통 큰' 아이디어를 발상하고 구현하라. 바이럴 캠페인이 되기 위해서는 IMC 또는 크로스 미디어 전략의 큰 틀에서 커뮤니케이션의 시너지 효과를 추구해야 한다.

- 온ㆍ오프라인 이벤트나 퍼포먼스와 연계한 영상을 기획하라. 이를 케이스 스터디 필름(case study film) 등의 형태로 제작한다면 직접 참여자보다 훨씬 많은 온라인 시청자들에게 도달하여 간접 경험을 유도할 수 있다([그림 13-4] 참조).

- 부화뇌동(附和雷同)하지 마라. 먼저 성공한 광고를 따라 하거나 대세만 추종해서는 레드오션에 빠져 별다른 성과를 거두지 못할 것이다. 바이럴 영상은 참신하고 혁신적인 아이디어를 담아내기에 좋은 콘텐츠 형태이니만큼 선점을 위한 도구로서의 이용을 우선 고려해야 한다.

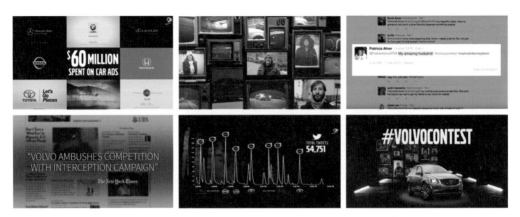

[그림 13-4] Case Study Film의 예(Volvo "Interception" 캠페인)

 참고문헌

김규철(2007). 인쇄 광고 제작. 조용석 외 공저, 광고 · 홍보 실무 특강(pp. 230-278). 서울: 커뮤니케이
      션북스.

김병희(2014). 아이디어 발상법. 서울: 커뮤니케이션북스.

김병희, 김찬석, 김효규, 이유나, 이희복, 최세정(2017). 100개의 키워드로 읽는 광고와 PR. 서울: 한울
      아카데미.

지준형(2016). 트리플 미디어 마케팅 커뮤니케이션 전략의 기획 방법. 최환진 외 공저, 트리플미디어
      마케팅과 광고 기획(pp. 210-236). 서울: 중앙북스.

한규훈(2019). 모바일 광고의 이해와 크리에이티브. 윤일기 외 공저. 디지털 시대의 광고 크리에이티
      브: 한국광고학회 광고지성총서6(pp. 287-332). 서울: 학지사.

한규훈(2016). 페이드 미디어를 통한 온라인 마케팅 커뮤니케이션. 최환진 외 공저. 트리플미디어 마
      케팅과 광고 기획(pp. 72-107). 서울: 중앙북스.

Altstiel, T., Grow, J. M., & Jennings, M. (2020). *Advertising creative: Strategy, copy, and design*
      (5th ed.). CA: SAGE Publications.

Scott, D. M. (2017). *The new rules of marketing & PR* (6th ed.). NJ: John Wiley & Sons.

디지털 시대의 광고학신론

광고 효과의 모색

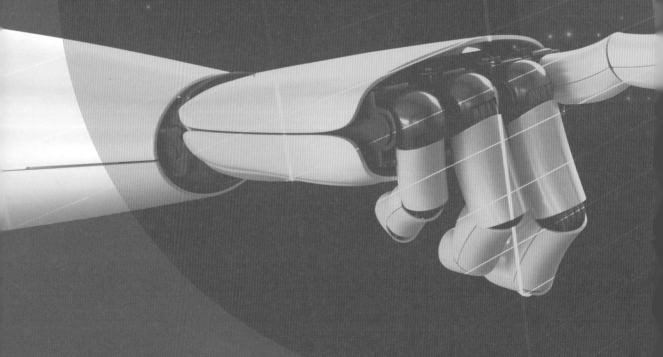

제V부 디지털 시대의 광고학신론

제14장

매체별 특성과 미디어 플래닝*

광고에서 가장 먼저 떠오르는 단어가 크리에이티브(creative)다. 하지만 광고를 만들어 미디어에 노출하는 과정에 크리에이티브 측면만 있는 것은 아니다. 광고는 궁극적으로 매체를 통해 소비자에게 전달된다. 따라서 광고가 탄생되기 위해서는 크게 "제품이나 브랜드의 무엇에 대해 이야기할까?"를 결정하는 크리에이티브 전략과 "어떤 매체를 어떻게 이용해서 광고 효과를 높일 것인가?"를 결정하는 매체 전략이 뒷받침되어야 한다. 이 장에서는 후자에 해당되는 매체에 관한 일련의 결정 과정인 매체 기획(미디어 플래닝)에 관한 내용을 다루고 있다.

보다 구체적으로 이 장에서는 매체를 통해 달성하고자 하는 매체의 목표를 세우고, 매체의 특성을 반영하여 특정 매체를 선정한 다음, 선정된 매체들의 조합인 미디어 믹스를 다양한 유형의 스케줄링에 적용하여, 비용 효율성에 따라 집행하는 과정인 매체 기획에 대해 설명한다. 새로운 유형의 매체가 급증하는 환경에서, 소비자와 가장 효율적으로 커뮤니케이션하는 방법은 광고의 크리에이티브 전략과 매체 전략을 어떻게 통합하는가에 달려 있다. 따라서 매체 기획에 있어서 전통 매체와 앞으로도 계속 등장할 새로운 매체 유형 간에 가장 효율적인 조합을 찾아, 최적의 메시지를 적시에 효과적으로 노출하는 것이 관건이다.

---

* 정윤재(한국외국어대학교 미디어커뮤니케이션학부 교수)

1. 매체, 비히클, 매체 기획

우리는 매일 다양한 광고 메시지를 수많은 매체를 통해 접한다. 매일 아침 일어나서 TV를 켜면 프로그램 광고가 등장하고, 아침식사를 준비하며 듣는 라디오 음악 채널 전후로 광고 메시지가 들려온다. 인터넷 사이트에 들어가면 다양한 형태의 배너 광고, 팝업 광고를 볼 수 있고, 소셜 미디어에 로그인하면 다양한 콘텐츠의 동영상 광고를 보게 된다. 외출을 하면 지나가는 자동차에 붙은 교통 광고와 정류장 외벽에 부착된 옥외 광고물을 보게 되고, 핸드폰에 DM(direct marketing) 문자들이 울린다. 이처럼 우리는 다양한 매체를 통해 매일 광고에 접한다. 이러한 광고는 우리에게 전달되기 훨씬 이전부터, 매체 기획에 의해 계획되어 집행된 결과물이다.

매체 기획에서는 우선 타깃 오디언스에게 광고 메시지를 전달하기 위해 사용할 매체(media class)와 비히클(vehicle)을 결정해야 한다. 여기서 매체는 TV, 라디오, 신문, 잡지, 인터넷 등 매체의 넓은 범주이며, 매체 비히클은 매체 내 개별 운반체(placement)를 말한다. 예를 들어, 'MBC 〈놀면뭐하니〉'와 'KBS2 〈오! 삼광빌라!〉'는 TV 내에 개별 비히클이고, 『조선일보』와 『매일경제』는 신문 내에 개별 비히클이다. 『좋은생각』과 『시사IN』은 잡지 내에 개별 비히클이며, '네이버'와 '다음'은 인터넷 내의 개별 비히클이다. 이러한 비히클에는 광고 메시지뿐만 아니라 다양한 종류의 콘텐츠(contents)가 함께 실린다. 예를 들어, 네이버에는 배너 광고뿐만 아니라, 스포츠, 푸드, 경제, 패션 뷰티 정보 등 다양한 콘텐츠가 혼재되어 있으며, 골프 잡지에는 지면 광고뿐만 아니라, 국내 골프장 현황, 스윙법 등 여러 골프 관련 정보가 실려 있다. 따라서 타깃 오디언스가 특정 매체의 비히클에 노출 됐다고 해서 반드시 해당 비히클에 실린 광고 메시지에도 노출됐다고 보장할 수는 없다. 비히클에 대한 노출은 해당 비히클에 실린 광고 메시지에 대한 노출의 기회를 시청자/청취자가 가졌다는 것을 의미하며, 광고주는 이 가정하에 비히클에 광고를 집행한다.

광고주는 광고를 실을 매체와 비히클을 결정한 뒤 구체적인 유닛(unit, 예: TV의 경우 15초, 30초 전 CM, 중 CM, 후 CM)을 결정하여 광고를 집행한다. 매체를 집행할 때는 주어진 예산으로 최대의 효과를 달성할 수 있게, 여러 매체 유형을 믹스하여 집행하는데, 이를 미디어 믹스(media mix)라 한다.

　어떤 매체와 비히클에 광고를 집행하는지를 결정하는 것은 전체 광고 캠페인을 성공으로 이끄는 데 중요한 과정이다. 아무리 멋진 광고 콘텐츠를 제작했어도 매체와 비히클을 잘못 선택하여 실제로 타깃 오디언스에게 광고 메시지가 전달되지 못한다면, 광고주는 원하는 광고의 목표를 달성할 수 없게 된다.

2. 매체의 목표와 노출량

　광고주가 매체에 광고를 집행하는 데는 다양한 커뮤니케이션과 마케팅 목표가 있다. 예를 들어, 자사의 브랜드 인지도를 높이고, 브랜드의 호감도를 상승시키며, 브랜드의 포지셔닝을 구축하기 위해서이다. 하지만 이 모든 것이 가능해지기 위해 가장 먼저 전제가 되어야 할 것은 자사의 광고 메시지가 타깃 오디언스에게 성공적으로 전달되어야 한다는 것이다. 따라서 광고에서 가장 기본이 되는 목표는 얼마나 많은 타깃 오디언스에게 광고 메시지를 성공적으로 전달했는지 여부이다. 이것이 광고의 양적(quantitative) 목표라고 불리는 매체의 노출 목표이며, 매체의 노출 목표는 도달률, 평균 빈도수, 유효 도달률, 유효 빈도수, 노출수, 총 노출수, 노출량, 총 노출량, 점유율 등의 개념으로 표현된다.

1) 도달률(reach)

　도달률(reach)은 주어진 기간(예: 일주일 혹은 한 달) 안에 적어도 한 번 특정 비히클 혹은 미디어 스케줄에 노출된 중복되지 않는 사람 혹은 가구의 수를 의미한다. '중복되지 않는'의 의미는 같은 광고에 여러 번 노출되어도 도달률 계산 시 한 번으로 집계된다는 의미이다. 따라서 광고주가 도달률을 높이고 싶으면, 최대한 중복되지 않는 비히클의 조합에 광고를 집행해야 한다. 도달률은 퍼센티지(%) 혹은 숫자로 표기가 가능한데, 타깃 오디언스의 20%가 적어도 한 번 특정 광고 캠페인에 노출됐다면 도달률은 20%가 되고, 타깃 오디언스 중 20,000명이 적어도 한 번 특정 광고 캠페인에 노출됐다면 도달률은 20,000이 된다. 도달률은 보통 전자처럼 퍼센티지 개념으로 표현되는 게 더 보편적인데, 보통 얼마 동안의 기간 안에 적어도 한 번 노출되어야 하는지에 따라 도달률의 수치가 달라질 수 있겠지만, 일반적으로 한 달의 기간이 기준이 된다.

2) 평균 빈도수(average frequency)

평균 빈도수(average frequency)는 흔히 평균이라는 말이 생략되고 빈도수라 불린다. 빈도수 앞에 평균이라는 말이 들어가는 이유는 특정 기간 내의 타깃 오디언스들의 평균 빈도수이기 때문이다. 즉, 타깃 오디언스가 주어진 기간 안에(예: 한 달) 특정 미디어 비히클 혹은 미디어 스케줄에 노출된 평균 횟수이다. 예를 들어, 광고주가 시청률 10%인 주말 TV 프로그램에 4주 연속 광고를 집행했다 가정하고, 이 주말 TV 프로그램의 4주 동안 도달률이 20%라고 가정한다면 평균 빈도수는(10%×4)/20%=2가 된다.

3) 유효 도달률(effective reach)과 유효 빈도수(effective frequency)

유효 도달률(effective reach)은 광고 효과를 달성하기 위해 요구되는 최소 노출 횟수(유효 빈도수, effective frequency) 이상으로 노출된 타깃 오디언스의 비율이다. 만약 유효 빈도가 4회 이상이라면 전체 타깃 오디언스 중 4회 이상 광고 메시지에 노출된 타깃 오디언스의 비율인 reach4+가 유효 도달률이 된다. 오늘날과 같이 광고 혼잡도가 심할수록 요구되는 유효 빈도수가 높아지며(6 이상), 유효 도달률의 크기도 커져야 광고 효과를 기대할 수 있다(O'Guinn, Allen, Scheinbaumm & Semenik, 2018). 〈표 14-1〉은 빈도 분포표(frequency distribution)를 보여 주며, reach6+=6+4+3+3+2+2+1=21이 된다.

●표 14-1● 빈도 분포표(frequency distribution)

노출 빈도수(#)	도달률(%)
0	30
1	15
2	10
3	9
4	8
5	7
6	6
7	4
8	3
9	3
10	2
11	2
12	1

4) 노출수(impression), 총 노출수(gross impressions)

미디어 웨이트(media weight)는 전체 광고가 전달된 총수로 광고가 전달된 청중의 범위를 나타내는 수치를 의미한다. 미디어 웨이트는 총 노출수(gross impressions)의 개념으로 일반적으로 표현되는데, 총 노출수는 개별 노출수(impression)의 합으로, 여기에서 노출수는 실제 노출이 아닌, 노출의 기회 혹은 잠재 노출의 수이다. 예를 들어, 〈표 14-2〉가 일주일 동안의 미디어 스케줄이라고 가정하면, 총 노출수는 13,240,000이 된다. 13,240,000의 의미는 서로 다른 13,240,000의 사람들이 TV 프로그램 혹은 잡지에 노출됐음을 의미하지는 않는다. 몇몇 사람들은 TV 프로그램 A와 잡지 B를 모두 보았을 수 있다. 즉, 비히클 간 중복률(between-vehicle duplication)이 존재한다. 또한 어떤 사람들은 TV 프로그램 A를 토요일에 보고, 일요일에 또 볼 수도 있다. 이것을 비히클 내 중복률(within-vehicle duplication)이라고 하며, 총 노출수는 비히클 간 중복률과 비히클 내 중복률을 모두 포함한 숫자이다.

●표 14-2● 노출수와 총 노출수

매체	노출수 (impressions)	광고 게재 횟수	총 노출수 (gross impressions)
TV			
프로그램 A	4,000,000	2	8,000,000
프로그램 B	1,000,000	5	5,000,000
총 TV 노출수			13,000,000
잡지			
잡지 A	120,000	1	120,000
잡지 B	60,000	2	120,000
총 잡지 노출수			240,000
총 노출수 (gross impressions)			13,240,000

5) 노출량(ratings), 총 노출량(gross ratings points: GRPs), 점유율(share)

미디어 웨이트를 표현하는 또 다른 방식이 총 노출량(gross rating points: GRPs)이다. GRPs는 노출수를 퍼센티지로 바꾼 개념으로 미디어 믹스에 포함된 매체들의 각 노출량(ratings)에 광고 게재 횟수를 곱하여 모두 합한 값이다. 예를 들어, 〈표 14-3〉은 TV 프로그램 3개와 잡지 3개로 구성된 미디어 스케줄을 보여 주며 총 노출량은 276%가 된다. GRPs는 미디어 스케줄 간 총 노출량을 서로 비교할 때 많이 사용하는 기준으로, 여기에서, 276GRPs는 3개의 TV 프로그램과 3개의 잡지로 구성된 미디어 스케줄을 통해 획득할 수 있는 총 노출량이 전체 시장의 276%에 이른다는 의미가 된다. 만일 더 많은 매체 유형과 매체 비히클을 미디어 스케줄에 추가적으로 집행하면, 총 노출량 또한 증가한다. 즉, 총 노출량은 투입되는 광고비가 증가하면 높아진다.

●표 14-3● 노출량(ratings)과 총 노출량(GRPs)

매체	노출량 (ratings)(%)	광고 게재 횟수 (frequency)	총 노출량 (GRPs)(%)
TV			
프로그램 A	20	4	80
프로그램 B	25	4	100
프로그램 C	11	2	22
잡지			
잡지 A	12	2	24
잡지 B	10	1	10
잡지 C	8	5	40
총 노출량(GRPs)			276

3. 매체의 선정과 매체 유형별 특성

광고가 집행되는 매체가 과거에는 오프라인 채널과 온라인 채널로 구분되어 물리적으로 함께 사용되는 것에 그쳤다면, 이제는 오프라인 채널과 온라인 채널의 물리적 통합을 넘어서 모든 소비자의 접점 채널들이 소비자와 지속적으로 연결되어 채널과 소비자 간의 유기적 관계를 유지하는 옴니 채널의 시대가 됐다. 여기서 옴니는 사전적으로 모든 것/모든 방식을 의미하는 것으로, 모든 매체를 광고에 동원한다는 뜻이다. 즉, 온라인 채널과 오프라인 채널의 경계를 뛰어넘는 광고와 쇼핑 경험이 가능해지는 단계라 할 수 있다. 따라서 매체의 선정에 있어서, 매체의 유형별 특성을 파악하여 전통 매체와 새로운 매체 유형 간 가장 효율적인 조합을 찾아야 한다.

1) 방송 매체

방송 광고의 주요 매체로 TV와 라디오가 있다. TV는 대표적인 매스미디어로 소비자에게 친근하고 쉽게 접근될 수 있어 대중에게 영향력이 큰 매체이다. 광고의 초수에 따라 15

초, 20초, 30초 TV 광고가 있으며, 극장에서 방영되는 광고는 60초 정도로 길게 만들어지기도 한다. 광고매체로서의 TV의 특성을 살펴보면 다음과 같다.

(1) 텔레비전(TV)

광고매체로서 텔레비전(TV)의 장점은 다음과 같다.

① 넓은 도달률: 다양한 인구통계학적 사람들에게 도달할 수 있는 도달률이 큰 매체이다. 특히 한 번의 광고만으로도 넓은 도달률을 획득할 수 있다.

② 크리에이티브 유연성: 시각적·청각적·동적인 자극을 함께 제공 가능한 점이 인쇄매체와 확연히 차별화될 수 있는 광고매체로서의 TV의 강점이다. 이러한 크리에이티브적 유연성이 제품 시연, 스토리텔링 등 다양한 광고 콘텐츠 제작을 가능하게 한다.

③ 높은 비용 효율성: 절대적으로 투입되는 광고비는 크지만 CPM(cost per thousand, 타깃 수용자 1,000명에게 도달하는 데 드는 비용) 측면에서 볼 때 비용 효율성이 높다.

④ 타깃 오디언스 선별성: 프로그램 장르, 시간대, 요일에 따른 타기팅된 광고를 집행하기 용이하다. 예를 들어, 주말 저녁 시간대 청소년 대상의 음악 순위 프로그램, 평일 아침 시간대 주부 대상의 드라마 등은 시청자 그룹이 뚜렷하게 형성되어 있어서 타깃 오디언스에 따른 광고 집행을 가능하게 한다.

광고매체로서 텔레비전(TV)의 단점은 다음과 같다.

① 높은 비용: CPM 관점에서 비용 효율성은 높지만, 여전히 절대적인 광고비는 크다. 특히 여러 번의 광고를 집행 시, 전체 광고 캠페인에 투입되는 광고비는 소규모 광고주가 지불하기에 버거울 수 있다.

② 짧은 노출 시간: 인쇄 매체와 달리 TV는 15초 혹은 30초의 방영 후 사라져, 짧은 노출 시간 동안 전달하고자 하는 광고 메시지 모두를 시청자에게 전달해야 한다.

③ 광고 회피: 지핑(zipping, 빨리 돌려서 시청), 재핑(zapping, 채널 돌리기)으로 광고 회피 현상이 크며, VOD(video on demand)를 통한 TV 시청으로 광고를 회피할 수 있는 기

술이 다양해졌다.

④ 광고 혼잡도: 중간 광고가 집행되지 않는 지상파 TV의 경우, 프로그램 시작 전과 후에 모든 광고가 집행되어 광고 혼잡도가 높다.

⑤ 광고 규제 심화: 지상파 TV에 대한 국내 의존도와 영향력이 높기 때문에 타 매체 대비 엄격한 심의 규정과 규제가 있다. 이는 제작 가능한 광고 콘텐츠 범위에 한계를 지을 수 있다.

(2) 라디오

라디오는 오직 청각에 의존하는 매체로 크게 AM과 FM으로 구분되는데, AM은 청취 가능한 범위가 넓고 높은 출력을 가지고 있으며, FM은 청취 가능 범위는 좁지만 양질의 음향을 제공한다. 라디오 광고에는 프로그램 광고(프로그램 전후에 프로그램의 스폰서로서 참여하는 광고), 토막 광고(프로그램과 프로그램 사이에 들어가는 광고), 시보 광고(현재 시간을 알리면서 함께 방송되는 광고) 등이 있다.

광고매체로서 라디오의 장점은 다음과 같다.

① 높은 비용 효율성: 라디오는 광고 메시지의 전달 범위가 넓은 데 비해 상대적으로 비용이 저렴하여, CPM 기준으로 볼 때 비용 효율성이 높은 매체이다.

② 높은 빈도수 구현 가능: 높은 비용 효율성은 타깃 오디언스에게 높은 노출 빈도수 구현을 가능하게 한다.

③ 타깃 오디언스 선별성: 라디오는 청취자 계층의 선별성이 뚜렷하다. 출퇴근 시간 직장인 대상 프로그램, 오후 주부 대상 프로그램, 심야 시간 청소년 대상 프로그램 등 성별, 연령, 직업 등을 고려하여 세분화된 광고 메시지 전달이 가능하다.

④ 지역 밀착형 광고 가능: 라디오는 지역 밀착형 광고를 전달하기 용이한 매체이다. 지역별로 특화된 광고 메시지의 내용을 용이하게 제작할 수 있어 지역 밀착형 광고를 통해 지역 마케팅을 가능하게 한다.

⑤ 광고 제작의 유연성: TV 광고에 비해 라디오는 음향과 성우의 목소리만으로도 제작

이 가능하여 제작하기 편리하고, 광고 메시지를 쉽게 수정할 수 있어 제작에 있어 유연성이 크다.

⑥ 이미지 전이 가능: 라디오는 TV와 연계하여 이미지 전이가 가능하다. 라디오에서 광고 메시지를 들을 때, 이전에 노출됐던 TV 광고를 떠올리게 된다.

⑦ 접근 용이성: 라디오는 핸드폰을 이용하여 듣거나 자동차 안에서 운전 시 들을 수 있어서 접근이 용이하다.

광고매체로서 라디오의 단점은 다음과 같다.

① 짧은 노출 시간: 라디오의 노출 시간은 20초 내외로 짧아 간결한 메시지 위주로 제작이 되어야 한다.

② 광고 혼잡도: 라디오는 프로그램 전 · 중 · 후로 많은 광고를 전달하여 광고 혼잡도가 높다.

③ 백그라운드 매체 가능성: 라디오는 일상생활 속 다른 일을 하면서 듣는 경우가 많아 배경의 매체가 되어 주목도가 낮을 수 있다.

④ 크리에이티브적 한계: 라디오는 청각에만 의존하여 메시지를 전달하기 때문에 시각적인 크리에이티브 면에서 한계가 있다.

2) 인쇄 매체

(1) 신문

인쇄 매체의 대표적인 예로 신문과 잡지가 있다. 이 중 신문은 전통적으로 광고비가 많이 투입되는 비중 있는 매체 중 하나로 ABC(Audit Bureau of Circulation)협회에서 공식적으로 인정해 주는 발행 부수와 유료 부수를 통해 구독자 수를 인정받아 수용자 크기가 책정된다. 신문 광고는 크게 디스플레이 광고(헤드라인, 본문, 그림 등을 담은 가장 기본적인 광고), 분류 광고(문자 중심의 메시지 광고), 간지 광고(신문 사이에 끼워서 전달되는 광고) 등이 있으며, 광고 단가는 광고 유형에 따라 다르며, 면별(1면, 2~3면, 4~5면, 종합 뒷면, 종합 기타 면 등), 색도별(컬러, 흑백), 광고 규격에 따라 달라진다.

광고매체로서 신문의 장점은 다음과 같다.

① 지역성: 지역 커버리지(coverage)가 가능하여 지역 광고주가 특정 지역을 대상으로 제품을 광고할 경우 유용한 매체이다. 지역별로 광고 메시지의 내용을 달리할 때도 신문은 비교적 용이하게 지역 에디션을 만들 수 있어 지역 마케팅을 가능하게 한다.

② 즉시성: 매일 발간되는 즉시성으로 다양한 마케팅 정보를 신속히 전달할 수 있다.

③ 신뢰성: 신문은 비교적 수용자로부터 신뢰성이 높은 매체로 인식되며, 많은 정보를 제공하는 광고 메시지에 적합하다.

④ 짧은 집행 시간: 사전 기획 시간이 짧아 광고를 신속하게 집행할 수 있어서 광고하는 제품의 마케팅적 상황을 신속하게 광고에 반영할 수 있다.

⑤ 편집 기사 면의 활용: 제품 광고를 제품과 관련된 편집 기사 면(예: 건강 섹션)에 실을 수 있어서 광고에 대한 독자의 관심이 비교적 높다.

⑥ 디지털 신문과의 시너지(Synergy): 오늘날 신문이 디지털화되어 감에 따라 대부분의 신문사는 신문 웹 사이트를 보유하고 있어서 종이 신문과 함께 지면 광고와 배너 광고를 통해 도달률을 높일 수 있다.

광고매체로서 신문의 단점은 다음과 같다.

① 낮은 인쇄 품질: 같은 인쇄 매체인 잡지와 비교해 볼 때 인쇄 품질이 낮으며, 흑백 인쇄가 주를 이루고, 컬러 인쇄의 경우 프리미엄 비용을 지불해야 한다.

② 짧은 수명: 신문은 매일 발간되어 독자에게 읽혀지고 매일 버려진다. 잡지의 높은 회독률과 비교했을 때 신문은 수명이 짧아 광고물의 수명도 짧다.

③ 높은 혼잡도: 광고가 실린 신문에는 광고뿐만 아니라 여러 기사 등 정보들이 넘쳐 나 혼잡도가 높다. 따라서 독자의 주목을 받기 어려울 수 있다.

④ 낮은 비용 효율성: 비록 신문은 도달률이 넓으나, 1회 노출 기준으로 봤을 때 광고 단

가가 높아 비용 효율성이 TV, 라디오, 잡지에 비해 낮다.

⑤ 청년층 구독자 수 감소: 종이 신문의 구독자 수는 전반적으로 감소세에 있으며, 주 독자도 장년층으로 인구통계학적으로 다양하고 세분화된 구독자에게 도달하는 데 한계가 있다.

(2) 잡지

잡지는 신문과 마찬가지로 빠르게 변화하는 매체 환경에서 구독자 수의 감소로 어려움을 겪고 있으며, 광고 수입도 감소 추세에 있다. 하지만 이러한 광고매체로서의 잡지에 대한 부정적인 전망에도 불구하고 타깃 오디언스를 위한 전문화된 콘텐츠를 다양하게 제공하여 성장세를 보이는 잡지들도 있다. 미국의 『우먼헬스(Women's Health)』의 경우 여성들을 위한 다이어트, 미용, 요리 등에 관한 전문화된 정보를 담고 있어 도달률 면에서 증가 추세를 보이고 있다. 잡지 광고는 블리드(bleed, 광고의 배경이 페이지 가장자리까지 확대된 형태), 삽입 광고(별지에 인쇄되어 잡지 사이에 삽입된 광고), 접지 광고(한 페이지를 넘어가는 크기로 광고 지면의 중앙을 접어서 삽입한 광고), 기사 내 광고(프리미엄 요금을 지불하고 기사와 함께 한 페이지에 한 개만 넣는 광고) 등이 있다. 치열해지는 매체 간 경쟁이 예상되는 광고 시장에서 잡지의 생존 전략은 특화된 전문화와 세분화된 콘텐츠에 있을 것으로 보인다.

광고매체로서 잡지의 장점은 다음과 같다.

① 수용자 선별성: 잡지는 특화된 내용과 전문성으로 선별된 독자를 타기팅하기에 용이하다. 예를 들어, 골프 잡지의 경우 골프에 관심이 많은 독자들이 구독함에 따라 골프 관련 제품을 광고하기에 적합하다. 점점 더 특화되고 전문화된 잡지들이 발간되면 독자들도 더 세분화되어 타기팅될 수 있다.

② 긴 수명: 일반적으로 같은 인쇄 매체인 신문은 읽혀진 뒤 매일 버려지지만, 잡지는 보통 수개월씩 보존, 재독되고 광고물의 수명도 길어 독자는 광고에 반복적으로 노출될 수 있다.

③ 높은 회독률: 잡지는 헤어숍, 공공 기관 등 여러 사람이 함께 이용할 수 있는 장소에 비치되어 다수의 수용자에게 노출될 수 있으며 친구, 지인, 가족들에게 빌려주기도 하여 회독률이 높다.

④ 높은 인쇄 품질: 잡지는 인쇄되는 종이의 질과 컬러의 표현이 생생하여 화장품, 의류, 식품 등 색감의 표현이 중요한 제품 광고에 적합하다.

광고매체로서 잡지의 단점은 다음과 같다.

① 긴 집행 시간: 잡지는 신문에 비해 사전 기획 시간이 길다. 월간지에 광고를 게재하기 위해서는 최소한 1개월 전까지 광고물을 전달하여야 한다. 따라서 광고 메시지를 신속히 수정하기 어려우며, 광고주는 광고하는 제품의 마케팅적 상황을 신속히 반영하기 어렵다.

② 높은 혼잡도: 잡지에는 많은 광고물이 있어 광고의 혼잡도가 높아 독자의 주목을 받기 어려우며, 같은 제품군의 광고물이 다수 게재되어 독자의 회상률이 높지 않다.

③ 낮은 도달률: 특화된 내용과 전문성으로 타기팅에는 적합한 반면, 전체 도달률은 일반적으로 낮다.

3) OOH(out of home)

OOH(out of home) 미디어는 아웃도어(outdoor)에서 타깃 오디언스에게 도달하는 매체를 의미하며, 일정 기간 지속적으로 시각 자극을 제공한다. OOH는 옥외 광고를 대신하는 용어로 사용되고 있으며, 교통 광고를 포함한다.

(1) 옥외 광고

옥외 광고는 가장 오랜 역사를 가진 대중매체로 디지털 디스플레이 기술의 발달로 첨단화되고 있다. TV, 인터넷, 모바일, 신문에 이어 다섯 번째로 많은 광고비가 투입되는 매체이기도 하다. 빌보드(건물 옥상 혹은 건물에 직접 게시하는 광고), 네온사인(neon-sign, 가스를 유리관에 주입하여 형광색 물질을 유리관 벽을 통해 디스플레이하는 광고), 전광판 광고(light emitting diode: LED 등의 방식으로 광고 영상을 대형 화면으로 송출하는 광고), 디지털 사이니지(digital signage, 디지털 정보 디스플레이를 이용하여 관제 센터 통신망을 통해 광고 내용을 제어할 수 있는 광고) 등 옥외 광고의 유형은 다양하다(고창균, 2015). 디지털 사이니지의 경우 노출 방식에 따라 터치가 가능한 터치 패널 디스플레이(touch panel display), 터치가 불가능한 플랫 패널 디스플레이(flat panel display), 건축물에 빛과 영상을 활용하여 외관에 빛을 비춤으로써 광고를 하는 방식인 미디어 파사드(media facade) 등으로 구분된다.

광고매체로서 옥외 광고의 장점은 다음과 같다.

① 대형 화면: 옥외 광고물의 큰 크기는 광고물에 노출되는 사람들에게 관심을 일으키며, 비주얼적 임팩트가 있다.
② 높은 빈도수: 옥외 광고는 항상 같은 자리에 있다. 따라서 같은 길을 자주 이용하는 소비자에게 높은 빈도수의 광고를 제공하여 환기하는(reminder) 기능을 할 수 있다.
③ 지역 커버리지: 지역 타기팅에 적합한 메시지로 지역 소비자에게 맞춤 광고를 제공할 수 있다.
④ 여행 철 가시성: 봄·여름 등 야외 활동이 많아지는 계절에 유동 인구의 증가로 가시성이 높아질 수 있다.
⑤ 비용 효율성: CPM의 관점에서 비용 효율성이 높다.
⑥ 디지털 사이니지의 양방향 커뮤니케이션: 디지털 사이니지의 경우, 특정 타깃에게 양방향 커뮤니케이션이 가능하다.

광고매체로서 옥외 광고의 단점은 다음과 같다.

① 짧은 노출 시간: 유동 인구는 3~7초 사이에 광고물을 읽고 지나가 광고 노출 시간이 짧다. 따라서 메시지가 간결해야 하므로 많은 정보 제공이 어렵다.
② 효과 측정의 어려움: 얼마나 많은 타깃 오디언스에게 광고가 노출됐는지 측정하기가

어렵다. 도보 이용자, 차량 이용자, 가시거리 등 효과 측정을 위해 고려해야 되는 요인이 많다.

③ 환경 문제: 옥외 광고의 클러터(clutter)는 환경적 측면에서 비판을 받고 있다.

④ 초기 제작비가 많고 위치 선점이 어려움: 초기 시설 투자비가 많이 필요하고, 좋은 위치를 선점하기가 쉽지 않다.

(2) 교통 광고

교통 광고는 버스, 지하철, 택시, 기차 등과 같은 교통수단을 이용한 광고로 차내·외벽에 광고물을 부착하거나, 정류장, 플랫폼(platform) 등에 광고물을 부착한다. 지하철 내부 스크린 도어(screen door) 광고, 버스 정류장 쉘터(shelter) 광고, 차량 외부의 랩핑(rapping) 광고 등이 있다.

광고매체로서 교통 광고의 장점을 살펴보면 다음과 같다.

① 비용 효율성: 광고비용 대비 노출률이 큰 편으로 비용 효율성이 높다.

② 구매 시점에서 광고 노출: 교통수단을 이용하여 제품을 구매하러 가는 시점에 광고가 노출될 수 있다.

③ 긴 노출 시간: 교통수단 내부에 부착된 광고의 경우, 노출 시간이 길 수 있다.

④ 지역 타기팅: 지역별 교통수단의 구분이 명확하여 지역 타기팅 광고가 가능하다.

⑤ 높은 빈도수: 자주 이용하는 교통수단의 경우 수용자에게 반복 노출될 수 있다.

광고매체로서 교통 광고의 단점을 살펴보면 다음과 같다.

① 효과 측정의 어려움: 옥외 광고와 마찬가지로, 효과 측정을 위해서는 유동 인구 수에 대한 정확한 파악이 필요하며 효과 측정이 어렵다.

② 광고 혼잡도: 지하철 내부, 버스 외부 등 많은 광고물로 인한 광고 혼잡도가 높고, 교통수단의 노선 등을 확보하는 데 어려움이 있다.

③ 타깃 광고 제작의 어려움: 다양한 수용자가 이동하는 교통수단이지만, 세분화된 수용자 그룹을 위한 타깃 광고 제작은 어렵다.

4) 온라인

전통적 오프라인 매체에 비해 온라인 매체는 비히클과 옵션이 세분화되어 있고 형태 또한 다양하다. 온라인 광고에는 배너 광고, 인터넷 디스플레이 광고, 검색 광고, 동영상 광고, 리치 미디어 광고 등이 있으며, 광고매체로서 온라인의 장점을 살펴보면 다음과 같다.

① 비용 효율성: 온라인 광고는 비용 투자 대비 높은 효과를 기대할 수 있다. 비록 메인 뉴스 사이트나 포털 사이트에 배너 광고를 집행하거나 인기 TV 프로그램의 동영상 VOD(video on demand)에 광고를 집행하는 것은 상당한 비용이 들지만, 예산에 맞춰 다양한 형태의 광고를 선택할 수 있다는 점을 고려한다면 비용적인 면에서 효율성이 높다.

② 타기팅 가능성: 소비자들이 온라인 미디어상에 남긴 흔적을 기반으로 소비자들의 라이프스타일을 잘 반영하는 제품을 광고하는 데 유용하다. 이제 광고주들은 소비자들이 온라인 어디에 머무르고 있으며, 왜 머무르는지, 오프라인 라이프와 온라인 라이프가 어떻게 연결이 되는지를 파악할 수 있어서 적시적소에 관심 정보를 수용자에게 제공할 수 있다.

③ 비동시성: 수용자가 원하는 시간에 능동적으로 이용할 수 있어서 전통적인 방송 매체에서처럼 동시간대 모든 수용자가 광고 메시지에 노출되어야 하는 시간적 한계 없이 다양한 시점에 소비자 접점이 일어날 수 있다.

④ 다양한 유형: 온라인 광고는 유형이 다양하여 노출 효과의 향상을 도모할 수 있는 새로운 형식의 크리에이티브를 개발하는 데 있어 전통적인 매체에 비해 용이하다.

⑤ 상호작용성: 미디어가 수용자와 상호작용할 수 있는 것은 온라인 매체의 가장 중요한 속성으로, 광고 메시지의 확산을 촉진한다.

⑥ 측정 용이성: 노출 중심의 광고 효과뿐만 아니라 페이지뷰, 클릭률, 제품 구매율 등

이용자의 온라인상 흔적을 다양한 방법으로 추적할 수 있어서 광고 효과를 측정하기 용이하다.

⑦ 통합성(integration): 인터넷, 모바일, 소셜 미디어에서의 광고는 공통적으로 다양한 유형으로 제작될 수 있어, 인터넷, 모바일, 소셜 미디어 간 마케팅 프로모션을 위한 통합이 가능하다.

광고매체로서 온라인의 단점을 살펴보면 다음과 같다.

① 프라이버시 문제: 인터넷에 남긴 디지털 흔적은 개인 정보에 기반한다. 따라서 해당 웹 사이트나 앱 이용 시 개인 정보 유출에 대한 위험이 존재한다. 따라서 개인 정보 보호 측면에서 소비자가 안전하다고 인식할 수 있도록 소비자의 데이터를 운영할 수 있는 시스템을 갖추어야 한다.

② 낮은 노출률: 온라인 광고의 대표적인 광고 유형인 배너 광고의 평균 클릭률은 0.1% 미만으로 낮은 편이다.

③ 표준화된 광고 효과 측정법 부재: 온라인 광고의 유형이 다양한 만큼, 표준화된 광고 효과 측정법은 부재하다.

④ 광고 회피 현상: 높은 타기팅 가능성은 오히려 광고에 대한 회피 현상을 증가시킬 수 있다.

온라인 광고의 유형별 특성을 살펴보면 다음과 같다.

① 배너 광고(banner ads)와 인터넷 디스플레이 광고(display ads: DA)

텍스트 혹은 이미지를 포함한 광고 형식으로 유형이 다양한 것이 장점이다. 대표적인 유형인 배너 광고는 웹 사이트에 배너(띠) 형식으로 노출되는 광고를 의미한다. 인터넷 이용자가 콘텐츠를 보는 도중에 혹은 다른 콘텐츠를 보기 위해 페이지를 이동하는 동안 일방적으로 노출되는 형태의 광고이다. 배너 광고의 경우도 기본형, 터치형, 자동 재생형, 동영상형, 드래그 확장형 등 여러 옵션을 가지고 있다. 단점은 0.1% 미만의 낮은 클릭률과 광고 클러스터가 심하다는 점이다. 배너 광고 이외에 인터넷 디스플레이 광고(interstitial ads)가 있는데, 특정 웹페이지에서 다른 페이지로 넘어가는 동안에 일방적으로 노출되는 광고로, 프리롤 광고(pre-rolls ads)라고도 부른다. 인터넷 속도가 빨라짐에 따라 틈입형 광고는 과거에 비해 이용 정도는 줄고 있다.

[그림 14-1] 배너 광고의 예

② 인터넷 검색 광고

키워드 광고라고도 부르는 인터넷 검색 광고는 이용자들의 자발적인 정보 요청에 따라 정보를 제공하는 대표적인 풀(pull) 형식의 광고이다. 예를 들어, 베니스 호텔로 검색을 하면 호텔스 닷컴, 호텔스 컴바인, 트리바고 등이 상단에 노출되는 형식이다. 보통 한 키워드에 여러 광고주가 광고 요청을 하게 되면 경쟁 입찰을 통해 노출 순위가 정해진다. 이미 키워드에 관심이 있는 이용자에게 노출이 되는 광고이므로 타깃 적중률이 높은 광고 유형이며, 이용자들의 니즈에 의해 검색한 결과로 노출되는 정보이므로 이용자에게 광고로 인식되지 않아 광고에 대한 회피 의도나 거부감이 낮은 장점이 있다. 또한 검색 결과에서 보여 주는

[그림 14-2] 인터넷 검색 광고의 예

사이트의 방문 가능성을 높여 광고 효과가 크다. 검색 결과 맨 위 상단 3개까지의 검색 결과는 약 46%의 클릭률을 보인다(O'Guinn et al., 2018, p. 299). 검색 광고의 종류도 인터넷 디스플레이 광고만큼 다양하다. 네이버의 경우, 사이트 검색 광고(네이버 통합 검색 및 네이버 내·외부의 다양한 영역에 노출되는 대표 검색 광고), 쇼핑 검색 광고(광고 노출 영역을 네이버 쇼핑으로 확장한 '상품' 단위의 이미지형 검색 광고), 브랜드 검색 광고(네이버 검색 결과 최상단에 노출되는 광고) 등으로 다양하다. 검색 광고의 경우, 키워드의 노출수, 클릭수, 클릭률, 클릭당 비용 등 광고 효과의 결과물을 수시로 제공받을 수 있는 장점이 있다.

③ 동영상 광고와 리치 미디어(rich media) 광고

동영상 광고는 플래시 애니매이션(flash animation) 혹은 TV 광고를 디지털화하여 보여주는 광고로, 타기팅 광고를 제공할 수 있는 장점이 있다. 리치 미디어 광고는 멀티미디어를 활용하여 풍부한 광고 메시지를 전달할 수 있는 형태의 광고로, 일반적으로 배너 광고의 클릭률이 0.1~0.4% 수준인데 반해, 리치 미디어는 1~3% 정도로 비교적 높은 클릭률을 제공한다는 장점이 있다.

5) 모바일

모바일 광고는 모바일 기기를 통해 상업적인 광고 메시지를 소비자에게 전달하는 광고로 문자 메시지(short message service: SMS), 그래픽 전송이 가능한 EMS(enhanced message service), 리치 미디어(rich media, 텍스트 위주의 콘텐츠를 넘어 비디오, 오디오, 사진, 애니메이션 등이 혼합된 멀티미디어) 전송이 가능한 MMS(multimedia message service) 등 유형이 다양하다. 모바일 기기의 주요 플레이어는 네이버·다음과 같은 포털, 유튜브·티빙·아프리카 TV와 같은 비디오 미디어, 페이스북·인스타그램·트위터·카카오스토리 같은 소셜 미디어, 탭조이와 같은 네트워크 미디어, 캐시슬라이드와 같은 인앱(in-app) 등이 있다.

광고매체로서 모바일의 장점을 살펴보면 다음과 같다.

① 접근의 편리성: 시간과 공간의 제약이 없어 소비자에게 접근이 용이하다.

② 즉각적인 반응: 광고를 본 즉시 직접적인 구매로 이어지기 쉽다.

③ GPS 타기팅: 모바일 광고의 휴대성은 위치 기반의 광고를 가능하게 한다.

④ 비용 효율성: 비용 대비 노출 효과가 높아 CPM이 낮다.

⑤ 다양한 유형의 광고: SMS, EMS, MMS 등 다양한 유형의 광고 제공이 가능하다.

⑥ 높은 인게이지먼트(engagement): 모바일 동영상 광고의 경우, PC에서 플레이되는 동영상 광고에 비해 소비자의 인게이지먼트(engagement)가 높고 클릭률이 높다는 장점이 있다.

광고매체로서 모바일의 단점을 살펴보면 다음과 같다.

① 낮은 클릭률: 모바일 배너 광고의 경우, 클릭률이 낮다.

② 기기에 따른 불편함: 작은 화면과 기기에 따라 지원되지 않는 광고 유형이 있을 수 있다.

③ 프라이버시 침해: GPS 타기팅에 의해 사생활의 침해를 받을 수 있다.

④ 광고 효과 측정의 어려움: 표준화된 광고 효과 측정 지표가 부재하다.

⑤ 긴 동영상에 대한 회피감: 모바일상에서는 노출 시간이 긴 동영상 광고에 대한 사용자의 광고 회피감이 크다.

6) 소셜 미디어

사용자가 자신의 콘텐츠를 만들어 배포하거나 사용자 간의 콘텐츠 교환을 가능하게 해 주는 온라인 기반 애플리케이션 서비스인 소셜 미디어는 인터넷에 기반하여 기존의 방송 매체의 1 대 다수에 대한 커뮤니케이션이 아닌 다수 대 다수의 커뮤니케이션을 가능하게 디자인된 매체이다. 개인, 그룹, 조직 사이에 소셜 상호작용을 통해 콘텐츠의 확산이 가능하도록 고안됐으며, 페이스북, 인스타그램, 트위터, 유튜브, 카카오스토리, 블로그 등이 대표적인 소셜 미디어의 예이다.

소셜 미디어 광고는 "소셜 미디어의 쌍방향성, 개인적, 콘텐츠 기반 특성을 활용하여 광고 주체가 의도적으로 노출하는 통제 가능한 광고"(심성욱, 김운한, 2011, p. 353)로 정의되는데, 소셜 미디어 이용자의 급증과 함께 소셜 미디어 광고도 가파른 성장세에 있다. 소셜 미디어 광고는 크게 '노출형 광고'와 '참여 유도형 광고'로 나눌 수 있다. 노출형 광고는 이미지 및 동영상으로 메시지를 전달하며 사용자 피드(feed)에 위치하여 자연스럽게 메시지를 전달하는 광고이며, 참여

[그림 14-3] 브랜드 팬페이지의 예

유도형 광고는 이벤트 광고, 투표, 상담 신청, 팔로워 신청, 모바일 앱 설치 유도 등 사용자 참여를 유도하는 광고이다.

소셜 미디어는 기업 입장에서 소비자와의 소통을 위한 플랫폼이 되는 동시에, 브랜드 마케팅을 위한 프로모션 플랫폼으로 활용이 가능하다. [그림 14-3]은 고프로(gopro) 제품에 대한 상세한 설명뿐만 아니라, 제품으로 직접 촬영한 다양한 영상 콘텐츠를 주로 게재하여 소비자의 구매 욕구를 자극하는 고프로 브랜드 팬페이지의 예이다.

브랜드 팬페이지란 브랜드가 소셜 미디어 계정을 가지고 개설한 소셜 미디어 커뮤니티로, 기업은 소비자와 지속적인 커뮤니케이션을 할 수 있다. 단순한 제품 정보 제공을 넘어, 고객이 브랜드의 일원으로 참여하는 양방향 커뮤니케이션을 통해 소비자가 브랜드의 주인공이 될 수 있는 다양한 기회를 마련한다.

광고매체로서 소셜 미디어의 장점을 살펴보면 다음과 같다.

① 인게이지먼트(engagement): 소셜 미디어의 가장 큰 장점은 소비자의 관여 정도가 높다는 점이다.

② 낮은 비용: 소셜 미디어를 마케팅에 활용하는 데는 비용이 거의 들지 않는다. 소셜 미디어에 할당되는 예산은 주로 운영비와 관리비에 쓰이며, 일부 유료로 집행된 소셜 미디어 광고비를 포함한다.

③ 브랜드 빌딩(brand building): 소비자가 관여함으로써, 장기적 관점에서 브랜드 자산(brand equity)과 브랜드 로열티(brand loyalty)를 구축할 수 있다.

④ 다양한 소셜 반응: 페이스북에 댓글, 좋아요, 공감, 공유는 소셜 미디어에서 나타나는 대표적 소셜 반응으로, 기업은 소비자의 반응을 즉각적으로 확인하고 이를 통해 바이럴 확산을 촉진시킬 수 있다.

⑤ 상호작용성: 대표적인 디지털 푸시형 광고 매체인 팝업 광고, 배너 광고의 소비자를 향한 일방향 커뮤니케이션이 아닌 소셜 미디어 광고는 댓글, 참여 등의 다양한 소셜 반응을 일으킴으로써 마케터와 소비자 간 상호작용이 가능하다.

⑥ 다양한 플랫폼: 콘텐츠를 제공할 플랫폼의 유형이 다양하다. 사진 위주의 광고는 인스타그램, 동영상 중심의 광고는 유튜브를 이용하는 등 콘텐츠 유형에 맞게 플랫폼을 선택할 수 있다.

⑦ 높은 도달률: 소셜 미디어 활용의 대중화로 도달률이 크다.

⑧ 적은 거부감: 콘텐츠의 일부인 것 같은 네이티브 광고(native ad)의 경우, 광고하고자 하는 제품이 콘텐츠에 자연스럽게 녹아 있어 광고인지 여부가 구분되기 어려워 수용자에게 상대적으로 적은 거부감을 느끼게 한다.

⑨ 콘텐츠 통제 가능: 브랜드 팬페이지 운영 시 원하는 정보를 소비자에게 모두 노출이 가능하여 콘텐츠의 통제가 용이하다.

⑩ IMC(integrated marketing communication)를 위한 활용: 통합적 마케팅 커뮤니케이션 차원에서 다른 마케팅 수단과 협업이 용이하다. [그림 14-4]는 의류업체인 C&A가 페이스북의 '좋아요'가 반영되는 옷걸이를 만들어 소비자들이 매장 내에서 온라인의 반응을 확인할 수 있게 하여 성공적으로 매장의 매출을 늘린 예이다.

[그림 14-4] C&A 매장을 활용한 Fashion Like 캠페인

광고매체로서 소셜 미디어의 단점을 살펴보면 다음과 같다.

① 불쾌감 형성 가능: 소비자의 관점에서 볼 때, 소셜 미디어에 과도하게 광고가 유입되면 개인적이고 친밀한 매체였던 소셜 미디어 공간이 광고로 인해 침입된다고 느낄 수 있어서 다른 매체에 비해 광고에 대한 불쾌감이 더욱 크게 형성될 수 있다(최지윤, 정윤재, 이희복, 2018).

② 프라이버시 침해: 개인적인 공간이라고 인식하는 매체의 특성상 타기팅 광고에 대해 다른 매체에 비해 프라이버시 침해에 대한 거부감이 클 수 있다.

③ 비용 효과 측정의 어려움: 소셜 미디어가 전통적인 매체보다 분명 비용 효율성이 크지만, 획득한 가치 대비 투입된 비용을 비용 효과로 볼 때 비용에 대한 효과 측정 방법이 모호하다.

④ 체리피커(cherry picker): 브랜드 팬페이지의 경우 많은 정보량 대비 구매 영향이 미비할 수 있으며, 다양한 혜택으로 이득을 얻은 소비자들이 해당 제품 혹은 서비스를 지속적으로 이용하지는 않는 체리피커가 될 수 있다.

4. 미디어 믹스

캠페인에서는 일반적으로 하나의 매체에 모든 예산을 투입하지 않는다. 앞서 살펴본 여러 매체 유형을 믹스하여 캠페인을 집행하는데, 이를 미디어 믹스(media mix)라 한다. 믹스할 매체의 유형이 결정되면 매체별 구매 가능한 비히클과 유닛의 정보를 텔마(Telmar)와 같은 매체 믹스 모델(media mix model)에 입력 후, 최적화된 미디어 믹스를 예산에 맞추어 실행한다.

미디어 믹스 모델은 컴퓨터 시뮬레이션을 기반으로 한 모델로, 실제 사용이 가능한 매체와 비히클의 정보를 입력하면 타깃 오디언스에 대한 노출 수준을 도달률, 효과 도달률, 빈도수, 빈도 분포, 총 임프레션 수 등의 형식으로 예측한다. 또한 CPM, CPR 등의 비용 효율성 지표를 제공하여 효율적인 매체 선정에 대한 정보를 제공한다.

대표적인 미디어 믹스 모델로 닐슨(Nielsen), MRI, SMRB 등의 데이터를 활용한 텔마(Telmar)가 있으며, 〈표 14-4〉와 같이 텔마를 통해 정해진 광고 예산(예: 150억 원)으로 구현해 볼 수 있는 미디어 믹스를 시뮬레이션할 수 있다. 미디어 믹스 모델은 정해진 예산으로 매체의 효과를 최대화시켜 ROI(return on investment) 측면에서 볼 때 유용한 모델이지만, 서로 다른 매체 간 오디언스 데이터가 본질적으로 각각의 매체로부터 수집된 데이터라는 점에서 한계가 있다. 즉, 매체별 오디언스 데이터를 측정하는 방법이 다르고, 매체별 광고의 유닛 단위가 상이하다. TV와 라디오를 제외한 매체에서는 상대적으로 덜 주기적인 rating 조사가 이루어지고 있으며, 이종 매체 간 실질적인 중복률도 정확히 집계되지 않고 있다. 현재 미디어 믹스 모델은 조정 계수를 이용하여 매체 간 중복률을 산출하고 있어서 실제 매체 간 중복 노출 반영 없이 시뮬레이션에 기반하여 예측이 이루어진다. 또한 TV 광고의 경우는 30초 광고가 하나의 광고 유닛인데 비해, 잡지 광고의 경우 풀 페이지(full page)가 하나의 광고 유닛이 될 수 있어 매체별로 다른 광고 유닛을 하나의 기준에서 비교하기 어렵다. 또한 매체별로 오디언스의 몰입도와 관여도 등이 다를 수 있으나, 이에 대한 매체별 가중치 없이 같은 노출 수준에서 매체 효과를 결합한다는 한계가 있다.

●표 14-4● 미디어 믹스 분석

결과	미디어 믹스 버전 1	미디어 믹스 버전 2	미디어 믹스 버전 3
TV	100%	70%	65%
라디오	–	–	25%
잡지	–	30%	15%
도달률	90%	93%	94%
효과 도달률 5+	27%	31%	33%
평균 빈도수	7.8	8.6	9.1
효과적인 GRPs	350	400	450

• 출처: Telmar.

5. 매체 스케줄링

1) 스케줄링 유형

나익, 만트라라와 소이어(Naik, Mantrala, & Sawyer, 1998)는 정해진 광고 예산을 어떤 매체 스케줄을 통해 기간별로 배분할 것인지를 결정하는 것이 매체 기획에서 가장 중요한 업무 중 하나라고 했다. 매체 믹스에 대한 전략의 수립과 함께 전체 광고 예산을 캠페인 기간 동안 어떻게 기간별로 할당할 것인지 결정해야 한다. 즉, 광고 예산을 모든 시기에 동일하게 할당할지, 특정 기간에 많은 광고 예산을 할당할지, 광고를 하지 않는 기간을 둘지, 캠페인 기간 동안 최소한의 광고 노출량은 유지할지 등에 대한 전략을 세워야 한다. 즉, 매체 기획에서는 기간별 광고 투입량을 결정하는 미디어 스케줄링을 결정해야 하는데, 스케줄링 유형은 다음과 같은 세 가지로 구분된다.

(1) 지속형(continous)

지속형 스케줄링은 [그림 14-5]에서 보는 바와 같이, 캠페인 기간 동안 대략 동일한 양의 광고비를 할당하는 스케줄링 유형이다. 예를 들어, 12개월의 캠페인 기간 동안 1,800GRPs를 한 달에 150GRPs씩, 주당 37.5GRPs씩 동일하게 스케줄링하는 유형이다. 지속형 스케줄링은 비교적 시장 점유율이 고정되어 있고, 제품 소비량이 계절에 상관없이 일정하게 유지되거나 특정 달에 집중되지 않는 등 기간별로 제품 소비량이 크게 다르지 않을 때 고려되는 유형이다. 예를 들어, 일 년 동안 패션 월간지 『얼루어(allure)』가 매월 이슈마다 광고를 지속적으로 집행하는 경우이다.

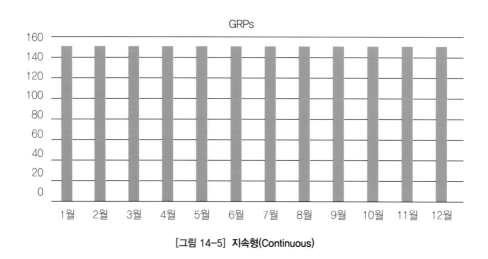

[그림 14-5] 지속형(Continuous)

(2) 집중형(flighting)

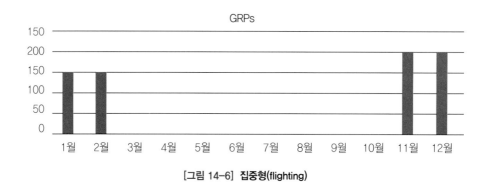

[그림 14-6] 집중형(flighting)

[그림 14-6]에 나타나듯이, 집중형 스케줄링은 할당된 광고비가 캠페인 기간 동안 기간별로 다르고, 특정 기간에는 광고비 투입이 전혀 없는 스케줄링이다. 이와 같은 스케줄링은 경쟁사들에 비해 광고비 예산이 제한적이며 제품 소비량이 기간별로 차이가 큰 경우에 활용되는 유형이다. 예를 들어, 겨울 시즌 상품을 11월~2월 사이에 집중해서 광고를 하

고, 3월~10월에는 광고비를 지출하지 않을 수 있다. 집중해서 광고를 하는 동안에는 소비자들에게 광고가 반복 노출되므로 광고주는 높은 광고 효과를 얻으면서, 광고를 하지 않는 기간 동안에는 재정적인 이득을 얻을 수 있다.

(3) 간헐형(pulsing)

간헐형 스케줄링은 [그림 14-7]처럼 광고 캠페인 기간 동안에 투입되는 광고 예산이 기간별로 상이할 수 있다는 점에서 집중형 스케줄링과 패턴이 유사하나, 가장 큰 차이점은 광고비 투입이 전혀 없는 기간 없이 일정량의 광고비는 항상 지출된다는 점이다. 즉, 지속형과 집중형 스케줄링의 결합된 유형으로 볼 수 있다. 제품 소비율이 높은 시기 직전에 많은 광고비를 투입하고, 그 외 기간에는 비용 효율성이 높은 매체를 활용하여 브랜드 인지도를 유지하는 수준에서 일정한 광고비를 지출하는 방식이다. 예를 들어, 의류 브랜드가 1년 내내 광고비를 지출하지만, 계절이 변화되는 시기에 집중적으로 광고비를 투입하는 경우이다.

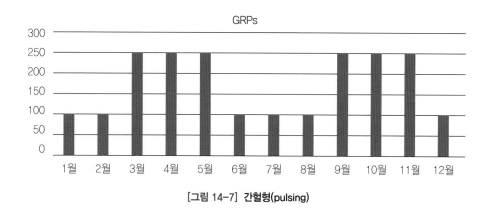

[그림 14-7] 간헐형(pulsing)

2) 플로우 차트(flow chart)

캠페인 기간 동안 집행할 매체를 선정한 뒤, 선정된 매체를 언제 집행할지, 집행되는 기간에 각각 얼마의 예산을 할당할지, 기간별 획득 가능한 총 노출률(GRPs)은 어느 정도일지를 한눈에 예측하기 쉽게 차트화한 것을 플로우 차트(flow chart)라고 한다. 플로우 차트를 그리기 위해 다양한 소프트웨어가 활용될 수 있는데, [그림 14-8]은 교육용으로 제작된 미디어 플라잇 플랜(media flight plan)의 초기 화면이며, [그림 14-9]는 완성된 플로우 차트의 예이다. 매체 기획안 작성 시, 일반적으로 플로우 차트와 함께 매체 비히클별 투입되는 광고비와 예측되는 광고 노출량(GRPs), 광고비 효율성(CPM, CPR, CPC)에 대한 예산 정보의 요약(budget recap)을 캠페인 기간별로 보여 준다.

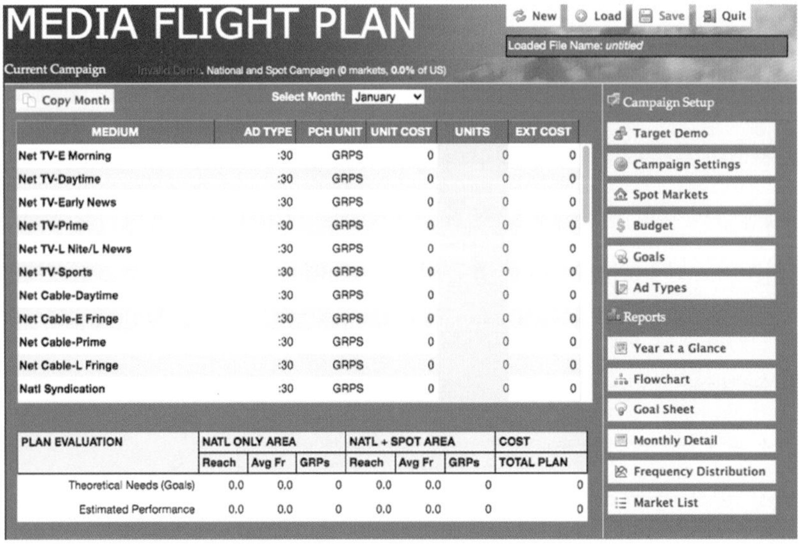

[그림 14-8] media flight plan 초기 화면

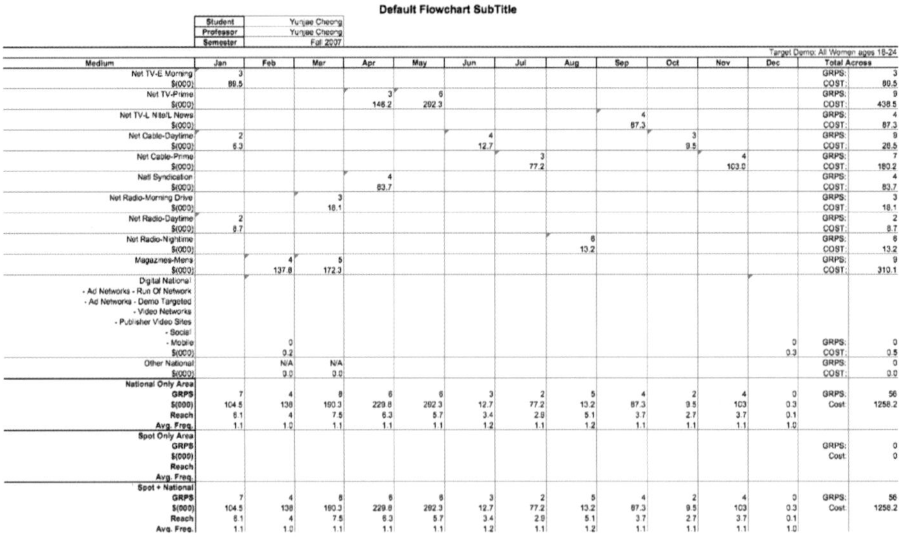

[그림 14-9] 플로우 차트

• 출처: Media Flight Plan Software.

6. 매체의 비용 효율성

실제 많은 광고비를 지속적으로 투입할 수 있는 광고주는 많지 않다. 또한 충분한 광고 예산을 가진 광고주라 할지라도, 예산을 효율적으로 집행한다면 남은 예산을 제품의 개발 및 서비스 확대 등 다른 자원에 할당할 수 있어 광고주들의 매체의 비용 효율성에 대한 관심은 크다.

1) 예산 설정

광고 캠페인의 목표 수립 후, 광고주는 우선 캠페인을 집행하기 위한 광고 예산을 설정해야 한다. 광고비가 적정 기준 이하로 투입되면 광고의 노출 목표를 달성할 수 없으며, 적정 기준보다 과도하게 많은 광고비가 투입된다면 광고비 효율성이 떨어질 것이다. 광고 예산을 설정하기 위한 대표적인 예산 설정 방법은 〈표 14-5〉와 같다.

●표 14-5● 광고 예산 설정 방법

분류	방법	설명
판단	임의 기준	필요하다고 느끼는 만큼 임의대로 판단하여 설정
	금전적 가능 기준	재정적으로 지급 가능한 정도로 설정
경쟁	절대 경쟁	시장 점유율만큼 설정
	상대 경쟁	주요 경쟁사만큼 설정
판매	지난해 판매율 기준	지난해 판매율의 일정 비율만큼 설정
	예측 판매율 기준	내년 예측 판매율의 일정 비율만큼 설정
	단위 판매량	예측 판매율과 단위 판매 가격의 곱의 일정 비율만큼 설정
측정	수리적 모델	투입되는 광고비의 증가가 수익의 증가를 초월하는 지점을 수리적으로 계산하여 예산 설정
목표	설정한 목표 기준	구체적인 마케팅의 목표를 달성할 수 있을 만큼 설정

• 출처: Cheong et al. (2013), p. 145.

2) 비용 효율성 지표

광고주와 광고대행사는 어느 매체를 사용하는 것이 캠페인의 효율성을 높일지 판단하여 결정해야 한다. 즉, 어느 매체가 가장 적은 비용으로 많은 타깃 오디언스에게 광고 메시지를 전달할 수 있을지를 판단해야 하는데, 가장 대표적인 비용 효율성 측정법은, ① CPM(Cost per Thousand), ② CPR(Cost per Rating Points), ③ CPC(Cost per Click)이다.

(1) CPM(Cost per Thousand)

매체 기획 시 고려되는 각각의 매체는 비용 효율성 면에서 제고된다. 즉, 어떤 매체가 가장 적은 비용으로 가장 많은 타깃 오디언스에게 광고 메시지를 전달할 수 있는가를 조사하는 것이다. 가장 대표적인 비용 효율성 측정법은 CPM(Cost per Thousand)으로, 여기서 M은 로마숫자 1,000을 의미하는 millennium에서 기원한다(Kelley & Jugenheimer, 2004, p. 22). 이는 타깃 오디언스 1,000명에 광고 메시지를 노출시키는 데 드는 비용으로, 1명에게 광고 메시지를 노출시키는 데 드는 비용에 1,000을 곱하여 1,000명에게 광고 메시지를 노출시키는 데 필요한 비용을 계산하는 방식이다. CPM은 같은 매체 유형 내에서 비히클 간의 상대적 비용 효율성을 비교하는 데 주로 사용되는 지표이다. 예를 들어, 전체 250만 명인 도시에 열독률이 10%인 지방지에 5단 37cm의 1회 광고를 집행하는 데 드는 광고비가 1,000만 원이라고 하면, CPM=(1,000만 원/(250만 명×10%))×1,000=4만 원이 된다. CPM의 계산 공식은 다음과 같으며, CPM의 비용이 낮을수록 비용 효율적이다.

$$\text{비히클별 CPM} = \frac{\text{광고비용}}{\text{비히클에 노출된 사람 수}} \times 1{,}000$$

$$= \frac{\text{광고비용}}{\text{타깃 오디언스 수} \times Ratings} \times 1{,}000$$

$$\text{전체 캠페인의 CPM} = \frac{\text{전체 광고비용}}{\text{타깃 오디언스 수} \times GRPs} \times 1{,}000$$

(2) CPR(Cost per Rating Points)

CPR(Cost per Rating Points)은 CPRP 혹은 CPP라고도 표기되며, 타깃 오디언스의 1%의 노출률을 얻는 데 드는 비용이다(Kelley & Jugenheimer, 2004, p. 22). 비히클별 CPR의 계산 공식은 다음과 같다. 전체 캠페인의 CPR은 분모에 rating points 대신 rating points의 합을 의미하는 GRPs가 들어간다.

$$비히클별\ CPR = \frac{광고비용}{Rating\ Points}$$

$$전체\ 캠페인의\ CPR = \frac{전체\ 광고비용}{GRPs}$$

예를 들어, 시청률이 20%인 TV 드라마에 광고비 1,000만 원을 투입했다면, CPR은 50만 원이 된다. 일반적으로 광고 캠페인을 진행할 때 여러 TV 프로그램에 광고를 집행하게 되는데, 이때 총 광고비 5억 원을 투입하여 500GRPs를 획득했다면, CPR은 5억 원/500GRPs=100만 원이 된다. CPM과 마찬가지로 CPR이 낮을수록 비용 효율적이다.

(3) CPC(Cost per Click)

CPC(Cost per Click)는 인터넷 이용자가 광고를 클릭할 때마다 광고료가 부과되는 방식으로, 인터넷 과금 방식 중 가방 보편적인 방식이다. 예를 들어, 웹사이트에 실린 배너 광고에 대해 실제 클릭된 수를 바탕으로 비용이 산정되는 방식이다. 현재 인터넷 광고 시장에서 가장 많은 비중을 차지하는 것이 검색 광고(키워드 광고)이며, CPC는 검색 광고의 과금 방식이기도 하다. CPC는 소비자에게 광고가 단순히 노출되는 것을 넘어 소비자에 의해 클릭됐을 때 더 확실한 광고 효과를 기대할 수 있어 광고주 입장에서 더욱 선호되는 과금 방식으로, CPC를 기준으로 인터넷 비히클별 비용 효율성을 비교하여 집행할 비히클을 선택할 수 있다.

7. 매체 기획안

앞에서 우리는 매체 기획을 "광고를 매체에 집행하기에 앞서 매체를 통해 달성할 매체의 목표를 세우고, 매체의 특성을 고려하여 집행할 매체를 선정한 뒤, 선정된 매체들의 미디어 믹스를 캠페인 기간 동안 스케줄링 전략을 통해 효율적으로 집행하는 일련의 과정"이라고 했다. 구체적으로, 매체 기획안은 일반적으로 〈표 14-6〉과 같은 구성 요소로 작성된다. 캇츠(Katz, 2003, p. 132)는 매체 기획안 작성 시 주의해야 할 사항으로, 첫째, 가급적 시각화하기(그림, 플로우 차트 등 시각적 자료를 최대한 사용하여 한눈에 알아보기 쉽게 정리하기), 둘째, 간략화하기(많은 수리적 정보에 기반하여 작성되는 매체 기획의 특성상, 마지막에 핵심 포인트를 간략히 정리하기), 셋째, 현실에 기반하기(수리적 정보에만 얽매이기보다 현재 소비자가 살고 있는 마케팅 현실을 실무적으로 반영하기)를 들고 있다.

●표 14-6● 매체 기획안

구성 요소		내용
1. 상황 분석		
	자사 분석	자사 내·외부의 영향 요인 파악
	소비자 분석	현재 소비자, 잠재 소비자 파악
	경쟁사 분석	경쟁사의 강점, 약점 파악
	시장 분석	시장의 상황 파악
2. SWOT 도출		상황 분석에 기반한 자사 브랜드의 SWOT(Strength, Weakness, Opportunity, Threats) 도출
3. 목표 설정		마케팅 목표, 커뮤니케이션 목표 설정
4. 타깃 설정		타깃 오디언스 설정
5. 매체 목표와 전략 설정		
	매체 목표 설정	매체를 통해 달성할 목표 설정
	매체 전략 설정	매체 선정 및 미디어 믹스
6. 스케줄링		기간별 매체 집행 전략 설정
7. 예산 할당		기간별, 매체별 예산 할당

8. 마무리

새로운 유형의 매체가 빠르게 증가하고 있는 환경에서 소비자와 가장 효율적으로 커뮤니케이션하는 방법은 광고의 크리에이티브 전략과 매체 전략을 어떻게 통합하는가에 달려 있다. 따라서 앞으로 매체 기획이 광고의 전반적 분야에서 차지하는 부분은 더욱 커질 것이다. 에프론(Ephron, 1997)은 매체 기획을 도달률과 빈도수, 매체, 지역, 시기별 가중치에 대한 서로 상충되는 목표들을 만족시키는 것이라고 했다. 이와 같은 상충되는 목표를 만족시켜야 하는 매체 기획자는 새로운 매체들이 폭발적으로 증가하고 있는 오늘날의 매체 환경에서 더욱 유연한 사고를 가지고 다양한 매체를 효과적으로 융합하는 통찰력이 필요하다.

소비자들은 더 능동적으로 그들이 사용할 매체를 선정하고 콘텐츠의 노출을 통제하기 시작함에 따라, 어떻게 효과적인 광고 캠페인을 만들 것인가의 문제는 어떤 매체에 광고비를 투입할 것인가의 문제로 귀결된다. 최근 각광을 받고 있는 인터넷, 소셜, 모바일 미디어로 매체 선정의 무게 중심이 옮겨지고 있지만, 전체 광고비 예산의 상당한 부분은 여전히 전통 매체들이 차지하고 있다. 수많은 광고 매체 간 조합의 경우의 수는 무한대에 가깝다. 매체 기획에 있어, 전통 매체와 앞으로도 계속 등장할 새로운 매체 유형 간 가장 효율적인 조합을 찾아 타기팅된 메시지를 적시에 효과적으로 제시하는 것이 관건이다.

 참고문헌

고창균(2015). 디지털 시대의 감성소비자와 디지털 사이니지 광고. 조형미디어학, 13(3), 1-8.

심성욱, 김운한(2011). 대학생들의 소셜 미디어 이용 동기가 소셜 미디어 광고 이용 의향에 미치는 영향. 한국광고홍보학보, 13(2), 342-376.

최지윤, 정윤재, 이희복(2018). 소셜 미디어 광고 불쾌감 형성 요인에 관한 연구: 척도 개발을 중심으로. 한국광고홍보학보, 20(1), 214-249.

Cheong, Y., Kim, K., & Kim, H. (2013). Advertising and promotion budgeting during volatile economic conditions: Factors influencing the level of decentralization in budgeting and its relations to budget size and allocation. *International Journal of Advertising*, *32*(1), 143-162.

Ephron, E. (1997). Recency planning. *Journal of advertising research*, *37*(4), 61-65.

Katz, H. (2003). *The media handbook* (3rd ed.). Routledge.

Kelley, L. D., & Jugenheimer, D. W. (2004). *Advertising media planning: A brand management approach*. Armonk, N. Y.: M. E. Sharpe, Inc.

Naik, P. A., Mantrala, M. K., & Saywer, A. G. (1998). Planning media schedules in the presence of dynamic advertising quality. *Marketing science*, *17*(3), 214-235.

O'Guinn, T. C., Allen, C. T., Semenik, R. J. (2018). *Advertising and integrated brand promotion* (8th ed). MA: Cengage Learning.

https://www.mediaflightplan.com

https://www.telmar.com

제15장

광고 조사와 데이터 분석*

조사 분석의 중요성은 아무리 강조해도 지나치지 않다. 광고 캠페인을 전개하려면 캠페인의 개발 단계에서 상황을 파악하기 위해 조사 분석을 실시한다. 캠페인을 전개한 다음에는 그 효과를 평가하는 단계에서도 광고 캠페인의 효과를 측정하고 분석한다. 따라서 광고 캠페인은 조사에서 시작해서 조사로 끝난다고 해도 과언이 아니다. 특히 광고 환경이 급격히 디지털화하고 글로벌화된 최근에 조사 분석의 중요성은 더욱 강조되고 있지만, 동시에 점점 더 어려워지고 있는 것도 사실이다.

이 장에서는 디지털 시대의 광고 활동에 있어서 조사 분석이 왜 중요하고, 그럼에도 불구하고 조사 분석을 잘 수행하지 않는 이유는 무엇이고, 조사 분석을 할 때 고려해야 할 사항은 무엇인지 먼저 검토한다. 이어서 조사 분석의 핵심인 데이터를 1차 데이터와 2차 데이터, 정성적 데이터와 정량적 데이터, 그리고 빅데이터 분석으로 구분해서 설명한다. 나아가 이 장에서는 조사 분석이 광고 캠페인의 개발 단계와 효과 평가 단계에서 어떻게 활용되고 있는지도 두루 살펴본다.

---

* 윤태일(한림대학교 광고홍보학과 교수)

1. 조사 분석의 의의와 고려 사항

1) 왜 조사 분석이 중요한가?

기아 자동차는 준중형 세단의 새로운 차 K7을 출시하기에 앞서 브랜드명을 정하기 위해서 설문 조사를 실시했다. 하지만 그것만으로는 미흡하여 추가적으로 국내 거주 한국인 100명과 외국인 100명을 대상으로 소비자의 생리적 반응을 측정하여 분석했다. 신차의 브랜드명 후보가 되는 여러 이름에 노출되었을 때 실험 참가자들의 시선이 어느 이름을 더 주목했는지 시선 추적기(eye-tracker)를 이용해서 추적했고, 뇌의 선호 영역과 혐오 영역 중에서 어느 영역이 더 활성화되어 반응하는지를 기능적 자기공명 영상(fMRI)을 이용하여 측정했다. 그 결과, 알파벳 K와 승리를 뜻하는 7 조합에 대해 생리적 반응이 더 호의적으로 나타났고, 기아자동차는 신제품 차명을 K7이라고 결정했다(신현준, 이은주, 2011).

세계 최대의 온라인 쇼핑회사인 아마존은 일찍부터 빅데이터를 활용한 자동 추천 서비스 등을 제공해 왔는데, 여기서 더 나아가 예측 배송(anticipatory shipping) 시스템을 특허 등록했다. 이것 역시 철저한 데이터 분석을 바탕으로 소비자의 온라인 구매 행동에 대해 예측하고 추천하는 서비스이다. 우선 아마존 사이트에서 소비자가 특정 상품을 탐색하여 머무는 시간이 평균 이상이 되면 구매할 가능성이 높다고 간주한다. 그러면 소비자의 과거 상품 검색 내역, 장바구니 내역, 실제 구매 내역, 반품 내역, 마우스 커서가 머무른 시간 등의 데이터가 분석된다. 그리고 소비자가 검색하면서 망설이는 상품의 가격이 그 이전 구매 상품의 가격과 비슷하면 고객이 제품을 살 것이라고 예측하고 고객 주소지 근처 물류 창고로 배송한다. 그리고 고객이 주문하는 순간 바로 배송이 시작되어 빠른 배송 서비스가 가능해지는 것이다(정지호, 2020. 7. 2).

위의 두 사례는 광고 마케팅에서 조사 분석을 활용하여 성공한 많은 이야기 중 하나이다. 이처럼 조사 분석은 광고의 처음이자 끝이라고 할 정도로 그 중요성은 아무리 강조해도 지나치지 않다. 조사 분석 없이 광고 캠페인을 진행하는 것은 마치 등대 없이 항해하는 배와 같다고 흔히 말한다. 기업의 입장에서 광고는 막대한 비용이 지출되는 비즈니스이다. 광고주는 항상 광고비의 절반이 낭비되는 것 같은데 어디서 낭비되는지 모르겠다는 의구심을 갖고 있다. 그래서 비용의 낭비가 없도록 점검하기 위해서도 광고 캠페인을 기획하고 집행하는 과정에서 조사 분석이 항상 요구된다.

광고에서 조사하고 분석하는 이유는 여러 가지 이점이 있기 때문이다. 우선, 광고 캠페인을 기획할 때 조사 분석을 통해서 유용한 참고 자료를 확보할 수 있다. 조사 분석을 통해 확보한 방대한 자료를 분석함으로써 브랜드와 소비자의 인사이트도 도출할 수 있다. 인사이트를 바탕으로 광고 콘셉트를 개발할 때나 광고물의 시안 중 최종안을 결정해야 할 때도 조사는 유용하다. 광고 캠페인이 본격적으로 집행되기 전에 어떤 콘셉트 혹은 제작물이 더 효과가 있을지를 사전에 진단해 볼 수 있다.

또한 캠페인을 집행한 후에는 광고가 표적 소비자에게 제대로 도달해서 원하는 효과를 창출했는지, 또는 의도하지 않은 영향을 미치지는 않았는지를 평가함으로써 그 다음의 광고 캠페인을 기획할 때 유용한 기준점(bench mark)을 설정할 수 있다. 그렇게 캠페인의 효율성을 전반적으로 평가함으로써 값비싼 실수를 방지할 수 있다. 이처럼 조사 분석은 광고를 처음 기획하는 상황 분석 단계에서부터 광고 콘셉트를 도출하고 시안을 만들어 최종 광고안을 진단하고 결정하는 단계, 광고 캠페인이 진행되는 단계, 그리고 캠페인이 모두 끝나 그 효과를 평가하고 분석하는 단계까지 거의 모든 단계에서 필요하다.

디지털 온라인 환경 및 글로벌 환경에서 조사 및 그로부터 수집한 데이터의 분석은 더 중요해지고 있다. 오늘날 이른바 제4차 산업혁명으로 데이터가 폭발적으로 늘어나는 빅데이터의 시대가 되면서 데이터의 활용이 다른 산업 발전의 촉매 역할을 하고 새로운 제품과 서비스를 창출하는, 이른바 데이터 경제(data economic)가 양적으로나 질적으로 중요해졌다. 데이터는 커뮤니케이션과 마케팅 영역에도 영향을 미쳐 데이터 기반 저널리즘(data-based journalism) 혹은 데이터 주도 마케팅(data-driven marketing) 등의 용어가 대두되고 있다. 마케팅 커뮤니케이션의 대표적인 영역인 광고에서도 데이터 분석에 기반하여 소비자의 온라인 행동을 추적하면서 비즈니스의 핵심 성과 지표를 성장시키는 퍼포먼스 마케팅(performance marketing)이나 그로스해킹(growth hacking) 등이 부상했다. 소비자가 여러 웹사이트를 탐색하다가 최종 구매에 이르고 구전 활동까지 하는 일련의 소비자 여정(consumer journey)을 데이터 분석을 통해 파악할 수 있게 된 것이다(김유나, 2020). 데이터 분석과 상대적으로 거리가 있어 보이던 광고 제작에도 데이터에 기반한 창의성(data-based creativity)이 강조되고, 심지어 광범위한 데이터에 대한 기계 학습(machine learning)을 바탕으로 인공지능이 직접 광고물을 제작하는 단계까지 이르렀다(김소연, 황보현우, 2020).

온라인 환경과 동전의 양면을 이루는 글로벌 환경에서도 데이터 조사 분석은 더욱 중요해지고 있다. 광고 캠페인이 국경의 한계를 벗어나 국제적 수준으로 확대될 때는 그만큼 그에 투여되는 비용과 시간과 인력도 막대해진다. 막대한 노력을 투여한 글로벌 캠페인이 실패했을 때 그 위험 부담도 더 크기 마련이기 때문에, 조사 분석은 필수 불가결한 요소이다. 글로벌 환경에서는 특히 다른 문화권의 소비자와 브랜드 및 시장 트렌드에 대해 더욱 면밀하고 깊은 이해가 필요하다. 또 막대한 예산을 투여해서 집행한 글로벌 광고 캠페인이 과연 효과가 있었는지를 면밀하게 분석 평가해야 값비싼 실수를 예방하고 그다음의 기획을 위해서도 디딤돌을 마련할 수 있다(정만수 외, 2014).

2) 조사 분석의 고려 사항

조사 분석이 특히 빅데이터 시대의 글로벌 환경에서 더욱 중요해짐을 지적했지만, 동시에 더욱 어려워지는 측면이 있다. 주로 전화 응답에 의존하는 서베이 방식의 여론 조사가 조사 대상자의 의견을 제대로 반영하지 못해서 선거 결과를 정확히 예측하지 못하는 사태가 가끔 발생하고 있다. 시장 조사 혹은 마케팅 조사에서도 소비자 행동이 오프라인과 온라인을 넘나들어 더욱 복잡해지면서 과거와 같은 조사 방법으로는 새로운 시장 기회나 소비자 행동을 포착하기가 쉽지 않게 되었다. 광고에서는 특히 최근에 소비자가 한 가지 매체에 집중하기보다 여러 가지 매체를 수시로 넘나드는 동시적 매체 이용(simultaneous media use) 혹은 멀티태스킹(multitasking) 행위가 자주 일어나면서 광고매체 효과의 근간이 되는 텔레비전의 시청률이나 신문의 열독률 조사에서도 광고 효과의 정확한 측정이 쉽지 않게 되었다(정세훈, 2020).

이러한 어려움 때문에 조사 분석이 실제로 광고 캠페인을 기획하고 집행하는 과정에서 제대로 잘 이루어지지 않는 경우도 많다. 조사 분석이 광고에서 매우 중요함을 알지만 그럼에도 불구하고 조사를 실시하지 않는 이유가 있다. 가장 큰 이유는 비용 및 시간상의 문제이다. 조사를 하려면 상당한 비용이 소요되고 시간도 많이 소요되기 때문에 선뜻 조사분석을 하지 않는다. 정확히 무엇을 측정하는 것인지 그 대상의 문제와 더불어 정확성의 문제는 방법상의 문제와도 연결된다. 전통적으로 광고 효과에 대한 조사 분석은 인지와 태도 및 구매 의도 등의 커뮤니케이션 효과 측정에 집중해 왔다. 광고 메시지를 본 기억이 있는지, 광고에 대해 얼마나 호의적인 태도를 갖는지, 그리고 실제로 구매할 의사가 있는가 등의 문제이다. 하지만 광고 메시지에 대한 기억이나 광고에 대한 태도가 실질적인 구매 행동 자체를 정확하게 예측하지 못하는 경우가 많다. 이 문제는 광고 효과를 언제 어떻게 측정하는가 하는 방법의 문제와도 얽혀서 조사 분석의 정확성과 예측력에 대한 회의적 시각으로 이어지기도 한다. 또 조사 분석에 대한 지나친 의존이 광고의 크리에이티브를 제한하고 속박한다는 의견도 없지 않다(윤태일, 강홍림, 2012).

이러한 이유 때문에 조사 분석의 중요성과 필요성을 인식함에도 불구하고 실시하지 않는 경우도 많다. 따라서 조사 분석을 실시하려면 우선 실시 여부부터 고려해야 한다. 일단 조사 분석을 시행하기로 했으면 어떤 데이터를 활용할지를 고려해야 한다. 이미 기존에 조사 분석을 통해서 수집된 2차 데이터(secondary data)가 충분히 확보되어 있다면 굳이 직접 조사를 시행하여 1차 데이터를 수집할 필요는 없다. 2차 데이터만으로는 충분하지 않아 1차 데이터(primary data)를 수집하기 위해 직접 조사를 하기로 했으면 그 시기와 대상을 고려해야 한다. 즉, 크게는 광고 캠페인의 개발 단계에서 조사 분석을 시행할 것인지, 아니면 광고물을 제작하고 집행한 후 그 효과를 평가하는 단계에서 할 것인지 결정한다. 조사 분석의 시기와 대상이 정해졌으면, 정성적(qualitative) 방법으로 수집할지 혹은 정량적(quantitative) 방법으로 수집할지를 결정해야 한다. 정성적 방법 중에도 텍스트 분석이나 개인별 심층 면접(in-depth interview)이나 초점 집단 면접(Focus Group Interview: FGI), 참여 관찰이 있고, 정량적 방법에도 서베이나 실험 및 내용 분석 등의 방법이 있으니 세부적으로 결정해야 한다.

이렇게 조사 분석의 여러 사항을 고려하여 결정했으면, 일반적인 절차에 따라 실시한다. 즉, 문제를 정의하고, 어떤 데이터를 수집하여 활용할 것인지를 결정하고, 조사 분석 방법을 설계하고, 데이터를 수집한 후, 데이터에 대한 분석 및 보고서를 작성한다.

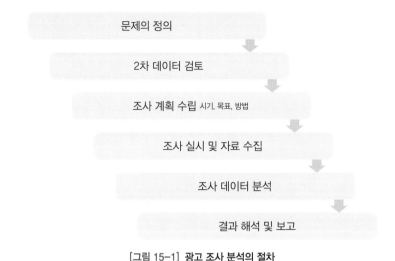

문제의 정의

2차 데이터 검토

조사 계획 수립 시기, 목표, 방법

조사 실시 및 자료 수집

조사 데이터 분석

결과 해석 및 보고

[그림 15-1] 광고 조사 분석의 절차

2. 조사 분석 데이터의 종류

조사 분석은 데이터를 수집 분석하는 과정이기 때문에 데이터가 매우 중요한데, 데이터는 그 기준에 따라 몇 가지로 구분할 수 있다. 우선, 조사 분석의 주체가 직접 수행해서 수집했느냐 여부에 따라 2차 데이터 및 1차 데이터로 구분한다. 2차 데이터는 여러 정보원(source)을 통해 수집된, 기존에 이미 조사되어 확보된 데이터이고 1차 데이터는 조사자가 직접 조사를 실시해서 수집한 데이터이다.

또 조사 분석 방법에 따라 그동안 정성적 데이터 조사 분석 방법과 정량적 데이터 조사 분석 방법으로 구분했다. 정량적 방법은 서베이나 실험 및 내용 분석 등의 방법으로 자료를 수집한 후 수치로 변환시킨 데이터를 주로 통계적 방법으로 분석하는 접근법이다. 정성적 방법은 개별적으로 혹은 집단적으로 면담하여 취합한 녹취록 및 문서 텍스트를 주관적으로 해석하는 접근법이다. 최근에는 빅데이터의 조사 분석 방법이 양적으로나 질적으로 그 비중이 커지면서 기존의 이분법으로 구분하기 애매한 측면이 있어서, 빅데이터 조사 분석 방법을 이 장에서는 별도로 설정했다.

물론 정량적 방법으로 수집 분석하는 데이터가 반드시 정량적 데이터라고 말할 수는 없고, 이것은 정성적 조사 분석 방법과 정성적 데이터의 관계에서도 마찬가지이다. 빅데이터 역시 정량적 데이터뿐 아니라 정성적 데이터도 포함하는데, 정량적·정성적 데이터라는 말 대신에 정형·비정형 데이터로 표현한다. 정형 데이터(structured data)는 주로 수치로 구성된 데이터이고, 비정형 데이터(unstructured data)는 수치 외에 텍스트나 이미지로 구성된 데이터이다. 정량적 방법이 반드시 정량적인 정형 데이터를 수집 분석하는 것은 아니며, 정성적 방법이 반드시 정성적인 비정형 데이터를 수집 분석하는 것은 아니다. 이를테면 SNS 텍스트 자체는 정성적인 비정형 데이터이지만, 내용 분석과 같은 정량적 방법으로 분석할 수도 있고 기호학적 분석과 같은 정성적 방법으로 분석할 수도 있다. 또 1차 데이터가 정량적 방법으로 혹은 정성적 방법으로 수집 분석하는 데이터를 모두 포괄하는 것처럼, 2차 데이터 역시 정량적 방법 및 정성적 방법으로 수집 분석하는 데이터 모두를 포괄한다.

1) 조사 분석의 주체에 따른 분류: 2차 데이터 대 1차 데이터

(1) 2차 데이터의 수집과 분석

광고 조사를 본격적으로 시행하기에 앞서 기존의 2차 데이터가 있는지를 확인하고, 2차 데이터가 있으면 먼저 최대한 활용하는 것이 좋다. 직접 광고 조사를 실시하려면 비용과 시간과 노력이 많이 들기 때문이다. 2차 데이터는 다양한 정보원으로부터 나온다. 우선 기업의 매출과 같은 경제 활동을 담은 내부 보고서나 사회 공헌 활동 등을 보고한 홍보용 브로슈어 등은 광고 캠페인 개발 단계에서 유용하게 활용되는 데이터를 담고 있다. 정부 기관이나 비정부 기관(NGO)으로부터도 유용한 데이터를 구할 수 있다. 대표적인 곳이 통계청(http://kostat.go.kr/portal/korea/index.action)이나 국가 통계포털(https://kosis.kr/index/index.do)인데, 그곳에 가면 전체적인 시장 상황이나 사회 경제 트렌드 현황을 파악할 수 있는 다양한 통계 데이터를 구할 수 있다. 국가 공공 데이터 포털(https://www.data.go.kr)이나 빅데이터 센터(https://kbig.kr/portal/kbig/info/info.page)와 같은 빅데이터 포탈에서도 다양한 자료를 데이터를 구할 수 있다.

광고나 언론 관련 협회나 기관, 업계의 전문지와 학술지, 매체사 등으로부터도 데이터를 구할 수 있다. 특히 한국방송광고진흥공사(KOBACO)에서 구축한 방송 통신 광고 통계

시스템(https://adstat.kobaco.co.kr)은 광고 관련 여러 통계 데이터를 제공하고 있고, 그중에서도 소비자 행태 조사 보고서(Media & Consumer Research: MCR)는 매년 소비 및 미디어 트렌드와 시장 환경 등을 조사 분석한 데이터를 담고 있다. 한국언론진흥재단에서 구축한 데이터베이스인 빅카인즈(https://www.bigkinds.or.kr) 역시 신문 및 방송 보도 기사를 광범위하게 실시간으로 제공할 뿐 아니라, 기본적인 텍스트 분석 결과까지 바로바로 제공하여 광고 기획 과정에서 요긴하게 활용할 수 있다.

● KOBACO의 소비자 행태 조사 보고서(MCR) ●

한국 광고업계에 제공되는 대표적인 2차 데이터는 한국방송광고진흥공사(KOBACO)에서 매년 발행하는 『소비자 행태 조사 보고서(Media & Consumer Research: MCR)』이다. MCR은 1999년부터 매년 소비자의 매체 접촉 및 소비자 행동의 특성을 조사 분석한 보고서로서, 광고주와 광고회사의 매체 전략 수립에 도움이 되는 마케팅의 기초 자료를 제공하고 있다. 조사 대상 및 방법은 전국 도시 지역에 거주하는 13세 이상 70세 미만의 소비자 4,000명을 대상으로 종이 설문지를 이용한 1:1 대인 면담을 통해 조사한다. 조사 내용은 크게 소비자의 라이프스타일, 매체 이용, 광고 시청, 업종 환경 분석으로 구성되어 있어 소비자의 가치관과 라이프스타일을 파악하고, 미디어 이용 행태를 분석하고, 제품 및 브랜드 구매 행태를 이해하는 데 유용한 데이터를 제공한다. MCR 웹사이트(https://adstat.kobaco.co.kr/mcr/portal/mainPage.do)에서는 20년간의 원시 데이터도 제공하여 누구나 로그인 없이도 무료로 이용 가능하다.

[그림 15-2] 『소비자 행태 조사 보고서(MCR)』 웹사이트

상업적 마케팅 조사 분석 데이터도 있다. 종합 광고회사나 조사회사, 매체대행사, 마케팅 컨설팅회사 등에서 제공하는 데이터가 여기에 해당한다. 주로 계약을 맺은 고객에게만 유료로 제공하는 트렌드 분석 데이터 등인데, 홍보 차원에서 보고서 일부만 무료로 공개하거나 어느 정도 시간이 지난 후 공개하기도 한다. 인터넷 플랫폼 혹은 검색 엔진을 통해서 확보할 수 있는 데이터 중에도 유용한 데이터가 많은데, 네이버 데이터랩(https://datalab.naver.com)이나 구글 트렌드(https://trends.google.co.kr)가 대표적이다. 또 구글 애널리틱스(https://analytics.google.com)처럼 이들 검색 엔진에서 제공하는 웹 분석 서비스를 이용하면 소비자 여정을 비롯하여 온라인 커머스에 관한 데이터를 확보하여 분석할 수 있다.

이렇게 수집된 2차 데이터는 1차 데이터와 마찬가지로 다양한 방법에 의해 수집된 데이터일 수 있다. 즉, 개인별 심층 면접이나 초점 집단 면접, 참여 관찰 등 정성적 방법으로 수집할 수 있고, 서베이 설문 조사, 실험 보고서, 내용 분석 등 정량적 방법으로 수집할 수도 있다.

2차 데이터를 활용하는 것은 여러모로 장점이 있다. 우선 시간과 비용 및 노력을 절감할 수 있다. 두 번째는 어설프게 소규모로 조사를 실시해서 수집한 1차 데이터보다 훨씬 양질의 정보를 얻을 수 있다. 이미 탄탄한 문헌 검토 및 사례 분석을 바탕으로 수집 방법, 측정 도구 등에 대해서 검증하여 조사 수집한 데이터인 경우 훨씬 방대하고 체계적이기 때문이다. 이렇게 수집된 2차 데이터를 잘 분석하여, 부족한 부분을 보충하기 위해 1차 데이터의 조사 분석을 한다면 훨씬 시간과 비용을 절감할 수 있다.

하지만 2차 데이터를 활용할 때는 주의해야 할 사항이 있다. 우선 데이터가 조사된 시점을 확인해야 한다. 기존에 조사 수집된 데이터는 시기가 오래되어서 시의성이 떨어질 수 있다. 원래 다른 목적을 위해 조사된 데이터이기 때문에 현재의 목적에 정확하게 들어맞지 않고 관련성도 부족한 경우가 많다. 데이터의 신뢰성도 확인해 보아야 한다. 데이터의 내용이 정확한지를 점검해야 하고, 데이터가 수집된 맥락이나 배경 등을 확인하여 특별한 의도를 가지고 조사 수집된 데이터는 아닌지도 의심해 볼 필요가 있다. 특히 글로벌 환경에서 다른 나라에서 조사 수집된 데이터를 활용할 때는 데이터를 조사 수집한 주체와 목적, 배경, 시점 등을 꼼꼼하게 점검해 보아야 한다. 기존의 여러 데이터를 확보하여 서로 비교해서 분석하는 경우에는 측정 항목 등에서 비교 가능성(compatibility)이 있는지도 검토해 보아야 한다.

(2) 1차 데이터의 수집과 분석

2차 데이터로 미흡한 경우에는 직접 조사를 시행해서 1차 데이터를 수집하고 분석한다. 특히 광고 캠페인을 집행한 후 실제 집행된 광고의 메시지나 매체 노출 효과를 측정하려는 경우에는 직접 조사를 실시하여 1차적인 데이터를 확보해야 한다. 1차 데이터 확보를 위해 실제로 조사를 진행하는 경우에는 조사의 목적과 대상, 시기, 방법 등을 고려하여 조사 설계를 하고 시행한다. 2차 데이터와 마찬가지로 1차 데이터도 조사 방법에 따라 정성 데이터, 정량 데이터, 빅데이터로 구분할 수 있다.

1차 데이터를 확보할 때, 그중에서도 특히 국가의 경계를 넘나드는 글로벌 환경에서 조사를 시행할 때 주의해야 할 사항은 데이터의 등가성(equivalence)을 확보하는 것이다. 이것은 정성적 방법을 통해 데이터를 수집하거나 정량적 방법을 통해 데이터를 수집할 때 모두 해당한다. 우선 정성적 방법으로 데이터를 수집 분석하는 경우, 문화적 차원이 개입되기 때문에 데이터의 등가성 확보에 주의해야 한다. 정성적 방법은 조사 분석의 주체와 그 대상자의 주관성을 적극적으로 인정하는 인식론적 전제에서 출발하기 때문에, 조사 분석의 주체와 방법에 따라서 데이터가 달라질 수 있다. 예를 들어, 동일한 사람을 대상으로 동일한 질문을 하는 경우, 조사 방법에 따라 그 답변이 달라지는 문화권이 있고 그렇지 않은 문화권이 있다. 개인주의 문화권의 응답자는 집단 내 다른 사람에 별로 신경을 쓰지 않기 때문에 혼자 있을 때나 다른 사람과 같이 있을 때나 그 응답에서 별로 차이가 나지 않는다. 하지만 집단주의 문화권의 응답자는 집단 내 다른 사람의 영향을 많이 받기 때문에 개인별 면접할 때와 집단 면접할 때 그 응답이 다를 수 있다. 개인별 심층 면접으로 조사하는 경우에도 사회적 바람직함(social desirability)에 대한 인식이 다르고, 그러한 인식에 따라 자신의 주관적인 의견을 표명하는 응답이 달라질 수 있기 때문에, 정성적 방법으로 수집한 데이터를 국가 간 비교할 때는 특히 주의해야 한다.

개인별 혹은 초점 집단 면접을 통해 광고 시안에 대해서 어떤 부분에 더 주목하고 기억하는가를 조사할 때도 문화적 차원이 개입될 수 있다. 대체로 맥락을 중시하는 문화(high-context culture)인 동양인은 사물을 지각할 때 장–의존적인(field-dependent) 지각 방식을 보이고 맥락을 경시하는 문화(low-context culture)인 서양인은 장—독립적인(field-independent) 지각 방식을 보인다(Nisbett, 2003/2004). 따라서 서양인과 비교해서 동양인은 광고물을 볼 때도 초점이 되는 제품이나 브랜드만을 주목하지 않고 여러 가지 배경적인 요소도 골고루 눈길을 주고 주목하는 경향이 있기 때문에, 광고 제작물을 평가할 때도 이런 점에 주의해야 한다.

정량적 방법을 통해 데이터를 수집하고 분석하는 경우에도 등가성의 문제를 주의해야 한다. 정량적 방법은 가급적 주관성을 배제하고 객관성을 추구하기 때문에 문화적 차원이 개입할 여지가 없을 것으로 생각하기 쉽지만, 여기에서도 문화적 차원이 등가성에 영향을 줄 수 있다. 글로벌 환경에서 정량적 방법으로 데이터를 수집하고 분석할 때 주의해야 할 등가성의 문제는 언어적 · 개념적, 샘플 구성, 측정 척도, 실험 자극물의 네 가지 차원에서 발생한다(정만수 외, 2014). 첫째는 언어적 · 개념적 등가성으로, 서로 다른 언어로 설문지를 작성해서 사용하는 경우 설문 문항의 언어가 동일한 개념을 함축하고 있는가의 문제이다. 예를 들어, 영어의 'argument'라는 말을 한국어로 번역할 때는 문맥에 따라서 논의, 논쟁, 논증 등 여러 가지가 된다. 각각의 단어가 함축하는 뉘앙스는 'argument'와 미묘하게 다를 수 있기 때문에, 번역 과정에서 발생할 수 있는 개념적 등가성을 확인하기 위해서 번역—역번역(translation-back translation)의 과정을 거친다. 이를테면 영어 설문지의 'argument'를 한국어 설문지에서는 논증으로 번역한 후, 그 문장을 다시 영어로 번역했을 때 논증이란 단어가 원래대로 'argument'로 번역되는가를 확인한다.

두 번째는 표본 구성의 등가성으로, 동일한 집단을 대상으로 조사할 때 과연 두 집단이 동일한 표본으로 구성되어 있는가의 문제이다. 예를 들어, '도시 거주 노인층' 대상으로 표본을 구성하여 조사한다고 할 때, 한국과 미국의 실질적인 표본 구성원 성격이 다를 수 있다. 미국에서 도시의 기준이 대도시일 수도 있지만 한국의 경우 행정 구역상으로는 도시이지만 실질적으로는 농촌지역인 경우가 많고, 노인의 정의도 55세 이상일 수 있고 65세 이상일 수도 있다.

셋째는 측정 척도의 등가성으로, 측정 척도가 과연 동일한지의 문제이다. 특히 이 과정에서 동일한 척도를 사용했다고 해도 문화에 따라 측정 항목에 대한 극단적 반응 양식(Extreme Response Style: ERS)이 다를 수 있다. 미국인과 비교해서 한국인 응답자들은 극단적 반응을 회피하는 경향이 있어서, 예를 들어 5점 척도인 측정 항목에서 1점이나 5점 같은 양극단의 값을 잘 선택하지 않는다. 그 결과, 5점 척도라 해도 실질적으로는 2, 3, 4점 사이에서만 선택하여 변량의 폭이 크지 않아, 응답자의 속마음을 세밀하게 측정하지 못할 가능성이 있다. 따라서 동양인들에게 질문할 때는 5점 척도보다는 7점 척도로 질문하는 것이 더 정확한 응답을 이끌어 낼 수 있다.

마지막은 실험 자극물의 등가성으로, 실험 자극물이 과연 동일한 수준에서 처치(treatment)가 이루어졌는가의 문제이다. 예를 들어, 광고에서 성적 소구 혹은 유머 소구의 효과를 측정하기 위한 실험에서 자극물을 만든다. 그런데 유머 소구나 성적 소구는 문화마다 다르기 때문에 자극물이 효과가 있는가를 제대로 측정하지 못할 가능성이 있다. 실험 자극물이 제대로 처치가 되었는지 확인하기 위해 조작 점검(manipulation check)을 할 필요가 있다.

2) 조사 분석 방법에 따른 분류: 정량적 데이터, 정성적 데이터, 빅데이터 조사 분석

(1) 정량적 데이터 분석

광고에서 수행하는 조사 분석은 소비자와 같은 주체(subject)에 대한 조사 분석, 그리고 광고물의 텍스트 또는 메시지와 같은 객체(object)에 대한 조사 분석으로 구분할 수 있다. 광고에서 가장 많이 활용되는 방법인 정량적 방법에 의해서 데이터를 조사 분석하는 경우에도 광고 주체 및 객체에 대한 조사 분석의 두 가지로 구분할 수 있다.

광고 주체에 대해 정량적으로 데이터를 수집하고 분석하는 방법은 서베이와 실험이 대표적이다. 서베이는 표본을 추출한 후 설문지를 통해서 그들의 응답을 수집 분석함으로써 모집단의 의견을 추론하는 방법이다. 전통적으로 여론 조사나 시청률 조사, 신상품 조사 등에 많이 쓰인다. 주로 광고나 브랜드에 대한 소비자의 태도, 구매 동기나 소비 경험 등 광범위한 문제를 알아보기 위해 사용된다. 서베이는 표집 방법에 따라 전체 모집단에서 표본이 무작위로 추출되어 선택될 확률이 동일한 확률 표집(probability sampling), 그리고 표본이 임의로 추출되어 선택될 확률이 동일하지 않은 비확률 표집(non-probability sampling)에 기초한 서베이로 구분할 수 있다. 엄밀한 의미에서 표본을 통해 분석한 결과를 모집단에 대해서 일반화할 수 있는 것은 확률적 표집에 의해서 서베이한 경우이다.

광고 분야에서 전통적으로 많이 의존해 온 우편 서베이는 오늘날 미디어 커뮤니케이션 환경의 변화로 별로 실시하지 않고, 대신에 다양한 서베이 방법을 구사한다. 면접원이 응답자와 직접 만나서 조사하는 면대면 서베이(face-to-face survey), 유선 혹은 이동 전화로 조사하는 전화 서베이, 인터넷이나 이메일 등으로 조사하는 온라인 서베이, 소비자 패널을 구성해서 조사하는 패널 서베이, 백화점이나 대형 양판점에서 나오는 사람들을 무작위로 선정하여 조사하는 쇼핑몰 서베이(mall intercept survey), 조사 대상자를 한 장소에 정해진 시간에 모이게 한 후 면접원의 지시에 따라 응답하게 하는 갱 서베이(gang survey), 잠재적 조사 대상자가 많이 몰리는 장소에서 그 자리에서 즉석으로 섭외하여 소비자 의견을 조사하는 CLT(central location test), 그리고 가정에서 특정 시제품을 설치하여 일정 기간 사용하게 한 후 해당 제품에 대해 평가하게 하는 HUT(home use test) 등이 이에 속한다.

실험에 의한 조사 분석은 주로 광고물이나 브랜드에 대한 효과를 평가하거나 진단할 때 활용된다. 이는 실험실과 같이 통제된 상황에서 진행하는 통제된 실험(controlled experiment), 그리고 조건이 다른 현장에서 진행하는 현장 실험(field experiment)으로 나뉘기도 한다. 광고물 등으로 실험 자극물을 제시하는 처치(treatment)를 시행하여 실험 집단을 나눈 후 실험 참가자를 실험 집단 중 하나에 무작위로 배치하여 그 효과를 측정한다. 최근에 온라인 환경의 마케팅 전략인 그로스해킹에서 A/B 테스트를 활용하는데, 이것도 일종의 실험에 의한 조사 분석 방법이다. 이는 웹사이트를 최적화하는 도구를 이용해서 웹사이트의 카피나 디자인을 비교적 손쉽게 바꾸어서 실험하는 방법인데, 웹사이트나 어플에 간단한 코드를 설치해서 방문자에게 임의로 다른 여러 문구를 보여 주고 그들의 반응을 측정 비교한다. 예를 들어, 가입 페이지에 대한 A/B 테스트에서 "무료 체험판에 가입하세요"라는 A안과 "프로그램과 가격을 확인하세요"라는 B안의 두 가지 카피를 넣어 테스트한 후, 후자의 카피를 사용한 경우 웹페이지 가입이 200퍼센트나 상승한 것으로 나타나 B안 카피로 결정한 경우이다(Ellis & Brown, 2017/2017).

● 뉴로마케팅의 측정 방법 ●

신경과학적 방법(neuroscientific method)을 구사하는 뉴로마케팅에서 많이 활용하는 측정 방법은 크게 네 가지가 있다. 우선 뇌 내부의 신경 활동을 기록하는 방법으로 뇌전도(EEG)를 측정하는 방법과 에너지 소모량을 측정하는 방법(fMRI)이 있고, 뇌 외부의 신경 활동을 기록하는 방법(ET), 그리고 신경 활동을 조작하는 방법(TMS)이 있다(Lim, 2018).

뇌전도(Electroencephalography: EEG) 측정은 두피에 전극을 붙여 뇌 활동의 결과인 뇌파를 분석하여 뇌의 활성화 정도를 측정한다. 베타파, 세타파, 감마파 등 뇌파의 파형에 따라 뇌의 활동 상황을 알 수 있는데, 광고물 등 자극물에 노출되었을 때 어떤 뇌파가 많이 관측되는가를 통해 그 효과를 파악할 수 있다.

기능적 자기공명 영상(Functional magnetic resonance imaging: fMRI)은 정신 활동으로 신경 세포가 활성화되면 산소가 많이 필요하게 되어 일시적으로 혈중 산소 농도에서 차이가 나타나는데, 그것을 자기장의 변화로 측정한다. 광고물 등의 마케팅 자극물에 대해서 뇌 속의 어느 부위가 반응하는가를 측정할 수 있는데, 예를 들어 뇌에서 혐오적인 자극물 혹은 선호하는 자극물에 노출되었을 때 활성화되는 영역 중 어느 영역이 활성화되는가를 측정할 수 있다.

시선 추적(Eye tracking: ET)은 실험 대상자의 눈동자를 촬영하여 시선이 어디를 주목하고 어떻게 흘러가는지를 측정할 수 있다. 따라서 광고물을 제시했을 때 소비자가 어느 부분을 먼저 주목하고 이어서 시선이 어떤 순서로 얼마나 오래 머무는가를 파악할 수 있어서, 레이아웃을 어떻게 디자인해야 효과적인가에 대한 과학적 근거를 확보할 수 있다.

경두개 자기 자극(Transcranial magnetic stimulation: TMS)은 머리 표면을 통해 자기장을 두개골로 통과시켜 뇌의 특정 부위 신경 세포를 활성화하거나 억제하는 뇌 자극 기법이다. 이를 다른 신경과학적 방법과 함께 활용하면, 뇌의 특정 영역을 억제했을 때 특정 과제의 수행 능력에 어떤 영향을 미치는가를 측정할 수 있어 광고물에 대한 반응과 뇌의 특정 영역과의 인과 관계를 파악할 수 있다.

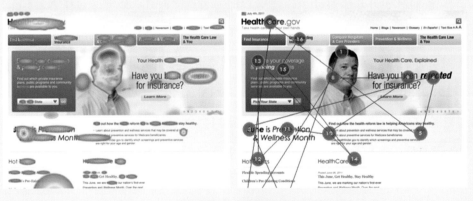

[그림 15-3] 시선 추적기로 측정한 웹사이트의 시선 처리
• 출처: https://www.usability.gov/how-to-and-tools/methods/eye-tracking.html

실험 방법에서 위의 사례처럼 직접적인 행동 반응을 측정하는 경우도 있지만, 전통적으로는 실험 참가자의 자기보고(self-report)에 의존하는 경우가 많다. 즉, 실험 자극물을 보여 주고 그에 대해서 질문하는 문항에 응답하는 방법이 일반적이다. 하지만 이러한 자기보고식 반응에 의존하는 방법으로는 실험 참가자의 반응을 정확하게 포착하지 못할 수도 있다. 실험 참가자가 자신의 반응을 언어로 기술하는 과정에서 왜곡이 일어날 수 있고, 자신도 잘 모를 수 있다. 또 개인적 이유에서나 혹은 사회적 바람직함 때문에 의도적으로 숨길 수도 있다.

이에 실험 참가자의 자기보고식 응답이 아니라 생리적 반응을 측정하여 실험의 효과를 진단하고 평가하는 방법이 광고에도 활용된다. 특히 최근의 뇌과학 혹은 신경과학(neuroscience)의 성과를 도입하여 광고 효과 측정 등에 활용하는 전략이 뉴로마케팅(neuromarketing)이라는 이름으로 각광을 받고 있다. 뇌전도(EEG), 기능적 자기공명 영상(fMRI), 시선 추적(ET), 경두개 자기 자극(TMS) 등을 통해서 광고에 대한 생리적 반응을 측정함으로써, 어느 부분이 소비자의 눈길을 잡았고 시선이 실제로 어디에 얼마나 머물렀으며, 마케팅 자극물에 노출될 때 뇌의 어떤 영역이 활성화되고 어떤 뇌파가 발생하는가를 측정함으로써 자기보고식 응답이 드러내지 않은 소비자의 속마음을 포착할 수 있다(신현준, 이은주, 2011; Lim, 2018).

광고 객체에 대한 정량적 조사 분석은 광고물이나 기사에 대해서 내용 분석(content analysis)이라는 체계적인 방법을 통해 데이터를 수집 분석하는 것이다. 정량적 방법으로서의 내용 분석은 텍스트를 읽고 단순히 주관적으로 그 주제 등을 파악하는 것이 아니라 분석 유목(coding scheme)을 세부적으로 설정하여 분석한 후 코딩한다. 이때 코딩하는 코더에 따라 임의로 분석하지 않도록 하기 위해서 코더 간 일치도(inter-coder reliability)를 측정하여 보고함으로써 최대한 객관성을 확보하려 노력한다. 이렇게 코딩한 결과를 가지고 빈도 분석 등의 통계 분석을 적용하여 내용에 담긴 의미를 분석한다. 내용 분석 방법은 기업이나 브랜드에 대한 언론 기사, 소비자 댓글 등 상품평, 이전의 광고물이나 경쟁사의 광고물을 조사 분석할 때 유용하게 활용한다.

(2) 정성적 데이터 분석

정량적 방법과 마찬가지로 정성적 방법을 통해 데이터를 수집하고 분석하는 경우에도 주체에 대한, 그리고 객체에 대한 조사 분석의 두 가지로 구분할 수 있다.

광고 주체에 대해서 정성적으로 데이터를 수집하고 분석하는 방법으로는 개인별 심층 면접, 초점 집단 면접, 참여 관찰, 민속지 등의 방법이 활용된다. 개인별 심층 면접이 구조화되지 않은 질문지를 가지고 개인별로 자유롭게 면담하는 방법이라면, 초점 집단 면접은 여러 명이 초점 집단을 구성하여 진행자(moderator)의 주도하에 어떤 주제에 관해서 서로 자유롭게 이야기하는 방법이다. 이는 광고 캠페인 기획 단계에서 소비자의 소비 경험이나 구매 행동에 대한 것, 특정 브랜드에 대한 생각 등을 파악하여 소비자 인사이트를 도출하고자 할 때 활용된다. 또는 광고 시안에 대한 소비자의 반응을 통해 새로운 아이디어를 창출할 수도 있고, 집행된 광고 제작물에 대한 의견과 평가 등을 심층적으로 파악하고자 할 때 많이 쓰인다.

개인별 심층 면접을 하거나 초점 집단 면접을 할 때 그들의 태도나 욕구 가치 동기 등 브랜드에 대한 이미지 등을 좀 더 깊이 있게 파악하기 위해서 투사 기법(projective technique)을 활용하기도 한다. 브랜드에 대한 단어 연상, 이미지 연상, 순서 재조정 등의 방법을 통해서 특정 제품이나 브랜드에 대해 소비자도 미처 인식하지 못한 속마음을 드러내도록 하는 방법이다. 미국 남부 지역 저소득층 주부를 대상으로 바퀴벌레 살충제의 소비 동기를 조사 분석한 사례는 이를 잘 보여 준다. 작은 플라스틱 용기에 담긴 바퀴벌레 살충제가 기존의 스프레이 방식의 살충제보다 훨씬 간편하고 효과적임에도 미국 남부 지역 저소득층 주부들은 스프레이 방식을 더 선호했다. 이에 주부들이 잘 드러내지 않는 숨겨진 동기를 파악하고자 그녀들로 하여금 바퀴벌레를 그림으로 그리고 그에 대한 스토리를 꾸며 보게 했다. 그 결과, 주부들은 여자를 비참하게 버리고 떠난 못된 남자의 이미지와 스토리를 바퀴벌레에 투사했다. 즉, 못된 남자에 대한 적개심이 무의식 속에 숨어 있던 저소득층 주부들은 바퀴벌레를 남자로 상정해서 바퀴벌레가 죽는 모습을 적나라하게 볼 때 쾌감을 느끼기 때문에 스프레이식 살충제를 여전히 더 선호하는 것으로 드러났다(Foxall, Goldsmith & Brown, 1998).

참여 관찰은 주로 조사 대상자와의 면접을 통해서 조사하는 개인별 심층 면접이나 초점 집단 면접과 달리, 조사 대상자가 처한 상황을 관찰하여 데이터를 수집하는 조사 방법이다. 이는 조사 대상자와 나누는 단기간의 대화나 면접만으로는 파악하기 어려운 측면을 파악하기 위해 활용한다. 주로 소비자의 매체 이용이나 소비문화 등을 이해하기 위해 참여하고 관찰한다. 예를 들어, 식품회사에서 식음료에 대한 소비 행태를 이해하기 위해 소비자의 집을 방문하여 그들의 냉장고나 식품 저장실(pantry)을 관찰하고 기록한다. 또는 신제품 출시를 앞두고 해당 제품의 잠재 고객과 함께 생활하면서 그들의 소비문화를 관찰하기도 한다. 소비자와 함께 텔레비전을 시청하거나 게임을 하면서 그들의 매체 이용 양식을 관찰하고 기록하는 방법도 이에 해당한다. 직접 참여하지는 않고 관찰만 할 수도 있는데, 조사 대상자의 동의를 얻어 비디오를 설치하고 그 기록한 영상을 분석하거나, 조사 대상자가 스스로의 소비 행태를 사진이나 일기 형식으로 기록하여 제출한 데이터를 분석하기도 한다.

민속지(ethnography)는 본래 문화인류학에서 많이 쓰는 방법인데, 소비자 조사 분석에도 활용되고 있다. 인류학자들이 조사 대상이 되는 특정 문화 현장 속으로 들어가 장기간 체류하면서 사람들과 면담도 하고, 관찰도 하고, 일지도 쓰는 등 다양한 방법을 구사하는 방법이다. 소비문화를 깊이 있게 이해하려고 할 때 이러한 방법을 구사하는데, 이를테면 미국에 이주해 온 라틴 아메리카 이주민들의 소비문화가 어떤 문화 적응의 과정을 겪는가를 보고한 연구가 그 사례이다(Penaloza, 1994). 또는 미디어 소비에 대한 장기적인 보고서, 10대 하위 문화 집단에서 특정 제품이 어떻게 소비되고 그 의미가 구성되는가를 장기간에 걸쳐 관찰하고 보고하는 경우가 이러한 사례이다. 최근에는 디지털 기기를 활용하여 사이버 공간에서의 소비문화를 민속지적 방법으로 조사 분석하기도 한다(Masten & Plowman, 2003).

광고 객체에 대해 정성적으로 데이터를 수집하고 분석하는 방법은 기호학이나 담론 분석 프레임 분석 같은 질적인 텍스트 분석(textual analysis)이다. 예를 들어, 광고 캠페인 개발 단계나 캠페인 집행 후 평가 단계에서 브랜드나 기업 및 소비자에 대한 언론 기사를 담론 분석 혹은 프레임 분석을 실시하여 몇 가지의 주제로 나누어 보고 심층적 의미를 규명하는 것이다. 또는 자사 브랜드의 이전 광고물이나 경쟁 브랜드의 광고물에 대한 기호학적 혹은 수사학적인 분석을 통해 스토리텔링 방식 등 크리에이티브 표현 스타일에 대해 깊이 있게 파악할 수 있다.

(3) 빅데이터 분석

빅데이터 분석에서는 정량적·정성적 데이터를 정형·비정형 데이터로 구분하면서 정량적 방법과 정성적 방법에 의한 데이터의 조사 분석을 전부 포괄하는데, 그런 점에서 기존의 정량적·정성적 데이터 분석과 구분할 필요가 있다. 빅데이터는 단순히 방대한 양의 데이터만을 의미하지 않는다. 흔히 빅데이터의 속성을 3V로 요약하는 것처럼 양적으로 방대해야 하고(volume), 그 유형이 다양해야 하고(variety), 생성 및 처리 속도가 빨라야 한다(velocity). 최근에는 이에 더해서 데이터의 진실성(veracity)과 타당성(validity), 가치(value)를 추가하여 6V가 있어야 빅데이터로 간주한다.

빅데이터 분석과 관련해서 주로 컴퓨터 과학이나 데이터 과학 분야에서 인공지능, 기계 학습, 심층 학습 등의 용어가 혼재되어 사용된다. 대체로 인공지능(Artificial Intelligence: AI)이 가장 넓은 개념이고, 인공지능을 구현하는 방법 중 하나가 기계 학습(machine learning)이며, 그중에서 특히 인간의 신경망과 유사한 정보 입출력 계층을 활용해 데이터를 처리하는 기계 학습을 심층 학습(deep learning)으로 간주한다.

비즈니스 분야에서는 데이터 마이닝(data mining) 혹은 텍스트 마이닝(text mining)이란 용어를 많이 사용한다. 마이닝이란 용어의 본래 의미가 방대한 양의 광물에서 가치 있는 광물을 찾아내어 캐내는 채굴인 것처럼, 데이터 마이닝은 방대한 양의 데이터를 분석하여 의미 있는 유형의 정보를 채굴하듯 추출하는 것이다. 데이터에서 의미 있는 정보를 채굴하려면 먼저 방대한 양의 빅데이터를 수집해야 한다. 기존의 정량적 혹은 정성적 방법에서는 서베이나 실험 및 심층 면접 등을 통해서 데이터를 수집하지만, 빅데이터는 파이썬(Python)이나 R 등의 프로그래밍 언어를 코딩하여 웹사이트에서 원하는 데이터를 대량으로 추출하는 웹 크롤링(web crawling) 혹은 웹 스크레이핑(web scraping)의 방법으로 수집한다.

이렇게 수집된 데이터에서 유용한 정보를 채굴하는 데이터 마이닝의 분석 방법으로는 미리 정해진 기준에 따라 의사 결정 나무와 같은 분석 기법을 통해 묶어 주는 분류(classification), 정해지지 않은 상태에서 유사한 것끼리 묶어 주는 군집화(clustering) 혹은 추정(estimation), 분류할 뿐 아니라 그것을 바탕으로 향후 일까지 분류 혹은 군집화하는 예측(prediction), 두 가지 이상이 동시에 일어날 가능성 및 패턴을 발견하는 연관(association)

등이 있다.

이러한 데이터 마이닝은 시장 세분화(segmentation)를 한 후 특정 세분 시장을 타기팅(targeting)하고, 그 세분 시장의 소비자 마음속에 자사 브랜드를 자리매김(positioning)하는 STP 전략을 수립할 때 유용하게 활용될 수 있다. 특히 데이터 기반 마케팅이 소비자의 행동 동선에 따라 데이터를 구매 관점 및 소비 관점의 데이터로 구분하면서 빅데이터 분석 역시 전략적으로 활용하고 있다. 데이터 기반 마케팅은 구매의 맥락에서는 소비자 여정에 주목하여 맞춤형 추천을 통해 구매 전환율을 높이는 개인화 마케팅으로, 소비의 맥락에서는 소비자 라이프스타일을 파악하여 브랜드를 통해서 라이프스타일 큐레이션(lifestyle curation)을 제안하는 브랜드 마케팅으로 진화하고 있다(김유나, 2020).

빅데이터 분석 중에서 특히 텍스트와 같은 비정형 데이터를 분석하는 방법을 텍스트 마이닝 혹은 텍스트 분석학(text analytics)이라 부른다. 사실, 빅데이터에는 수치로 정리된 정형 데이터보다 텍스트나 이미지로 된 비정형 데이터가 훨씬 많아서, 전체 데이터의 80% 이상은 비정형 데이터이다. 따라서 텍스트 마이닝은 그동안 계량화된 수치를 통계적 방법으로 분석하던 사회과학이나 자연과학뿐 아니라, 최근에는 디지털 인문학(digital humanities)이란 이름으로 문학작품이나 사료와 같은 텍스트를 분석할 때 텍스트 마이닝의 기법을 적극 활용하고 있다. 광고 커뮤니케이션 영역에서도 언론 보도 기사 분석이나 광고 소비자 상품 후기 분석 등에서 그 활용도가 높아지면서 주목받고 있다.

텍스트 마이닝 역시 웹 크롤링 혹은 스크레이핑을 통해 방대한 텍스트 데이터를 수집하는 것에서부터 시작되는데, 이렇게 수집된 방대한 문서들의 집합을 말뭉치(corpus)라고 한다. 텍스트 마이닝은 특히 비정형의 텍스트 데이터를 분석하기 때문에, 텍스트 데이터를 분석할 수 있도록 정제하고 변환하는 자연어 처리(natural language processing: NLP) 과정을 반드시 거쳐야 한다. 교착어인 한국어는 형태소 분석이나 품사 표식(POS tagging)에서 굴절어인 영어와 많이 다르고 까다로워서 전산언어학이나 컴퓨터 공학에서 많은 노력을 기울이고 있다. 텍스트 데이터를 수집하고 정제를 했으면 본격적인 텍스트 분석을 시행할 수 있는데, 많이 쓰이는 분석 기법은 핵심어 분석 및 단어구름, 의미 연결망 분석, 단어 임베딩, 군집 분석, 토픽 모델링, 감정 분석 등이다(윤태일, 이수안, 2020).

● 텍스트 마이닝의 분석 기법 ●

광고 조사 분석에서 많이 활용되는 텍스트 마이닝의 분석 기법은 다음과 같다(윤태일, 이수안, 2020). **핵심어 분석(key word analysis)**은 텍스트에 많이 출현하는 단어의 단순 빈도로 계산하거나 단어 빈도-역문서 빈도(TF-IDF)로 계산하여 단어구름(word cloud)으로 시각화하여 제시한다. **의미 연결망 분석(Semantic network Analysis: SNA)**은 사회 연결망에서 발전되어 일정 단위(예를 들어, 동일 문장 혹은 동일 문단)에서 동시에 출현한 단어를 서로 연결되어 있다고 보고 단어들의 연결망을 생성한 후 각 단어의 중심성 지수를 통해 의미가 어떻게 구성되는가를 분석한다. **단어 임베딩(word embedding)**은 주로 워드투벡(word2vec) 방법을 통해 각 단어들을 의미에 따라 2차원 공간에 자리매김할 때 서로 어떻게 배치되는가를 파악함으로써 각 단어 간의 유사도를 분석한다.

군집 분석(cluster analysis)은 말뭉치 내의 전체 문서를 내용상 유사한 것끼리 분류하여 군집화하는 방법으로, 군집으로 나눈 후 각 군집별 분석을 다시 추가할 수 있다. 군집 분석이 한 문서의 주제가 균일하다는 가정하에 문서 단위로 분류한다면, **토픽 모델링(topic modeling)**은 한 문서 내에도 여러 주제가 담겨 있을 수 있다고 보아서 토픽 단위로 좀 더 세분해서 분류하는 것이고, 그중에서도 동적 토픽 모델링(dynamic topic modeling)은 각 토픽이 시간의 흐름에 따라 얼마나 자주 출현하는가를 분석한다. 토픽 모델링이 텍스트의 주제를 분석한다면, **감정 분석(sentiment analysis)**은 텍스트에 담긴 태도나 의견 감정을 분석하는 것이어서 오피니언 마이닝(opinion mining)이라고도 부른다.

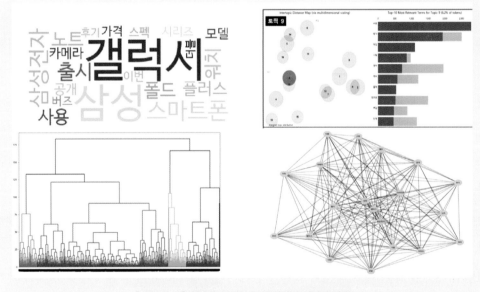

[그림 15-4] 텍스트 마이닝 분석 결과의 시각화 사례

최근에는 기계 학습도 텍스트 분석에 많이 원용되고 있다. 기계 학습은 지도 학습과 비지도 학습으로 구분한다. 지도 학습(supervised learning)은 사전에 제시된 기준이 있어서 이것을 바탕으로 판별하는 분석 방법이며, 비지도 학습(unsupervised learning)은 사전에 제시된 기준 없이 스스로 방대한 데이터를 경험하여 군집화하는 분석 방법이다. 예를 들어, 스팸메일에 대한 명확안 기준을 제시하고 데이터를 통해 학습하게 한 후, 수많은 이메일을 스팸메일과 아닌 메일로 구분하여 분류하는 판별 분석은 지도 학습이다. 반면에 사전에 스팸메일과 아닌 것의 기준이 설정되지 않은 채 광범위한 이메일 데이터를 학습하여 그것을 몇 가지 군집으로 묶는 군집 분석은 비지도 학습의 일종이다.

텍스트 마이닝은 특히 소비자 인사이트를 추출하는 데 유용하게 활용할 수 있다. 광고 및 브랜드에 대한 언론 기사와 그에 대한 댓글, 블로그, 페이스북 트위터 유튜브 등의 SNS 메시지, 쇼핑 사이트의 상품평, 사용 후기, 광고평, 기업과 브랜드에 대한 소비자 불만 게시글 등 광범위한 온라인 텍스트 데이터를 분석함으로써 유용한 정보를 채굴할 수 있다. 광고 캠페인 개발 단계의 조사 분석에서 관련 텍스트에 대한 핵심어 분석, 의미 연결망 분석, 단어 임베딩, 토픽 모델링, 감정 분석을 수행함으로써 광고하려는 브랜드의 이미지나 잠재 고객의 소비 행태 등을 파악할 수 있다. 그리고 그런 데이터 분석 결과가 캠페인 집행 후에 어떻게 달라졌는지 비교함으로써 광고 캠페인이 실제로 어떤 효과를 창출했는가를 조사 분석할 수 있다. 이를테면, 브랜드 관련 언급량의 변화를 통해서 브랜드 및 광고 캠페인이 얼마나 주목받고 화제가 되었는가를 파악할 수 있고, 그와 관련해서 많이 등장하는 핵심어 및 토픽이 무엇이고 어떻게 변했는지 분석할 수 있다. 의미 연결망이나 단어 임베딩을 통해서는 소비자가 브랜드와 관련된 연상이나 의미를 어떻게 구성하는지 알 수 있으며, 감정 분석을 통해서 긍정적 감정과 부정적 감정의 비중 및 더 세부적인 감정의 추이를 파악할 수 있다.

빅데이터 분석을 위한 프로그래밍 언어인 파이썬이나 R은 오픈소스 코드이기 때문에 누구나 무료로 다운받아 사용할 수 있다. 즉, 이러한 프로그래밍 언어의 코딩만 이해하면 누구나 쉽고 신속하게 분석할 수 있다. 그동안 조사의 중요성에도 불구하고 조사를 시행하지 않았던 가장 큰 이유는 비용과 시간이 많이 소요되기 때문이었다. 이전에 막대한 비용과 시간을 들여서 데이터를 수집하고 분석해야만 알 수 있었던 정보를 이렇게 쉽고 신속하게 수집 분석할 수 있게 됨으로써, 공개된 무료 프로그래밍 언어를 통한 빅데이터 분석은 광고 조사 분야에서 향후 더욱 요긴하게 활용될 것으로 기대된다.

3. 조사 분석의 두 영역

미국홍보협회의 ROPE 모형은 상황에 대해서 조사(Research)하고 목표(Objective)를 설정하고 관련 프로그램(Programming)을 실행한 후 그 효과를 평가(Evaluation)하는 일련의 캠페인 과정을 모형화한 것이다(Hendrix, 2004). 여기에는 조사 분석에 해당하는 영역이 두 가지(Research & Evaluation)나 포함되어 있다. 첫 번째의 조사(Research) 영역은 새로운 광고 캠페인을 개발하는 단계에서 필요한 데이터를 수집 분석하는 과정이고, 두 번째의 평가(Evaluation) 영역은 광고물을 제작하는 단계에서부터 광고 캠페인을 집행한 후 그 효과를 측정하는 과정이다. 이러한 분류에 따라 캠페인 개발 단계와 평가 단계의 조사 분석으로 나누어 살펴보겠다.

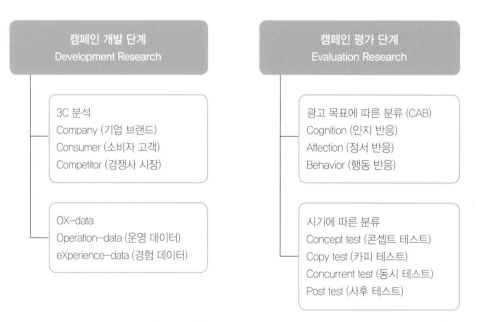

[그림 15-5] 광고 조사 분석의 두 영역

1) 캠페인 개발 단계의 조사 분석

상황 분석 단계에서 주로 조사 분석하는 영역은 크게 기업(company), 소비자(consumer), 경쟁사(competitor)의 3C로 정리할 수 있다. 이는 자사 브랜드, 고객, 시장 및 트렌드에 대한 조사이기도 하다. 최근에 특히 데이터를 강조하는 마케팅에서는 운영 데이터(O-data)와 경험 데이터(X-data)로 구분하기도 한다.

(1) 기업/소비자/시장(3C)의 분석

기업에 대한 조사 분석은 광고하려는 자사 브랜드 및 그 생산 주체인 기업에 대해 파악하려는 것이다. 이는 브랜드/기업의 역사와 현 상태 및 미래의 잠재력 등을 파악하기 위한 조사 분석이다. 기업에 대해서는 기업의 매출과 시장 점유율 같은 재무 상태, 브랜드의 제품 특징, 가격 정책, 유통 조직, 촉진 활동 등 마케팅 4p에 대한 데이터의 조사 분석이 요구된다. 브랜드에 대해서는 브랜드의 제품 속성과 기능과 같은 물리적 측면, 그리고 브랜드 개성 혹은 이미지와 같은 심리적 측면에 대한 조사 분석이 필요하다. 물리적 측면을 분석하기 위해서는 소비자에게 한 가지 브랜드만을 사용하게 한 후 평가하게 하는 단일 브랜드의 분석, 여러 브랜드를 사용한 후 비교 평가하게 하는 브랜드 간 비교 조사의 방법인 브랜드 간 비교 분석 방법을 구사할 수 있다. 브랜드 이미지 같은 심리적 측면은 투사 기법을 활용하여 파악할 수 있다.

소비자에 대한 조사 분석은 표적 수용자인 핵심 고객은 물론 잠재적인 고객이 주로 어떻게 구성되었는가에 대해 파악하는 것이다. 이를 위해서는 성별, 연령, 직업, 소득, 지역 등 인구통계적인 특성의 이해가 선행되고, 이를 바탕으로 소비자의 욕구와 필요, 구매 동기, 브랜드 및 광고에 대한 태도, 생활 양식, 가치관 등 심리적 특성을 파악해야 한다. STP 전략은 이러한 조사 분석을 활용할 때 가능하다. 이를 위해서 기존의 2차 데이터 및 1차 데이터를 활용하는데, 여기서 중요한 것은 소비자 인사이트를 발견하는 것이다. 소비자 인사이트는 최소한의 노력으로 최대한 광고 효과를 발휘할 수 있는 소비자의 심리 타점(sweet spot)에 기초해서 비니지스 기회로 연결될 수 있는 발견 사항이다. 소비자 조사 분석 데이터에 근거하여 소비자 인사이트를 도출하면, 그로부터 광고 콘셉트를 도출하고 크리에이티브 아이디어를 창출할 수 있다.

경쟁사에 대한 조사 분석은 자사 브랜드 및 경쟁 브랜드가 구성하고 있는 시장과 그를 둘러싼 사회문화 트렌드에 대해 파악하기 위함이다. 경쟁 브랜드는 자사 브랜드에 대한 구매 의사 결정 시 고려되는 대안들이라 할 수 있는데, 여기에는 동일한 제품군 내에 속하는 직접적 경쟁자는 물론 광범위한 간접적 경쟁자가 다 포함된다. 자사 브랜드와 경쟁 브랜드로 구성된 시장의 성장 주기, 브랜드별 시장 점유율, 소비 행태 등 시장의 특성에 대한 조사 분석 역시 필요하다. 그리고 시장을 구성하는 여러 브랜드의 이미지를 조사하여 각각의 브랜드를 소비자가 어떻게 지각하고 있는가를 핵심 기준에 따라 자리매김하는 소비자 지각도 (perceptual map)를 작성해 볼 수 있다. 더 나아가 시장을 둘러싼 전반적인 사회문화 트렌드 역시 조사 분석하는 것이 필요하다.

(2) 운영/경험 데이터의 분석

특히 데이터를 강조하는 마케팅에서는 캠페인 개발 단계에서 조사 분석하는 데이터를 O-데이터와 X-데이터로 구분하기도 한다. O-데이터란 매출 등 재무 정보, 로그 기록, 전사적 자원 관리(Enterprise Resource Planning: ERP), 인적 자본 관리(Human Capital Management: HCM), 고객 관계 관리(Customer Relationship Management: CRM) 등 기업 내부의 경영 활동으로부터 발생하는 운영 데이터(Operation data)를 말한다. X-데이터는 SNS나 인터넷 검색, 상품 후기 등 기업 외부의 고객으로부터 생산되는 경험 데이터(eXperience data)를 말한다. 기업 운영 데이터가 결과에 대한 것이라면 소비자 경험 데이터는 그 원인에 대한 것으로, 이 두 가지 데이터를 유기적으로 결합하여 구매 맥락에서 소비자 여정을 파악하고 소비 맥락에서 라이프스타일을 파악할 때, 전략적인 데이터 기반 마케팅을 더욱 전략적으로 구사할 수 있다(김유나, 2020).

캠페인 개발 단계에서 이렇게 세 가지 영역에 대해 조사 분석할 때, 앞에서 살펴본 다양한 조사 분석 방법을 구사할 수 있다. 즉, 텍스트 분석이나 심층 면접 참여 관찰 등 정성적 방법을 통해 수집한 데이터의 분석이 필요하고, 내용 분석, 서베이, 실험 연구 등의 정량적 방법을 통해 수집한 데이터의 분석이 요구된다. 또 소셜 미디어 분석, 광범위한 온라인 구매 행동에 관한 로그 데이터 등, 댓글, 상품평 등의 빅데이터에 대한 조사 분석도 필요하다.

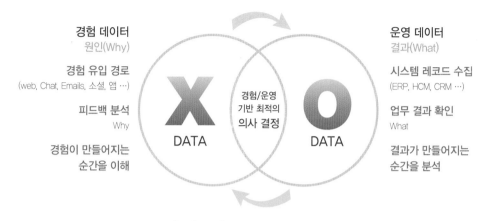

경험 데이터
원인(Why)

경험 유입 경로
(web, Chat, Emails, 소셜, 앱 …)

피드백 분석
Why

경험이 만들어지는
순간을 이해

경험/운영
기반 최적의
의사 결정

X DATA

O DATA

운영 데이터
결과(What)

시스템 레코드 수집
(ERP, HCM, CRM …)

업무 결과 확인
What

결과가 만들어지는
순간을 분석

[그림 15-6] 운영 데이터와 경험 데이터

• 출처: SAP-Insight(www.sapinsight.co.k).

이러한 조사 분석이 제대로 이루어졌다면 광고 캠페인을 통해 해결해야 할 문제 및 기회 요인이 명확하게 드러나야 한다. 이 단계에서 브랜드를 둘러싼 내부 역량으로서의 긍정적이고 부정적 측면인 강점(strength)과 약점(weakness), 그리고 외부 환경에서의 긍정적 혹은 부정적 요인으로서의 기회(opportunities)와 위협(threats)을 분석하는 SWOT 분석, 그리고 시장을 세분화하고 표적 시장을 선정하고 그 표적 시장 소비자의 마음속에 브랜드를 자리매김하는 STP 분석 등이 적용되기도 한다.

2) 캠페인 평가 단계의 조사 분석

캠페인을 집행하고 그 효과를 측정하는 평가 단계에서 조사 분석은 그 기준에 따라 몇 가지로 구분할 수 있다. 측정하려는 광고 목표가 무엇인가에 따라서 인지, 정서, 행동적 측면을 평가하는 조사 분석으로 나눌 수 있고, 측정 시기에 따라서 콘셉트 테스트, 카피 테스트, 동시 테스트, 사후 테스트로 나누기도 한다.

(1) 광고 목표에 따른 분류

광고 목표는 계층 효과(hierarchy-of-effects) 이론의 CAB 패러다임에 의해서 인지(Cognition), 정서(Affection), 행동(Behavior) 효과로 구분된다. 인지적 효과에 대한 측정은 대체로 광고물에 대한 재인과 회상이 대표적이다. 재인(recognition)의 측정은 응답자의 기억 속에 광고와 같은 특정 정보가 존재하는지를 확인하는 정도로, 이를테면 양자택일형의 설문을 통해 '예'나 '아니오'로 응답하게 하여 측정한다. 회상(recall)의 측정은 응답자가 습득한 정보를 기억에서 인출해 낼 수 있는가를 확인하는 것으로, 인출에 도움이 될 만한 단서 등을 제시하는지의 여부에 따라 보조 회상(unaided recall)과 비보조 회상(aided recall) 측정으로 구분한다. 재인보다는 회상이 정보를 더 깊게 처리하여 저장하고 인출한 기억이기 때문에, 재인을 했다고 해서 회상을 할 수 있는 것은 아니다.

재인과 회상 같은 광고의 인지적 효과는 일반적으로 양적 조사 분석 방법인 서베이를 통해 많이 측정하지만, 이 외에도 다른 데이터 분석 방법을 통해 다른 인지적 효과를 측정할 수 있다. 뉴로마케팅의 측정 방법인 시선 추적(ET), 뇌전도(EEG), 기능적 자기공명 영상(fMRI) 등을 통해 광고가 얼마나 주목을 이끌어 냈고, 소비자의 시선이 광고의 어느 부분에 어떻게 이동하고, 뇌의 인지적 반응이 얼마나 활성화되는가 등을 평가할 수 있다. 빅데이터 분석, 특히 텍스트 마이닝을 통해서도 광고의 인지적 효과를 평가할 수 있다. 광고 캠페인을 집행하기 전과 집행한 후에 소셜 미디어의 텍스트나 언론 보도 기사에서 광고나 브랜드 관련 언급량이 얼마나 변했는지, 토픽에서 어떤 변화가 있었는지, 의미 연결망에서 의미의 구성이 어떻게 달라졌는지를 비교함으로써 광고와 브랜드에 대해서 소비자가 어떻게 이해하고 그 의미를 받아들이고 있는지 가늠해 볼 수 있다.

정서적 효과 역시 전통적인 서베이 방법을 통해 측정한다. 주로 광고에 대한 태도나 호의도, 그리고 광고된 브랜드에 대한 태도 등을 설문 문항을 통해 질문하여 측정한다. 개인별 심층 면접이나 초점 집단 면접과 같은 정성적 방법을 통해서도, 광고의 어떤 요소가 좋았고 어떤 부분이 거슬러서 향후에는 수정 보완하는 것이 좋을지 등을 깊이 있게 파악할 수 있다. 생리적 반응에 대한 측정을 통해서도 정서적 효과를 평가할 수 있다. fMRI 혹은 EEG 측정 장비를 사용하여 광고물에 노출된 상태에서 뇌를 측정했을 때, 정서 반응을 담당하는 뇌의 혐오 영역과 선호 영역이 어떻게 활성화되고 그와 관련되어 생성된 뇌파가 어떻게 달라지는가를 측정함으로써 정서적 효과를 평가할 수 있다. 빅데이터 분석을 통해서도 가능하다. 브랜드에 대한 좋아요, 댓글, 상품평을 수집하여 텍스트 마이닝의 감정 분석 기법을 적용하면 브랜드 혹은 광고물 자체에 대한 긍정적 감정과 부정적 감정의 정도를 분석할 수 있다. 더 나아가서 더욱 세분화된 감정 분석도 가능해짐에 따라, 소비자의 언어를 통해 더욱 정교하게 정서적 효과를 분석할 수 있다.

행동적 효과는 전통적인 서베이에서 구매 의도를 질문하여 평가했다. 하지만 행동 의도가 실제로 행동 자체를 얼마나 예측하는가 하는 문제가 항상 뒤따랐다. 단순히 행동 의도뿐 아니라 광고가 집행된 후 광고한 브랜드에 대해서 얼마나 문의하고 주문했는가를 측정하기도 한다. 이제는 신용카드나 바코드 스캐너 사용이 대중화되어 매출 데이터를 즉각적으로 확인할 수 있어, 광고 캠페인과 실제 매출의 관계를 어렵지 않게 추적할 수 있다. 온라인 광고의 경우에는 다양한 행동 반응을 측정한다. 온라인 광고의 행동 반응을 측정하는 대표적인 지표는 해당 광고를 얼마나 클릭했는가의 클릭률(Click Through Rate: CTR), 그 결과 어플 설치, 장바구니 담기, 구매 등과 같은 행동으로 얼마나 전환했는가의 전환율(Conversion Rate: CVR) 등이다. 특히 퍼포먼스 마케팅을 통해 온라인에서 소비자가 온라인 광고 등에 노출된 후 어떤 웹사이트를 거쳐 최종 구매에 이르게 되었는가 하는 소비자 여정의 추적이 가능해졌고, 그 과정에서 개별적인 웹사이트가 얼마나 기여(attribution)했는가를 더 정교하게 측정할 수 있게 되었다. 또 구매 의도를 가지고 장바구니에 담았지만 마지막에 실질적인 구매까지는 가지 않은 소비자 행동을 추적해서 거기에 적합한 상품을 추천하는 리타기팅(retargeting)까지 가능해졌다.

(2) 시기에 따른 분류

광고 효과를 평가하는 4단계의 조사 분석 중 첫 번째는 콘셉트 테스트(concept test)이다. 이것은 제작 과정의 시작 단계에 콘셉트를 대상으로 그 효과를 미리 측정해 보는 것이다. 조사 대상이 되는 콘셉트는 여러 가지가 있는데, 제품 콘셉트 혹은 포지셔닝일 수도 있고, 그 밖에 슬로건, 캠페인 테마, 광고의 메시지, 크리에이티브 콘셉트 등을 조사하기도 한다. 조사 방법은 개별 심층 면접이나 초점 집단 면접과 같은 질적 방법을 많이 사용한다. 이미 도출된 광고 콘셉트에 대한 소비자의 의견을 들어 봄으로써 그에 대해 진단하는 것이 주요 목적이지만, 그 조사 과정에서 새로운 아이디어를 얻을 수도 있다.

카피 테스트(copy test)는 광고 제작물에 대한 효과를 사전에 진단해 보는 조사이다. 여기서의 카피는 광고의 언어적 요소를 의미하는 좁은 의미의 카피가 아니라 광고물 자체를 말한다. 완전히 완성되지 않은 시안 수준에서 효과를 측정하기도 하고, 거의 완성되어 집행될 수 있는 수준에서 측정하기도 한다. 시안 수준에서 평가하는 방법에는 등급순위법이나 대응비교법이 사용된다. 등급순위법(order of merit method)은 호감도 혹은 이해도 등의 평가 기준에 따라 여러 광고 시안을 순서대로 배치하게 하여 평가하는 방법이다. 대응비교법(paired comparison method)은 두 개의 대안을 보여 주고 선호하는 대안을 선택하도록 하는 것으로, 모든 대안이 짝을 이루어 비교가 이루어지도록 평가가 계속된다. 역시 이 과정에서 광고 시안의 카피나 레이아웃 등 의견을 수렴하여 제작물의 완성도를 높이는 데 활용할 수도 있다.

완성된 광고 제작물을 가지고 평가하는 방법으로, 인쇄 광고는 포트폴리오 테스트, 가상 광고 비히클 등의 방법을 사용하고, 방송 광고는 영화관 테스트나 방송 중 테스트 방법을 쓴다. 포트폴리오 테스트(portfolio test)는 측정하고자 하는 광고물을 다른 기타의 광고물과 함께 엮어서 포트폴리오를 구성한 후 소비자에게 노출시켜 나중에 해당 광고에 대한 재인이나 선호도 등을 측정하는 방법이다. 가상 광고 비히클(dummy advertising vehicle)은 광고뿐 아니라 가상의 매체(이를테면 가상의 잡지)를 만들고 그 속에 광고물을 배치하여 읽게 한 후 광고 효과를 측정하는 방법이다. 영화관 테스트(theater test)는 실험 장소로 선정된 영화관에 광고물을 실제로 방영한 후 소비자의 반응을 측정하는 방법이다. 방송 중 테스트(on-air test)는 실험 시장으로 선정된 지역의 케이블방송 등에만 광고를 집행한 후 그 효과를 측정하는 방법이다. 물론 시선 추적(ET), 뇌전도(EEG), 기능적 자기공명 영상(fMRI) 등의 생리적 반응을 측정함으로써, 어떤 광고물이 시선을 더 끌고 호의적인 정서 반응을 활성화했는지를 진단해 볼 수도 있다.

동시 테스트(concurrent test)는 광고 캠페인이 집행되는 동안에 광고 효과를 측정하는 것으로, 추적 조사와 일치 조사의 두 가지가 있다. 추적 조사(tracking research)는 매년 일정한 시점에 정기적으로 매출 조사나 광고 효과 조사 및 기업 이미지 조사를 실시하여 그 추이를 추적하는 조사이다. 특히 단일 원천 추적 조사(single-source tracking test)는 광고매체에 노출되는 단계부터 제품 구매에 이르기까지 과정을 추적한다. 케이블 TV에 가입된 소비자를 대상으로 패널을 구성하고, 이들에게 쇼핑 카드를 미리 지급하여 쇼핑 행동 데이터도 확보한다. 이들의 쇼핑 행동 데이터를 매체 이용 데이터와 결합하여 광고와 실제 구매 행동의 연관성을 추적한다.

　일치 조사는 소비자가 매체에 노출되는 동안 방금 본 것에 대해서 조사하는 것이다. 보통 전화 면접을 통해 많이 이루어지는데, 방금 본 광고에 대해서 측정하기 때문에 기억 손실로 인한 측정 오류를 줄일 수 있다. 전화 면접 외에도 다양한 방법이 활용되는데, 예를 들어 소비자들이 구매 내역이나 소비 행태를 일기장에 기록하거나 비디오로 촬영하여 광고 캠페인이 진행되는 동안의 변화를 조사하기도 한다. 온라인 광고의 경우는 A/B 테스트를 통해서도 사전에 혹은 동시에 광고 효과를 측정해 볼 수 있다. 즉, 다른 조건은 모두 동일하고 배너의 버튼 색깔만 달리한 광고물 A/B를 온라인 환경에 노출했을 때, 과연 어떤 광고물이 더 많은 클릭을 유도했는지 측정한다.

　사후 테스트(post test)는 광고 캠페인을 전부 집행하고 난 후에 실시한다. 주로 캠페인의 성과에 대한 평가, 향후 후속적인 캠페인을 기획할 때 기준점을 확보하기 위함이다. 사후 테스트는 광고 목표에 따라서 인지적·정서적·행동적 효과를 측정하는 조사 분석으로 나눌 수 있고, 매체에 따라 인쇄 광고, 방송 광고, 혹은 온라인 광고의 효과를 측정하는 조사 분석으로 나눌 수 있다. 주로 서베이와 같은 정량적 방법을 많이 구사하는데, 이 중에서 특히 방송 광고의 효과를 측정할 때 많이 쓰는 방법은 일일 후 회상(Day After Recall: DAR)이다. 이는 방송 광고가 집행되고 하루가 지난 다음, 집행된 프로그램을 시청한 소비자를 대상으로 전화 면접으로 실시한다. 주로 보조 회상이나 비보조 회상 등 인지적 효과를 측정하는데, 정서적 효과도 측정하기 위해서 다국적 광고회사 BBDO의 EMS(Emotion Measurement System)와 같은 감정 측정 방식을 도입하기도 한다. 최근에는 빅데이터 분석을 통해서 캠페인의 성과를 측정한다. 특히 텍스트 마이닝 기법을 활용하여, 언론 보도나 SNS에서 브랜드에 대한 언급량에 대한 단순 빈도 분석에서부터, 의미 연결망 분석, 동적 토픽 모델링, 감정 분석 등을 통해서 캠페인 전과 후에 텍스트의 의미가 어떻게 변했는가를 비교 분석할 수 있다.

참고문헌

김소연, 황보현우(2020). 크리에이티브의 미래 인공지능. 윤일기 외 공저, 디지털 시대의 광고 크리에이티브(pp. 335-354). 서울: 학지사.

김유나(2020). 빅데이터와 광고. 김현정 외 공저, 스마트 광고 기술을 넘어서(pp. 111-141). 서울: 학지사.

신현준, 이은주(2011). 뉴로마케팅의 원리와 활용 사례. Korea Business Review, 14(3), pp. 193-213.

윤태일, 강홍림(2012). 의료관광 전문가를 위한 국제 마케팅 커뮤니케이션. 서울: 늘봄.

윤태일, 이수안(2020). 파이썬으로 텍스트 분석하기. 서울: 늘봄.

정만수, 김유경, 이경렬, 전영우, 김병희, 최영균, 심성욱(2014). 글로벌 시장과 국제 광고. 서울: 서울경제경영.

정세훈(2020). 광고 효과에 대한 새로운 시각. 박현수 외 공저, 광고 미디어의 현재와 미래(pp. 257-275). 서울: 학지사.

정지호(2020. 7. 2.). 빅데이터가 쇼핑에도…? 아마존의 빅데이터 마케팅 서비스: 아마존 예측 배송 경로 시스템. 〈소비자 평가〉 URL: http://www.iconsumer.or.kr/news/articleView.html?idxno=12151

Ellis, S. & Brown, P. M. (2017). 진화된 마케팅 그로스 해킹. (이영구, 이영래 공역). 서울: 골든어페어. (원저는 2017년에 출판).

Foxall, G. R., Goldsmith, R. E., & Brown, S. (1998). Consumer psychology for marketing. Belmont, CA: Thomson Learning.

Hendrix, J. A. (2004). Public relations cases. Belmont, CA: Thomson Learning.

Lim, W. M. (2018). Demystifying neuromarketing. Journal of business research, 91, 205-220.

Masten, D. & Plowman, T. (2003). Digital ethnography: The next wave in understanding the consumer experience. Design management journal, 14(2), 75-81.

Nisbett, R. E. (2004). 생각의 지도. (최인철 역). 서울: 김영사. (원저는 2003년에 출판).

Penaloza, L. (1994). Atravesando fronteras/border crossings: A critical ethnographic exploration of the consumer acculturation of mexican Immigrants. Journal of consumer research, 21(1), 32-54.

제16장

광고와 사회 그리고
광고 규제*

여기 A라는 사람이 있다. A라는 사람은 유능하고 매력적이며 사회적으로 영향력도 있다. A가 사회에 미치는 영향력이 긍정적이라면 그나 그녀의 유능함은 더욱 빛나겠지만 부정적이라면 위험한 존재가 될 수 있다. 그래서 유능함보다는 좋은 사회적 영향력이 우리가 살아가는 세상에서 더 중요한 덕목일지 모른다. A가 '광고'라고 한다면 더더욱 그렇다.

광고는 본질적 기능을 제대로 수행하고 사회적 역할과 책임을 다할 때 비로소 진정한 가치가 있다. 미디어와 기술의 발달로 인해 광고가 점점 더 우리의 생활 속으로 깊이 스며들수록 더욱 더 중요해지는 부분이다. 이 장에서는 광고의 사회적 역할과 기능, 그리고 광고 윤리를 살펴보고 그에 따른 규제 방안을 알아본다. 광고가 사회에서 보다 가치 있는 역할과 기능을 수행할 수 있는 방법에 대해 생각해 보자.

---

* 정승혜(서울여자대학교 언론영상학부 교수)

1. 광고와 사회

광고와 사회는 매우 밀접한 관계에 있다. 광고는 트렌드를 만들기도 하고 한 사회의 문화나 의식을 반영하기도 하며, 사회 구성원의 사고나 인식을 변화시키거나 조장하기도 한다. 복잡한 미디어 환경과 디지털 테크놀로지의 발달은 광고를 점점 더 정교하게 만들어 우리의 일상은 광고와 더 가까워졌고, 이로 인해 광고가 사회에 미치는 영향에 대한 관심과 중요성은 더욱 커지고 있다.

세계 광고의 추세나 발전 방향을 알 수 있는 바로미터 중 하나는 국제광고제의 변화이다. 세계적인 광고제인 칸 국제광고제는 지난 2009년에 글라스(Glass) 부문을 신설했다. 글라스 부문은 사회에 긍정적인 영향을 미친 광고에 수여하는 상으로, 브랜드의 목적을 넘어 문화를 변화시키거나 창조하고, 세상에 긍정적인 영향을 미치기 위해 창의적인 커뮤니케이션을 시도하는 데 그 목적이 있다. 글라스 부문에 출품하려면 '세상을 바꾸기 위한 아이디어'를 담고 있어야 한다. 고착화된 성 불평등, 불균형 및 부당함을 다루는 광고, 또는 의식적인 젠더 표현을 통해 성별 불평등이나 편견의 문제를 암시적으로 또는 명시적으로 다루는 광고가 그 대상이다. 글라스 부문의 제정은 광고의 영향력을 같이 긍정적으로 이끌어 내기 위한 노력이며, 그만큼 광고의 사회적 역할에 대한 관심과 중요성이 증가하고 있다는 의미이다.

그러나 본질적으로 광고는 이러한 불평등이나 편견과 같은 부정적인 인식을 조장하기 쉬운 특징을 지녔다. 광고 같은 대중매체 콘텐츠는 성별, 인종, 연령 등에 대한 스테레오타입을 재생산하고 강화하기 때문이다. 이러한 스테레오타입은 특정 대상을 바라보는 우리의 관점과 시각에 지대한 영향을 미쳐 사회에 불평등한 결과를 야기할 수 있다. 이것이 스테레오타입에 대한 이해와 경계가 필요한 이유이며, 광고가 지니는 사회문화적 역기능으로 끊임없이 지적되고 있는 원인이다. 그렇다면 광고는 어떻게 스테레오타입을 재생산하거나 강화하는 걸까? 단순히 광고 제작자들의 잘못된 판단 때문일까? 광고 속 스테레오타입에 대해 자세히 알아보자.

정식 명칭은 칸 라이언즈 크리에이티비티 페스티벌(Canne Lions International Festival of Creativity). 줄여서 칸 라이언즈라 불린다. 원래는 칸 라이언즈 광고 페스티벌(Advertising Festival) 이었으나 더 이상 광고라는 단어로는 창의성을 설

명할 수 없다고 판단, 2011년에 크리에이티비티 페스티벌로 명칭을 변경했다. 클리오 어워즈, 뉴욕 페스티벌과 함께 세계 3대 광고제로 꼽힌다. 1954년에 창설되었으며 매년 칸 영화제로 유명한 프랑스의 칸(Cannes)에서 5일 동안 열린다. 창설 당시 극장용 광고를 중심으로 개최되었으나 광고와 미디어의 발달에 발맞춰 다양한 부문을 추가해 오면서 수상 분야는 9개의 트랙 아래 27여 개 부문에 이르고 있다. 각 부문별로 그랑프리와 금사자, 은사자, 동사자 상을 수여한다. 2011년에는 광고 매출의 중요성을 포함시키기 위해 '크리에이티브 효율성' 부문을, 2012년에는 '모바일' 부문과 '브랜드' 부문을, 2015년에는 광고의 긍정적 영향력을 강화하기 위해 '글라스' 부문 등을 신설하면서 세계적인 광고 트렌드를 담아내며 최고의 광고제로 인정받고 있다.

1) 광고와 스테레오타입

(1) 스테레오타입의 정의

스테레오타입(stereotype)이라는 용어는 원래 18세기 말에 개발된 연판(鉛版)을 일컫는 말이다. 신문 등의 고속 인쇄 작업에 널리 사용된 인쇄용 금속판의 일종이다. 지속적으로 일정한 인쇄를 할 수 있는 판형을 만들어 내는 것을 의미하는데, '판에 박힌', '항상 똑같은', '고정된', '진부한' 등의 일반적인 사전적 의미와 일맥상통한다. 또 다른 정의로는 어떤 특정한 대상이나 집단 구성원들에 대해 공통적으로 갖는 표준화된 정신적 표상으로, 과도하게 단순화된 견해, 편견적 태도 또는 무비판적인 판단을 드러내는 것이라 할 수 있다. 그 외에 '고정 관념', '정형화된 생각'으로 번역되어 사용되기도 한다.

이러한 스테레오타입이 사회학적 개념으로 사용되기 시작한 것은 1921년, 리프만

(Lippman)에 의해서다. 그는 저서 『여론(Public Opinion)』(1921)에서 스테레오타입은 "이 세상을 실제보다 더 이해 가능하고 통제 가능한 것처럼 단순하게 보는 그림"으로 정의했다. 현실이란 너무 복잡하고 정확히 표상할 수 없기 때문에 지각, 판단, 행동을 단순화할 필요가 있는데, 이런 의미에서 스테레오타입은 일종의 에너지 절약 장치인 셈이다. 또한 스테레오타입은 사람들이 어떤 대상을 인식할 때 그 대상에 대한 객관적인 지식과 경험에 근거한 사고가 아니라, 먼저 대상에 대해 가지고 있는 개인의 주관적인 표상이나 이미지를 통해 걸러진 인식이다. 즉, 교육과 학습을 통해 형성되고 문화적으로 인식된 표상이 새로운 지식과 경험을 받아들일 때 가치 판단의 기저로 작용하는 것이다.

스테레오타입은 하나의 범주화(categorization) 과정으로 볼 수도 있다(Tajfel, 2001). 범주화란 비슷한 성질의 것을 일정한 기준에 따라 하나의 종류나 부류로 묶는 인식의 과정이다. 스테레오타입은 사회적 범주화에 의해서 시작된다. 사회적 범주화 과정을 통해서 어떤 대상이 특정 집단에 할당되면 그 집단의 일반적 속성에 의해 판단되는 것이다. 예를 들어, 광고에서 한 사람이 멋진 슈트를 입고 회의실에서 많은 사람을 상대로 프레젠테이션을 하고 있다면, 그 광고를 보는 소비자들은 그를 성공한 비즈니스맨으로 범주화할 것이다. 이때 그 개인이 가진 개별적이거나 고유한 특징은 고려되지 않고, 성공한 비즈니스맨이 갖는 일반적인 특징에 의해서 판단되기 때문에 그를 유능하고 민첩한 사람이라고 생각할 것이다. 이와 같이 스테레오타입은 인간이 자신을 둘러싼 환경을 특정 기준에 따라 범주화하고 각 범주에 일반적 특성을 부여하는 방식으로 환경을 빠르고 효과적으로 인식하기 위하여 만들어 낸 일종의 인지 구조이다(Taylor, 1981).

사회심리학적 관점에서 보면, 스테레오타입은 특정 집단이나 사회적 범주의 구성원들이 가지는 자질이나 특성에 대한 인지적 일반화이다. 이때의 일반화는 단순하고, 정형화되어 있으며, 편향되어 있고 부정확하다(Stroebe & Insko, 1989). 특정 대상물이 어떻게 보이는지, 또는 무엇인지에 대해서 관습적으로 고착화된 견해와 같은 것이다. 타인이나 타집단에 대한 긍정적이든 부정적이든 일반화된 인식적 판단이자 대상을 인식하는 주체의 인지 및 감정적 요소의 필터링을 거친 결과물이다(박재영, 2011).

한편, 문화 연구에서는 스테레오타입을 보다 비판적인 관점으로 다룬다. 스테레오타입이란 차이를 규정하는 특성을 과장하고 단순화하여 일반화한 것이다(Hall, 2001). 스테레오타입은 집단 내부의 차이를 축소하고, 핵심화하고, 자연화하고, 고정시킨다. 홀에 의하면, 스테레오타입은 폐쇄와 제외를 통해서 만들어지며, 정상적인 것과 비정상적인 것, 수용할 만한 것과 수용할 수 없는 것을 구분하여 전자는 수용하고, 후자는 제외하고 삭제한다는 데 문제가 있다.

(2) 배양 이론과 사회 인지 이론

매스미디어는 다양한 스테레오타입을 형성하고 강화하는 것으로 알려져 있다. 리프만의 주장처럼 미디어는 '우리 머릿속의 이미지'를 만들어 특정 집단에 대한 고정되고 편향된 인식을 갖게 한다. 특히 광고는 짧은 시간 내에 소비자들과의 소통을 원활하게 하기 위해 스테레오타입과 같은 기존의 사회적 신념 체계를 자주 이용한다. 이를 설명하는 이론에는 배양 이론과 사회 인지 이론이 있다.

① 배양 이론 (Cultivation Theory)

배양 이론은 텔레비전에서 남성과 여성에 대한 특정 이미지를 지속적이고 고정적으로 전달하면 사람들은 실제 세계의 이미지보다 대중매체에서 제시된 가상 세계의 이미지를 받아들이게 된다는 이론이다(Gerbner et al., 1994). 텔레비전과 같이 표현이 사실적일수록 이러한 배양 효과는 더욱 강하게 나타난다. 텔레비전을 많이 시청하는 사람들은 텔레비전을 통해 반영된 사회적 현실을 쉽게 받아들이는데, 이는 텔레비전을 통해 나타난 이미지와 인물 묘사 등이 비교적 일관되고 획일화되어 있기 때문이다.

따라서 배양 이론은 광고와 같은 매스미디어에서 재현되는 특정 집단의 스테레오타입이 사회 구성원들의 인식과 태도에 영향을 미칠 가능성을 제시한다. 다르게 말하면, 미디어를 통해 재현되는 사회적 현실은 대중의 인식과 감정에 영향을 미치기 때문에 특정 사회 집단이나 구성원에 대한 스테레오타입으로 인해 우리 사회에 퍼져 있는 지배적인 생각들을 반영한다고 볼 수 있다.

② 사회 인지 이론(Social Cognitive Theory)

배양 이론이 미디어에 노출되는 양적인 측면을 이야기한다면 사회 인지 이론은 내용적 측면에 보다 주목한다. 사회 인지 이론은 개인의 인지, 행동, 경험 및 환경의 상호작용을 통해 학습이 일어난다는 이론으로, 텔레비전 광고와 같이 반복되고 메시지가 단순하며, 보상이 따르는 경우 시청자가 광고에서 본 것들을 통해서 학습이 이루어진다는 것이다. 반복 노출된 모든 행위를 다 모방하는 것은 아니지만 텔레비전에 묘사되는 방식은 시청자가 인물이나 모델의 행위를 해석하거나 그에 반응하는 것에 영향을 미친다. 또한 광고 모델이 자신과 비슷하다고 생각할수록 광고가 수용자에게 더 강한 영향을 미친다. 광고 모델의 인종이나 민족성으로 유사성을 형성하는 경우가 많다.

따라서 광고에 나타나는 스테레오타입화된 이미지는 수용자들에게 학습되고, 이것이 사회문화에 반영되고, 반영된 사회문화는 다시 광고에 재현됨으로써 악순환의 형태로 재생산된다. 한 사회의 인식을 광고는 스테레오타입의 형태로 재생산하고, 사회의 인식은 다시 강화되는 형태로 끊임없이 연결되는 것이다. 결국 특정 집단에 대한 편향적이고 잘못된 사회적 인식이 광고 속 인물의 모습이나 이미지를 통해서 반영되어 스테레오타입화되는데, 이런 스테레오타입화된 내용이 담긴 광고는 잠재적으로 사회적인 편견과 분열을 조장한다는 점에서 광고 내용의 질적 수준은 반드시 감시되고 고려되어야 한다.

2) 광고 속 스테레오타입의 유형

(1) 성별

성에 대한 스테레오타입은 사회에서 가장 많이 사용되고 유지되는 신념 체계의 일종이자 광고를 대상으로 빈번하게 거론되는 스테레오타입 유형이다.

성별 스테레오타입은 여성성 및 남성성에 대한 주관적인 견해들이 사회적으로 고착화되어 형성된다. 성별 스테레오타입은 젠더(gender) 스테레오타입으로 더 많이 일컬어지는데, 여기서 '젠더'란 사회적으로 구성된 성을 말한다. 연관된 용어로 성역할 스테레오타입이 있다. 성역할(gender role)은 생물학적인 성을 바탕으로 사회가 적절하고 바람직하다고 규정한 특성 및 가치 등을 가리킨다. 따라서 성역할은 본질적으로 타고나는 것이 아니라 후천적으로 특정 사회나 문화 내에서 여러 가지 규범적 요소와 환경적 요소에 의하여 만들어진 것이다. 사람들은 자신이 속한 성별에 대한 사회적 규범을 수용하고 이에 순응한다.

또한 스스로를 성별로 범주화할 뿐 아니라 타인에 대해서도 성별에 따라 행위를 평가하는 경향이 있다. 이와 같이 성역할의 차이는 사회적으로 구성되고 재생산되는 것으로, 결국 문화적으로 구성된 표상들로 인해 특정한 성에 대한 왜곡된 관념이 만들어진다.

젠더 스테레오타입은 주로 이항대립의 형태로 나타난다. 예를 들면, 여자는 약하고 남자는 강하다거나, 여자는 부드럽고 남성은 거칠다와 같은 경우다. 광고에는 이러한 전통적인 젠더 스테레오타입이 종종 이용되는데, 이를 살펴보면 여성의 배경은 주로 가정인 반면 남성은 직장이나 업무 공간이다. 여성은 가정주부이거나 어린이와 함께 등장하는 경우가 많은 데 비해 남성은 전문 직업인이나 직장인이 많다. 광고 메시지를 전달하는 목소리는 남성이 더 많은데, 이는 남성이 권위와 관심의 대상임을 의미하는 것이다. 여성은 권위자보다는 주로 사용자로 등장한다.

젠더 스테레오타입이 강화될수록 이로 인한 사회의 불평등한 결과는 더욱 많이 야기될 수 있다. 이를 모니터하고 경계하는 자세와 이를 뒷받침하는 규제가 반드시 필요하다.

(2) 인종

스테레오타입은 인종주의를 구성하는 기본 요소이다. 홀(Hall, 2001)에 의하면, 인종에 관한 스테레오타입은 특정 주민 그룹을 구분하는 데 신체적 특징을 사용하는 사회적 실천 양식으로, 여러 다른 인종 간의 유전적 차이가 하나의 인종 내에서 나타나는 개인의 차이보다 크지 않다고 지적한다. 인종과 관련된 스테레오타입은 자신의 인종은 우수하고 다른 인종은 열등하며, 다른 인종이 자신의 인종에 위협이 된다는 믿음의 형태가 깔려 있다. 이는 앞서 설명한 사회 인지 이론의 설명과 같은 맥락이다. 자신이 속한 집단을 긍정적으로 생각하고 다른 집단들을 부정적으로 보는 경향성이 있어서, 집단에 대한 일반적인 기대를 근거로 개인을 평가하여 편견을 만들어 낸다.

특히 광고와 같은 매스미디어 콘텐츠에는 서로 다른 문화권이나 인종 등에 대한 사회적 인식이 반영되어 있다. 예를 들어, 흑인들은 보통 단순하거나 의존적인 인물, 또는 음악이나 스포츠와 관련된 상황에서 등장하는 인물 등으로 자주 묘사되고 있다. 실제 유명 브랜드 광고에서도 인종에 대한 스테레오타입이 이용된 경우가 종종 발견되는데, 씻으면 흑인이 백인으로 변한다며 흑인과 백인의 피부색을 대비하여 백인의 우월 의식을 드러낸 도브

(Dove) 바디워시 광고나 흑인 어린이에게 '정글에서 가장 멋진 원숭이'[1]라는 글이 프린트된 옷을 입힌 H&M 광고 등이 있다. 특히 도브의 경우 자사 페이스북에 게재한 3초짜리 비디오 클립 광고를 집행했는데([그림 16-1] 참조), SNS를 통해 확산된 후 많은 비난을 샀다. 논란이 커지자 도브 측은 문제의 광고를 내리고 트위터와 이메일 성명을 통해 "이 광고는 도브가 열정을 기울이고 있는 진정한 미(美)의 다양성을 대변하지 못하고 있다"라면서 "이런 일은 일어나서는 안 되었다"라고 사과했다.

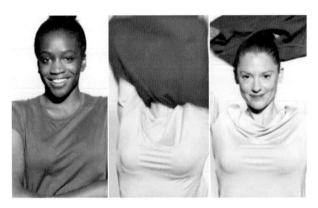

[그림 16-1] 도브의 바디워시 영상 광고. 인종에 대한 스테레오타입이 드러난 광고로 게재 후 논란의 대상이 되었다.
• 출처: Youtube.com

이와 같이 특정 민족이나 인종들에 대한 잘못된 사회적 인식의 많은 부분은 스테레오타입을 보여 주는 광고 속의 인물이나 상징화된 이미지를 통해서 만들어진다. 광고에 나타나는 인종에 대한 스테레오타입이 사회적인 편견과 분열을 조장함을 인식하고 이러한 광고의 잠재적 영향력에 주의를 기울여야 한다.

(3) 연령

연령과 관련해서는 노인에 대한 스테레오타입이 가장 많이 이야기된다. 광고에서 특정 집단에 대한 이미지가 반복되면 이로 인해 그 집단의 사회적 지위가 상징적으로 부여되는데, 노인 집단에 대해서도 마찬가지다. 노인에 대한 스테레오타입은 노인이 어떠한 사람

---

1) '원숭이'는 흑인을 지칭하는 은어다.

들이고, 사회에서 어떤 역할을 수행하는지 등의 기대와 인식에 영향을 미친다. 심지어 노인 스스로가 자신을 바라보는 시선에도 영향을 미치기 때문에 부정적인 스테레오타입은 노인들의 자존감을 낮추고 위축되게 한다. 스스로를 가치 없고 너무 나이가 많다고 여겨 사회 활동에 나서기를 주저하게 되는 것이다.

광고가 재현하는 노인의 모습에는 긍정적인 면과 부정적인 면이 혼재되어 있다. 긍정적인 이미지로는 조직 내부에서 높은 지위에 있거나, 상사 또는 정보 제공자로서 중요한 역할을 하는 사람, 긍정적이고 열정적인 모습, 독립적이고 지적이며, 유연한 사고를 가진 사람, 자상하거나 너그러운 사람 등 인성적 특징에 초점을 둔 내용이 많다. 반면에, 부정적인 이미지로는 주로 보조적인 역할을 하며, 신체적

[그림 16-2] SK텔레콤 광고. 노인을 기술에 취약하거나 돌봄이 필요한 노인의 이미지를 담고 있다.
• 출처: www.tvcf.co.kr

활동도 비교적 적고 집 안에만 머무르는 모습이 많다. 뻔뻔스럽거나 재미없으며, 젊은 층에 비해 무력, 불완전, 나약, 무식, 나태하게 묘사되기도 한다. 또한 건강상 문제가 있고 품위가 없으며 우스꽝스럽고, 그렇지 않더라도 가족과 사회 안에서 부양과 부담을 주는 존재로 그려지거나([그림 16-2] 참조), 초라하다, 허약하다, 고집스럽다, 무뚝뚝하다 등의 부정적인 이미지나 IT 제품과 같은 첨단 기기에 취약한 모습으로도 자주 등장한다.

노인의 재현된 이미지가 긍정적이든 부정적이든 더 심각한 문제는 노인의 배제다. 노인이 광고에 등장하는 비율은 현저히 낮은데, 노인이 등장하더라도 보조적이거나 배경적인 역할로 묘사되는 경우가 많다. 이 중에서도 여성 노인은 인구 구성 비율에서 더 높은 비중을 차지함에도 등장하는 비율은 더욱 낮으며, 심지어 여성 노인의 경우 주로 집 안을 배경으로 등장하는 경우가 대부분이다. 마케팅 전략 측면에서 노인에 대한 묘사가 젊은 층에게 부정적인 인식을 줄 수 있다는 우려 때문에 노인 대상 광고에서조차 젊은 모델을 이용하는 경향이 있다는 점도 이러한 스테레오타입이 끊임없이 재생산되는 이유로 볼 수 있다.

3) 스테레오타입에 대한 도전

변화하는 트렌드와 시대에 따라 스테레오타입에 대한 우려와 논의가 증가하면서 기업 스스로가 이에 도전하거나 해결하려는 시도들이 보인다. 일각에서는 이 또한 마케팅 전략의 일종일 뿐이라는 시각도 존재하나, 어떤 의미로든 광고의 스테레오타입에 대한 인식과 사고를 문제 삼고 논의의 장으로 이끈다는 데 의미가 있다. 이런 움직임 속에서 2014년에는 페미니즘과 애드버타이징을 결합한 '펨버타이징(Femvertising)'이라는 용어가 등장하기도 했다. 최근에는 한 걸음 더 나아가 다양성을 인정하고 포용하는 '인클루시브(Inclusive) 캠페인'이 주목받고 있다.

/ 인클루시브 캠페인(Inclusive campaign) /

인클루시브 캠페인은 다양한 배경을 가진 사람들이나 독특한 청중이 공감할 수 있는 이야기를 포함시켜 다양성(diversity)을 포용하는 캠페인을 말한다. 인클루시브 마케팅 또는 인클루시브 브랜딩이라는 단어로도 사용되며, 기업이 생산하는 제품이나 서비스가 특정한 계층이나 성별, 인종, 장애, 나이 등에 구애받지 않고 전 영역에 대한 포용을 지향하는 브랜드로 그 정체성을 만들어 나가는 활동이다. 전통적 고정 관념 없이 다양한 배경을 지닌 사람들이, 누구도 소외되지 않고, 제품과 정보에 접근할 수 있도록 해야 한다는 것이 핵심이다. 고정 관념을 깨기 위해 노력하는 광고나 단순히 현실 세계의 사람들을 반영하거나 수용하는 것을 목표로 하는 광고도 여기에 속한다.

---

(1) 도브(DOVE)의 '리얼 뷰티(Real Beauty)' 캠페인

스테레오타입에 도전하는 대표적인 사례로 유니레버(Unilever)사의 브랜드인 도브의 '리얼 뷰티' 캠페인을 들 수 있다([그림 16-3] 참조). 2004년 영국에서 시작된 이 캠페인은 매스 미디어에 묘사된 여성 이미지로 인해 낮아진 여성들의 자존감(self-esteem)을 높이기 위해 실시되었다. 모든 여성이 가진 자연스런 신체적 다양성을 인정하고 스스로 자존감을 높일 수 있도록 하기 위해 실제 일반인들을 광고 모델로 선정하여 옥외 광고와 인쇄 광고를 제작하였다. 이 광고 모델들은 주름이 많거나, 나이 들었거나, 살이 쪘거나, 얼굴에 잡티가 있는 등 여성의 외적 아름다움과 관련되어 형성된 기존 스테레오타입에 반하는 모습이었고, 이를 토대로 진정한 아름다움에 대한 토론을 이끌었다. 그 결과, 이 광고들은 사회적으로 큰 반향을 일으키며 수많은 매체에서 다뤄졌고 열띤 온라인 토론을 이끌었다. 이후 다양한 리얼 뷰티 캠페인이 이어져 오고 있으며, 스테레오타입화된 여성의 미를 강요하거나 부정적으로 표현한 광고 메시지들을 소비자들이 직접 고치도록 하는 'The Ad Makeover' 편(2013)과 여성 스스로를 낮춰 보는 시각을 건드린 'Sketches' 편(2013) 등은 국제광고제 수상작으로 더욱 주목받기도 했다.

[그림 16-3] 도브의 The Real Beauty 캠페인

• 출처: ilearnlot.com

(2) 올웨이즈(Always)의 '소녀답게(Like a Girl)' 캠페인

"소녀처럼 달린다"라고 하면 어떤 모습이 떠오르는가? 피앤지(P&G)의 브랜드인 올웨이즈의 '소녀답게(Like a Girl)' 캠페인은 바로 이 질문의 답을 담아낸 광고이다([그림 16-4] 참조). 출연자들에게 소녀처럼 달리거나 싸워 보라고 요청하자 모두들 전통적으로 고정된 여성의 모습으로 표현해 낸다. 우스꽝스럽거나 다소 모욕적인 모습이다. 그러나 어린 소녀들에게 같은 요구를 했을 때 그들은 남자나 여자의 모습과 상관없이 자연스럽게 달리거

나 행동한다. '소녀 같다'는 것이 부정적으로 스테레오타입화되어 있음을 깨닫게 하는 순간이다. 이 캠페인이 방영된 2014년 12월 조사 결과에 따르면, 여성 응답자의 70%와 남성 응답자의 60%가 이 광고 캠페인을 보고 '소녀답다'라는 말에 대한 인식이 바뀌었다고 답했다. 2015년 칸 국제광고제 수상작이다.

[그림 16-4] 올웨이즈의 'Like a girl' 캠페인

• 출처: vox.com

(3) 질레트(Gillette)의 '남자가 될 수 있는 최상의 모습' 캠페인

'남자다움'에 대한 스테레오타입에 도전한 광고도 있다. 남성 면도기 질레트는 지난 30년 동안 "남자가 가질 수 있는 최상의 것(The Best a man can get)"이라는 슬로건을 사용해 왔으나 2019년, 이를 "남자들이 될 수 있는 최상의 모습(The Best men can be)"이라는 슬로건으로 대체하고 남성성에 대한 광고를 집행했다([그림 16-5] 참조). 미투(Me too) 운동 관련 영상과 영화의 성희롱 장면, 소년들 간의 괴롭힘 등을 묘사하면서 "약자 괴롭히기, 성희롱, 불량한 남성성, 이것이

[그림 16-5] 질레트의 'The Best Men Can Do' 캠페인

• 출처: vox.com

남자가 가질 수 있는 최상의 모습입니까?"라는 카피를 덧붙였다. 이 광고는 유튜브에 게시된 지 48시간 만에 4만 뷰(view) 이상을 기록했고, 엄청난 찬사와 분노의 비판이 동시에 쏟아졌다. 이 영상에 분노한 이들을 중심으로 불매 운동과 매출 하락이 일어나기도 했으나, P&G의 질레트 담당자는 논란을 예상했으며 남성들 안에 있는 '최고의 모습'을 믿는다는 소신을 밝혔다. 2020년에는 긍정적인 남성성을 소재로 한 캠페인을 펼치기도 했다.

(4) 버거킹(Burger King)의 '프라우드 와퍼(Proud Whopper)' 캠페인

성별, 인종 등 소외되는 집단 없이 모든 다양성을 담아내는 인클루시브 캠페인이 증가하고 있다. LGBTQ[2] 관련 광고도 그중 하나이다. 버거킹은 2014년 성소수자 페스티벌 기간 동안 무지개 색 포장지에 쌓인 '프라우드 와퍼'를 출시했다. 특별한 와퍼처럼 보이는 이 햄버거를 먹으며 사람들은 일반 와퍼와 무엇이 다른지를 살펴본다. 그 햄버거 포장지 안쪽에는 "우리의 내면은 모두 같습니다(We are all the same inside)"라는 메시지가 적혀 있다([그림16-6] 참조). 달라 보이지만 다를 것이 없다는 메시지를 전하는 캠페인으로, 편견에 대항하는 이들을 응원했다.

(5) 볼보의 'The E.V.A Initiative' 캠페인

볼보의 캠페인 또한 '다양성'의 의미를 잘 보여 준다. 자동차 사고가 나면 남성보다 여성의 사망률과 부상률이 훨씬 더 높다. 그 이유는 안전도 테스트를 할 때 사용하는 더미(dummy)가 남성이기 때문이다. 이로 인해 설계가 남성 위주로 될 수밖에 없었고, 여성의 신체 구조 및 사이즈에 맞는 설계가 소외되었던 것이다. 볼보는 이 문제점을 발견하고 임산부를 포함한 여성들의 수많은 사고 데이터를 분석, 축적했다. 그리고 1970년대부터 모아 온 자동차 충돌 실험 시 성별 및 사이즈에 따른 더미 실험 데이터를 공개하여 자사뿐 아니라 다른 자동차회사들도 여성들에게 더 안전한 자동차를 만들 수 있도록 하자는 메시지를 담아 캠페인을 만들었다([그림16-7] 참조). 이 더미 충돌 실험의 데이터를 누구나 활용할 수 있는 오픈 플랫폼의 이름이 'E.V.A'이다.

---

2) LGBTQ는 lesbian, gay, bisexual, transgender 및 queer or questioning의 약자이다.

[그림 16-6] 버거킹의 'Proud Whopper' 캠페인

• 출처: clio.com

[그림 16-7] 볼보의 'The E.V.A. Initiative' 캠페인

• 출처: Youtube.com

2. 광고 윤리와 광고 규제

광고 윤리란 판매자와 구매자 사이에서 발생하는 의사소통을 규제하는 일련의 원칙과 규칙을 말한다. 광고 윤리는 다음의 네 가지 측면으로 나눌 수 생각해 볼 수 있다.

- 광고 메시지 (허위 광고, 기만 광고…)
- 광고의 대상 (어린이 대상 광고…)
- 논란이 되는 제품 및 서비스 (주류 광고, 담배 광고…)
- 광고의 사회적 영향 (스테레오타입…)

이와 같은 광고 행위에 대한 규제를 광고 규제라고 한다. 즉, 광고 규제란 특정 광고가 공공의 이익을 저해하거나 소비자의 이익에 손해를 끼친다고 여겨질 때 제재하는 것이다. 광고 규제는 규제 형태에 따라 타율 규제와 자율 규제로 나눌 수 있다.

타율 규제는 법으로 규제하는 경우를 말한다. 즉, 부당 표시, 허위 광고, 기만 광고, 과장 광고 등은 소비자의 이익을 침해하기 때문에 소비자 보호의 관점에서 법의 강제력을 통해 광고의 폐해를 제거하려는 규제 형태이다. 우리나라에는 광고와 관련된 법령이 제정되어 있으며, 규제 기관은 공정거래위원회와 방송통신위원회 등이 있다. 특히 국내 방송 광고의 경우 2008년 전까지 사전 심의라는 강력한 법적 규제가 시행되었으나, 2008년에「방송법」상 위헌이라는 판결이 내려지면서 정부 기관에 의한 사전 심의는 금지되었다. 현재 방송 광고는 자율심의로 시행되고 있으며 사전 자율심의는 방송협회와 케이블TV협회, 사후 심의는 방송통신심의위원회를 중심으로 이루어지고 있다.

반면에 자율 규제는 광고주, 광고회사 및 광고매체사가 자율적으로 광고를 사전 또는 사후에 심의하여 스스로 공정하고 올바른 광고를 만들도록 규제하는 형태이다. 법에 의한 타율 규제를 최소한으로 줄이고, 광고에 대한 비판을 자체 해결하려는 광고업계와 매체사의 자발적인 규제 노력이라 할 수 있다. 소비자를 보호하고 경쟁사의 부당 광고 같은 부당 행위로부터 기업을 보호하기 위해 시행되며, 법으로 다루기 어려운 윤리성, 선정성, 폭력성 등에 사회적 가치기준을 적용하기 때문에 타율 규제보다 더 현실적인 규제 역할을 수행할 수 있다. 우리나라의 자율 규제 기관으로는 한국광고총연합회, 한국광고주협회, 한국광고자율심의기구, 한국광고산업협회, 한국방송협회 등이 있다.

광고 윤리의 네 가지 측면별로 그 내용과 규제에 대해 보다 구체적으로 알아보자.

1) 광고 메시지: 허위 광고와 기만 광고

광고주인 기업은 효과적인 광고를 집행하여 수요와 판매를 늘리고, 많은 고객을 확보하고자 한다. 이러한 경제적 목적에 치중한 나머지 광고에 허위 사실을 이용하거나, 내용을 과장하거나, 특정 사항에 대한 묵인 등과 같은 기만적인 방법들을 사용하는 경우가 발생한다. 이러한 광고들은 고객들을 오인하게 하여 판단에 부정적인 영향을 미치게 된다. 광고 메시지와 관련한 문제로 지적되는 광고에는 대표적으로 허위 광고와 기만 광고가 있다.

허위 광고는 사실에 해당되지 않는 자료나 정보를 사용하는 광고를 말한다. 예를 들어, 자동차 A가 고객 만족도 1위를 했다고 광고를 했으나 그 사실을 뒷받침할 만한 사실이나 근거가 없고 실제로는 자동차 B가 1위였다면 이 광고는 허위 광고이다. 이에 반해, 기만 광고는 사실이나 내용의 전부 또는 일부를 은폐, 누락 또는 축소하는 방법으로 소비자의 구매 선택에 중요한 미치는 사항에 관한 사실을 잘못 알게 할 우려가 있는 광고를 가리킨다. 기만 광고는 다음의 경우에 해당한다.

첫째, 오도적 침묵에 의한 광고로, 중요 사항에 관한 정보를 밝히지 않음으로써 소비자를 기만하는 광고를 말한다. 중요 사항이나 제한적 사항을 전부 또는 부분적으로 생략하거나 불충분한 설명을 하여 오인하게 하는 경우다. 예를 들어, A라는 패스트푸드점에서 '불고기버거'라는 햄버거를 광고하면서 이 햄버거의 주요 원재료가 돼지고기라는 사실을 광고상 어디에도 밝히지 않았다. 뿐만 아니라, TV 광고에서 "요즘 천 원이면……", "단돈 천 원으로!", "아! B푸드점에선 100% 순 쇠고기 햄버거가 900원이지." 등으로 표현했다면 어떻게 될까? 소비자들은 특별히 다른 재료에 대한 언급이 없는 경우 불고기는 쇠고기로 만든 것이라는 일반 통념에 따라 이 불고기버거를 쇠고기로 만든 햄버거라고 오인할 우려가 있다. 이러한 광고가 바로 기만 광고다.

둘째, 애매모호한 표현을 사용한 광고다. 이것은 명백한 허위 또는 과장된 주장을 포함하고 있지는 않으나 의미가 명확하지 않은 표현 등을 사용함으로써 중요 사항에 관하여 소비자를 오인시킬 우려가 있는 광고다. 확장 해석을 유도하는 표현도 여기에 해당한다. 사실과 달리 상품의 가치를 소비자가 과대평가하고 높은 품질이나 성능 또는 효능을 기대하게 만드는 표현을 사용한다면 기만 광고에 해당될 수 있다. 예를 들어, "세계적인 슈퍼푸드 ***이 건강한 아침을 열어 드립니다"라는 표현을 사용했다면 '슈퍼푸드'라는 객관적 또는 과학적 근거가 충분치 않은 단어를 사용함으로써 소비자들에게 높은 효능을 기대하게 만들고 좋은 품질의 식품이라고 오인시킬 우려가 있기 때문에 기만 광고에 해당된다.

셋째, 전체적인 인상이 기만적인 경우이다. 기만적 주장은 없지만 전체적인 인상이 중요 사항에 관하여 소비자의 오인을 불러일으킬 우려가 있는 경우도 기만 광고에 해당할 수 있다. 예를 들어, 오피스텔 분양 광고를 하면서 건물배치도에 자신이 분양하는 오피스텔 2개 동 사이에 위치한 타인 소유의 공터를 녹지 공간으로 표시한 경우, '녹지 공간, 공원 조성' 등의 적극적인 표현을 사용하지 않았다 하더라도, 중요 사항에 관하여 사실과 다르게 소비자를 오인시킬 우려가 있기 때문에 기만 광고에 해당한다.

허위, 과장 및 기만 광고는 소비자에게 사실과 다른 인식을 갖게 한다는 점에서 동일하다. 그러나 전자는 적극적으로 진실하지 않은 진술 또는 표시 등을 통하여 소비자의 오해를 직접 초래하는 것이고, 후자는 소극적으로 진실의 전부 또는 일부에 대하여 침묵하는 등의 방법으로 간접적으로 소비자의 오해를 유도하는 것이라는 점에서 차이가 있다.

다만, 진실의 일부에 대하여 침묵했을 경우에 이것이 기만 광고에 해당하는지 허위 광고에 해당하는지 모호한 경우가 있을 수 있는데, 구성 요건을 동시에 부합한다면 중복하여 해당하는 경우로 볼 수도 있다. 예를 들어, 노트북 구매 고객을 대상으로 하는 휴대전화 임대 광고를 할 때 위해 방송, 포스터 및 전단지에 "아직도 최신 스마트폰을 돈 주고 사십니까?", "모든 이용 고객께 최신 스마트폰을 드립니다"라고 광고하면서 임대 조건에 대해서는 밝히지 않았다면 허위 광고 및 기만 광고에 해당한다.

/ 허위, 기만, 과장 광고의 규제 사례 /

- 세계에서 가장 우수한 시설과 시스템을 보유한 것처럼 광고
- "국내는 물론 세계 어느 유가공회사에도 남양유업과 같은 첨단 시설과 시스템을 갖춘 곳은 없습니다."
  ⇒ 객관적인 근거 없이 남양의 생산 설비 및 시스템이 세계에서 가장 우수하다고 광고한 것이므로 허위·과장 광고 행위에 해당됨

- 첨단 시설과 시스템으로 인해 유해 원료를 100% 차단할 수 있는 것처럼 광고
- "수천억 원을 투자한 세계 수준의 첨단 시설과 시스템이 있기에 멜라민을 비롯한 유해 원료는 100% 원천 봉쇄합니다."
  ⇒ 첨단 시설과 시스템을 보유하고 있다 하더라도 유해 원료를 100% 차단하는 것은 현실적으로 불가능하므로 허위·과장 광고 행위에 해당됨

- 제품의 품질 등 모든 면에서 1위인 것처럼 광고
- "대한민국 유가공협회 1위, 남양유업! 1등은 오직 최고에게만 허락됩니다."
  ⇒ 남양이 한국유가공협회로부터 1위로 인정받은 것은 매출액과 협회비 기준임에도 불구하고, 이를 표시하지 않아 제품의 품질이나 안전성 등 모든 부문에서 1위로 인정받은 것처럼 광고한 것이므로 기만적인 광고 행위에 해당됨

- 출처: 대한민국 정책브리핑(www.korea.kr)

2) 광고의 대상: 어린이 대상 광고

어린이는 장난감, 음식 등의 산업 분야에서 중심 소비자 또는 구매 결정에 중요한 영향을 미치는 존재이다. 그러나 어린이와 같은 특정 집단을 대상으로 광고를 할 경우 논란의 대상이 된다. 어린이는 광고의 판매 의도를 이해하지 못할 뿐 아니라 광고의 설득적 시도에 대응하거나 이를 방어할 능력이 약하기 때문이다. 더구나 점점 다양하고 복잡해지고 있는 미디어 환경 속에서 어린이는 광고에 너무 쉽게 노출되고 있다. 새로운 미디어 환경

은 어린이를 대상으로 하는 수많은 채널을 제공하고 어린이의 미디어 사용 시간을 증가시키고 있는 것이다.

어린이 대상 광고와 관련해서 크게 두 가지 입장이 존재한다. 첫 번째는 어린이를 대상으로 광고를 해야 할 것인지, 한다면 몇 살 이후부터 가능하다고 볼 것인지 등 규제에 대한 논의다. 어린이를 광고 모델로 등장시키거나 기아에 허덕이는 어린이들의 이미지를 이용하는 비영리단체의 광고에 대한 비판도 함께 제기되기 되고 있다. 두 번째 입장은 자본주의 사회에서 살아가는 만큼 광고 활동은 불가피한 것이기에 현명한 소비자가 되도록 해독 능력을 키워 주는 것이 중요하다는 미디어 교육에 대한 주장이다. 나라마다 이러한 두 가지 입장에 따라 다양한 규제와 제도를 시행하고 있다.

(1) 규제에 대한 논의

전자 입장에서 다수의 국가가 일정 연령 이하 아동에게 광고를 금지하고 있다. 그리스에서는 특정 시간에 장난감 광고를 금지하고, 벨기에, 오스트리아 등은 어린이 프로그램에서 광고를 금지하거나 적은 광고 시간만 허용한다. 스웨덴의 경우 모든 지상파 방송에서 12세 이하의 어린이 대상 광고를 금지하고, 영국은 어린이 대상 광고 규제를 위한 상세한 실천 규약을 만들어 시행하고 있다. 미국에서는 1974년 어린이광고심의위원회(Children's Advertising Review Unit: CARU)를 NAD의 특별 부서로서 설립하고 어린이 광고를 조직적으로 모니터하고 심의하는 데 목적을 두고 있다. 이들의 주요 활동은, 첫째, 미국광고주협회의 어린이 TV 광고 지침을 근거로 한 일련의 기준들을 채택하고, 둘째, 사전 광고 심의를 비롯하여 어린이 TV 광고의 체계적 모니터링을 수행하며, 셋째, 어린이들의 지각과 행동에 관한 지식을 갖춘 전문가들의 자문을 제공하고, 넷째, NAD 내 별개 기구로서 조직 활동을 해 오고 있다(한국광고자율심의기구).

국내의 경우, 어린이를 주 시청 대상으로 하는 방송 프로그램의 방송 광고 시간 및 전후 토막 광고 시간에는 반드시 광고임을 밝히는 자막을 표기하여 어린이가 방송 프로그램과 광고를 구분할 수 있도록 해야 한다고 규정하고 있다. 이에 따라 13세 미만의 어린이를 대상으로 하는 방송 프로그램의 광고에는 좌상단 또는 우상단에 화면 크기의 64분의 1 이상의 크기로 '광고방송'이라는 자막을 계속 표기해야 한다. 어린이 프로그램 진행자나 인물이 등장하는 광고는 비상업적 공익 광고 이외에는 금지하고 있다(방송광고심의에 관한 규정).

(2) 교육에 대한 논의

어린이들에게 광고를 보는 능력을 길러 줘야 한다는 후자의 입장을 취한 경우로는 영국의 미디어 스마트(Media Smart)라는 프로그램이 유명하다. 미디어 스마트는 2002년 11월 영국에서 시작된 비영리 미디어 리터러시 프로그램으로, 6살에서 11살까지 초등학생을 그 대상으로 하고 있다. 미디어 스마트는 업계의 자원, 학계의 유수 전문가 및 정부의 조언이 하나로 모여 만드는 유럽 내의 유일한 프로그램이며, 세계 수준의 미디어 리터러시 프로그램으로 인정받고 있다. 또한 영국에서는 오프컴(OfCom)[3]이 적극적으로 지원하는 유일한 미디어 리터러시 프로그램 중 하나이기도 하다.

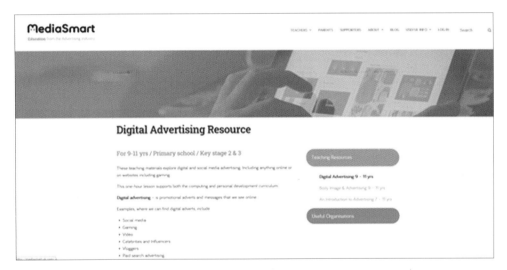

[그림 16-8] 영국 미디어 스마트 홈페이지 (http://www.mediasmart.org.uk)

매일의 일상 속에서 어린이들이 광고를 비판적으로 생각하도록 가르치기 위해 무료 교육 자료를 개발하여 초등학교에 제공한다. 교육 자료는 실제 광고 사례를 이용하며, 이들의 운영은 광고협회는 물론 영국광고주협회, 영국 장난감 및 취미 협회 등 다양한 광고 관

---

3) Office of Communications의 약자로, 텔레커뮤니케이션 산업을 규제하는 정부 기관이다.

련 산업체와 맥도날드나 레고와 같은 기업들이 지원하고, 영국 정부와 유럽연합 정부가 후원하고 있다. 특히 유명 광고회사들의 협력으로 광고 사례의 질적 수준을 높이고 현실과 유사한 교육 환경을 제공한다는 점이 괄목한 만한 특징이다. 미디어 스마트의 교육 자료는 미디어 리터러시에 대한 저명한 학자와 교육자들이 제작하고 검토한다. 이 교육 자료는 교사 지침서, 커리큘럼 내용, 수업 계획서 및 학습 활동지나 광고 동영상 등이 제공되며 모든 자료는 온라인상에서 볼 수 있다.

이 같은 미디어 스마트의 핵심 역할은 어린이와 청소년들이 광고 콘텐츠와 같은 현대의 미디어를 이해하고 건설적으로 이용할 수 있도록 이끄는 것이다. 또한 영국의 미디어 리터러시 사회를 건설하는 중요한 기관으로, 현재 영국의 초등학교 가운데 38%인 9,397개 초등학교에서 채택되고 있으며, 유럽연합의 3백만 어린이를 가르치고 있다.

3) 논란이 되는 제품/서비스: 주류 및 담배 광고

(1) 주류 광고

주류 광고는 청소년을 보호하기 위한 차원에서 규제를 받는다. 청소년들의 음주에 영향을 미치는 요인은 여러 가지 고려할 수 있으나, 특히 주류 광고와 판촉 활동이 주요한 요인이라 할 수 있다. 다양한 형태의 광고와 판촉은 청소년들의 음주 시기와 음주 관련 위해 행위에 영향을 미친다고 알려져 있다(WHO, 2009). 주류 구매에서 청소년을 보호하는 정책은 대부분의 국가에서 실행되고 있다. 연령 제한을 두거나, 저연령층 구매 제한 강화에 초점을 두고 있으며, 주류 광고와 청소년에 대한 직접 판매에 대한 금지는 권장되고 있다.

국내에서는 TV의 경우 청소년들의 주 TV 시청 시간대인 오전 7시부터 오후 10시까지, 라디오의 경우 오후 5시부터 다음 날 오전 8시까지 전체 주류 광고를 금지하고 있다. 그 외 시간에는 알코올 도수 17도 이하의 주류 광고를 허용하고 있다. 또한 옥외 광고의 경우 공공 장소로 지정된 도시철도 역사나 철도 및 스크린 도어에서 금지하고 있으나, 일반 건물 위 설치된 옥외 광고에 대해서는 관련된 규제가 미비한 상태이다(정영호 외, 2018).

보건복지부는 2020년부터 '음주 폐해 예방 실행 계획'을 담은 「국민건강증진법」을 추진하면서 주류 광고에 대한 규제를 강화하고 있다. 주류 광고에서 술을 마시는 행위와 "캬

~" 하는 소리 등 음주 욕구를 자극하는 장면을 넣을 수 없고, 미성년자 등급 방송 프로그램과 영화, 게임에서도 광고가 제한된다. 주류 용기에 연예인 사진을 부착하는 행위도 금지된다. 그러나 문제는 이 같은 규제가 TV, 라디오와 같은 전통 미디어에 집중되어 있다는 점이다. 청소년의 이용이 폭발적으로 증가하고 있는 페이스북, 인스타그램 등과 같은 SNS 매체나 유튜브 등의 뉴미디어에는 규제가 없어 다양한 주류 마케팅 콘텐츠가 성행하여 논란이 되고 있다. 실례로, 「국민건강증진법」 제10조 제2항 주류 광고에 '경품 및 금품을 제공한다'는 내용을 어기고 페이스북상에서 주류회사(롯데주류, 무학 등)의 경품과 쿠폰 제공 내용을 담은 콘텐츠가 노출되었다. 이로 인해 페이스북은 국정감사 대상이 되기도 했다. 규제 없이 집행되는 뉴미디어의 주류 광고는 청소년들에게 음주에 대한 잘못된 인식을 심어 주어 성인기의 위험한 형태로 연결될 수 있다는 데 심각성이 있다.

● 표 16-1 ● **주류 광고의 매체별 규제(정영호 외, 2018)**

지상파 TV	오전 7시부터 오후 10시까지 주류 광고 금지
	청소년 대상의 프로그램 전후 광고
	알코올 도수 17도 이상의 주류의 광고 금지
케이블 TV	–
라디오	오후 5시부터 익일 오전 8시까지 주류 광고 금지
	알코올 도수 17도 이상의 주류의 광고 금지
옥외 광고	도시철도 역사, 철도 및 스크린 도어 금지
영화관	전체 관람가 및 15세 이상 관람가 이하 등급 영화 상영 전 주류 광고 금지

(2) 담배 광고

담배 광고는 흡연에 대한 호기심을 유발하고 구매 욕구에 영향을 주어 흡연을 시작하거나 지속할 가능성을 증가시킨다는 점에서 규제의 대상이 된다. 특히 청소년 보호 차원에서 담배 광고에 대한 규제는 중요하다. 우리나라는 WHO의 담배규제기본협약(FCTC)에 가입하여 금연 정책을 추진하고 있으며, 「국민건강증진법」에 의거하여 담배 광고에 대한 규제를 실시하고 있다. 우리나라는 현재 텔레비전, 라디오 및 인터넷 광고에서 담배 광고를 금지하고 있으며, 인쇄 매체를 통한 광고만 제한적으로 허용하고 있다. 전면 금지가 아닌 일부 허용이라는 제한적 규제인 데다, 후원 활동에 대한 규제는 거의 전무한 것이나 다름이 없어 담배 광고 규제의 현실적 실행에 대한 논란이 일고 있다.

•표 16-2• 담배 광고 및 마케팅 활동의 규제 내용(박소윤, 2018)

구분		허용	금지
광고	소매인	영업소 내부에서 표시판, 스티커, 포스터에 의한 광고	• 영업소 외부에서 그 광고물이 보이게 전시 또는 부착 금지
	잡지 광고	품종 군별(브랜드별)로 연간 10회 이내에서 1회당 2쪽 이내로 광고	• 여성 또는 청소년을 대상으로 하는 잡지에서 광고 금지
	매스미디어		• 담배 및 흡연과 관련된 광고 금지
	기타	국제선의 항공기 및 여객선 그 밖에 보건복지부령이 정하는 장소 안에서 행하는 광고	
	내용		• 광고 내용 제한, 담배에 대한 오도 문구 사용 제한
판매	인터넷		• 우편 판매와 전자 거래 방법의 판매 금지
	자판기	대통령령이 정하는 장소에서 담배 자동판매기 설치 가능(성인 인증 장치 부착)	
판촉 행위		담배 소매업에 필요한 물품(담배 진열장, 스티커, 포스터 제공)	• 금품을 제공하거나 그 밖에 이와 유사한 행위 금지(담배 판매 장려금, 경품, 상품권 그 밖의 금전 또는 물품 제공 등)
후원 활동		사회/문화/음악/체육 등의 행사를 후원하는 행위	• 여성 또는 청소년을 대상으로 하는 후원 행위 금지 • 담배 사업자의 명칭을 사용하는 것 외에 제품 광고 금지
사회 공헌		보건 의료, 환경 보호 등의 공익사업의 사업을 직접 진행하거나 이들 사업하는 자에게 출연	

담배회사들은 대중매체를 통한 광고 활동에 상당한 제약이 있다 보니 편의점과 같은 소매점을 통한 광고나 판촉 활동에 의존하고 있다. 편의점 광고는 2015년 담뱃세 인상 과정에서 전면 금지하겠다고 했으나 아직 시행되지 못하고 있는 실정으로, 특히 편의점 진열대

광고는 외부에 노출되는 것을 금지하고 있음에도 대부분 외부에서 쉽게 인지할 수 있는 상태로 불법 운영되고 있다. 2020년 10월 6일자 보건복지부의 보도 자료에 의하면, 편의점의 92.9%가 내부의 담배 광고가 소매점 외부에서 보이도록 전시하거나 부착하고 있다.

다른 판촉 활동 및 사회 공헌 활동에 대한 규제 현황도 다르지 않다(박소윤, 2018). 후원의 경우 청소년이나 여성을 대상으로 하는 행사 외에는 허용되고 있어 광범위한 후원 활동이 진행되고 있다. KT&G는 청소년을 비롯한 지역사회 사람들을 대상으로 활발하게 후원 활동을 하고 있고, JTI는 노인들을 위한 다양한 활동을 벌이고 있다. 대학생 대상 행사나 사회 공헌 활동 등을 통한 담배회사의 마케팅 활동은 담배회사의 미래 고객인 청소년 및 청년층의 담배에 대한 인식 변화를 유도한다는 점에서 우려되는 부분이다.

또한 청소년들이 많이 이용하는 인터넷, 웹툰 및 유튜브 등을 통해 지속적으로 담배 광고가 시행되고 있다. 심지어 담배회사는 공개 블로그 등을 통해 담배 제품 이용 후기를 올리거나 신제품 출시를 위한 인터넷 설문 조사를 하고, 신제품 출시 간담회를 개최하는 등 다양한 활동을 시행하고 있지만, 적발이 되더라도 실제 처벌까지는 상당히 많은 시간이 소요되고 있기 때문에 법의 실효성 문제에 대한 검토가 필요하다. 캐나다와 유럽의 경우, 일체의 담배 광고를 금지하고 있다.

4) 광고의 사회적 영향: 스테레오타입 관련 규제

(1) 각국의 현황

우리나라의 경우 국내「방송광고심의에 관한 규정」제13조(차별 금지)에 의하면 "방송 광고는 국가, 인종, 성, 연령, 직업, 종교, 신념, 장애, 계층, 지역 등을 이유로 차별하거나 편견을 조장하는 표현을 하여서는 아니 된다"라고 규정하고 있지만, 기준이 불분명해 실질적인 제재 효과는 거의 없는 실정이다.

광고에서 성차별을 금지하는 구체적인 법률 또는 법령을 갖춘 나라는 영국을 비롯해 벨기에, 프랑스, 핀란드, 그리스, 노르웨이, 남아프리카 및 인도가 있다. 노르웨이는 1978년부터 광고에서 성차별을 금지하는 법을 제정했고, 스페인은 2004년 성범죄에 대한 법으로 광고가 여성의 신체에 대한 이미지를 저하시키는 것을 방지하고 있다. 오스트리아는 성차별을 유발하는 묘사를 법적으로 감시한다. 영국은 2018년에 광고에서 젠더 스테레오타입이 나타나는 장면을 금하는 조항을 만들었다.

한편, 미국에서 광고의 스테레오타입에 대한 지침은 어린이를 대상으로 하는 광고에만 적용하고 있다. 그 밖에 2017년에 유엔(UN) 여성부와 구글, 존슨 앤 존슨(Johnson & Johnson), 마스(Mars)를 비롯한 유엔 여성 단체와 유니레버사는 '비스테레오타입연합(Unstereotype Alliance)'을 창설하여 광고가 어떻게 불평등을 야기하는지를 교육하기 위한 노력을 기울이고 있다.

그러면 젠더 스테레오타입에 대한 최근의 규제 사례인 영국의 규제 내용을 구체적으로 살펴보자.

(2) 영국의 젠더 스테레오타입에 대한 광고 규제

영국의 광고표준위원회(The Advertising Standards Authority: ASA)는 2018년 12월, 젠더 스테레오타입이 나타나는 장면을 금지한다고 발표하고, 2019년 하반기부터 시행 중이다. 기저귀를 갈아입히지 못하는 남자, 소파에서 발을 흔들며 누워 있는 남성과 그 옆에서 청소하는 여성, 주차를 못하는 여성 등 젠더 스테레오타입에 따라 재생되는 이런 장면들은 광고에서 금지되고 있다.

신체적 특징과 성공을 연관 짓는 광고 또한 금지 대상이다. 어떤 특성을 특정한 성별에 부여하는 일도 안 된다. 예를 들어, 소년에게는 대담함을, 소녀에게는 온순함을 연결시키는 광고는 규제 대상이다. 또한 초보 주부가 자신들의 외모나 집안의 청결을 자신의 감정보다 우선시하도록 종용하는 광고, 청소기나 세탁기를 돌리거나 아이들을 양육하는 등의 스테레오타입화된 '여성의 일'에 서툰 남성을 표현하는 광고도 금지다.

이 같은 규제 사항은 성별 스테레오타입의 이미지와 표현이 "대중의 생활의 공적·사적인 면에서 성적 불평등을 초래할 수 있다"라는 광고표준위원회의 보고서 발표에 따라 개발되었다. 이 보고서는 여성에 대해 부정적인 인식을 지속시키는 몇 가지 광고를 예로 제시했는데, 그 가운데 하나가 체중 감량 음료인 프로틴 월드(Protein World)의 포스터 광고이다. 이 광고는 비키니를 입은 슬림한 몸매의 모델과 함께 "해변 갈 몸매 준비되었나요?"라는 문구로 구성되었는데([그림 16-9] 참조), 슬림한 몸만이 준비된 몸이고, 날씬하지 않으면 열등하다는 부정적인 인식을 심어 준다는 점에서 큰 논란이 되었다.

[그림 16-9] 프로틴 월드 광고. 여성을 성적인 상품으로 묘사, 여성에 대한 부정적인 인식을 조장한다는 이유로 금지되었다.

• 출처: theguardian.com

광고표준위원회의 발표에 따라 광고 규제 조항을 담당하는 영국광고집행위원회(CAP)는 해로운 젠더 스테레오타입을 금지하는 다음과 같은 조항을 만들었다.

> "광고물은 해롭거나, 심각한 또는 포괄적인 비방을 야기할 수 있는 젠더 스테레오타입을 담고 있
> 지 않아야 한다."

이 조항은 방송 광고 및 온라인과 소셜 미디어를 포함하는 비방송 광고에 모두 적용된다. 이를 위해 조항이 적용되는 가상 시나리오(〈표 16-3〉 참조)와 여전히 허용하는 장면(〈표 16-4〉 참조)을 예시로 제시하여 원활한 실행을 돕고 있다.

- 집안 곳곳을 엉망진창으로 만드는 가족과 이를 지켜만 보고 있는 남편, 엉망이 된 집을 치우는 모든 책임이 여성에게만 있음을 묘사하는 광고

- 기저귀를 잘 갈지 못하는 남성, 주차를 잘 하지 못하는 여성 등 특정 업무를 잘 해내지 못하는 것이 성의 차이 때문임을 묘사하는 광고

- 낭만적이거나 활발한 사회생활 등 성공한 삶을 누리지 못하는 이유가 젠더 스테레오타입에 따른 이상적인 신체를 갖지 못했기 때문임을 암시하는 광고

- 소년의 대담함과 소녀의 온순함과 같이 성별에 따라 스테레오타입화된 성격으로 묘사되어 성의 차이에 따른 대비를 강조하는 광고

- 외적으로 매력적이거나 아주 깨끗한 집을 유지하는 엄마의 모습을 제안하는 광고. 이러한 광고는 정신적인 행복과 같은 개인의 감정적 요인보다 그런 특정 모습을 우선시하게 조장할 수 있음

- 스테레오타입화된 여성의 역할이나 업무를 수행하는 남성을 폄하하고 희롱하는 광고

●표 16-4●　영국 광고심의위원회가 계속 허용하는 장면

- 쇼핑하는 여성, DIY를 만드는 남성

- 화려하고, 매력적이고, 성공적이고, 열망이 강하거나 건강한 사람들 또는 그런 라이프스타일

- 하나의 성(gender)을 타깃으로 개발된 제품을 광고하는 하나의 성

- 부정적인 효과에 도전하기 위한 수단으로 사용된 젠더 스테레오타입

참고문헌

박소윤(2018). 우리나라의 담배 광고, 판촉 및 후원 규제 현황. **금연정책포럼(Tobacco Free)**, Winter 18, 4-17.

박재영(2011). 역사 교과서를 매개로 한 역사 교육 주체들의 스테레오타입(Stereotype) 분석을 위한 시론. 다문화콘텐츠연구, 10, 119-163.

보건복지부 보도자료(2020. 10. 6.). 일상생활 곳곳의 다양한 담배 홍보(마케팅), 담배회사의 미래 고

객인 청소년과 청년을 노린다.

정영호, 고숙자, 지성우 차미란(2018). **주류 광고 및 마케팅 규제 분석 연구.** 보건복지부, 한국보건사회
연구원.

Gerbner, G., Gross L., Morgan, M., & Signorielli (1980). The mainstreaming of america: Violence
profile no. 11. *Journal of communication*, 30 (3), 10-29.

Hall, S. (1992) Race, culture, and communications: Looking backward and forward at cultural
studies. *Rethinking marxism*, 5:1, 10-18.

Hall, S. (2001). *The multicultural question.* Pavis centre for social and cultural research. The Open
University.

Lippmann, W.(1992). *Public opinion.* New York: Macmilla,

Tajfel, H. (2001). Social stereotypes and social groups. In M. A. Hogg & D. Abrams (Eds.), Key
readings in social psychology. *Intergroup relations: Essential readings* (pp. 132-145). New
York, US: Psychology Press.

World Health Organization(2009). Evidence for the effectiveness and cost-effectiveness of
interventions to reduce alcohol-relatedharm.

https://www.asa.org.uk

https://www.karb.or.kr/regulation/ad_regulation10.aspx

https://www.korea.kr

http://www.mediasmart.org.uk

찾아보기

내용

저자 소개

● **김병희**(Kim Byoung Hee)

현재 서원대학교 광고홍보학과 교수다. 서울대학교를 졸업하고 한양대학교 광고홍보학과에서 광고학 박사 학위를 받았다. 한국광고학회 제24대 회장, 한국PR학회 제15대 회장, 제1기 정부 광고자문위원장, 서울브랜드위원회 제3대 위원장으로 봉사했다. 주요 저서 및 논문으로는 『디지털 시대의 광고 마케팅 기상도』(학지사, 2021)와 「광고의 새로운 정의와 범위: 혼합 연구 방법의 적용」(2013) 등 다수가 있다. 한국갤럽학술상 대상(2011), 제1회 제일기획학술상 저술 부문 대상(2012), 교육부 · 한국연구재단의 우수 연구자 50인(2017) 등을 수상했고, 정부의 정책 소통에 기여한 공로를 인정받아 대통령 표창(2019)을 받았다.

이메일: kimthomas@hanmail.net

● **마정미**(Ma Jung Mi)

현재 한남대학교 정치언론학과 교수로 재직하고 있다. 경희대학교 대학원에서 석 · 박사 과정을 마치고 「인터랙티브 광고의 효과과정에 관한 연구-정보통제와 텔레프레즌스를 중심으로」 논문으로 박사 학위를 취득했다. 제9대 한국광고PR실학회 회장을 역임했고, 방송통신위원회 지역방송발전위원회 위원, 충청지역언론학회 회장, 공정거래위원회 자문위원, 한국연구재단 전문위원, 대한민국 해군 자문위원 등을 역임했다. 「소비자는 합리적인 존재인가-행동경제학의 광고학 적용을 위한 개념적 연구」(2016) 등 다양한 주제의 논문을 발표했으며, 저서로는 『광고로 읽는 한국광고문화사』(2004)와 『근대적 육체와 일상의 발견』(2006) 등 다수가 있다.

이메일: neospero@naver.com

● **김봉철**(Kim Bong Chul)

현재 조선대학교 신문방송학과 교수로 재직하고 있다. 한양대학교에서 학사, 석사, 박사 학위를 받았다. 한국광고PR학회 회장과 한국광고학회 부회장, 편집위원장 등을 역임했다. 조선대학교 대외협력처장, 한국언론중재위원회 중재위원 등으로 활동하고 있다. 주요 논문으로는 「Practitioners' celebrity endorser selection criteria in South Korea: an empirical analysis using the Analytic Hierarchy Process」(2017), 「인터넷 광고 매체로서의 웹 포털 사이트 선정 평가 모

형 구축 및 적용: 계층 분석 과정(AHP)의 활용」(2012) 등 다수가 있다.

이메일: bckimbc@hanmail.net

● **김영찬(Kim Youngchan)**

현재 연세대학교 경영대학 교수로 재직하고 있다. 연세대학교 상경대학(응용통계학과)을 졸업하고, 미국 University of Michigan에서 Biostatistics 석사와 Business School에서 계량마케팅 분야의 박사 학위를 받았다. 그 후 네덜란드의 University of Groningen에서 조교수로 재직했다. 또한 미국의 Georgia Institute of Technology에서 방문교수로 활동했다. 주로 데이터에 기반한 소비자의 제품 선택 모형을 개발하고 시장 구조를 분석하여 마케팅 전략을 개발하는 연구를 수행하고 있다. 현재 34대 한국마케팅학회장으로 선출되었으며 한국소비자학회장을 역임하였다. 한국광고학회에서 부회장으로 활동하였다. 연세대학교의 글로벌교육원, 상남경영원 원장을 역임했으며 현재는 미래교육원 원장으로 재직하고 있다.

이메일: youngkim@yonsei.ac.kr

● **유현재(Yu Hyunjae)**

현재 서강대학교 지식융합미디어학부 교수이며 광고, 마케팅, 헬스커뮤니케이션 관련 과목들을 가르치고 있다. 금강기획과 제일기획에서 7년간 카피라이터로 근무했으며, KT와 현대자동차, 삼성생명, 삼성화재, 에버랜드 등 50여개 광고주를 담당한 바 있다. University of Georgia에서 매스커뮤니케이션 전공으로 석·박사 학위를 받았으며, 이후 Louisiana State University 저널리즘 스쿨에서 3년간 학생들을 가르치고 귀국했다. 제일기획 아이디어페스티벌 심사위원, 대홍기획 사내 제작물 심사위원 등으로 활동했으며, 행정안전부와 혈액관리본부 등 공공 기관의 대국민 소통 관련 자문을 수행하고 있다.

이메일: bus89@nate.com

● **유승엽(Yu Seung Yeob)**

현재 남서울대학교 광고홍보학과 교수이며 광고심리학 박사이다. 한국소비자광고심리학회 회장(2011~2012)을 역임하고, 한국소비자학회 회장(2020~2021)을 수행하고 있다. 경기도 홍보전문위원, 문화체육관광부, 기획재정부, 보건복지부 등 여러 정부 기관의 광고 PR 평가위원을 하고 있다. 『광고심리학』(2012), 『심리학의 이해』(학지사, 2019), 『소비자심리와 광고PR마케팅』(2020)을 비롯한 여러 저서를 출간했고, 「Causal Model Affecting the Satisfaction of Social Commerce Users in Websites: Mediating Effects of Benefit Factors」(2019)를 비롯한 다수의 논문을 발표했으며, 남서울대학교 우수 연구 교수로 4차례 선정된 바 있다.

이메일: ysyeob@hanmail.net

● **최세정**(Choi Sejung Marina)

현재 고려대학교 미디어학부에서 광고와 소비자행동을 가르치고 있다. (주)오리콤에서 광고기획자(Account Executive)로 일하며 실무를 경험했으며, 미시간주립대학교(Michigan State University)에서 광고학 석사와 매스미디어 박사 학위를 취득한 후 텍사스-오스틴대학교(University of Texas-Austin) 광고학과에서 10년 동안 재직했다. 한국광고홍보학보 편집위원장, 한국미디어경영학회 회장, 한국광고학회 부회장 등을 역임했으며, 저서로는『광고PR 커뮤니케이션 효과이론』『100개의 키워드로 읽는 광고와 PR』『검색광고의 이해』『데이터 시대의 언론학 연구』『디지털 미디어 리터러시』『미디어경영론』『인터넷 산업의 미래: 함께 묻고 답하다』 등이 있다.

이메일: bluemarina73@korea.ac.kr

● **송기인**(Song Gee In)

현재 경성대학교 광고홍보학과 교수로 재직하고 있다. 경희대학교 신문방송학과를 졸업하고, 미국 NYIT에서 커뮤니케이션 석사를, 경희대학교 언론정보학과에서 광고학 박사 학위를 받았다. ㈜나라기획과 ㈜서브제로코리아에서 광고 기획과 홍보 일을 했다. 한국언론학회, 광고학회, 광고홍보학회, 광고PR실학회, 옥외 광고학회 등에서 편집위원과 이사로 활동했고, 부산국제광고제 탄생 때부터 지금까지 자문위원으로 활동하고 있다. 저서와 역서로는『커뮤니케이션 광고 기획 방법』(2013),『커뮤니케이션학, 10인의 선구자』(2015),『익스트림 프레젠테이션』(공역, 2011) 외 10권 이상이 있다. 논문은 주로 수용자의 가치 연구 그리고 수단-목적 사슬 이론(Means-end chain theory)과 래더링(Laddering) 연구를 중심으로 40여 편을 썼다.

이메일: geeins@ks.ac.kr

● **소현진**(Soh Hyeon Jin)

현재 성신여자대학교 미디어커뮤니케이션학과 교수로 재직하고 있다. 고려대학교를 졸업하고, 제일기획 마케팅팀에서 일한 후 유학길에 올라 미국 조지아 대학교(Univ. of Georgia)에서 매스 커뮤니케이션학 박사를 받았다. 소비자와 기업 모두에게 도움이 되는 광고 및 마케팅 전략을 연구하고 있으며 민주적이고 창의적인 문제 해결에 관심이 많다. 광고 전문 국제학술지 Journal of Advertising(2009), 한국광고PR실학회(2013, 2014), 한국광고홍보학회(2015)에서 우수논문상을 수상했으며, KMOOC「설득의 과학」을 강의하며 소통한 공로로 교육부장관 표창(2020)을 수상했다.

이메일: hjinsoh@sungahin.ac.kr

● 유승철(Yoo Seung-Chul)

현재 이화여자대학교 커뮤니케이션–미디어학부에서 '미디어 융합 트랙' 및 '미디어 공학&창업 트랙' 담당 교수로 재직 중이다. (주)제일기획에서 다년간 뉴미디어 및 광고/PR 실무를 경험했으며 텍사스 대학교(University of Texas at Austin)에서 석사 및 박사 학위를 받았다. 로욜라대학교(Loyola University Chicago)에서 디지털/인터랙티브 광고(digital/interactive advertising) 담당 교수로 근무하기도 했다. 2015년부터 현재까지 한국광고홍보학회, 한국광고학회, 한국헬스커뮤니케이션학회, 한국소비자심리학회, 한국언론학회, 한국스포츠미디어학회, 한국PR학회에서 이사로 활동하고 있다.

이메일: Communication@ewha.ac.kr

● 남고은(Nam Koeun)

현재 계명대학교 언론광고학부 광고홍보학 전공 교수이다. 미국 캘리포니아 주립대학교(CSU Pomona) 시각디자인과를 졸업하고 홍익대학교에서 디자인과 석사, 동대학원에서 광고홍보학 전공으로 박사 학위를 받았다. 디지털 광고 제작, 비주얼 커뮤니케이션, 창의적 문제 해결 방법론 등을 강의하고 있다. 광고회사 HS애드에서 제작팀 아트로 재직했으며, LG전자, LG생활건강, SPC 등 기업의 다양한 브랜드 광고를 진행했다. 광고 크리에이티브, 디자인 사고 및 혁신, 데이터의 시각화가 주요 관심 분야이다.

이메일: kristennam@gmail.com

● 김여정(Kim Yeo Jung)

현재 홍익대학교 광고홍보학부 교수로 재직하고 있다. 서울대학교 국어교육과를 졸업하고, Korad, Ogilvy & Mather에서 수년간 카피라이터로 일했다. 이후 University of Texas at Austin에서 광고학 석사와 박사 학위를 취득했으며, Dallas 소재의 Southern Methodist University에서 3년간 광고를 가르쳤다. 한국광고PR실학회에서 연구이사, 기획이사, 편집이사 등으로 활동했다. 홍익대학교에서는 소비자심리학과 카피라이팅을 가르치고 있으며, 주된 연구 분야는 기업의 사회적 책임, 공익적 성격의 광고 효과, 디지털 환경에서의 소비자 행동과 광고 효과 등이다.

이메일: yeojungi@gmail.com

● 한규훈(Han Kyoo-Hoon)

현재 숙명여자대학교 홍보광고학과 교수이다. 서강대학교 신문방송학과를 졸업한 후 광고 현업 활동 기간을 거쳐 University of Missouri에서 광고학 석사, University of Georgia에서 광고학 박사 학위를 취득했다. 광고대행사 코래드에서 CF 프로듀서, 제일기획 브랜드마케팅연구소에서 책임연구원으로 일했으며, 한국광고홍보학회 회장, 2017 대한민국 광고대상 심사위원장,

방송광고활성화위원회 전문위원, 숙명여자대학교 홍보실장, 대한적십자사 홍보자문위원 등을 역임했다. 광고 효과 및 소비자 태도, 뉴미디어 프로모션, 비교문화, 광고활용교육, 광고홍보학 전공교육 등의 영역에서 다수의 연구를 수행했다.

이메일: hanque@sookmyung.ac.kr

● 정윤재(Cheong Yunjae)

현재 한국외국어대학교 미디어커뮤니케이션학부 광고 전공 교수이다. 이화여자대학교 통계학과에서 학사와 석사 학위를 취득한 후, 텍사스 대학교(University of Texas at Austin) 광고학과에서 석사 학위와 박사 학위를 받았다. 앨라배마 대학교(University of Alabama) 광고홍보학과에서 광고 전공 교수를 역임했으며, 주요 연구 관심 분야는 미디어 플래닝과 광고비 효율성 연구이다. 주요 논문으로는 「Evaluating the Multivariate Beta Binomial Distribution for Estimating Magazine and Internet Exposure Frequency Distribution」(2011), 「국내 주요 광고주의 광고비 효율성 측정 및 효율성 결정 요인에 관한 연구」(2016) 등 다수가 있다.

이메일: yjcheong@gmaill.com

● 윤태일(Yoon Tae-Il)

현재 한림대학교 광고홍보학과 교수로 재직하고 있다. 서울대학교 미학과를 졸업하고 광고대행사 한컴에서 카피라이터로 일하다가 SK텔레콤 홍보실로 옮겨 광고 홍보 관리 업무를 수행했다. 그 후 미국으로 건너가 테네시대학교에서 석사, 미주리대학교에서 박사 학위를 받았다. 2018년 한국언론학회에서 희관저술상을 수상한 『방송 광고의 미학 원리』(커뮤니케이션북스, 2017)를 비롯하여 10권이 넘는 저역서와 50편이 넘는 논문을 발표했다. 한국의 대표적 문화 유전자로 꼽히는 신명을 커뮤니케이션 관점에서 천착하여 자기준거적 이론으로 정립하려는 것이 그의 주된 연구 관심사이다.

이메일: icarus44@hallym.ac.kr

● 정승혜(Chung Sung Hye)

현재 서울여자대학교 언론영상학부 교수로 재직하고 있다. 한국외국어대학교를 졸업하고 (주)MBC애드컴과 (주)휘닉스커뮤니케이션즈에서 카피라이터로 재직했으며 영국 런던정경대학교(LSE)와 고려대학교에서 각각 석사와 박사 학위를 받았다. 한국광고학회, 한국광고홍보학회, 한국광고PR실학회에서 연구이사 및 편집이사로 활동했다. 주요 저서 및 논문으로는 『광고연구의 질적방법론』(커뮤니케이션북스, 2015), 「광고의 보이스오버 내레이션에 나타난 젠더 역할의 변화 연구」(2020) 등 다수가 있다.

이메일: schung@swu.ac.kr

디지털 시대의 광고학신론

Advertising in the Digital Age

2021년 2월 5일 1판 1쇄 인쇄
2021년 2월 10일 1판 1쇄 발행

지은이 • 김병희 · 마정미 · 김봉철 · 김영찬 · 유현재 · 유승엽 · 최세정
　　　　송기인 · 소현진 · 유승철 · 남고은 · 김여정 · 한규훈 · 정윤재
　　　　윤태일 · 정승혜
펴낸이 • 김진환
펴낸곳 • ㈜ **학지사**

　　　　04031 서울특별시 마포구 양화로 15길 20 마인드월드빌딩
대표전화 • 02-330-5114　　팩스 • 02-324-2345
등록번호 • 제313-2006-000265호

홈페이지 • http://www.hakjisa.co.kr
페이스북 • https://www.facebook.com/hakjisa

ISBN 978-89-997-2300-1 93320

정가 28,000원

출판 · 교육 · 미디어기업 **학지사**

간호보건의학출판 **학지사메디컬** www.hakjisamd.co.kr
심리검사연구소 **인싸이트** www.inpsyt.co.kr
학술논문서비스 **뉴논문** www.newnonmun.com
원격교육연수원 **카운피아** www.counpia.com